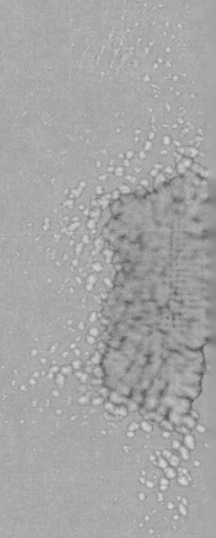

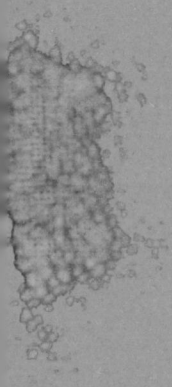

本书的出版得到

国家重点文物保护专项补助经费资助

赫章可乐

二〇〇〇年发掘报告

贵州省文物考古研究所　编

文物出版社

封面设计：张希广
英文翻译：丁晓雷
责任编辑：于炳文
　　　　　冯冬梅
责任印制：陆　联

图书在版编目（CIP）数据

赫章可乐二○○○年发掘报告/贵州省文物考古研究
所编. —北京：文物出版社，2008.6
ISBN 978－7－5010－2441－4

Ⅰ.赫…　Ⅱ.贵…　Ⅲ.墓葬（考古）－发掘报告－
赫章县　Ⅳ.K878.85

中国版本图书馆 CIP 数据核字（2008）第 028917 号

赫章可乐二○○○年发掘报告

贵州省文物考古研究所　编

*

文　物　出　版　社　出　版　发　行
（北京市东直门内北小街 2 号楼）
http://www.wenwu.com
E-mail：web@wenwu.com

北京达利天成印刷有限责任公司印刷
新　华　书　店　经　销
889×1194　1/16　印张：37.75　插页：2
2008 年 6 月第 1 版　　2008 年 6 月第 1 次印刷
ISBN 978－7－5010－2441－4　定价：420.00 元

目　　录

插 图 目 录

彩版目录

序

  贵州省文物考古研究所于世纪之交对赫章可乐夜郎时期墓葬的考古发掘，在新世纪之初，曾经引起考古学界的关注。2002 年 1 月 17 日在北京组织举办了"中国考古新发现学术报告会·2001"。为了较好地遴选出首届"中国考古新发现学术报告会"的考古新发现项目，我们广泛征求了全国考古界朋友们的意见，希望从 2001 年（包括 2000 年开始、2001年仍在进行的）全国数以千计的田野考古发掘项目中，根据中国考古学中史前、先秦、汉唐等不同时期，北方、南方、西部、东部等不同地区，选出有学术代表性的六项中国考古新发现，其中"贵州赫章可乐夜郎时期墓葬"就被确定为"中国考古新发现"之一，其学术上的重要性是不言而喻的了。

  "贵州赫章可乐夜郎时期墓葬"的学术报告，在首届"中国考古新发现学术报告会"上产生了积极的、重要的学术影响，当时与会的在京考古科研机构和高等学校专家、学者，对此给以很高的学术评价，他们就贵州赫章可乐夜郎时期墓葬的时代序列、墓葬人骨保存状况、青铜器成分、相关形制及纹饰特点的青铜器分布与产地情况、不同形式"套头葬"演变关系等进行了热烈的讨论。参加"中国考古新发现学术报告会·2001"的新华社、中央电视台、人民日报、光明日报等十余家中央新闻媒体记者，对这一考古新发现进行了频繁采访。在这次"学术报告会"上，我曾经讲："这六项考古新发现都具有代表性，具有重要的科学价值，有些已经在海内外产生重大影响。为了使这些考古新发现发挥更大的社会效益和科学作用，考古工作者有责任将这些资料尽早编写出发掘简报或报告，出版面世。"（《考古》2002 年第 7 期）现在我欣喜地看到贵州省文物考古研究所编著的《赫章可乐二〇〇〇年发掘报告》即将付梓，这是令人感到十分欣慰的。

  我为我的同行——贵州省文物考古研究所科研人员，在不长的时间里编撰出有新意、有特色的田野考古专著——《赫章可乐二〇〇〇年发掘报告》，更感到由衷高兴！作为考古发掘报告，其新意、特色主要表现在锐意的创新意识与严谨的科学意识。

  《赫章可乐二〇〇〇年发掘报告》与以往编写的田野考古发掘报告不同之处是，作者在专著中增加的"发掘者说"部分。田野考古资料是考古学的科学成果，同时田野考古资料也是现代人文科学、社会科学乃至自然科学不断发展的科学研究"材料"或"资源"，这种"材料"或"资源"是供所有"学科"的科学研究使用的，因此让其他学科的学者们能够起码读懂田野考古发掘报告，进而在他们各自相关学术领域科学运用这些考古资料，在科学研究中充分发挥田野考古资料的作用，是学术界对我们的期盼，也是科学事业的发展对考古科研人员提出的要求。考古学是对与人类相关的"过去"客体物质世界的"整体性"科学，当然它必将服务于当今"整体性"客体的世界。《赫章可乐二〇〇〇年发掘报告》中的"发掘者说"，在这些方面进行了开创性探索，使田野考古的"材料"或"资源"不只是面向考古界自身，也面向了更为广泛的科学领域，面向更多学科的科学工作者，使他们通过"新材料"、"新资源"的获得，出更多"新学问"、"新成果"，使各相关科学领域的学科得以更快、更大的发展！使田野考古资料真正"物尽其用"，使考古学自身的科学价值得到最充分的体现。当然，这种创新刚刚起步，它可能会有一些不足之处，我想这是所有科学研究创新的"通病"。问题是，只要创新的方向是正确的、创新的技术路线是可行的、创新的成果是主要的、创新中的问题在发展中是可以克服的，这样的创新我们应该给以支持。

《赫章可乐二〇〇〇年发掘报告》与以往编写的田野考古发掘报告的另一个不同之处，是其严谨的科学意识，它们集中表现在专著之中专门设置了"田野疏漏项清点"一节。这种严谨的科学意识，实在令人钦佩、令人敬仰！其实我们都知道，像其他许多学科一样，考古学也是一门"遗憾"的科学，可以说田野考古工作没有十全十美的。在田野考古进行中觉得没有问题，但是进入资料整理、报告编写阶段的时候，都会发现"不足"，都会感到存在不尽如人意的地方，都会不停地"吃后悔药"。田野考古发掘报告的编写，本来就是田野考古科学研究的总结，这种"总结"应该是包括成功与不足（或者说失误）两方面，对今后科研工作而言，过去成功的要继承、发扬，过去不足的今后要克服、改正。对于科学工作者而言，后者应该是其科学研究活动中更为宝贵的"财富"。只有这样科学才能健康地发展、快速地发展。但遗憾的是，过去我们这方面做得很不够。我也编写过几部田野考古发掘报告，在田野考古资料整理和发掘报告编写中，我也发现了当时田野考古工作中存在的一些本不该存在的技术问题或其他问题，我都把它们记在本子上，作为自己今后科学研究的借鉴。但是我们在考古发掘报告中没有把"不足"、"过失"写出来，没有把自己的科研工作中的"代价"，作为"共同"的"财富"让大家来分享。《赫章可乐二〇〇年发掘报告》在这方面为我，我想也为我们考古界树立了一个很好的榜样，而"榜样的力量是无穷的"！

作为历史时代考古学的田野考古报告，《赫章可乐二〇〇〇年发掘报告》尽可能多地将自然科学技术应用于考古学，这是相当难能可贵的。在其十七项出土遗物检测及分析中，几乎涵盖了自然科学技术在考古学应用的大部分内容。正如作者所说的，虽然有个别项目的检测、分析，目前"还未产生（对考古学的）直接作用，但是对于专业研究将提供有价值的资料。而且作为原始资料积累，将有其长远意义"。在自然科学技术应用于考古学的科学研究过程中,《赫章可乐二〇〇〇年发掘报告》突出了考古学研究的主导性,正确处理了科学研究中方法、手段与目的的关系,克服了不同学科结合的"两张皮"现象,作者在每项遗物的检测、分析报告之前的说明,是这方面最好的例证与体现。

《赫章可乐二〇〇〇年发掘报告》主要内容是关于 2000 年考古发掘的夜郎时期墓葬的考古研究,这批墓葬的时代约相当于西汉时代。西汉时代是中国古代历史上从王国进入帝国的时代,是"汉文化"形成、发展、扩及全国并远播域外的时代,是以汉族为主体的中华民族形成与早期发展的时代。长期以来,学术界基本一致的看法是:秦汉时代是多民族的、统一的、中央集权的封建帝国时代。从国家的主体社会形态来看这是没有问题的,但是社会历史并不是这样简单的。发掘报告作者敏锐觉察到这一问题,即在同一国家的空间范围之内,不同社会形态共存的问题,以及由墓地布局反映出的主体社会形态与非主体社会形态人们的和谐相处问题。这些都是非常有重要历史意义与现实意义的科学研究。

刘庆柱

2007 年 10 月 8 日

中文提要

　　2000 年秋贵州省文物考古研究所在赫章县可乐乡发掘 111 座战国至西汉时期墓葬,其中 3 座为汉式墓葬,108 座为地方民族墓葬。地方民族墓葬中不同形式的套头葬等奇特葬俗,在中国其他地区从未发现过,世界其他国家也不见报道。墓中出土一批地方特色突出的文物。这次发掘被评为 2001 年度全国十大考古新发现之一。

　　本报告分六编详细介绍发掘获取的田野资料,以及相关的基础研究结果。按照可乐考古以往分类惯例,报告将墓葬中的汉式墓葬称为甲类墓,将地方民族墓葬称为乙类墓。

　　第一编为地理环境和发掘、整理概况介绍。

　　可乐是贵州西北部乌蒙山脉东麓一个普通的山间坝子。在坝子周围方圆约 5 平方公里范围,已发现战国至汉代墓葬群 14 处、遗址 2 处,是贵州同期考古遗存最为集中的地点。从 20 世纪 60 年代以来,已进行过 9 次以上考古发掘。2000 年在可乐罗德成地和锅落包墓地的发掘,发现多种形式的套头葬和其他特殊葬俗,出土陶、铜、铁、玉、骨、木、漆、皮、纺织品等不同质地文物 600 多件。2004 年开始整理编写考古报告,充分考虑了与原有报告的延续性,在综合介绍分析的基础上,还逐墓逐件介绍了所有出土遗存的基本资料,确保所有资料的详尽、完整。对出土物还进行了 17 项检测分析。

　　第二编综合介绍甲类墓资料和相关研究。

　　甲类墓发掘主要为与乙类墓进行必要对比,非本次发掘重点。三墓均为修筑规整的竖穴土坑墓,随葬物以陶器为主,有少量铁制兵器、工具、农具。铜器很少,还有少量五铢币。根据出土的五铢币等资料,认为墓葬年代属汉武帝开发西南夷前期阶段。墓主人可能为汉王朝开发西南夷时从中原奉调迁入的兵士和应募迁来的平民。

　　第三编综合介绍乙类墓资料和相关研究。

　　乙类墓最重要的发现是不同形式的套头葬。这种葬俗 20 世纪 70 年代末已发现,以其独有特征而命名。其基本形式是用大型金属容器套在死者头顶上埋葬,使用容器以鼓形铜釜为主,还发现使用过不同造型的铜釜、铜鼓和铁釜。套头葬多数仅使用一件器物套于死者头顶,但也有同时用铜釜或铁釜套足、用铜洗垫足、用铜洗盖脸盖臂、在墓坑周边垒筑石块等不同形式的套头葬。除套头葬外,还发现用铜洗垫头等数种特殊葬俗。

　　乙类墓中约一半墓葬出土随葬物,但多寡不均,其中约三分之一墓葬仅随葬一件器物。随葬物中陶器很少，多为明器，腹部饰有乳丁的折腹罐是典型器物，制陶泥料中添加大量植物炭屑，形成质地很轻的夹炭陶尤其具有特点。

铜器中套头葬所用铜釜有的铸造十分精美。HKM274 铜釜肩部铸造两只威武的立虎，显示出特殊的寓意。鼓形铜釜均用红铜制成，工艺及蕴含的文化意义都值得重视。

铜兵器数量多，种类为戈和剑。镂空牌形茎首铜剑和铜柄铁剑是最具特色的代表性兵器。戈内饰人物图案的铜戈具有强烈的原始宗教意义。一期和二期墓葬出土较多巴蜀式铜剑，提供了研究两地文化交流、地理交通等问题的资料。

铁器数量虽不多，但在墓葬中所占比例甚高。铁器类别和造型均属中原特点，明显由中原传入，传入时间最早可至战国中期。在当时西南夷中，是较早出现铁器的地区。

装饰品中铜发钗特点突出，证实了史籍记载的"锥髻"发型的确为当地民族的一个特征。玉、骨耳玦以及铜手镯使用较多，往往不对称佩戴，显现了墓主人生前对美的追求和多样化的审美观。

在不同质地随葬物的分类介绍中，对制作工艺以及器物反映出的一些文化现象等内容有所侧重，使读者能更多了解当时人们生活的各个方面。

根据墓葬出土器物的排比、相互打破关系等研究，将所有出土随葬物的墓葬划分为三期，分别相当于战国早期至中期、战国晚期、战国末期至西汉前期。墓主人分别属于当地民族中具有宗教和社会特殊地位的成员、具有武士身份的成员以及一般身份成员，虽然他们之间存在地位和财富状况的差异，但基本身份都应同为自由民。

第四编分类介绍出土物的检测分析。

这是从另一个角度对墓葬资料进行的综合研究。所有检测分析共涉及 17 项，为忠实反映检测结果，分项列题作专门说明。除说明检测的目的、方法和主要结果，便于读者把握要领外，同时原文载录原检测部门提供的检测报告。

第五编分别以墓葬为单位，逐墓介绍两类墓葬的基本资料。

以墓葬为单位对出土资料的分述，有利于报告的详尽和完整性，便于不同研究者查找出土资料的各种细节。分述侧重于墓葬结构、出土现状与随葬器物的图像展现。编末并列有所有墓葬的登记表以及所有出土文物分类统计。

第六编为结语。

对可乐古地望、墓葬族属、不同墓地的关系、与省内其他同期考古遗存的比较、遗存反映的社会形态及文化定性等问题提出初步分析。这些分析只是报告编撰者的初步研究，不过多展开，不作为最后结论。

由于可乐乙类墓丰富的遗存和突出的特点，在贵州古代夜郎历史研究中引起特别的关注，报告对文化定性问题作了专门讨论，着重强调按照考古学文化定名原则，可乐墓葬遗存虽已揭示出一定的规律性特征，但对该部族最上层人物的墓葬尚缺乏了解，针对这类遗存空间分布上开展的工作也很不够，所以，确定为一种考古文化的条件还不够充分。而在所属民族的可靠证据方面更还是空白，所以尤不可轻率将这些遗存指认为所谓夜郎文化，造成今后研究中不必要的混乱。

值得专门说明，编撰者有感于考古报告难以让专业之外读者群接近的事实，在一、二、三、六各编最末段，特别安排"发掘者说"一章，用较简洁、通俗的语言，略述该编基本内容，并引导需要的读者从报告中进一步寻查到详细的资料。这是本报告为尽可能满足专业外不同层次读者的需求所进行的一项尝试，与其他考古报告相比，体例有所变更。目的在于使考古发掘资料最终成为具有一定文化水平的公众可以直接阅读和利用的资源，促使考古成果的社会效应逐渐达到最大化，更好履行考古职业的社会职责。这种尝试还有待在今后实践中得到验证。

以往关于本次发掘的相关报道，如有不尽相同的资料和描述，应以本报告为准。

报告最后，附录原刊载于《考古学报》1986年第2期上的可乐1977年、1978年考古发掘报告。

Abstract

In the autumn of the year 2000, Guizhou Provincial Institute of Cultural Relics and Archaeology excavated 111 burials in Kele Township, Hezhang County. Among these burials, three were in Han style and the others were in local style. The special burial customs of "Head Encasing" and like in local burials have not been seen in other regions of china and abroad; lots of artifacts with strong local features were unearthed from these tombs. This excavation was elected as one of the annual Top Ten National Archaeological Discoveries of 2000.

This report presents the fieldwork data and results of relevant basic studies in six parts; based on the conventional classification of the past archaeological work in Kele, this report named the burials in Han style as Type A and those in local style as Type B.

Part One is the introduction of Kele's geographical environment and the outlined procedure of the excavation and the data processing.

Kele Township is located in a common small flatland at the eastern foot of Wumeng Mountains in the northwest of Guizhou Province. Within the scope of about five square kilometers nearby this flatland, 14 cemeteries (or grave clusters) and two settlement remains belonging to the Warring-States Period through the Han Dynasties have been found, which is the densest distribution of remains of these periods in Guizhou Province. Since the 1960s, at least nine formal archaeological excavations have been conducted in this area. The excavations to the Luo Decheng Land and Guoluobao Cemetery in the year 2000 revealed many types of "Head Encasing Burial" ——to encase the head of the tomb occupant in a bronze *Fu*-cauldron, a bronze drum or other vessels——and cases of other special local burial customs, as well as almost 600 pieces of artifacts made of pottery, bronze, iron, jade, bone, wood, lacquer, leather, textile, and so on. This report was started to write and compile since 2004 with the consideration of the consistency to the published reports and adopted their classifications and terminologies. Besides of the comprehensive introduction and analyses, this part described all of the artifacts by tombs from which they were unearthed, as well as the situations of these tombs to keep these data detailed and complete. 17 types of examinations and analyses in natural science techniques and methods have also been made to the unearthed artifacts.

Part Two contains the data of Type A tombs and relevant studies.

The excavation of Type A tombs was only for comparison to Type B and not the central motive of this whole excavation. The three tombs were all shaft pit tombs dug into very regular shapes, the artifacts unearthed from which were mainly pottery with few of iron weapons and handicraft and farming tools. Bronze (copper) objects were very rare; some *Wuzhu* coins were found. Based on the typological study of the *Wuzhu* coins, these tombs could be dated as the early period of the Expedition into Xinan Yi (the Southwestern Barbarians) by Emperor Wu of the Western Han Dynasty, and the occupants of these tombs might be the soldiers in this expedition and civilians levied to inhabit here.

Part Three consists of the data of Type B tombs and relevant studies.

The most important discoveries in Type B tombs were the "Head Encasing Burials" in various forms, which have been found in the 1970s and named after their unique features. The common feature of this burial custom was to encase the head of the tomb occupant with large metal vessels, most of which were drum-shaped copper *Fu*-cauldrons; other vessels such as bronze *Fu*-cauldrons, bronze drums and iron *Fu*-cauldrons were also used. Most of the head encasing burials had only one metal vessel to cover the occupant's head; some of them also had bronze (or copper) *Fu*-cauldrons to cover feet, or to pad the feet with bronze basin, to cover the face and arms with bronze basins or to line the grave with stone pebbles, and so on. Apart from the head encasing, pillowing the occupant with bronze basin and some other special customs were also found.

About a half of Type B tombs yielded artifacts, but the amounts varied sharply: almost a third of the tombs had only one artifact unearthed. Pottery took very small proportion among them, and most of them were funeral objects; the bending-bellied jar with nipple pattern on the belly was the symbolic utensil among them. Plant charcoal pieces were mixed in large amounts into the pottery paste, the very light charcoal-mixed pottery wares baked with which were also the featured artifact in Type B tombs.

The metal vessels used for encasing the tomb occupants' heads were usually cast exquisitely; for example, the *Fu*-cauldron unearthed from M274 had two powerful-looking standing tigers cast on the shoulder, which showed special connotation. All of the drum-shaped *Fu*-cauldrons were cast of copper, the metallurgical technique and cultural significance shown by which are both very noticeable.

Weapons took large proportion, the main categories of which were *Ge*-daggers and swords.

The most representative weapons were bronze sword with openwork-decorated hilt and pommel and iron sword with bronze hilt. The bronze *Ge*-daggers with human images on the hafts showed strong hints of primitive religions. The tombs of Phases I and II yielded more *Ba*- and *Shu*-styled bronze swords, which provided materials for our researches on the cultural relations and geographical communications between the *Kele* area and the *Ba* and *Shu* regions.

Iron artifacts took not too large proportion; however, the tombs yielding iron burial articles took rather high proportion in the Type B tombs. Their categories and styles were all of the Central Plains, clearly showing that these iron artifacts were brought in from there; the earliest ones might be in the middle stage of the Warring-States Period. Among the Xinan Yi, *Kele* was one of areas where iron wares the earliest emerged.

Among the ornaments, bronze hairpins had the most characteristics, which confirmed that the hairstyle of "*Zhuiji* 椎髻 (the conical hair bun)" was a feature of local people. Earrings made of jade and bone and bronze bracelets were also very popular, which were often worn asymmetrically, showing the pursuit of beauty and diversified aesthetics of the tomb occupants when they were alive.

In the classified introductions and descriptions of the artifacts made of different materials, the contents such as manufacturing techniques and cultural phenomena reflected by these artifacts were somewhat emphasized so that the readers may understand more aspects of the social lives of ancient local people.

Based on the chronological analysis to the unearthed artifacts and the stratigraphic relationships of the tombs, the Type B tombs yielding artifacts were dated into three phases corresponding to the early to the middle stages of the Warring-States Period, the later stages of the Warring-States Period and the end of the Warring-States Period to the early stage of the Western *Han* Dynasty. The occupants of these tombs were the social members in special religious and hierarchical positions, the warriors and the common people, whose personal statuses and wealth situations might be different but all of whom would have been free people.

Part Four consists of the examinations and analyses to the unearthed artifacts.

These examinations and analyses are comprehensive researches to these tombs from another angle. In total 17 examinations and analyses were done; to reflect the results correctly and clearly, every examination or analysis is set as an independent topic. Besides of the introductions of intentions, methods and main results of these examinations and analyses and the original experimental reports produced by the departments doing them are also attached.

Part Five is the introduction to the data of the tombs of both types by tomb.

Introducing data one tomb by one tomb as a unit is helpful to keep the details as well as completeness of the materials and for the researchers in different disciplines to easily find the data they need. The introduction stresses on the tomb structures, pattern in situ of the burial articles and furniture. The detailed tomb list is attached to the end of this part.

Part Six is the conclusion. In this part, the ancient geography and topography of *Kele* Township, the ethnic attribution of the burials, the relationships among the cemeteries, the comparisons with other contemporary archaeological remains within present-day Guizhou Province, the social pattern and cultural identities reflected by the remains are discussed, the opinions on which are only the preliminary studies of the authors and compilers without in-depth researches and cannot be regarded as the final conclusions.

Because of their rich yields and unique characteristics, the Type B burials in *Kele* cemeteries get special attention in the field of ancient Yelang history researches of Guizhou Province. This report has discussions on the issue of cultural identities especially and pointed out that the burial remains of Kele Township, although showed some features of regularity, still cannot be defined and nominated as an archaeological culture because of the insufficient understanding to the elite burials of the tribes or clans shown by remains of this type and the limited exploration to its spatial distribution. As for the reliable evidence for the ethnic attribution of these remains, what we have so far is still a blank. Therefore, we cannot yet regard these remains as that of Yelang Culture, lest it may make unnecessary confusion in our future researches.

What we need to explain hereby especially is, in the light of the fact that the archaeological reports are hardly understandable and accessible to the non-professional readers, the authors and compilers arranged a chapter of " the Story of the Excavators" behind Parts One, Two, Three and Six to describe the content of the corresponding part in concise and easy language, and guide the readers to the details of the data they need. This is a new trial of this report different from its counterparts to meet the demands of readers on different professional and academic levels, the goal of which is to make the archaeological materials a kind of cultural resource understandable and utilizable to the public, to maximize the social effects of archaeological achievements and then to fulfill the social duty of archaeology as a walk of life. The results of this trial are still to be verified in the future practices.

If disagreements are found in this report and the past reports or other materials about this excavation, the contents in this report should be taken as the standard.

The excavation reports of the years 1977 and 1978 in *Kele* Township published in Kaogu Xuebao (*Acta Archaeologica Sinica*) No. 2, 1986 are attached to the end of this report.

第一编 概 述

第一章 地理环境与发掘概况

第一节 地理环境

可乐是黔西北乌蒙山东麓的一个山间坝子，位于赫章县西部，行政属可乐彝族苗族乡，至县城直线距离约 35 公里（图一）。

坝子呈窄长形，西北东南走向，坝子主体长约 3000 米，宽约 300～400 米。海拔高程约1773～1795 米。可乐乡政府位于坝子中央，所在地位置为东经 104°23′57″、北纬27°14′22″。从西南方流来的可乐河和从西北方流来的麻腮河在坝子西部会合，向东流过坝子，再东流经赫章县城后，汇入乌江主要支流之一——六冲河。

坝子周围分布一系列高约 60～100 米的黄土小山。土山后，绵延耸立着乌蒙山脉层层高峰。可乐已发现的战国至汉代遗址和墓葬群就分布在这些黄土山丘上（彩版一:1）。

第二节 墓葬及遗址分布

2000 年发掘的墓葬位于锅落包和罗德成地两座土山上。两山东西相连，坐落于可乐坝子外南偏西位置。距乡政府直线距离约 800 米。可乐至妈姑公路从两山半腰间穿过（彩版一:2）。

可乐自 20 世纪 50 年代末发现汉墓以来，开展过大量考古工作，现已探明，沿坝子周围土山分布墓群达十余处，还有两处遗址。墓群分别位于：祖家老包、顺山（包括王家坪子）、梨树坪（又称瑶人包包）、中寨、园田、官山、猪市包、姜子林包（又称马家包包）、杨家寨、水营（包括营盘、原区医院、三中、燕家坪子、雄所屋基等）、小河以及锅落包和罗德成地。遗址分别为：柳家沟遗址、粮管所遗址（图二）。1976 至 1978 年，贵州省博物馆考古组曾在其中数地点发掘过一批墓葬，并对柳家沟遗址做过小范围试掘。《考古学

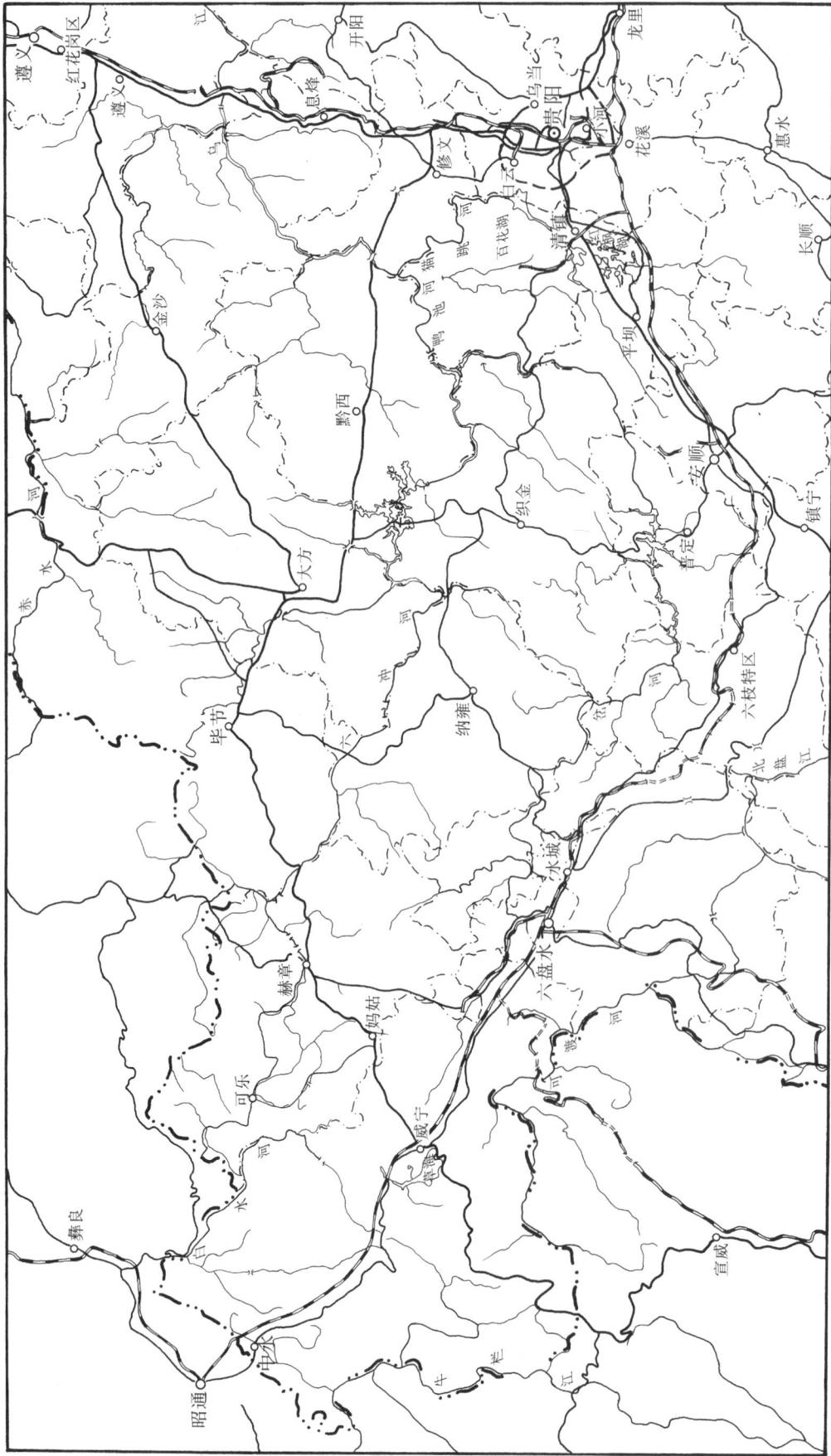

图一 可乐地理位置及周边环境示意图

——·——省界 ——---——县界 ━━━━铁路 ━━━━国道 ━━━━省道 ━━━━县道及江河 ————江河支流

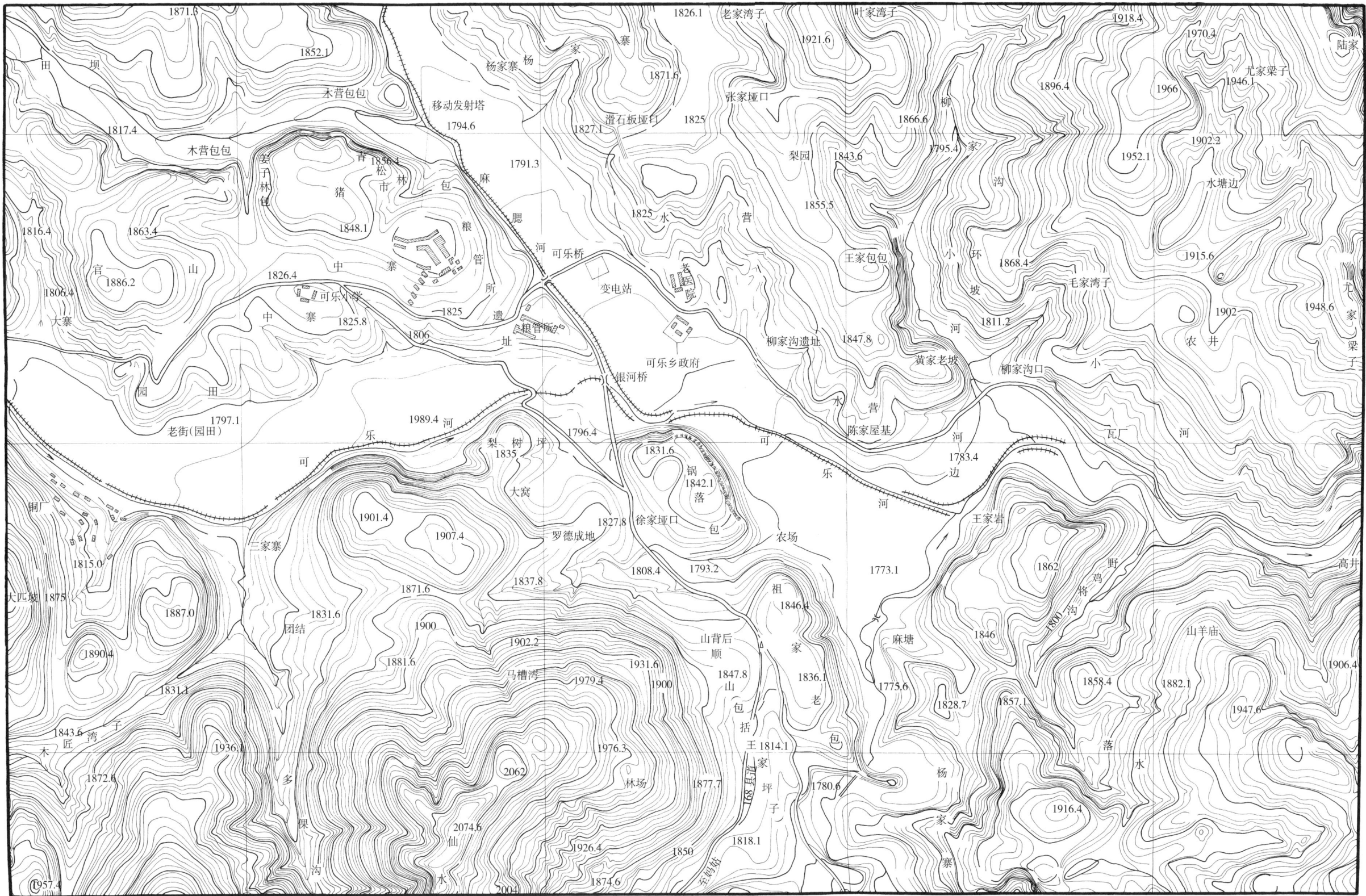

图二 可乐墓葬、遗址分布图

北

1871.3
1852.1
木营包包
1817.4
木营包包
姜子林包
1856.1
青
松
1816.4
1863.4
山
猪
1848.1
官 1886.2 中
1806.4 寨
大寨
1826.4
可乐中学
可乐中学
中 寨 1825.8
1806
园 田
老街(园田)
1797.1
1957.4

移动发射塔
1794.6
麻
1791.3
可乐桥
腮
1825
河
粮管所
遗址
1825
银管所
银河桥
1989.4 河
可
乐
1796.4
梨树坪
1835
大窝
1901.4
1907.4
罗德成地
三家寨
1831.6
团结
1900
1871.6
1881.6
马槽湾
1902.2
1837.8
铜厂
1815.0
大匹城 1875
1887.0
1890.4
1831.1
1843.6 子
木 匠 湾
1872.6
1936.1
2062
2074.6
仙
沟
2004
1926.4
1874.6
1850
1876.3
林场
1877.7
1818.1

1826.1
老家湾子
叶家湾子
1918.4
1970.3
杨家寨 杨
家 寨
1871.6
张家垭口
1921.6
尤家梁子
1946.1
滥石板垭口
1827.1
1825
1896.4
1966
柳
1866.6
1795.4 家
梨园 1843.6
沟
1902.2
1855.5
1825 水
水塘边
1952.1
营
王家包包
小
1868.4
1915.6
环
柳家沟遗址
坡
毛家湾子
1847.8
黄家老城
1811.2
农井
1902
河
柳家沟口
1948.6
营
小
陈家屋基
水
瓦
1783.4
边
厂
1831.6
锅
1842.1 落
可
乐
河
1827.8
徐家垭口
包
1793.2
农场
王家岩
野
1808.4
1773.1
1862 鸡
祖
1846.4
1800
麻塘 1846
山羊庙
山背后
沟
顺
1931.6
1836.1
1775.6
1828.7
1858.4
1882.1
1847.8 山
老
1900
王 1814.1 括
1857.1
1947.6
包
1780.6
家
杨
坪
家
1916.4
子
寨

石提 悬崖 桥 房屋 河流 公路

1 100 200米

报》1986 年第 2 期以《赫章可乐发掘报告》公布了以上发掘资料（后文将以 "78 报告" 简称之）。

2000 年在锅落包和罗德成地共发掘墓葬 111 座。其中锅落包 4 座，有 3 座为汉式墓葬，1 座为地方民族墓葬；罗德成地 107 座，皆为地方民族墓葬。按照 78 报告分类，本报告将汉式墓仍称为 "甲类墓"；将地方民族墓仍称为 "乙类墓"。

锅落包 1977 年和 1978 年曾发掘过 39 座墓葬，此次为了解汉式墓葬有关情况，仅在山西南侧未到山顶处作少量发掘。从分布状况看，山上还存在有部分墓葬。罗德成地 1978 年也曾分散发掘过 8 座墓葬，此次发掘仅限于东侧山腰 700 余平方米范围。从分布状况看，应当还存在大量墓葬。

此次锅落包发掘因数量少，采用探沟法寻找墓葬。四座墓编号为 HKM281～

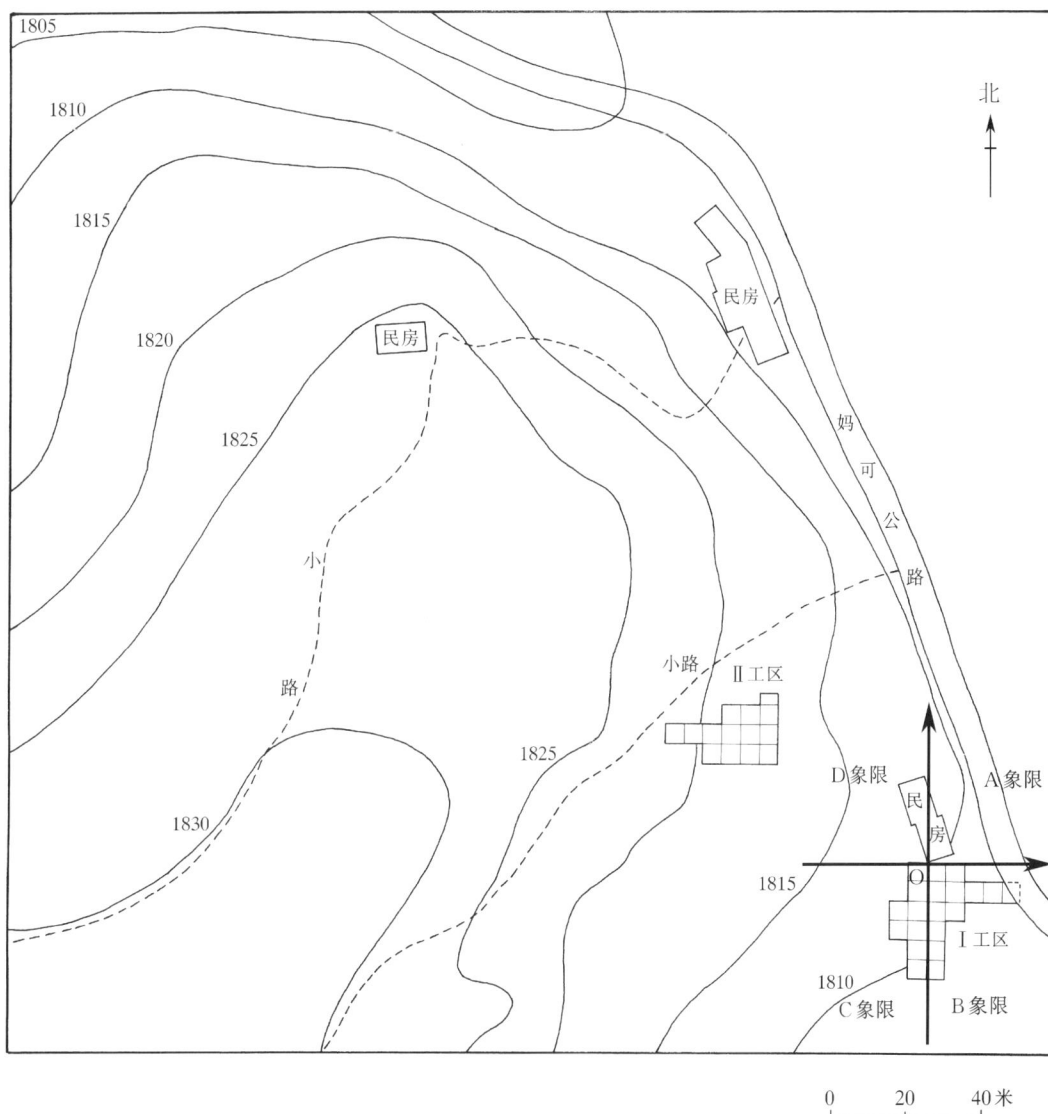

图三 可乐罗德成地古墓发掘探方位置图

HKM284。

罗德成地发掘按象限法布方，基点定于村民王明顺住房石砌长方形屋基西南角。该房背山而建，屋南为一片略有斜度的平地，有施姓村民在路边建一座砖窑，就地取土烧砖。屋后不远为一道高约 2 米的梯坎，系早年人民公社时期进行农田改造，变坡地为梯地时形成。故发掘根据地形分为两个工区。Ⅰ工区位于梯坎下平地内，分布于 B、C 象限内。Ⅱ工区位于梯坎上 D 象限内，与Ⅰ工区相距约 40 米（图三）。

Ⅰ工区发掘面积约 370 平方米。因砖窑取土制砖，地貌破坏较大，部分探方已被挖至生土较深部位，未发现墓葬。工区内共发现墓葬 26 座。编号为 HKM262～HKM280、HKM285～HKM291[①]。其中四座墓已被制砖取土挖掉一半。墓葬分布较疏朗，仅三座墓间有打破关系。墓向基本趋于接近（图四）。

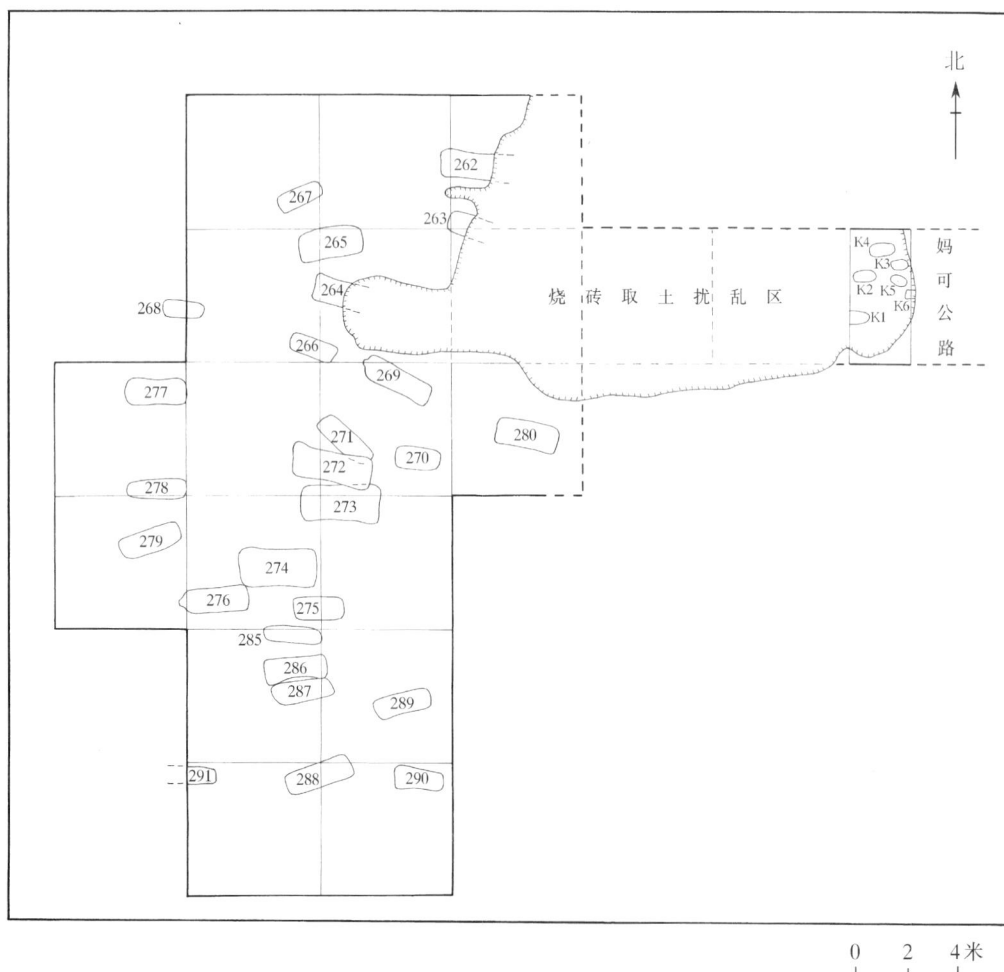

图四　可乐罗德成地Ⅰ工区墓葬分布图

---

① 墓葬编号沿用历史编号。可乐墓葬已公布编号截至 1978 年发掘为 HKM216。1979 年以后又组织的
　 发掘和零星的发掘，资料未予公布，这些墓葬编号连续统计数存于赫章县文物管理所。

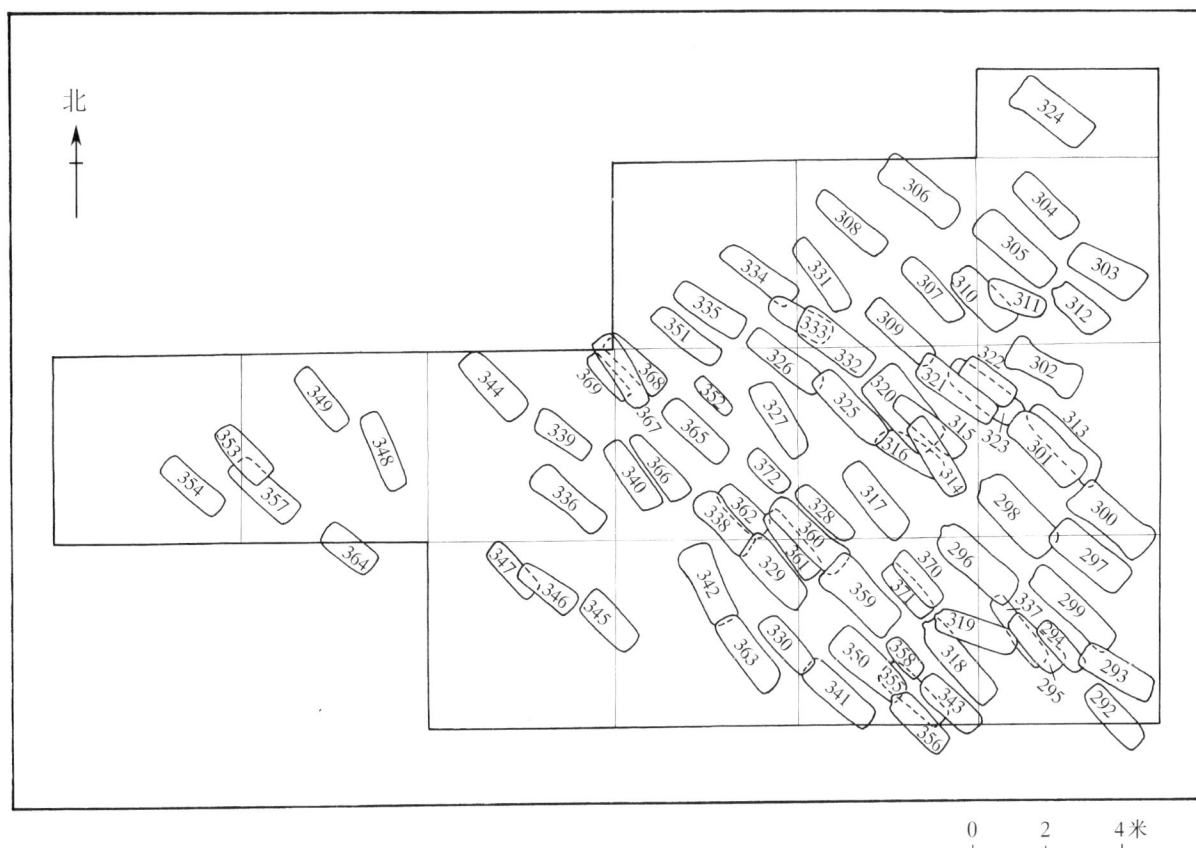

图五　可乐罗德成地Ⅱ工区墓葬分布图

　　Ⅱ工区发掘面积约 350 平方米。共发现墓葬 81 座，编号为 HKM292～HKM372[①]（图五）。其中靠坡上方的少数墓葬在坡地改梯地时，墓坑上半层被破坏，仅残存下半层墓坑。墓葬分布相当密集，屡见打破关系，有时几座墓相互打破，清理时辨认不易。墓向也基本趋于接近（彩版二）。

第三节　发掘概况

　　发掘自 2000 年 9 月 19 日始，至 10 月 31 日止。由贵州省文物考古研究所承担，赫章县文物管理所全力配合。发掘领队为宋世坤，副领队为梁太鹤，考古所参加人员还有张元、张合荣、王燕子、赵小帆、李飞等，另有曹波参加了前半程的发掘工作。县文管所参加人员有殷其昌、陈黔灵、马建书等。

――――――――――

　　① 为避免重复，报告后文（包括插图、彩版）所涉墓葬编号前将仅加 M 表示，省略代表地名的"HK"拼音字母。

　　发掘初期，四川大学历史文化学院考古教研室罗二虎教授率在读硕士研究生郭继艳一同参加工作，多有助益。郭继艳一直工作至发掘后期才返校。

　　配合发掘，毕节地区文物管理办公室在现场组织了一期考古训练班，学员为地区博物馆和地属各市、县文管所业务人员。学员除听课外，还参加了半个多月的田野发掘工作。训练班成员有毕节地区文物管理委员会郑远文、向鹏，毕节地区博物馆刘明跃、钟庆丰，毕节市文物管理所孔德华，大方县文物管理所杨鹏，金沙县文物管理所孙颖，威宁县文物管理所孔庆达，黔西县文物管理所陈文蓉，纳雍县文物管理所周治萍及赫章县文物管理所人员等。

第二章 材料整理及报告编写

材料整理在贵州省文物考古研究所进行。相关检测,分别送北京大学、复旦大学、北京科技大学、中国社会科学院考古研究所、中国科学院金属研究所、贵州农业科学院土壤肥料研究所、中国丝绸博物馆等单位进行。部分重要铜器,还请中国社会科学院考古研究所加以修复。

本报告除墓葬分类和编号延续78报告框架外,器物分类也注意保持与78报告的一致性。必要处做少量调整。其中陶器分式调整稍多,一方面因陶器出土很少,另一方面因出土陶器在排队断代方面未呈现重要意义,故适当使分式趋于简化。为便于读者对照,器物分类一般都与78报告作对应说明。

报告编写,除采用传统综合分析介绍方式外,还增设分墓资料编,将所有包含随葬品的墓葬,以墓为单位,分别加以报道。我们认为这种编写墓葬发掘报告的方法,能更好全面反映墓葬发掘所获古代信息,避免编写者因主观局限,忽略掉一些自以为不重要的现象和细节,而这些现象和细节在后来的研究,尤其是从不同角度研究时,恰是十分需要的资料。

此外,除分墓资料编和出土物检测分析资料编外,在其他各编最后部分,设有"发掘者说"章。这在以往考古报告中未曾采用过,是本报告试图为非考古专业人士特别开设的阅读窗口,目的是使更多读者也能够较方便地阅读报告,或查找到需要的有关资料。该部分主要设置了三方面内容:

一是将本编主要内容用通俗语言加以梳理讲述,尤其是对其中特别程式化、特别专业性的部分,在不违背客观原则前提下,适当变换观察和描述角度,避免一般读者对考古报告某些表述形式的不适应。对于报告中原已易于理解的部分,则仅加若干提示或一般性简说,以减少内容的重复。

二是引导查阅者阅读和观察的路径,帮助使用者较便捷地在有关章节中查找到自己所需详细资料。

三是择要表述发掘和整理研究过程中,考古工作者产生过的一些思考、推断或联想片断。这些片断有时会缺乏充分证据,甚至带有个人主观性。这在过去考古报告中一般需尽量避免涉及,目的是保持报告的客观性。但作为直接发掘和研究者的一闪念,其中可能恰恰蕴含有对今后研究具有重要启迪价值的信息,弃之十分可惜。通过新开辟的这个空间记录下这些片断,既不影响报告的客观性,又可保留下这些可能存有潜在价值的信息,将有利于今后研究，也不留下日后追忆起来的遗憾。而且还可以增加读者对考古工作者的了解，增加后人对今人的了解，无疑是一种有益的交流方式。

此外，一些不列入正式报告的相关资料也可在这一章略加介绍。

开设这样的窗口，前提当然是保证报告的严谨性、科学性，不破坏报告必需的学科规范。作为考古报告编写形式的一种改进，这样设置得到不少同行赞许。虽然从内容看，似稍显重复之赘，但因此能大大拉近更多读者与考古报告的距离，增加多方人士认识和研究考古工作中的种种发现，对考古研究者自身也可增添一些有意义的信息，无疑价有所值。曾考虑将此部分汇总安排到全书最后，成为单独的附录。但那样会使述说的内容更多重复，尤其不便于读者就近查找该编中的详细内容，另外在插图的安排上会有不少困难。而随编述说，方便读者，优越处较多，故取后者。

"发掘者说"可单独阅读，能便捷地初步了解全报告。查阅报告时也可跨越该章，并不影响报告的完整性。为便于读者单独阅读，我们在这一章书页的边缘加印有一条色标，从书口就可以直接翻到这部分去阅读。

第三章　发掘者说

一

　　赫章可乐是贵州山区一个很不起眼的小坝子。坝子面积只有 1 平方公里左右，在贵州数以千计的坝子中，可说非常普通。

　　可乐坝子坐落于贵州省西北边乌蒙山区，往西跨过一个乡，就进入云南省地界。这里是赫章县一个彝族苗族乡，公路到县城大约 60 公里，坐车却要 2 个多小时。乌蒙山区是贵州省海拔最高的地区，习惯上，贵州人把这里称为"高寒山区"。可乐坝子的海拔比贵阳市高出 700 多米。赫章县与威宁县交界处的韭菜坪是乌蒙山最高的山峰，海拔 2900 米，号称"贵州屋脊"。冬季，这样的山区当然要寒冷许多。

　　乌蒙山是贵州十分重要的一条山脉，总体上，它是贵州西部长江水系与珠江水系的分水岭。乌蒙山有不同支系，它们除了分隔长江水系的金沙江、乌江与珠江水系的北盘江外，还分隔了乌江与长江水系的另一条重要支流——赤水河。可乐位于这条重要山脉的东侧，从坝子中流过的可乐河，就顺势向东汇进乌江支流六冲河。小小的可乐虽然不起眼，但它处的地势却颇要紧。

　　也许是因为这个原因，可乐虽属高寒山区，古代却是人们一个重要的居住地。可乐坝子的地貌构成很有特点，除坝子当中流过的小河，坝子周围，排列一周高度相差不大的黄土小山。就是在这些土山上，分布了大量古代的墓葬和遗址（参见图二）。

二

　　2000 年发掘的墓葬，分布于可乐坝子南边的两座土山——锅落包和罗德成地，这只是可乐周边土山上古代墓葬群中的两个分布区，相似的墓葬区在其余土山上还有十余座。这一次锅落包发掘的四座墓中，三座与中原地区西汉墓基本一样。另一座及罗德成地发掘的 107 座墓，却别有一番特征，显然是当地民族的墓葬。我们的报告将锅落包 3 座墓划为甲类墓，将锅落包一座及罗德成地 107 座墓划为乙类墓，分类进行叙述。

　　所谓甲类、乙类，仅仅是考古研究中一种分组符号，并无其他意义。可乐早年曾进行过多次发掘，其中 1976～1978 年的发掘已整理为一份较大的报告公开发表。我们将报告简称为"78 报告"。那份报告将发掘的中原特征汉墓称为甲类墓，将地方民族特征墓称为乙类墓。因此，这次报告分类就沿用原有的称呼，目的在于保持资料的连贯性。这是科学工作中常需遵循的一种原则，既尊重了前人的工作，又使后来读者易于前后对上号，不绕弯路。

不光分类，墓葬编号也从最初的编号一直沿用下来，所以这次发掘的第一座墓编号为 HKM262，依次为 HKM263、HKM264……编号中，H 表示赫章，K 表示可乐，M 表示墓葬。这是考古报告中习惯采用的方法，编号时先冠以地名拼音的第一个字母，地名一般先使用县名，再使用墓葬所在点的小地名，这样易于识别定位，不会和其他地区的墓葬混淆。

可乐考古发现最早要追溯到 20 世纪 50 年代末，当地村民在农耕中陆续发现了一些青铜器，其中包括西汉时期的铜鼓和其他文物，由此引起文物部门关注，进行调查，寻找到汉代遗址和墓葬。

可乐第一次考古发掘是 1960 年 11 月～1961 年 1 月，贵州省博物馆在中寨发掘 7 座汉墓（M1～M7），出土文物 40 余件，以及铜币 160 多枚。发掘简报发表于《考古》1966 年第 1 期。以后考古发掘又进行过多次，分别为：

第二次，1976 年 11 月贵州省博物馆在水营雄所屋基发掘 2 座汉墓（M8、M9），出土文物 130 多件。

第三次，1977 年贵州省博物馆与赫章县合作，发掘水营雄所屋基等地及祖家老包战国至汉代墓葬 47 座（M10～M56），试掘柳家沟战国遗址 75 平方米，共出土文物 600 余件。

第四次，1978 年 10 月中旬～12 月中旬，再次发掘祖家老包、锅落包、罗德成地战国至汉代墓葬 158 座（M57～M216①），出土文物 500 多件。以上三次发掘合并编写为一个报告——《赫章可乐发掘报告》，本段开头已提到。

第五次，1980 年 6 月，毕节地区文物干部培训班在贵州省博物馆业务人员指导下，发掘猪市包墓葬 10 座，资料未发表。

第六次，1981 年 7 月，贵州省博物馆配合公路建设，发掘祖家老包一带墓葬 20 余座，出土文物数十件，资料未发表。

第七次，1988 年 3 月～7 月，贵州省博物馆考古队发掘粮管所所在地汉代遗址 175 平方米，资料未发表。

第八次，1992 年 10 月～11 月，贵州省博物馆考古研究所再次发掘粮管所遗址 200 平

---

① 　1978 年发掘时 M192、M215 为空号。当时用探沟法查明墓葬后，分多组进行发掘，每组预编数个墓号。发掘后证实预编的 M192、M215 并非墓葬，但原编号已不能更改，故留为空号。

方米，资料未发表。考古资料未发表有各种各样原因，有些可能将来整理出来再公布。不论何种原因，不及时发表肯定是一种遗憾。

2000 年发掘算来是第九次。这之前，从 1978 年以来，当地村民建房、种地时还陆续发现过一些零散墓葬，都由县文物管理所获报后随时处理。这一类墓葬大约十余座，因零散，未按发掘次数统计，但墓葬也由文管所作了连续编号登记。

这次罗德成地的发掘面积不算大，根据山坡地形分两片发掘。

先做的第一工区发掘约 370 平方米，共发现 26 座墓。第二工区发掘约 350 平方米，共发现 81 座墓。第二工区的墓葬分布非常密集，我们常常发现一座墓在埋葬时将原来已有的另一座墓的墓坑挖掉了一部分。这就是第一章第二节所说墓葬间的"打破关系"。当这种打破仅仅是重叠在原有墓葬的上部时，又称为"叠压关系"。二工区墓葬的打破现象发现很多处，墓葬的密集程度甚至使发掘人感到吃惊，因为在贵州以往的考古发掘中，还没有看到过这样的现象。

三

"发掘者说"是本报告的新创。这一章的主要设想和安排，前边第二章已作过交待。其中不直接地提到非考古专业人士阅读考古报告的难处，其实也是要表达我们的一种反思。

来自不同方面宣称考古报告难读的抱怨，我们早已听到很多。不光一般读者，连从事古代历史研究的学者也每有同感，甚至视考古报告为难以接近的"天书"！因而，考古专业以外的人员，非万不得已，绝不愿翻动考古报告。

说真的，考古报告不光有许多生僻的专业术语，还有一些已形成定势的思维方式和表述方式，的确不便阅读。比如繁复的分型分式——墓葬要分型分式，器物也要分型分式，分去分来，已让人转晕头，找不到要领，难以读下去。但分型分式又是考古类型学所要求的一种基本方法，用以解决有代表性器物的排队、对比，以及断代、工艺等等方面的研究问题，考古报告还真不能少。不过冷静想一想，考古报告在确保学科规范的同时，是不是能够再采用一些其他方式，帮助更多读者去认识、了解这些古代遗迹和遗物呢？我们过去真还没想过这个问题。应当说，对考古发掘资料使用率的最大化、社会化问题，考古人长期来缺乏必要的重视。

考古报告既是考古工作者在田野调查、发掘工作中对所获资料的忠实记录，也是向社会公布资料、公布考古工作者研究结果的基本方式。因而，考古报告决不应仅仅是本专业使用的"内部资料"，还必须考虑让社会公众更多的人便于读、用这些资料。随着社会文明程度提高，社会各方对考古资料的关注和需求已大大增加。这是文明社会人人都具有的权利。每名考古工作者都有义务去满足这方面需求。因此，改进考古报告编写方法，成为我们的一种思考。增设"发掘者说"便是我们在冷静思考后，尝试进行的一次实践。是否安排得当，是否合乎广大读者的需求，还有待检验。由于是第一次尝试，我们的具体做法与设想的目标难免存在距离。但我们希望这样的努力能够让其他研究者和公众走进我们的报告，至少，不再将这份报告看成难以接近的"天书"。希望这样会引起更多人和我们一起来研究这批资料，更深入、全面地揭示发掘所获得的考古信息，这将大大提高这些信息的历史价值。

　　"发掘者说"放在每一编的最后，可以从书口的色标直接翻看，而先不去关注报告正文。相信读后对报告的基本内容你已能大体了解。如果你还感觉略显简略，或需查到更具体资料，不妨翻到前边报告的对应章节，可以读到详细内容。有了初步了解，那些章节可能就不会太难读。多翻翻，你还会和考古学家一样，能方便自如地使用所有的考古报告哩！

第二编　甲类墓综述

甲类墓即汉式墓葬，发掘目的主要为加深对这类墓葬的了解，与乙类墓进行必要的对比，非此次发掘重点。共发掘三座墓，分别为：M281、M283、M284。本编对发掘进行归类描述、综论，各墓基本资料在报告第五编另有专门介绍。

第一章　墓葬形制与特点

第一节　墓葬形制

三座墓形制基本相同，共同特征是：皆为长方形竖穴土坑墓，无墓道。墓坑长宽比例较小，坑壁整齐、陡直，墓口与墓底尺寸基本一致。墓底略呈水平状，一座有很小倾斜度（彩版三）。

墓坑尺寸、方向如表一。

表一　甲类墓墓坑尺寸及方向　　　　　　　　　　　　　　（长度单位：米）

墓号	墓口长	墓口宽	墓底长	墓底宽	墓坑深	墓向
M281	3.35	2.22～2.32	3.35	2.22～2.32	1.06～1.15	18°
M283	3.20	1.95～2.03	3.14	1.88～2	0.5～0.6	150°
M284	3.44～3.50	2.02～2.12	3.44～3.50	2.02～2.12	1.02～1.28	45°

三墓长宽比分别约为：1.44:1、1.58:1、1.65:1。

墓葬都位于农耕土中，耕土层深度一般为0.3～0.4米。揭掉耕土层便是生土。发掘所见墓口均出现于生土层，墓坑打破生土层，所见墓口恐已非原始墓口。在农耕过程中，尤其坡地改平地时，会或多或少挖掉墓坑上层部分。

M281墓底靠北面中部有一个不规则形坑，长、宽、深分别约1.30、0.60、0.25～

0.35 米，边较直，底不平，北端最深。坑内填五花土，西壁靠北端斜放一个豆形陶博山炉，无其他器物。

三墓形制相近，结构单一，不举例描述，各墓平、剖面图俱见第五编甲类墓分墓资料。

第二节　葬俗及其他特点

墓内填土为含红烧土颗粒的褐色黏土和五花黄色黏土。靠墓坑上部，含红烧土颗粒的褐色黏土较多，揭掉耕土层后，墓坑大致形状即显现出来。墓坑边缘和下部，多为五花黄色黏土，接近于生土色。

填土未经夯打。

因土质偏酸性，葬具及人骨均不存。在 M281 与 M284 中发现长条形木痕，位置及长度显现应是木棺遗痕。M281 沿长条形木痕并保留有部分漆皮痕，推测埋葬时曾使用木棺，有的木棺并经髹漆装饰。葬式不详。但使用木棺埋葬，以仰身直肢葬可能性大。

墓内随葬器物摆放没有严格规律，较集中放于墓坑一侧及一端。所余空间，应是木棺位置。M281 和 M284 木棺遗痕正好在这个空间顺墓坑长方向延伸。从木痕和器物分布看，木棺在墓坑内并不居于正中，而是略偏向一侧。

因人骨已毫无痕迹，头向根据器物位置，参考过去发掘墓葬，应是顺山势朝向山顶或山坡较高面而葬。

第二章 随葬器物

第一节 随葬器物概况

三座墓出土器物按质地分为三类：陶器、铜器、铁器。

陶器 共 34 件，在三类随葬品中数额最多。主要为日常生活用具，另有少量生产工具。器形包括罐、壶、釜、钵、碗、盂、豆、薰炉、纺轮等。陶色有红褐、褐、黄褐、灰、黑灰、白等。陶器集中摆放于棺外一侧以及脚端。

铜器 数量不多，仅有 2 件釜、1 件残带钩、1 件剑格、3 件小铜铃。此外，每墓还出有少量钱币。

铁器 共 13 件，兵器仅 1 件长刀，其余为生产工具和生活用具，器类较丰富，包括斧、锸、铚、锯、刀、削、钎、三足架等。铁器放于棺外，摆放位置不定，或散见于陶器间，或相对集中放于棺外靠头端一侧。

另外，三墓均发现黑色、红色漆器痕，器形已不能确认，大体看出有圆形容器、长方形器等。

M284 坑底棺外侧靠近陶器处，发现一小片用自然石块铺成的地面，用途不明。

第二节 陶器

陶器质地以夹砂陶为主，计 30 件，占总数的 88.2%。泥质陶仅 4 件。制作成形工艺以泥条盘筑、慢轮修整为主，典型的轮制器不多。带纹饰的器物共 14 件，多数纹饰较简单，仅在肩腹部饰数道弦纹。少量器物纹饰较多，包括网格纹、方格纹、绳纹、连弧线纹、附加堆纹等。个别器物外表涂有红彩，较特殊。烧制火候普遍不高，尤其 M 281 中数器，烧成温度仅约 500℃～550℃，以致粗看疑似泥坯。

陶器按器形介绍。各种器形的型、式划分，尽可能维系原 78 报告框架。有调整处，将在描述中说明。

罐 罐是陶器中数量最多的一种器物，共 18 件，分三型。其中一件残，不可修复。分型与 78 报告 A、B、C 三型一致，但分式有所调整，趋于简化。

A 型 8 件。主要特征是短颈，圆鼓腹，平底。根据鼓腹形态及颈部变化，分为 3 式。

78 报告分 11 式。因断代意义不大，略作简化处理。

Ⅰ式：3 件。腹最大径偏上，下腹部斜直内收。口唇形式略有差异。标本 M284：15，口径 12.4、最大腹径 28.3～28.7、底径 16.3～16.7、高 23.8 厘米。夹砂灰陶，小口，圆卷唇。器壁饰窄条状凹弦纹，下腹局部饰不规则纵向细绳纹。泥条盘筑法成形，腹内壁可见泥条痕。泥料沙质重，加有少量砂粒，内含石英砂。用弱还原焰烧成，火候不高（图六：1）。标本 M284：16，口径 10.7～10.85、最大腹径 18.3、底径 12.3、高 12.2 厘米。夹砂灰陶，直口微侈，方唇。肩部饰两道平行凹弦纹，弦纹间划斜线网格纹。轮制法成形，外壁稍加磨光，泥料经选择，加有少量细石英砂，砂粒较匀。用弱还原焰烧成，烧成温度约 900℃，是出土陶器中少见的高火候器（图六：2；彩版四：1）。

Ⅱ式：3 件。腹最大径居中，圆弧均匀，底较大。口唇形式亦有差异。标本 M281：14，口径 15.8～16.2、最大腹径 35.5～35.8、底径 22.8～23.7、高 29.4 厘米。夹砂灰白陶。圆唇微卷，素面。泥条盘筑法成形，器表多有拍打痕，泥料沙质重，加有少量砂粒，内含石英砂。烧成温度约 500℃～550℃（图六：4；彩版四：2）。

Ⅲ式：2 件。腹径较小，颈略长，器高与腹径长度接近或略大。标本 M281：10，口径 7.4、最大腹径 15.3、底径 9～9.45、高 15.5 厘米。夹砂黄灰陶，侈口，束颈，圆唇，素面。泥条盘筑法成形，泥料内加有石英砂。烧成温度约 500℃～550℃（图六：3；彩版四：3）。

B 型　8 件。带耳罐。根据耳形式及底变化，分为 4 式。78 报告分 9 式。

Ⅰ式：1 件（M284：20）。同于 78 报告 BⅠ式。器形大，腹中上部有片状半环形双耳，平底。口径 27～27.7、最大腹径 37.6～38.2、底径 23.2～24.8、高 41.8，耳①片宽 3.55～4.7、中部厚 1，耳②片宽 3.35～5.2、中部厚 1.05 厘米。夹砂褐陶，侈口，斜尖唇，窄肩斜平，下折为腹，腹深微弧，腹中上部纵向置耳，素面。泥条盘筑法成形，器形不规整，泥料中加有较多石英砂，烧成后器表呈褐色，胎心呈黑色。烧制火候不高（图六：5；彩版四：4）。

Ⅱ式：3 件。略同于 78 报告 BⅤ式。小侈口，片状半环形单耳，平底。标本 M284：13，口长径 11.05、短径 9.75、最大腹径 12、高 13.8，耳片宽 4.35～4.6、中部厚 0.9 厘米。夹砂褐陶。口微侈，唇薄、圆，口部椭圆形，腹微鼓较长，平底，口沿至腹中部纵向置耳，耳面有纵向宽条纹数道，似不经意划成，器底印有叶脉纹。泥条盘筑法成形，制作粗糙，器表不平整，泥料中砂粒色杂，包含较多石英砂。烧制火候不高，局部有火焰不匀造成的黑色（图六：6；彩版五：1）。

Ⅲ式：3 件。同于 78 报告 BⅢ式。器形大，侈口，口沿下片状半环形单耳，对侧腹中下部一鋬形耳。标本 M283：12，口径 23.6～24.4、最大腹径 28.6～29.7、底径 14.2～14.8，耳片宽 3.25～3.7、中部厚 0.65 厘米。夹砂红褐陶。口沿下至腹上部纵向置耳，素

图六　甲类墓随葬陶罐

1.A 型 I 式（M284：15）　　2.A 型 I 式（M284：16）　　3.A 型 III 式（M281：10）　　4.A 型 II 式（M281：14）

5.B 型 I 式（M284：20）　　6.B 型 II 式（M284：13）

面。泥料中加有较多石英砂粒，砂粒径较大。泥条盘筑法成形，器形不规整。烧制火候不高，器表多为红褐色，局部因火焰不匀呈黑色，胎心呈黑色（图七：2；彩版五：2）。

Ⅳ式：1件（M281:12）。同于78报告BⅣ式。侈口，口沿至腹部片状单耳，口沿另一侧饰小段齿状附加堆纹，平底。口径12.45～12.7、最大腹径13.9～14.2、底径7.15～

1、3、6. ⊢———┴———┤ 0 4 8厘米　　2、4、5. ⊢———┴———┤ 0 8 16厘米

图七　甲类墓随葬陶器

1.B型Ⅳ式罐（M281:12）　　2.B型Ⅲ式罐（M283:12）　　3.C型罐（M281:9）

4.A型Ⅱ式壶（M284:22）　　5.A型Ⅲ式壶（M284:14）　　6.A型釜（M281:8）

8.15、高 16.3，耳片宽 2.4～2.8、厚 0.85 厘米。夹砂褐陶。腹上部饰压印方格纹，下部饰绳纹。泥条盘筑法成形，器形不规整，外壁多有拍打痕，泥料中加有较多石英砂。烧制火候较高。器表色深，胎心呈黑色（图七:1；彩版五:3）。

　　C 型　圜底罐。仅 1 件（M281:9），形制较特殊。口径 9.3～9.95、最大腹径 12.3～13.2、高 12.4，耳片宽 4.1～4.6、厚 0.85 厘米。夹砂灰褐陶。侈沿较宽，圆唇，束颈，圆鼓腹，圜底，口沿至腹上部置一只宽片状半环耳。腹部满饰细绳纹。耳面有红彩，红彩多敷于器表外所附一层薄泥上，有的也敷于器表。红彩经检测分析，系朱砂。泥条盘筑法成形，腹外壁多有拍打痕，内壁垫窝有较明显交错细条痕，似拍打时使用软质线状物作内垫。泥料中加有细砂，但少见石英砂。烧制火候低，胎心呈黑色（图七:3；彩版五:4）。

　　壶　2 件，长颈壶。分别略同于 78 报告 A 型 Ⅱ、Ⅲ 式。78 报告 B 型壶此次未出土。

　　Ⅱ式：1 件（M284:22）。口径 18.3～18.6、最大腹径 28.7～29.2、高 32.8 厘米。夹砂褐陶。口微侈，方唇，高领，圆鼓腹微扁，圜底，底残损较多，不辨是否还有圈足。口沿外有一周带状棱边，肩部饰三道凹弦纹，腹部饰一条带状附加堆纹。附加堆纹呈黑色，经局部烧制测试，系制作时带状堆纹的泥料中含较多成色矿物质形成。泥条盘筑法成形，胎厚 1～1.4 厘米。泥料沙质重，加有少量砂粒，内含石英砂。制作时泥料揉练不好，水分掌握不当，陶片多见起层现象。烧制火候不高（图七:4；彩版六:1）。

　　Ⅲ式：1 件（M284:14）。口径 14.2、最大腹径 24.5、底径 17.5、高 27.2 厘米。夹砂褐陶。口微侈，圆唇，高领，斜折肩，腹壁略斜直下收，平底微圜，底腹间无明显折线。素面。泥条盘筑法成形，器面多拍打痕。泥料沙质重，加有较多石英砂。烧制火候不高，器表多呈红褐色，局部因火焰不匀呈黑色（图七:5）。

　　釜　4 件。分二型。78 报告未分型，与此次出土形制有差异。

　　A 型　2 件。有耳，腹深。标本 M281:8，口径 16.4～17、最大腹径 19.6～20.7、高 17.6、耳条径 1.35～1.45 厘米。泥质灰褐陶。侈口，尖唇，束颈，肩斜弧略凹，下折为腹，腹壁弧形内收，圜底。肩腹相接处纵向置一对圆条状环形小耳。腹上部有少量篮纹，似制坯时外壁拍打留下的印痕，非有意之装饰。泥条盘筑法成形，器表拍打后用软质物稍加打磨，面较光，但不平整。耳与腹壁连接处呈一周明显缝隙，耳条插入腹内壁，应是先有烧制过的环耳，制好器坯后再将耳插入，烧制时因膨胀系数差异出现接口分离。烧制火候不高，经短时渗碳处理，器表多呈灰褐色，胎心呈红褐色（图七:6；彩版六:3）。

　　B 型　2 件。无耳，扁鼓腹。标本 M284:19，口径 10.2～10.55、最大腹径 18.5～19.4、高 14.5 厘米。夹砂黄褐陶。口微侈，平沿圆唇，领较高，呈缓弧外展，扁鼓腹，圜底。口沿面饰一周线状划纹，腹部饰十余道横斜带状划纹。带状划纹用单根圆首棍状工具划成，宽约 0.5 厘米，划纹底部圆弧形。泥条盘筑法成形，胎较薄。泥料中加有较多石英砂。烧制火候或略高于 750℃（图八:4；彩版六:2）。

　　钵　1件（M283:5）。同于78报告B型钵。口径21.7～23.6、最大腹径21.8～23.4、足径11.9～12.2、通高9.9厘米。夹砂黄褐陶。直敞口，平方唇，腹较深，下腹弧形内收，圜底，矮圈足。口沿下饰一周凹弦纹。泥条盘筑法成形，器形不规整，腹至底面坑洼不平。泥料沙质重，加有少量石英砂。烧制火候不高（图八:1）。

　　碗　3件。形制差异不大，不分式。78报告陶碗亦大体同。标本M281:7，口径16～16.5、底径5.8、高6.2厘米。泥质黄灰陶。敞口，斜平唇，折腹，下腹部略向内弧，小平底。素面，器底及腹外壁大部涂有红彩，红彩为朱砂。泥条盘筑法成形。烧成温度约500℃～550℃。出土时扣放于墓坑死者足端地面（图八:2；彩版七:1）。标本M284:18，口径14.1～15、底径5.6、高5.3厘米。夹砂灰陶。形制大体同前，腹近底处下凹成小平底，从器外看似圈足。素面。器底有制坯时留下的饼状痕，反映成形时先以少量泥料做圆饼为底，再从外缘盘筑泥条制腹。泥料沙质重，加有较多砂粒，内包括石英砂。烧制火候

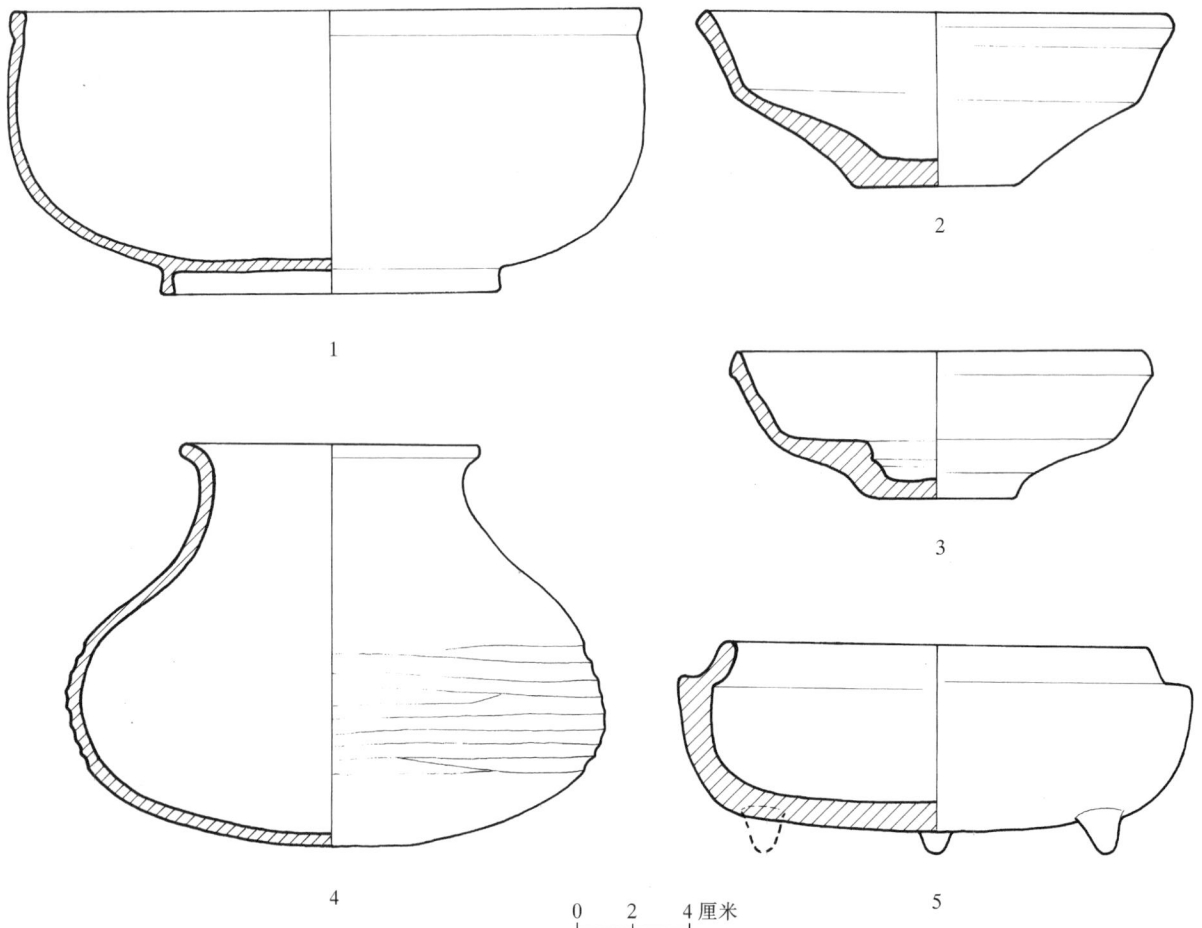

图八　甲类墓随葬陶器

1.钵（M283:5）　　2.碗（M281:7）　　3.碗（M284:18）　　4.B型釜（M284:19）

5.盂（M284:21）

稍高于前，陶片断口可看出胎心为边缘清晰的黑色层（图八：3；彩版七：2）。

盂 1件（M284：21）。同于78报告A型盂。口径14.9～15.4、肩径17.8～18.3、足高1.6、通高7.4厘米。夹砂灰陶。敛口，圆唇，折肩，肩面微下凹成浅槽，似子母口，浅腹，圜底，下有三只乳丁足。素面。泥条盘筑法成形。器表用软质物稍加打磨，面不平整，但表质较细。泥料沙质重，加有少量砂粒，内包含石英砂。烧制火候不高，器表呈黑色，表皮脱落处呈灰褐色，是少数用还原焰烧成的器物之一（图八：5；彩版七：3）。

豆 2件。浅盘豆，形制小异。与78报告A、B型均不同。顺次编列为C型。标本M281：16，口内径12.8～13.3、口外径14.8～15.3、足径12.2～12.7、通高11.8厘米。泥质黄灰陶。口微敛，圆唇，子母口，直腹，圜底，喇叭形柄，中空。素面。盘内有修整时留下的螺旋纹。轮制法成形。泥料沙质重。烧成温度约500℃～550℃（图九：1；彩版

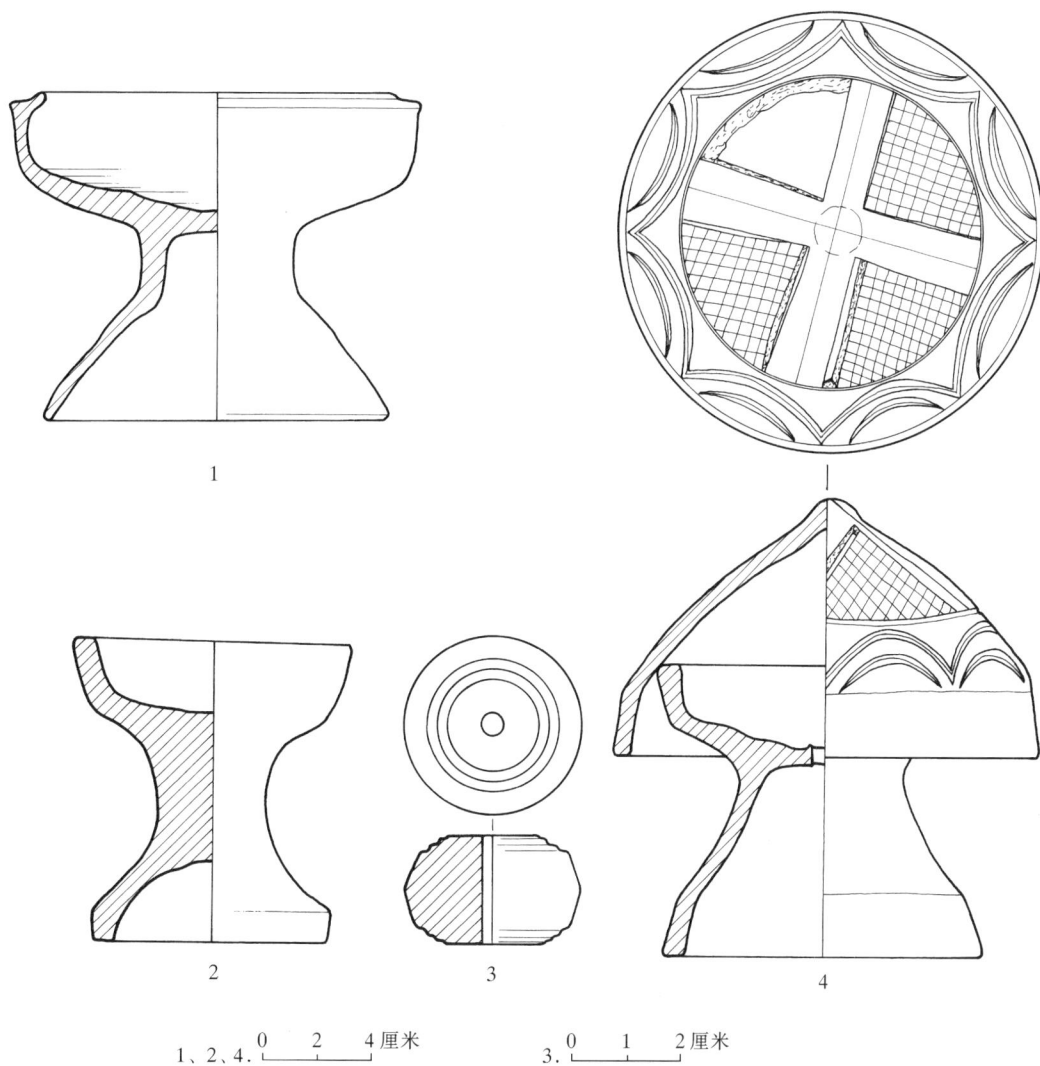

图九 甲类墓随葬陶器

1．豆（M281：16） 2．豆（M284：17） 3．纺轮（M284：5） 4．博山炉（M281：25）

八:1)。另一件 M284:17 为夹砂灰陶，不带子母口，柄大部为实心，仅足部中空呈半球形。出土时豆盘内残留有少量炭屑（图九:2）。

博山炉 1件（M281:25）。与78报告略同。由盖和身扣合组成。盖口径15.1～16、高9.5，豆口径12.2、底径12、高10.8厘米。泥质黄灰陶。器盖呈弧面圆锥形，饰有仿铜博山炉的纹饰：用一道凹弦纹划分为上下两部分，凹弦纹上部从锥顶用两道垂直相交的直线分割成四个三角形区，每区内用两道划透器壁的斜线构成一个较小的三角区，区内满布菱形网格划纹；凹弦纹下部一周均等划八个双线连弧纹，弧线划得较深，有的地方划透器壁。器身豆形，浅盘，腹壁斜直，喇叭形柄，盘底正中一不规则圆形穿贯通器柄。盘口沿及内壁满布黑色烟痕，盘内一侧残留少量炭屑。柄内壁下半段及口沿也有大片烟痕，但上半段及穿孔内却不见烟痕。素面。轮制法成形，制作甚粗糙。泥料沙质重，烧成温度约500℃～550℃（图九:4；彩版八:2）。此器出土时单独斜倾于棺下不规则土坑边，器盖罩于器身上，但器盖与器身甚不协调：器身有明显使用的烟熏痕，器盖却毫无烟痕；器盖口径与器身口径差距大，盖只能罩于器身，不同于一般博山炉结构。而墓内土坑上不远处另一件陶豆（M281:16）口径、陶色都与此器盖相似，倒更像是原配套器物（彩版九:1）。

纺轮 2件。算珠形。标本 M284:5，最大直径3.2、穿孔直径0.4、高2厘米。夹砂褐陶。上下面各饰弧状凹弦纹三周，腹中部突起一道不明显的折棱，器表附较多红彩，但红彩浮于表层，粘附的泥上也有，且分布不均，另一侧平面几乎不见红彩。泥料中加有少量石英砂，烧制火候较高（图九:3；彩版九:2）。另一件（M284:24）与此件并列放在一处，形制相似，无凹弦纹，器表红彩状况相似。两件纺轮附近的地面有约8厘米见方的一片红彩，说明红彩系埋葬时现场涂撒。红彩系朱砂。

第三节 铜 器

一 铜 器

釜 2件。标本 M283:1，口径21.3、最大腹径23.1、高13.7、耳外径3.65、耳片宽0.95厘米。斜折沿，鼓腹，圜底，腹上部对称置辫索纹片状环形竖耳。口沿面饰一道突弦纹，腹上部饰一道突弦纹。器外壁一道范缝从口沿下贯通器底。腹壁可见较多垫片，垫片多呈不规则方形，边长0.8～1厘米不等。器外壁满附较厚的烟炱痕。出土时铜釜位于墓坑足端一侧，支于三块自然石头上（图一〇:1）。另一件铜釜（M281:17）残损严重，未修复。无折沿，领较高，形制与78报告 AⅠ式铜釜同。出土时位于墓坑头端一侧，支于铁三足架上。

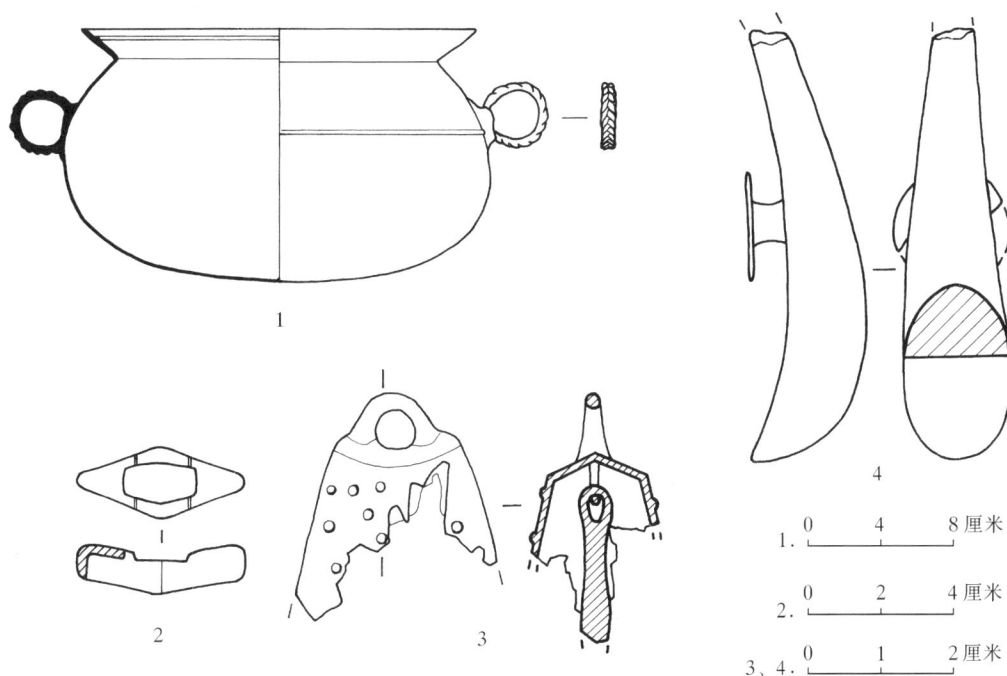

图一〇 甲类墓随葬铜器
1. 釜（M283:1） 2. 剑格（M281:1） 3. 铃（M281:2） 4. 带钩（M281:13）

剑格 1件（M281:1）。为中原汉剑常见的菱形剑格。长径4.6、短径1.9、高1厘米。上端呈向两侧倾斜的坡面，下端中部内凹（图一〇:2）。出土时不见剑身和剑茎的痕迹。

带钩 1件（M281:13）。钩体残长7、最宽1.45、最厚1厘米。钩体厚实，断面呈半圆形，钩纽位于背面中部。从钩体造型看，可能为中原汉代常见的水禽式带钩（图一〇:4）。出土时位于墓底中部，钩首已不存。

铃 3件。形制相似。标本M281:2，通高3.1、纽高0.8、纽径0.5、舌长2.1厘米。梯形合瓦式，顶部正中半环形纽，铃内顶壁有半圆形挂环，悬一根锤状铃舌（图一〇:3）。另两件铃同出于M281，残损严重。铜铃出土时置于死者腿部右侧。

二 钱 币

钱币不多，皆叠放，出土时置于两处：死者腰间有部分，约数枚或十余枚；棺外一侧中部或靠头部有部分，约数枚。因锈蚀严重，有的相互粘连难以剥离，不能全部辨认。可辨认钱币皆为五铢币，择要介绍如下：

五铢一 M281:23－1，五字相交两笔弯曲明显，与上下两横相接处略向内收。铢字左右等高，金字头为"△"，四点较短，朱字头方折，下半带圆折意。穿下有半星。相当于

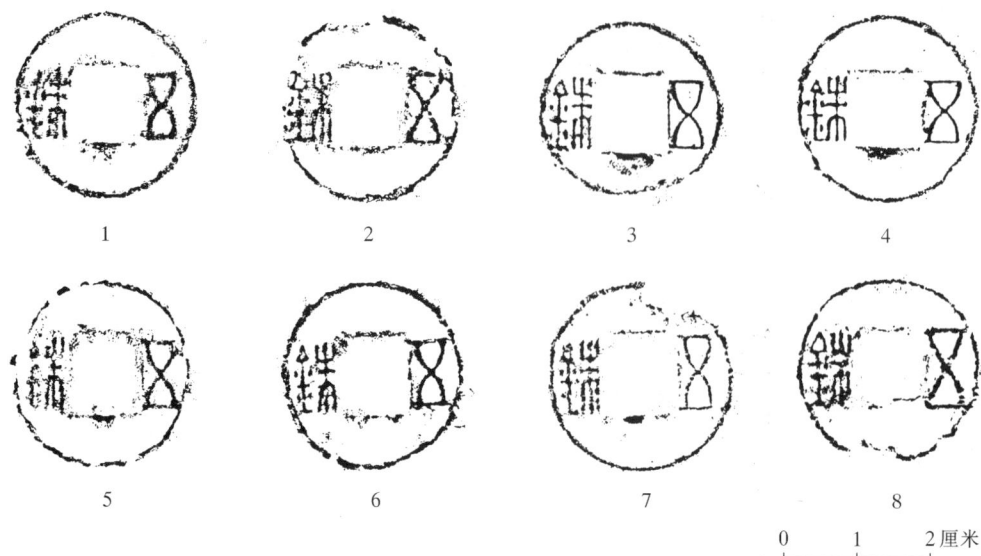

图一一　甲类墓随葬五铢币

1.M281:23-1　2.M281:23-2　3.M283:4-1　4.M283:4-2

5.M283:4-4　6.M283:4-5　7.M284:7-1　8.M284:8-1

满城汉墓Ⅲ型五铢（图一一:1）。墓内出土铜币共两组，本组放于死者腰部位置，共16枚，可剥离辨认2枚。另一组6枚（M281:5），放于棺外右侧中部位置，残损严重，大体辨认字形相当于满城汉墓Ⅰ型五铢。

五铢二　M281:23-2，五字相交两笔较直，外撇。铢字左右等高，金字头为"△"，四点较短，朱字头方折，下半略带圆折意。相当于满城汉墓Ⅰ型五铢（图一一:2）。

五铢三　M283:4-1，五字相交两笔弯曲明显，上下横两端出头。铢字左右等高，金字头为"△"，朱字头方折，下半略圆折。字口规整，穿下有半星。相当于满城汉墓Ⅲ型五铢（图一一:3）。墓内出土两组铜币，本组6枚，放于死者腰部位置，均可剥离辨认。另一组7枚（M283:9），放于棺外右侧头端位置，残损严重，大体辨认字形相当于满城汉墓Ⅱ型和Ⅲ型五铢。

五铢四　M283:4-2，字体特征与五铢三相似，但铢字右边稍长，金字头为"◇"，穿下有半星。相当于满城汉墓Ⅲ型五铢（图一一:4）。

五铢五　M283:4-4，五字相交两笔缓屈，上下横两端出头。铢字左右等高，金字头为"◇"，朱字头方折，下半带圆折意。穿下有半星。字口较浅，不甚清晰。相当于满城汉墓Ⅱ型五铢（图一一:5）。

五铢六　M283:4-5，字体特征与五铢五相似，但金字头为"△"，穿下有半星。相当于满城汉墓Ⅱ型五铢（图一一:6）。

五铢七　M284:7-1，五字相交两笔弯曲明显，与上下横相交处基本垂直。铢字左低右高，金字头为"△"，四点较短，朱字头方折，下半略带圆折意。穿下有半星。相当于满城汉墓Ⅲ型五铢（图一一:7）。墓内出土铜币两组，本组约8枚，放于棺外左侧中部靠头端位置，残损严重。另一组8枚，放于死者腰部位置，锈蚀成一叠。

五铢八 M284:8－1，五字相交两笔较直，外撇。铢字左右等高，金字头为"◇"，朱字头方折，下半微圆折。相当于满城汉墓Ⅰ型五铢（图一一:8）。

以上所列五铢钱币尺寸及重量见表二。

表二 五铢尺寸、重量统计表　　　　　　　　　（尺寸单位：厘米；重量单位：克）

编　号	直　径	郭　宽	郭　厚	穿　宽	重　量	备　注
M281:23－1	2.56	0.2	0.2	0.89	粘连	相当于满城汉墓Ⅲ型
M281:23－2	2.6	0.2	0.2	0.95	粘连	相当于满城汉墓Ⅰ型
M283:4－1	2.5	0.13	0.19	0.96	2.2	相当于满城汉墓Ⅲ型
M283:4－2	2.55	0.12	0.2	0.96	2.8	相当于满城汉墓Ⅲ型
M283:4－4	2.5	0.14	0.2	0.95	2.4	相当于满城汉墓Ⅱ型
M283:4－5	2.55	0.15	0.2	0.86	3.1	相当于满城汉墓Ⅱ型
M284:7－1	2.57	0.15	0.2	0.95	残损	相当于满城汉墓Ⅲ型
M284:8－1	2.55	0.15	0.2	0.95	粘连	相当于满城汉墓Ⅰ型

第四节　铁　器

刀　2件。分二型。

A型　1件（M283:7）。通长81.8、刀柄长8.5、柄中段宽2.1、厚1.2、刀身宽约3.5、刀背厚0.9厘米。直柄，剖面呈长方形，刀背平直，厚实，尖端微上扬。兵器（图一二:1）。

B型　1件（M284:6）。残长37.4、柄最宽处3.4、厚1.2、刀身前端宽2.25厘米。直柄，剖面呈长方形，柄宽且厚，刀身较窄，呈弧形向刃侧弯曲，尖端残佚。似工具类（图一二:2；彩版一○:1）。

锸　1件（M284:3）。銎端至刃长11.5、銎端通宽12.8、厚2.5、銎口壁厚0.45厘米。略呈"凹"字形，銎端较宽，刃部微带弧形，锸身前后两面平直斜收至刃，纵剖面呈"V"形，銎口两侧面为三角形斜口，銎内残留有木痕（图一二:3；彩版一一:2）。

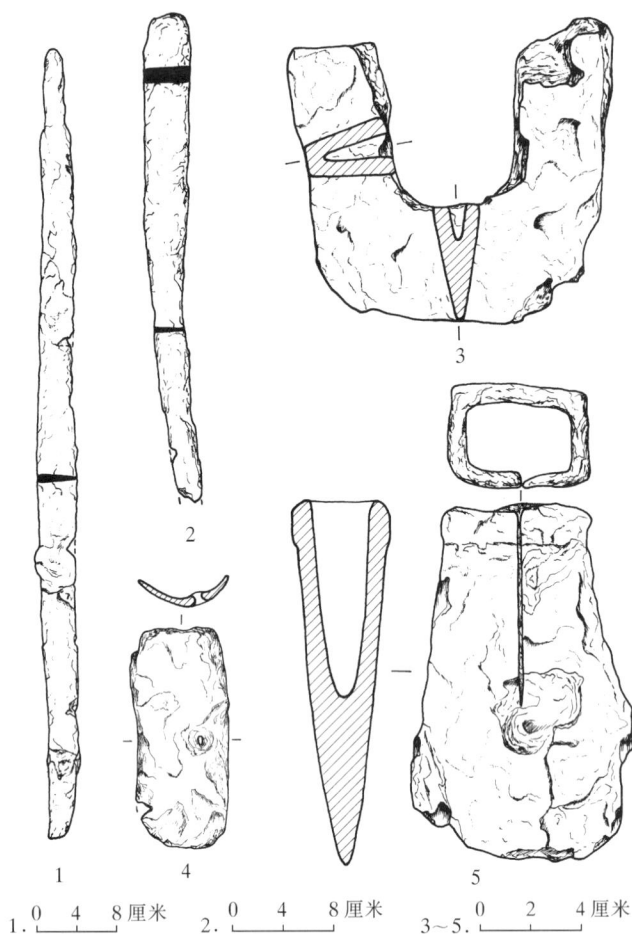

图一二　甲类墓随葬铁器

1.A 型刀（M283：7）　　2.B 型刀（M284：6）

3.锸（M284：3）　　4.铚（M284：1）　　5.斧（M284：2）

钲　1件（M284：1）。长 8.3、宽 3.5～3.7、厚约 0.25 厘米。略呈圆角长方形，整片横向略弧卷，刃部略内凹，中部偏钲背一侧有一椭圆形穿，用以系绳（图一二：4；彩版一一：1）。

斧　1件（M284：2）。长 13.3、銎端宽 5.75、刃端宽 8.2、銎端厚 3.7、銎口壁厚 0.7 厘米。平面略呈弧底梯形，刃部弧形，较宽，銎口呈圆角长方形，口沿外有一周突棱，以增加强度，斧身前后两面微弧斜收至刃，斧身一面有一道纵向裂痕，裂痕深至銎口内，断口齐整，应为自然断面，反映制作时銎部经锻打卷折而成（图一二：5；彩版一一：3）。

锯片　1件（M281：22）。残损严重，拼接为两段，一段长 9.1、一段长 11、宽 2.65、厚 0.2、齿均宽 0.31、高 0.12 厘米。锯片呈长条片状，总长度不详，估计有缺佚。单面齿，齿为等边三角形，面平直，未左右开齿。锯片两面靠背一侧保留一道整齐的木痕，痕宽 1.1 厘米，原应嵌入一根木条或木棍内，以增强锯片纵向力度。是否有架已不详（图一三：3；彩版一〇：2）。出土时与一些土锈结成一团，剔除后，除锯片外，还有一段铁条（长 3.95、径 0.45 厘米）、一个残铁环（椭圆形，长径 4.7、短径 3.45、环条直径 1 厘米），另外还有一件形制不清楚的残损环首铁钎（M281：24）。几件残物是否与锯有关，难以确定（彩版一二：1）。

削刀　4件。形制相似。标本 M283：8，通长 23，环首长径 4、短径 2.7，柄长 9.4、宽 1.3～1.6，刃部宽 1.5～1.85 厘米。环首椭圆形，柄横剖面呈长方形，单面刃，刀背平直，刃前端弧形上曲与刀背相接。环首锻打时，从柄端直接弯环，环尖变细与柄相接（图一三：1；彩版一〇：3）。铁削刀或带鞘。标本 M281：19，残存刀身，柄及刀尖均佚。刀身两面残留有髹漆木鞘，从前端可看出，木鞘外先贴布，再髹黑漆（彩版一二：2）。

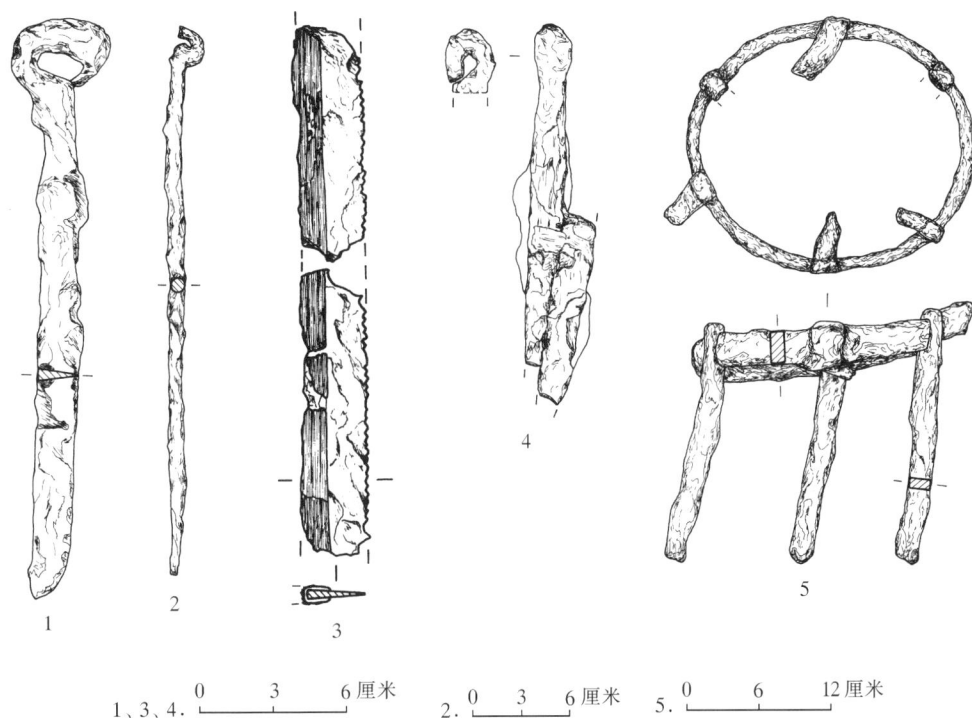

图一三　甲类墓随葬铁器

1. 削刀（M283:8）　2. 钎（M281:21）　3. 锯片（M281:22）
4. 钎（M281:24）　5. 三足架（M281:18）

钎　2件。形制略异。M281:21，残损，现通长31.7、环首可量直径2.05、钎条下1/3处横剖面边长0.6及0.65厘米。环首残，略呈椭圆形，钎条呈长方柱形，前端渐细。环首锻打时先回折，再上弯卷环，钎尾端略突入环首内（图一三:2；彩版一〇:4）。另一件M281:24亦残损，现通长15.1、环首径2.15、钎残端直径0.7厘米。环首较小，钎条呈圆柱形，两段平粘在一起，锈蚀严重，不辨是否同一钎。出土时与铁锯片及一些泥土锈结成一团，不知是否与锯有关（图一三:4）。

三足架　1件（M281:18）。高19.5、架圈径20.5～23.5，圈条宽2.14～2.3、厚0.5，足条宽2.1、厚1厘米。环形架圈，圈下等距置三只直条形立足，足间并各置一弧状下垂条形釜撑，各部分均用长方形扁铁制成，因锈蚀严重，扁铁连接方式不明，大体为锻打扣合而成（图一三:5；彩版一二:3）。78报告三足架形制同，但三立足略弯曲。

第五节　漆器及其他

漆器　三墓均发现漆器痕，但仅余残碎漆皮，器形不明。其中M281漆器痕分布于四处。一处位于棺外右侧中部，略呈曲尺形，长约20～30厘米，宽约2～3厘米，有铜剑格

（M281:1）与残铁削刀（M281:19）位于漆痕上。一处位于墓中部略偏右铜币附近，分布面较宽，约达40×50厘米范围，碎漆皮上纹饰较清晰，黑底，红色线纹，主要为直线组合（彩版一三:1）。一处位于墓南端涂红彩陶碗旁，或为小件容器。一处位于棺左侧，沿棺木痕呈条状分布，明显可见两段，足端一段长度约100多厘米，宽约5～15厘米，漆皮残碎；头端一段长约70、宽约2厘米，漆皮呈片状，正面黑色，间有红色线绘纹饰。背面有明显的布痕（彩版一三:2），疑与棺木髹漆装饰有关，刷漆前棺木上先贴有布料。

M283漆器痕分布于棺外右侧头端陶盂旁，呈三片相邻的圆形，圆形直径约10～20厘米，从残碎的漆皮上可看出红底黑色线纹。或为三件圆形容器。

M284漆器痕分布于棺外左侧中部，范围大体为长方形，约80×30厘米，多处漆皮可看出黑底红色线纹或红色片状纹（彩版一四:1）。其中有7片圆形漆痕相对突出，圆形直径在10～20厘米之间。似为长方形漆盘上放置数件圆形漆器。

石块地面　M284有一小片用自然石块铺成的地面，位于棺外左侧陶器旁，大体呈长方形，约20×35厘米，每个石块直径约4厘米。石块排列密集，显系人为铺就，石块面上看不出曾放置过何物，用意难以判断。

第三章　小　结

一　基本文化面貌

三座墓的墓葬形制与随葬器物反映出来的文化面貌，与78报告报道的甲类墓相一致，明显属于汉代汉式墓葬特征。

三墓长度都在3.2米以上，宽度接近2米或在2米以上，墓坑方正规整，坑壁陡直。无论规模还是形式，都与可乐乙类墓有明显区别。中国汉墓一般较宽大，坑壁较规整陡直，北方与南方的形制存在一定差异。北方汉墓主要为带竖穴墓道或斜坡墓道的洞室墓，无墓道的竖穴土坑墓极少见，如洛阳烧沟汉墓①、西安龙首原汉墓②、长安汉墓③都反映出这样的特征。但南方，尤其是西南的四川、重庆地区汉墓则主要为无墓道的竖穴土坑墓，如长沙汉墓④、广州汉墓⑤、成都地区汉墓⑥、重庆及峡江地区汉墓⑦都有这样的特

---

① 中国科学院考古研究所编辑：《洛阳烧沟汉墓》，科学出版社，1959年。

② 西安市文物保护考古所编著：《西安龙首原汉墓》，西北大学出版社，1999年。

③ 西安市文物保护考古所、郑州大学考古专业编著：《长安汉墓》，陕西人民出版社，2004年。

④ 中国科学院考古研究所编著：《长沙发掘报告》，科学出版社，1957年。

⑤ 中国社会科学院考古研究所、广州市文物管理委员会、广州市博物馆编：《广州汉墓》，文物出版社，1981年。

⑥ 成都市文物考古研究所：《成都高新区紫荆路汉墓发掘简报》，刊《成都考古发现（2000）》，科学出版社，2002年。成都市文物考古研究所：《成都市西郊土坑墓、砖石墓发掘简报》，刊《成都考古发现（2001）》，科学出版社，2003年。成都市文物考古研究所、郫县博物馆：《郫县风情园及花园别墅战国及西汉墓群发掘报告》，刊《成都考古发现（2002）》，科学出版社，2004年。

⑦ 成都市文物考古研究所、重庆忠县文物管理所：《重庆市忠县杜家院子遗址2001年度发掘简报》、《重庆忠县罗家桥战国秦汉墓地第一次发掘报告》、《重庆忠县罗家桥战国秦汉墓地第二次发掘报告》，刊《成都考古发现（2001）》，科学出版社，2003年。湖南省文物考古研究所、巫山县文物管理所：《巫山麦沱汉墓群发掘报告》，刊《重庆库区考古报告集，1997卷》，科学出版社，2001年。湖南省文物考古研究所、巫山县文物管理所：《巫山麦沱汉墓群第二次发掘报告》；重庆市文化局、中国文物研究所、吉林大学考古学系、巫山县文物管理所：《巫山江东嘴墓群发掘报告》；四川大学历史文化学院考古系、云阳县文物管理所：《云阳李家坝巴人墓地发掘报告》；北京大学考古文博学院三峡考古队、重庆忠县文物管理所：《忠县崖脚墓地发掘报告》；四川省文物考古研究所、丰都县文物管理所：《丰都汇南墓群发掘报告》；重庆市文物考古研究所、涪陵区文物管理所：《涪陵蔺市遗址发掘报告》；北京市文物研究所三峡考古队、重庆市涪陵区博物馆《涪陵镇安遗址发掘报告》。并刊《重庆库区考古报告集1998卷》，科学出版社，2003年。

征。其中成都地区、重庆及峡江地区除个别带楚裔文化因素墓和东汉墓带有墓道外，其余汉墓都不带墓道。可乐这种无墓道的长方形竖穴土坑墓，显然与南方汉墓特征相吻合。

三墓随葬器物基本表现为汉式风格。陶器中 A 型罐、壶、釜、钵、碗、盂、豆、博山炉、纺轮等形制，都是中原汉墓习见的造型。铜器中釜、带钩、剑格，铁器中刀、锸、铚、斧、锯、削刀、钎等，也属典型的汉式器。每墓还出土西汉通行的五铢币。

但陶器中 B 型罐和 C 型罐与习见的汉式器有较大差异，与可乐乙类墓陶器风格也不同，带有另一种地方特色。其中 BII 式罐形制特殊，器大，腹下部置有一只竖形耳。相同的陶罐在四川茂汶石棺葬中曾出土过一件①，时代属战国晚期至西汉前期。甲类墓这类陶器数量不多，每墓两或三件不等，基本不影响各墓随葬器物的总体风格。但也是一个值得关注的现象。

二　墓葬年代

三墓出土五铢币是确定墓葬年代的重要依据。

所有可以分离和辨认的五铢币，分别相当于满城汉墓 I、II、III 型五铢币。满城汉墓三种五铢币，属汉武帝元狩五年至元鼎四年时期郡国铸币。满城汉墓报告认为，原洛阳烧沟汉墓报告对汉五铢币的分型断代有不妥处，自汉武帝元狩五年行五铢币后，曾短时允准郡国铸币，造成钱文并不规范统一。而烧沟汉墓对五铢币的分类，使这段时期的一些地方铸币被误划入武帝之后的西汉中后期，实际上，许多貌似烧沟汉墓 II 型的五铢币，应当属于武帝初行五铢时期②。此说甚是。

根据《史记》记载，汉武帝建元六年（公元前 135 年）派唐蒙率大量人员、辎重出使夜郎，与夜郎君长"约为置吏"。紧接着又发巴蜀卒修筑南夷道，为缓解地方经济困难，曾"募豪民田南夷"。至元鼎六年（公元前 111 年）灭南越国后，夜郎君长入朝，受夜郎王印，夜郎开发告一段落。此间历时 24 年，必然有不少中原汉族官吏、士卒及平民进入夜郎地区。可乐地域在广义夜郎范畴内，其所处位置，当为汉王朝进入夜郎重要的前沿地区。这里发现的大量甲类墓，证明了这一历史事实。但可乐过去发掘的甲类墓，根据 78 报告，均属西汉昭、宣以后至东汉初期，主要在汉平帝前后。而汉武帝初开发西南夷时期的墓葬，却未曾发现。看来对甲类墓中出土五铢币的认识有值得重新审视的必要。

从出土随葬器物中，已知三墓有少量带地方特色的陶器，其特色不属于可乐乙类墓风格。这类陶器则应与墓主人原迁出地有关，或直接从原地携带而来，或由原地工匠到可乐

---

① 四川省文物管理委员会、茂汶县文化馆：《四川茂汶羌族自治县石棺葬发掘报告》，刊《文物资料丛刊》第 7 辑，文物出版社，1981 年。

② 中国社会科学院考古研究所、河北省文物管理处：《满城汉墓发掘报告》，文物出版社，1980 年。

后制造。这直接反映一个问题，即墓主人从原地迁出的时间不会太长。另外这三座墓葬都不带墓道。而可乐过去发掘的甲类墓中大约有近1/5带有斜坡墓道。从中国南方发现的汉墓资料看，汉墓墓道的出现和变化与时代早晚存在一定关系。如广州汉墓、长沙汉墓，带墓道的汉墓都呈现从西汉前期向后期逐渐增多的趋势。广州汉墓中，西汉前期带墓道的墓葬占同期墓葬总数的7％，西汉中期占47％，西汉后期占63％。长沙汉墓中，西汉前期占5％，西汉后期占55％。这有可能与时代发展带来南北方人员大幅度流动有关。可乐甲类墓墓道应当也呈现这样的变化规律。因此，将地方特色陶器与墓葬形制结合起来考虑，可乐三座甲类墓时代偏早的可能性较大。

鉴于三墓出土的汉式器物均属西汉常见器，其中两件铜釜形制可追溯到战国。铜币中不见汉初半两钱，也不见武帝元鼎后中央统一铸造的五铢钱等现象，再参照史籍相关记载，将三墓年代定于汉武帝开发夜郎前期，上限大致在元狩五年，下限在元鼎末年或稍后。

三　一些值得关注的文化现象

随葬器物包括成套生活用器、生产工具及个别兵器，无直接佩戴于肢体的装饰品，无礼乐器、祭器及建筑类生活设施模型。

器物质地以陶、铁为主。陶器共34件，最多的M284有15件。铁器总数虽不多，但按西汉前期南方墓葬铁器所占比例规律看已不算小。漆器因严重朽坏，情况不详，从遗痕看使用较为普遍。随葬铜器却很少，除钱币外仅有7件。其中M281占了6件，但3件为小铜铃，1件剑格仅为器物附件，1件带钩残破缺钩首。三墓中随葬器物最多的M284一件铜器也没有。总体显现出对铜器并不很重视。

随葬陶器主要为生活实用器，器类包括炊器、食器、水器、容器、工具等。但其中有少量属于特制的明器，如M281中有3件陶罐、1件陶豆、1件陶博山炉及1件陶碗，烧制火候极低，约500℃～550℃，几乎就像烘干的陶坯，缺乏日常使用所需的基本强度。该墓另有多件实用陶器，火候基本达700℃左右。显然这几件低温陶器是有意而为。类似现象在另两座墓中却未发现。

墓坑中有涂撒红彩现象。M281和M284都发现少量陶器上及陶器旁地面涂撒有红彩。M281涂于倒扣的陶碗底面（彩版一四:2），紧邻的陶罐耳部也有，旁边地面红彩分布较零星。M284涂于并列的陶纺轮上，一侧地面红彩分布约数十平方厘米（彩版一五:1）。因陶器仅局部着彩，且旁边地面也有彩，故推断红彩系埋葬时现场涂撒。这应当与一定的丧葬意识有关。

M281随葬陶博山炉和陶豆各一件，博山炉由圆锥形器盖和豆形器身组成，但出土时发现，器盖与原器身分离，被误盖在旁边的陶豆上（参见彩版八：2、九：1）。似匆忙中失误。或许还另有原因。

出土五铢币不多，在墓中都分两处放置，一处放于死者腰部位置，一处放于棺外一侧的中部或头端。对反映当地的货币流通状况及丧葬意识有参考价值。

出土铁器仅 M283 有一件长刀为兵器，其余都是工具，种类甚多。其中 M284 所出弧刃铁刀，应是加工竹木器的专用工具（参见彩版一〇：1）。铁铚是摘取禾类植物穗的工具（参见彩版一一：1）。M281 所出铁锯片，嵌于木棍中使用，锯口难以很深，也似某种专用工具（参见彩版一〇：2）。较丰富的铁工具反映了当时的农业生产和手工生产状况。

M281 棺下有一不规则形坑，位于中部至头端，长约 1.3、宽约 0.6、深 0.25～0.35 米，头端侧壁斜靠一件陶博山炉，器底面朝向坑侧壁，似非正常放置位置，而是从坑上滑落而至。坑上临边另放有一件陶豆和一件坐于铁三足架上的铜釜。此坑形制、位置都与南方汉墓所见腰坑有异，不辨用途。

四　随葬器物工艺特征的一些现象

陶器虽多数为常见汉式器物，但绝大多数采用泥条盘筑法成形，采用轮制技术的仅两件。烧制火候普遍偏低，超过 750℃ 的很少，达到 900℃ 的仅个别器。烧制气氛主要为氧化焰。烧制火焰有的不匀，尤其带地方风格的陶器往往局部陶色呈灰黑色，似有无窑烧制迹象。少数陶器采用弱还原焰烧制。作过渗碳处理的器物极少。

陶器泥料多为沙质较重的黄色黏土。有一件陶罐为白土，吸水率较高，夹少量砂粒。全部陶器中泥质陶仅有 4 件，占总数的 11.8%。夹砂陶中主要包含石英砂。石英砂粒较粗、较匀，系人工掺入。少数器物石英砂很细，应做过专门筛选。少量褐色陶器呈现器表为黄褐色或红褐色，胎心为黑色现象，如 M284：18 陶碗最为典型，胎心黑色与器表黄褐色形成明显分界（参见彩版七：2）。这可能与泥料中含较多碳质有关。

陶器制坯时，使用素面陶拍和缠绳的陶拍，少数器物外壁留有绳痕。M281：9 陶罐外壁满饰绳纹，系陶拍做成，内壁垫窝布有交错线状痕，说明拍打时内垫使用团状线类物，或将线状物包裹于卵石上。少数陶器外壁经过简单打磨，打磨用具为软质物，器表皮层较光滑，但面并不平整，留有拍打形成的一些小平面或凹面。

铁器环首有从柄端直接弯曲成环的，也有先回折再弯曲成环的。铁三足架的环形架圈与足、釜撑条的连接，都靠卷折扣合。铁斧銎部由卷合形成。说明铁加工的锻打工艺使用普遍，也很熟练。对 M284 两件铁农具进行的金相组织分析显示，其中铁铚材质为铸铁脱碳钢，铁锸为韧性铸铁，明显是制作时根据器物功用所作出的选择，这进一步说明了当时铁加工技艺的熟练程度。

M281 棺痕漆皮背面保留有明显的织物痕（参见彩版一三：1）。铁削刀残留的鞘也可看出漆面下有纺织物（参见彩版一二：2）。说明当时髹漆工艺有在木上先粘纺织物，再涂漆的技术。明代《髹饰录》称这种技术为"裹衣"。裹衣又分"皮衣"、"罗衣"和"纸衣"。王世襄先生认为，罗衣是指用织得较稀的丝织物糊裹在器物胎骨上，再直接上漆[①]。从 M281 棺木漆皮保留的织物痕看，经纬线相当粗，铁削刀鞘上的纺织物经纬线也较粗，显然不是丝织物，很可能是麻类织物。

五 墓主人身份

三墓相距不远，无着意排列趋向，墓向也无统一趋向，皆随地形而异。随葬器物皆以一般汉式器物为主，看不出相互间有特别的密切关系。墓葬之间还杂有乙类墓。似不存在家族联系。

M283 出土一件长铁刀，陶器除两件地方特色器物外，其余也显得较粗犷。一件铁釜支于三块自然石块上。墓葬修筑不似另两座规整。估计墓主为奉调迁入的兵士可能性较大。

M281 与 M284 不见兵器，M281 虽有一件铜剑格，但看不出任何剑身和剑柄痕迹，很难说为何葬于墓内。两墓都葬有较丰富的陶器和数件铁器。铁器主要为工具，尤其 M284 铁器包括了农业、手工业的数类工具，另外还有两件陶纺轮，显示出墓主生前与生产活动密切的关系。从埋葬情况看，两墓墓主算不上很富裕，但也比较殷实，估计为应募迁来的"豪民"类。

---

① 王世襄：《髹饰录解说——中国传统漆工艺研究》，文物出版社，1983 年。

第四章 发掘者说

一 墓葬的式样与特点

所谓甲类墓是为了记述报道的方便，由研究人员作出的一种分类。考古学对此并没有专门的规定或要求。换一个报告，也许名称就变成了 A、B 类。因为可乐 78 考古报告使用了甲、乙类的分类法，现在保持前后的一致性，有利于人们查找资料。不光墓葬如此，在随葬器物报道时，我们也尽可能与 78 报告保持统一的名称和分类方式。

这次发掘的甲类墓仅三座，因为我们的目的主要是探寻地方民族墓葬即乙类墓，发掘少量甲类墓是想对汉式墓作一些对比性研究。根据发掘的顺序，这三座墓编号分别为：281、283、284 号。

三座墓的式样与乙类墓有较明显差异。中国两千多年前的战国到西汉时期，墓葬主要都是在地下挖坑建墓，考古学把直接向下挖出墓坑的墓称为竖穴土坑墓。可乐甲类墓和乙类墓都属于这种。土坑墓还有其他一些形式，这里不多介绍。

三座甲类墓都位于农民栽种庄稼的土中，地面上看不出一点封土堆痕迹。考古学将地面上隆起的坟堆叫做"封土堆"。这三座墓过去有没有封土堆呢？还不好肯定答复，毕竟它们经历了两千多年的沧桑变迁。但中国当时的汉式墓普遍是有封土堆的。这三座墓的位置明显都占有较大空间，周围并没有过于密集的其他古墓，估计曾经也是有封土堆的，只是随着岁月流逝，封土堆被风雨蚀平或人为铲平已无保存了。我们揭开地表近 0.3 米深的耕土层，就可以凭土色的不同，大体看清墓坑的范围。

墓坑平面都是长方形。长方形较宽，显得平直、整齐，转角成直角。坑壁面都相当陡直，坑口的尺寸与坑底的尺寸相差不多，俗话称这种情况叫"收分小"。墓坑长度都超过 3 米，宽度超过 2 米（详细尺寸可见本编第一章第一节，墓葬式样可见彩版三，图五七、六〇、六二，有关各墓的图示资料，还可以看第六编第一部分）。

墓内随葬器物都在原来位置，多数被压坏，显然从未被盗过。棺木已不存，但一些地方还可以看出长条的木痕。281 号墓还可看到木痕上的漆皮，说明棺木至少局部上过漆。人骨则一点痕迹也看不到。这是因为当地土壤偏酸性，对有机质腐蚀性较强。

随葬器物主要放在墓坑的一侧，其中 281 号和 284 号墓靠足端一侧摆放较集中。器物包括陶器、铜器和铁器。原来应该还有漆器，三座墓中都发现一些漆痕，但器物形状已看不出，只大体看出略呈圆形或方形。

二 随葬陶器

陶器在随葬器物中数量最多，共 34 件。其中 281 号墓 12 件，283 号墓 7 件，284 号墓 15 件。主要是不同造型的生活用器，另有 2 件纺轮为生产工具。

前文第二章第二节按器形分别对陶器作了较详细介绍，有的器形还进一步划分了型与式。这些器物虽然定名时参照了古代的一些称呼，但实际上主要还是基于现代人的理解，尤其是划分的型和式，未必就妥帖。但当我们已不可能真正退到古人的角度去解读这些遗存时，这又是相对合理的办法。否则就会庞杂无绪，更不可能进行不同地区、不同遗址的比较研究了。这里也分器形来作些介绍。

罐 共 18 件。有不同造型，故前文划分为三型 8 式。从造型的主要特点说，基本为三种：一种是口沿低矮，腹部圆鼓的平底罐；一种是口沿外展，腹部附有耳的平底罐；一种是口沿外展的圜底罐。

其中附耳的平底罐中，有一类器形较大，最大一件高达 41.8 厘米。大型罐有的是双耳，有的是单耳。单耳罐在与耳相对一侧的腹中下部，还有一个实心的短把样附件，考古学中常称之为"錾形耳"。从使用角度看，这个錾形耳对于大型罐，确大大有助于取拿搬动。这种罐的造型比较特殊，不多见，或许是一种地方特点。1978 年在四川茂汶县战国晚期至西汉前期石棺葬中曾出土过一件，两者十分相似。这当中有什么样的关系，还不好说。茂汶 46 座墓仅出土一件，可乐 3 座墓就出土了两件或三件（因其中一件残破修复，正好腹部有缺，不能肯定是否有錾耳）。另一类附耳平底罐器形较小，都是单耳罐，也带

鼓腹罐（M284:15） 带耳陶罐（M283:12） 圜底陶罐（M281:9）

有较明显的地方特点。

壶 2件。颈部较长，是当时汉式墓中常见的器物。前文分为2式。图中壶为圜底，也是修复而成，颇怀疑原来还有一道矮圈足，否则摆放不方便。

釜 4件。釜为炊具，古代的锅。锅用为炊器名，出现得较晚，大约始于唐代。这之前称釜、鬴或镬。釜多为圜底，因使用时须借助支架或石块放于火上，圜底可增大受热面。前文将釜分为二型，一种带有双耳，一种无耳。

钵 1件。形如碗，器大，称之为碗稍显不妥，而且78报告也有相似的钵。

碗 3件。式样与现在的坦底碗相比，真没有多少区别，只是粗糙得多。不过这件碗有些特殊，出土时倒扣在墓内，碗底涂有成片的红色。刚看到时，我们还以为是一件木胎的漆碗呢，赶快保护起来，连土取回。在室内再仔细清理后，才发现看错。一分析，这是在现场涂上的一种矿物质颜料，因为碗底并不是整个涂满，而且旁边地上也有零散的红色。与这个碗放在一起的小圜底罐的耳上，也涂有相同的红色，有些红色还附于沾在器壁外的黄土之上。显然这是埋葬当天涂上去的。后来在284号墓也发现有相似的做法。经检测证实，红色颜料为朱砂。

陶壶（M284:22）

陶釜（M281:8）

陶釜（M284:19）

陶钵（M283:5）

陶碗（M281:7）

陶盂（M284：21）

陶豆（M281：16）

陶博山炉（M281：25）

陶纺轮（M284：5）

盂　1件。78报告有相同的器物，否则会称之为钵了。式样颇乖巧，口沿凹进一圈，底下有三只小小的乳丁状足。

豆　2件。这是一种古代称呼，现在很多人都不知道了，大致相当于现在偶尔见到的高脚盘。但古代的豆下半部不称脚，而称柄或把。豆盘较小，柄细且高，据说是用来盛放干果、菜以及羹酱类食物的。古代有的油灯也做成豆的形状。

博山炉　1件。古代薰香用的一种器物，多为青铜制成。器盖塑造成祥云缭绕的山峰状，透着一些镂孔。燃香木于炉盘内，缕缕暗香从山间镂孔冒出，实为居家的一件雅设。陶博山炉仿铜器制成，器盖上刻划有网状镂孔和连绵的山峰，有的刻纹划穿了器壁。这是一件制作得甚粗糙的明器。有趣的是，博山炉器身部分与器盖显得十分不匹配，器身本来是一个豆形，但尺寸太小，被器盖罩去大半，完全不像常见铜博山炉的样子。倒是博山炉旁边不远的陶豆，口径与这件博山炉的器盖口径恰能吻合，而且陶色、质地也一致。看来这两件才是"原配"（参见彩版九：1）。估计是当年埋葬时碰上粗心人，匆忙中接错了茬。

纺轮　2件。都发现于284号墓，形状像大算盘珠，中心一个孔。装上一根木杆使其下坠旋转，就能用来纺线。从新石器时代以来，这就是古人织布纺线的办法。两件纺轮出土时，单面都涂有红彩，旁边一侧地面上也有一片红彩，与介绍281号墓陶碗时说的情况相似。

陶器是古代日常生活使用最普遍的器具，因廉价，不结实，更换率很高。因此考古研究中十分重视陶器反映出的文化面貌，它往往能反映出不同地域、不同民族、不同时代的特点，还能反映出当时的生活习俗、生产工艺、经济水平、文化传播等方面信息。所以，看似简陋的陶器，却是考古中，尤其是汉代之前考古中非常重要的资料，决不要忽视它。我们不妨从几个方面做些介绍，就容易理解这样说法了。

这批陶器的造型，除少数器物外，基本属汉式墓葬中常见的器形风格。这是我们判断三座墓为甲类墓的重要依据。但陶器中也有少量器物带有明显的地方风格。尤其是其中腹部带錾耳的大平底罐，很少在其他地方见过。这会给我们提供一些探寻文化交流来源的信息。

这种带錾耳的大平底罐在四川茂汶县汉代石棺葬中出土一件，形制那样相似，恐怕不是简单的巧合。这种造型很特殊的器物，凭个别制造者的偶然想象，是很难各部分都如此相似的。它应说明二者之间一定存在着密切关联。虽然目前相关资料还太少，不能简单作出肯定判断。但已足以进行推测分析。

茂汶石棺葬是岷江上游地区一种地方性民族葬俗，但汉代石棺葬随葬器物的总体面貌已呈现高度汉化的趋向，多数陶器都是典型的汉式器物。这是因为巴蜀很早就与中原有着密切的文化交往，战国时期被秦国灭掉后，更是很快融入中原文化之中。带錾耳的大平底罐究竟是当地民族特色器物，还是传入该地区的汉文化地方特色器物，还不能断定，也就是说两种可能都存在，这里姑且可以不加追究。但不管属于哪种可能，有一点是可以推断的，可乐的这种陶罐与茂汶相似的陶罐，具有相同的来源性——它们不一定从同一地点运来，但必是同一地区的工匠制造。而这一地区与古代的巴蜀有关。

根据《史记》《汉书》记载，汉武帝开发西南夷，有几次大的行动。一次是派唐蒙率万余人员辎重从巴蜀地区进入夜郎，会见夜郎首领。一次是派唐蒙带领巴蜀兵卒，修建从巴蜀通往夜郎的道路。还有一次是征召"豪民"迁居夜郎地区。这三次行动都与巴蜀有关。可乐出土的陶罐，与史籍的记载正是一种相互的印证。

这些陶器的制作工艺有几方面颇值得注意，一是成形主要靠手制，采用泥条盘筑法，真正的轮制成形陶器没有几件；二是泥料中加有大量石英砂；三是烧制火候多不高，有的还低得非常少见。

陶器的成形方法是制陶技术水平首先的反映。人类最先发明陶器时只懂得手制成形方法。手制成形经历了不同阶段的发展，泥条盘筑是其中很成熟的方法，制作时将泥料搓成细条，然后一圈一圈盘高，同时用手抹平修整成形。这种方法至今还在民间制陶时被采用。人类从发明制陶起，经过数千年才学会依靠轮盘的高速转动，采用提、拉等手法，制成规范匀整的陶器。我们称之为轮制法。中国的轮制技术大约出现于新石器时代晚期，到汉代，已十分普遍。可乐甲类墓属迁入的中原汉人墓葬，为何陶器成形主要为手制法？这不好用经济技术水平来作解释，恐怕还有其他原因，比如是否与墓主人迁入当地时间太短，或者迁来后缺乏定居意识有关。

陶器泥料中加砂，是为了避免陶器烧制过程中出现开裂，也使用作炊具的陶器在火上更能经受高温。这批陶器多数在泥料中加有砂，基本是很纯净的石英砂，用放大镜看，全是些白色晶莹透亮的细砂粒。显然制作者对砂的品类是做过专门挑选的，还进行过粉碎、筛选加工。

这些陶器烧制火候普遍不高，以700℃～750℃的为多，能达到900℃左右的很少。有的陶器色泽不匀，橙褐色的器表往往有些斑斑块块的灰黑色。这种现象说明这些陶器烧制时，不能控制很高的温度，火焰分布也不匀。究竟烧制使用什么样的陶窑，或者用没用陶窑，成为值得进一步研究的问题。在281号墓中还有5件陶器火候特别低，颜色完全是黄土色，手指甲轻轻一碰，就会有许多砂土掉下来。开始时我们甚至怀疑它们算不上陶器，只是几件烘干的陶坯。后来到北京请教国家博物馆对古陶器做过大量研究的李文杰先生，检验后证实，几件器物均通过低温烧制，烧制温度大约在500℃～550℃。这样的陶器显然是不能在实际生活中使用的，它们只能是明器，就是专门为死者制作的器物。看器形和成形工艺，这几件器物一点不草率，但烧制火候如此低，或许是为赶时间，匆匆烧出来的？有意思的是，在这座墓中，我们还发现一些显出匆忙迹象的现象。

281号墓底部，在棺木位置之下，发现一个不规则的长方形坑，长约1.3、宽约0.6米，我们无法对它作出解释。首先它不是自然坑，坑在生土下1米多的位置，没有任何迹象表现它有孔道与地面其他地方连通，即是说它不会是小动物掏洞造成的。其次它不像中原汉墓常见的腰坑。腰坑一般在棺木中间位置，有一定形状和深度。而这个坑偏向棺木头端，长宽不成形，深度只有0.3米左右，底还不平，坑内没有一件专门放置的特殊器物。因此我们作过一种猜想，这个坑或许是掘墓人曾打算再往下挖深，因故又匆匆停止留下的一道豁口。在这个坑的头部，紧靠侧壁斜放着被张冠李戴的陶制博山炉，炉底挨着侧壁，头朝向坑内，很像是从坑上滑落下来的。坑上临边另放有一件陶豆和一件坐于铁三足架上的铜釜。这件被带错帽的博山炉加深了我们认为该墓匆忙埋葬的印象。至于是什么原因导致的匆忙，大可留待文学想象去发挥了。

在一件陶碗和两件陶纺轮上有涂红彩现象，严格说不是陶器本身问题，而是一种埋葬习俗问题。涂红彩都是在现场实施，两墓所涂的陶器不相同，恐怕并没有专门的器物限定，追求的主要是一种场地红色效应，点到即可。依靠红色来驱凶避邪，是旧石器时代晚期墓葬已开始出现的习俗，所使用的红彩，一般是赤铁矿或朱砂。这两座墓器物和地面涂红使用的是调为液体状的颜料，检测后证实是朱砂，或许也有相同的意图。问题是这种现象并不是所有甲类墓都采用，那么一种合理的推测是与墓主人的死因有关系。对一些特殊原因致死者的墓葬，采用这种避邪方式，求得生者的安宁。至于究竟是什么死因？还举行过什么仪式？由什么人来具体施行？都是一些可以探讨的问题，也不妨都留给想象去发挥吧！

三　随葬铜器

这里说的铜器指铜用具，不包括铜币。三墓出土的铜用具很少，包括附件和残件，大小仅有 7 件。

釜　2 件。都是实用器，出土时一件支于三块石头上，一件坐于铁三足架上，铜釜底面布满黑色的烟炱。当时生活中使用铜釜一定就是这样架在火上烧煮的。铜釜圜底，附一对小耳，器形不大，腹部直径约 20 余厘米，高不超过 15 厘米。用这样的容器煮米饭，恐怕只够两三个人吃。

剑格　1 件。剑格是剑柄前端的附件，既起到作战时护手的作用，又有很好的装饰效果。这件铜剑格式样在中原剑中十分常见，但出土时既不见剑身，也不见剑柄。一种可能是剑身和剑柄为铁质或其他质地，已朽蚀无痕；另一种可能是随葬时就仅为单独的剑格，墓主生前就当作玩物或饰物。

带钩　1 件。带钩是古人扣系衣带的附件，有的也用来佩挂随身的物件，从春秋战国以来就十分流行。这件带钩是汉代中原常见的水禽式带钩，钩头往往做得酷似长嘴的水鸟。但这件带钩出土时没有钩头，从断口看，应在死者生前就已经残断丢失，但它的主人不愿扔掉，依然留在了衣带上，所以出土时，残带钩位于死者腰部。

铃　3 件。形制相似，不大，全高约 3 厘米，铃内还保存有一根小铃舌。三件铃同出于 281 号墓，位于死者小腿右侧。它们是衣物上的装饰呢？还是临时被放在那里的？已不得而知。

总之，随葬铜器数量不多，281 号墓虽

铜釜（M283：1）

剑格（M281：1）

带钩（M281：13）

铃（M281：2）

占了六件，但一件剑格为附件，一件带钩为残件，三件铜铃为小件。283号墓仅有一件。284号墓陶器和铁器数量最多，却没有铜器。这三座甲类墓给人的总体感觉是对铜器并不很重视。

四　随葬铜币

三座墓都出土有铜币，数量虽然不多，但可看出当时使用比较普遍。铜币在墓中都出于两个位置，一是位于死者腰部，大概当时习惯将铜币挂于腰间；一是位于棺外一侧中部，或靠头侧。铜币都数枚或十余枚叠放，原来应有绳子连缀成串。在283号墓铜币方孔内就发现少量绳线痕迹。

铜币都是方孔圆钱，锈蚀很严重，稍用力就碎。有的粘连成一叠，无法剥离。所有看得出的钱文都是"五铢"两字。"铢"是当时的重量单位，二十四铢为一两。以重量铭于钱币上表示其价值，是秦始皇统一全国后，中国铜币通用了很长一段时期的方法。秦代铜币钱文为"半两"。汉初也用半两钱。五铢币从汉武帝开始铸造，经历了不同时期的变化。每个时期钱币的大小尺寸、重量、字体的书写，都有一定的规律。人们逐渐发现这些规律，用来判断出土钱币的时代。

1953年中国科学院考古研究所在河南洛阳烧沟发掘二百多座汉墓，出土大量西汉至东汉的钱币。经过系统整理，发现五铢币字体在汉武帝时期，五字交叉两笔先基本是直的，后来逐渐带弧形变屈。铢字金旁的头先多呈菱形，有人称为带翼的箭头形，后来才变成三角形；朱旁的上下先多为方折，后来才变为圆折。这一变化规律很长一段时间成为考古中判断西汉前期、西汉后期以至东汉五铢币的重要依据。所以后来在考古报告中经常可以看到介绍出土的五铢币时，有说属于"烧沟Ⅰ型"、"烧沟Ⅱ型"之类的话。

后来新的考古发现增多，人们进一步加深了对五铢币字体的认识。如通过河北满城汉墓的发掘，发现原来认为西汉中后期和东汉出现的五字交叉两笔圆屈、铢字的三角形和圆折笔画，其实在汉武帝前期也曾经普遍存在过。原来汉武帝令中央统一铸造五铢币之前，曾允许地方郡国铸造五铢币，各郡国铸造的五铢币字体很不规范，多种形式都出现过。不过这时期的郡国五铢有一些较好辨认的特点是，多数口径较小、重量较轻、带记号的钱较多。

可乐三座甲类墓出土的五铢币正符合这段时期五铢币的特点，所以报告中专门与满城汉墓五铢进行了重点对照，特征都在满城汉墓五铢范围内，重量甚至还略轻，大概是因为这批铜币锈蚀太严重造成的（参见图一一）。相关数据可见报告第二编第二章第三节表二"五铢重量、尺寸统计表"。

五　随葬铁器

三座墓出土铁器共13件，数量似乎不太多，但所占比例已相当大。而且铁器类型包括了兵器和农业、手工业工具。这可是很重要的现象。古代社会，兵器和工具的质地、质量是特别能反映当时经济发展水平以及文明程度的重要标志。对出土农具进行的金相检测分析显示，不同用途的器物分别采用了钢材或铸铁，说明当时铁加工技艺水平已经达到相当程度。

刀　2件。类型不相同，一件是典型的兵器，很长，单面刃，尖端微微上翘，柄已朽坏不存，只留下方锥形的铁柄芯，估计原来还安有木柄。如果恢复木柄，总长度超过85厘米，个子矮的人佩在腰间，行动都会受到限制。另一件短得多，尖略残，长度不到40厘米。刀柄尤其显得宽和厚，外表虽附有较厚的锈，但可看出柄后端是略带弧形的宽头。估计使用时，仅在柄部缠上布条、皮条一类软物，不需再安木质外柄。刀身显得较窄，而且略带弧形向有刃一侧弯曲。估计是一件专用于竹木作的工具。

锸　1件。农业工具，安装在木柄前端，用于翻地。形状像"凹"字，凹口一周有銎，木柄可紧嵌在銎内。类似的农具现在已很少见到，在少数山区，或者城里专门挖深孔的特殊工具中还有使用，但刃部都长得多。民间的一种俗称叫"踩锹"。

铚　1件。农业工具，大体呈长方形，向一面卷曲，下侧略磨成刃，靠上侧钻有圆孔，穿一根绳挂于手指上，用于摘取禾类农作物的穗。这是一种沿用历史很长的收割农具，从新石器时代就开始出现，最初是用石头磨制成，以后才逐渐发展为铜制、铁制。现代研究者形象地称呼为爪镰。直到现代有的农村还有这种工具，比如贵州从江、榕江一带侗

铁锸（M284:3）

铁铚（M284:1）

铁刀（M284:6）

铁刀（M283:7）

族、苗族村民就普遍使用不同式样的爪镰，民间又称之为"摘禾刀"。

斧 1件。与现代斧最大的区别是，安木柄的銎口纵向开在背端，将曲木柄插于銎内使用。这件铁斧銎部纵向开有一道裂缝，观察其成因，应是制作时銎口通过锻打卷折而成，裂缝正是当初的接缝。这一批铁器的制作工艺有好多件都反映出当时锻打技术已相当熟练。

铁斧（M284:2）

铁锯（M281:22）

铁削刀（M283:8）

铁钎（M281:21）

锯片 1件。长片状，出土时残损严重，无法复原，仅拼接成各长十余厘米的两个残段。出土时与泥锈粘结在一起的还有一小段铁条和一个椭圆形铁环，有可能是锯的组成部分，因为汉代铁锯有环首直柄锯。这两段锯片的齿比较匀整，面平，没向左右开齿。锯片两面靠锯背一侧都明显留有一道木痕，宽约1.1厘米，说明过去是嵌在一根木条内使用的。这样可以大大增加锯片的强度，但同时也限制了锯口的深度。看来这应是一件有专门用途的铁锯。

削刀 4件。式样大体相似。削刀是比较轻小的刀，便于随身携带，使用方便。过去认为削刀用于竹简的书写。战国至西汉时期，文字多书写在竹简上。竹简需要修整、编缀，字写错时要将错字刮掉，削刀就成为不可缺少的一种工具。但当时能够书写的人必定是少数，而出土的削刀却相当普遍。可见削刀在日常生活中还有其他多种用途。有的削刀配有鞘，在281号墓出土的残削刀就保存有木鞘，木鞘外还粘有布，布上再涂漆（参见彩版一二:2）。

钎 2件。尖头的细铁条，用途不好估计，照现在来说，至少做火钎是挺不错的。铁器柄的头端做成环首，似乎是当时人们的习惯，刀、锯、削、钎，好多都有环首，既方便悬挂，大概也成了审美惯例。环首通过锻打制成。281号墓的这件钎，环首锻打时，先回折一点，再往上绕成圆环，圆环内留有钎条的一小段头。这样制作，比起直接在头端打成圆环，似乎麻烦，也增加用料，而且也没什么功能上的意义。不知制作者为何要这样做。但不管是什么用意，他显然是没有在意这种麻烦的。

三足架　1件。与现在山区烧柴火的农村使用的三脚架十分相像。脚架支于火中，环形架上坐锅，煮饭、熬菜、烧水……红红火光辉映着日复一日的生活。这件三足架出土时，上边还放着一件铜釜，铜釜外壁布满黑色的烟炱。假如现在正形除锈后把它放到一户农家的柴火上，没人会觉得怪异。

铁三足架（M281∶18）

六　随葬漆器及其他

　　三座墓没有出土一件成形的漆器，但都发现较多漆皮和漆器痕。漆皮范围最宽的是281号墓，在棺木位置发现一道相当长的碎漆皮，基本成一条直线，不宽，约数厘米，中间一段不存，两端分别长100多厘米和70厘米。漆皮为黑色，上有红色线绘纹饰。看来这是棺木上的装饰。不清楚的是，棺木范围还算大，其他位置却没有相似的漆皮。莫非棺木其他部位没有涂漆？也许是仅仅一侧涂过漆，也许是涂漆时工艺上有区别？

　　有意思的是，残存的漆皮很多为长片形，漆皮背面印有明显的布痕，经纬一条条交织，凹凸不平（参见彩版一三∶2）。我们最初还把它们认作残布条。过了好久，在室内整理时，才发现全为误会，所谓布，其实全是漆皮上保留的布的印痕，布早朽坏。这是古代制作漆器的一种工艺，在木胎或皮胎上先贴一层布料，多为丝织品，然后再涂漆，称为"裹衣"工艺。这种工艺在现代手工漆器制作中仍有使用。从出土的漆皮看，宽度均为1～2厘米，似乎当时贴的布条就这么宽，很可能是为了防止或弥补木料的裂缝采用的局部处理措施。这也正可用来作为墓中仅残存局部棺木漆皮的一种解释。布痕的经纬线都显得很粗，估计用的是麻布，而不是丝织品。

　　墓中虽然没有出土完整漆器，但从漆痕看，较多直径约十余厘米的圆形，应为圆形容器。有约80×30厘米的长方形，应为漆盘或案，案即矮小的方桌。少数无法推测器形。

　　赫章以及贵州毕节地区的大方、金沙、黔西等地现在都是出产优质生漆的地方，汉代这些地方是否产漆、是否制造漆器，却不得而知，至少到现在为止，还没有任何直接的证据说明这个问题。贵州已发现汉墓中出土的漆器很多与当时的巴蜀地区有关，可乐甲类墓出土的漆器是否也有这样的地缘关系，很值得考虑。

284 号墓中发现一小片用自然石块铺成的地面，大体呈长方形，约 20×35 厘米，紧靠在堆放的随葬器物一旁。每个石块如鸡蛋大小，一个一个紧挨着。石面上看不出放过什么器物，难以推测作什么用，但可以肯定这是被人有意摆放的。

七 墓葬年代与墓主人身份

在报告正文第三章，我们将三座甲类墓的年代划定为：上限在汉武帝元狩五年，下限在汉武帝元鼎末年或稍后，即公元前 118 年至公元前 111 年或稍后数年。所谓上限和下限，是指一个时间段的最早及最晚之年。这里将上限划得很确定，将下限划得较活是有具体原因的。

三座墓确定年代的主要依据是出土的五铢币。我们已经知道，这批五铢币均属于西汉郡国铸造的钱币。中国古代使用五铢币最早从汉武帝元狩五年开始，这之前的铜币铭文都不作"五铢"字样。我们就可以肯定，三墓出土的西汉郡国五铢，最早不会超过汉元狩五年。所以我们可以把墓葬的最早年代划定在这一年。

汉武帝严禁地方铸钱，统一由中央"上林三官"铸造五铢币，发生在元鼎四年。由于措施严厉，从这一年开始，地方铸币现象被杜绝。如果完全按照墓葬出土钱币，我们也可以将年代下限定在这一年。但考虑到可乐地处边远，对中央政令的执行可能会发生滞后问题。这种滞后可能会由于政令送达时间的不及时，还可能会由于地方有意无意地"忽略"而造成。这种现象在古代是常有发生的，因此，中国自古可有一句经典的俗语，叫做"天高皇帝远"！三座墓是否确实发生这样的事情，我们已无法证实。但作为逻辑推理，我们却不能排除这样的可能性。因而，墓葬的年代下限，只能从更宽泛的角度来加以考虑，选择一个较模糊的时间段来框定。

除了以五铢币为基本依据外，我们还找到其他一些旁证。包括：

1. 历史背景。按记载，汉武帝从建元六年（公元前 135 年）开始，在二十多年时间内，为开发夜郎陆续展开过一些大规模活动。伴随这些活动必然有不少汉人迁入夜郎地区。可乐是从巴蜀进入夜郎一个重要的前沿之地，留下这时期的汉人墓葬符合这段历史。

2. 三座墓出土少量带地方色彩的陶器，反映墓主人迁出原居住地时间不久。

3. 墓葬都无墓道，属南方早期汉墓的一般特点。

这些旁证与五铢币显示的年代可以互为印证，支持我们所作年代判断的可信度。

至于墓主的身份，我们从出土器物和埋葬风格，推测 283 号墓主人是一名随军进入的兵士，281 号和 284 号墓主人是由政府招募迁入的家境较殷实的平民。

这两个问题在报告第三章有较详细的论述，不妨翻过去读一读，不会太费神。

第三编　乙类墓综述

第一章　墓葬概况

第一节　墓葬分布

乙类墓即地方民族墓，共发掘 108 座。其中 1 座位于锅落包，107 座位于罗德成地。罗德成地墓葬分布的一般情况在报告第一编已作介绍。发掘所分两工区，事先未刻意设计，基本根据调查获得的墓葬线索布方、扩方形成。两工区间直线距离约 40 米，分布在早年农耕改造梯地形成的两层阶地上。Ⅰ工区在下一层阶地，阶地顺山势大体呈南北向延伸，西侧数米为上层阶地边缘，两层相对高差约 2.5 米。阶地上从边缘至Ⅱ工区西北侧的小道下，为一片缓坡地。这片缓坡地除发掘区外，未作其他考古钻探。从Ⅱ工区墓葬密集的分布状况看，这片缓坡地应该还有较多墓葬分布（参见图三）。

墓皆顺山势而葬，头朝向山顶。Ⅰ工区 26 座墓，墓向在 258°～313°之间。Ⅱ工区 81 座墓，墓向在 280°～335°之间。墓向整体比较统一（参见图四、五）。

从两工区墓葬分布状况看，Ⅰ工区墓葬基本疏朗有序，26 座墓中涉及打破关系的仅 3 座。Ⅱ工区墓葬却异常密集，81 座墓簇拥成一片，涉及打破关系的达 55 座。此外，此次发现的 5 座套头葬墓，都分布在Ⅰ工区，相互比邻不远。Ⅱ工区却未发现一座套头葬墓。这当中是否存在墓葬区域有意识的划分，还难以认定。

但可乐 1977 年和 1978 年发掘的乙类墓中这种现象不明显，无论祖家老包还是锅落包，套头葬墓基本都混杂于普通乙类墓群中。祖家老包西南侧数座套头葬墓分布较疏朗，与罗德成地Ⅰ工区有相似处，但墓向却不统一；东侧与北侧各有个别套头葬墓处于较疏朗区，但所涉范围很小。不过这两片山地乙类墓虽集中，密集度仍远不能与罗德成地Ⅱ工区相比，所有打破关系仅涉及三座墓。

可乐墓地是否存在墓葬区域的人为划分问题，可留待今后作进一步研究。

罗德成地Ⅰ工区东侧 BT0502 探方发现 6 个小坑，编号为 K1～K6。坑方向基本一致，

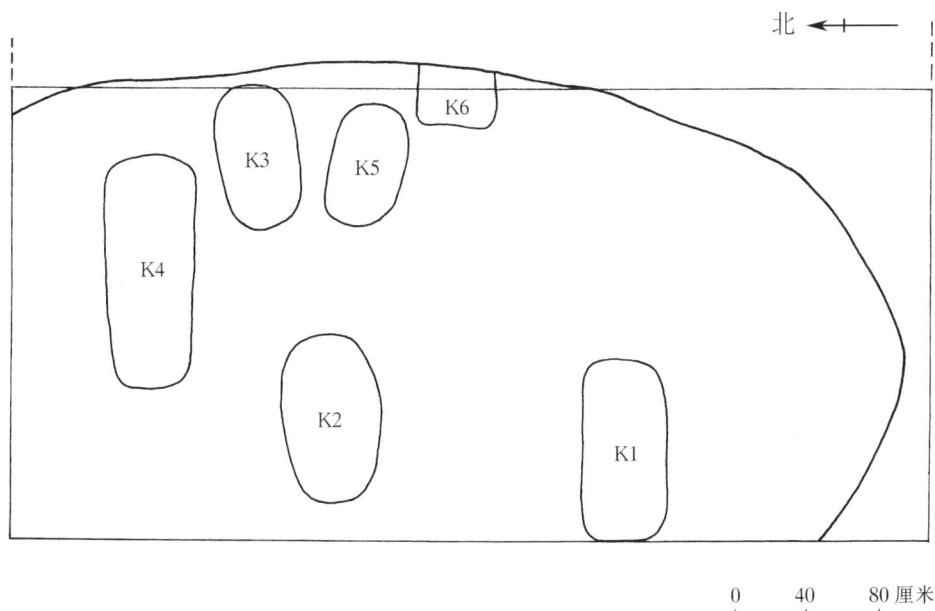

图一四　BT0502 小坑分布图

相邻不远，排列略有参差。其中 K6 被一小段斜坡状沟形遗迹打破，因压于公路下，未能全部清理。坑平面多呈不规则长方形（图一四）。各坑尺寸如下。

表三　BT0502 内 K1～K6 尺寸统计表　　　　　　　　　　　（长度单位：米）

尺寸＼编号	K1	K2	K3	K4	K5	K6
长	0.94	0.90	0.66	1.23	0.75	0.20
宽	0.50	0.57	0.20～0.40	0.30～0.43	0.35～0.40	0.46
深	0.30～0.50	0.32	0.65	0.30	0.50	0.23

K4 底部发现一件陶罐。其余坑内无任何遗物。从坑的规格看，用为墓葬的可能性不大，具体用途不清，或推测与墓地祭祀活动有关（图一五、一六）。

M282 位于锅落包，墓东南侧和西南侧分别与甲类墓 M284 及 M283 相邻。根据以往的发掘，锅落包的墓葬在山包西面与北面基本为甲类墓，东面与南面基本为乙类墓。二者在山西面和南面有少量相互交错现象。M282 便位于西南面的交错区。

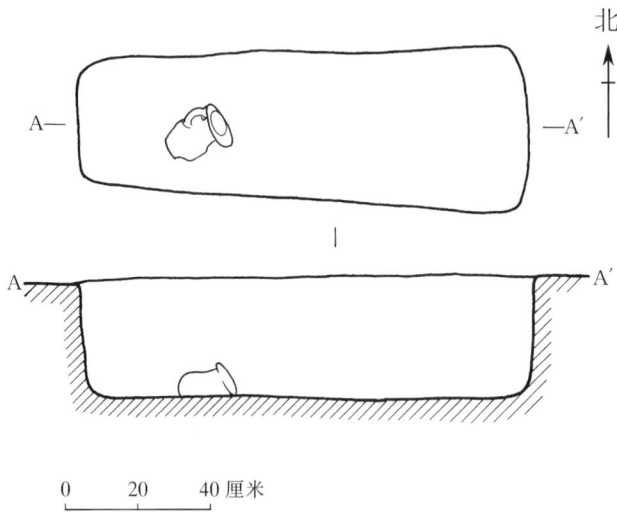

图一五　K4 平、剖面图

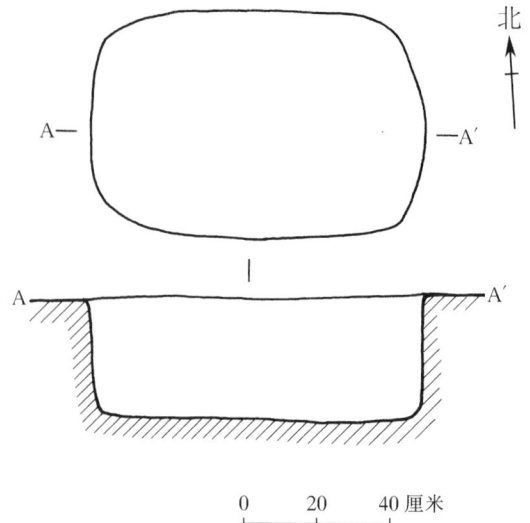

图一六　K2 平、剖面图

第二节　墓葬层位

墓葬层位问题未获彻底解决。

本次发掘墓葬分布区的地层都遭到严重破坏。墓葬分布区全位于农耕土中，在Ⅰ工区和Ⅱ工区所布探方，基本都是揭开农耕土层，就出现生土层，墓坑口出现在生土层面上，打破生土层。农耕层下未能找到与墓葬相关的完整的文化层以及其他古代文化层。

发掘工作后期，为采集植物孢粉分析土样标本，在Ⅰ工区探方东南角 BT0103 探方北壁，发现一段保存有部分文化层的剖面。剖面显现，现代耕土层下叠压有两个文化层，顺次编为第 2、3 层。第 2 层为黄色黏土，厚 0～28 厘米；第 3 层为红褐色黏土，厚 4～24 厘米。从剖面上可清楚看出，M269 开口于第 2 层下，打破第 3 层（图一七）。但该方发掘过

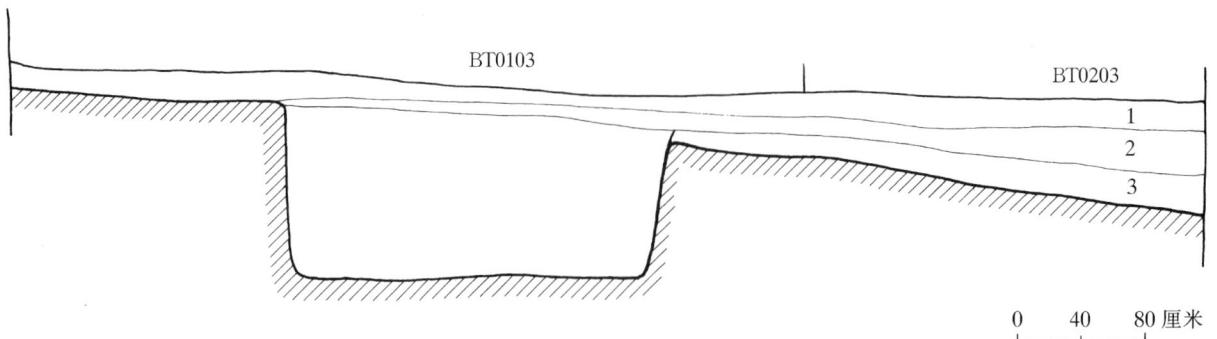

图一七　BT0103、BT0203 北壁地层剖面图
1. 现代耕土　2. 黄色黏土　3. 红褐色黏土

程中，由于受工区墓地普遍地层状况影响，揭开耕土层时，未严格遵守操作规程，由民工直接将生土层以上地层一次挖掉，文化层与墓葬的平面关系未能及时发现和如实记录。根据剖面文化层位置及地形状况分析，第2层与第3层在探方内的分布面积都很小。可庆幸的是，该探方处于Ⅰ工区边缘，留下一段地层剖面，得以从局部观察到墓葬层位分布的一点信息，而且从该剖面采集的土样能够进行一套不同地层的植物孢粉分析，初步提供了当时生态环境和气候的一些参考信息。

第三节　墓葬填土及其他

墓葬填土中都混杂有较多红烧土颗粒，仅Ⅱ工区东南角个别墓葬红烧土颗粒较少。个别墓葬填土中还混杂少量黑色炭粒。红烧土颗粒大小不匀，粒径一般不超过2厘米。因此揭露出黄色生土层后，墓坑平面范围往往较清楚就显现出来。

红烧土颗粒在墓坑填土中分布较匀，上下一致，未发现局部多黄土、局部多红烧土现象。推测填土中的红烧土颗粒不应当是挖筑墓葬时自然带入。如果挖筑墓坑时，地表土层有大片红烧土，按墓坑挖土、堆土和回填的操作过程，红烧土颗粒在填土中不可能从底到面都如此均匀。必然会因挖坑取土时，上部红烧土堆得较远，下部生黄土堆得较近，回填时先将黄土推入，逐渐再将较远的红烧土填入，形成下部多黄土，上部多红烧土现象。因此，填土中红烧土如此均匀状况，应是埋葬填土过程人为有意形成。从BT0103探方北壁剖面发现的文化层看，属于墓葬所处的第2层，并无大量红烧土堆积现象。因此，红烧土应从某一特定地方取来。但这种分析目前还缺乏必要证据，发掘中未发现红烧土堆烧地点，也不了解埋葬中如此操作的意图。可乐今后的考古发掘中，这是一个应予关注的题目。

部分墓葬在墓坑底部生土层内发现细微的粒状黑色物质，分布很均匀。如M274现存墓坑深约70厘米，在底部发现这种黑色微粒。仔细辨认并向下挖掘后，黑色微粒广泛存在于生土层中，周围墓葬也有相似情况，判断为自然生成，非人为混入。

罗德成地土壤偏酸性，对Ⅰ工区和Ⅱ工区土壤采样，经贵州省农业科学院土壤肥料研究所测定，PH值分别为5.72和6.30。对M272填土测定，PH值为5.47。

第四节　墓葬打破关系与封土堆

存在打破关系的墓葬共16组，涉及墓葬58座。

罗德成地Ⅰ工区存在打破关系的墓葬1组，涉及墓葬3座，即M272分别打破M271和M273。其余墓坑少数相邻很近，如M274、M275、M285、M286、M287五墓依次相邻，相互距离远者约 0.3 余米，近者约 0.1 余米。另有 M276 墓坑一角与 M274 几乎连在一起。

Ⅱ工区存在打破关系的墓葬 15 组，涉及墓葬 55 座。其中打破关系涉及 2 座墓葬的 7 组，涉及 3 座墓葬的 3 组，涉及 5 座墓葬的 1 组，涉及 6 座墓葬的 2 组，涉及 7 座墓葬的 1 组，涉及 8 座墓葬的 1 组。Ⅱ工区墓坑分布异常拥挤，一座墓坑四周与其他墓坑相距超过 0.5 米的，只有 5 座墓，而且基本处于工区边缘位置，不排除工区外未布方处有邻近的墓坑。墓坑间相距数厘米、十余厘米的情况比比皆是。打破关系中有不少连环打破、交错打破现象。还有一些近乎叠压打破现象。如 M301 大部压在 M313 上，M322 打破 M321，二墓又同时压在 M323 上。

墓葬打破关系示意图如下（注：箭头方向表示前者将后者打破）：

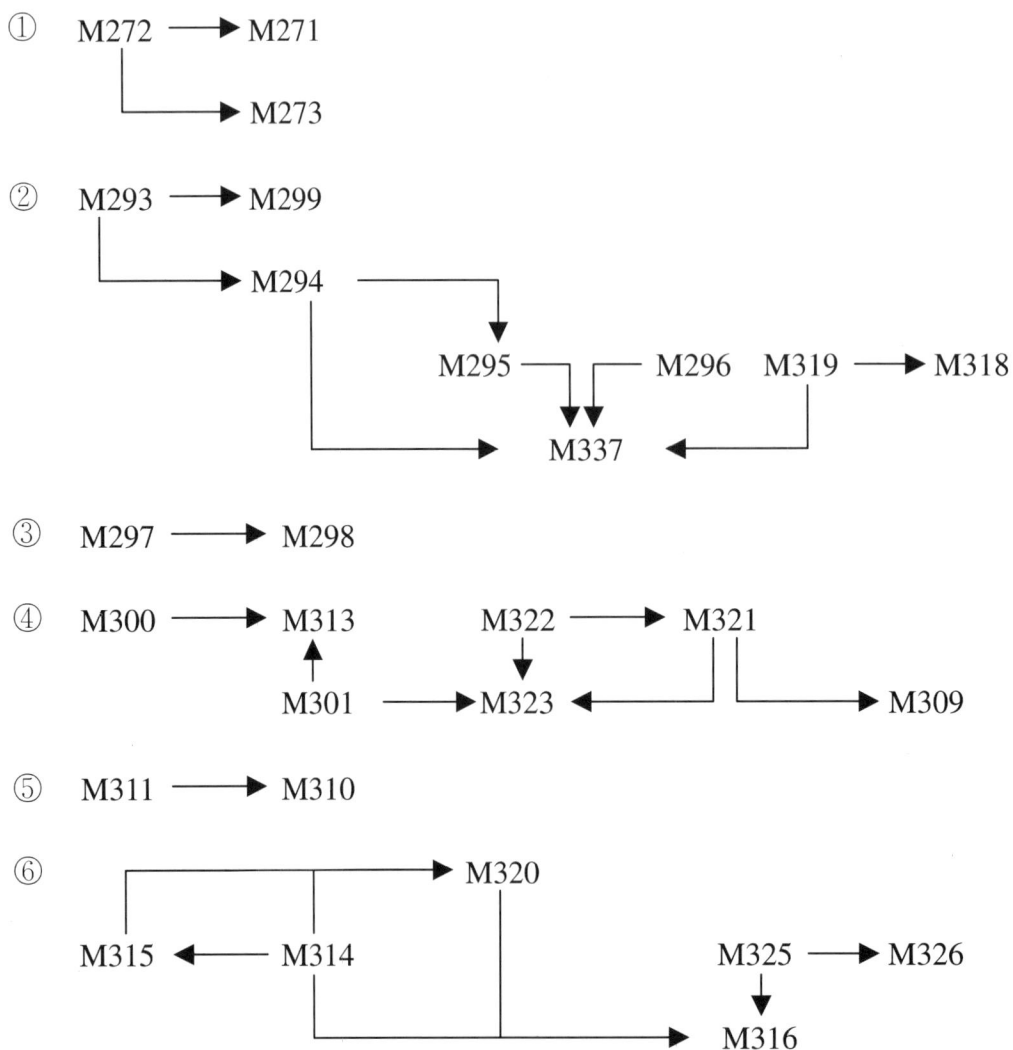

⑦　M322 ——→ M321
　　　　　　　　　　——→ M323

⑧　M330 ——→ M341

⑨　M332 ——→ M333
　　　　　　　　　——→ M334

⑩　M346 ——→ M347

⑪　M353 ——→ M357

⑫　M359 ——→ M360
　　　　　　　　——→ M361　　　　M329 ——→ M338
　　　　　　　　　　　　　——→ M362 ←——

⑬　M363 ——→ M342

⑭　M343　　　M350　　M356　　　M358
　　　　　　——→ M355 ←——

⑮　M367 ——→ M368
　　　　　　　——→ M369

⑯　M370 ——→ M371

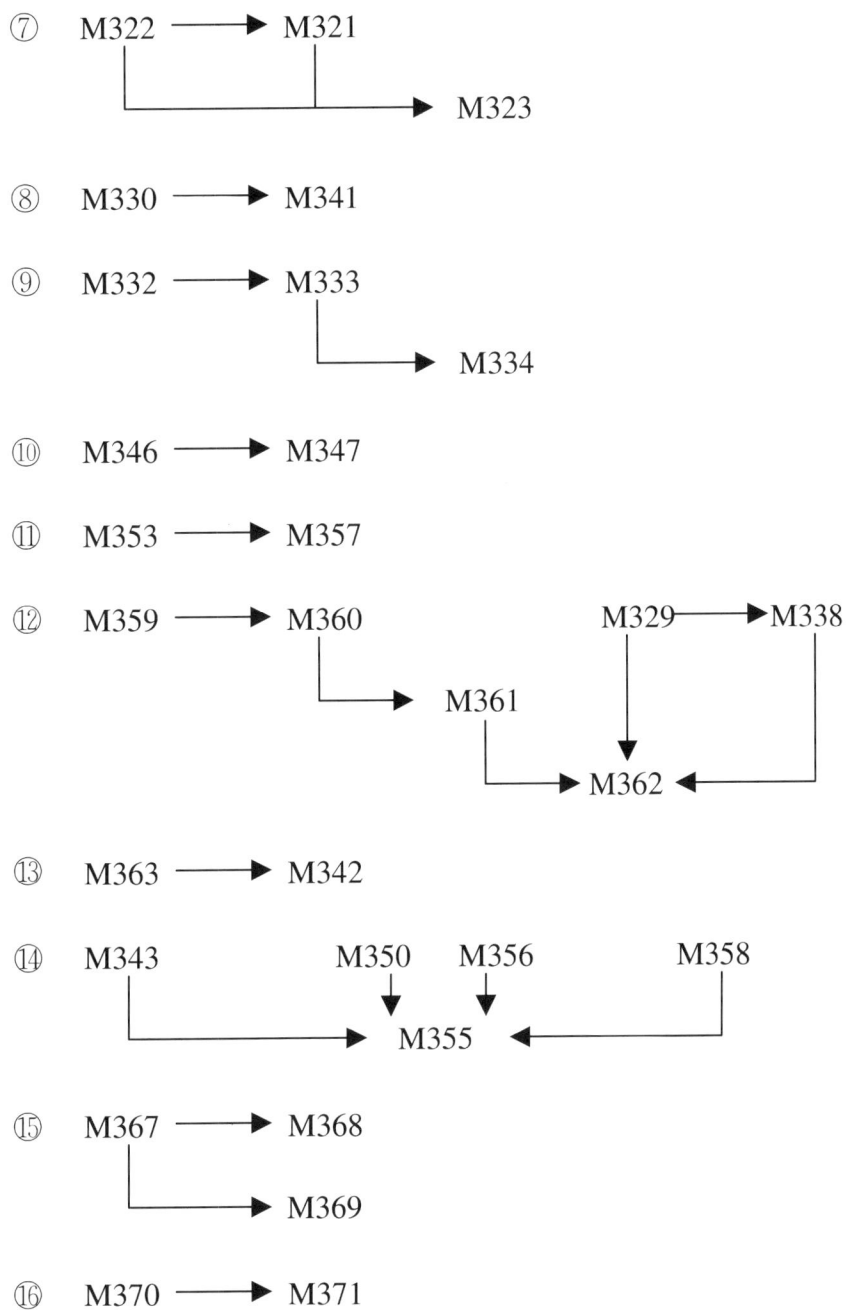

　　所有墓葬地面现无任何封土堆痕迹。从墓坑分布的密集程度，以及高频度的打破现象推测，埋葬时地面即未筑封土堆。

第二章　墓葬形制与葬俗

第一节　墓葬形制

墓葬皆竖穴土坑墓。地表原状已完全改变，只能观察到墓坑形制。

墓坑平面基本为长方形，修筑不规整，坑壁平直度差，转角多带弧形，墓底尺寸小于墓口。墓坑较窄，宽度基本不超过 1 米，墓坑长宽比最大为 4.5∶1，最小为 1.8∶1。根据墓口长宽数据均完整的 104 座墓计算，长宽比平均值为 2.88∶1。墓底面多趋于水平，有16 座墓略向脚端倾斜，倾斜度多在 5°左右，最大者不超过 12°。一般长方形墓举例如下：

M341　墓口长 2.40～2.58、宽 0.74～0.76，墓底长 2.30～2.36、宽 0.62～0.68，深 0.66～0.80 米。两侧壁微弯曲，两端壁带弧形。墓底面基本水平（图一八）。

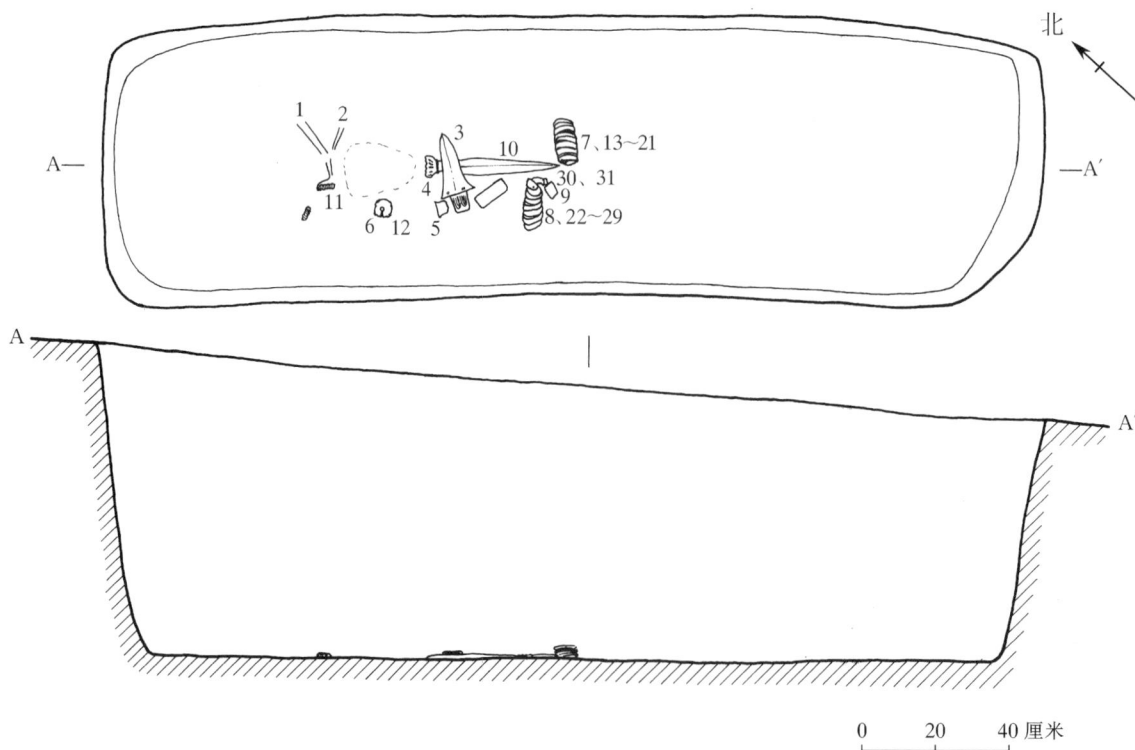

图一八　M341 平、剖面图

1、2.铜发钗　3.铜戈　4.镂空牌形茎首铜剑　5.铜柲冒　6.玉玦　7、8、13～29.铜手镯
9.铜柲套饰　10.剑鞘标本　11.头骨残痕　12.骨玦（玉玦下）　　30、31.木手镯

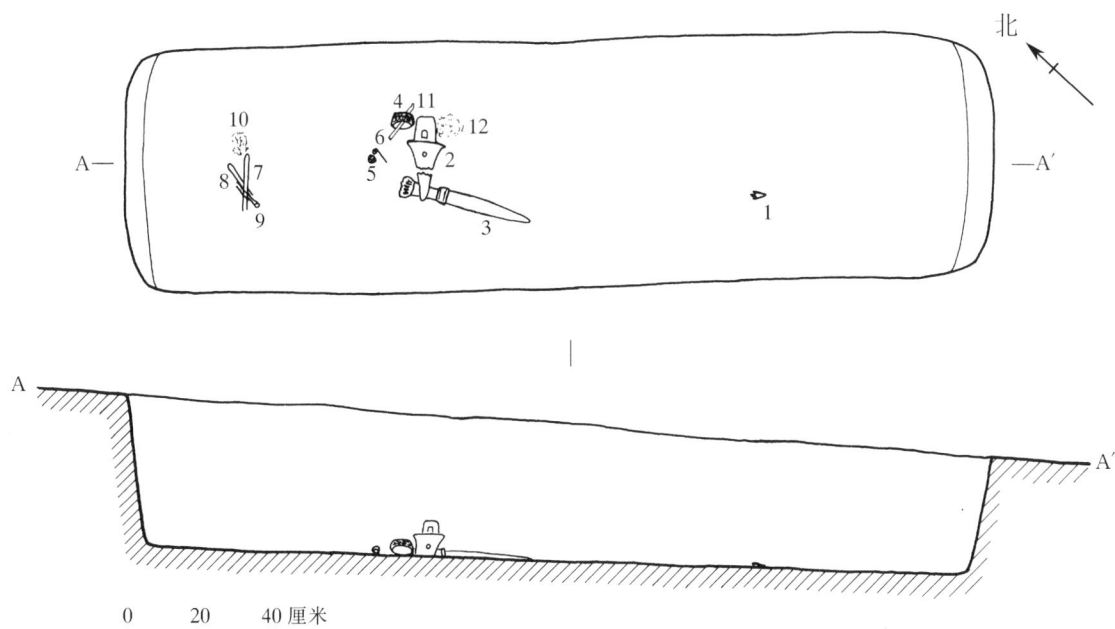

图一九　M308 平、剖面图

1. 铜镞　2. 铜戈　3. 镂空牌形茎首铜剑　4. 铜手镯　5. 铜戒指　6. 铜发簪　7、8. 铜发钗

9. 铜发簪　10. 彩漆痕　11. 上肢残骨　12. 炭屑

M308　墓口长 2.2~2.4、宽 0.64~0.68，墓底长 2.16~2.26、宽 0.64~0.68，深 0.31~0.40 米。两侧壁微弯曲，基本陡直，两端壁带弧形，立面微向下倾斜。墓底面略向脚端倾斜（图一九）。

墓坑长方形除修筑不规整外，少数还略有局部变异，根据其平面大形，称之为"哑铃形墓"。

哑铃形墓墓坑两侧壁前后端分别向外突出一个小弧形面，墓坑平面形状与一只哑铃平面图形相似。最典型的哑铃形墓墓底前后端各挖有一道弧底浅槽，位置与侧壁的弧形面相对应。浅槽与侧壁的弧形面内均未发现任何遗迹，用途不明。哑铃形墓不很规范，墓底浅槽多数没有；个别墓侧壁的弧形面仅见于头端或脚端，还有个别墓仅见于一侧。哑铃形墓共 18 座，分别为 M262、M264、M272、M273、M274、M277、M286、M290、M300、M301、M302、M306、M324、M336、M338、M342、M359、M360。举例如下：

M277　墓口长 2.72、宽 0.80~1.08，墓底长 2.60、宽 0.72~1.00，深 0.49~0.83 米。两侧壁前后端带外突弧形面，前后壁微弧，墓底前后端各有一道浅槽，墓底面趋于水平（图二〇）。

M290　墓口长 2.23、宽 0.80~1.00，墓底长 2.15、宽 0.74~0.88，深 0.84~0.96 米。两侧壁头端带外突弧形面，脚端平齐，前后壁微弧，墓底面趋于水平（图二一）。

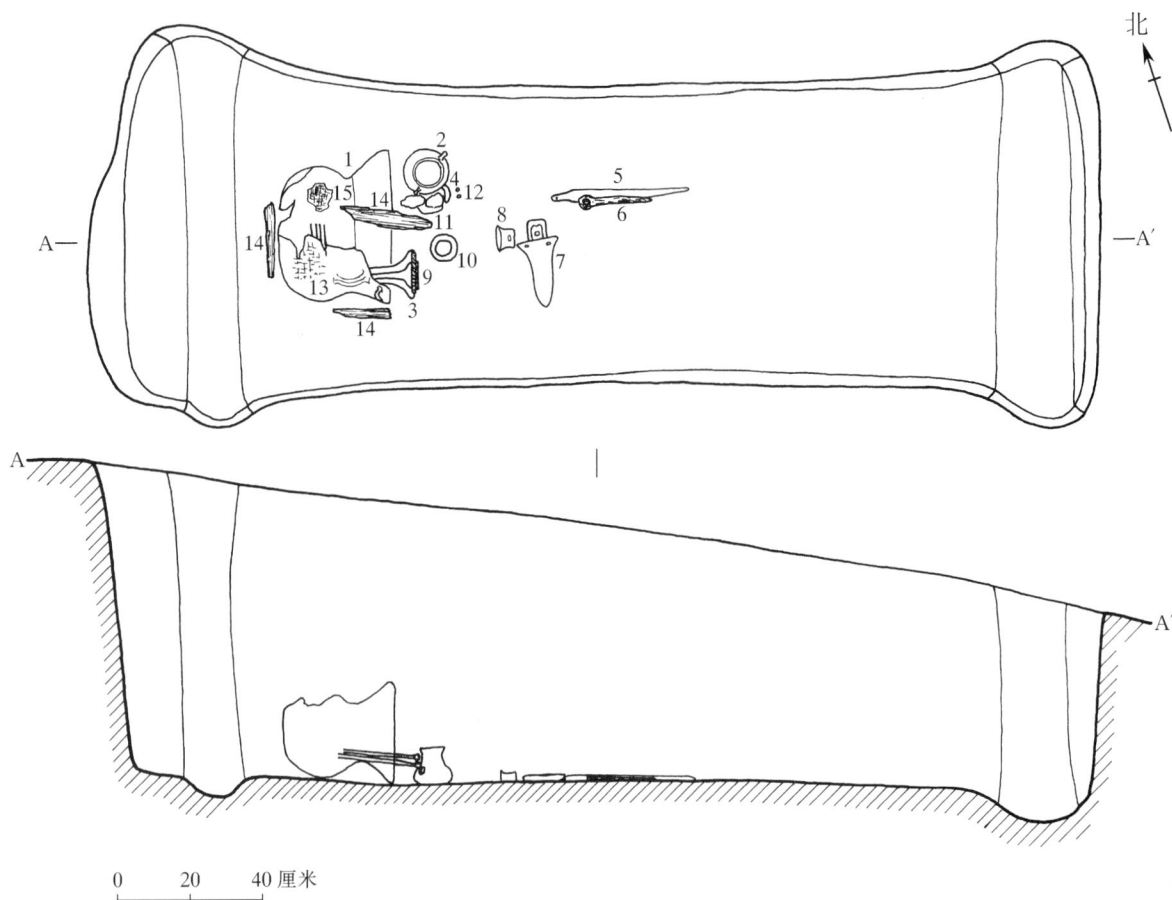

图二〇　M277平、剖面图

1.铜釜　2.铜鍪　3.铜发钗　4.骨珠　5.柳叶形铜剑　6.铁削刀　7.铜戈　8.铜柲冒
9.铜发钗　10.骨珠　11.头骨碎片　12.牙齿　13.竹席残片　14.朽木　15.纺织物残片

　　哑铃形墓形成原因与用途尚难判断。发现的5座套头葬墓墓坑均属哑铃形，但有的哑铃形墓中亦不出任何随葬物。

　　此外，极少数墓发现墓坑头端壁上有一个向外突出的弧形坑，我们曾经将这种墓坑作为一种变异的墓坑类型加以介绍，称为"钟形墓"。但进一步整理，发现这种外突弧坑不具备基本规律性，其形成与墓坑的修筑应无关联。这种墓坑有9座，头端壁上外突弧形坑的位置有4座基本居中，其余或偏左，或偏右，有的甚至偏至墓坑侧壁边缘。弧形向外突出的距离有多有少，有的仅突出一道弧线，有的几乎整个突出在坑壁外。形状不规整，有的略呈半圆，有的带方角。直径0.25～0.34米不等。深度差异很大，有1座深度与墓底平，1座深度超过墓底0.18米，其余深度均不及墓底，其中5座不及墓坑深度的一半。举例如下：

　　M296　墓口长2.58～2.96、宽0.82～0.84，墓底长2.50～2.54、宽0.75～0.83，

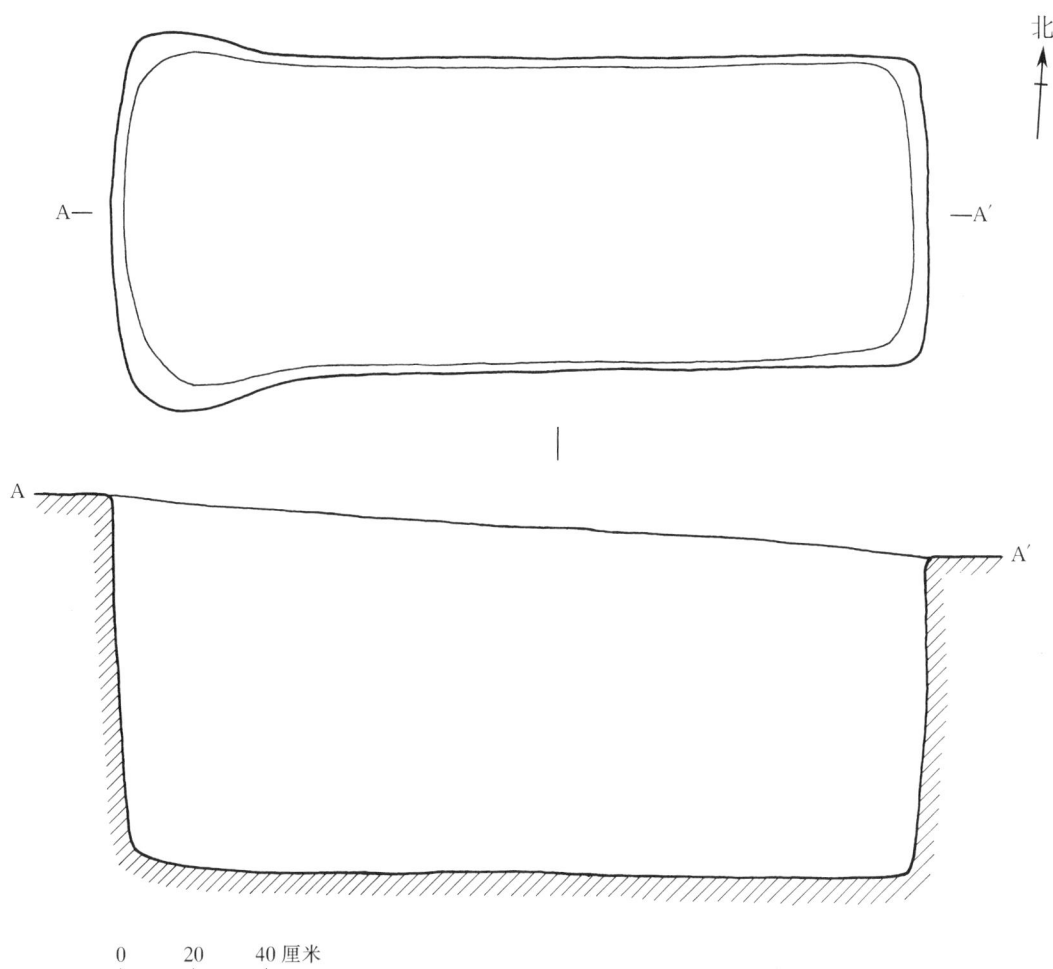

图二一　M290 平、剖面图

深 0.67~0.84 米。头端壁中部外突弧形坑直径约 0.3 米，底部呈弧形，深度不到墓坑深度的一半。墓坑东侧壁中部还有一个外突的半圆形小坑。墓底面趋于水平（图二二）。

　　除墓坑头端壁有外突弧形坑外，少数墓侧壁也发现有相似情况。M296 是一例，又如M285、M326 等。此外在少数墓坑墓底中部还发现有小圆坑，直径与上述头端弧形坑大致相当，位置不定。其中 M350 与前述头端壁的外突弧形坑关系很值得注意，M350 墓口为长方形，头端中部略偏北侧有一个斜伸下去的圆坑，圆坑在墓底突出到墓坑头端壁外生土部分，略呈椭圆形，长径 0.37 米。圆坑深度超过墓底深度 0.18 米。此圆形坑与墓坑修筑显然无关。

　　综合上述墓坑头端壁外突弧形坑的一系列情况，推测这种小坑很可能是因后人活动造成，比如在地中树立木柱，无意间打破墓坑。从工地平面图看，M350 的小圆坑与 M356及 M319 头端壁上外突的弧形坑大致形成一个等边三角形，或即与地面某种架空的临时建筑有关。但发掘过程中对这种现象分析不够，观察不够仔细，也未及时开展现场调查。

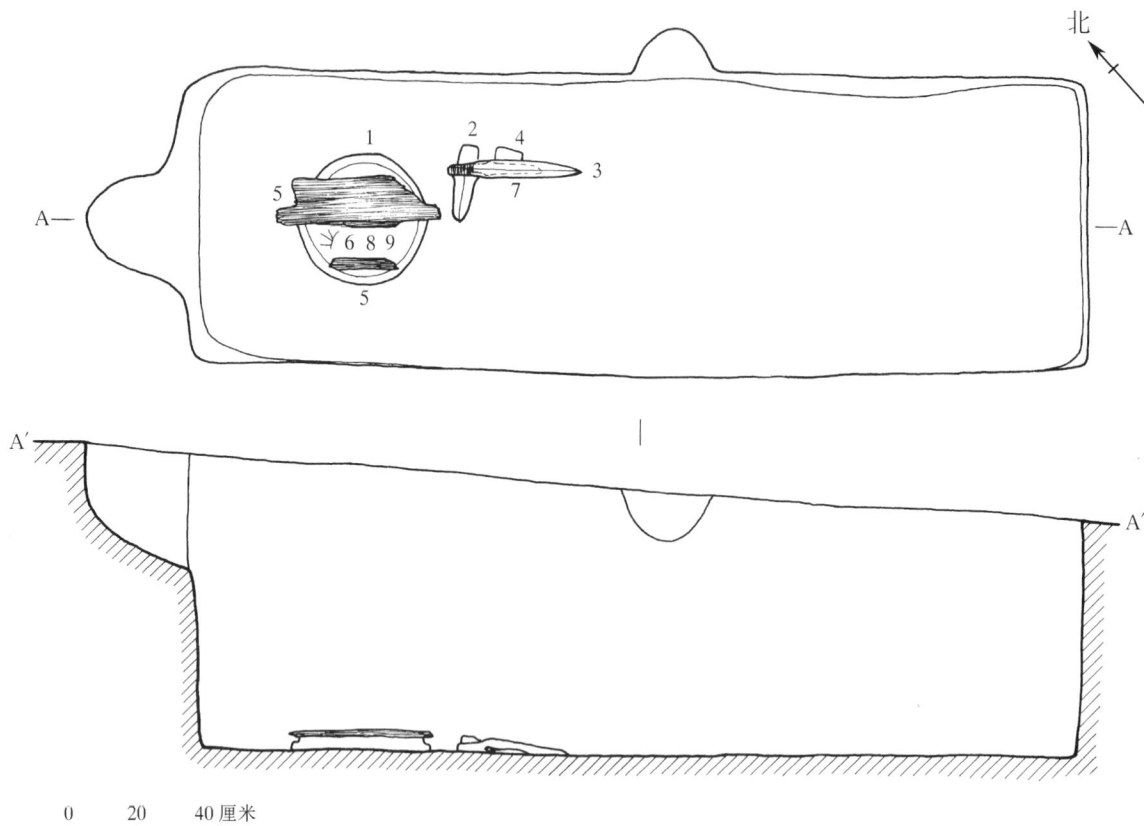

图二二　M296 平、剖面图

1. 铜洗　2. 铜戈　3. 柳叶形铜剑　4. 铜柲套饰　5. 朽木　6. 铜发钗　7. 铁削刀　8、9. 铜发钗

第二节　套头葬及其他特殊葬俗

套头葬是可乐乙类墓特有的一种葬俗，1978 年发掘时已发现，并在 78 发掘报告中以此命名公布。

本次发掘发现套头葬墓 5 座，除过去发现的基本形式外，还有一些新情况。分类介绍如下：

1. 单用铜釜套头。有三座墓，编号为 M264、M272、M277。所用皆鼓形铜釜，铜釜侧立于墓坑头端，釜内发现铜发钗或头骨残片。M264 铜釜内一对"U"形发钗距离釜口沿 12.5 厘米。M277 铜釜内一对簧形首发钗很长，尖端弯曲深入铜釜较多，簧形首露于釜口沿外，釜口沿外十余厘米处还发现两只环形骨质耳饰。M272 未发现发钗，但头骨大部保存，可明显看出死者头盖骨位于铜釜内，面骨从眼眶以下位于铜釜外。说明鼓形铜釜不是将人头整个罩住，而是如帽子般套于死者头顶（彩版一五:2，一六:1、2）。

这种单用鼓形铜釜套头是可乐套头葬的主要形式，但此次发掘的 M264 出现一种新变化，在墓坑底部，沿坑壁垒筑一周石块。石块均为自然毛石，未加修整，大小不一，除头端一块长约 80 厘米外，其余长度多 20 余厘米。石块垒筑 2~4 层不等，高度约 30 厘米，未使用任何粘结料。铜釜下及墓内其他部位发现一些残木块，应为木棺痕迹。从垒筑情况看，石块正好位于墓坑与木棺之间的空隙处（彩版一七：1）。此墓因村民取土烧砖挖毁一半。可乐乙类墓用石块垒筑墓坑的现象，目前仅发现这一座。

2. 用一件铜釜套头，同时用另一件铜釜套足。有一座墓，编号为 M274，是本次发掘中墓坑最大，随葬物最多的一座墓。墓坑两端分别侧立一件铜釜。一端铜釜内发现少量头骨、牙齿及一件 "U" 形铜发钗，铜釜口沿外发现大量装饰品，包括 6 件骨质耳饰。另一端铜釜内发现少量脚趾骨。两件铜釜皆圆鼓腹，体形大，铸造精美，远非其他套头葬墓的铜釜可比拟。尤其套头铜釜，釜肩部还铸造了两只十分威猛的立虎。此墓还有一个特异的现象，在死者面部位置扣有一件铜洗，另外在右臂位置扣有两件铜洗，在左臂旁立有一件铜洗，发掘时，左臂旁的铜洗已折断成半圆形（彩版一七：2）。在两件铜釜上下及墓坑内发现一些残木片，应是木棺遗迹。1978 年发掘的套头葬墓也曾在 M58 发现类似头、足套釜埋葬方式，不同的是，足部所套为一件铁釜，面部及手臂处无铜洗。

3. 用一件铜釜套头，同时用一件铜洗垫足。有一座墓，编号为 M273。墓坑头端侧立一件铜釜，铜釜内发现一个残朽的头骨。颅骨部分大体完整，面骨基本朽坏不存，牙齿散落在地面。头骨位置说明铜釜仅罩于头顶。铜釜体大，圆鼓腹，铸造精美。墓坑足端平放一件铜洗，铜洗上可清楚看出两只小腿骨遗痕。死者面部未盖铜洗，但右臂下垫有一件铜洗，左臂旁立有一件铜洗，出土时左臂旁铜洗也已折断（彩版一八：1）。以往发掘的套头葬墓无这种足下垫铜洗形式。

除套头葬外，还发现其他一些特殊葬俗。分别为：

1. 用铜洗垫头。有一座墓，编号为 M298。墓坑头端平放一件铜洗，铜洗内平放两只 "U" 形铜发钗，前端略交叉。铜洗边沿分放 3 只环形骨质耳饰，其中右耳部位 2 只略重叠，位于沿外。左耳部位仅 1 只，压在沿上。沿外残留部分牙齿。头骨已朽坏不存。显然埋葬时铜洗垫于死者头下（彩版一八：2）。

2. 用铜洗盖面。有两座墓，编号为 M296、M342。M296 墓坑头端扣放一件铜洗，铜洗底已整个压塌，上边残留三块木片。从铜洗底面一侧，向上伸出刺穿铜洗的两根铜发钗条。揭开铜洗，可看出被压碎的颅骨、面骨和牙齿，颅顶有三只铜发钗，其中两只交叉平插，一只从颅后向前插，刺穿铜洗的就是这只发钗（彩版一九：1、2）。从残存木片推测，埋葬时使用过木棺。M342 铜洗盖面与 M296 相似，揭开铜洗后，也是被压碎的颅骨和面骨。不同的是，铜洗旁墓底斜插了一件铜戈（彩版二〇）。

套头葬墓 M274 也有用铜洗盖面现象，已如前述，未计入此类。

3. 用铜戈插于头侧地面。除上述 M342 外，共三座墓，编号为 M331、M351、M365。其中 M331 与 M351 人骨架朽坏无痕，根据铜戈位置推断，戈斜插在人头右侧。M331 铜戈倾斜度约 40°，插入墓底深度约 3 厘米。M351 铜戈倾斜度约 75°，插入墓底深度约 5 厘米。M365 残留少量头骨、牙齿，铜戈斜插在人头左侧，与 M342 相同。铜戈倾斜度约 60°，插入墓底深度约 6 厘米。三座墓均未发现残木痕，估计当时未使用棺具（彩版二一：1、2，二二：1）。但 M342 盖面铜洗上却发现少量木痕，不辨是否木棺。

第三节　葬具、葬式及其他

因土壤偏酸性，墓内的葬具、人骨架及有机质的随葬品大都朽坏，很多墓内一点痕迹也看不到，仅少数墓葬保留部分残片或痕迹。这些墓葬的特点是，都有随葬的大件铜器或较集中摆放的铜器，保存下来的木棺残片或人骨都紧靠着铜器。

从出土状况看，这批墓葬存在使用木棺为葬具和不使用葬具两种情况。

墓内发现残木片并推断为木棺的墓共 15 座，包括 M264、M268、M271、M272、M273、M274、M277、M302、M304、M310、M312、M317、M350、M356、M363。如 M274 在套头和套脚的大铜釜上下都发现较大片的残木块，木纹显示曾为顺墓坑方向纵向摆放的长木板。在墓坑两侧各发现一列黑色木痕或木片，两列木痕间距离约 75 厘米。显然这是一具较大的木棺，套头和套脚的铜釜都置于木棺内。

有的木棺内还发现垫竹席的现象。如 M277 在套头铜釜下发现残竹席，竹席下才是残木片。应是木棺内先垫一层竹席，再将套头死者入葬。M264 与此类似，不同的是在套头铜釜内死者头骨下发现残竹席，铜釜下无竹席，仅有残木片。说明竹席并未满铺于棺内，究竟竹席是垫于死者头及身下，还是将死者包裹后入葬暂无法判断。另一座棺内垫有竹席的墓是 M273，在垫足铜洗下残存竹席，竹席下为残木片。与 M277 相似。

不使用葬具的墓目前可确定的是前节所述用铜戈插于死者头旁地面的三座墓。依据是未发现任何木痕，同时铜戈插于墓底。其余大量未发现木痕的墓是否使用葬具，尚不可确定。

发掘中未发现合葬墓。从残留的少量头骨、牙齿以及特征明确的随葬器物可确定葬式的墓共 22 座，分两种葬式。一种为仰身直体葬，19 座；另一种为侧身直体葬，3 座。

仰身直体葬墓中 M273、M274、M298、M304、M308、M341、M365 等 7 座可确定死者双臂屈于胸腹上。一般双臂弯曲较缓，手置于腹上或胸腹间。如 M341 死者头佩一对长发钗，右耳佩玉玦，胸前放一柄铜剑、一件铜戈，左臂佩 10 只铜手镯缓屈置于腹部，右臂佩 9 只铜手镯屈度稍大，置于胸腹间。两组手镯内都残存有 10 余厘米长的尺骨和桡骨

（彩版二三）。

　　双臂弯曲状较特殊的是 M273 和 M274。M273 死者右臂弯曲形成夹角约 30°，手置于胸前。左臂弯曲更甚，手几乎置于肩头（彩版二二：2）。M274 臂骨已朽坏，但从扣在臂上的铜洗位置看，右臂与 M273 相似。左臂以铜柄铁剑与铁戈位置，以及靠近左肩头呈簇状摆放的一堆小铜铃，似佩于手腕部，推测其弯曲状也与 M273 相似。

　　其余仰身直体葬可明确面部朝向，但缺乏上肢摆放资料，故不能确定上肢姿势。

　　侧身直体葬墓中，M318、M350 都保存有牙齿和头骨，可清楚看出头骨侧向右方的形态。如 M350，头骨框架完整，头顶交叉佩一对簧形首铜发钗，发钗很长，一支垂于脑后，一支搭于脸上。右耳佩戴一只骨质耳玦。下颌骨清楚附有牙齿。胸颈部放一件铜戈，应是死者拥于胸前的兵器（彩版二四：1）。另外 M356 虽头骨全朽坏，但随葬的铜剑、铜戈、铜带钩和一只铜手镯都集中放于右侧，可推断死者也是向右侧身埋葬（彩版二四：2）。其余少数墓葬有相似的一些迹象，但特征不够突出，不作类似推断。三座侧身直体葬墓肢骨都朽坏无痕，直体的推断主要根据墓坑的长度确定，墓坑长度都在 2 米以上，M318 和 M350 长度超过 2.5 米。

第三章　随葬器物

第一节　随葬器物概况

随葬器物丰富，地方特色突出。按质地分为七类：陶器、铜器、铁器、玉（石）器、骨器、漆器及纺织品。

随葬器物分布不均，使用随葬器物的墓葬共56座，占墓葬总数的52%。其余墓葬不用随葬品。各墓使用随葬器物的数量差异较大，最少的墓仅1件，最多的墓93件以上，多数墓在数件至十余件之间。

随葬器物多为死者随身之物，摆放位置都紧靠死者身体。已确认使用木棺的墓，随葬器物都在棺内。

第二节　陶　器

一　概　况

出土陶器数量很少，仅16件。其中4件采集于耕土层或填土，1件出土于不明性质的K4，11件出土于墓葬。

共11座墓葬出土有陶器，即每墓1件。皆小型器，位于死者头侧。其中7座墓除陶器外，无其他随葬物。4座墓另有少量随葬物，但基本限于随身装饰品。

器形以罐为主，另有杯、瓶及砚。陶质包括夹砂陶、夹炭陶、夹砂夹炭陶及夹炭夹砂陶四类。

二　形制特征

罐　13件。分三型。78报告有A、B、C三型陶罐，此次仅出土C型，另二型顺次编为D型、E型。

C型　11件。折腹罐，根据耳部差异分为二式。78报告不分式，皆无耳。

Ⅰ式：7件。无耳。标本M304∶1，口径9.35～9.60、最大腹径12.75～13.30、足径6.35～6.50、高13.85厘米。夹砂夹炭褐陶。平沿，沿面微弧形，尖圆唇，束颈，折腹，上下腹面微外弧，圜底，矮圈足，足内沿呈斜弧面。折腹部对称饰4枚乳丁，乳丁高约1厘米，乳丁面略残，可看出均有划痕及戳压痕。沿面饰一周凹弦纹，上腹部饰细繁的篦划纹和戳印纹，纹饰用四齿篦状工具制作，主体为划弦纹与戳印纹组成的带状纹，上下各有一周纵向篦点戳印纹。戳点均明显向右下倾斜，系右手操作。泥条盘筑法成形，内壁折腹处留有泥条缝隙及捏制指窝痕，外壁用素面拍子拍打，并用软质工具略加磨光。泥料中加有较多石英砂，粒径多在0.05厘米以上。另加有少量炭屑。烧制温度约700℃，火焰不匀（图二三；彩版二五：1）。

Ⅰ式罐中3件不带乳丁，素面，其中1件沿面有一道凹弦纹。其余3件乳丁罐中2件沿面带一道凹弦纹，并有1件上腹部饰有戳印纹。烧制温度多在650℃左右，火焰不匀。

Ⅱ式：4件。附单耳。标本M322:1，口径8.60～8.75、最大腹径12.5～13.05、足径6.20～6.55、高12.9厘米，耳中部宽2.9、厚0.55厘米。夹炭夹砂褐陶。平沿略外展，方唇，领不显，折腹，上下腹面斜直，弧度很小，平底，矮圈足，足内沿呈斜弧面。口沿至上腹部置一只片状桥形耳，耳拱弧高，中部几呈折角状，耳上段略与口沿平。折腹部对称饰4枚乳丁，乳丁上端较平，划有较深"十"字纹。口沿面饰凹弦纹一周，上腹部饰细繁的篦划纹和戳印纹，纹饰用四齿篦状工具制作，划出上下两组弦纹，再纵向划线纹分为30格，格中戳印横向篦点纹7～8列。划纹与戳印纹均浅，不规整。泥条盘筑法成形，外壁用素面拍子拍打，并用条状工具纵向刮过，再抹平，局部留有条状刮痕。泥料加有较多炭屑，器体很轻，观察可见大量孔隙。同时加有少量砂粒，砂粒呈棕、黄、黑色，少见石英砂。烧成温度约650℃～700℃，火焰不匀（图二四；彩版二五：2）。

其余三件Ⅱ式罐纹饰较简，其中一件无乳丁，两件乳丁为3枚，一件乳丁上划"十"字纹。烧成温度约650℃～700℃，火焰不匀。

D型　1件（K4:1）。口径9.6～10.4、最大腹径8.1～8.5、底径5.40～5.65、高12.3、耳中部宽2.3、厚0.7、腹壁厚约0.5厘米。夹砂褐陶。盘口，盘沿较宽，略内凹，口平面略呈桃形，似带流状。高直领，鼓腹，平底。口沿下至肩置一片状桥形耳。素面。泥条盘筑法成形，腹外壁用素面拍子拍打，再抹平。泥料中加有较多石英砂。烧成温度约700℃，火焰不匀，有局部渗碳现象（图二五：1；彩版二六：1）。

E型　1件（DT0905采:1）。口径8.4～8.6、最大腹径12.3～13.0、高11.9、耳片宽2.65～3.20、厚0.65厘米。夹炭褐陶。斜平沿，圆唇，束颈，圆鼓腹，圜底。口沿至肩部置一片状桥形耳。口沿面饰凹弦纹一周，肩部饰四齿竖列篦点纹一周，腹部至底饰纵向细绳纹。泥条盘筑法成形，外腹用缠细绳的拍子拍打，留下明显绳纹。泥料沙性重，加有较多炭屑，未加砂，烧成温度约650℃～700℃，火焰不匀（图二五：2；彩版二六：2）。

瓶　1件（M292:1）。口径8.65～8.95、最大腹径6.90～7.05、底径4.9～5.3、高12.2厘米。夹砂褐陶。侈口，圆唇，沿略内凹稍似盘口，直领，鼓腹较瘦长，近底略外

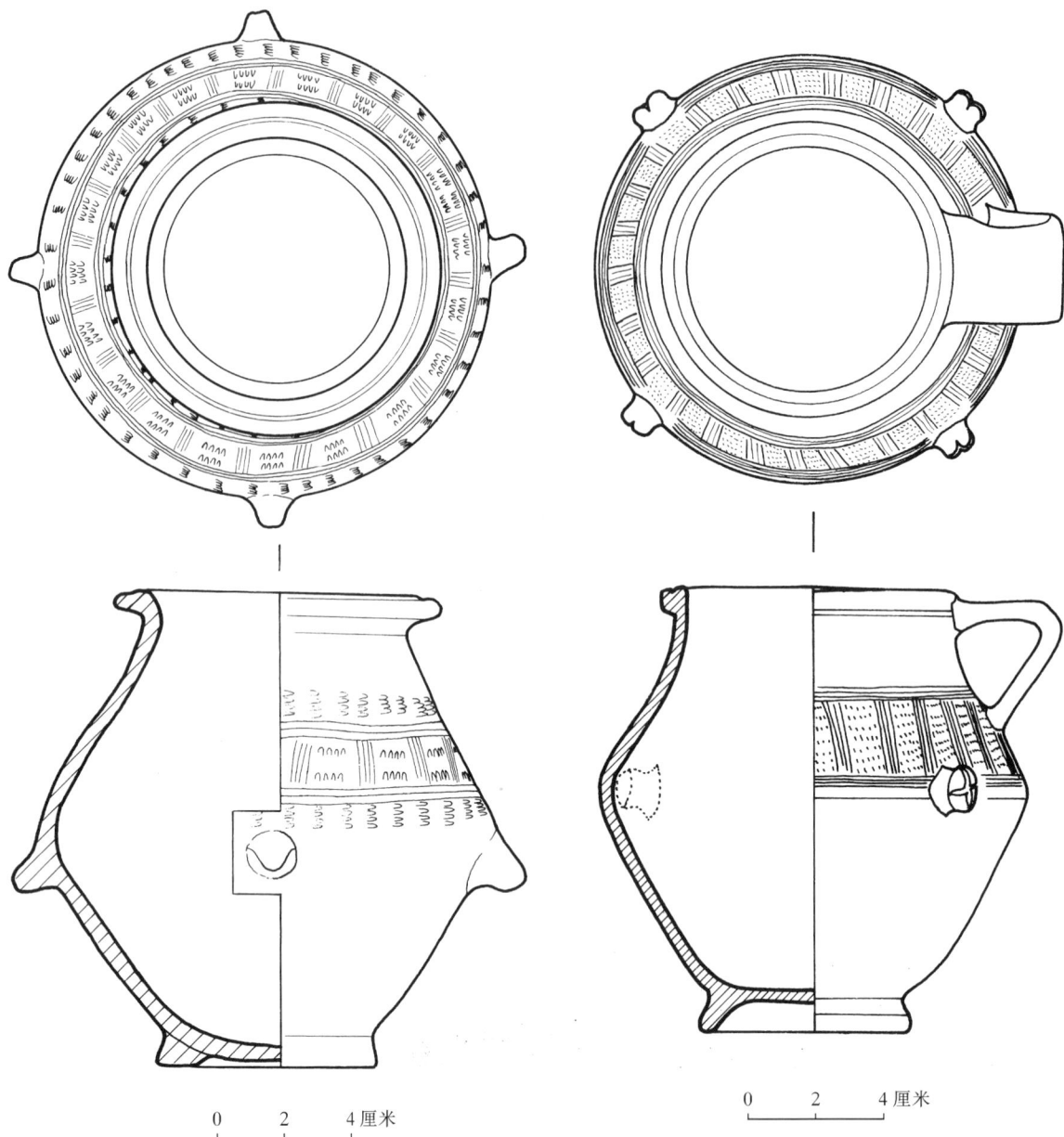

图二三　C型Ⅰ式陶罐（M304：1）

图二四　C型Ⅱ式陶罐（M322：1）

张，平底。颈部划弦纹一周，弦纹下划三角齿状纹。泥条盘筑法成形，外壁用素面拍子拍打，并用细齿状工具纵向刮过，口沿内壁用同样工具横向刮过，再抹平，局部留有齿状刮痕。泥料中加有较多细石英砂，未加炭屑。烧成温度约700℃，火焰不匀，有局部渗碳现象（图二五：3；彩版二七：1）。

杯　1件。M338：1，口径6.25～6.32、最大腹径8.70～8.75、足径5.15～5.25、高6.75，耳中部宽2.4、厚0.5厘米。夹炭褐陶。敛口，尖圆唇，圆鼓腹，最大径偏上，圈底，圈足外张，足内沿呈斜弧面。腹部置一只片状桥形耳，耳拱弧高，中部几呈折角状。

腹上部对称饰 3 枚乳丁，乳丁面均有三个戳压窝痕。口沿侧饰凹弦纹一周。泥条盘筑法成形，制作较规整。泥料中加有较多炭屑。烧成温度约 700℃，火焰不匀（图二五:4；彩版二七:2）。

砚　1 件（套）（DT0906 采:1）。出土于 M320 填土中。板长 11.5、宽 5.66～5.75、厚 0.37～0.45 厘米。砚板长方形片状。夹砂灰陶。手制成形。泥料沙质重，加有砂粒，

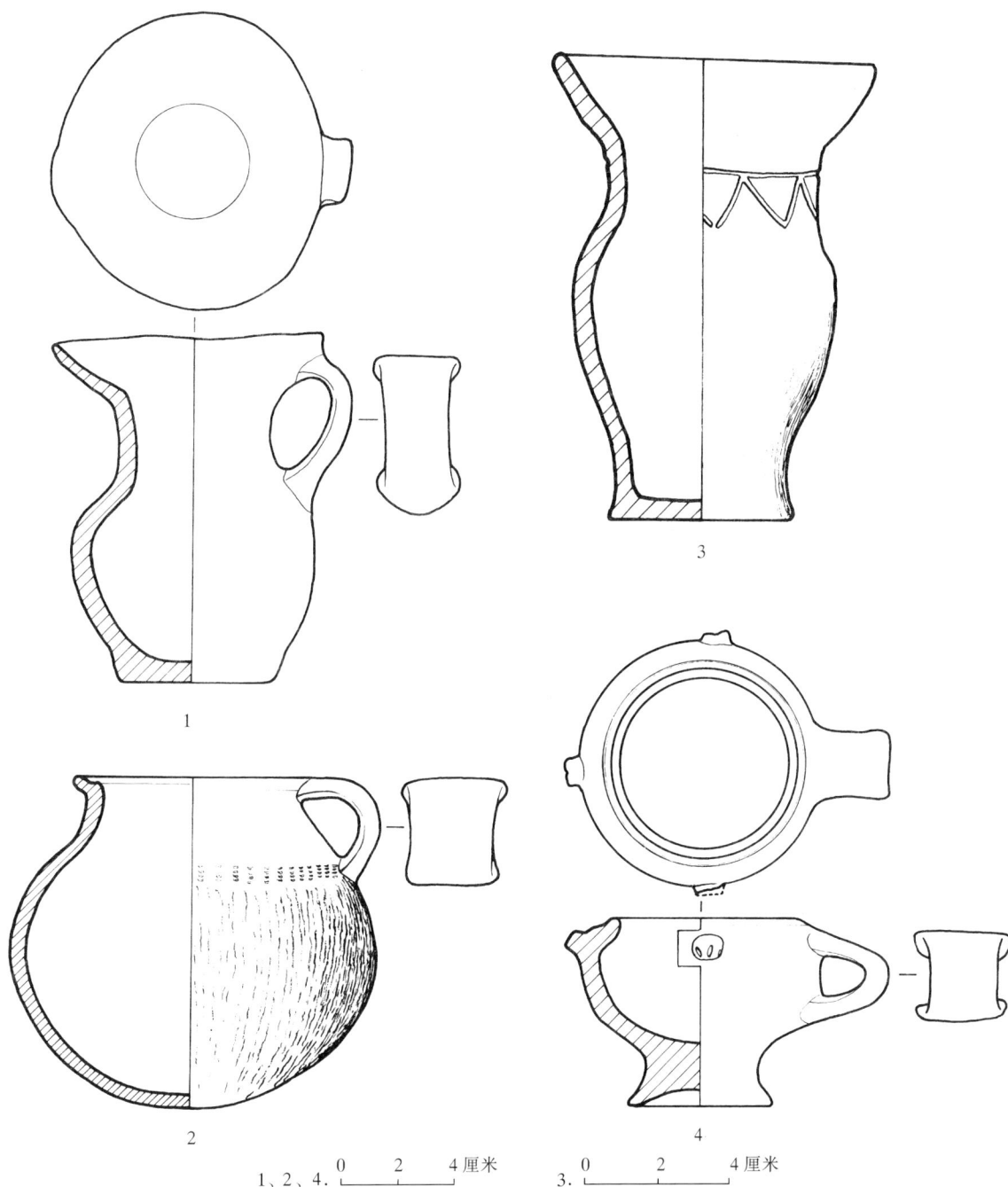

图二五　乙类墓随葬陶器

1.D 型罐（K4:1）　2.E 型罐（DT0905 采:1）　3.瓶（M292:1）　4.杯（M338:1）

包含少量石英砂。烧制温度约 550℃～600℃，用还原焰烧成。砚块边长 2.8、厚 1.3 厘米。底面正方形，上呈圆形。质地相同（彩版二八：1）。1978 年在甲类墓中曾出土多件（套）黛砚，形制与此相似，但都用石料制成。

三　工艺特征及其他现象

1. 泥料选用及掺和料

泥料中加入较多炭屑是最突出的工艺特征。除 D 型罐、瓶、砚三件器物外，其余陶器都夹炭。这种陶器器壁多孔隙，器体很轻。用其他出土地点体量大体相当的陶器作称重对比，一件夹炭陶器重量只相当于其他普通陶器的 50％或稍多。

泥料中所加炭屑用什么植物烧成，还无法确定。从陶片中未寻找出稻壳之类痕迹。在个别陶片上曾观察到片状木痕，是否烧制炭屑时的残留还难以确认（彩版二八：2）。

夹炭陶中有少量另加有砂粒，砂粒颜色呈紫红、黑、黄等，几乎无白色石英砂。因有的加砂很少，我们在陶质划分上称之为夹炭夹砂陶。有的加砂多，称之为夹砂夹炭陶。

未加炭的三件陶器均为夹砂陶，所加砂粒基本为白色石英砂，与夹炭陶器的选料显然不同。

制陶原料选用黏性较强的泥土，除 E 型罐和砚外，泥料无甲类墓陶器泥料沙质重的现象。对陶片作碾碎观察，碾碎后的陶片渣不呈粉状，多为细小颗粒。反映在制陶用料选择上与甲类墓人群有不同习惯。

2. 成形工艺的一些特点

陶器成形均采用泥条盘筑法。K4：1D 型罐出土后底部外层脱落，清楚留有泥条盘筑过程的痕迹。在转盘上先制作一个小圆饼为底，泥条围圆饼形底边盘绕一圈，然后呈螺旋状逐层盘升，制成腹壁。最后将器物翻过来，在底部再附一层薄泥饼加固，形成第二层底，四周与器壁抹平即可（彩版二九）。D 型罐为异地传入器（后详），乙类墓陶器盘筑方法与此是否相似尚观察不出来。

器物盘筑成形后，普遍经过拍打加工。拍打所用工具，有素面拍和缠绳拍两种。拍打后稍加抹平。多数陶器都用素面拍拍打，器表留有一些拍打形成的小块平面。有的器物拍打前还用窄条状工具在外壁纵向轻刮过，如 M294：1、M322：1 陶罐，可看出稀疏的条状刮痕。M292：1 陶瓶的刮痕为密集的线状，使用的工具前端应为细齿状。用缠绳拍的器物，留下许多绳痕。这种绳痕与有意识的绳纹装饰不同，绳痕断断续续较分散，印迹浅，还有交错现象。DT0905 采：1、DT0906 采：1、DT1005 采：1、M305：1 四件陶罐属于这种情况。

M304：1、M337：1、M340：1 三件陶罐外壁经过简单打磨。打磨用具应为软质物，形成大面较光，而拍打时造成的小块平面甚至有坑凹仍保存的现象。

陶器烧制气氛基本为氧化焰，16 件陶器中仅采集的陶砚使用还原焰，该陶砚与随葬陶器关系不大。陶器烧制火焰一般不匀，器表每见局部渗碳现象，不规则呈现少量灰黑色斑块。陶器主体为褐色或红褐色，但从表层剥落处和陶片的断口看，胎心却为黑色，表里反差很明显（彩版三〇：1、2）。这种现象在甲类墓，以及贵州其他地区如普安、威宁等同时期陶器中也多见。陶器如在氧化气氛下充分烧制，器表和胎心应呈现基本相同的氧化色，如红色、褐色。而这种外褐内黑陶色，反应器表和胎心是在不同的气氛中烧成，这应当与烧制方法和烧制时间有关。此外，还可能与泥料中碳元素含量高有关。陶器整理过程中，专门请中国科学院金属研究所对部分陶器进行碳元素检测分析，获得一组陶片碳元素比值数据（详见报告第四编）。但由于碳元素在一般的陶器原料成分分析中无法检测出来，所以国内以往考古出土陶器所作成分分析缺乏碳元素方面可资对比的资料。究竟可乐陶器胎心呈黑色现象是否确与泥料中的碳元素有关，暂不能从这组检测数据中得到可靠依据，只能维持推测性分析。

3. 一些值得关注的文化现象

陶器出土很少，往往单件出土。本次发掘的乙类墓仅 10% 墓葬有陶器出土，而且每墓仅有一件陶器。凡出土陶器的墓，很少伴出其他随葬品，在伴出品中也不见兵器或其他较重要器物。其中 M338 伴出品稍多，但仅有一套小件铜扣饰和少量随身孔雀石串珠，另有半个铁锸和一件铁削刀。M267、M292 及 M304 仅有随身铜镯或铜扣饰。其他墓都无伴出品。1978 年发掘的乙类墓情况也相似，168 座乙类墓仅 17 座出土陶器，其中 11 座墓为一件陶器。这种现象与甲类墓中使用很多陶器随葬形成显著差异，说明陶器在乙类墓中未被视作重要随葬品。使用陶器的墓主身份以及在什么情况下使用陶器还值得研究。

陶器形体小，类型简单，16 件器物中 13 件为罐。这应当不反映实际生活中陶器使用状况，而与墓葬随葬陶器的意识有关。

折腹以及采用乳丁装饰是陶罐造型的突出特点。共 11 件为折腹罐，其中 7 件带乳丁装饰。乳丁多置于折腹部，一周等距离四或三枚不等。乳丁顶面较平，上边刻划"十"字或刺压二三戳点（彩版三〇：3），除装饰性外似还有所寓意。

从造型特点及工艺特点综合分析，出土陶器应属三个系统。一种为可乐乙类墓自身特点陶器，主要特征已如上述。这类陶器原料均加有较多炭屑，器壁孔隙多，烧制火候低，强度与保水性都不适宜实际生活使用，多数应为明器。

另一种属甲类墓陶器，2 件，分别为陶砚和 E 型罐。这类陶器泥料沙性重，加石英砂，不加炭屑。陶砚形制与 1978 年甲类墓出土的石质黛砚相同。用还原焰烧成，烧制火候很低，应是一种明器。出土于乙类墓填土内的原因尚待研究。E 型罐与甲类墓 M281:9 陶罐造型、用料都极为相似，与甲类墓典型的汉式器物虽也有区别，但可能存在相同的渊源关系，故暂划为同一系统。

再一种属威宁与云南昭鲁坝子陶器，2 件，分别为陶瓶和 D 型罐。泥料中加大量石英砂，器壁厚，形制上大盘口、平底风格，以及较高的烧制火候，都与乙类墓陶器差异明显。类似陶器在贵州威宁及云南昭通地区战国至西汉墓葬中多有出土，属地方性典型器物[①]。两件陶器从该区域传入的可能性大。陶瓶出土于 M294，D 型罐出土于 4 号坑，皆单件出土，与其他乙类墓以单件陶器随葬习俗相同。

第三节　铜　器

一　概　况

铜器是随葬品中最重要的一个类别，不仅数量最多，而且墓主人对其的重视和珍爱程度也十分突出。

铜器共 354 件。包括容器、兵器、装饰品及铜印等。

容器分大型容器和小型容器两类。大型容器包括釜和洗，在墓中显示出的功用十分特殊。釜用于套头葬。洗用于套头葬或其他特殊葬俗。小型容器仅三件，有鍪、匜两种器形，看不出器用上有特殊性，但显然为墓主人心爱之物。

兵器包括剑、戈和镞。另有少量兵器装饰附件，如柲冒、套饰等，也归入此类。兵器种类不多，但除特殊葬俗用器外，无疑是最重要的一类铜器。兵器摆放位置，多在死者胸前，死者双手相拥，反映其生前珍视程度。出土兵器的墓葬共 30 座，占墓葬总数的 28%。

装饰品是数量最多的一类铜器，分为随身首饰类和衣饰类。首饰类包括发钗、挂饰、铃、手镯、戒指等。衣饰类包括扣饰和带钩。出土铜质随葬品的墓葬共 31 座，其中伴出兵器的墓 20 座。乙类墓装饰品除铜质品外，还有玉质品、骨质品和个别木质品，但三者分布明显不如铜质品的范围广泛。

铜印 1 件，汉文篆字闲章，明显属于文化交流之物。

此外，M351 出土 1 件很小条状物，用途不明，不再做归类介绍。

二　容　器

1. 特殊葬俗用器

容器中的大型器都与特殊葬俗有关，包括釜、洗。

---

① 参见贵州省博物馆考古组等：《威宁中水汉墓》，《考古学报》1981 年第 2 期；贵州省博物馆考古组等：《威宁中水汉墓第二次发掘》，《文物资料丛刊》1987 年第 10 期；贵州省文物考古研究所等：《贵州威宁县红营盘东周墓地》，《考古》2007 年第 1 期；营盘发掘队：《云南昭通营盘古墓群发掘简报》，《云南文物》第 41 期；丁长芬：《昭通地区古代墓葬概况》，《云南文物》2000 年第 2 期，等。

釜　6件。分为二型。78报告乙类墓铜釜分三型,其中A型、C型本次发掘都未出土。本次除B型外,顺次编列为D型。

B型　3件。鼓形铜釜,与78报告同。标本M277:1,口径31.4～32.3、最大腹径26.5、腹中部内束处内径19.3～19.7、高24、耳单片宽约1.5、厚约0.7厘米。侈口外展,口沿增厚形成平沿,沿面宽1～1.2厘米。口腹间无分界,腹中部内束,下部呈圆鼓腹。小平底。腹中部两侧各置两只纵向并列片状半环耳。全器倒扣,形似早期铜鼓。B型釜形制皆相类,唯此釜口沿外特别横置一只贯耳,贯耳片状三角形,位置与一侧腹部半环耳在一条直线上。器内壁口沿下6厘米处凸起两周不明显的细弦纹,无其他装饰纹饰。外壁布满烟炱。铸造粗糙,形制不规整,器表不光洁,且多有气孔。从口沿至底有一道纵向范缝痕贯通。垫片分布较密,相距一般4～5厘米。每片约1厘米长宽,不规则,有长方形、三角形、多边形等形状。口沿贯耳及腹部半环耳接口看不出拼焊痕,应为整体一次浇铸而成(图二六:1;彩版三一:1、2)。

D型　3件。折沿鼓腹,体量大。标本M274:87,口径43.2～44.3、沿面宽4.15、厚

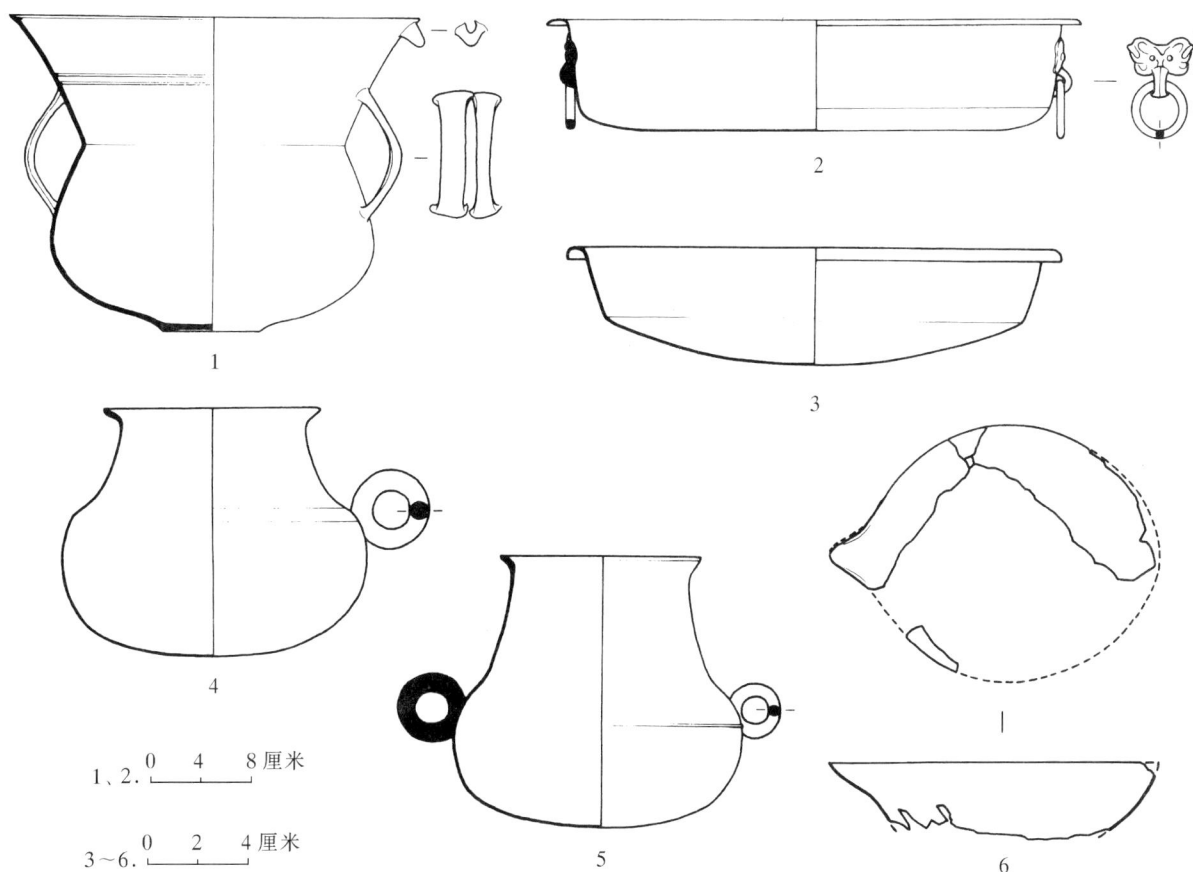

图二六　乙类墓随葬铜器

1. B型釜(M277:1)　2. 洗(M273:2)　3. 洗(M342:50)　4. A型鍪(M312:1)

5. B型鍪(M277:2)　6. 匜(M330:1)

0.4、最大腹径 49、通高 32.8、釜高 28.4，耳①径 9.35、片宽 3.35，耳②径 9.25、片宽 3.25 厘米，肩部立虎①通长 17、通高 10.5、身长 12.45、臀宽 5.3，②通长 17、通高 10.7、身长 12.45、臀宽 5.3 厘米。折沿，斜肩，肩面微下凹，鼓腹，圜底。肩腹处一道折棱，不明显，折棱下一周凸弦纹。肩腹部对称饰一对圆雕立虎，虎昂首扬尾，龇牙长啸，威风凛凛。虎颈部饰一条项圈，项圈上饰贝纹，虎头后部饰一组卷云纹，虎身饰斑纹。釜腹上部对称纵向置两只辫索纹环形大耳，耳片弧形，面尤显宽。耳面辫索纹 6 组 12 道。器壁外布满烟痕（图二七；彩版三二，三三:1）。

铸造工艺精良，器形规整，器壁光滑匀称，口沿至底有一道范缝痕贯通。立虎头至尾有一道范缝痕，虎体及腿内侧中空，保留铸造时的砂模，砂模经仔细修整，十分协调地构成虎体结构的组成部分。虎后装于器壁上，四爪下留有灌注铜液焊接时填塞的小铜片（彩版三三:2），釜内壁对应处有 4 个不规则的弧面圆形疤。

另两件铜釜形制、工艺亦相似，但无立虎装饰。其中一件腹部饰有一对精美的铺首衔环。铺首眼、鼻突出，耳、面用卷云弧线勾勒（彩版三三:3）。两件釜辫索纹环耳与腹部相接处加饰数道捆绑状索纹，既增加美感，又加大耳部强度（彩版三三:4）。

D 型釜出土于两座套头葬墓，其中 M274:87 与 M274:86 出土于一墓，M274:87 套于死者头顶，M274:86 套于死者足部。M273:1 套于另一墓死者头顶。

洗　10 件。标本 M273:2，口径 42～42.5、沿宽 1.8、高 8.4，铺首耳通宽 5.05、环外径 4.4、条径 0.7 厘米。敞口，平折沿，唇口微下卷，直腹，平底。腹部对称饰铺首衔环一对。铺首圆形耳，小眼，鼻中线起棱。内壁对应处有弧面圆饼状铆接痕（图二六:2；彩版三四:1）。标本 M342:50，口径 19.6、沿宽 0.9、高 4.5 厘米。敞口，沿面弧形外卷，腹斜直，内折接圜底（图二六:3；彩版三四:2）。

洗口径多在 30 厘米以上。4 件饰有铺首衔环。各铺首造型与工艺皆存在差异（彩版三五）。

洗在墓中使用方式奇特。共有 7 件出土于两座套头葬墓，其中 M274 出土 4 件：1 件盖于死者面部，2 件盖于死者右臂上，1 件立于死者左臂外侧。M273 出土 3 件：2 件垫于死者右臂下，1 件立于死者左臂外侧。另 3 件分别出土于 M296、M298、M342 三座墓，M296 与 M342 铜洗皆盖于死者面部。M298 铜洗垫于死者头下。

2. 小型容器

鍪　2 件。分为二型，与 78 报告铜鍪形制略异。78 报告鍪附蹄足，本次出土的两件鍪皆无足。

A 型　1 件（M312:1）。口径 8.6、最大腹径 12、高 9.8 厘米。侈口，束颈，高领，鼓腹，圜底，腹上部附一只竖装条形环耳。腹上部一周凸弦纹。口沿下至底有一道范缝痕贯通，其中颈部范痕经过打磨，已不显（图二六:4）。出土时置于死者头左侧位置。铸造

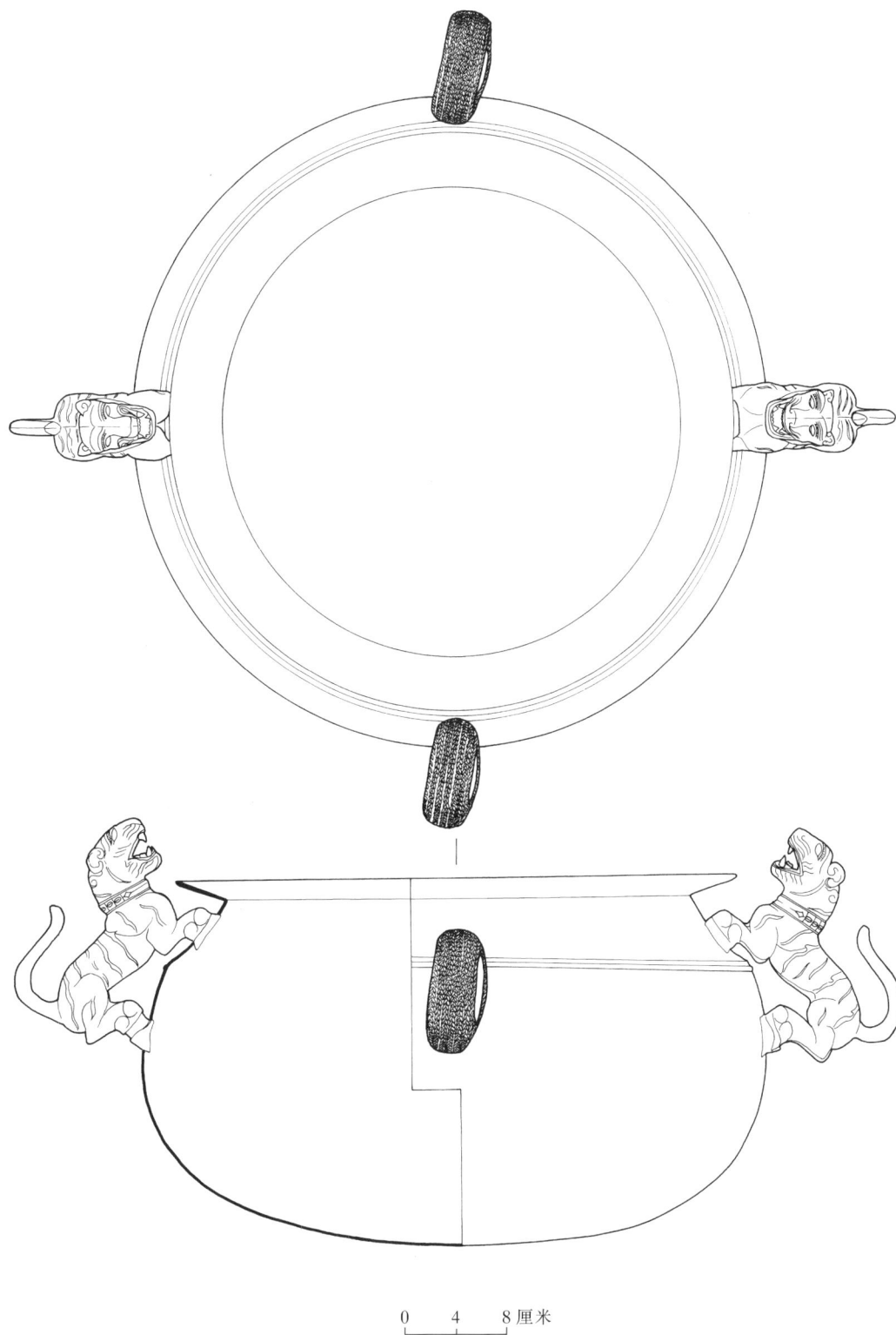

图二七　D 型铜釜（M274：87）

0　　4　　8厘米

工艺甚精巧。

　　B型　1件（M277:2）。口径8、最大腹径11.1、高10.4、大耳外径2.8、小耳外径2.4厘米。侈口，束颈，高领，领壁斜直，变鼓腹，圜底，腹上部对称附2只竖装条形环耳，耳径不同。腹上部一周凸弦纹。口沿下至底有一道范缝痕贯通，其中颈部范痕经过打磨，已不显。腹局部粘附有小片纺织品（图二六:5；彩版三六）。出土时紧靠死者左脸部放置。铸造工艺甚精巧。

　　匜　1件（M330:1）。口长径约14、短径约10，残高3、壁厚0.05厘米。残损严重。平面椭圆形，敞口，斜弧壁，圜底，一侧有流，底内存留红彩痕，色鲜，无皮层（图二六:6）。出土时放于死者左肩位置。铸造工艺甚精巧，器壁薄、匀。

　　三　兵　器

　　1. 兵器

　　剑　剑是乙类墓中重要的一种兵器，因其不同来源地的特征十分清楚，不按统一分型方式介绍。另外，为便于观察铜柄铁剑与铜剑之间的渊源关系，将铜柄铁剑放到本节来介绍。

　　镂空牌形茎首铜剑　3件。标本M365:5，通长36、茎通长10.8、剑身长25.2、剑身最宽处3.4厘米。茎与剑身分铸、组合为剑。茎首镂空牌状，饰有卷云纹、圆圈纹、弧状条纹等，厚0.7厘米。茎中部略内束，从前至后有四道凸起的箍状装饰，茎前端略外展，与两道箍状装饰组合成剑格。茎断面呈叶片形，中空，用以安插剑身。4道箍状突起上饰辫索纹。剑格部一面中部突起长方块上饰"S"形卷云纹，两侧饰斜雷纹。一面锈蚀，纹饰不清。纹饰皆铸成。茎中部有两个方形穿，供楔入销钉以固定剑身。穿内现无铆钉，估计当时使用木质铆钉，已朽坏。铸造工艺较粗糙，茎首及茎身纹饰不精细。茎侧面留有范缝痕，系合范法铸成。剑身为巴蜀式柳叶形铜剑，中部起脊，剑身与茎交界处呈直角，茎上二穿，恰与外茎二穿吻合（图二八:1；彩版三七:1）。

　　三剑形制、尺寸、工艺均相似（彩版三七:2）。但M341:4茎上两道箍状装饰脱落，原位残留少量毛刺。茎上下端保存的两道箍，可看出与茎存在有明显的缝隙。另两剑茎部锈层较厚，箍状装饰结构情况不明。

　　三剑剑身都可看出系巴蜀式剑。其中M308:3剑身与剑茎交界处呈斜弧线，无明显分界，剑近基部饰弧线与直线组成的纹饰，略似手纹（图二八:2）。另两剑剑身与剑茎交界处均为直角。其中M341:4剑身已松动，可从茎中退出，剑茎上缠有密集的麻类纤维，显然是为了避免剑身在茎内晃动。

　　镂空牌形茎首铜柄铁剑　3件。标本M274:92，通长53.65、茎通长11.95，茎首牌宽4.8、厚0.9，剑身长41.7、中部宽2.7厘米。茎青铜铸造。茎首镂空牌状，由三组卷云

纹、三组圆圈纹及弧状条纹等构成。茎断面圆形，中段
略内束，并巧妙作三段凹、凸变化，前端外展形成剑格，
剑格略呈"凹"字形。茎中部有两个圆形穿。茎上饰精
美的卷云纹、三角雷纹、雷纹、辫索纹等纹饰。茎造型
优美，工艺精细，除正面纹饰外，牌形茎首侧面及茎前
后侧面都有辫索纹，茎上无范缝痕，或系采用失蜡法铸

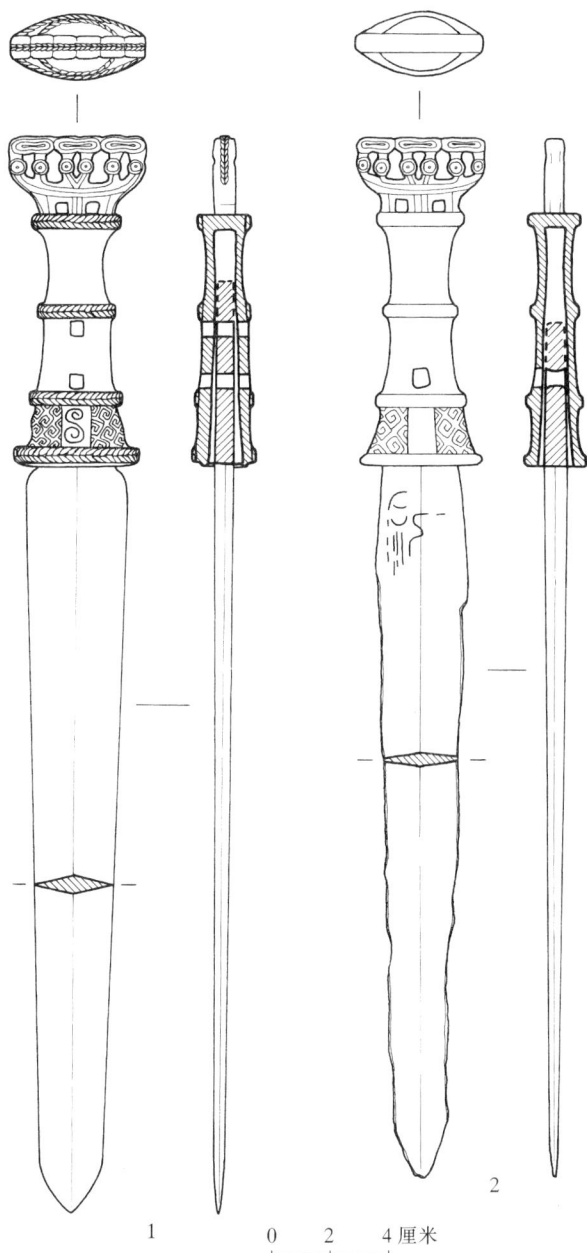

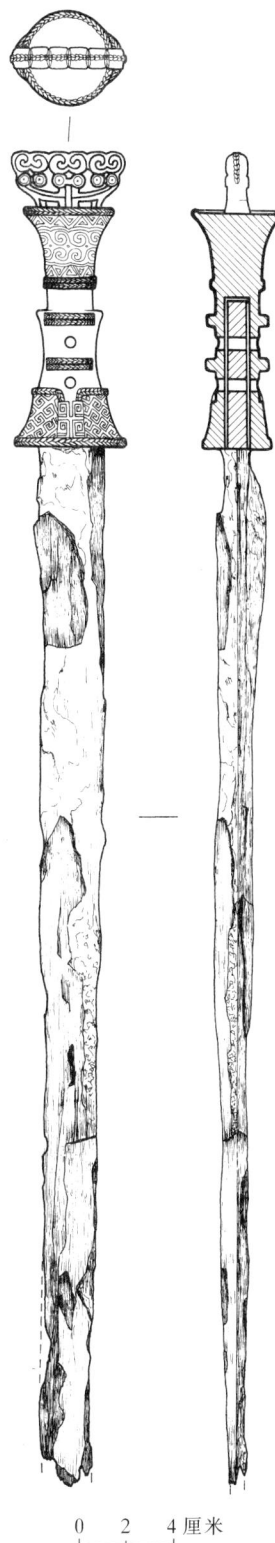

图二八　镂空牌形茎首铜剑

1.M365:5　2.M308:3

图二九　镂空牌形茎首

铜柄铁剑（M274:92）

造。剑身铁质，中部微起脊。局
部残存木鞘痕，鞘面隐现黑色漆
痕（图二九；彩版三八:2）。

三剑剑茎形制相同，与前述
铜剑多有相似处，但造型与工艺
有明显进步。二者间应有渊源关
系。

三剑剑身长度不一（彩版三
八:1），其中 M324:1 剑身长
16.7 厘米，属短剑。M273:6 木
质剑鞘大部保存，但鞘面损坏严
重。从鞘面结构看，髹漆之前，
先在木上覆有纺织物。

柳叶形剑　11 件。均巴蜀
式，根据四川学者研究，主要为
D 型 II 式、III 式和 E 型、F 型
剑，时代属二、三期①。

D 型　5 件，剑长 31.7～
36.0 厘米。剑身断面多为菱形，
有的两从微下凹。剑身与茎无明
显分界。一件茎上有一穿，其余
有二穿，穿不在一条直线上。有
的茎上残留有绑扎的树皮或麻
丝。其中一件麻丝前端还有叶片
形铜皮装饰（图三〇）。

E 型　2 件，剑长分别为
37.2、41.3 厘米。中脊突出，脊

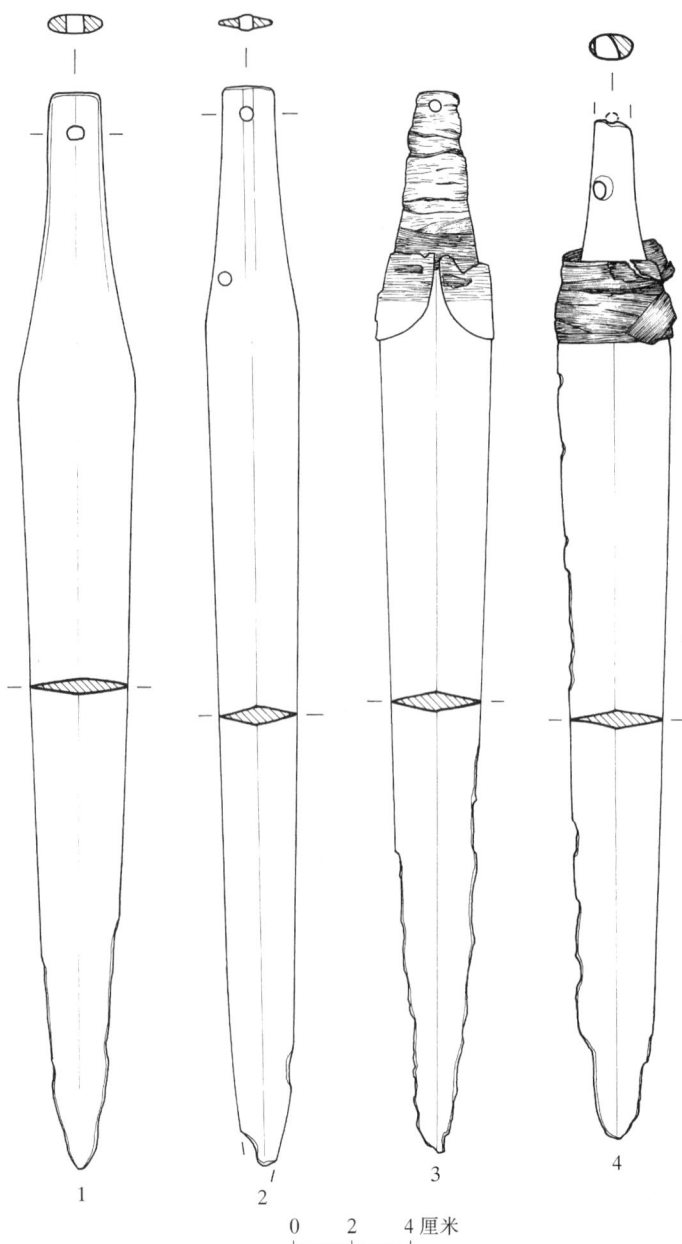

图三〇　D 型柳叶形铜剑
1.M309:2　2.M356:1　3.M298:7　4.M301:1

上有槽。两从下凹。剑身与茎无明显分界。茎上二穿，穿不在一条直线上。剑身铸有虎斑
纹和半圆纹，近基部饰手纹、心纹、虎纹和水波纹（图三一:1、2）。

F 型　4 件，剑长 34.6～41.3 厘米。剑身与茎交界处呈直角。茎上或一穿或二穿或三
穿。其中一件剑身从部铸虎斑纹和半圆纹。一件剑身基部饰虎纹、水波纹、麦穗纹及巴蜀

①　江章华:《巴蜀柳叶形剑研究》,《考古》1996 年第 9 期。

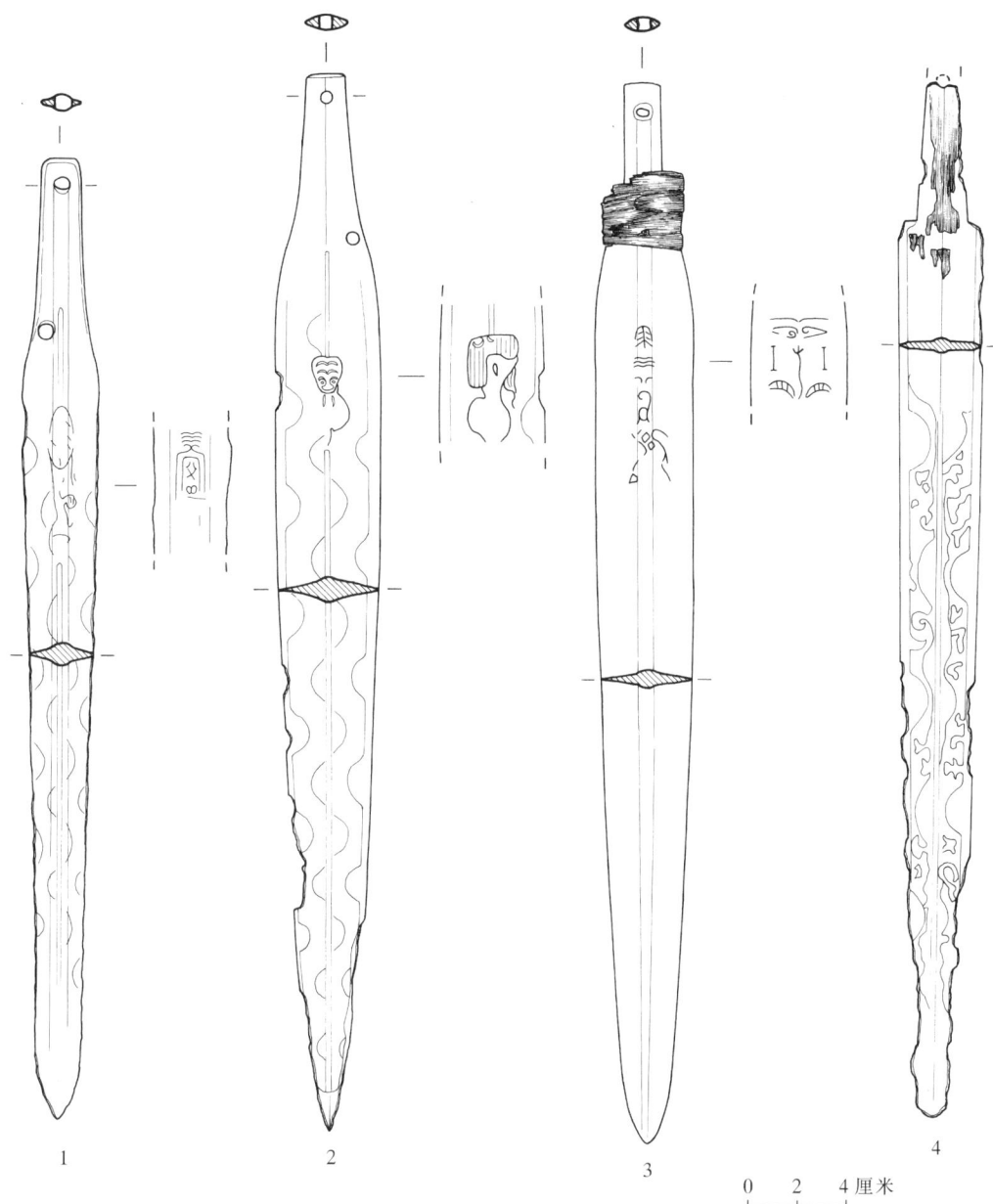

图三一　柳叶形铜剑

1.E 型（M317:2）　　2.E 型（M350:1）　　3.F 型（M296:3）　　4.F 型（M277:5）

图语（图三一:3、4）。有的剑茎用树皮缠绕，树皮内有纵向残木条，是一种剑茎装配方法（彩版三八:3）。

蛇头形茎剑　1件（M325:3）。通长30.6、茎长11.7厘米。茎中空，饰两列共8个不规则镂孔，茎首处两个较大。还有数道直线。茎首顶端另有一个不规则形镂孔。形似蛇头。剑身断面呈窄菱形，剑身与茎交界部饰数道辫索纹。属云南横大路墓地 Ba 型剑[①]（图

---

①　云南省文物考古研究所编著:《曲靖八塔台与横大路》，科学出版社，2003年。

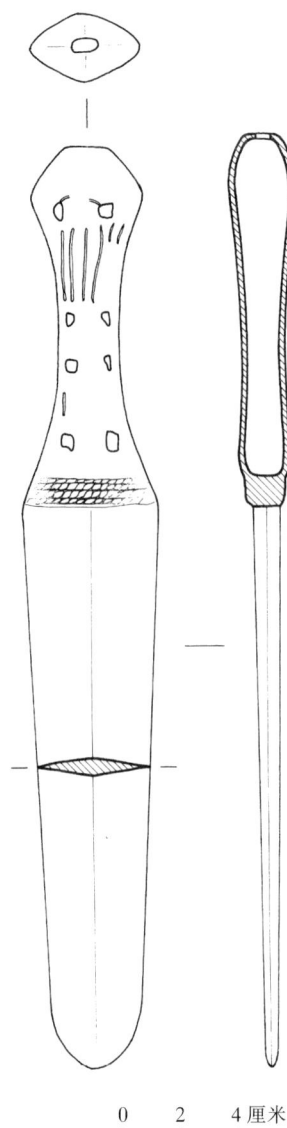

图三二　蛇头形茎
铜剑（M325：3）

三二）。

戈　22件。分三型。78报告乙类墓仅出土2件铜戈，形制相同，未分型。按本次划分，属A型。

A型　12件。弧线三角形援无胡直内。标本M356：3，通长23.7、援长17.2、内长6.5、宽4.8、厚0.55、阑长10.2厘米。两刃弧线对称，后部外展。援中部起脊，脊呈圆柱状，从锋向后渐粗，近阑处隆起一圆形穿，内空如鼓形。穿前柱状脊有约4厘米一段中空。阑侧有二长方形小穿。阑不成直线，略向援部弯曲。内长方形，中有一长方形穿（图三三：1；彩版三九：1）。

A型戈形制差异不大，但圆形穿前后柱状脊中空情况略异。除M356：3外，另四件戈有类似现象，其中两件除圆形穿前柱状脊中空外，穿后也有小段中空。各戈柱状脊中空长度不一，穿前中空1～3厘米不等，穿后中空0.5～1厘米。戈内上长方形穿铸造甚草率，不少边缘留有较宽毛边，在长方形边框下形成不规则圆形穿孔。出土时数件戈内上存有少量木柲残片，其中M296：2残片完全将长方形穿覆盖，从残木看，木柲曾凿通一条状榫眼，戈内从榫眼插入，戈内上的长方形穿似未太多发挥固定铜戈的作用（彩版三九：2）。

B型　4件。条形援无胡直内，内及援上饰人物图案，根据图案特征和戈援变化分为三式。

Ⅰ式：1件（M318：1）。通长23.2、援长18.1、内长5.1、宽4.2、厚0.58、阑长8.6厘米。援两刃弧线不对称，一刃主要为内弧，一刃主要为外弧，锋略偏向内弧一侧。援中部起脊，脊不显。援身较厚，两刃各有一道整齐的斜面。援后部正中有一圆形穿，阑侧有两长方形小穿。长方形内，

内上近阑处有半椭圆形穿。

内上铸减地浅浮雕三人牵手图案。当中一人正面直立，头顶呈锥状，双手向两侧上举，腹部膨大，佩一圆形扣饰。旁边两人正面侧身弓腰而立，头顶呈锥状，手上举与当中人手相牵。三人腋下二小人，正面直立，头顶呈锥状，手状不明，胸前佩圆形扣饰。三人头上方有二长喙鸟勾首相向，鸟翅弧状前伸相连。

援近阑正中铸减地浅浮雕单人正面图案。人头顶呈锥状，双手向两侧上举，双腿作蛙状下蹲，胸腹部佩圆形扣饰。图案漫漶不清晰。人物图案下，圆形穿外以四周弦线框组两

周栉纹，栉纹外朝向锋部有弧线构成的三角纹。

内与援两面纹饰相同（图三三:2；彩版四〇:2）。

Ⅱ式：2件。造型与BⅠ式戈相似，但内端略内凹，呈"m"形。标本 M317:1，通长
21.8、援长16、内长5.8、宽4.6、厚0.65、阑长7.5厘米。内上所铸减地浅浮雕三人牵

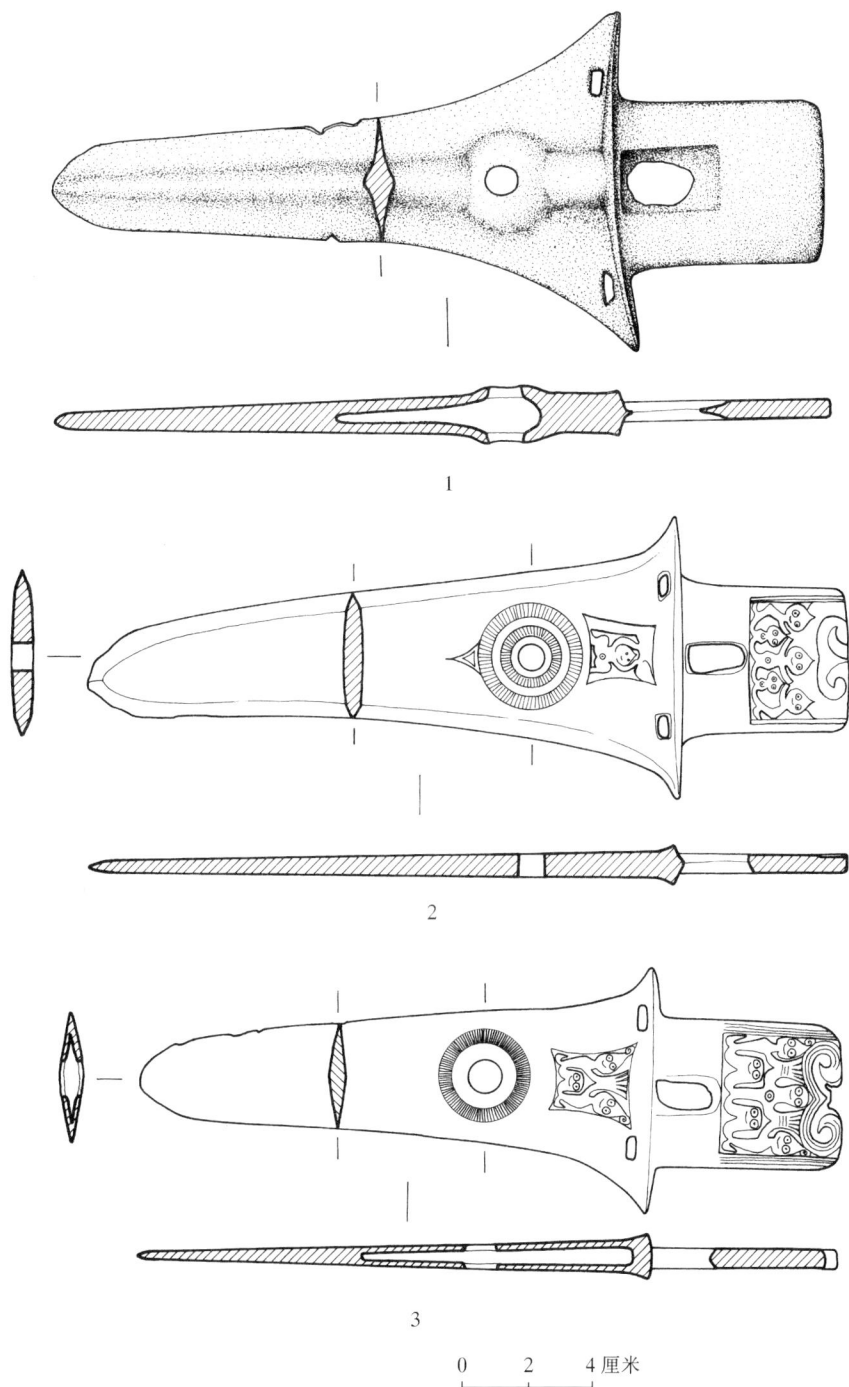

0　　2　　4厘米

图三三　乙类墓随葬铜戈
1.A型（M356:3）　　2.B型Ⅰ式（M318:1）　　3.B型Ⅱ式（M317:1）

手图案较精细。当中一人正面直立，头顶圆形，双手向两侧上举，胸部佩一圆形扣饰。旁边两人正面侧身而立，头顶呈锥状，顶端扬起一束卷发，发梢作涡状团形回卷。双脸颊下坠。手上举与当中人手相牵，相牵之手竖起五根长手指。三人身体线条简化，呈锥形直条状，腋下各站立一只大头动物，正面，双足蹬地。三人头上方有二长喙鸟勾首相向，鸟翅弧状前伸相连。

援近阑正中铸减地浅浮雕双人图案。二人正面侧身而立，头顶呈锥状，顶端扬起一束卷发。双脸颊下坠。二人各举一手相牵，相牵之手竖起五根长手指。二人腋下站立一只大头动物，正面，双足蹬地。人物图案下，圆形穿外以二周弦线框组一周栉纹（图三三：3；彩版四〇：1）。

造型最大特点是援后半部整体中空，中空范围从阑边至援身8.4厘米，两刃保留宽度0.6～0.7厘米，中空形状与援身相似。

M350：2与此件相似，援后半部亦中空，装饰图案亦接近。但内上人物上扬发束之发梢不作涡状团形，而是单束回折。相牵之手竖立手指一组为五指，一组为六指。援上二人竖立手指亦为六指。

Ⅲ式：1件（M365：3）。通长25、援长19.2，内长4.8、宽4.6、厚0.5，阑长9厘米。造型与BⅡ式戈同。内与援人物图案构成主旨相同，但明显抽象化、图案化，人物面部已无眼口分件描绘，整体用一圆圈代替。头顶也无发型描绘。人物腋下站立动物简化为重叠弧线。援后部无中空现象（图三四：1；彩版四一：1）。

C型　4件。条形援无胡直内，内上饰几何纹。标本M277：7，通长24.28、援长18.8，内长6、宽4.5、厚0.45，阑残长9.7厘米。援中部起脊，但脊未贯通至阑，止于距阑2.5厘米处分为两道斜线。援上无隆起圆形穿，阑侧两长方形小穿。长方形内，内近阑处一方形穿。穿及穿外线纹、圆点纹组合成变形人面纹，外围线纹与栉纹为头发，圆点与周围弧线、直线为眼与鼻，方形穿为口（图三四：2；彩版四一：2）。其余三件援造型相同，内上图案基本构成相似，但更趋图案化（彩版四二）。

D型　2件。条形援无胡直内，内上饰螺旋纹。标本M299：1，通长23.9、援长18.4，内长5.5、宽4.1、厚0.55，阑长9.5厘米。形制与BⅡ式戈相似，但援上无圆形穿，也无中空现象。援中部起脊，脊从锋直至阑。内端呈"m"形，铸双螺旋卷云纹，螺旋线较密（图三四：3；彩版四一：3）。另一件M306：1援身无脊，内端双螺旋线疏简（彩版四三：1）。

镞　1件（M308：1）。残长2.68、厚0.2厘米。仅存部分镞头。扁体窄三角双翼形，中部开三角形槽，镞尖卷曲，从铤端断口看，铤较细，圆柱形（图三五：4）。出土时位于死者右侧小腿部，似非墓主人随身兵器。

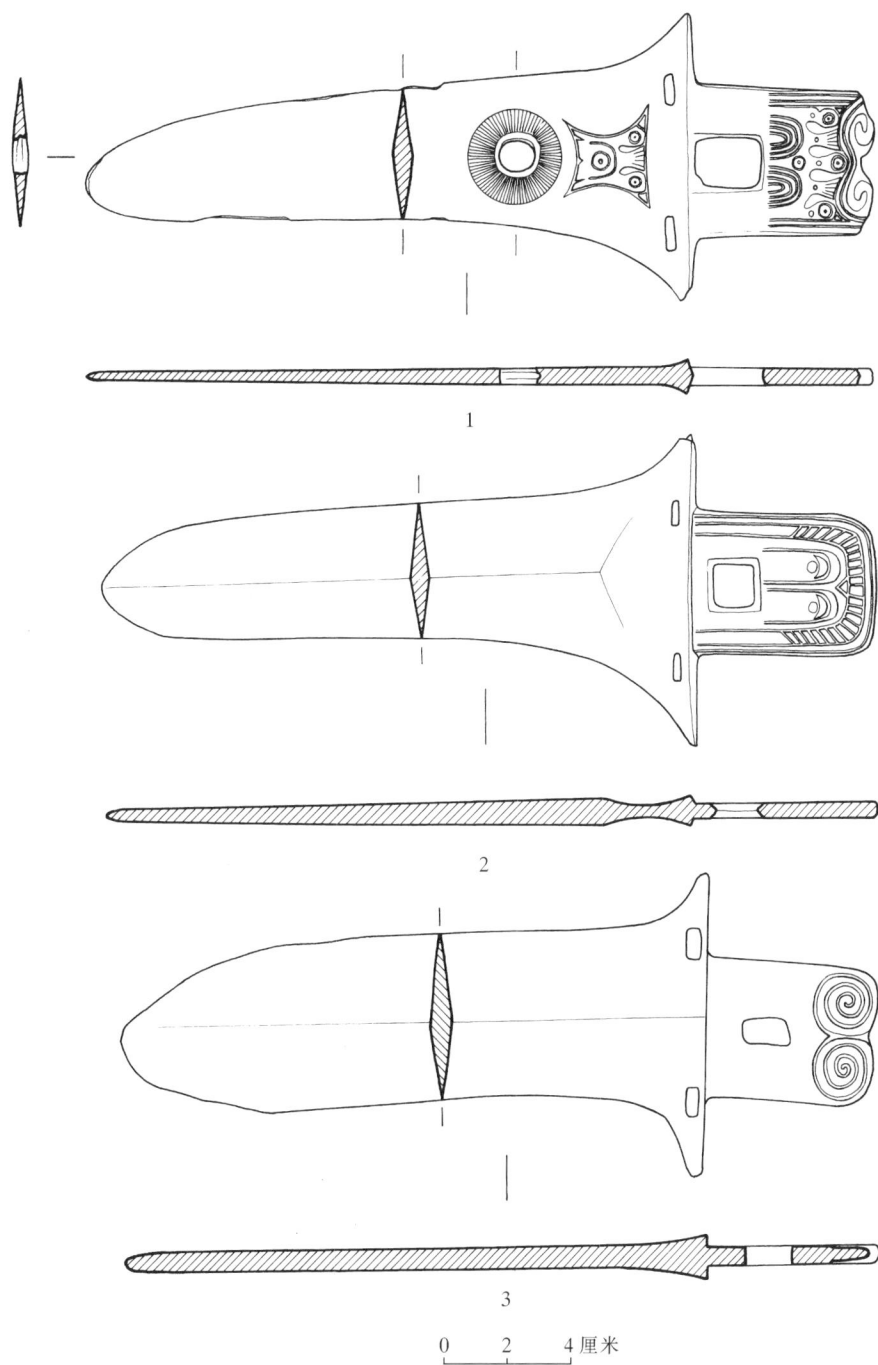

图三四　乙类墓随葬铜戈

1. B 型Ⅲ式（M365:3）　　2. C 型（M277:7）　　3. D 型（M299:1）

2. 兵器附件

秘冒　3 件。标本 M274:89，通高 5.6，顶长径 5.6、短径 2.45，立虎通高 2.7、通长 4.6 厘米。秘冒呈僧帽形，冒顶两面坡形，坡度缓，前后角外展，略上翘，后角稍高。冒体横剖面为尖叶形，中部突起一周辫索纹。冒口前端一条状缺口，中部对穿两圆形穿。冒

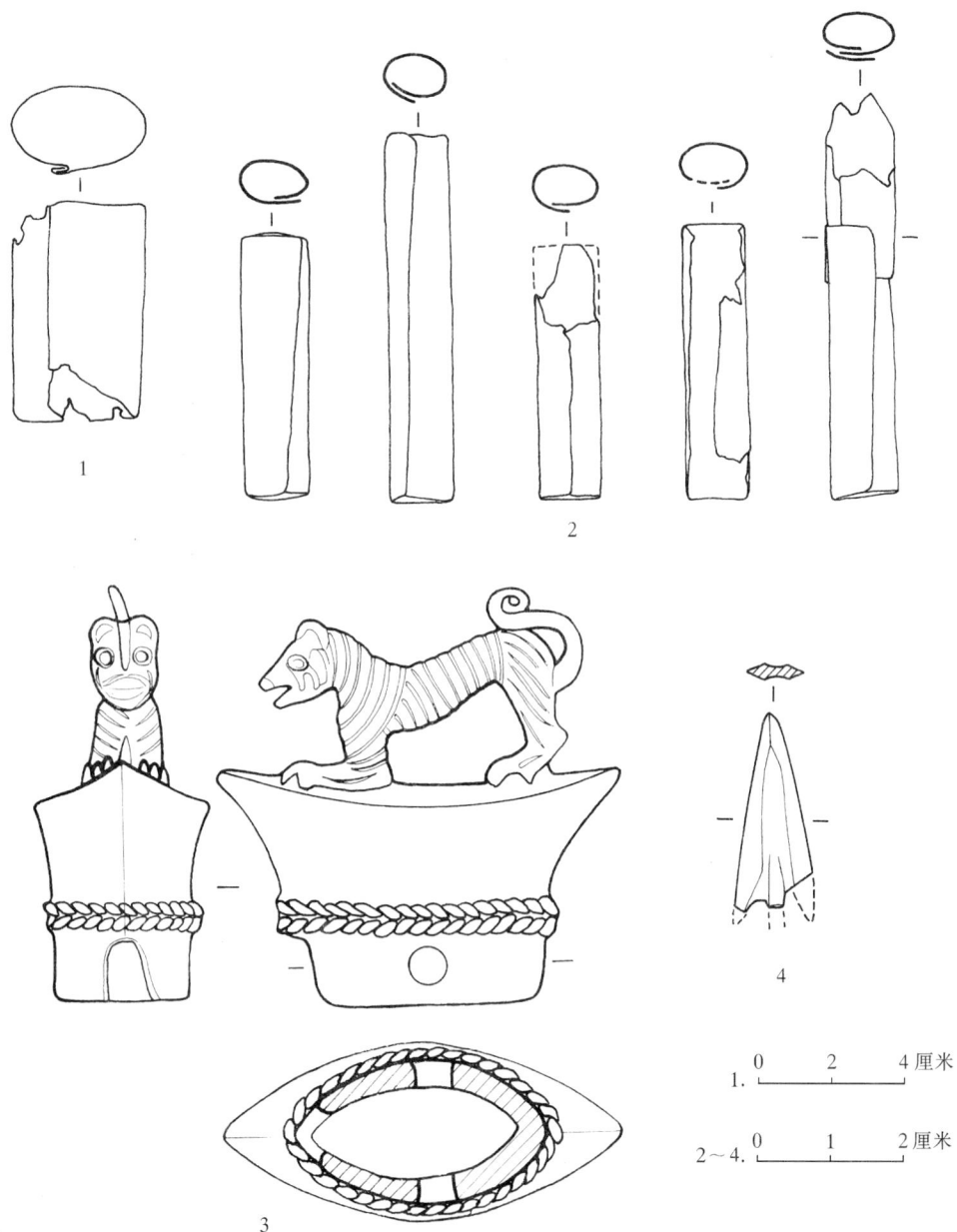

图三五　乙类墓随葬铜兵器及兵器附件

1. 柲套饰（M296:4）　2. 铜皮管饰（M325:4）　3. 柲冒（M274:89）　4. 铜镞（M308:1）

顶铸一圆雕立虎。虎圆耳，口微张，身体瘦削矫健，尾上扬反卷，前肢平曲趴地，后肢弓状下蹬，一副蓄势欲跃之状。虎身满饰长条斑纹。出土时冒内残留少量木柲碎片，穿内残留竹铆钉（图三五:3；彩版四三:2）。

标本 M277:8，通高 3.3，顶长径 5、短径 2.3 厘米。柲冒与前件相似，但无顶部立虎，冒顶为弧状两面坡形。冒体中部饰凸弦纹两周，弦纹间夹斜线三角纹，冒口饰凸弦纹一周（彩版四三:3）。

柲套饰 2 件。标本 M296:4，长径 3.8、短径 2.3、高 5.9、壁厚 0.04 厘米。铜皮制成，椭圆形筒状，接口卷扣而成（图三五:1）。出土时位于铜戈木柲近戈部，柲已朽坏不存。另一件与此相似，由三段组成，高分别为 4.1、5.7、12.1 厘米，

铜皮管饰 1 件（套）（M325:4）。管长径 0.90～0.95、短径 0.6，长 2.45～4.90 厘米。铜皮制成，共 6 段管，其中两段套接为一段。断面椭圆形，接口不加卷扣，两头平叠即可。管内包裹物已不详，在一片残铜皮上附有少量骨头，可为参考。出土时位于一件戈柲与铜剑旁，未连成一线，似作为戈柲上悬挂的一组装饰（图三五:2）。

四 装饰品

1. 首饰

发钗 31 件。分二型。78 报告铜发钗共 10 件，未分型，其中部分属本次 A 型。

A 型 25 件。整体呈长 "U" 形，铜条断面圆形。标本 M298:2，长 14.5、条径 0.32～0.36 厘米（图三六:2）。标本 M298:3，长 14.2、条径 0.32～0.39 厘米（图三六:3）。一对，形制同，条端略呈锥状，双股前端靠拢（彩版四四:1）。

A 型钗长度在 9.1～17.8 厘米之间，以 15 厘米左右为多。尖端多带锥状，有少量平齐。双股前端张合状不一，多略分开。各墓出土发钗数量不等，其中有四墓各出土一件，八墓各出土两件，一墓出土三件。

B 型 6 件。簧形首，簧长数厘米。钗长。标本 M350:4，钗通长 25.4、簧长 9.2、管径 0.55～0.80、钗条径 0.25～0.38 厘米（图三六:6）。标本 M350:5，钗通长 25.9、簧长 8.8、管径 0.65～0.85、钗条径 0.30～0.35 厘米。簧形首用铜条绕成，无间隙。两端铜条回折至中部，再折伸向前。条端略呈锥状（图三六:1；彩版四四:2）。出土时，簧形首位于死者头顶，钗条垂于头侧及头后。M277 所出两件 B 型钗钗条中前部弯曲为 90°（彩版四四:3），出土时钗条插于发际，簧形首垂于头右侧，约处耳下位置。簧形首内均插有木条。M341 所出 2 件 B 型钗残损严重，使用方式与 M350 同。

发簪 2 件。M308:6，通长 9.25、簧管径 0.75、簪条径 0.25 厘米。簪首簧形，铜条绕成，簧短，3 圈无间隙。簪条渐细，端部残（图三六:5）。出土时位于死者左手部，与铜戒指相邻。M308:9 形制同。通长 9.15、簧管径 0.85、簪条径 0.25～0.3 厘米（图三六:4）。出土时位于死者头部，与铜发钗相邻。

铃 43 件。分为三型。78 报告铜铃 40 件，描述较简，未分型，其中部分属本次 A 型与 B 型。

A 型 41 件。弧形口合瓦状，根据宽窄及体量变化分为 3 式。

Ⅰ式：9 件。通体较宽，体量较大。标本 M274:5，通高 3.3、口长径 3.2、短径 1.3、纽高 1.1、孔径 0.7 厘米。铃身上小下大，两侧边斜直，顶面为两面坡平面，顶部为片状

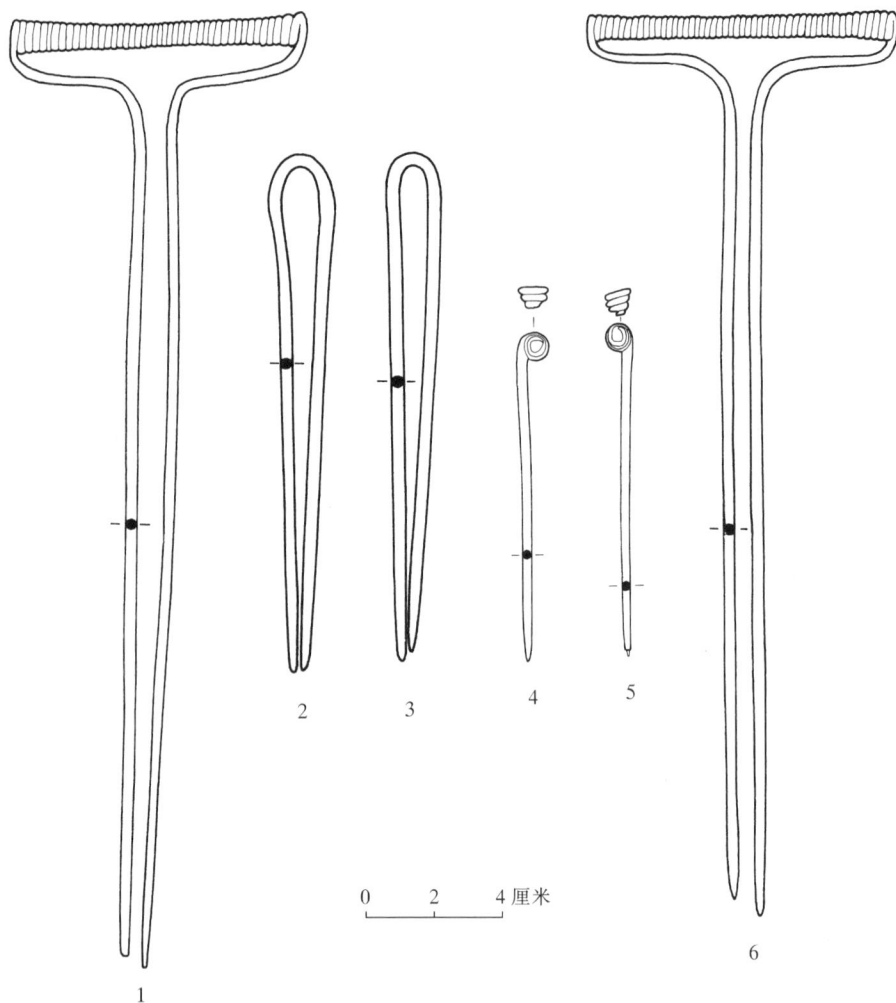

图三六　乙类墓随葬铜饰品

1、6.B 型发钗（M350：5、M350：4）　　2、3.A 型发钗（M298：2、M298：3）

4、5. 发簪（M308：9、M308：6）

半环耳。铃内顶部顺铃身方向置半圆形挂环，用以悬挂铃舌，铃舌缺失。铃身器表铸一组花瓣状纹饰，两面同（图三七：2；彩版四五：1）。其余数件因残损或锈蚀，纹饰不清晰，多为花瓣状，个别略异。Ⅰ式铃多与Ⅱ式铃或玛瑙管、骨管等饰品连缀佩于死者项部、腕部，个别或饰于衣巾。

　　Ⅱ式：30 件。通体较窄，体量较小。标本 M271：13，通高 2.7，口长径 2.1、短径1.4，纽高 0.6、孔径 0.45，铃舌长 2 厘米。形制结构与Ⅰ式基本同，铃口弧度稍小，片状半环耳跨及铃顶面，与铃身两侧边相接。铃舌保存完整，呈柱状锤形，上端有孔，穿于铃内顶挂环中，无焊接痕，应是浇铸铃体时合铸而成。器表双面铸花瓣状纹饰（图三七：3；彩版四五：2）。30 件铜铃分别出土于两座墓，形制与纹饰基本相同。其中 M274 出土17 件，有 5 件与玛瑙管、玛瑙珠、骨珠、铜挂饰及 2 件Ⅰ式铃交错连缀，佩于死者颈部。

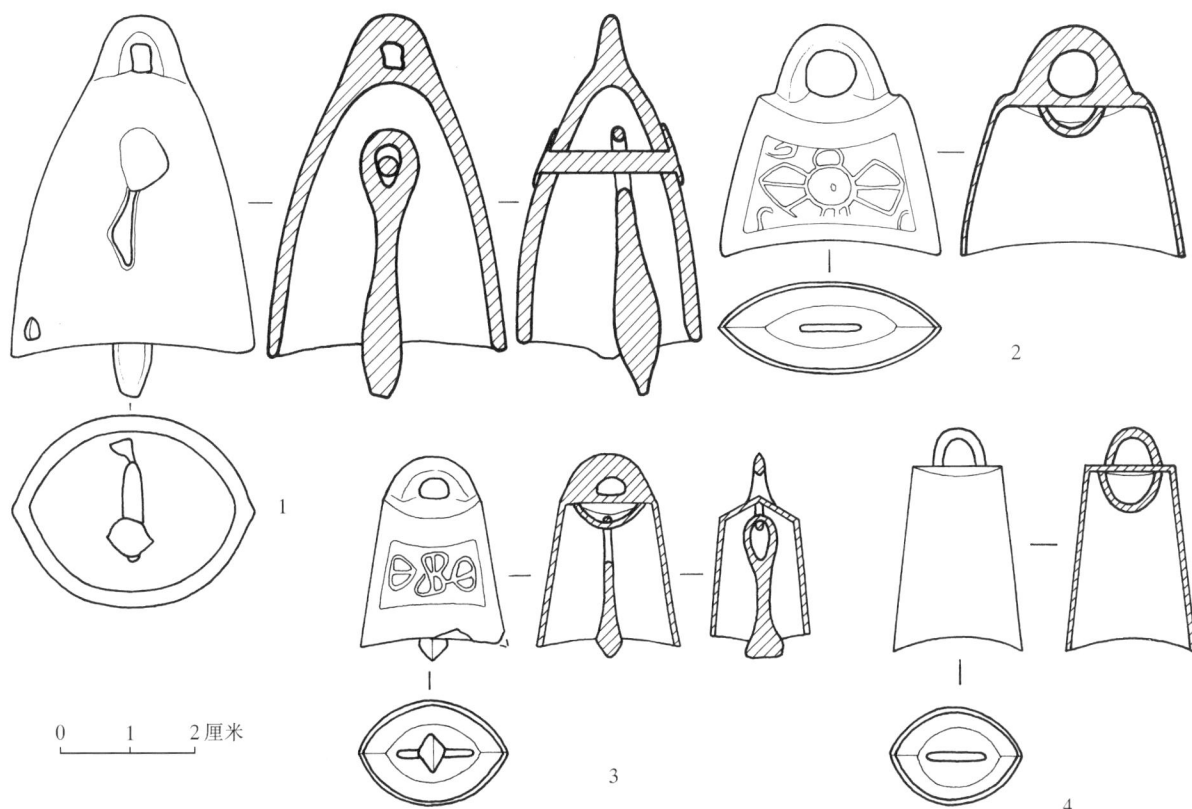

图三七　乙类墓随葬铜铃

1.B型（M310:2）　　2.A型Ⅰ式（M274:5）　　3.A型Ⅱ式（M271:13）　　4.A型Ⅲ式（M342:58）

其余 12 件连缀佩于左手腕部。

Ⅲ式：2 件。通体较长，上下倾斜度小，似筒状。标本 M342:58，通高 3.2，口长径 1.9、短径 1.4，纽高 0.6、孔径 0.4 厘米。顶面较平，两面坡斜度很小。铃舌缺失，铃内顶半圆形挂环与Ⅰ式铃同。器表无纹饰（图三七:4；彩版四五:3）。出土时位于死者头顶部，相距约 10 厘米处。

B 型　1 件（M310:2）。通高 5.1，口长径 3.5、短径 2.7，纽高 0.8、孔径 0.35，铃舌长 3.8 厘米。双弧面，铃口微弧，两侧边斜弧至顶，圆条状半环纽。棒槌形铃舌，长于铃口，铃舌上端为环形，穿于一横柱，横柱插于铃身上部预留的小孔内，外侧铆焊固定，铃面留有明显焊疤。铃体大，厚重，壁厚 0.2～0.25 厘米（图三七:1；彩版四五:4）。出土时位于死者头左侧靠肩部，与一件铜戈相邻。

虎形挂饰　1 件（M274:79）。通高 1.8，虎通长 2.15，通高 1.35，簧形管长 1.95、管外径 0.55～0.65 厘米。立虎站于簧形圆管上。簧形管中空，簧条无间隙，管外下部紧附一根细铜条。立虎微张口，反卷尾，前腿弯曲下趴，后腿弓状蹬地，作欲跃之状。虎身铸有斑纹。可能采用失蜡法铸造（图三八:1；彩版四六:1）。出土时位于死者颈部，与众

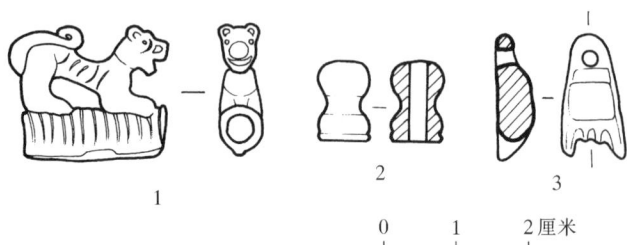

图三八　乙类墓随葬铜饰品
1. 虎形挂饰（M274:79）　2. 鼓形挂饰
（M274:69）　3. 双齿挂饰（M274:90）

多骨珠、玛瑙管、铜铃等伴出，为项饰部件之一。

鼓形挂饰　1件（M274:69）。高1.05、底径0.75、孔径0.25厘米。束腰鼓形。上端圆弧形，下端平齐，中部贯穿一圆孔。器表光亮泛白（图三八:2；彩版四六:2）。出土时与上述虎形挂饰紧邻，推测二者单独连缀成组，并与其他玛瑙管等组合成项饰。

双齿挂饰　1件（M274:90）。通长1.75、齿部宽0.85、中部厚0.5厘米。形似现代挂锁，前端向一面斜伸双齿，齿间有两个小瘤状突起（图三八:3；彩版四六:3）。出土时位于死者颈部，与M274:31骨珠粘连，为项饰部件之一。

手镯　46件。分三型。78报告铜镯分A、B二型。本次A型同，未出B型，顺次编为C、D型。

A型　33件。片状，镯面嵌孔雀石。根据片宽窄，分二式。78报告11件A型镯相当于AⅠ式。

Ⅰ式：19件。片状环形，片较窄。均出土于M341。尺寸范围为：外径6.35~6.95、片宽0.85~1.30、片厚0.20~0.35厘米。整体铸造而成，无接口。镯面中部一道0.50~0.55厘米宽凹槽，槽内镶嵌两列孔雀石薄片，石片多为圆形，直径约0.25厘米，中心有一个小孔。其中两件镯除镶嵌圆形孔雀石片外，各有一段镶嵌不规则长条形、三角形或方形孔雀石碎片，似因原料不足所致。出土时10件戴于死者左臂，9件戴于右臂（图三九:4；彩版四七:1）。铜镯前还各戴1件木质镯。

Ⅱ式：14件。片状环形，片较宽。标本M365:6，外径大端7.0~7.15、小端6.45~6.55，片宽2.90~3.05、厚0.20~0.35厘米。镯口一侧大一侧小，口沿内壁各有一周宽约0.3厘米的棱边。镯面平行三道凹槽，凹槽不规整，槽内镶嵌孔雀石薄片。中间凹槽较窄，镶嵌一列圆形孔雀石薄片，片径0.2~0.3厘米，中心有小孔。凹槽过窄处以不规则形薄片填充。两侧凹槽各镶嵌二列圆形孔雀石薄片，也有用不规则形片填充现象（图三九:1）。

同墓另出土三件铜镯，形制相似，但镯面为两道凹槽，槽内或镶嵌三列圆形孔雀石薄片，或镶嵌三列不规则形孔雀石薄片，圆形片直径0.15~0.25厘米，中心有小孔。不规则形片大小相仿。出土时死者右臂戴一件铜镯；左臂戴三件铜镯，另戴一件木质镯（彩版四七:2）。

Ⅱ式镯出土于8座墓，佩戴方式较有特点，除一座墓对称佩戴（M304 双臂各一件）外，其余皆不对称佩戴，其中5座墓仅戴一件；1座墓三件，为左一右二；1座墓四件，为左三右一。

C型 11件。弧面窄片环形，无镶嵌装饰。M267 出土10件，形制相同，环形无接口，断面略呈半圆形。外径5.35～5.92、片宽0.85～0.92、厚0.25厘米（图三九：3；彩版四八：1）。出土时死者双臂各戴五件。

D型 2件。异型，镯外饰镂空弧边四方形宽片，镂空宽片由连续条形三角组成（图三九：2；彩版四八：2）。镯口径 M343：1 为 4.25～4.50 厘米，M343：2 为 4.85～5.10 厘米。

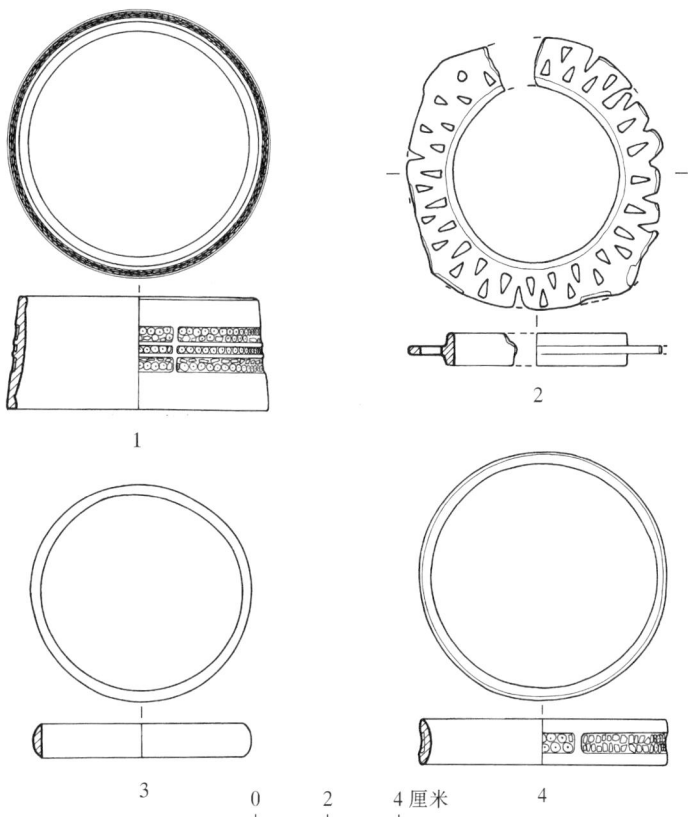

图三九 乙类墓随葬铜手镯

1.A型Ⅱ式（M365：6） 2.D型（M343：2） 3.C型（M267：8）
4.A型Ⅰ式（M341：7）

戒指 1件（M308：5）。环径2.3～2.7、条径0.3～0.5、戒面径1.5～1.7厘米。戒面圆形片状，铸九瓣菊花纹。环条接口位于中部，可见两相叠压斜面痕。中部突起一个小乳丁。戒面及环条留有较粗打磨痕（图四○：1；彩版四六：4）。

2. 衣饰

带钩 8件。分三型。78 报告带钩分 A、B 二型，A 型中有个别件应再适当调整，但大型不误，本次沿用。

A型 1件（M269：1）。曲棒形。钩体长17.5、最宽处1.05厘米。钩体呈弓形，断面为椭圆形。钩首似蛇头。圆形纽位于背面中部，通体素面无纹饰（图四○：3；彩版四九：2）。

B型 1件（DT1005 采：1）。兽面形。钩体长2.3、通宽2.1厘米。钩体片状，似象头，以钩首为鼻，眉目简化，双耳各铸一周浅划纹。圆形钩纽（图四○：2；彩版四六：5）。

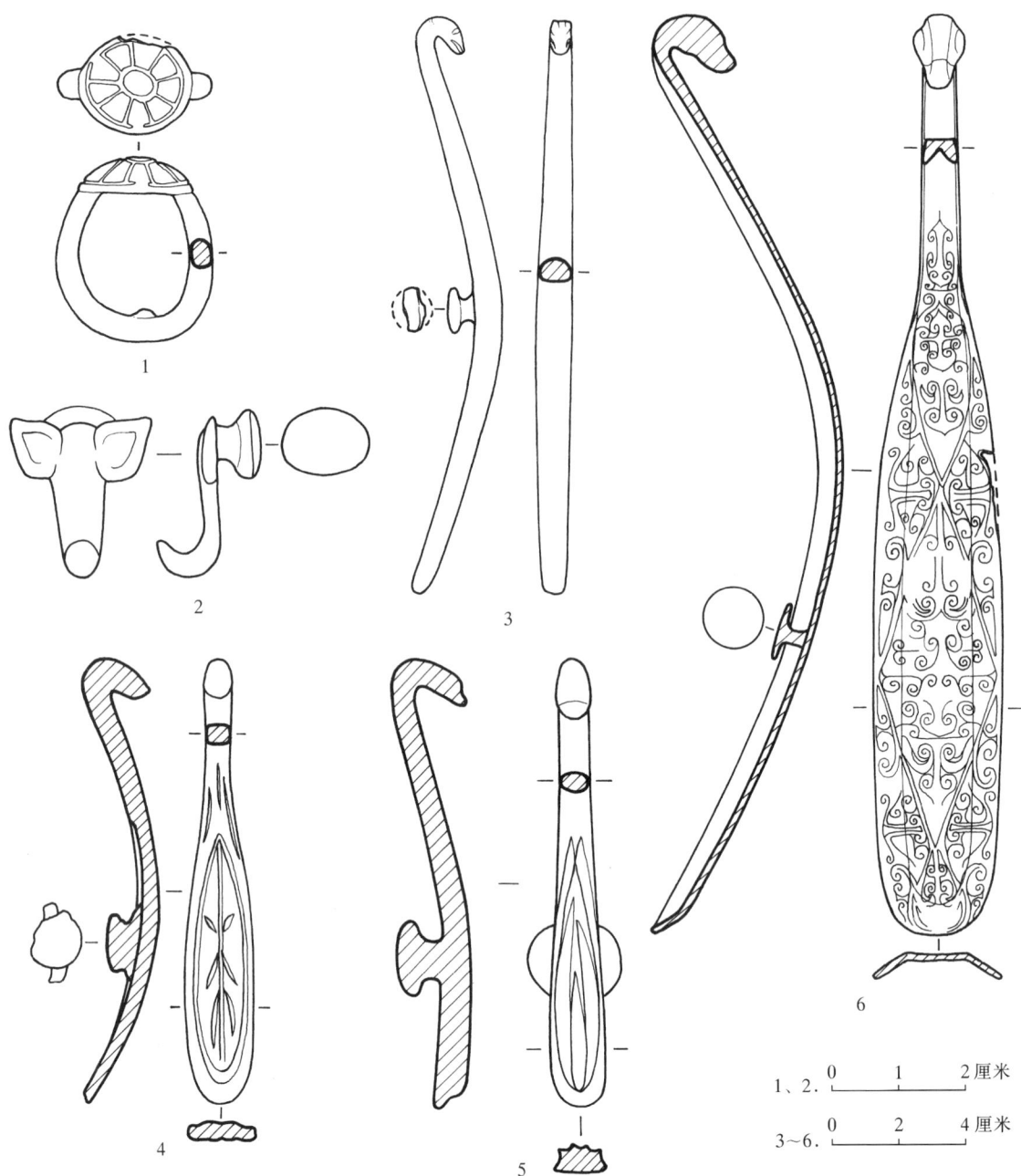

图四〇　乙类墓随葬铜饰品

1.戒指（M308：5）　　2.B型带钩（DT1005采：1）　　3.A型带钩（M269：1）　　4.C型Ⅱ式带钩
（M287：2）　　5.C型Ⅲ式带钩（M319：2）　　6.C型Ⅰ式带钩（M356：2）

　　C型　6件。琵琶形，根据钩体变化分3式。

　　Ⅰ式：3件。腹部纵向起折棱。标本M356：2，钩体长29.4、最宽处3.9厘米。钩首鹅头形，长颈，颈部断面为长方形。腹部片状，正面与两侧面之间各有一道折棱。腹部背面中部一圆形纽。钩面饰错金卷云纹、线纹组合的图案（图四〇：6；彩版四九：1）。出土时与一件铜剑并列放置于死者胸部右侧位置。另一件M309：1钩体长24.2厘米，出土时放置于死者身体左侧位置，也与铜剑并列。

Ⅱ式：2件。腹部无折棱。标本 M287:2，钩体长 13.5、最宽处 2.1 厘米。钩首鸟头形，长颈，颈部断面为圆形。腹部厚片状。圆形纽位于钩体背面中部。钩面饰数条粗斜线、弧线组成的图案（图四○:4；彩版五○:1）。出土时横向放置于死者胸部左侧位置，上压一件铁刀。

Ⅲ式：1件（M319:2）。钩体长 13.5、最宽处 2.1 厘米。钩首略呈鸟头形，长颈，颈部断面为椭圆形。腹瘦，腹上五道弧形凹槽。圆形纽位于钩体背面中下部（图四○:5；彩版五○:2）。出土时与一件铜剑并列放置于死者胸部右侧位置。

扣饰　156件。分三型。78报告所分A、B二型，本次均未见，顺次编为C型、D型、E型。

C型　153件。小型扣饰，片状圆锥体形，锥面斜度有大小差异。标本 M271:30，直径 2.2～2.4、高 1.16 厘米。锥面斜度较大，略呈弧面下凹。背面附横梁为鼻，横梁略偏，两端略露头，应为铸造时以铜条嵌入浇铸（图四一:1；彩版五一:1）。标本 M338:12，直径 2.1、高 0.54 厘米。锥面斜度小，背面横梁规整，剖面呈三角形，面与口沿平齐，下端开一长方形小孔为鼻，应为一次整体铸成（图四一:2；彩版五一:2）。C型扣饰出土于3座墓，其中2座墓均成片分布于死者胸、腹部位置，有的扣饰鼻梁内还残留有线头，应为衣物上的装饰。

D型　1件（M292:4）。直径 3.3、高 0.6 厘米。圆形，球面弧状突起，带一周平折边，背面中部一桥形鼻，鼻两端无焊痕或分铸痕，系一次铸造（图四一:3）。

E型　2件，异型。标本 M292:3，通长 6.85、通宽 6.15、通高 1.15 厘米。椭圆形，四边附卷云纹角，中部隆起，顶部一乳丁，扣面饰弦纹、栉纹。背面有一片状横梁，系分铸而成（图四一:4；彩版五一:3）。另一件 M292:2 背面横梁内还残留有线头。

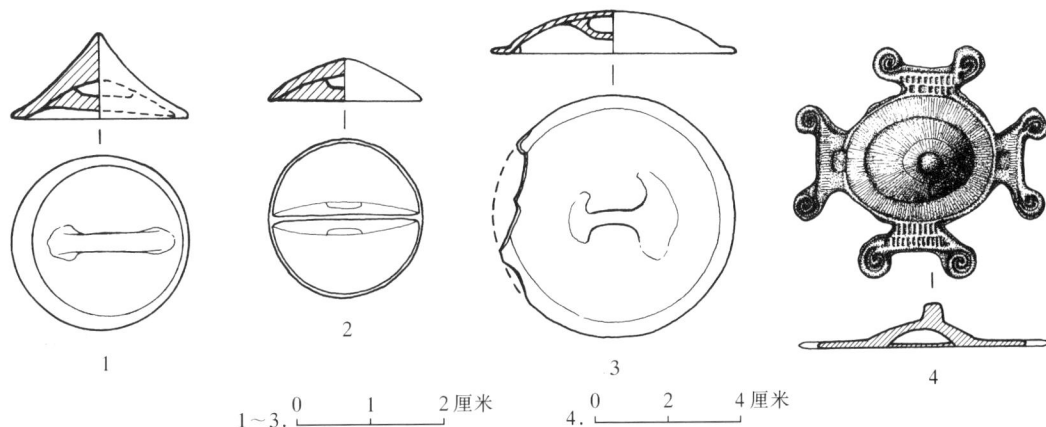

图四一　乙类墓随葬铜扣饰

1.C型（M271:30）　　2.C型（M338:12）　　3.D型（M292:4）　　4.E型（M292:3）

五　铜　印

1件（M274:42）。通高1.4、印面1.2×1.2、纽片厚0.20～0.25厘米。坛纽，纽呈片状半环形，印背斜隆成两层台，内空，印面方形，阳文，篆书"敬事"二字，有边框（图四二；彩版五一:4)。出土时位于死者项部位置，与玛瑙管、铜铃等伴出。

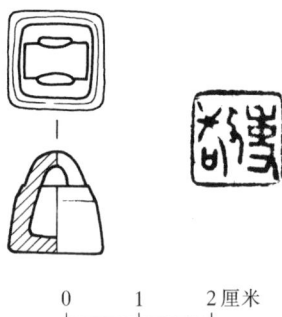

0　　1　　2厘米

图四二　乙类墓随葬
铜印（M274:42）

六　工艺特征

1. 鼓形釜的用料及垫片

本次发现套头葬用铜釜共6件，其中3件鼓形釜铸造工艺非常粗糙，器形不规整，壁厚，器表坑凹不平，多有孔隙。据M264:1铜釜成分检测，锡和铅含量各为0.02%，其他非铜成分含量也极低；M272:1铜釜锡含量为0.4%，铅含量为0.08%，均属红铜[1]。1978年出土的鼓形铜釜有一件作过成分检测，也属红铜[2]。在中国古代冶铜技术发展史上，红铜冶铸是青铜发明之前的早期技术。但可乐使用这种铜釜的墓葬并不表现出时代特别早的倾向。本次发掘的三座墓，一座无随葬品，另两座则出土有镯、发钗、鍪、剑、戈等典型的青铜器及铁器。1978年出土的9座鼓形铜釜墓，情况也相似。虽然其中一些青铜器和铁器显系外地传入，但青铜器中亦有本地特征器物，而且很多证据说明当地这时已较好掌握了青铜技术。本次发掘的鼓形铜釜套头葬墓，两座属第二期，一座属第三期，时代下限已达西汉初期。因此这种使用红铜铸造鼓形铜釜现象，无法用纯技术发展的时代关系加以解释。

鼓形铜釜铸造时使用了较多垫片，以M264:1为例，垫片分布密集，每片约1厘米长宽，不规则，有长方形、三角形、多边形等形状，垫片间距离一般4.2～5.5厘米。还值得注意的是，垫片质地光洁、致密，与铜釜质地差异明显（彩版五二:1）。

2. 失蜡法工艺

铜器多采用合范法铸造成形，但也有部分铜器可能采用了失蜡法工艺，如三件镂空牌形茎首铜柄铁剑，饰立虎秘冒以及虎形挂饰等。镂空牌形茎首铜柄铁剑之铜柄无任何范缝痕，纹饰细密规整，镂空牌形部位折转流畅复杂，剑柄两端侧面亦有整齐的辫索纹，具有失蜡法铸造工艺的一些特征。秘冒上的立虎以及虎形挂饰形体较小，精细度不高，但造型

---

[1]　见刘煜等：《赫章可乐墓地出土青铜器检测分析》，本报告第四编。

[2]　贵州省博物馆考古组等：《赫章可乐发掘报告》，《考古学报》1986年第2期。

结构多有合范铸造无法分割的块面，虎形挂饰的簧形管内壁具有与外壁对应的螺旋状条痕。研究者认为，两器也可能采用失蜡法铸造而成。

这里所言失蜡法主要是根据考古界从铜器造型与范模关系的观察习惯作出的初步判断，详细的工艺技法还需作进一步研究。在 2006 年 6 月中国高等科学技术中心举行的冶金考古研讨会上，有学者对我国考古发现的早期失蜡法工艺制作的青铜器提出工艺方面的质疑，认为我国先秦时代还没有失蜡法铸造工艺的技术基础。虽然此说引起很大争论，但也提醒我们，对铜器失蜡法铸造工艺的最后确认，有必要建立在更周详研究的基础之上。

3. 先铸法工艺

先铸法属铜器铸造工艺分铸法中的一种[①]。乙类墓铜器有添加附件如耳、挂环、铃舌等，往往采用先铸法。其中以 D 型铜釜最为典型。这种铜釜腹部附一对辫索纹大耳，宽弧形耳面上满铸多道辫索纹，与器壁相接处还铸有捆绑状绳纹。其造型特征难以在合范铸造铜釜时一次完成，因此先制成器耳，浇铸铜釜时将器耳嵌入范内，铸接于器腹上。耳位于范缝旁，显然是为嵌入时便于安装和观察（彩版五二：2）。

釜耳制作并不全采用分铸法，B 型铜釜即鼓形釜的双耳即与釜体一次铸成。耳较小，呈片状桥形，无纹饰。这为直接在范上掏出耳位提供很大方便。耳远离范缝，在范弧的中部，可保证范型的强度。

铜铃的挂环与铃舌的安装也采用了先铸法，铃舌制成棒槌状，上端留一穿孔，铸造铃体时，先用半环状铜片穿于铃舌孔内，铸接于铃内壁顶部，铃舌便能自由摆动。绝大多数铜铃都采用了这种安置铃舌的方法，但 M310：2 B 型铜铃却在铃面上部预留对穿小孔，后期通过铜条装配方法安置铃舌。

铜扣饰背面鼻梁的制作也大量采用先铸法，详见前节。但整体一次铸造鼻梁的扣饰也不少。

相似器物的不同制作方法是工匠个体的不同工作习惯，还是不同地域甚至不同时期的文化反映，是值得进一步研究的问题。

4. 后铸法工艺

后铸法也属于分铸法的一种。出土器物见于镂空牌形茎首铜剑。铜剑共 3 件，形制相同，茎上下端及中部共有四道凸起的箍状辫索纹装饰。其中 M341：4 剑茎上的两道箍已不存，但一道箍的原位保存有少量毛刺状物，系铸造剑茎时形成。毛刺不高，呈一条直线分布，应有意做成，否则很容易就可以打磨去。分析其原因，当为二次铸造箍状装饰时能更好固位而设（彩版五三：1）。进一步观察，剑茎上两道箍状辫索纹装饰均可明显看出与剑

①　华觉明等：《妇好墓青铜器群铸造技术的研究》，《中国冶铸史论集》，文物出版社，1986 年。

茎分离的空隙，箍上无任何锻打、拼接痕迹，在一侧却留有较明显的浇口痕。显然四道箍状装饰采用后铸法制成。剑茎铸好后，在相应位置分别安设箍范浇铸。箍原为四道，其中两道可能在使用过程中被弄断丢失。

有研究者认为，后铸箍在铜茎体和范型的预热上有相当难度，可能先铸成四道箍，嵌入茎范后再铸剑茎。

另两件铜剑茎上的箍状装饰因锈蚀严重，难以判断是否后铸。但从箍和剑茎的范缝痕看，二者相当吻合，以一次铸成的可能性更大。

后铸法较特殊的一件器物是 M309∶1 铜带钩，钩体长24.2厘米，属于超大型带钩。钩面有错金卷云纹、斜线几何纹组成的精美装饰。钩纽采用后铸法制成，在钩面与纽相对处留下一突起圆形饼状物，圆直径1.5厘米，不甚规整。考古发现的战国秦汉铜带钩均一次铸成，这件带钩所以采用后铸法制作钩纽，大概因为铸造带钩时钩纽部分出现意外，不得已采取补救办法。在钩体背面距钩纽约1厘米处可见一个圆锥状乳丁，这是带钩不需要的装置，估计这里才是原设计的钩纽，铸造时因意外未成形，于是在钩面另钻孔后铸一个钩纽。如就性质而言，似更适于称之为铸补工艺（图四三；彩版五三∶2）。

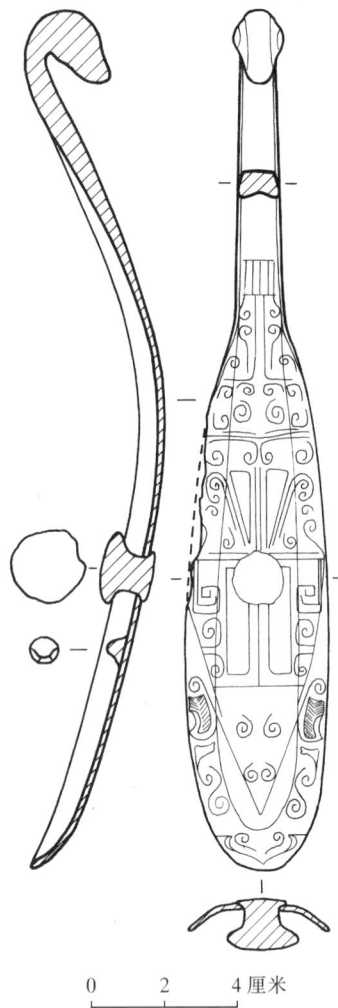

图四三　乙类墓随葬
铜带钩（M309∶1）

5. 铸补、铸焊工艺

少量容器采用了铸补工艺，如 M264∶1 鼓形铜釜下腹部有几处明显的铜液焊补痕，该釜成分为红铜，漏孔可能是浇铸时铜液流淌性能差，或范内气泡造成。去范后另用铜液进行弥补（彩版五四∶1）。类似现象在 M272∶1 鼓形铜釜底部也有发现。

有的铜器部件装置采用了分铸、铸焊方法，M274∶87 铜釜装饰的立虎即是。立虎足侧有不规则小铜片插于铜釜壁内，釜内壁四足对应处有不规则圆饼形疤痕。范缝痕显示，铜釜和立虎分别用两块范合范铸造，虎足下留有小段长方形榫头，根据虎足位置在釜壁上开孔，安插立虎榫头，在孔与榫头之间插入小铜片，起固定及局部调整立虎位置、角度的作用。小铜片厚度不一，形状不一，显系旧物利用。再浇注铜液铸焊。因虎足下无明显浇注痕，有研究者认为浇注方向值得研究，不定从上往下浇注，亦可能从下往上操作。现农村民间修补铁锅漏孔，常采用从背面灌注铁液方法。先准备多层废布铺于手上，中心下凹，内填煤炭粉，压出合适的小窝，将溶好的铁液少许倒于窝内，迅速从锅背面移向漏孔，同时从漏孔上面用一块厚布压住，须臾即可将上下布料拿开，冷却的铁液便在漏孔上下形成焊疤，填补了孔隙。操作者的技巧可使上下焊疤控制在很小的范围。

6. 錾、磨工艺

改装型柳叶形铜剑剑身与剑茎交界处呈直角，直角有的铸造时已形成，带有范铸的痕迹，如边缘为圆口、飞边等。有的却显示后期加工痕迹。M296:3 剑总长 41.3 厘米，剑身下端作弧形内收后再转为直角，直角边呈硬口，直线不光整，带若干微弧形凹缺。茎上有两个穿，穿孔呈不规则圆形，也呈硬边并带微弧形凹缺，有的凹缺为斜面。这些加工痕迹显示，直角边与穿孔为后期使用凿类工具錾成，剑身与剑茎原应呈弧线交接（彩版五四:2）。但这种后期加工的必要性却看不出来，铜剑出土时，茎上保留了部分缠绕的树皮，树皮内还插有纵向的木条，显然是当时剑柄的合成方式之一，这样合成剑柄应不必再对铜茎部分作二次加工。

磨制是铜器加工普遍的工序，但出土的部分铜铃，尤其是小铜铃器表磨痕粗且深，与磨制追求器物光洁美观的初衷很不协调，不知是制作时间急迫，还是另有原因？这种情况在 M271 出土的铜铃中最明显，M274 及 M342 也有发现（彩版五四:3）。

7. 热锻工艺

铜发钗使用较普遍，发钗条径多在 0.3 厘米左右，经锻打制成。由中国社会科学院考古研究所刘煜博士承担的检测分析工作表明，发钗原料为铜锡二元合金，金相观察呈现典型的 α 固溶体等轴晶组织，并多见退火孪晶，结论认为："说明这类器物都是经过加热反复锻打成形的"[①]。

从发钗数量看，这种热锻工艺已经比较成熟。发钗中的簧形首钗用一根均匀的细铜条制成，M277:9 发钗展开总长度约 1.7 米，需要熟练的操作才能完成。

七　一些值得关注的文化现象

1. 大型容器使用特征

报告视铜釜和铜洗为大型容器。大型容器全用于套头葬及特殊葬俗。

铜釜共 6 件，出土于五座套头葬墓，其中一墓除用铜釜套头外，还用铜釜套足。6 件铜釜外壁都有烟炱痕。

铜洗共 10 件，从出土位置看，没有一件按日常生活用具的方式摆放。

出土于套头葬墓 M273 的三件，一件垫于足下，一件垫于右臂下，一件立放于左臂旁。

---

① 见刘煜等：《赫章可乐墓地出土青铜器检测分析》，本报告第四编。

出土于套头葬墓 M274 的四件，一件盖于面部，两件盖于右臂上，一件立放于左臂旁。

其余三件分出于三座墓，M296 和 M342 盖于死者面部，M298 垫于死者头下。

这些使用方式应是社会生活中一些特殊观念的反映。

2．铜虎颈部的贝纹项圈

M274 套头铜釜装饰的立虎颈部铸有一条别致的项圈，项圈前半部刻划有系带一类纹饰，后半部刻划为 6 个方块，每个方块上刻划一个贝纹。项圈寓意甚特殊。

虎在套头铜釜上的设置，显然是为彰显铜釜主人的威势与权力。虎当不是普通虎，应具有特别的神威。虎颈部套项圈，直观表现了人对虎的驾驭。而现实中要驾驭虎在当时是十分困难的事，要驾驭别具神威之虎就更难。因而在别具神威的立虎颈部设计项圈，其实是要显示人更非常之能。可以说，这是将立虎神化，进而也将铜釜主人威势与权力进一步强化的巧妙构思。虎身上另有一些细部，或也含类似寓意，如虎头后部刻划的一对卷云纹装饰等（彩版五四:4）。

在徐州狮子山西汉楚王陵出土的一件玉豹颈部，也装饰有一条饰贝纹的项圈，二者间是否有什么联系，还值得研究。

3．兵器种类及其在墓中的分布与组合

兵器种类比较简单，以铜兵器为主，铜兵器仅戈与剑两种。此外有少量铁兵器，如铁戈、铁剑。

出土兵器的墓葬共 30 座，占发掘墓葬总数的 27.8%。

兵器在墓葬中的分布有三种情况：

墓中仅出单件长兵器（铜戈），计 8 座墓；

墓中仅出单件短兵器（铜剑或铁刀），计 8 座墓；

墓中出土一戈一剑组合，计 14 座墓。

出土戈、剑组合的墓葬不及随葬兵器墓葬总数的一半。这种墓葬伴出的随葬器物明显较多。大概有资格同时拥有长短兵器的兵士在部族中地位较高。

4．镂空牌形茎首铜剑与镂空牌形茎首铜柄铁剑

镂空牌形茎首铜剑与镂空牌形茎首铜柄铁剑是可乐最具代表性的一类兵器。两种剑关系密切，故作为同一类别看待。

这种造型的铜剑过去可乐考古发掘一直未发现，赫章县文物部门早年在可乐曾采集到一件，本次所获三件系首次从墓葬发掘出土。这种造型的铜柄铁剑 1978 年发掘曾出土多件，本次又获三件，至今已出土十余件。这两种剑造型特殊，地域特征十分突出，不见于相邻的巴蜀文化及滇文化中，也不见于贵州其他地区，仅在云南昭通地区曾零星发现过相

同的铜柄铁剑。尚不清楚其流传关系。

从剑柄造型结构及工艺技巧看，二者具有传承关系，即铜柄铁剑从铜剑发展而来。二者造型结构相同，但无论从比例的协调性、组合的丰富性，还是工艺的精巧性，铜柄铁剑都比前者有很大提高。而且铜铁合制兵器的威力也远非铜制品可比拟。

发掘出土的3件镂空牌形茎首铜剑剑身都属巴蜀式柳叶形剑，明显系剑茎铸好后，再将剑身插入，用木质销钉固定。完整的柳叶形铜剑在墓地另出土有11件，其中数件茎部残留有捆绑木条剑茎的树皮类纤维。可见柳叶形剑使用时添加剑茎以便握持是一种习惯。镂空牌形茎首铜剑在巴蜀地区从未出土，应是柳叶形剑传入此地后，在使用过程中，逐渐发展创造出铜质剑茎，形成一种新的独具地方风格的兵器。再因其受到的重视，进一步发展为更为精美的铜柄铁剑。

5. 结构特殊的兵器

ＣⅠ式铜戈中 M317：1 和 M350：2 等两件结构特殊，戈条形援，援后部有圆形穿，穿旁饰桦纹、人物图案，外表形制无特殊。但援后半部却是空心的。M317：1 援长 16 厘米，空心部分从中部至阑边缘，长 8.4 厘米。M350：2 援长 18.4 厘米，空心部分长 7.8 厘米，也从中部空心至阑边缘。空心面都较大，随刃边呈弧形，刃边实心部仅有 0.6～0.7 厘米宽。

这样空心的铜戈在实战中完全不能使用，稍碰即折。

空心戈的制作比一般戈要费事得多。两件戈铸造工艺很好，戈面光洁，装饰图案别致、清晰。显见制造者相当重视。戈在墓中的摆放位置却与其他戈没有差别，都伴出有一件铜剑，由死者拥于胸前。

形制相似，并饰人物图案的铜戈还有两件，但戈援不空心，图案较粗糙，图案局部有差异，其中一件图案趋于简化。

从结构特点和工艺特征看，空心戈是一种已特化发展、有特殊用途的兵器。

6. 巴蜀式兵器

巴蜀式柳叶形铜剑出土数量较多，共11件。而地方性特点的剑包括铜柄铁剑仅6件，即镂空牌形茎首铜剑和镂空牌形茎首铜柄铁剑，其中三件铜剑还属于巴蜀式铜剑剑身与地方特点剑柄的组合。此外还有一件滇式蛇头形茎铜剑。从出土数量看，柳叶形铜剑是使用最为普遍的一种短兵器。

这些柳叶形铜剑的形制变化较多：剑脊有较低平的，有较高呈柱形的，有脊上开槽的；剑身有较窄短两从平直的，有较宽长两从下凹的；剑茎有短有长，茎上有一穿、二穿、三穿的；有茎、身交界处变化为直角的"改进型"剑；有的带虎斑纹、手心纹装饰，等等。这些形制多样化的柳叶形剑，按四川学者分期研究，主要属三期剑，有的可早到二期。时代主要为战国中期和晚期，有的可早至战国早期①。

可乐当时属巴蜀"徼外"之地，柳叶形铜剑系从巴蜀地区传入。按西汉史籍记载，至迟战国后期，从巴蜀至夜郎地区已存在有较稳固的民间通道，以至蜀地掌握了开矿冶铁技术的中原移民，将先进的铁器从这条通道"贾椎髻之民"，富甲一方。汉武帝时期，南越国招待汉使唐蒙的枸酱，也是蜀商从这条通道"持窃市夜郎"，再经牂柯江运至南越国的②。较多柳叶形铜剑的出土，证明这条民间通道的确存在，而且时代应该还更早，至少达战国中期以前。铜剑便是商贾"窃市"输入的一种重要物品。

值得注意的是，出土的巴蜀式铜兵器除剑外，没有一件长兵器。长兵器本是当地很受重视的征战装备，所以墓中出土铜戈量远超过铜剑。但巴蜀习见的长胡戈和其他形制戈，以及巴蜀另两类习见的长兵器铜钺和铜矛却从未发现过。将当地铜戈与巴蜀式长兵器进行比较，后者的杀伤威力肯定要强得多。从使用者心理角度看，对于能够获得的外来武器，只要确具实际威力，不会取断然拒绝态度。柳叶形铜剑在乙类墓中大量出土证明了这一点。巴蜀式长兵器的阙如，与铜剑现象形成极大反差，使人感觉其中可能存在有某种特殊原因。或推测，巴蜀地区长兵器当时不能够像铜剑那样轻易通过民间渠道被"窃市"输出。从运输角度说，长兵器无须装配木柄后运送，矛、钺等长兵器并不会比剑的携带运输更麻烦。而巴蜀式长兵器运至当地后的交换值，应该比短兵器高。因此，长兵器的阙如，极大可能与输出时受到限制有关。

7. 滇式剑与人物图案戈

滇式剑仅一件，即M325出土的蛇头形茎铜剑，可能系滇文化地区直接传入。滇文化与当地文化的相互影响现象较明显，如鼓形铜釜在滇文化遗存中也数见，时代可早至春秋，但滇文化中鼓形铜釜不用于套头葬。戈内上饰人物图案的铜戈在滇文化中也多有出土，图案组成十分相似。但可乐这种戈援后半部空心，向特化方向发展的情况在滇文化中未见有报道。

饰人物图案铜戈在贵州分布地域较宽，除可乐外，在黔西南地区多处陆续有发现，图案造型有繁有简，甚至简化为几何形图案。在普安铜鼓山遗址中还出土过铸造这种铜戈的陶模③。

① 江章华：《巴蜀柳叶形剑研究》，《考古》1996年第9期。
② 《史记·货殖列传》："程郑，山东迁虏也，亦冶铸，贾椎髻之民，富埒卓氏，俱居临邛"。《史记·西南夷列传》："南越食蒙蜀枸酱，蒙问所从来，曰'道西北牂柯，牂柯江广数里，出番禺城下。'蒙归至长安，问蜀贾人，贾人曰：'独蜀出枸酱，多持窃出市夜郎。夜郎者，临牂柯江，江广百余步，足以行船。'"
③ 张元等：《贵州普安发掘战国秦汉遗址》，《中国文物报》2003年2月19日；张元：《普安铜鼓山遗址》，国家文物局主编：《2002中国重要考古发现》，文物出版社，2003年。

8. 发钗使用方式及发型

A 型发钗数量较多，都出土于死者头顶部位，各墓使用方式略有不同。其中有四座墓各用一支，从头顶发际左侧或右侧平插入；八座墓各使用两支，往往两支钗从头顶发际单侧平插入，前端略交叉，插入方向或左或右，也有少量分别从发际两侧平插入，在中部交叉；还有一座墓使用三支，其中一支从头顶发际左侧平插入，另两支从后侧平插入。因头骨大都朽坏不存，发钗在头顶的具体位置不能一一确认，但头骨略存痕迹的两座墓——M299 和 M365 发钗位置距离头盖骨都有约 4 厘米的空间，说明死者头顶绾有较高发髻。

B 型发钗仅 6 支，出土于三座墓，各两支。其中一座墓双钗簧形首都位于死者头右侧接近肩部位置，钗前端弯曲呈直角。另两座墓簧形首位于死者头顶前部，钗条交叉斜伸于头后侧下部。有的簧形管内残存有细木条，不知是否还配有其他装饰。三墓随葬物品都较多，其中一墓为套头葬。看来使用 B 型发钗者身份在部族中可能较高。

根据《史记》等史籍记载，当时夜郎、滇、邛都等族群流行椎髻式发型，铜发钗大量出土，发钗的使用方式，说明可乐地区确有椎髻之民。但出铜发钗墓共 15 座，大量墓葬未发现发钗或其他绾发饰品，这些墓葬是否使用木质发钗，发钗朽坏不存或是不用发钗尚难确定。从滇文化出土的铜贮备器上的雕塑看，滇地区除椎髻部族外，还有行其他发型的部族。类似情况在可乐也可能存在。

9. 发簪用途

M308 出土两件簧形首铜发簪，一件与铜发钗同出于死者头部，一件出于死者左手位置，因前一件与发钗同出，故定名为发簪。但其确切用途还有讨论必要。

发簪长约 9 厘米，前端渐细，似针状，惜尖端残。发簪插于发钗旁，对绾发髻或有所助益，但该墓主人已有两件发钗，足以固定发髻，加减发簪实际并不存在影响，加插反有多余之嫌。发簪不全在头部，其中一件位于死者手中，或正显示其用途不一定是发饰品，更可能是锥一类的工具。将针、锥类反复使用的小型工具顺便插于发际存放，是现代手工针线活操作者常有的习惯性行为。以此推想发簪的用途，似更合理。

另一种推测是，发簪不作为绾发用品，亦非锥类工具，主要作为向发髻上添加饰物时使用，有不时取插换物的便利。

10. 铜铃的使用与分布

出土铜铃基本为 A 型即合瓦形半环纽小型铃，其用途以随身佩戴为主。M274 出土数量最多，共 19 件。从出土部位观察，用法有两种，一种是与其他饰物连缀为串，挂于死者项上。一种是十数件为串，佩于死者左手腕部。其余三墓 M311、M330、M342 都位于死者项部位置。唯 M271 位置较特殊，集中与玛瑙管、铜镯等饰品放于死者腰部位置，周围还散放着一些铜扣饰。似乎曾用钉有扣饰的布料或口袋包裹。

　　M271 墓坑形状很特殊，两侧边各有一个突出去的斜三角形，器物摆放位置高于墓底数厘米。参与发掘者事后回忆，由于缺乏经验，发掘时对异常现象或处理不当，这很可能是一组打破关系的墓葬。按此判断，该墓是一座长度仅 1.7 米的小墓，略斜向打破大墓，两侧边突出去的斜三角形即小墓的顶边两角。小墓底面略高于大墓，所发现随葬物属小墓，故高于大墓底。墓中出土 1 件宽片状铜镯，小端口径仅 4.70～4.85 厘米，只适于幼童佩戴。因而墓主人极可能是一名婴幼儿。铜铃及其他佩饰集中放置，可能生前并未实际佩戴，主要在于表达家人的怜惜和哀思。

　　A 型铜铃中 I 式和 II 式都铸有相似的花瓣形图案，其中 A II 式共 30 件，分别出土于 M271 和 M274 两座墓。两墓另还有数件 A I 式铃。M274 是套头葬墓，铜铃在死者身上除装饰作用外，还应起到诸如宗教法事等其他重要作用。将同样的铜铃如此集中地随葬于 M271，可能反映二墓主人具有特殊的亲密关系。骨珠出土情况与铜铃有相似处，可作为一种佐证。骨珠只在 M271 和 M274 两墓有出土，其中 M274 出土 20 件，M271 出土 2 件，两墓形制相同。

　　M271 在 M274 东北侧不到 4 米处，两墓间紧邻有 M272 和 M273，其中 M272 分别与 M271 和 M273 存有打破关系。这数墓间的关系也颇值得探讨。

　　11. 带钩使用方式

　　带钩中少数形体特大，M356:2 长 29.4 厘米，M309:1 长 24.2 厘米。作为衣饰束带实用器，这样体量似已超越正常范围。类似铜带钩，在四川什邡市战国船棺墓中曾有出土，如 1988 年四川省文物考古研究所在该地发掘的 35 号墓所出带钩长 28 厘米，形制、纹饰与可乐大带钩很相似[①]。

　　可乐乙类墓带钩的使用有不同方式。从出土位置看，真正作为衣带束带用器的只有 M325 一墓较典型，M325 带钩长 13.2 厘米，横置于死者腰中部位置，钩首向右。墓中随葬铜剑与铜戈都在胸部位置，与带钩无涉。出土时带钩横置的另还有 M287，该带钩长 13.5 厘米，横置于死者胸部左侧位置，钩首向右，钩上压有一件铁刀。但这件带钩用于挂刀的可能性更大。

　　其余带钩除一件系采集品外，另五件均分别纵向放于死者身侧，多靠近胸部位置。其中 M309、M317、M319 及 M356 带钩与铜剑并列放置，或压于剑茎下，或压于剑身上。M269 带钩紧邻一件残铁削。从位置和方向看，这几件带钩可能有两种用途，一是用于挂剑或削，这种钩体量较小，钩首向下，如 M317、M319 及 M269。另一种则仅为显示性陈设，钩体特大，钩首向上，如上述 M356 及 M309。

---

　　① 四川省文物考古研究所等：《什邡市战国秦汉墓葬发掘报告》，《四川考古报告集》，文物出版社，1998 年。

在一条斜挎带上挂铜剑的人物造型，曾数见于云南滇文化青铜雕塑上，可作为可乐一种佩剑方式的参考。

12. 手镯佩戴特征

手镯佩戴有两种特征较突出，一是数量多，二是不对称。

佩戴数量最多的是 M341，死者左臂佩 10 件铜镯，前边还有 1 件木镯。右臂佩 9 件铜镯，前边也有 1 件木镯。铜镯每件宽约 1 厘米，累加起来覆盖了小臂的一半以上。又如 M267 双臂各佩戴 5 件铜镯。佩戴数量多的都属窄片状铜镯。宽片状铜镯相对使用数量较少，但每件宽度达 3 厘米左右，一臂重叠 2~3 件，在臂上也十分显眼，同样具有数量多的视觉效果。

宽片状铜镯佩戴每有不对称现象，共 8 座墓发现宽片状铜镯，只有 M304 为双臂各戴一件，其余七座墓中有五座墓仅用一件镯，或左或右，似无规律；一座墓为三件镯，左臂一件，右臂两件；一座墓为四件镯，左臂三件，右臂一件。显然，不对称是更普遍的倾向。

13. 手镯、发钗与兵器共出关系

因人骨基本朽坏不存，墓主人的性别无法确认，对研究当时人们的装束、身份等问题带来困难。从墓中铜手镯、发钗与兵器的共出关系，可找寻到一些有助于相关研究的线索。为便于比较，将共出情况列表显示如下：

表四　铜镯、发钗与兵器共出情况简表

墓号	铜镯	铜发钗	铜剑	铜戈	备注
M264	AⅡ式 1 件	A 型 2 件			墓扰乱，不完整
M267	C 型 10 件				
M268		A 型 2 件		A 型	
M269		A 型 2 件			
M271	AⅡ式 1 件				
M273			铜柄铁剑		
M274		A 型 1 件	铜柄铁剑		另有铁戈
M277		B 型 2 件	柳叶形剑	C 型	
M296		A 型 3 件	柳叶形剑	A 型	
M298	AⅡ式 3 件	A 型 2 件	柳叶形剑		

续表

墓号	铜镯	铜发钗	铜剑	铜戈	备注
M299		A型2件		D型	
M301			柳叶形剑		
M302				C型	
M304	AⅡ式2件				
M306				D型	
M308	AⅡ式1件	A型2件	铜柄铜剑	A型	另有铜发簪、戒指
M309		A型1件	柳叶形剑		
M310				A型	
M317		A型1件	柳叶形剑	BⅡ式	
M318			柳叶形剑	BⅠ式	
M319		A型2件	柳叶形剑		
M324			铜柄铁剑		
M325			蛇头茎剑	A型	
M331				A型	另有铁剑
M334	AⅡ式1件			A型	
M335				A型	
M341	AⅠ式19件	B型2件	铜柄铜剑	C型	
M342				C型	另有铁刀
M343	D型2件				
M348		A型2件	柳叶形剑	A型	
M350		B型2件	柳叶形剑	BⅡ式	
M351				A型	
M354	C型1件				
M356	AⅡ式1件	A型1件	柳叶形剑	A型	
M365	AⅡ式4件	A型2件	铜柄铜剑	BⅢ式	

表中统计兵器限于铜制品，另有两座墓（M286、M359）出土铁刀不计，但也无装饰品。出土铜兵器墓可大致归纳为四种情况：

有镯、有发钗，伴出兵器墓计 5 座；

有镯、无发钗，伴出兵器墓计 1 座；

无镯、有发钗，伴出兵器墓计 10 座；

无镯、无发钗，出兵器墓计 13 座。

数据统计显示，有装饰品并伴出兵器墓多于无装饰品出兵器墓。装饰品中有发钗者占绝大多数。虽然不能简单判定拥有兵器者即男性，但从兵器墓在墓地所占比例，推断掌握兵器者主要为男性大体不误。从对比数据看，铜发钗和铜镯等装饰品的使用者主要也应当为男性。

表中反映，有铜装饰品而不出兵器的墓为 7 座。其中一座（M264）被扰乱不完整；三座（M267、M343、M354）所出铜镯较特殊，其中 M267 与 M354 为素面窄片镯，M343 为饰镂空宽片异型镯；一座（M271）推测为婴幼儿墓。真正有比较意义的仅两座（M269、M304），不影响上述推断。

14. 农业工具

本次发掘不见铜质农业工具。1978 年发掘曾出土 1 件铜锄，属西汉前期墓葬。按史籍记载，至少西汉时该地已普遍有农业。但农业工具出土量少，尤其西汉之前的农业工具未发现，尚难判断是农业产生的具体时期较晚还是埋葬意识原因所造成。

第四节　铁　器

一　概　况

铁器共出土 30 件。铜器节已报道的三件铜柄铁剑未计算在内，实际按性质论，此三器亦应属铁器，则总数为 33 件。

根据用途及习惯分类法，铁器分为兵器、生产工具、杂件等三类。

兵器中长兵器仅 1 件，出土于很有规格的"套头葬"墓，极受重视。短兵器 5 件，数量也不多，其中刀体厚重的直柄刀亦可能为生产工具。

生产工具包括木（竹）作手工工具和农具。分类参考了国内秦汉考古的习惯，实际其中有的不定属于生产工具类，如削刀。

杂件主要包括少量不明性质的铁件，以及用途不确的小件。

78 报告对铁器部分介绍较简略，多未附图，致使后来研究每有遗憾。本次除注重图、照片外，还引入原有一些资料，略作弥补。

以数量论，铁器不算多。但以铁器在"西南夷"地区开始使用的时间看，铁器所占比例已经不小。

铁器分布多为一墓一件。一墓出土两件铁器的有 3 例。超过两件的仅 1 例。由于墓葬时代有先后差异，墓葬中拥有铁器状况与伴出铜器状况不尽一致。出土铁器最多的一墓，也出土大量铜器和其他随葬器；出土两件铁器的二墓，伴出铜器一较多一少；出土一件铁器的墓葬中，有的伴出铜器较多，有的伴出少量铜器，有的无任何铜器。

二　兵　器

戈　1 件（M274∶91）。通长 24.6，内长 6.3、宽 3.9～4.1、厚 0.55，援中部宽 3.6、阑残长 7.5 厘米。无胡，长条形援，援后部弧形外展，援中部较厚，因锈蚀不辨是否起脊，近阑处有两个长方形穿。阑微残。长方形直内，内上无穿。援身一面附多层纺织物。内上残留木秘痕（图四四∶1；彩版五五∶1）。出土时，内侧有精美的饰立虎铜秘冒，应为秘顶原有的饰物，显示了铁戈特殊的重要性。

剑　2 件。标本 M331∶2，通长 24.6、剑身中部宽 2.8 厘米。柳叶形，剑身与茎弧线相连，无明显界限，双刃弧线汇于锋尖，剑身中部较厚，因锈蚀不辨是否起脊。茎部残留木痕，估计原装配有木质握柄（图四四∶2；彩版五五∶2）。另一件采集，茎不在中轴线上，剑身后部略呈斜直线与茎相连，剑身两面呈弧形，似无脊。茎上残留木痕。

刀　3 件。根据柄部形制分二型。

A 型　2 件，环首柄。标本 M342∶47，通长 28.6，刀身长 17.8、宽 2.2，环首外径 3.5 厘米。刀背平直，前端略向下弧斜，刀刃前端也向上弧斜，顶端略呈尖锋状。柄窄于刀身，刃后端斜折接柄，柄上残留数周缠绕的粗麻绳，环首圆形，经锻打卷曲而成，接口与柄端吻合。刀身残留少量纺织物，质地细密（图四四∶4；彩版五五∶3）。另一件刀前端有缺佚，不辨形状，刀刃与柄转折处呈直角。

B 型　1 件（M286∶1）。直柄。通长 35.5，刀身长 23.5、宽 3.6，刀背厚 0.6～0.7 厘米。刀背平直，前端向下斜折，刀刃平直，前端略上弧，与刀背相接成锋。柄窄于刀身，刀背后端及刃后端斜折与柄相接，柄后端略斜收呈扁平锥状。柄上残留木痕，原应装有木质握柄。刀体甚厚重（图四四∶3；彩版五五∶4）。

三　生产工具

削刀　14 件。皆环首。根据刀体直弧状分二型。

A 型　3 件。刀体向刃侧弧形弯曲。分 2 式。

Ⅰ式：2 件。柄窄于刀身。标本 M338∶3，通长 18.4，刀身长 12.4、宽 1.3，柄宽 0.8，环首长径 4.0、短径 3.3 厘米。刀背前端作弧线下曲接刃，刃略内凹，刃后端斜折接柄。柄呈扁方条状，环首椭圆形，经锻打制成，加工时先回折，再弯曲成环，收头处也相应回曲。柄端略突入环内。刀身一面附有少量纺织物（图四四：5；彩版五六：1）。另一件 M274：41 环首加工时直接弯环，柄端与环首边平齐。刀身前段残留有皮质鞘。

Ⅱ式：1 件（M273：5）。柄与刀身基本等宽。通长 19.6、刀身长 10.5、柄中段宽 0.8、环首径 3.4 厘米。柄呈扁方条状，柄端与环首边平齐，柄上包裹有纺织物，似为柄外层附件。刀身附有较多纺织物，局部呈多层重叠（图四四：6；彩版五六：2）。

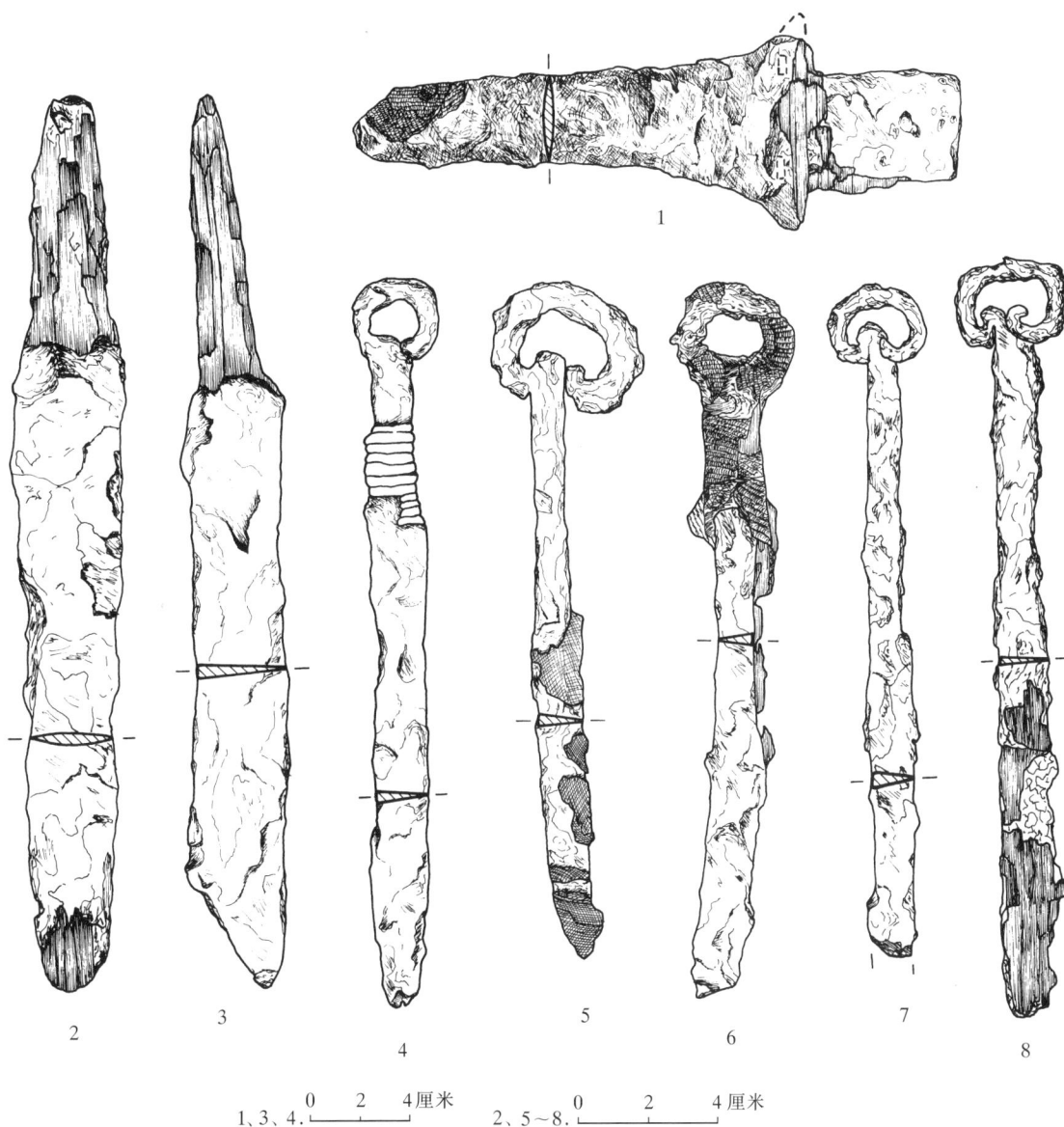

图四四　乙类墓随葬铁器

1. 戈（M274：91）　2. 剑（M331：2）　3.B 型刀（M286：1）　4.A 型刀（M342：47）　5.A 型Ⅰ式铁削刀（M338：3）　6.A 型Ⅱ式铁削刀（M273：5）　7.B 型Ⅰ式铁削刀（M300：1）　8.B 型Ⅱ式铁削刀（M296：7）

B型　11件。刀体平直。分二式。

Ⅰ式：6件。柄窄于刀身。标本M300:1，前端略残，通长18.4，刀身残长8.7、宽1.4，柄宽0.95，环首长径2.8、短径2.1厘米。刀刃后端斜折接柄，柄呈扁方条状。环首椭圆形，经锻打而成，加工时先回折，再弯曲成环，收头处也相应回曲。柄端略突入环内（图四四:7；彩版五六:3）。其余五件柄端与环首边平齐。

Ⅱ式：5件。柄与刀身基本等宽。M296:7，通长20.8、刀身长11.4、柄中段宽1.3，环首长径3.15、短径2.1厘米。刀身与柄无明显界限，柄呈扁方条状，环首略呈圆角长方形，经锻打制成，加工时铁条锻细后先回折，再弯曲成环，收头处也相应回曲，柄端略突入环内。刀身前段一面附有木痕，一面附着物不明，表层髹漆，似刀鞘（图四四:8；彩版五七:1）。其余四件柄端与环首边平齐。

小刀　2件。根据刀端、刀背及柄宽状分为二型。

A型　1件（M311:1）。通长15.7，刀身长10.7、宽3.3～3.9，柄宽3.15厘米。刀端圆头，刀背稍带弧形，刃部微内凹，刃后部约4厘米长一段有明显卷口。柄与刀身宽度相近，无明显界限，柄端似有残佚。柄一面残留纵向木痕，一面残留少量缠绕状木条痕，原应装有缠绕木条的握柄（图四五:2；彩版五七:2）。

B型　1件（M287:1）。通长21.9，刀身长14、宽2.4～2.7，柄中部宽1.75厘米。刀端斜平头，刀背平直，刃部微内凹，后端呈直角折转接柄。柄窄于刀身，上侧与刀背平齐，后部渐收呈扁锥状。刀身残留少量木痕，刀首部包裹齐整，应系刀鞘。刀柄两面残留纵向木痕，原应装有木质握柄（图四五:1；彩版五七:3）。

刮刀　2件。标本M274:94，通长17.5、刀身长6.6、柄宽2.15厘米。尖锋弧形片矛状。通体似竹管剖开加工状，一面弧形突起，一面弧形内凹。双刃平行，前端弧形收聚成锋。刀尖向刀体弧形面微翘。刀身与柄无明显分界。柄部内弧面残留纵向木痕，外弧面残留较多捆绑状横道藤片或竹片。当时应捆绑于木柄上使用（图四五:5；彩版五八:1）。另一件略同。

镢　1件（M360:1）。通长11.2、刃宽4.6，銎口宽4.75、厚3厘米。闭合式竖銎，銎口呈长方形，刃部窄、短，刃口偏斜，微弧，单面起刃，刃不锋利。全器用铁板锻打而成，铁板厚0.4～0.5厘米（图四五:4；彩版五八:2）。

锸　1件（M338:2）。残长9.7、残宽3.1～3.6、銎部壁厚0.3～0.5厘米。似凹口锸残断的一部分，纵剖面呈"V"形，但刃部较钝。铸造而成。銎内残留有木痕（图四五:7；彩版五八:3）。

四　杂　件

钎　1件（M365:4）。残长4.5、簧径0.75～0.9、钎中部条径0.3厘米。钎首呈簧

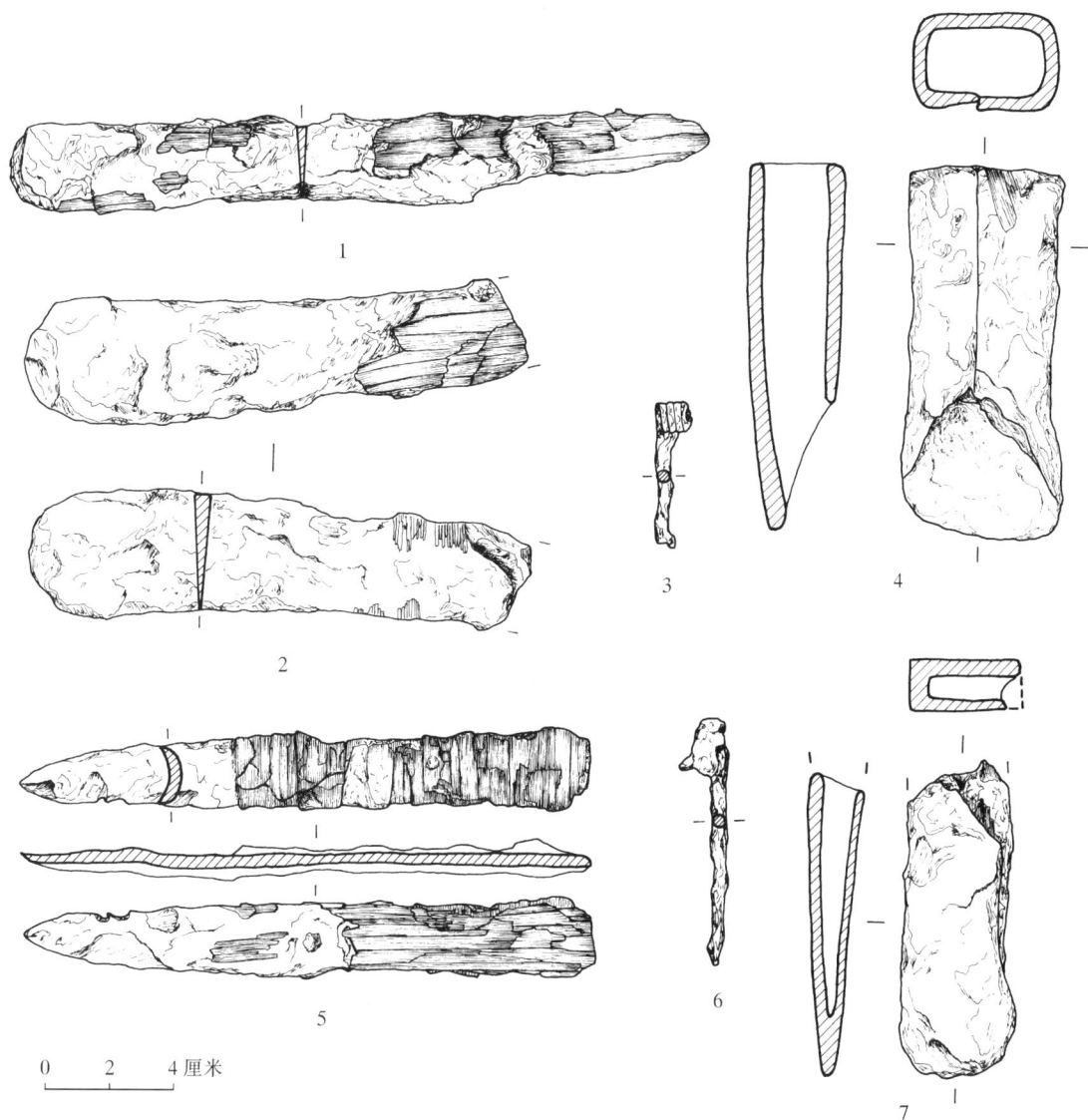

图四五　乙类墓随葬铁器

1.B型小刀（M287:1）　　2.A型小刀（M311:1）　　3.钎（M365:4）　　4.镢（M360:1）　　5.刮刀
（M274:94）　　6.钉（M298:9）　　7.锸（M338:2）

状，用铁条绕成，约四圈，无间隙。钎中部略曲，端残（图四五:3；彩版五九:1）。出土时位于死者右脸颊部位置，簧首向外。

　　钉　2件。标本M298:9，残长7.62、直径约0.45厘米。圆条制成，前端渐细，尖残。后端有回折分叉，因锈蚀，结构不明。粘附有纺织物，纺织物密实。出土时与另一件钉并列放置于死者左手铜镯侧，用途不明，权且定名（图四五:6）。另一件形制相似，残长5.4厘米。

　　条形片　1件（M342:48）。长6.5、宽2.4~2.7、厚0.5厘米。略呈长方形，一端略薄。出土时与环首铁刀并列放置。不辨用途。

五　工艺中的一些现象

1. 环首两种弯曲方式

刀、削刀常在柄端置环首为装饰。三件兵器中两件刀有环首。14 件削刀中 11 件有环首，另三件残损严重，隐约也可看出环首痕。

环首弯曲方式有两种，一种直接从柄端弯曲成环，柄与环首连接平齐自然。另一种柄端先向回折，再弯曲成环，收头处也稍作相应卷曲，造成柄端略突入环首（彩版五九：2）。

14 件削刀中，8 件环首为直接弯曲。两件虽环首残佚，迹象不确，但可隐约看出亦直接弯曲。四件先回折后再弯曲。回折再弯曲方式所占比例较小。从工艺比较，回折再弯方式费工费料，效能并未见长，似无必要，从工艺操作上说反显一定落后性。但从墓葬中伴出物及各墓关系上，却不能分辨两种加工方式存在时代早晚差异。

两种弯曲方式在中原及岭南战国至秦汉环首铁器中都屡有发现。从相关资料看不出有地域或时代方面的区别。

这两种不同的弯曲方式，可能应归属为制作工匠个体不同的操作习惯、审美习惯及师承原因。

2. 銎部锻造方式

带銎的铁器仅两件，一为残凹口锸（M338:2），与各地习见的凹口锸工艺相同，经铸造而成。一为竖銎钁（M360:1），经锻造而成。

竖銎钁用铁板锻造，先将铁板加工成斜肩"凸"字形，再将两侧向中部卷曲，呈长方形筒状銎，中部接缝十分清晰。"凸"字头端突出部分稍加工即为刃。该墓属三期墓葬，时代为西汉。

本次发掘甲类墓中出土的一件空首铁斧（M284:2），銎部也采用锻造技术制成。1978 年发掘乙类墓出土的铁钁（M200:6）形制、工艺均与 M360:1 相同，当年发掘的甲类墓中出土的铁斧、钁、铲等有数件也采用锻造技术制作銎部。

铁器竖銎采用锻造工艺制作，在国内考古发现的战国时期铁器中未见有报道，所见材料主要为汉代铁器。研究者或称之为"锻銎技术"①。已发现锻銎铁器基本分布在南方一些省区，包括四川、贵州、广西、广东、福建等，其间是否有什么联系尚无相关研究。

3. 多种材质反映的铁器技术

对二期和三期墓葬出土的不同类别铁器进行的检测分析表明，铁器材质包括脱碳铸

---

①　白云翔：《先秦两汉铁器的考古学研究》第五章第二节，科学出版社，2005 年。

铁、韧性铸铁、铸铁脱碳钢等不同品种。其中还有一件（M311:1）为铸铁脱碳钢与块炼铁两块材料锻打而成。从器类看，检测的所有工具与兵器都采用钢材制成，尤其兵器，采用的是优质钢材。而三期墓葬出土的农具采用的是铸铁。这都反映铁器技术已达到较为熟练的水平。

六　一些值得关注的文化现象

1. 分布特征

共 56 座乙类墓使用随葬品，其中 21 座出土铁器，约占随葬器物墓的 38％。这 21 座墓分别为：M264、M269、M273、M274、M275、M277、M286、M287、M296、M298、M300、M311、M324、M330、M331、M338、M342、M351、M359、M360 及 M365。

21 座出土铁器墓中，1 座墓出土铁器为 6 件，4 座墓为 2 件，其余皆 1 件。出土 2 件铁器的墓葬，其实只有 1 座墓葬的出土够得上完整意义的 2 件铁器，其余 3 座墓或为铁钉，或为 1 件铁器另附小块残铁片、附半个铁锸。这 3 座墓数据在统计中更注重了量的显示，对铁件定性未严格要求。总的说，单位墓葬铁器数量显得很少。

21 座墓葬中，16 座墓铁器与铜器伴出；5 座墓除 1 件铁器外，无其他随葬品。16 座铁器与铜器伴出墓中，伴出铜器包括用具，如铜釜、铜洗等；兵器，如铜戈、铜剑等；装饰品，如铜带钩、铜手镯、铜发钗等。伴出铜器数量极少且微不足道者，还没有一墓。说明这些墓葬中，死者和其亲属，仍视铜器为最重要的器类。仅随葬一件铁器无其他随葬物的墓葬，有可能已产生意识上的一些变化，但所发现墓葬数量很少。

从铁器分布总体状况看，铁器在当地使用时，铜器在社会生活中仍起着主要作用，铁器远未达到取代铜器的阶段。

对二期墓和三期墓葬出土铁器进行的金相组织分析显示，铁器材质的不同品种，说明铁器冶铸技术已不属单一化的原始阶段。铁器锻打技术也表现出较高的工艺技巧。但这种较成熟的工艺技术显然并没有带来部族整体对青铜器重视程度的很大冲击。

2. 器形类别

铁器中全铁兵器 5 件，铜铁合制兵器 3 件。反映铁制兵器甚受重视。其中镂空牌形茎首铜柄铁剑造型别致，制作精美，两件均出土于"套头葬"墓，尤其 M274 墓坑形制、套头葬用器、随葬器物等都显示是一座级别较高人物的墓葬，墓中还出土一件珍贵的铁戈，说明精良的铁兵器主要为部族内上层人物使用，或成为身份的标志。

柳叶形铁剑是颇有地方特点的铁兵器，柳叶造型明显出自巴蜀式铜剑，但巴蜀地区却不见这种铁剑，说明这种铁剑系当地制造，并可能从牌形茎首铜剑发展为铸工更为精良的铜柄铁剑。本次出土的三件铜柄铁剑中，一件即为短剑，剑身为柳叶形铁剑，剑柄的做工虽优于牌形茎首铜剑，但明显不及另两件长剑精细。很可能反映了这种剑柄的三个发展阶段（彩版六〇）。

本次发掘出土柳叶形铁剑两件，其中一件为采集。但1978年发掘出土的柳叶形铁剑却多达16件。本次发掘地点主要为罗德成地。1978年发掘地点主要为祖家老包和锅落包。三地各为一个小山头，相距不远，基本文化面貌一致，但细加对比，仍存在一些差异，如柳叶形铁剑的数量悬殊即为一例。

铁器中数量最多的是手工工具，如小刀、刮刀、削刀等。农具很少，仅镤、锸各一件。手工工具从造型特征看，主要为木（竹）作工具，这与可乐地处山区的环境条件相一致。实际上，划分为兵器的B型直柄铁刀M286：1，刀体宽厚，木质握柄前不带格等护手设施，也有可能是工具，或兼为工具。

3. 削刀用途

削刀划归生产工具，主要参照战国秦汉考古的一般习惯。实际上，对削刀用途还有不同看法，或以为用作生活用具，或以为用作护身便携兵器。

兵器是这批墓葬中最重要的一类随葬器物，但所有墓葬无论级别高低，兵器最多的也只有两件，为一戈一剑组合。这种戈、剑组合墓共13座，多数为两件铜兵器组合，但也有个别为铜铁兵器组合，或两件铁兵器组合。墓中只随葬1件兵器的情况占多数。

出土的14件铁削刀，2件为采集品，墓中出土的12件与兵器共出状况分为三种情形：与2件兵器共出的有3座墓（其中1墓出2件铁削刀）；与1件兵器共出的有2座墓；无兵器的有6座墓。三种情形说明，铁削刀与兵器共出并无直接关系或规律。其他随葬兵器却不见铁削刀的墓葬共25座，其中有的是铁兵器；有的是1件兵器，或长或短；有的是2件兵器。这也从另一角度说明，兵器与削刀之间缺乏直接联系。

削刀短小轻薄，环首柄。出土的14件削刀，可统计数据的通长18.4～22.0，刀身长9.0～12.6、宽1.15～1.55厘米。就形制、体量论，削刀最便于随身携带，用于切削不太粗笨坚硬的物品。这种使用方式，应在日常生活中发生概率最高。

出土削刀中至少7件置于死者腰部或胸腰部位置，且皆纵向放置，环首多向上，仅1件向下。这是最可能佩挂于身的位置。其余5件中2件置于死者上曲的左臂附近，3件置于死者左肩部位置。从放置部位看，削刀是颇受重视之物。

削刀锈蚀严重，但有3件明显保存了刀鞘的痕迹，如M274：41局部保存有刀鞘，刀鞘外残留较多纺织物，刀鞘前端残损处断口显现刀鞘用皮质物制成（彩版五九：3）。有的削刀还保存有布料包裹刀柄的痕迹，如M273：5包裹刀柄的布料有数层（彩版五九：4）。这些迹象反映使用者对铁削刀妥加保护的态度。

作为生产工具，削刀轻薄的弱点较明显，将工具中的另两件小刀形制稍作比较即知。其中M311：1柄端有残佚，刀身长10.7、宽3.3～3.9厘米，圆头，刃略内凹，柄部附木条后用藤、竹片缠缚。M287：1刀身长14、宽2.4～2.7厘米，平头，刃略内凹，附置木质握柄。这两件削刀的宽度、重量、握柄都与削刀区别较大，用为木（竹）作工具较适宜。而削刀更适宜派作其他用途。

因此，铁削刀作为日常生活用具的可能性更大。当然，兼作多种用途是生活用具包括生产工具从不受限制的事。

4. 生产工具与兵器共出状况

如不计铁削刀，生产工具为6件，出土于五座墓葬。其中出土两件铁刮刀的 M274 有兵器共出，其余四墓均无兵器，或伴出少量装饰品，或仅出土一件生产工具。生产工具少、生产工具基本不与兵器共出，是这批墓葬值得关注的现象。

M274 虽然生产工具与兵器共出，但这是一座重要的"套头葬"墓，随葬器物近百件，有很多不同于其他墓葬的特殊地方，如使用两件大铜釜、四件铜洗、两件铁兵器、两件铁削刀等。因而出土两件铁刮刀，似乎也有其特殊性。可视之为特例。

1978 年发掘的乙类墓，共 9 座墓出土铁生产工具[①]，分别为：M42、M56、M72、M77、M88、M117、M127、M153、M156。皆农业工具。这九座墓均未出土有兵器，与本次发掘大体相同。

生产工具与兵器基本不共出，说明在部族组织中，兵士和生产者很可能存在较明确的分工。

5. 农业生产工具出土状况

农业生产工具少是这批墓葬的一个特点。铁质生产工具中仅两件为农业工具，其中一件还是半个铁锸。青铜农业工具更无一件出土。

1978 年发掘的乙类墓，出土一件青铜锄，另有 13 件铁质农业生产工具。包括一件镬、一件铧冠，其余为锸。锸多数为半锸。

农业生产工具少，有可能是现实生产方式的一种反映，但也有可能是一定丧葬意识的反映。

一般说，从新石器时代至铁器时代初期阶段，农业生产的普及程度以及农耕技术的优劣，会与随葬品中农作工具的数量和品类呈正比例关系。即是说，可以从随葬品中农业生产工具的出土状况，对现实中农业生产水平做出基本分析评价。但可乐墓葬的一些特殊现象，还应引起不同角度的关注。

墓葬中有一些别处从未发现过的葬俗，在第二章已有介绍。此外在随葬器物中还可以举出一些例子，如陶器出土很少，仅 11 座墓随葬陶器，每座墓葬陶器仅一件。陶器本是日常生活中使用最普遍的器具，随葬陶器的这种现象说明，当地丧葬意识中并不认为将日

---

① 数据按 78 报告所附表二墓葬登记表统计，与报告描述文字略异。

常生活用具广泛葬入墓中是一种必需。因而，如果用陶器出土少现象便简单对现实生活中陶器使用状况和制陶水平做出评价，势必会失却客观。

随葬农业工具少的现象，当属同理。按照史籍记载，至少在西汉前期，巴蜀以南的夜郎、滇、邛都等地区，已有相当稳定的农耕经济[①]。从墓葬反映的人口密集程度看，当时可乐地区农业普及度和农耕技术不会太落后，在过去发掘的乙类墓中就曾经出土过炭化的稻谷和大豆[②]。农业生产工具出土少，还值得从其他方面，包括丧葬意识上去寻找原因。

农业生产工具出土现象还值得注意的是，青铜农具少，铁质农具逐渐增多的趋势。可乐铁质农具与中原形制相同，系中原传入器，出现的时代应晚于青铜器。因而这种从少到多的变化，还有可能反映一种丧葬意识的渐变。

6. 铁锸残缺疑点

农业生产工具中的铁锸 M338:2，形制如中原战国秦汉常见凹口锸的一小半。器物虽锈蚀严重，但器体仍有相当强度，完全看不出另外一半会锈蚀得痕迹不存。倾向性的解释是，埋藏时该器就残损，仅有一半。因本次发掘只出土一件锸，此说无大争议。但此现象是一种偶然，还是有意识行为，却难以做出判断。

1978 年发掘出土的铁锸为 11 件，多数也呈相同现象。从 78 报告所附墓葬登记表上实查铁锸共 9 件，其中 6 件注明为"半个"（包括 M56、M72、M77、M88、M117、M127）。如此多铁锸皆为半个，说明这不是一种偶然现象。有研究者认为，这种情况与其他地区发现的"断器"现象相似，是一种特殊丧葬意识的反映。也有研究者认为，铁锸系铸品，使用过程中易于从凹口处折断。持有者不愿遗弃，将残锸固定在木柄上继续使用，基本属于自然现象。二说都还需要更多证据去加以证实。

第五节　玉、骨器

一　概　况

玉器、骨器皆随身饰品。玉器共出土 46 件，包括透闪石、玉髓、玛瑙、绿泥石、绿松石等制品，另有三组孔雀石珠串饰，每组百余至两千余粒不等，因出土时组件状况不清楚，无法按件计数。骨器共出土 40 件，另有 3 件贝饰品。

玉器、骨器分布较为集中，其中玉器出土于 8 座墓，主要出土于 M274 和 M271。骨

①　《史记·西南夷列传》："西南夷君长以什数，夜郎最大；其西靡莫之属以什数，滇最大；自滇以东北君长以什数，邛都最大。此皆魋结，耕田，有邑聚。"

②　贵州省博物馆考古组等：《赫章可乐发掘报告》，《考古学报》1986 年第 2 期。

器及贝饰品出土于7座墓，其中三座墓与玉器墓重，主要出土于M274。

玉器、骨器形制类别不多，主要为珠、管，另有玦、璜等。贝饰品因数量少，附于骨器中介绍。

二　玉器

玦　1件（M341:6）。外径5.65～5.85，内孔径一面为1.41、另一面为1.46，厚0.15～0.25、玦口间距0.12厘米。带冠璧形。外圆不甚规整，廓外对称雕四个冠状装饰，每冠六齿，齿不规则。外缘较薄。内孔从一面钻磨成。玦口从两面切磨通，口面呈三角形。青灰色，不透明，色不匀，局部有丝网状及块状青绿色。光洁细腻。经检测质地为透闪石（图四六；彩版六一:1）。出土时位于死者右耳部。玉玦下还有一件骨玦。

璜　2件。M312:2，外弧长4.85、弧延线圆形直径3.0、宽0.7～0.9、厚0.15厘米。圆弧形片状。圆不甚规整，廓外一侧略突起一条形装饰，长1.3厘米。璜两端面为直边，一端附近有一圆形穿，另一端附近有二圆形穿。璜体薄，外沿磨成弧形薄口。浅绿灰色，不透明。光洁细腻。经检测质地为透闪石（图四七:1；彩版六一:2）。

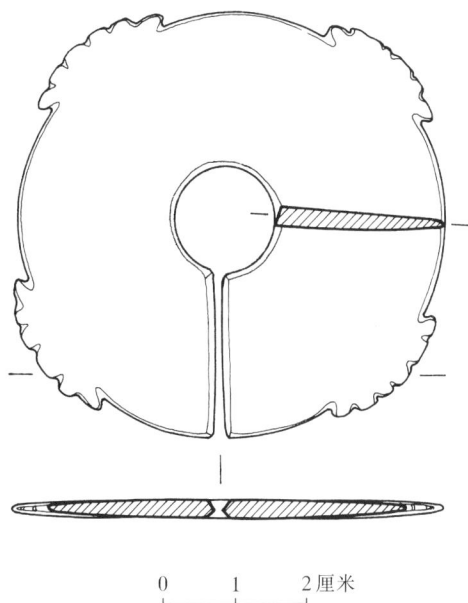

图四六　乙类墓随葬玉玦（M341:6）

M312:3，外弧长3.85、弧延线圆形直径4.2、宽1.05～1.10、厚0.16厘米。圆弧形片状。两端面为弧形边。近端部各有一个圆形穿。一端线中部有一个半圆形缺口，缺口沿钻磨痕明显，原应为一个圆形穿。璜体薄，外沿一面磨有一道0.2厘米宽整齐的斜面，沿口近似刀状。灰白色，不透明，分布有较多深绿灰色网状纹理，局部有浅绿灰色透明块。光洁细腻。经检测质地为透闪石（图四七:2；彩版六一:3）。

出土时平放于死者胸颈部位置，二璜相对组成圆形。

玉髓管　2件，形制略异。M271:23，长1.35、直径0.75，孔径一端0.2、一端0.22厘米。圆形管，磨制光洁。两端面有较多小坑凹，一端磨过，略呈弧面；另一端未磨，面中部略下凹。中部贯通一圆形穿，从两端对钻而成，穿对接部靠近未磨一端。乳白色，半透明。从加工痕观察，原管应较长，早年折断，经修整后继续使用（图四七:3）。

M271:19，长1.95、最大直径0.8、一端直径0.5、另一端直径0.6、孔径0.2厘米。

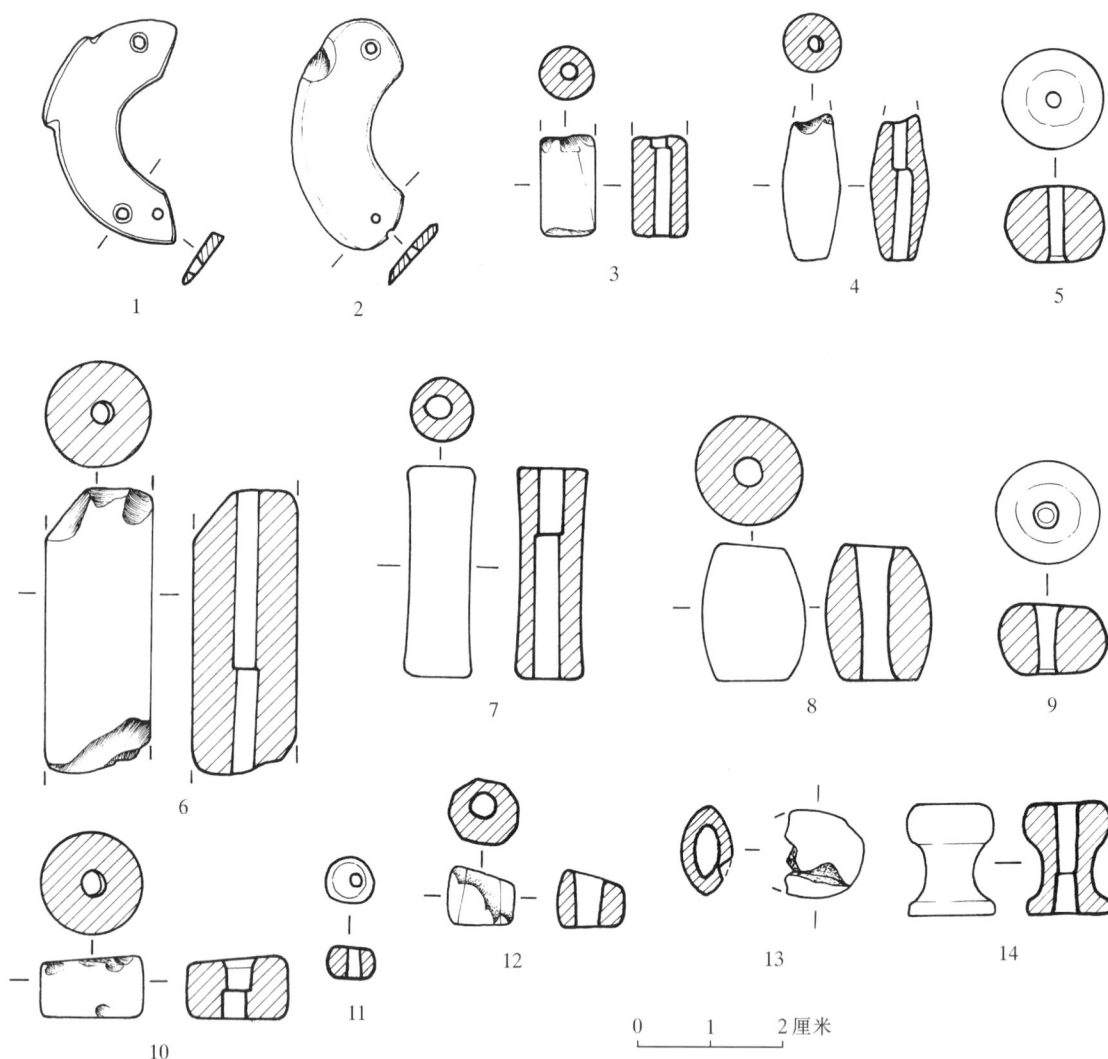

图四七　乙类墓随葬饰品

1、2. 玉璜（M312:2、M312:3）　　3、4. 玉髓管（M271:23、M271:19）　　5. 玉髓珠（M274:65）

6~8. 玛瑙管（M274:18、M274:70、M274:29）　　9、10. 玛瑙珠（M274:38、M274:66）　　11. 绿泥石珠

（M271:26）　　12、13. 绿松石珠（M271:25、M288:1）　　14. 变质岩豆形坠饰（M271:24）

圆形管中部外鼓，似橄榄形，磨制光洁。一端略残损。中部贯通一圆形穿，从两端对钻而成。穿对接部大体居中，错位明显。乳白色，半透明（图四七:4；彩版六二:1）。

　　玉髓珠　1件（M274:65）。直径1.35、厚1.05、孔径一端0.2、一端0.23厘米。算珠形，磨制光洁。中部贯通一圆形穿。穿从大口径端钻通，另一端围绕孔口有琢磨成的不规则形凹坑。乳白色，半透明（图四七:5）。

　　玛瑙管　28件。主要为赭石色及乳白色，长短、粗细不等，形制略有差异。标本M274:18，长3.85、直径1.45、孔径两端均0.3厘米。圆柱形管，磨制光洁，两端面有较多磕伤，仍保留部分磨制平面。中部贯通一圆形穿，从两端对钻而成。赭石色，色不匀，不透明，有自然纹理。这是玛瑙管中体量较大的一件（图四七：6；彩版六二：2）。

标本 M274：70，长 2.85、直径 0.85～0.96，孔径一端 0.35、一端 0.4 厘米。圆柱形管，腰略内束，两端磨制平齐，中部贯通一圆形穿，从两端对钻而成，赭石色，光润，不透明，有少量自然纹理（图四七：7；彩版六二：3）。腰内束的玛瑙管共 3 件。

标本 M274：29，长 1.85、中部直径 1.45、孔径一端 0.5、一端 0.45 厘米。圆柱形管，腰略外鼓，两端磨制平齐，中部贯通一圆形穿，从两端对钻而成，赭石色，光润，微透明（图四七：8；彩版六二：4）。腰外鼓的玛瑙管共 4 件。

玛瑙珠　8 件。多为乳白色，形制略有差异。标本 M274：38，直径 1.4、厚 1，孔径一端 0.24、一端 0.28 厘米。算珠形，磨制光洁。中部贯通一圆形穿，穿孔从一端钻通，环绕小口径端穿孔琢磨有不规则椭圆形浅凹坑。乳白色，半透明，有自然纹理（图四七：9；彩版六二：5）。算珠形玛瑙珠共 6 件，皆乳白色。

标本 M274：66，直径 1.4、厚 0.85，孔径一端 0.33、一端 0.35 厘米。双平面圆墩形，磨制光洁。中部贯通一圆形穿，穿孔从两端对钻而成。赭石色，微透明（图四七：10；彩版六二：6）。另一件圆墩形，玛瑙珠色稍浅，穿孔钻法同。

绿泥石珠　1 件（M271：26）。直径 0.65～0.7、高 0.42，孔径一端 0.16、一端 0.2 厘米。不规则圆形算珠状，磨制光洁。两端平，腰部略鼓。中部贯通一圆形穿，位置略偏向一侧，从一端钻通。灰绿色，不透明（图四七：11；彩版六二：7）。

绿松石珠　2 件。M271：25，直径 0.92～1、高 0.65～0.8，孔径一端 0.32、一端 0.4 厘米。不规则多面形短柱状，磨制光洁。中部贯通一圆形穿，位置略偏向一侧，从一端钻通。蓝绿色（图四七：12；彩版六二：8）。

M288：1，残损严重，可测量椭圆短径 1.16、高 0.76 厘米。扁椭圆空心果核状，中部有一道纵向棱边。器表光整，放大镜下可看出较多划擦痕。内壁凹凸不平。器表多土沁色，残断面翠蓝色，色匀。出土时位于死者右足旁（图四七：13）。

变质岩豆形坠饰　1 件（M271：24）。上部直径 1.20～1.25、中部直径 0.65、下部直径 1.15～1.25、高 1.5、孔径两端均 0.3 厘米。略呈实心豆形，磨制光洁。中部贯通一圆形穿，从两端对钻而成。浅黄绿色，色不匀，不透明（图四七：14；彩版六二：9）。

孔雀石串珠　3 组。标本 M330：2，粒直径 0.25～0.5、长 0.08～0.95、孔径 0.05～0.1 厘米。用线连为串后通长约 333 厘米，计 2131 粒，另有少量残碎不计。串珠粒大小不等，长者呈圆管状，短者呈圆片状，两面平齐，珠粒中部一圆形穿。灰绿色，不透明，有的带自然纹理。强度差（彩版六三：1）。出土时位于死者胸部位置偏左处，堆放较集中，局部可看出成串排列状，但看不出是否为一整串。

另两组（M338：4、M342：52）大体相似，但粒数较少，分别为 120 粒、1191 粒。珠粒中部孔径基本一致，约为 0.1 厘米。

三　骨　器

玦　14 件。其中 5 件朽坏未取。标本 M274:85，外径 7.25、内径 5.40～5.75、肉宽 0.35～1.06、厚 0.17～0.50、玦口间距 0.15 厘米。偏心环状。内圆圆心略偏向玦口侧，磨制时又将玦口侧磨得更窄。肉面呈内高外低弧形面，外沿呈薄圆弧面，内沿呈斜圆弧面，玦面整体向玦口侧倾斜变薄。玦口两沿呈双面倾斜三角面。牙白色，部分浸渍铜锈绿色（图四八:1）。M274 共出土 6 件骨玦（彩版六三:2），形制相似，双耳各佩三件。

珠　22 件。其中 M271 的两件因朽坏未取，其余皆出土于 M274。标本 M274:13，直径 1.8、高 1.05、孔径 0.3 厘米。算珠形，磨制光整。中部贯通一圆形穿，从一端钻通。骨白色（图四八:2；彩版六四:3）。骨珠形制均相似，尺寸略有差异。个别珠侧面有一两个小圆孔，似有意钻成，不解用途。骨珠与玛瑙管、铜铃等位于死者颈部，交错放置，似穿缀成串的项饰。

管　4 件。其中三件出土于 M311。标本 M311:4，通长 2.42、直径 0.90～0.95、孔径一端 0.30～0.35、一端 0.4～0.6 厘米。截断动物肢骨制成，表面保持有骨皮质的光泽，一端磨成双斜坡尖角，一端稍磨平，平面中部靠骨腔边缘留有数道缺口，平面一侧边缘保留有磨切的一道印痕。骨腔未作加工（图四八:3；彩版六四:1）。M311 另两件骨管长度略同，未磨尖，平面仍可看出中部的缺口和边缘磨切的印痕。出土时，三件骨管与一件铜铃、一件玛瑙管同位于死者手腕部，应是穿缀的一副手圈。

出土于 M274 的一件骨管较细小，中部穿孔系钻成，所选用骨料有不同。出土于死者颈部位置，系项饰组件之一。

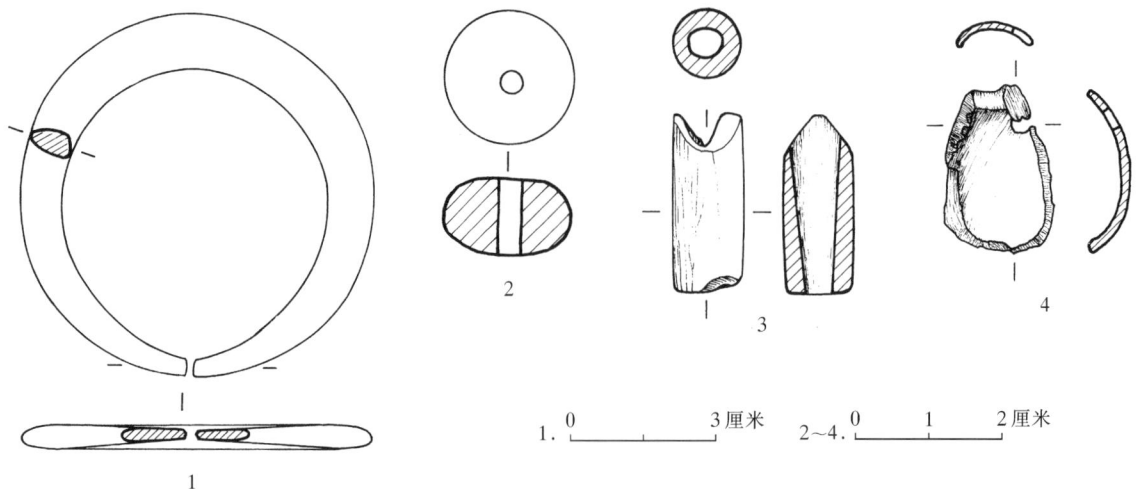

图四八　乙类墓随葬饰品

1. 骨玦（M274:85）　2. 骨珠（M274:13）　3. 骨管（M311:4）　4. 贝饰（M274:61）

贝饰　3件。其中 M298 手镯前两件朽坏未取。标本 M274:61，长 2.2、上宽 1、下宽 1.5、孔径 0.3 厘米。贝壳片制成的挂饰，略呈不规则椭圆形，边缘多残破，上端一圆形穿。灰白色。出土时位于死者颈部，系项饰串组件之一（图四八:4）。

四　工艺中的一些现象

1. 玉管钻孔工艺

玉髓管、玛瑙管中部圆形穿均采用两端对钻工艺制成，由于手工操作时的偏差，两端钻孔在中部对接时，会出现不同程度错位，不透明的器物可用细竹签探查，透明器物可直接观察到错位状（彩版六四:2）。

2. 玉珠钻孔工艺

玉珠中两件圆墩形玛瑙珠中部圆形穿采用玉管钻孔工艺，从两端对钻制成。其余玉髓珠、玛瑙珠、绿泥石珠、绿松石珠圆形穿均采用一端钻孔工艺制成，圆形穿两端孔径一大一小，钻孔应从大孔径端操作。

其中一件玉髓珠与八件玛瑙珠围绕小端孔口都有一个琢磨成的浅浅的不规则圆形凹坑（彩版六四:4）。从凹坑位置以及出现的规律性看，凹坑似与这种形制的玉珠一端钻孔工艺有一定关系。在两端钻孔的玉管，以及端面平齐一端钻孔的绿松石珠上，就不见孔口旁有类似凹坑。不过也注意到，同为算珠形的绿泥石珠的穿也采用一端钻孔工艺制成，却未见小孔旁的凹坑。

M288:1 绿松石珠中空，内壁弧形略呈球状，面不平，带条痕，但因残损，两端口沿均不存，看不出制作工艺。

3. 孔雀石珠与片的制作

孔雀石串珠仅出土 3 串，但粒数多，总数近 3500 粒。粒径 0.2～0.5 厘米，中心有一个穿孔，孔径 0.05～0.10 厘米，珠粒长度多为 0.1～0.3 厘米，还有许多为薄片状，最薄的仅 0.08 厘米。面平整，看不出有锯拉切割痕。穿孔多为正圆形，少数略呈椭圆形。孔壁直平，看不出有螺旋痕。

孔雀石硬度为摩氏 3.5～4 度，属中等硬度。这样多小径的珠粒加工起来有相当难度。当时人显然掌握了较好的孔雀石加工技术。但对于使用什么工具切割、如何切割、如何钻孔等具体工艺技术，尚缺乏可予说明的资料。在铜器节曾介绍过宽片型手镯镶嵌孔雀石片的普遍现象，孔雀石片直径 0.15～0.30 厘米，中心有孔，厚度 0.05 厘米左右。一件手镯使用孔雀石片可达 400 多片。这些孔雀石片更细小。我们就孔雀石片的加工技术请教过一些专家，似乎还无人对这个问题进行过研究，至今未得到较完满的答案。有人推测，加工时可能使用了简单机械，将磨制好的孔雀石小圆柱固定钻孔，钻具也可能固定位置旋转，然后切片、磨制。但这种推测还找不到相关证据。

4. 孔雀石片镶嵌

铜手镯为镶嵌孔雀石片，铸造时设计有凹槽，并使用黏合剂。黏合剂呈黑色，填满每道凹槽底部，无结壳发硬现象。经北京大学文博学院显微红外光谱检测显示，黏合剂为生漆。

孔雀石片多制成圆形，镶嵌时根据凹槽宽度排成两列或三列。有时凹槽宽度不够，会减少一列圆片，再用不规则形片填充。M341 铜镯共 19 件，基本使用圆形孔雀石片镶嵌，但有一件铜镯突然局部改用不规则方形、长方形、三角形片，另有一件铜镯全使用类似的不规则形片，似乎制作中预备的圆形片用完，不得已将残碎料也勉强用上（彩版六五:1）。其他墓葬出土的铜镯中也有少数使用了不规则形孔雀石片镶嵌，这些不规则形孔雀石片大小或形状无一定规格，混杂排列使用，显然未经专门挑选。说明制造用料受到来源的限制，因而对加工圆形片时遗下的残片也相当珍惜，注意收集并加以利用。还值得注意的是，这些不规则形片的厚度与小圆片基本相同。

5. 骨玦制作差异

M274 出土 6 件骨玦，形制大体同，但制作细部存在一些差异。

6 件玦皆偏心环形，靠玦口一侧较窄，内外圆均钻磨而成，后钻之圆略偏向一侧，便形成一侧较窄的效果。但 M274:85 玦除后钻圆略偏心外，又将内圆一侧再磨去一部分，使玦口侧显得更窄。

玦面磨制时，除磨成外薄内厚的弧形面外，整体厚度还磨出玦口侧较薄的倾斜面。其中 M274:85 玦倾斜度最典型，厚度为 0.17～0.50 厘米。另 4 件倾斜度较小。而 M274:44 玦整体等厚，未磨制倾斜度。

玦外沿呈圆弧面口，经过磨制。内沿多呈斜直面口，钻成后未再加磨制。但 M274:85 玦内沿呈斜圆弧面，显然经过再磨制。

玦口两端面多呈双面倾斜三角形，应是从两面磨切玦口所致。但 M274:45 玦口却有一端斜角明显偏向一侧，磨切时显然主要从一面操作。

骨玦制作方面的这些差异说明，6 件玦可能非一人所制，或者非一时所制。

6. 部分骨饰品的简化加工

骨饰品中骨玦、骨珠经细心磨制加工，但 M311 出土的 3 件骨管加工比较简便。骨管用动物肢骨截断制成，截断面经过简单磨制，有一件还磨成双面坡尖角形。截断面边缘保留有磨切的印痕，中心骨腔边缘保留有道道折痕。从印痕分析，截断肢骨时，先围绕骨外壁磨切一周深痕，不待磨切至中心，便强力折断，然后将断面稍加磨平或修整，磨平面不求十分光洁，所以靠骨腔中部的折痕都清晰可见。管外壁和骨腔也不做其他加工。骨管与其他少量饰品用绳穿缀，便可作为手圈使用。

M274 出土的贝饰品也加工得很简单，将一片不规则椭圆形贝壳边缘钻一个小孔，就成为项饰的组件之一。

这种简化加工的骨、贝饰品与精心磨制的玛瑙管、珠之间显出很大差异，但却同时组成一人的装饰件。

五 一些值得关注的文化现象

1. 玉器数量、种类及分布特点

玉器量较少，共出土 46 件。其中玉髓、玛瑙 39 件，透闪石 3 件，其余为绿松石 2 件，绿泥石和变质岩各 1 件。此外有 3 组孔雀石串珠无法计入玉器件数。

所有玉器皆小件装饰品，器形以管、珠为主，有个别玦、璜。无礼器，也无容器。

玉器主要集中于 M274 和 M271 两座墓中，分别为 28 件和 13 件。另有 5 件，包括 1 件珠、1 件管、2 件璜、1 件玦，分别出自 M288、M311、M312、M341 等四座墓。3 组孔雀石串珠分别出自 M330、M348 和 M342 三座墓。

M274 是这次发掘出土器物最多的墓葬，M271 与之有着特殊的密切关系，玉器集中于这两座墓，显示了玉器使用的相对垄断，同时说明玉器缺乏较通畅来源。

玉器中仅有的三件透闪石器，为一件玦和两件璜，其中玦的造型、做工尤为突出。三件器物均出土于 M274 和 M271 之外的墓葬，估计与 M274 和 M271 存在时间上的早晚差异。

2. 残损件再利用

玉器中多有残损件再利用的现象。M312:3 璜一端中部有半圆形缺口，缺口壁面十分规整，向一侧倾斜，具有典型的单向钻孔状，明显曾经是一个钻磨成的整圆。估计原器是一件较长的璜，或一件璧，遭意外残损，一条断口正好从圆中部经过，持有者利用残件再加磨制，保留了残断的半个圆，成为现存的这件璜。

玛瑙管中 M271:20、M271:22、M274:9、M274:10、M274:34、M274:35、M274:39、M274:71 八件，也为残管再利用。外形特点都显示一侧端面不平整，有修凿的小坑凹，或再经粗略磨制。管中部穿孔从两端对钻形成的接通点，不像完整管那样位于穿孔中段，而是偏向修凿面一侧，甚至紧靠孔口。

玉器残损件再利用，既反映其主人对玉器的珍惜，也反映玉资源较为稀缺。

3. 玉玦廓外冠状装饰

玉玦廓外对称附四个冠状装饰，每冠六齿，不规则。装饰风格甚特殊。

类似装饰风格玉器在成都金沙遗址中有发现，其中遗址 I 区"梅苑"东北地点出土的

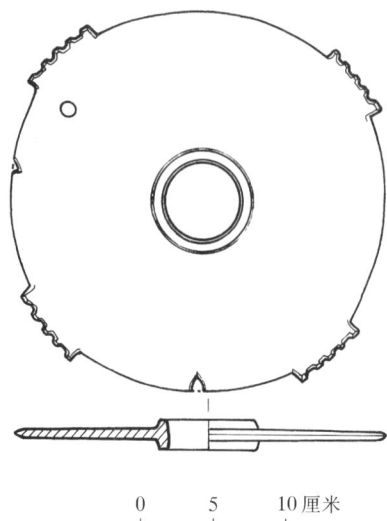

图四九　成都金沙遗址出土玉璧形器

Ab型Ⅱ式玉璧形器最典型。璧形器较大，直径达26.4厘米，廓外对称附四个冠状装饰，每冠五齿，发掘简报称为"齿突"①（图四九）。与之风格相近的廓外"齿突"装饰在该遗址的玉钺、玉璋上多有发现。遗址时代为西周晚期至春秋早期。而这种带齿突的玉璋在殷商时期的三星堆遗址中就已经大量出现。论廓外装饰形制，可乐玉玦与金沙璧形器最接近。

四侧对称附廓外装饰的玉玦有研究者称为"带角型"玦②，在我国史前时期文化遗址中已有出土，其中时代较早的台湾卑南文化、圆山文化及曲冰文化遗址中出土较多。时代稍晚的广东曲江石峡遗址第四期墓葬中也出土过三件。这些玦的廓外装饰形

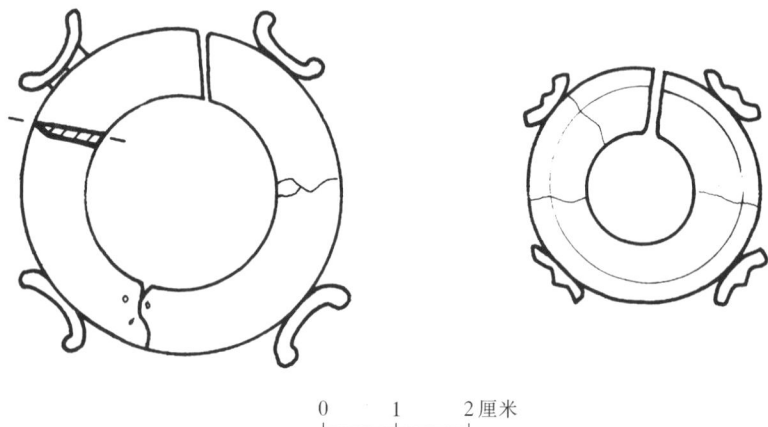

图五○　广西平乐银山岭战国墓出土玉玦

式存在地区差异，但都比较简单，且基本为四侧对称。

与可乐玉玦时代最为接近的附廓外装饰玉玦发现于广西平乐银山岭战国墓地，共出土六件，四侧廓外装饰呈短圆弧条形片状，报告称"外围有四瓣相对称的花饰"③（图五○），形式与广东石峡墓葬玉玦比较接近。

---

① 成都市文物考古研究所：《成都金沙遗址Ⅰ区"梅苑"东北部地点发掘一期简报》，《成都考古发现（2002）》，科学出版社，2004年。

② 陈星灿：《中国史前的玉（石）玦初探》，《东亚玉器》，（香港）中国文化研究所中国研究中心专刊（十），1998年。

③ 广西壮族自治区文物工作队：《平乐银山岭战国墓》，《考古学报》1978年第2期。

可乐带冠玉玦从外地传入迹象较明显，但与上述相关考古发现的联系还有待更多发现与深入研究。

4. M271 玉器存放位置

玉器集中出土于 M271 和 M274。M274 玉器出土于死者颈部位置，明显与铜铃、骨珠等连缀成项饰串。但 M271 玉器却出土于死者腰腹部位置，与一簇铜铃、一件铜镯集中存放在一起，当中还散落着 10 余枚铜扣饰（彩版六五:2）。在本章第三节之七之 10 "铜铃的使用方式与分布"中，曾提出这种存放位置的特殊性，推测可能是一座婴幼儿墓，饰品生前未及佩带，被装入钉有铜扣的布包内随葬。并且从同一式铜铃的集中分布，分析了 M271 和 M274 两座墓的特殊关系。

事实上，出土的玉、骨饰品也支持这一分析。玉器中的管和珠，除一件玛瑙管外，悉数出土于这两座墓。而骨珠基本出土于 M274，仅有形制完全相同的两件出土于 M271。

随葬物中这些特殊的联系，显示两座墓之间极可能存在一种家庭亲缘关系。

5. 孔雀石串珠使用方式

孔雀石串珠出土于 M330、M338、M342 三座墓。从出土状况看，三墓串珠都不像用作项饰。

M330 孔雀石串珠位于死者胸部偏左位置，堆放较集中，少量可大致看出成串排列状。M338 串珠位于死者头顶部位置，较分散，少数可看出成串排列状，串短。M342 串珠分布状较为复杂。

这是一座以铜洗盖脸的墓葬。出土时死者头部已压扁，被整个扣于一件铜洗下，铜洗内径 18 厘米。孔雀石串珠少数分布于铜洗外头顶位置，较分散，一侧还摆放两件铜铃。多数分布于铜洗外死者胸部位置，较集中。死者胸部至腹部位置散落有数十枚铜扣饰，大体呈长方形状分布，约 25×45 厘米。胸部正中位置有一团红彩痕，直径约 12 厘米。这团红彩痕可能为一件浅腹漆器残迹。串珠大部位于红彩范围，压于红彩之上。有的还明显压于铜扣饰之上。从摆放的叠压关系看，死者胸部至大腿盖有一块钉有铜扣饰的布料，布料上摆放红彩痕之物，孔雀石串珠再放于其上。铜洗折沿及内侧壁粘附有一些零星的纺织物痕，说明死者脸上也曾盖有布料，铜洗盖于布料上。脸上布料与胸腹部布料是否相连，在头顶延伸到什么位置，都难以判断。不过从头顶散布的孔雀石串珠看，可能盖脸之布延伸到头顶，孔雀石珠即钉装在布上头顶部位。

孔雀石串珠较奇异的分布状可能与死者年龄有关，三座墓都保存有少量人骨，据中国社会科学院考古研究所科学试验中心对人骨鉴定，M330 墓主人为 2～4 岁，M338 墓主人为 6 岁左右，M342 墓主人为 6～9 岁。估计这段年龄儿童生前还不至佩戴原料稀缺的孔雀石串珠，特别是粒数逾千，连缀起来长度近 2 米，甚至超过 3 米的长串珠。串珠最大可能原为长辈的珍爱之物，因孩童夭折，送于墓中寄托深切怜爱之情。

6. 骨玦的不对称佩戴

铜镯佩戴的不对称特点前文已作介绍，骨玦佩戴也有同样特点。

骨玦出土于6座墓，其中两座墓为对称佩戴，四座墓为不对称佩戴。前者中M274死者双耳分别佩戴三件，M277死者双耳分别佩戴一件。后者中M298死者左耳佩戴一件，右耳佩戴两件。M341右耳佩戴一件。M342右耳佩戴一件。M350也是右耳佩戴一件。

耳玦不对称最典型的例子要算上述M341，死者右耳除佩戴一件骨玦外，还重叠佩戴一件玉玦。左耳却无佩戴物。

显然，审美观念中的不对称意识在当地具有较高认同度。这种不对称意识是否还与其他功能性意义相关，还值得关注和进一步探讨。

第六节　纺织品及漆、木、皮器等

一　纺织品

1. 外形观察

纺织品保存状况极差，能收集到的独立残片特别少，所幸在部分铜器或铁器上粘附有少量残片，提供了外形观察资料。初步观察结果列表如下：

表五　部分铜器或铁器粘附纺织品残片观察结果统计表

序　号	观察标本	平方厘米经纬密度	状况简述	彩版号
1	M274 残片	20×10 根	密实，较薄，无网孔，纬线较细，不显	六六：2
2	M338 铜扣饰旁残片	15×10 根	密实，较厚，无网孔	六六：1
3	M274：94 铁刮刀附着件	纬线不明，经线19根	细密，无网孔，纬线不显	六七：1
4	M277：2 铜鍪腹部附着件	16×11 根	细密，较薄，无网孔，纬线较细，不显	六七：2
5	M298：12 铜手镯附着件	13×11 根	纱疏，呈网状	六七：3
6	M309：1 铜带钩附着件	不平展，无法计算	纱细，疏，呈网状	六七：4

续表

序　号	观察标本	平方厘米经纬密度	状况简述	彩版号
7	M338:3 铁削刀附着件	15×12 根	密实，斜纹，较厚，无网孔，纬线较细，不显	六七:5
8	M342:50 铜洗附着件	10×10 根	纱疏，呈网状	六八:1
9	M356:5 铜手镯外附着件	16×11 根	密实，较薄，无网孔，纬线较细，不显	六八:2

此外，在 7 座墓 30 件铜手镯内壁，附着有细纱网状纺织物，轻薄状与 M309:1 铜带钩所附件相似，网格更疏（彩版六八:3~6）。

2. 相关检测分析

部分纺织品送苏州中国丝绸博物馆进行检测分析，检测认定，纺织品中包括三种类别：丝织物、毛织物和麻织物。

丝织物发现五例，包括 M277:2、M274:41、M274:91、M330:3 等铜器或铁器上的粘附件，以及 M298 的残片。以 M277:2 铜鍪腹部附着件为例，从电镜图上可清晰看出，纤维细密绵长，横截面为不规则三角形空腔，整体特征为桑蚕丝纤维性状。五例丝织物分属一、二、三期墓，说明使用丝织物延续时间较长，具有相当的普遍性。

毛织物如 M338 铜扣旁残片，电镜显示，纱线明显比蚕丝纱线粗得多，横截面为圆形，边壁稍厚；纵截面有明显的鳞片。初步判断属细羊毛纤维。

通过扫描电镜观察到的麻织物纤维横截面为圆形或椭圆形，中间有空腔，纤维分散，说明纤维加工处理工艺较好。

检测中未发现棉纤维。

3. 待补缺项

此批纺织品的收集和检测鉴定，在贵州战国秦汉考古中是第一次，提供了重要资料。但由于自然保存条件差，出土时已非常零星，且多粘附于金属器上，受到铜、铁锈的严重污染，给相关研究带来很多困难。

毛织物检测鉴定为羊毛纤维，但尚不能对羊的种类提出相关数据推断。

不同织物的织造工艺研究尚需进一步深入，如丝织物中有哪些类别？其中轻薄带网眼的一类是否即纱或罗？毛、麻织物的纺纱和织造可能采用哪一类机具？麻织物纤维的脱胶可能采用何种工艺？诸如此类的问题目前仍属阙疑。

另外，直接观察认为多件铜镯内壁及铜带钩等器物上粘附的轻薄纱网状纺织物未能进行检测鉴定。

等等。

二　漆　器

至少九座墓使用漆器，分别为 M270、M275、M308、M311、M312、M331、M338、M342、M365，但均无完整器出土，仅余红色漆痕。其中 M331、M365 可看出原器为豆（彩版六九），其余看不出器形。

九座墓中 M270 无其他随葬品，漆痕残存三处，位于死者头部、右肩部及胸右侧位置，每处漆痕范围约 10×5 厘米。

其余八座墓有其他随葬品，漆痕仅一处，多位于死者头侧或头顶位置，有两座墓位于死者胸部位置。漆痕一般呈圆形分布，范围不大，最大的直径约 20 厘米，一般在 10 厘米以下。

整体看，漆器有一定数量，但不很普遍。使用者对漆器较珍视。

三　木　器

可见木手镯、木剑鞘。

手镯　3 件。分为二型。

A 型　2 件。片状半环形。标本 M341:31，片宽 1.7～1.8、厚 0.5、长 14.2 厘米。用树木韧皮部制片，弯曲成环状，不封口，如"C"形。片两端各钻一个小孔。木片弯曲看不出使用火烤痕。木片上下侧经磨制，略呈弧形。一端局部残留少许红彩痕（图五一:1；彩版七〇:2）。树种经鉴定非松属，具体种属未定。出土时位于死者左手腕 10 件铜镯之前。右手另有一件木镯，形制同（彩版七〇:1）。

B 型　1 件（M365:10）。条形自然环状。环外径 5.3～5.4、条宽 0.7～0.9、厚 0.45～0.50、残长 25 厘米。用树木韧皮部制成窄条，绕环套于手腕。木条甚长，绕环一圈半以上（一端残佚不明）。木条表层呈黑色，似用火烤过以大体定型。木条上局部残留红彩痕（图五一:2；彩版七〇:2）。树种经鉴定非松属，

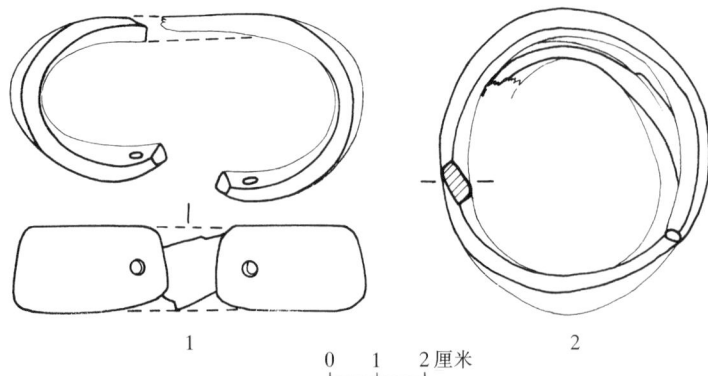

图五一　乙类墓随葬木手镯
1. A 型（M341:31）　2. B 型（M365:10）

具体种属未定。出土时位于死者左手腕三件铜镯之前。右手仅一件铜镯，无木镯。

剑鞘　木剑鞘朽坏严重，总体情况不明。但 M273、M274 铜柄铁剑剑身都附有木剑鞘，大体与剑身形制吻合。看不出佩挂方式。剑鞘上隐隐残留黑色漆痕，M273 剑鞘表层还可看出髹漆前曾先在木上粘附纺织物（彩版七一:1）。

四　皮　器

皮器发现很少，仅 M274:41 铁削尖部和 M287:1 铁刀刀头可看出皮鞘残部，缝制工艺及造型已不详（彩版七一:2；七二:1）。从纺织品出土状况分析，当时皮器制作使用已不成问题。皮器实物发现稀少，与自然环境不利于有机物保存有关。

此外，在 M325 发现铜戈木柲位置有约 5 厘米长的一段装饰物，宽度与木柲径相同，应是木柲上的装饰套，物已朽，稍动即散。外观呈整齐的颗粒状排列，灰白色。疑为动物皮类制成（彩版七二:2）。

第四章　年代及分期

墓葬年代确定与分期有一定困难，主要原因有三：

1. 墓坑开口地层已被多年农耕翻扰破坏，现发现墓坑口都出现在生土层上。虽发现多组打破关系墓葬，在一组内可寻找墓葬间年代关系的层位依据，但在各组间却无法建立准确的层位关系。

2. 出土随葬器物中陶器很少。铜器与铁器中只有极少量可大致作出演变发展排序，不能广泛提供准确断代的标型器物。依靠出土器物尚难以建立起一套较确切的编年体系。

3. 测年数据存在明显误差。

因此，对墓葬年代和分期的判定需先对相关资料加以分析。

第一节　部分典型器物的演变系列分析

有两组器物呈现出较清楚的演变线索。一组为铜剑——→铜柄铁剑，一组为人物图案铜戈。

剑组演化图示如下：

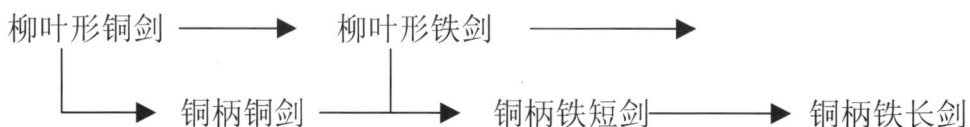

```
柳叶形铜剑 ————————→ 柳叶形铁剑 ————————————→
         ↘                    ↘
           铜柄铜剑 ————→ 铜柄铁短剑 ——→ 铜柄铁长剑
```

柳叶形铜剑较早的使用方式是在剑茎部用树皮等捆扎上一组短木条，制成简易组合木柄，便于手握。进而发展成铸造铜剑柄。剑柄基本造型为镂空卷云纹牌形茎首空心柄，但较简单。柳叶形剑身插入铜柄，用木质销钉固定。这时期组合木柄柳叶形铜剑仍然使用，并随着铁加工技术传入，发展成柳叶形铁剑。柳叶形铁剑延续了铜剑的木柄使用方式，所以发掘出土过一些无剑柄的实物。另一方面原铸造铜剑柄的方式也随之采用于新出现的柳叶形铁剑，成为铜柄铁短剑。出土的铜柄铁短剑（M324：1）拍摄的X光片显示，铁剑身呈柳叶形（彩版七三）。且铜剑柄形制的演变轨迹也很明显，与铜柄铜剑相比，剑柄的基本组成非常相似，但组合结构更丰富，工艺有明显进步。再进而，铁短剑发展形成铁长剑。铜剑柄形制仍相同，但比例更协调，纹饰更规整，工艺已臻精良，达到令人赞叹的水平。

可乐出土柳叶形铜剑主要属四川学者研究划分的三期、四期剑，有的可能早至二期后段，上限约为战国早期。因此，铜柄铜剑的出现应在战国中期，或有可能更早至战国早期后段。本次发掘出土铜柄铜剑的三座墓，尽管随葬品较多，但基本不见铁器，仅一墓伴出一段小铁钉。而柳叶形铁剑与铜柄铁短剑出现时间可能稍有前后，但相距不远，大约都在战国晚期，或略早至战国中后期。铜柄铁长剑出现或稍有间隔，应在战国末期，沿至西汉。

人物图案铜戈本报告划分为 B 型，共有 3 式，演化图示如下：

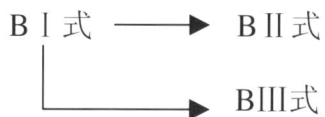

BⅠ式　——→　BⅡ式

BⅢ式

BⅠ式铜戈戈内人物图案较为写实，三个牵手人物均刻画出腰身。当中站立的两个小人，以及戈援上的作蛙式下蹲人物也刻画有腰身。戈援实心、厚实。图案形式虽可能含有一定宗教祈愿意义，但戈仍不失为实战之兵器。

BⅠ式铜戈的演化表现为两个方向，一是向 BⅡ式演化，戈内图案更为精细，人物的发型、人物上方的长喙鸟都表现得很具体。人物面部的大眼睛、相牵的手显得夸张。但人物的身体却简化，变成向下收缩的锥状直条。当中站立的小人变为大头立兽。戈援上的图案也有同样变化。另一大变化是戈援后半段变为空心，戈体轻薄。很显然，这种戈的宗教祈愿意向十分浓郁，而不再具有实战意义。属于一种已特化发展的兵器。BⅠ式铜戈演化的另一个方向是向 BⅢ式演化。BⅢ式戈图案明显简化，人物面部已无眼、嘴，整体划一个圆圈了事，肢体进一步图案化，大头立兽变成重叠弧线。援上图案亦简化。援实心。其宗教意味或仍有一些残留，但明显更重视实战使用趋向（彩版七四）。BⅠ式铜戈向两个方向的转化还看不出时间先后，很可能基本同时。

BⅠ式铜戈与一件四川学者划分的 D 型柳叶形铜剑伴出，无其他伴出物，该剑剑身瘦削，茎末一穿，应为 D 型早期剑。因无其他参照物，BⅠ式铜戈时代可判断为战国早期。BⅡ式铜戈所在两墓均伴出 E 型柳叶形铜剑，剑身较长、较宽，均饰虎斑纹，并饰有虎纹、水波纹、手心纹等。为巴蜀战国晚期常见的型式。两墓皆无铁器。故 BⅡ式铜戈时代可判断为战国中期至晚期。BⅢ式铜戈与铜柄铜剑伴出，时代大致相当，亦为战国中期至晚期。

第二节　78 报告少量断代问题讨论

78 报告乙类墓划分为三个时期：战国晚期、西汉前期、西汉晚期。各期器物可以提供本次发掘断代参考。但回头审视 78 报告乙类墓断代，有个别地方值得重加分析，以利于墓地的准确断代。

一　鼓形铜釜断代问题

鼓形铜釜即 B 型铜釜,因全用于"套头葬",具有典型意义。78 报告将该型铜釜断为战国晚期器,出土 B 型铜釜的 9 座套头葬墓全划为战国晚期。

B 型铜釜主要流行于战国晚期应符合当时历史,但使用的下限很可能已进入西汉。划为战国晚期的 9 座套头葬墓,多数显现与时代相协调的特征,但也有少数似不太协调。如 M39 除铜釜外,随葬器物计 4 件,为铁剑、铁削刀、铁带钩和陶器。M161 除铜釜外,随葬器物计 3 件,为铁刀、铁削刀和铁钎。M194 除铜釜外,随葬器物计 3 件,为铜柄铁剑、铁削刀和铁带钩。三墓铁器拥有率十分高,铁器绝对件数与所占比例数甚至超过墓地西汉前期和西汉后期的套头葬墓。这与战国晚期铁器在西南地区使用流行的时代特征大不相符。

因而,出土鼓形铜釜墓的时代还须结合其他随葬器物和相关因素加以辨证。如上述三墓,时代以定为西汉前期或较妥。

二　铜带钩墓断代问题

出土铜带钩的墓共 10 座,78 报告全定为西汉晚期①。理由之一是在甲类墓中相似铜带钩出土于西汉晚期墓。但铜带钩的断代往往存在相当困难,尤其是常见的水禽形、曲棒形、琵琶形等带钩,相同形制可能会沿用很长时间。出土于较晚期墓葬中的带钩,未必能作为晚期断代的标型器。关键还需对带钩本身作仔细分析。报告对甲类墓在带钩方面所作分析有所不足,将其移为乙类墓的断代依据难免发生偏差,以致出现乙类墓中战国晚期墓和西汉前期墓中都出土铁带钩,但无铜带钩,而西汉晚期墓中出土铜带钩,却不见铁带钩现象。这与带钩发生和使用的一般规律不相符。也与铁器使用的一般规律不相符。

本次发掘出土较多铜带钩,不见铁带钩。铜带钩主要分布在战国时期墓葬,仅少量属西汉时期墓葬。78 报告中铜带钩的部分断代有必要作适当调整。

三　铜车饰墓断代问题

出土铜车饰的墓葬有两座:M92、M126,所出皆汉式车饰,前者时代定为西汉前期,后者时代定为西汉晚期。

西汉前期乙类墓出土铜车饰是一件十分可疑的事。按地理环境、经济条件及生活习俗,这里地方民族当时使用和拥有马车的可能性极小。汉武帝开发西南夷后,随着中原文

---

① 78 报告附表二"乙类墓登记表"所列出土铜带钩的 M170 时代为西汉前期,但报告结语明言 M170 为西汉晚期墓。显然登记表有误。

化的源源传入，汉式马车会进入这地区。但地方民族要拥有这种马车，却不会是很快就实现的事。可乐套头葬墓为地方部族中地位较高者的墓，墓主人本应最先成为使用和拥有马车的人群，但所有套头葬墓均无车饰出土。可见马车当时是否在地方民族中被采用，尚值得研究。而 M92 随葬品除零星车饰外，只有一件铜铃、一件铜镯、一件铜镞，显然不是部族中特别有经济地位的人，其随葬品中的汉式铜车饰难免使人生疑。

分析这种状况的原因，有两种可能性：一是将墓葬时代断错，墓葬实际年代较晚，那样作为经历长期文化融合之后出现的状况较易于理解；二是将墓葬类型断错，墓葬实际属于甲类墓，甲类墓主人为迁入的汉人，使用车饰随葬，符合所处时代背景。两种可能中，以后者可能性较大。

M92 墓坑长 3.6、宽 1.7 米。而可乐乙类墓中，墓坑长度接近或超过 3.5 米，宽度接近或超过 1.5 米的很少。从 78 报告统计仅 7 座（包括可能误判类型的墓葬），本次发掘没有一座。绝大多数乙类墓均为两米余长、一米左右宽的窄长小墓。而甲类墓则普遍宽大得多，长度多在三米多至五米多，宽度多在两米左右至三米多。坑壁挖制整齐。M92 墓坑规模及随葬品面貌都更近似于甲类墓。

M126 时代虽定为西汉晚期，从文化融合过程说出土铜车饰较好理解，但墓坑长度为 3.6、宽度为 1.6 米，随葬品中除车饰外，还有铁三足架、铁钎、铜带钩、铜镞、水晶饰及两件陶器。基本风格属汉式。尤其铁三足架、铜镞等器物不见于乙类墓。故可能亦属于甲类墓。

M92 与 M126 均分布于可乐祖家老包山头。该山头还有少量原划为乙类的墓葬，如 M32、M165 等，也可能存在类型误判问题。

第三节　测年数据分析

因标本采集数量原因，碳十四测年分别由中国社会科学院考古研究所实验室采用常规法，由北京大学加速器质谱实验室、第四纪年代测定实验室采用加速器法进行。

测年数据分别见下列表六、七。

两组数据年代范围分别为 2252～2460 BP、2260～2430 BP（未经树轮校正），十分接近，从一定角度证明了两组检测程序及所采用方法的可信度。但检测数据与墓葬实际状况却显现出明显不相协调的矛盾性。

测年的 12 座墓葬中，7 座出土有铁器和铜铁合制器，分别为：M264、M273、M274、M277、M296、M298 和 M342。按未经树轮校正年代，其中 2 座属春秋时期（M273、M298），5 座属战国早中期。属春秋时期的墓葬中出土有铜柄铁剑、铁削刀、铁钉等。属战国早中期墓葬中出土有铜柄铁剑、铁戈、铁削刀、铁刮刀等，其中 M274 铁器即达 6 件之多。这与铁器在我国西南地区使用和流行的历史不相符。

表六　中国社会科学院考古研究所实验室提供的数据

样品编号	样　品	碳十四年代（BP）	树轮校正年代
M272	棺木	2425±46BP（公元前 475±46）	760BC（17.6%）700 BC； 540BC（50.6%）400 BC
M273	棺木	2460±36BP（公元前 510±36）	760BC（25.9%）680BC； 670 BC（9.2%）630 BC； 590BC（3.3%）570BC； 550 BC（18.0%）480 BC； 470BC（4.5%）450BC； 440 BC（7.3%）410 BC
M274	棺木	2407±35BP（公元前 457±35）	760BC（1.4%）740BC； 540 BC（66.8%）400 BC
M296	棺木	2252±47BP（公元前 302±47）	390BC（23.1%）350BC； 300 BC（39.5%）230 BC； 220BC（5.6%）200BC

注：测年计算采用的碳十四半衰期为 5568 年。

表七　北京大学加速器质谱实验室、第四纪年代测定实验室提供的数据

样品编号	样品	碳十四年代（BP）	误差
M264	棺木	2390	40
M277	棺木	2270	40
M298	棺木	2430	40
M308	棺木	2390	40
M341	木柲	2350	40
M342	人骨	2340	20
M350	棺木	2260	40
M356	棺木	2280	40

注：测年计算采用的碳十四半衰期为 5568 年，年代未经树轮校正。

这七座墓葬和墓地其他墓中出土的铁器，形制主要属于巴蜀地区常见的中原系统，应系器物直接传入。另有少量似在当地铸造，如铜柄铁剑、柳叶形铁剑等，应是传入铁器的同时也传入铁器加工技术所致。从墓地出土大量巴蜀式铜剑、铜带钩和其他铜器看，铁器与铁加工技术传入地为相邻的巴蜀地区。

中国中原地区铁器出现和使用的时间较早，人工冶铁制品西周晚期已经出现，但至春秋时期铁器使用还并不普遍。据统计，至今全国春秋时期铁器出土点不到 30 处，总数约 80 余件，多属春秋晚期。铁器使用明显增加出现在战国时期，至战国晚期才初步普及[①]。巴蜀地区铁器从类型、形制和工艺看，属于中原系统，出现的时间则晚于中原地区。至今巴蜀地区发现的早期铁器基本属于战国时期，以战国晚期为主。大致秦灭巴蜀后，铁器才逐渐多起来。这与史籍记载相符。《史记·货殖列传》称："蜀卓氏之先，赵人也，用铁冶富。秦破赵……乃求远迁。致之临邛，大喜，即铁山鼓铸，运筹策，倾滇蜀之民，富至僮千人，田池射猎之乐，拟于人君。"卓氏迁蜀，应在公元前 228 年王翦破邯郸虏赵王之时。他所以能鼓铸、倾滇蜀之民暴富，说明当时蜀地铁器市场存在巨大空间，许多地方或许还属空白。

赫章可乐时为巴蜀徼外西南夷地，巴蜀地区铁器发展状况如此，可乐不可能会大大早于巴蜀呈现铁器兴盛现象。而按碳素测年数据，其兴盛之状不仅早于巴蜀，甚至与中原发展相当。

可乐未发现明显带有楚文化因素的器物，在可乐以东至楚文化区域内也未发现有可以说明楚文化西渐的考古遗存和其他迹象。可乐的铁器显然不是来自楚文化区。可乐出土有一些与滇文化相联系的器物，表明二者曾有较多文化往来。但滇文化中的早期铁器，也主要来自经巴蜀通道传入的中原体系，其时代大致为战国晚期。其时夜郎地区已有从巴蜀地区输入的铁器通道，不太可能、也没必要再从滇地输入铁器。可乐发现的铁器中，没有一件带滇文化特征，可为证明。

值得注意的是，《史记·货殖列传》记载了另一位居临邛冶铸致富的"山东迁虏"程郑氏，"亦冶铸，贾椎髻之民，富埒卓氏"。其制作铁器所倾售之对象似另有方向，故所言为"椎髻之民"，与卓氏不尽同。在司马迁记载中，当时西南夷中行椎髻的族群，包括夜郎、滇和邛都。邛都分布地大体在巴蜀与滇之间。可见，程郑氏铁器所贾很重要的对象应是包括可乐在内的夜郎地区民族，他在这一地区进行铁器贸易的时间，与卓氏相同，为战国晚期。

可乐出土的巴蜀式铜剑，包括从战国早中期至西汉时期的不同形制。铜剑传入过程，应经历了较长时间，说明从战国中期，甚至更早，在两地间可能已逐步建立起一条较稳定

---

①　白云翔：《先秦两汉铁器的考古学研究》，科学出版社，2005 年。

的民间通道。程郑氏经营铁器，极可能就利用了这条先已形成的通道。不排除经这条通道，早于程郑氏已有其他铁器输入可乐地区，但其时代只能与巴蜀地区早期铁器时代相吻合。

因而，碳素测年数据有偏早倾向。偏早原因应与检测操作程序无关。目前还提不出证明数据偏早的准确依据来，不过，碳素测年标本因受铜锈污染，检测结果发生偏早误差现象早已被考古界注意，或认为，偏早误差最高可达 500～600 年[1]。可乐送检标本均受过铜锈污染。由于当地土壤偏酸性，所有墓中人骨、木棺等有机物质基本朽烂无迹，仅在部分铜器上有少量保存，送检标本即采自这些保存物。测年数据偏早或与此有关。

由于标本受到污染的程度因墓葬差异有所不同，各墓检测数据的误差幅度也可能会有不同。具体分析两组检测数据，社科院考古所实验室用常规法检测的四个数据，三个为春秋末至战国初期。其中属春秋的 M273 出土铜柄铁长剑和铁削刀各一件。属于战国初的 M274 出土铜柄铁长剑、铁戈各一件，铁削刀、铁刮刀各两件。显然偏早幅度较大。即使以其树轮校正最小数据，仍存在偏早倾向。北京大学实验室用加速器法检测的 8 个数据，1 个为春秋末期，4 个为战国早期，3 个为战国中期。属于春秋的 M298 出土两件铁钉，属于战国早期的 M264 出土铁削刀，M342 出土环首铁刀和铁片，M308 和 M341 无铁器，均出有较早期的铜柄铜剑。属于战国中期的 M296 出土铁削刀，M350 和 M356 无铁器。该组数据相对说偏早幅度较小。综合相关墓葬情况，采用常规法的前一组数据可能存在 200～300 年的偏早误差。采用加速器法的后一组数据可能存在 100 年左右或稍小的偏早误差。值得再强调的是，由于同一组别内，各墓标本检测的偏早误差幅度并不会一致，在判断具体墓葬分期时，检测数据反映的早晚关系未引作基本依据。

第四节　年代与分期

参照墓葬打破关系、有关器物的演化发展关系及上述其他分析，将所有出土随葬品的墓葬分为三期。

一期墓葬包括：M294、M298、M302、M308、M309、M310、M318、M334、M335、M337、M340、M341、M343、M354、M356 共 15 座。其中多座被晚期墓葬打破，如：M294 被 M293 打破；M298 被 M297 打破；M309 被 M321 打破；M310 被 M311 打破；M334 被 M333 打破；M337 被 M294、M295、M319 打破；M341 被 M330 打破。本期墓葬出土巴蜀式二期和三期柳叶形铜剑，剑身较窄小，茎上一穿，个别二穿。出土铜柄铜剑，A 型、B 型 I 式及 C 型铜戈，C 型 I 式大型铜带钩，A 型 I 式、A 型 II 式、C 型、D 型铜

---

[1]　白云翔：《先秦两汉铁器的考古学研究》134 页注（5），科学出版社，2005 年。

镯，A型、B型铜发钗，C型Ⅰ式折腹无耳素面陶罐等。个别墓葬出土铁钉等小型铁器。有铜洗垫头埋葬方式。根据柳叶形铜剑和大型铜带钩时代，定为战国早期至战国中期。

二期墓葬包括：M264、M267、M268、M277、M292、M296、M299、M301、M304、M305、M306、M312、M317、M319、M322、M324、M325、M330、M331、M348、M350、M365、M370共23座。其中有的打破一期墓葬，如上述。有的被晚期墓葬打破，如：M299被M293打破。K4坑亦属本期。本期柳叶形铜剑较宽长，茎上二穿或三穿，有手心纹、虎纹、虎斑纹，属巴蜀式三期剑。铜柄铜剑继续使用。出现柳叶形铁剑、铜柄铁短剑。A型、C型铜戈继续使用，出现B型Ⅱ式、B型Ⅲ式、D型铜戈。大型铜带钩消失，出现C型Ⅱ式、C型Ⅲ式铜带钩。铜镯仍较受重视，但式样种类有所减少，仅发现A型Ⅱ式和C型铜镯。铜发钗与一期使用状况相似，但数量增多，除流行A型钗外，B型钗亦有少量使用。无耳折腹陶罐出现乳丁和划纹，出现C型Ⅱ式单耳折腹罐。铁器中除柳叶形铁剑外，铁削刀等逐渐增多。有套头葬、铜洗盖面及在死者头侧墓底插铜戈等埋葬方式。套头葬器具为鼓形铜釜。时代为战国晚期。

三期墓葬包括：M266、M269、M270、M271、M272、M273、M274、M275、M286、M287、M288、M300、M311、M338、M342、M351、M359、M360共18座。本期出现铜柄铁长剑。A型、C型铜戈继续使用。铜镯几乎不见。发钗也明显减少。铁器增多，出现戈、环首刀等铁兵器，以及铁工具、铁农具。装饰品中出现玛瑙管、珠等串饰，但似乎不具普遍性。套头葬器具采用鼓形铜釜或辫索纹耳大铜釜。仍有铜洗盖面、死者头侧墓底插铜戈等埋葬方式。时代为战国末期至西汉前期。

此期虽中原式铁器增多，但铁器形制与甲类墓多有区别，铁器来源可能主要仍为过去已形成的连通巴蜀地区的通道。甲类墓中出土的长铁刀、附格长铁剑、铁矛、铁斧、铁铲等铁器，不见于乙类墓。陶器及其他器物也看不出与甲类墓有大量文化交流的反映，仅在墓地中采集到一件与甲类墓相似的陶罐和一件陶砚。按史籍记载，汉王朝初进入夜郎地区系"约为治吏"，未经历武力征战，故不存在地方民族被征剿驱赶事件。但上述出土遗物现象说明，二者间尚缺乏大量文化交融的必要时间过程。因而，本次发掘乙类晚期墓所处时代可能多早于甲类墓，少数或与甲类墓时代稍有交错。鉴于甲类墓开始于汉武帝开发西南夷时期，故第三期时代下限定在汉武帝前期约元光、元朔年间。

各期墓葬特征性器物大体如图五二～五四所列。

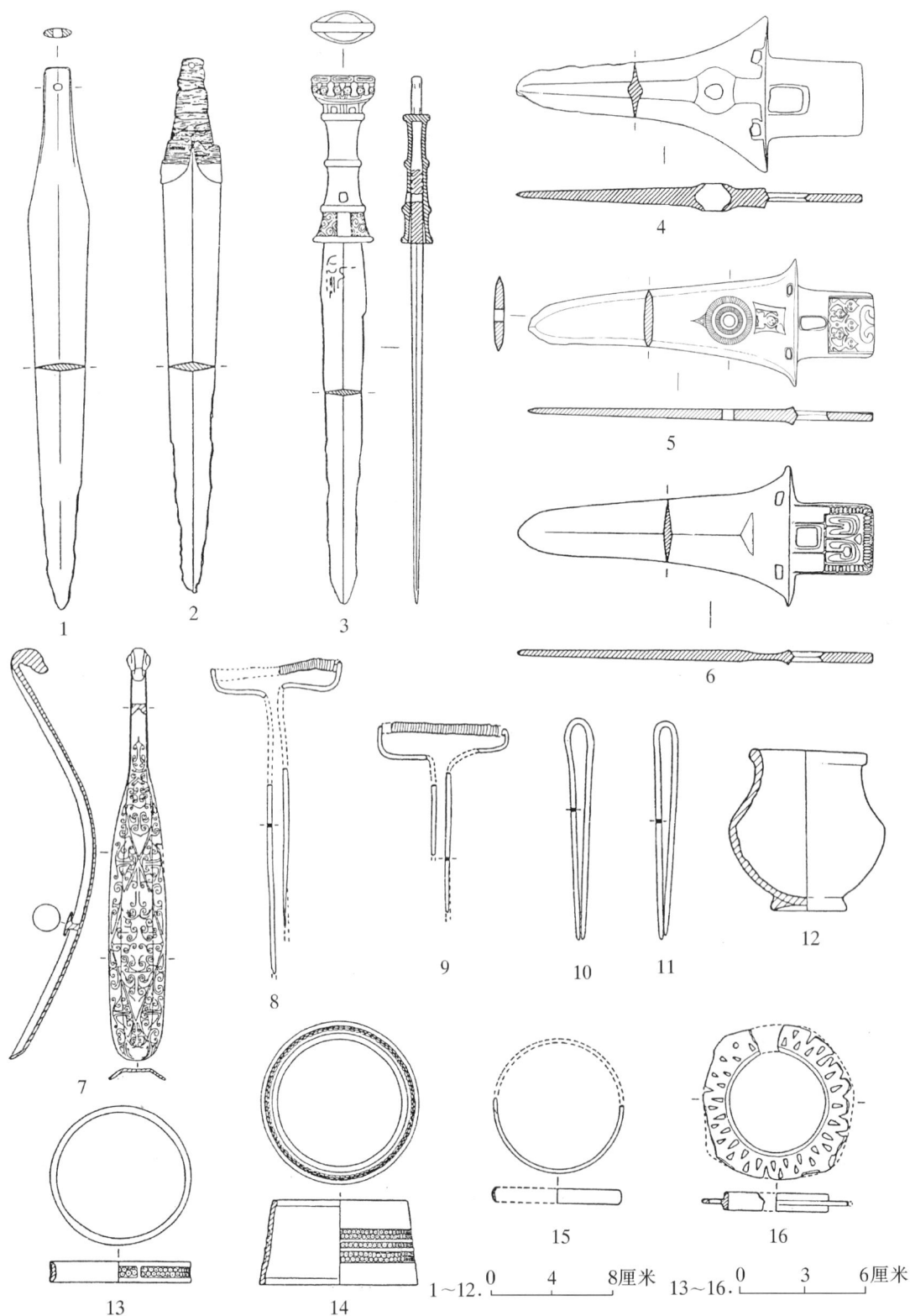

图五二　一期墓葬特征性器物示意图

1、2.柳叶形铜剑（M298：7、M309：2）　3.镂空牌形茎首铜剑（M308：3）　4.A型铜戈（M334：1）
5.B型Ⅰ式铜戈（M318：1）　6.C型铜戈（M341：3）　7.C型Ⅰ式铜带钩（M356：2）　8、9.B型铜发钗
（M341：1、M341：2）　10、11.A型铜发钗（M298：2、M298：3）　12.C型Ⅰ式陶罐（M294：1）　13.A
型Ⅰ式铜手镯（M341：7）　14.A型Ⅱ式铜手镯（M356：5）　15.C型铜手镯（M354：1）　16.D型铜手
镯（M343：2）

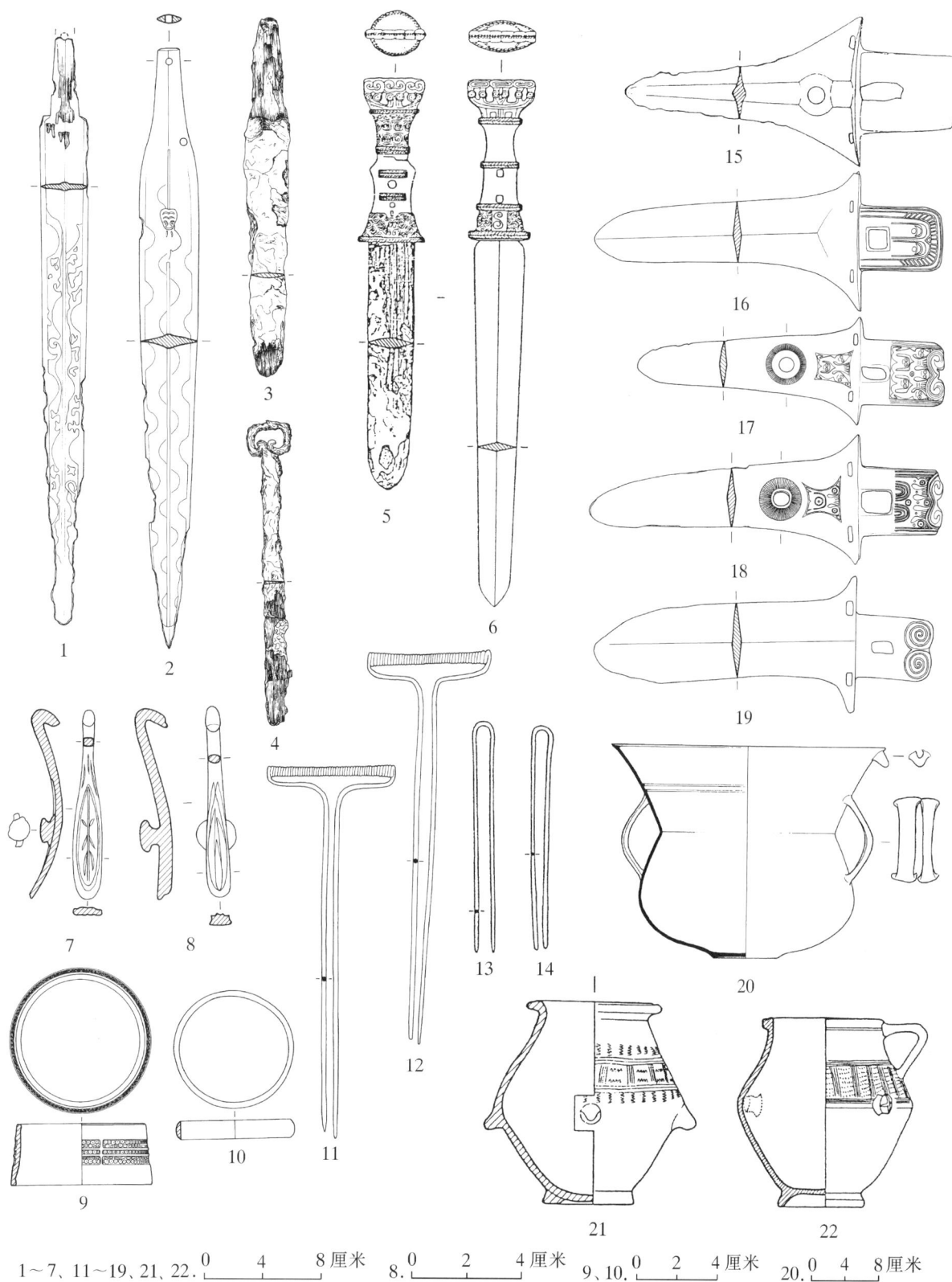

图五三　二期墓葬特征性器物示意图

1、2.柳叶形铜剑（M277:5、M350:1）　3.柳叶形铁剑（M331:2）　4.B型Ⅱ式铁削刀（M296:7）　5.镂空牌形茎首铜柄铁剑（M324:1）　6.镂空牌形茎首铜剑（M365:5）　7.C型Ⅱ式铜带钩（M287:2）　8.C型Ⅲ式铜带钩（M319:2）　9.A型Ⅱ式铜手镯（M365:6）　10.C型铜手镯（M267:8）　11、12.B型铜发钗（M350:4、M350:5）　13、14.A型铜发钗（M348:3、M348:4）　15.A型铜戈（M325:2）　16.C型铜戈（M277:7）　17.B型Ⅱ式铜戈（M317:1）　18.B型Ⅲ式铜戈（M365:3）　19.D型铜戈（M299:1）　20.B型铜釜（M277:1）　21.C型Ⅰ式陶罐（M304:1）　22.C型Ⅱ式陶罐（M322:1）

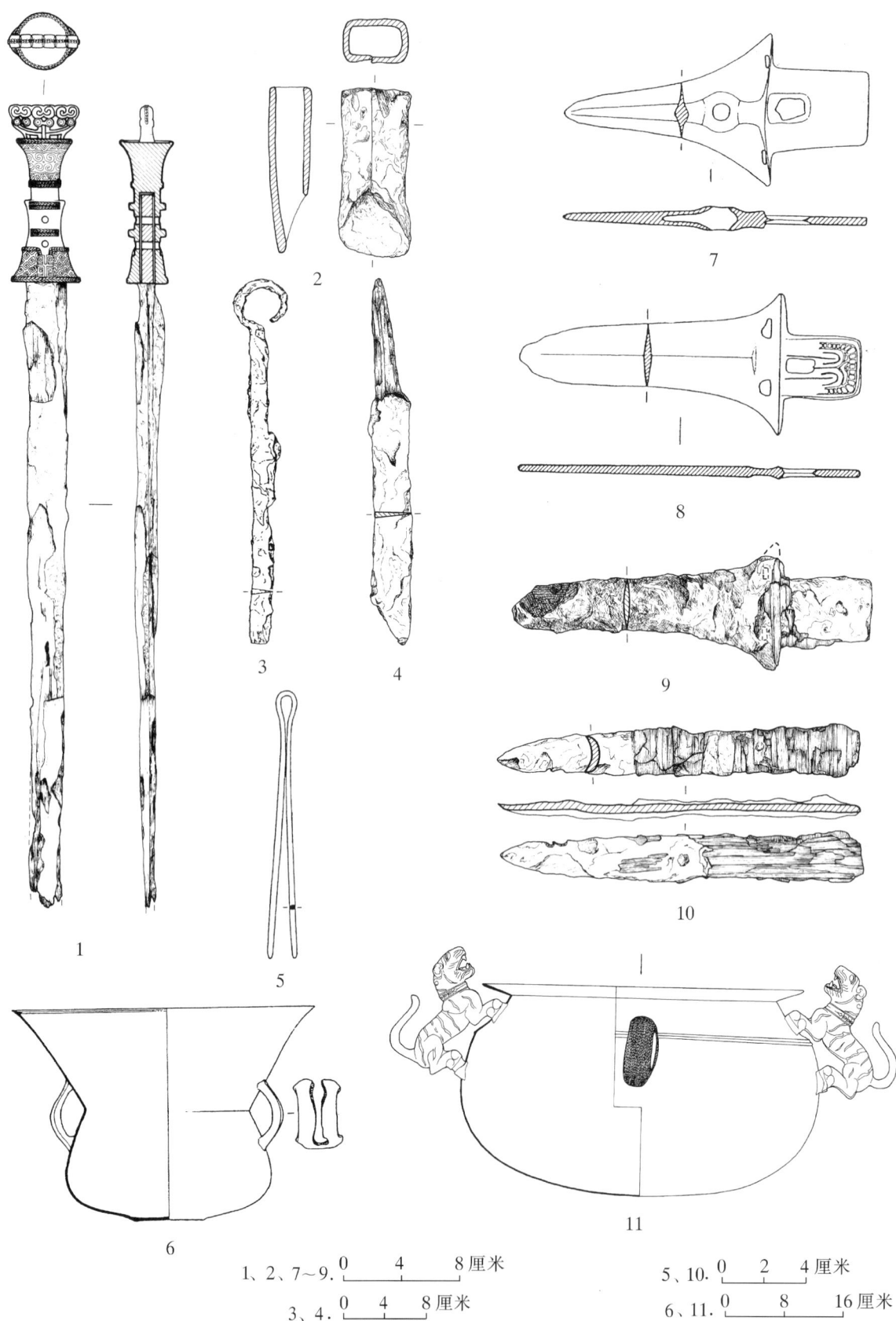

图五四　三期墓葬特征性器物示意图

1. 镂空牌形茎首铜柄铁剑（M274:92）　2. 铁镢（M360:1）　3. A型铁刀（M359:1）　4. B型铁刀
（M286:1）　5. A型发钗（M274:88）　6. B型铜釜（M272:1）　7. A型铜戈（M351:1）　8. C型铜戈
（M342:49）　9. 铁戈（M274:91）　10. 铁刮刀（M274:94）　11. D型铜釜（M274:87）

第五节 各期墓葬分布

　　将各期墓葬分布情况，在罗德成地Ⅰ工区和Ⅱ工区平面图上用不同符号加以标注（图五五、五六），发现：一期墓葬仅分布于Ⅱ工区，不见于Ⅰ工区；二期墓葬主要分布于Ⅱ工区，在Ⅰ工区有少量分布；三期墓葬主要分布于Ⅰ工区，在Ⅱ工区也有分布。总体趋向是，墓葬从早期到晚期有从山体上部向下部逐渐发展的现象。但罗德成地发掘范围还不大，整个山头的墓葬分布情况尚不了解，墓葬是否先从山头开始排列，再逐渐向下扩展还不能做出结论。

　　另外，第三期墓葬出现的同期打破现象值得注意，明确的有两组，分别为：M359 打

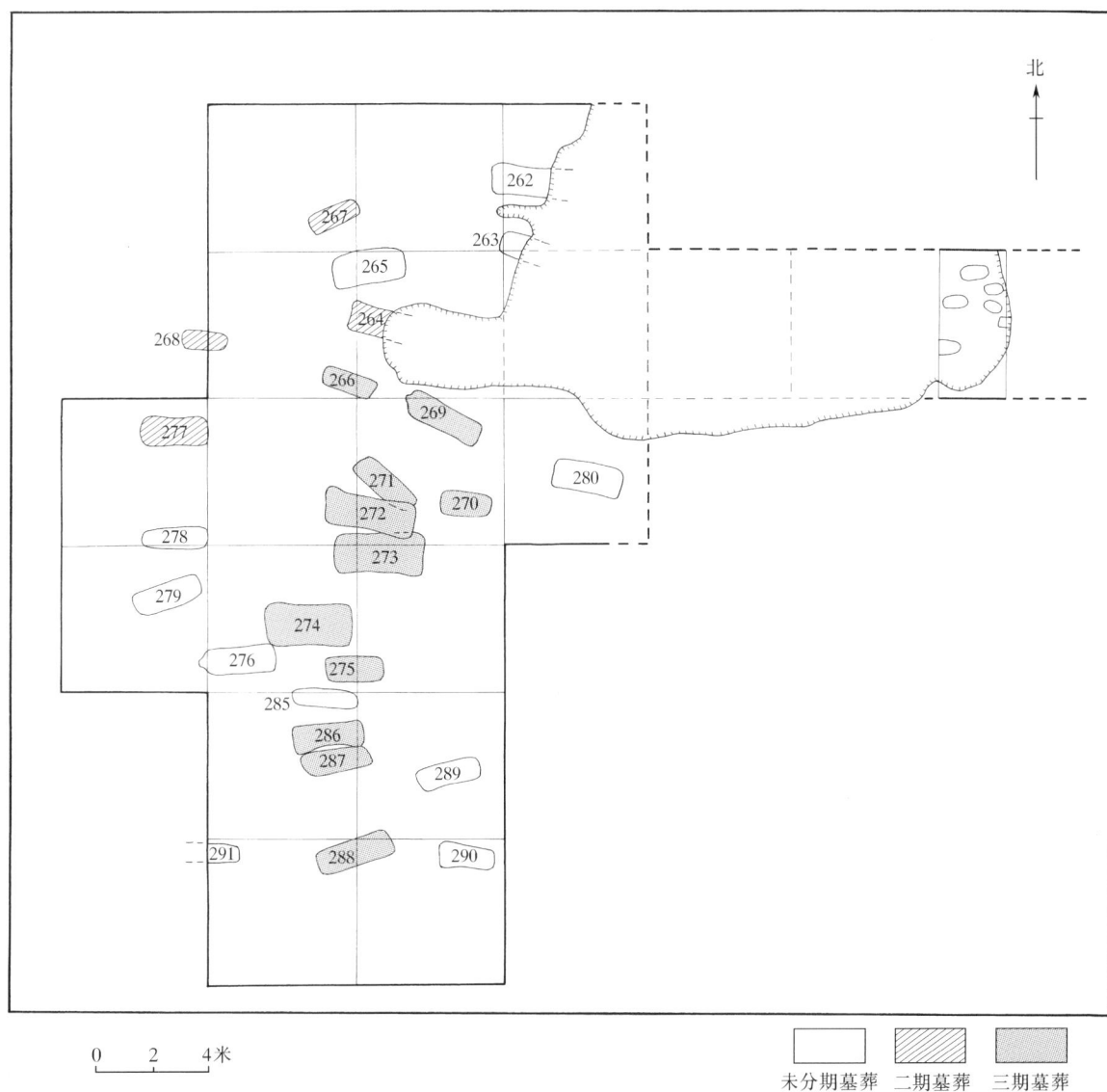

图五五　可乐罗德成地Ⅰ工区墓葬分期示意图

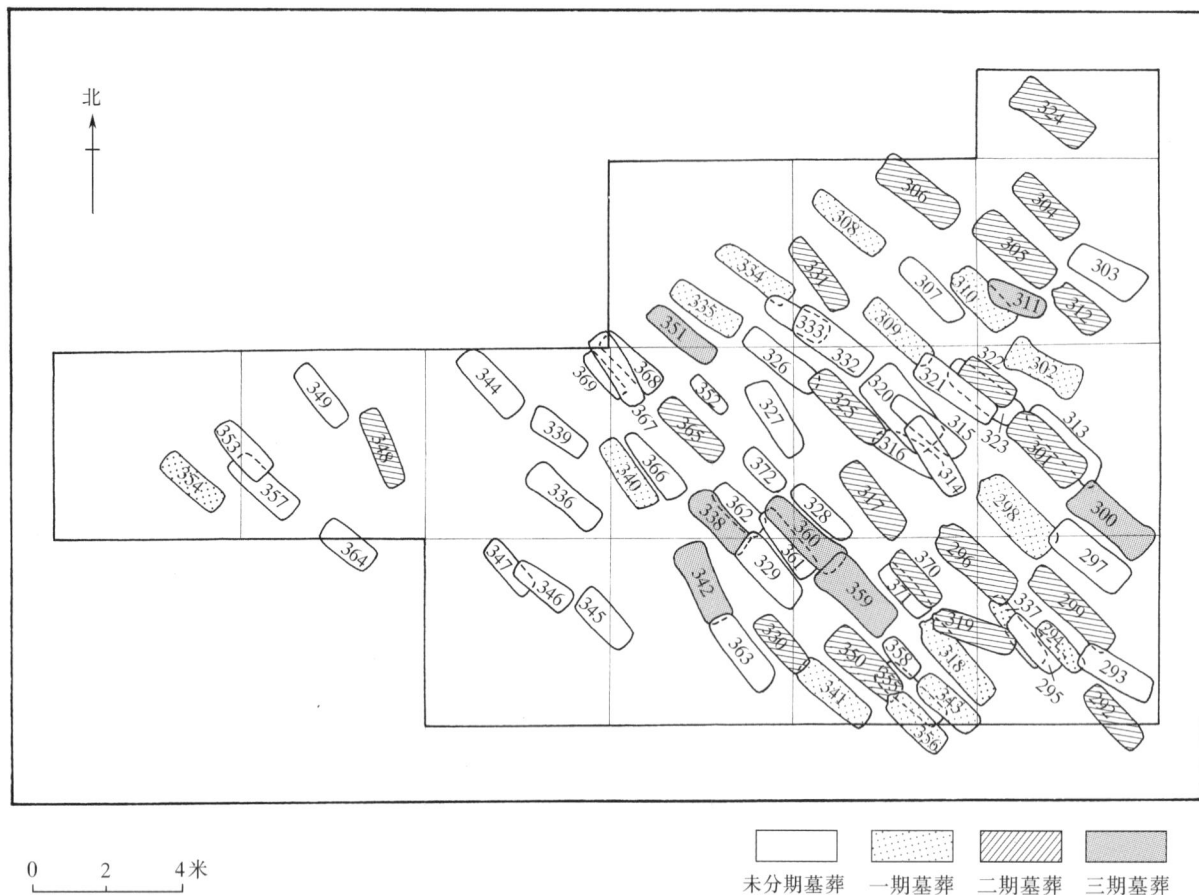

图五六　可乐罗德成地Ⅱ工区墓葬分期示意图

破 M360，M272 打破 M271 和 M273。但这种现象还不止两组，图上显示，M286 和 M287 紧靠在一起，也几近打破。另外 M338 足端被 M329 打破，M342 足端被 M363 打破，只因 M329 和 M363 都是空墓，未列入墓葬分期中。按打破关系时序，这两座墓实际也应属于 第三期墓葬。这种同期墓葬较多发生的打破现象，是否反映这时期社会生活中家庭意识在 墓葬中的某种变化，值得进一步探讨。

第五章 小 结

一 基本文化面貌

本次发掘108座乙类墓皆属无墓道小型竖穴土坑墓，墓坑为窄长方形，坑壁修筑不规整，上下多带有不同程度倾斜度。少数墓坑平面形状略有变异，表现为侧壁两端略向外突出，似哑铃形。变异原因和规律尚不明。墓坑填土包含较多红烧土颗粒，分布基本均匀，应系有意而为。

埋葬有使用木棺和不使用木棺两种方式。木棺内有铺垫竹席的习俗。葬式多为仰身直体曲上肢，也有侧身曲上肢葬。

"套头葬"是最具典型意义的特殊葬俗。本次发现套头用具皆铜釜，有不同的埋葬方式：一种仅用鼓形铜釜套于死者头顶，其中一墓还在墓坑底部垒砌一周石块；一种是在死者头顶和足部各套一件大铜釜，死者面部和上肢并盖有铜洗；一种是在死者头顶套一件大铜釜，在足部垫一件铜洗，死者上肢并垫有铜洗。

除套头葬外，还发现几种特殊葬俗：一种用铜洗垫于死者头下；一种用铜洗盖于死者面上；一种在死者头侧墓底斜插一件铜戈。这几种特殊葬俗实例很少，尚看不出基本规律性。

随葬品中陶器很少，使用陶器的墓基本无其他随葬品，陶器也只用一件。器形类别少，折腹饰乳丁小罐是代表性器物，有的肩腹部并附一只片状半环耳。陶器均手制成形，泥料中添加较多植物炭屑，烧制火候不高，分量特轻。多数为明器。

铜器中除套头葬用具外，极少有容器。以兵器最受重视，其次为随身装饰品。兵器种类不多，一剑一戈是兵器基本组合。剑中多有巴蜀式柳叶形剑。镂空牌形茎首剑是代表性兵器，后期该型剑更发展为精美的铜柄铁剑。铜戈基本造型皆无胡直内，其中弧线三角援起柱状脊戈尤具地方特点，且形制稳定，从一期至三期无明显变化。内与援上饰牵手人物图案戈也很有特点，经历了从早期图案较写实，到后期图案简化或形制特化的发展过程。装饰品中有不少来自巴蜀地区的中原式铜带钩，其中大型带钩已脱离束带或挂物功用。铜发钗较普遍，主要有簧首形和"U"形两种。铜手镯以嵌孔雀石宽片状造型为特点，佩戴时偏好于双臂数量不对称方式。

玉、骨器不多。玉器皆小型装饰品，发现于少数墓葬。无容器，无礼器。玉器中玛瑙制品较多，还包括少量玉髓、透闪石、绿松石、绿泥石等制品。骨器主要为环形耳玦，环略偏心，玦口一侧较窄，形体较大，佩戴亦有双耳不对称的习俗。

漆器皆朽坏，但不少墓葬保存有遗痕。

二　遗存反映出的一些社会生活状况与习俗

墓地沿用时间及基本文化面貌显示，这是同一部族群体持续使用的稳定墓地，反映了此群体在该地域稳定的社会生活。墓葬中未发现有关居住方式的直接资料，在可乐及周围地区也还未发现同时代的房屋遗址。从地质结构看，该地不适宜建造地穴式或窑洞式房屋。自古以来，该地区也从无居住地穴或窑洞房的传统习惯。根据稳定的单人墓葬修建方式，以及墓葬集中分布状况考虑，当时的民居应以布局相对集中的小型地面房屋为主。1978年在可乐柳家沟遗址曾出土相当面积的红烧土夹木炭层，报告推测"似倒坍之烧土墙垣"。在甲类墓中还曾出土带有地方民族风格的"干栏式"陶屋模型。都可作为当时乙类墓主人群体地面居住建筑的旁证材料。

发掘中未能进行墓主人食物结构分析。但出土器物的一些迹象说明当时的食物中可能有动物肉类。如墓地出土的套头葬铜釜外壁都有烟炱痕，随葬铁器中多有铁削刀，几件残存的刀鞘、剑鞘为动物皮质制品，装饰品中有大型动物骨头磨制成的骨玦、骨管、骨珠等。肉类食物的来源除狩猎收获外，尚无证据说明是否有饲养业。此外，1978年发掘的铜鼓中曾发现炭化的稻谷和大豆，还出土铜锄、铁镬、铁铧等农具，说明通过种植获取谷类等农作物，是另一重要食物来源。

墓葬中出土少量纺织品残片，在十余座墓葬中发现铜器、铁器上粘附有纺织品残痕。经鉴定，纺织品种类包括麻、丝、毛等不同类别。纺织品有的细密平滑，有的粗紧厚实，有的轻薄疏松，反映纺织技术已趋成熟和多样化，部族成员的衣着已较为丰富。

陶器是日常生活中的重要用具。出土陶器多为明器，但可反映陶器技术的一些特点。所有出土陶器皆手制成形，估计或未掌握轮制技术。陶器泥料中普遍掺有较多植物炭屑，说明对制陶原料的配搭选择已有一定认识。陶器皆单件随葬，应亦单件特制，其烧制工艺须有特殊之处，估计采用了无窑、小规模、快速的方法。具体形式和工艺流程还有待进一步发现。

铜器中除套头葬和特殊葬式用具外，无其他大型容器出土，说明大型容器在日常生活中很珍贵。从铜剑、铜柄铁剑、铜戈等重要器物造型的地方特点看，当地很早已掌握铜器铸造技术。铜器出土数量总体不多，可能与铜原料不够丰富，以及墓主人身份有关。铁器使用明显由外来输入引起，出土的铁器形制多与中原体系相同，材质与加工工艺分析也显示出与中原铁器属同一体系。虽然随着铁技术传入，当地部族也较快掌握了铁器铸、锻技术，但具有地方特点的铁器并未大量出现，而且，作为生活资料，铜器仍然长期占据着主要地位。这些说明部族中铁原料较为紧缺。

大量铜、玉、骨等不同质地装饰品反映了部族群体在实际生活中对美的普遍追求。装饰品中耳玦、手镯等每每多件或不对称佩戴，展现出群体中审美观念的多样化发展。不同形式的铜发钗，发钗在头顶的不同使用方式，反映了椎髻是重要的流行发型。椎髻多位于头顶，此外可能还有不同的绾束方式。

套头葬及铜洗垫头等多种形式的特殊埋葬方式，铜戈上的人物图案、援体中空的特化发展铜戈等，明显反映出部族普遍流行的浓郁的原始宗教意识。特化发展铜戈还显示，在日常生活中可能存在各种各样不时举行的原始宗教仪式。

三　墓主人身份

墓主人身份大体分为四种：

一是部族群体中具有宗教和社会特殊地位的成员。这类人实行最为特殊的套头葬，墓中随葬品往往多而且特殊。本次发掘 5 座套头葬墓 M264、M272、M273、M274 和 M277，其中 M264 被破坏，墓坑只保存一半。M272 除套头铜釜外，无其他随葬品。其余三座墓随葬品都很丰富，尤其以 M274 最突出。M274 随葬品共 93 件以上，套头使用的大铜釜铸造精美，铜釜肩部铸造一对威武的立虎，显示了墓主人在部族群体中显要的地位。墓中随葬 6 件铁器。其他如套足用大铜釜、铜柄铁剑、铁戈、铜柲冒、铜印、玛瑙制品与铜铃组成的项饰等都是墓地很重要并富有特色的随葬品。M273 套头大铜釜、铜柄铁剑等也是很特殊的随葬器物。

二是部族群体中具有武士身份的成员。这类墓葬随葬品中以戈、剑为组合的兵器占主导地位，有的仅有一件兵器。此外根据各人不同情况，如年龄、级别等差异，还有多少不等的其他器物。随葬器物总体不太多。如 M341 除铜戈、剑外，还随葬有两副共 19 件铜镯、2 件木镯、2 件簧形首铜发钗、1 件玉玦等，在这类墓葬中属随葬器物较多者。

三是部族群体中仅具一般身份的成员。这类墓葬有的随葬极少器物，如简单的随身饰品，或 1 件陶器等。多数无任何随葬品。这类墓葬形制和规模与上述两类墓基本无区别，错杂分布于两类墓中，甚至互有打破关系。这类墓葬主人的地位和财富状况虽与前两类墓显示出明显差异，但其基本身份应同样为自由民。

四是幼童。本次发掘在 23 座墓葬采集到人骨，并进行了人骨年龄鉴定。其中一墓年龄不明。22 座墓中，3 座为 10 岁以下幼童墓，其中 M330 为 2～4 岁，M338 为 6 岁左右，M342 为 6～9 岁。另有 M365 为 14～16 岁，亦很年轻。虽送检标本根据人骨遗存状采集，具有偶然性，但幼童所占比例明显偏高，故在墓主人身份中单独列出。

幼童墓葬与成人墓葬规格、形制都无区别，也没有专门区域，随葬品中有一些反映成人特别怜惜之情的物品，如孔雀石串珠、铜扣饰、铜铃、小陶器等。这些物品在成人墓中基本不见。

四　墓主人年龄

根据检测的 22 座墓葬分析，墓主人年龄偏年轻。所有检测墓葬中年龄最大的不超过 40 岁，其中 35～40 岁的 4 座，占 18.2%；25～35 岁的 4 座，占 18.2%；15～25 岁的 10 座，占 45.4%；15 岁以下的 4 座，占 18.2%。

检测数据不能涵盖所有墓葬，但已是所有保存人骨的信息，可作为随机资料分析该部族群体的一般寿命状况。

五　关于套头葬的命名

套头葬作为一种特有的埋葬方式，在其他地区从未发现过。自 78 报告公布后，已引起较多关注，同时也产生过对命名的不同理解或异议。如有人认为是"铜鼓葬"；有人感觉所指还不够全面，建议更名为"釜鼓葬"等等。

考古界对埋葬方式方法的命名，严格说尚无明确规范，更多是发掘者和研究者依据约定俗成的惯例予以划定。已有考古报告和文章习见的葬俗、葬式命名，大体基于几种不同角度为参照。

一种是依据死者遗体安放处理的具体位置命名，如：土葬、天葬、水葬、火葬、树葬、岩洞葬、悬棺葬等等。

一种是依据装殓死者的葬具命名，如：石棺葬、瓦棺葬、瓮棺葬、铜鼓葬、铜棺葬、木椁墓、裸葬等等。

一种是依据死者肢体形式命名，如：仰身直肢葬、侧身屈肢葬、俯身葬、蹲葬、残肢葬等等。

此外，与此有联系的还有关于墓葬类别的命名，参照依据是墓葬修筑材料和形式，如：土坑墓、土洞墓、大石墓、石板墓、石室墓、砖室墓、崖墓等等。这类命名有时也会被作为葬俗来理解。

套头葬命名与以上几种参照有所不同，依据的是埋葬中独有的特征，目的在于高度概括和反映这种特征。应当说，这样命名具有很大合理性，十分准确地反映出这种埋葬方式最本质的特点。这种埋葬虽然采用过不同器具，有一些不同形式，但其基本特质必须是在死者头顶套有大型金属容器。因而，这样命名不妨看作一种特例命名方式，作为上述惯例之外值得在考古研究中采用的办法。套头葬中虽使用过铜鼓，但更多使用的是铜釜，而且所使用的铜鼓、铜釜、铁釜及铜洗等，都不是葬具，并不用于装殓死者尸体，因此如称之为"铜鼓葬"、"釜鼓葬"，实际反倒很不准确，而且混淆了以葬具为参照的惯例。我们认为，对于考古研究中前人已经提出的命名，如言之有据，已广为传播，最好不要轻易更名，以避免产生不必要的误解。如果命名中确有不尽完备处，可以在后来的研究中进一步充实、规范其内涵定义。

　　六　田野疏漏项清点

　　清点田野发掘过程中的疏漏事项，有利于今后工作中减少失误，其中有的事项须予公之读者，以便正确分析报告资料。较重要者如：

　　1. 墓坑层位问题未能仔细耐心予以解决。在第一章第二节有关层位的基本介绍中，谈到墓葬分布的客观现象。发掘开始后，发现所布探方基本是揭掉耕土层即现生土层，墓葬口直接出现在生土层面上，墓坑打破生土层。虽然当时对于文化层所遭破坏大感遗憾，但并未认真思考在不同位置，尤其是工区边缘地带可能会局部保留下一些文化层，因而应更冷静仔细按照田野操作规程施工，努力寻找到可能存在的文化层，以尽量在不利情况下解决墓葬层位问题。而是在发掘中让各探方民工略加探寻后便一次性挖去耕土层，直接露出墓葬口。直到后来采集植物孢粉检测土样时，才发现Ⅰ工区东南角BT0103探方北壁局部保留有一套关系明确的地层。在该工区其他探方剖面上，偶尔还可看到墓坑与耕土层之间有极小范围浅浅的文化层分布。说明在发掘过程中如果不是简单化依凭经验去作表土层处理，墓葬的层位问题可能会解决得更好一些。

　　2. M271可能存在两墓打破关系，在本编第三章第三节之七之10"铜铃的使用与分布"中已有初步分析。墓坑两侧壁中段各有向外突出的三角形豁口，深度未及墓底，距墓底约0.1米。墓内出土器物恰也位于距墓底约0.1米处。发掘者当时很疑惑。由于墓地刚开始发掘，缺乏经验，未将墓坑侧壁的三角形豁口联系起来考虑。现回想，应是一座较小的墓葬略斜向打破一座稍大墓，小墓墓底高于大墓底约0.1米。大墓原无随葬品，出土器物属小墓，所以出土位置高于大墓墓底。大墓两侧壁三角形豁口恰可对应，应为小墓的一组对角。这种分析得到多数人赞同，但由于当时未作现场充分讨论验证，所以报告中仍维持原状原墓号，不加更改。所幸基本不影响墓葬分期及其他问题。

　　3. 与M271略相似的还有M305、M335和M340三座墓。三墓均只有一件随葬品，发掘后随葬品高于墓底0.15～0.26米。发掘者未作现场分析，在随葬品下局部保留填土，形成隆起的一个柱形小土堆，并绘于墓葬图。报告亦维持原状收录，不加改动。现分析原因，一种可能是墓坑填土中的包含物；另一种可能是与M271相同，为另一座打破墓葬的随葬物，在墓口面观察时即发生判断失误。从M335现场照片看，在墓坑北侧有两道现场挖出的平底浅坑，浅坑边与墓坑壁斜向相交，浅坑底与墓内器物下的柱状土堆高度基本相同。这与M271情况很相似，极可能是另一座打破墓葬，发掘时因观察操作失误未作出正确判断。三墓最后处理明显都属非正常现象，这类问题发掘时在现场即需作出肯定判断或及时更正，不应留至室内再研究。

　　4. 个别墓中叠压器物未分层绘图、照相。如M317铜带钩压于铜剑下，铜剑取开后，未绘制带钩放置图。报告编写时分析铜带钩使用方式问题，就无法取得这件带钩的摆放形式资料。

5. 罗德成地Ⅱ工区发掘时采集到3件陶器，但除了陶器所在探方号外，采集者未作其他详细记载，如坐标、深度、放置形态等，也未拍制现场照片。这些资料对于后期分析研究本是有价值的资料。

6. 墓坑红烧土仅个别墓采集少量样本，未作有计划的选样采集，以致后期整理研究时无法进行系统检测分析，为红烧土使用原因研究提供相关数据留下一个遗憾。现场采集检测标本宜量足、面宽，即使尚无明确目的，只要现象特殊，仍先作采集为好。

第六章　发掘者说

一　墓葬与葬俗

1. 墓葬分布

本次共发掘 108 座乙类墓。除一座在锅落包山头外，其余都分布在罗德成地山头靠东侧的坡地上。发掘过程中，我们根据工作进展，划分了两个工区。第一工区在公路旁，发掘时是一个村民自办砖窑的工地。第二工区比第一工区高出近 2 米，是一片缓坡农耕地，地里种的玉米刚收完。

发掘的墓都顺山势而葬，头朝山顶。发掘后按要求测量出来的墓向都在较小的一个范围内，一工区墓向为 258°~313°，二工区墓向为 280°~335°。考古工作中测定墓向有两种方法：凡有墓道的墓按墓道口朝向测定；凡无墓道的墓按死者头向测定。可乐乙类墓全是无墓道墓，所以采用后一种方法测定（墓葬位置及分布参见图三、四、五）。

在一工区东边紧靠公路处，发现 6 个相距不远的小土坑，形状不规整，长基本在 1 米以内，宽基本在 0.5 米左右。有一个坑里发现一个小陶罐，其余坑里无遗物。明显不是墓葬。推测可能和当时举行的一些祭祀活动有关（参见第三编第一章第一节及图一四～一六）。

墓葬分布最突出的特点是墓坑的密集度。大家读报告第一编时已看到发掘后拍摄的墓坑照片。一工区尚不明显，二工区则密密排列，非常拥挤，着实让人吃惊。二工区共发掘墓葬 81 座，其中涉及打破关系的墓葬就有 55 座，超过发掘数的三分之二。所谓打破关系，是指一座墓挖筑埋葬时，将地下原有的另一座墓挖坏的现象。挖坏有多有少、有深有浅，有时挖缺一个角或一条边，有时挖掉一半甚至大半。挖墓者最初应该不知道会造成打破。出现打破后是否知道，知道后会怎样想、怎样做就难以推断了。这里发现的墓葬打破关系，不仅有两座墓之间打破成一组的，还有 3 座、4 座，甚至 7 座、8 座彼此打破、连环打破成一组的。发掘时要反复观察好久，才能判断出各自的早晚关系。

发掘时我们就在想，从出土的随葬器物看，这片墓地延续使用的时间并不算太长，为什么会出现如此密集埋葬、墓坑相互打破的现象呢？看来有两点可以推断：一是此地是这支部族的一片公共墓地，该部族及其所在地域人口已相当密集。二是墓葬修建时地面不堆砌坟包，考古学上称不设封土堆，甚至不树立牢固性标志。因为凡设封土堆的墓葬，短时间是不会被自然力夷为平地的。至少在墓地仍继续使用时期不会如此。试想，后人埋葬死者时，如果面对前辈亲人墓葬的封土堆，会随意将地下的墓坑挖坏而不顾吗？显然不会。

只有当地面毫无旧墓痕迹，才会在挖筑墓坑时发生如此多墓坑打破的现象。使用封土堆是中国中原地区自春秋战国后广泛流行的墓葬形式。这种地面不设封土堆的做法，算得上是可乐乙类墓的一种特点。

2. 墓葬形制

乙类墓都是较简单的竖穴土坑墓。这是考古学对墓葬形制的一种专用称呼，指垂直向地下挖坑筑成的墓室。这种挖墓方式至今还在沿用。中国古代还有一种土坑墓，是先向地底挖一条斜坡墓道，或平底墓道，至一定深度后，再平着向侧面掏出一个较宽大的墓室，考古学称之为"土洞墓"。

墓坑平面基本都是长方形。与甲类墓相比，有两样较明显的差异：规模小，不规整。长方形都显得窄长，长度多在 2~2.5 米左右，超过 3 米的极少；宽度多不超过 1 米。坑壁平整度差，从下到上有明显斜度，坑底都比坑口小一些。转角很少有挖成规整直角的，基本都带有弧形（墓坑例可见第三编第二章及图一八、一九）。

除长方形墓坑外，还有少数局部稍有变形的墓坑。我们根据平面大致形状，称呼它们为"哑铃形墓"。

哑铃形墓在墓坑两侧壁前后端各有一个向外突出的弧形面，平面形状与哑铃相似。这种墓共 18 座（参见图二〇、二一）。

这种略带变形墓应非偶然形成的，可是我们还不能从功能上或象征意义上等方面寻找出一定规律来分析它们的成因。但作为一种客观现象，应该让大家了解，也许谁会发现新的线索，帮助我们弄清这个问题。

还有少数墓坑头端壁中部有一个向外突出的弧形小坑，我们曾把它们当作另一种变形墓坑，称之"钟形墓"加以介绍（参见图二二）。但在后来的整理中，发现这种外凸小坑完全没有规律，位置不定，形状不一，深浅有异。同时有的墓还发现在墓坑侧壁，或墓坑中部不同位置，也有类似的弧形坑或小圆坑。因此，我们推测，这种无规律的小圆坑更可能是后人在农事或其他活动中造成的，与当时人们修建墓坑无关。

发掘时，乙类墓的墓坑形状比较容易辨识，因为墓坑内的填土都混有较多红烧土颗粒，揭开耕土层后，墓坑内混有红烧土颗粒的褐色土与四周黄色的生土立马就可以区分开，墓坑的形状大体就显现出来。红烧土颗粒有大有小，大的粒径一般不超过 2 厘米。红烧土在坑内从上到下都有分布，相当均匀。红烧土来源只能有两种，一是从别处运来；二是原来地面因某种原因形成一个大范围的红烧土层。但即便是后一种来源，我们认为也一定是有意将红烧土掺入到填土中，才会呈现这种均匀分布状况。因为人向地下挖坑时，很自然会把先挖出来的土堆到四周较远的地方，后挖出的土堆到较近的地方。当初地面如有红烧土层，就会出现远处堆的是从上部挖出的红烧土，近处堆的是下部挖出的黄土。回填时，必然先将近处的黄土推入坑内，再推入远处的红烧土。那么坑内填土一定是下部以黄土为主，上部才有较多红烧土，而不会从上到下都均匀混杂。可惜我们现在已看不到墓坑口当初的地面，因为多年来的耕种已经将墓坑当初所在土层彻底改变。我们只能靠观察和推断去分析认识古人留下的行为迹象。后来在发掘区的一个角落，发现保留的一处原有地层，墓葬所处地层还真没有密集红烧土。墓坑混杂的红烧土颗粒很可能是从其他地方有意运来的。

红烧土现象比较特殊，不光在罗德成地发现，1978年发掘时，在祖家老包、锅落包以至甲类墓分布的其他地点也发现。说明葬墓时加入红烧土，是当地很流行的一种做法，甚至影响到汉式墓葬。

这让我们注意到当地某种特殊的丧葬意识，是祈福、驱凶，还是怀念、哀思？……或者其他。不论是哪种，如此强烈的丧葬观念必然影响到这个族群现实生活的各个方面。以丧葬而言，恐怕还会有我们无法发现的大量活动，比如举行一些隆重的特别仪式。我们就注意到，墓葬中用铜釜套头的特殊埋葬，所用铜釜外壁都粘附有一层厚厚的黑色烟炱痕，那是架在火上烧出来的。这与红烧土是否存在某种联系呢？

3. 葬具、葬式

可乐土壤偏酸性，我们专门作的检测证实了这一点。因此，发掘的墓葬中，葬具和人骨架基本都已不见踪影。但在少数随葬铜器的墓中，却发现紧靠铜器保留了一些棺木残片或人骨残片，甚至还有大体完整的人头骨。这让我们得以看到一些有关葬具和葬式的信息。铜器是否具有保护木、骨类有机物的作用，过去没见有人作过相关研究。也许，铜或铜锈的元素中，真有能抑制某些微生物生存的功能，正是那些微生物大量滋生造成墓内棺木和人骨腐朽。这是另话不讨论。

从棺木残片推断，有的墓使用了木棺。但残片太小，无法看出木棺的式样。其实这是我们很想知道的资料。经有关部门鉴定，木棺所用木料为松属类。在少数棺木残片上还发现过竹席的残痕，估计在木棺内还有铺垫竹席的做法。

保存棺木残片的墓葬计15座。其余墓葬是否使用棺具很难准确判断。但有三座墓基本可判断不曾使用棺具，三座墓编号为M331、M351和M365。三墓都未发现任何残木痕，而很特殊的一个现象是，死者头侧墓底面斜插有一件铜戈。铜戈插入地下的深度有5厘米左右，显然是埋葬时人为形成的。按位置判断，铜戈的长木柄刚好位于死者身侧，如果当时使用了木棺，铜戈就不可能这样插到地下去。除这三座墓外，M342也有头侧插铜戈的现象，但死者脸部盖的铜洗上残留有一些木痕，我们不敢肯定那是不是棺木残片，所以宁可将其排除在外，不下结论。

这些迹象使我们认为，乙类墓存在使用木棺和不使用木棺两种埋葬形式。

葬式指死者在墓中的身体姿势。由于人骨架基本朽坏无存，我们只能通过随葬物品，尤其是随身装饰品来观察葬式。

通过铜发钗和残存的头骨、牙齿得知，这批墓葬中有仰身直体葬和侧身直体葬两种葬式。其中仰身直体葬者双臂往往屈于腹部或胸前，因双臂上佩戴的铜手镯斜放于腹部或胸部，铜手镯较宽，一般戴多只，所以很容易判断手臂的姿势。发掘的341号墓，死者左臂佩10只铜镯，缓屈于腹部。右臂佩9只铜镯，屈于胸腹部。头顶部位佩有一对长长的铜发钗，右耳佩有一件玉玦。胸前放着一柄铜剑和一件铜戈。当清除掉墓坑填土，直面这位古代的武士时，我们感受到极大的震撼！这一定是部落中一名英武的勇士，为了集体荣誉和个人职责，他可曾义无反顾地战斗过？恣情豪爽地生活过？当他最终归于毕生所钟爱的故土时，仍不忘佩齐装扮了他一生的饰品，紧拥伴随他全部征程的武器。这分明是一份埋藏了两千年的对生活的炽爱之情，以及对职责的忠诚之心（参见彩版二三）！

　　4．套头葬和其他葬俗

　　可乐乙类墓最为奇特的是被称为"套头葬"的埋葬方式。1978年和这次发掘都发现部分墓葬中，在死者的头顶部侧放有一件大型的金属容器，器口朝向身体。容器主要是铜釜。1978年还发现有铜鼓、铁釜等。在容器内发现人头骨，表明是将容器套在死者头顶安葬，所以十分形象地称之为"套头葬"。

　　1978年发现的套头葬，除了在死者头顶套釜或鼓外，还发现过同时在死者足部套铁釜的情况。这次发掘发现套头葬墓五座，有几种不同的形式。

　　一是单用鼓形铜釜套头。所谓鼓形铜釜是一种外形很像早期铜鼓的铜釜。这种釜早年就在云南楚雄的古墓葬中发现过，和称为"万家坝型"的铜鼓一起出土。如果将铜釜口朝下扣放，很像一面早期铜鼓，当时就有人怀疑这是初期铜鼓产生时所仿用的原型。用鼓形铜釜套头，是套头葬最主要的形式。这次发现三座这样的墓，编号分别是M264、M272和M277。其中M272墓出土的鼓形铜釜内保存了一个大部完整的人头骨，头骨颅顶部分套于铜釜内，眼眶以下部分露在铜釜外。说明埋葬时铜釜就像帽子一样套在死者头顶上。M264的人头骨已完全朽坏，但铜釜内保存了一对铜发钗，位置距离釜口沿12.5厘米。可见套头的式样也是如同戴帽子，并不是将头脸整个地罩住（参见彩版一六）。

　　M264发现在墓坑底部，沿坑壁用自然石块垒筑了一圈，高度约30厘米。这是过去套头葬墓从未发现过的（参见彩版一七:1）。

　　二是用一件铜釜套头，同时用一件铜釜套足。发现于M274。两件铜釜器体很大，都铸造得十分精美。尤其是套头的铜釜，肩部铸造了一对威风凛凛的立虎，气度非凡。死者头骨朽坏，但可看出大铜釜也是如帽子般套于死者头顶，因为在釜口沿边发现死者佩戴的骨质耳饰，釜口沿外还有大量项饰品。这座墓还有一个奇特的现象，在死者脸上盖了一件铜洗，在双臂位置放有铜洗。铜洗是一种浅腹的容器，中原地区战国时已普遍使用，取代了商周时期的铜盘，据考用于盥洗时盛接倾下的水（参见彩版一七:2）。

　　三是用一件铜釜套头，同时用一件铜洗垫足。发现于M273。在死者双臂部位，也放有铜洗（参见彩版一八∶1）。

除上述几种套头葬外，在一般墓葬中还发现用铜洗垫头，用铜洗盖脸，以及在死者头侧墓底斜插一柄铜戈等奇特葬俗（详情可见本编第一章二节）。

无耳折腹罐（M304∶1）

单耳折腹罐（M322∶1）

陶瓶（M292∶1）

当然，大多数墓葬采用的还是普通埋葬方式。

二　随葬陶器

随葬器物按质地分为陶器、铜器、铁器、玉（石）器、骨器、漆器和纺织品等。并非所有墓葬都有随葬器物，出土器物的墓葬共 56 座，出土器物的数量各不相同，少的仅一件，多的近百件。

陶器很少，只有 11 座墓葬出土，每墓一件。另外在墓地内土层中采集到四件。还有一件出土于一个用途不清的小坑里。

1．器形

罐　折腹罐是最有特点的陶器，腹中部不是一般的圆弧形，而是有一道折棱，共 11 件。大体有两种，一种无耳，一种带一只小耳，耳位置比较高，上边基本与口沿平齐。

罐上带纹饰的不多，纹饰主要是刻划的细线和细点组成的图案。折腹上常装饰有三或四粒小圆丁，我们习惯上把它称为乳丁。这又是陶罐的一个特点。

除折腹罐外，还有一件盘口罐，一件单耳圜底罐，因为不属于可乐典型陶器，这里不多介绍。需要了解时可见本编第三章二节。

瓶　仅 1 件，口沿比较宽，还稍稍内凹，有一点像盘子。这件陶器的做工和造型都与可乐典型陶器不相同，而与威宁中水古墓出土的陶器一致。我们怀疑这是从威宁传过来的，也许是一次偶然的实物交换，甚或是难得的婚嫁携带物也说不定。

杯　仅 1 件，造型乖巧，不到 7 厘米高。腹圆圆扁扁的，下接一只不长的柱形喇叭口圈足，带一只小耳，口沿下还附三枚小乳丁。现在如照样做成一只咖啡杯，也颇不俗气。

陶杯(M338:1)

2. 工艺特点和其他现象

乙类墓出土陶器的工艺很有意思。你随意拿起一件器物，会出乎意料地发现，怎么这样轻？轻得就像用纸板做成的。这是因为制作陶器时，在泥料中有意加入了大量的植物炭屑。我们把这种陶器叫作夹炭陶。

在陶器原料中加植物炭屑的做法，在国内新石器时代遗址出土的陶器中曾发现过，从陶片中观察到许多稻壳的痕迹，因而知道炭屑是稻壳所留。可乐陶器中的炭屑是什么植物所留，却无法知道。我们通过显微镜观察，看不出有稻壳或其他植物的痕迹。在个别的陶片上，倒是发现过很小的木片痕，但不好判断是否用木头烧制炭屑。

在泥料中加植物炭屑，主要是为了避免陶器烧制过程中的开裂现象，也反映了古人一种制陶的习惯。但可乐陶器夹炭却到达超乎正常范围的程度，致使这些陶器壁形成大量孔隙，装上水，会渗漏得非常严重，根本无法使用。那么，为什么人们要制作这种无法在生活中使用的陶器呢？最直接的答案是：本来就不是在生活当中使用。

这当然是我们的推测，但自有其理由。按简单的逻辑推理，人们不可能去一再制作不能提供实际功用的陶器。既然这些人已经了解如何根据目的配搭制陶原料的技巧，说明他们的陶器制作技术已相当成熟。就是说，他们一定也能制作在实际生活中足可正常使用的陶器。因而，制作这种不具备生活实用功能的陶器是别有目的——要把它们用于其他特殊需要的地方，这地方就是墓葬。

考古学将专门制作来用于随葬的器物叫冥器，或明器。这类器物至今还有使用。明器基本要求就是形似，甚至将生活中许多大的、活的东西制成缩小的模型。认定可乐陶器是明器，除了因其工艺、原料方面的特点外，还可以分析它的出土状况作为补证。陶器在墓中都是一墓一件。如果埋葬时是为了表达让死者在另一个世界过着同样生活的意识，恐怕会将生活中使用的各种陶器都放进墓中，如同在甲类墓所见到的那样。但我们所看到的都是仅仅一件。可见，放入陶器只是要表达一种特别的观念。而这种观念只需要一件这种特制的明器即可。这样一墓一件的明器，是不会成批量生产的，必定是人死后临时生产，只做一件。反正制作起来非常容易，而且加入炭屑后，陶坯风干更快，烧制也更快，决不耽误埋葬的时间。

这让我们注意到另一个问题，这些陶器烧制恐怕是不用陶窑的。陶窑是现在烧制陶器普遍采用的设施，但陶器发明初期是没有窑的。这批陶器烧制火候都特别低，器物外表颜色不匀，黄褐色中杂有一些不规则的灰黑色。说明烧制时受火面不均匀，火形成的温度也不高。这些都是不用陶窑烧制的特征。但我们无法确定具体烧制的方法。我们知道现在一些保存传统制陶工艺的地方，有将数件陶器堆在地面柴草上，外边用泥浆封抹后烧制的方法，被称为"堆烧"。也有将一件或数件陶器放在地面挖出的煤灶上，用另一件大陶器盖住快速烧制的方法。可乐陶器单件烧制工艺要是能破解，还真有着特殊意义哩。不光弄清了古代这个部族烧制陶器的工艺，说不定还可以追溯今天看到的一些传统制陶工艺的渊源。

夹炭陶中有少数夹有一些砂粒，我们根据含砂量的多少，分别称为夹炭夹砂陶或夹砂夹炭陶。不过，这些砂很可能原来就包含在陶泥中，并不是人为加进去的。因为砂色相当杂。

还值得提到的是，使用了陶器的墓，很少有其他随葬品，基本就仅有一件陶器。似乎用陶器随葬并不特别被重视。我们有一种感觉，这是某些女性的墓葬。

三　随葬铜器

铜器共出土 354 件，在随葬品中数量最多。铜器的种类及在墓中摆放的位置，处处显示出铜器在这个部族的社会生活中占有非常重要的地位。

我们将按照容器、兵器、装饰品等三类，分别加以介绍。

1. 铜容器

铜容器在古代社会中，用来盛装各类物品。铜制炊器应是铜容器中的一种专类。可乐乙类墓中出土的铜容器却显示了另一种更重要用途——用于套头葬等罕见的奇特葬俗。

辫索纹耳大铜釜　这种铜釜个头大，铸造精美，共有 3 件。其中 274 号墓套头的一件最为突出。这件釜不光在腹部铸造有两只对称的辫索纹环形大耳，而且在肩部铸造了一对十分威武的立虎，虎头高昂在口沿之上，龇牙长啸，相向而立。虎身划满有力的斑纹，虎

辫索纹耳铜釜（M274:87）

铜釜（M274:87）上的立虎

鼓形铜釜（M277:1）

铜洗（M342:50）

铜洗（M273:2）

尾上扬反卷。周身无不蕴含着非凡的气度，使你一见便深受感染（参见彩版三二）。所谓辫索纹耳，是说环形耳上铸造的纹饰，像一组组编成辫的绳索。这件铜釜的辫索纹耳特别突出，辫索纹多达 6 组 12 道。274 号墓同时还用了一件辫索纹耳大铜釜套足，那件釜也很精美，但没有立虎。你一定会想，这座墓使用这样好的铜釜来套头套足，岂不十分特别？的确如此。这座墓规模最大，出土器物最多、最好，甚至还出土一枚篆文铜印，印文为"敬事"二字。如果这枚印不是偶然得来，那一定是从进入这地区的汉人处获赠。因此，种种迹象都表明，这座墓的主人应是当地一名首领级人物。回头看看刚才介绍的立虎，难道你不觉得，那样着意彰显的气度不就是要表现其主人的绝对权力，以及幻秘莫测的神力吗？

　　鼓形铜釜　这是套头葬使用最多的一种铜釜。1978 年出土 9 件，本次出土 3 件，全用于套头葬。这种釜式样很有特点，口沿外敞就像过去的大喇叭，腹中部内收，下腹部扁圆，将釜倒扣过来，还真像一件早期的铜鼓。这种釜最初在云南楚雄发现后，研究者就广泛称之为鼓形铜釜。可乐 1978 年报告中直接用了这种称呼。与前边介绍的辫索纹耳大铜釜比较，这种釜做工可说相当粗糙，形不圆，面不平，壁厚，多孔，以至于有的部位又采用铸补的办法堵塞漏洞。我们对两件鼓形铜釜进行成分检测，原料属于红铜，其中锡和铅的含量微乎其微。

　　铜洗　铜容器中数量最多的是铜洗，共出土 10 件。口径大小不一，最大的 42.5 厘米，比现在的大号脸盆口径还大。最小的 19.6 厘米，相当于现在普通盘子大小。多数在 30 厘米以上。所有铜洗在墓中都放于十分奇特的位置，显示出铜洗在实际生活中的功用，

铜鍪（M277:2）

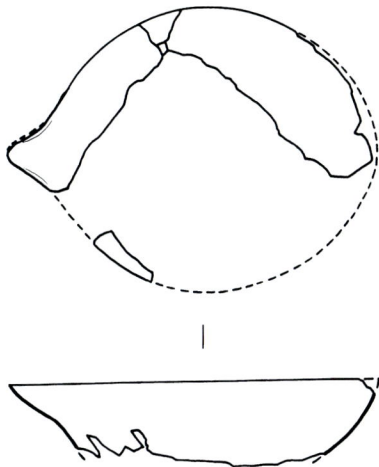

铜匜（M330:1）

一点不像中原地区是用于盥洗之物。

其中 274 号墓出土 4 件。这还是前边谈到的那座最大的套头葬墓，死者仰面，双臂屈于胸前。铜洗一件盖于死者脸上，两件盖于右臂上，一件侧立于左臂外侧，出土时已折断为残破的半圆。

273 号套头葬墓出土 3 件。一件垫于死者足下，一件垫于右臂下，一件侧立于左臂外侧，也折断。

另有三件铜洗分别出土于三座一般墓葬，其中两座墓铜洗盖于死者脸上，一座墓铜洗垫于死者头下。

这些铜洗使用方法不尽相同，但都与特殊的埋葬有关联。在实际生活中，铜洗肯定不会这样使用，我们无法弄清其具体使用目的。不过，可以猜想，铜洗在该部族成员的眼里，一定是颇带神秘色彩的器物。

鍪　小型容器，相当于小口高领的铜皮罐。出土的两件高都在 10 厘米左右。过去所见铜鍪一般在腹部装一只环形耳，但 277 号墓出土的鍪，腹部却对称安装一大一小两只耳，铸造得颇为精巧。这件鍪出土时放在死者头左侧，器壁下部粘附有一些很平滑的纺织品，经检测属丝织物（参见彩版六七:2）。

匜　敞口，浅腹，口沿一侧有流一侧带耳的容器。仅出土一件，器壁很薄，残破严重，已难修复。出土时腹内壁保存有一些红色的痕印，可能是埋葬时涂上去的朱砂一类矿物颜料。

2. 铜兵器

乙类墓出土的兵器主要是铜兵器，铁兵器很少。从出土状况看，兵器非常受重视，几乎所有兵器都放在死者的胸部，死者双臂屈于胸前，似拥抱着生前与他相伴不离的心爱之物，伴随他去到另一个世界后，继续履行神圣的职责。

铜兵器主要为剑和戈。因出土的几件铜柄铁剑与铜剑有着密切的渊源关系，所以也放到铜兵器中介绍，便于观察了解。

镂空牌形茎首铜剑　这种剑很特殊，所以用其柄部造型特点给了它一个专门名称。茎首是柄的头端，那里很显眼地铸造了一个透空的片状装饰，所以称之为牌形。这是一种短剑，出土的三件剑身长度都在 25 厘米左右。剑柄和剑身不是一次铸成。剑柄中空，将剑身后段插于柄内后，用木质铆钉固定。有的剑身后段用麻丝缠绕，插入剑柄后可避免松动。剑身的形状与巴蜀式的柳叶形剑一致，有一件还铸有巴蜀式的手纹。有种种理由认

铜剑	铜柄铁剑	柳叶形铜剑	柳叶形铜剑
（M365：5）	（M274：92）	（M318：2）	（M348：1）

为，这是巴蜀式剑传入这个地区后，逐步演变发展装配上特制的剑柄，成为一种重要兵器。

镂空牌形茎首铜柄铁剑 不用多说也可以看出，这种剑与前边介绍的铜剑非常相似。不同的是，剑身由铁做成，铜柄铸造得更加协调，更为精美，上边的花纹繁密、细致，令人赞叹。这种剑有长短之分，短剑剑身16.7厘米长，长剑剑身41.7厘米长。本次发掘出土3件。1978年出土5件。加上零星发现，已出土十余件。因其特殊的造型，精美的工艺，已被很多人看作当时这个地区民族最具代表性的兵器。

柳叶形剑 因其整体形状像一片柳树叶而得名，这是四川古代巴蜀民族最有代表性的铜兵器，被称为巴蜀式剑。剑身上常铸有虎纹、手纹、心纹、水波纹等。晚期剑身与茎连接处出现折角，被称为"改进型"巴蜀式剑。可乐本次发掘出土11件巴蜀式铜剑，包括较早期的柳树叶形和后来的改进型，颇令人关注。因为最具当地代表性特征的镂空牌形茎首剑，包括铜柄铁剑一共才出土六件，从出土数量对比看，巴蜀式剑反倒是使用得最为普遍的短兵器，显得有些喧宾夺主。

三角援戈（M356∶3）

人物图案戈（M317∶1）

铜戈图案（局部）

出土的好几件柳叶形剑，剑茎部都缠绕有树皮或麻丝，说明剑茎曾经夹以木条，外边再绑扎后使用。这应当是柳叶形剑最初的使用方式。我们在分析镂空牌形茎首铜剑剑柄形成过程时，正是注意到了这一点。

出土铜剑中还有一件蛇头形茎短剑，为云南常见的滇式剑。不多介绍。

三角援戈　铜戈共出土 22 件，在兵器中数量最多。报告根据造型和纹饰，将戈分为A、B、C、D 四型。其中最有特点的是三角援戈和饰人物图案戈。所谓援，指戈身带刃的主体部位，是古代沿袭下来的称呼。这种三角援戈实际基本是弧线三角形，我们将它简化来称呼。援中部突起一条圆柱状的脊，脊后部呈球形隆起，当中是圆形穿孔。这种戈出土12 件。我们到相邻的四川、重庆、云南等地寻找过，均未发现相似的戈。这应当是当地很有代表性的一种长兵器。

饰人物图案戈　这种戈的援部明显不同于三角援，基本是带弧状的长条形。在戈的内上和援面上，都铸有人物图案。所谓内，指戈后半部用来连接木柄的地方，读作 nà。细看内上的人物图案很有意思，一共三个人，当中一人正面直立，双手举于头两侧，五指平张。胸部佩一个圆形扣饰。旁边两人正面侧身而立，头顶上扬起一束卷发，伸出一手与当中人的手相牵，手合二为一。三人腋下站立两只大头动物，瞪着圆圆的大眼睛。三人的下半身已简化为一根锥形直条。援面上的图案为两人牵手，颇相似。

人物图案造型有不同变化，如 318 号墓铜戈上人物身体腹部等曲线都看得出，365 号墓戈上人物面部已高度抽象化，口眼不分，用一个大圆圈代替。我们感觉这显示了一种演化发展过程。从最初的写实，发展到逐步抽象，再发展到高度抽象。详图可参见彩版七四。

　　这种戈还有一个不易发现的神奇处，其中两件戈援的后半段居然是空心的，我们看到的只是薄薄一层外壳。戈本来是征战中的一种重要武器，这种空心戈却肯定不能用于实战，只要两件兵器一相撞，空心处非折断不可。但空心戈又决不是偷工减料的伪劣产品，戈不光铸造得相当精细，而且所出墓葬的主人是部族中颇有身份的人物。那么，空心戈究竟起什么作用呢？鉴于在墓地发现的套头葬等种种与原始宗教密切相关的现象，我们推测，空心戈是一种原始宗教中的用具，或许不妨称之为法器，用于原始宗教的各种重大活动、仪式。根据前述人物图案戈演化序列，这种空心戈从实心戈发展而来。实心戈恐怕既有宗教意义，又有实战价值。发展到空心戈后，则完完全全成为一种象征意义的用具。所以我们在报告中称之为"特化发展"的戈。详情可看本编第三章第三节"兵器"部分。

　　铜戈还有其他一些图案，如几何纹、螺旋纹等。有兴趣可看看彩版四一～四三。

　　秘冒　秘冒不是兵器，而是兵器的附件。所谓秘，是指戈、矛等兵器的长木柄。套于木柄顶端的装饰物就称为秘冒。并不是所有的戈都使用秘冒。本次发掘出土 22 件铜戈，1 件铁戈，但只发现 3 件秘冒，都是铜的。我们尤其想介绍的是 274 号墓出土的秘冒。这件秘冒做工很好，冒顶铸造一只造型生动的立虎。虎口微张，身体瘦削矫健，布满长条斑纹，四爪下蹬趴地，一副蓄势欲跃状。274 号墓是这次发现的重要套头葬墓，套头铜釜上有两只威武的立虎，一件铜挂饰上也有一只立虎，连同这只，共有四只虎。显然已不是一般装饰意义的造型。必然与死者身份有着密切关系。

秘冒（M274:89）

　　3．铜装饰品

　　铜装饰品包括发钗、发簪、手镯、铃、戒指、挂饰、带钩、扣饰等。我们选择其中特点比较突出的几类介绍。

　　发钗　发钗出土 31 件，有两种形式。

　　一种为"U"形，用细圆条从中部弯曲而成。长度多在 15 厘米左右，尖端略带锥状。这种钗往往成对使用，也有少数人只使用一支，个别人却使用三支。

　　另一种为簧首形。这是我们取的名称，因其首部做得像一根没有拉开的细弹簧。钗条很长，如 350 号墓簧首形钗长度约 26 厘米。这种发钗造型很少见，有三座墓出土，都是成对使用。

　　铜发钗数量相当多，恰好印证了古籍中记载当时西南夷中夜郎、滇、邛都等系统民族采用"椎髻"发式的习俗。"U"形发钗出土时，摆放位置都在死者头顶上方，常常与头

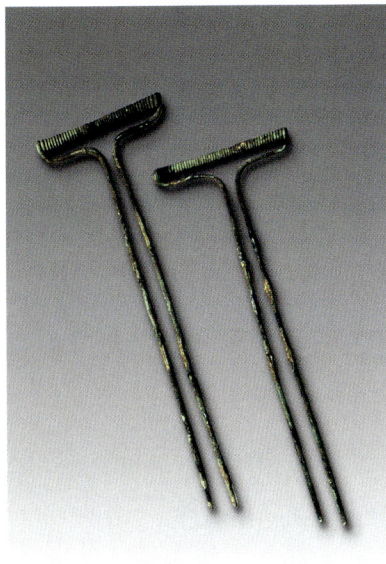

"U"形发钗（M298）　　簧形首发钗（M350）

窄片铜手镯（M341）

宽片铜手镯（M365）

顶骨有一定距离，距离远的达到 4 厘米。说明生前这些人的椎髻在头顶上，而且缩得比较高。使用簧形首发钗的发髻，可能有不同的式样，可惜发髻不存，已无法看出式样来。

手镯　铜手镯是另一类很有特点的饰品，数量也很多，共出土 46 件。报告分成三种形式，1978 年发掘另还有一种。最重要的形式有两种。

一种是窄片环形，镯面嵌有孔雀石片。孔雀石属一种铜矿物，常与蓝铜矿、自然铜等共生，呈绿色、蓝色，很像孔雀尾羽的颜色，十分漂亮。手镯上镶嵌的孔雀石片有两列，片很薄很小，多数为圆形，圆直径只有 0.25 厘米左右，中心还有一个小孔。我们很惊异小圆片的制作工艺，请教过国内的一些专家，也没弄清加工的方法。这种手镯共 19 件，都出土于 341 号墓，就是在前文介绍葬俗时专门提到的，曾让我们感受过震撼的那座武士墓。

另一种是宽片环形，镯面所嵌孔雀石片分为三组，共五列。这种手镯的宽度比前一种多出 1～2 倍，戴在臂上十分惹眼。很有意思的是，这种手镯往往用不对称方式佩戴。所发现的八座墓，仅一墓死者两臂各戴一件，其余七墓都是不对称佩戴。或仅单臂佩戴；或一臂戴两件，另一臂戴一件；最典型的是 365 号墓，左臂戴三件，右臂戴一件。不对称佩戴装饰品除表现在手镯上外，在耳玦佩戴上也表现得很明显，后边会另作介绍。

铃　多数体形较小，其中使我们比较感兴趣的是，在 271 号墓和 274 号墓中出土的 30 多件铃，造型分为较大和较小两种，铃面上都有花瓣状的纹饰。无论从造型还是铃面上的纹饰，两墓都非常相像。类似的铃在其他墓很少

铜铃（M274）

铜戒指（M308:5）

铜带钩（M356:2）

虎形挂饰（M274:79）

发现。这很可能反映了两座墓之间一种特殊的亲情关系。从墓中出土位置看，铃多数与玛瑙管、珠等饰品串缀起来，佩于死者的项部、腕部。

戒指　308 号墓发现一枚铜戒指，颇令我们吃惊，该部族成员对美的追求，以及多样化的审美情趣，很超乎我们的想像！戒指造型粗犷，戒面为圆形，铸有刻划的九瓣菊花纹。但细细看，整体相当大气。

带钩　严格说，带钩不算纯粹的装饰品。因其实用功能性很强，主要是古人随身的束带和挂物用件，但其造型和纹饰又有明显的装饰性，所以通常归类于装饰品。铜带钩共出土 8 件，都是中原常见的形式。不过特别值得提到的是，其中有两件形体超乎寻常的大：一件出土于 356 号墓，长 29.4 厘米；一件出土于 309 号墓，长 24.2 厘米。从实用性说，这样大的带钩已失去实用意义，放在人身体的任何一个部位都不恰当。所以出土时都看不出具体的使用方式，而是与一柄铜剑并列，纵向放在死者胸部或腹部一侧，似乎与铜剑同样表示着墓主人的身份或地位。类似的大带钩曾经在四川什邡战国时代的船棺墓中出土过。很可能可乐的大带钩和它们有着共同的来源。

挂饰　铜挂饰都很小，与玛瑙管等项饰串缀在一起，挂在脖子上。其中一件虎形挂饰特别引起我们注意。在一段很小的簧形管上，铸造了一只立虎，虎的造型很像铜秘冒上的立虎，也是瘦瘦的，反卷着尾巴，弓腿欲跃。虎形挂饰很小，铸造工艺不算精细，但挂在死者脖子上，显见得很重要。所以，在评述 274 号墓出土的四只虎时，我们依然同等地看待这只小老虎。

其余挂饰可参见彩版四六。

装饰品中还有一批衣件上的铜扣饰，没有突出的地方特点。需了解的读者可看看本编第三章第三节的"饰装品"部分。

铜印(M274:42)

铜印　印不属装饰品，仅 1 件，附在这部分介绍。印不大，印面边长 1.2 厘米，印文篆书"敬事"二字。"敬事"印不是职官印，在中原战国至汉代印章中，已发现多枚。那时的职官中没有这样的职位或称呼。按字面意义，可解释为是告诫持印者要谨于事、勤于事。这里所说的事不会是个人的学业事、商业事等，而应当是与官府事务有关的职事。用现代话来说，就是要敬业、勤政。因而，这种印不是一般意义的私印，如后世所归纳的吉语印、戒语印之类。如将它归之于官方印章中有特殊用途的一种印，还比较恰当。这枚印出土于 274 号墓，我们在分析套头铜釜时已知道，墓主人是部族一名首领级人物。墓主人是否认识汉文，我们不得而知。但印文的内容对于他，倒是十分恰当的。他自己对铜印也很珍重，铜印出土时，放在脖子位置，说不定在生就时时挂在脖子上。还说不定，铜印是来自内地的某级政府官员赠送的赋有外交使命意义的礼品。不过，铜印文字的书法结体与汉印常见风格似不很吻合，有些接近战国印文。

4．一些值得关注的现象

报告就铜器工艺与铜器文化现象分类作了专门讨论。有的我们在介绍器物时已分别提到，另外有几点也值得我们了解。

（1）鼓形铜釜用料

前边已经介绍，出土的鼓形铜釜经检测，使用原料为红铜。1978 年出土的鼓形铜釜也曾作过一项检测，结果亦相同。可乐使用鼓形铜釜的墓葬并不都是早期墓，这让人十分不解。

红铜是不含铅、锡等人工添加配料的自然铜。人类发明冶铸铜金属之初，首先掌握的就是红铜技术。红铜可以锻打，可以冶铸，但冶铸时存在许多缺点，如熔点高，浇铸时铜液流淌性能不好等。所以，考古至今发现的早期红铜器很少，发现的器物铸造都很粗糙。到后来人们才逐步摸索出，铜矿冶铸时加入一定比例的铅、锡等金属原料，这些缺点就可以克服，不光熔点降低，铸成的器物还美观耐用。加入了铅、锡的铜即后来所称的青铜，这算得上是人类在利用自然资源的过程中，继陶器之后的又一项伟大发明。可以说，正是这一发明，才使得铜技术能够迅速发展和推广，人类文明才跨越式发展到一个全新阶段。可乐乙类墓所处的时代，青铜器早已在中国各地普及。可乐乙类墓从第一期就出土许多本地特色的青铜器，说明这个部族至少从战国中期已掌握了青铜铸造技术。本次发现的鼓形铜釜，分别出土于第二期墓和第三期墓，时代已进入战国晚期至西汉前期。这时该部族的青铜技术已经更为提高，很多器物十分精美，有的还采用失蜡工艺技术铸造。但鼓形铜釜却偏偏采用了较原始的红铜技术制造，这难免显得与自然规律不很协调，成为令人不解的地方。

　　我们分析，这恐怕能够作出两种推测：一是这种铜釜是由祖先一代代流传下来的，那是尚未掌握青铜技术的年代，铸造的就是红铜釜；二是这种铜釜因其特殊性能、特殊用途，一代一代延续使用下来，后世子孙虽已经掌握较先进的青铜技术，但在制作这种铜釜时，仍保持祖传的方法制造，使其神奇性能不致丧失。这两种可能性大概都存在过，很可能从前一种逐渐发展到后一种。因为鼓形铜釜虽全用于套头葬，使用者仅是部族中的少数人，但世代累积，仍有相当的使用量。而祖先制作的铜釜毕竟有限，一旦用尽，后人会设法继续制造。作为一种特殊功用器物，最重要的是必须保持其特殊功能，因而合理的办法就是严格按照古老的程序和工艺去制作它。一旦这形成为传统观念后，就会超脱于已经发展变化的现实，顽固地延续很漫长的年代。于是我们看到，虽然该部族已经掌握了优越的青铜技术，但鼓形铜釜依然使用红铜原料去制作。我们在可乐乙类墓中发现，进入西汉时期，尤其是西汉晚期，套头葬开始使用一些其他形制的青铜釜甚至铁釜，这说明部族中对鼓形铜釜的传承观念已逐渐发生蜕变。随之，红铜制造的鼓形釜也就很快被青铜釜和铁釜所取代。

　　我们曾注意到鼓形铜釜所采用的垫片，质地上与铜釜本身有较明显区别。如果对这些垫片作出系统检测分析，或许能提供有价值的分析资料。可惜，后来仅进行了一件标本检测，还出现失误，无法作为研究分析的依据。留下一段遗憾。

　　（2）失蜡法工艺

　　所有观察过镂空牌形茎首铜柄铁剑的人，都会对剑柄的铸造工艺赞不绝口。有些研究古代青铜工艺的学者提出，其铸造工艺采用的是失蜡法。失蜡法是一种较先进的青铜铸造工艺。我们常见的铜器铸造，要将多块范组合起来，均匀留出铜液浇铸的空间，铜液灌进去冷却后，拆开范，就得到一件铜器。合范法铸造铜器有很多优点，但也使铜器成型受到许多限制。失蜡法则不需要多块范的拼合，它用调和的蜡料制成铜器模型，外层裹上填充料结成整范，再将蜡模型加热融化，使其从范中流出来形成空间，然后将铜液灌进，便形成所需的铜器。失蜡法铸造的铜器特别精细，镂空处不受分范的局限，在器物不同的方向都可以布设精美的纹饰，器表没有合范的范痕。铜柄铁剑的剑柄正好具有这些特征，因此被看为失蜡法工艺产品。

　　除了铜柄铁剑，铜柲冒上的立虎和虎形挂饰也有失蜡法铸造的一些特征。不过古代失蜡法铸造工艺是个争议颇大的研究课题，关于这几件铜器的失蜡法工艺，目前还只是我们根据惯例所作的初步观察，值得再由冶金史专家们作进一步研究。

　　（3）巴蜀式兵器

　　我们已经知道柳叶形铜剑属于典型的巴蜀式兵器。可乐乙类墓中出土这样多巴蜀式剑，是包含了许多历史信息的现象。这些剑按照四川学者的研究，时代最早的可达到战国早期，并延续至战国晚期和西汉前期。这使我们联想到两个问题，一是剑从四川传入进来是否有一条稳定的通道？二是传入的兵器为何只有剑，不见其他种类？

根据《史记》记载，汉武帝开通"西南夷"时，曾派遣唐蒙"发巴蜀卒"修筑从四川通往夜郎牂牁江的南夷道，经数年艰辛，最终没有修通。但这应当指的是足以通行车马的官路。事实上，这之前，民间的小道是久已存在的。《史记》就记载，战国末期，从山东迁到四川临邛的叫程郑氏的人，利用自身掌握的冶铁技术，以及当地的铁矿资源，在临邛铸造铁器，卖给夜郎、邛都一带的"椎髻之民"，以至暴富一方。他所进行的铁器贸易，必然有一条相当稳定的民间通道。这条道在《史记》中还有一段记载，汉武帝时，唐蒙出使南越，吃到枸酱。回长安后向蜀商打听，枸酱是蜀商偷偷卖到夜郎，再经牂牁江运到南越的。可乐出土的柳叶形剑证明，《史记》记载的这条民间通道的确是存在的，而且至迟在战国中期，程郑氏经营铁器贸易之前，这条道路就已经是巴蜀青铜剑输入的途径。在探讨四川到贵州间的古代交通史时，这批铜剑是十分有价值的实物史料。

巴蜀式兵器不光有铜剑，还有大量戈、矛和钺等。但可乐乙类墓出土的却只有剑，其余种类一件也看不到。戈、矛、钺都是装配木柄的长兵器，对一支军队的整体战斗力，是更为重要的武器，想来其价格会更高。从贸易者的角度，是不应该拒绝运送这些更能带来利润的商品的，本身运送戈、矛、钺无需装配上长柄，与运送剑的难度相当。而从使用者的角度，也是不会拒绝接受这些更有杀伤威力的长兵器的。那么，可乐墓中巴蜀长兵器的缺失，只有一种推测：这里的人们不能从相同渠道得到巴蜀长兵器。更准确说，是贸易者在出产地无法取得这些兵器并运出来。这似乎在提醒我们，这些兵器在巴蜀地区可能是受到某种管制的，就犹如现代的"武器禁运"。这可是很有意思的一条信息！虽然我们还不能找到更有力的证据，但何不当作一条可能探究当时地域间"军备"、"国防"政策的线索呢？

（4）首饰品与佩戴者性别

铜首饰品主要为镯和发钗，其他首饰品还有项饰、耳饰等，多为玉、骨制品。我们分析铜镯、发钗与兵器共出现象，得到一个有趣的结论，即佩戴这些首饰品的人，很可能主要是男性。

铜镯、发钗共23座墓有出土，其中16座墓同时出土有兵器。这些墓葬因人骨架腐朽，不能鉴定性别。但从墓地兵器所占比例看，随葬兵器的墓葬占发掘墓葬总数的27.8%，因而推测掌握兵器的人主要是部族的男性成员。也就是说，佩戴铜镯、发钗，包括耳饰品的人主要是男性。

从出土铜镯、发钗，但不出兵器的七座墓葬看，可能有很少数女性才佩戴铜镯或发钗。因为七座墓葬中，仅267号、304号、354号三座墓基本可判断为女性墓。其余四座或被当地农民挖掉了一半；或为婴幼儿墓；或所出铜镯式样特别，仅暂定为铜镯；或因同时出土铜带钩，性别不好判断，但估计其中男性墓为主。

出土兵器、但无铜首饰品的墓葬还有 14 座。说明男性兵士也有一些并不配戴首饰品。至于哪些佩戴、哪些不佩戴，还真说不清。总的说，似乎佩戴首饰品的，级别和地位多数显得要高一些。但也有不配戴首饰品的级别明显较高。这个问题只好留待今后发掘出更多资料时再作判断吧。考古研究常常这样，要做大量数据的排比，还会留下许多一时无法解决的遗憾。

四 随葬铁器

出土铁器共 33 件。其中三件铜柄铁剑已提前到铜兵器中加以介绍。孤立地看待数量，铁器似乎不多。但从铁器在"西南夷"地区流传时间看，铁器所占比例是很不少的。我们重点介绍其中的兵器和工具两类。

1. 铁兵器

戈 铁戈仅一件，造型与墓地的铜戈很接近，但锈蚀得很严重，一面戈援上还附有一些纺织品痕，看不出是否带有纹饰。别看这件铁戈不起眼，它可很有些重要性。第一，它出土于 274 号墓，与精美的铜柄铁剑放在一起，出土时戈内上方放着那件饰有立虎的铜柲冒，说明戈柄顶端当初就套着这件铜柲冒。可见铁戈是极受其主人重视的。第二，国内考古发现的战国至汉代铁兵器中，铁戈十分罕见。我们听说在湖南曾经出土过，但从未见过相关报道，在有关铁器的研究论著中也不见提及。这件铁戈如此完整昭示于世，至少也会以稀为贵。

铁戈（M274:91）

剑 两件都是短剑，造型与柳叶形铜剑相似。铁剑中作这种造型的十分罕见。我们已经知道柳叶形铜剑是典型的巴蜀式剑，柳叶形铁剑应是铁器技术出现后，按其形式铸造的新剑。有趣的是，在巴蜀地区从未发现这种铁剑，在可乐地区却有不少发现。本次发现 2 件，1978 年发现 16 件，因而，这种铁剑恐怕不会是巴蜀人铸造的。说不定，是可乐乙类墓的部族学到铁器技术后，自己的创新之作。

柳叶形铁剑（M331:2）

铁刀（M342:47）

刀 刀有两种造型。一种柄后端有一个环形首，我们称之为环首柄铁刀。这是中原地区最常见的铁刀式样，有的刀身可以很

铁刀（M286:1）

长。另一种为直柄，柄后端渐斜收呈锥状。明显是插于木质握柄内使用，锥状铁柄上还残留有少量木痕。刀体不长，但比较厚重。恐怕既可作兵器，也可作工具使用。

2. 铁工具

削刀　这是延续传统的叫法，指一种轻薄的小刀，刀柄后端往往有一个环形首，一般称之为环首铁削。共出土 14 件。刀体有的略向刀刃一侧弯曲，有的则很平直。削刀有的出土时已经残损。基本完整的 8 件通长 18.4～22.0 厘米，刀身长度不超过 13 厘米。削刀的用途很早就有人注意到，最普遍的一种说法，认为是用于书写竹简时使用的工具。战国至西汉，大量的文书需写于竹简上。国内从北到南的考古发掘中就发现过大量这段时期的竹简，如近年发现的湖南里耶数万枚秦简就曾轰动一时。削刀即用于刮制竹简面层。竹简书写时难免出现错误，错字只有刮掉重写，削刀于是充当了当时改错的"橡皮擦"。这种说法有很多道理，但削刀用途应是多方面的。如可乐乙类墓削刀，用于竹简的可能性基本不存在。该部族能否有文字便是一个极大的疑问。退一万步说，即便接受汉字，恐怕也无须许多人随身携带削刀去书写竹简。因而，这里的削刀更大可能是日常生活用具，佩于腰间，解决生活中碰上的不时之需，包括切割烤肉、大碗饮酒等。

铁削刀（M338：3）

铁削刀（M300：1）

铁刮刀（M274：94）

刮刀　形状就像一件尖矛，但是薄片状的，而且就好像一块已剖开的竹片，有一面呈弧形突起，一面呈弧形内凹。后半段残留有很多捆绑状的横道树皮或竹皮痕，另一面还有纵向的木痕，说明当时是捆绑于一段木柄上使用的。刮刀是一种竹木加工的工具，在四川、陕西、湖南、广东等地都出土过。

钁　农作翻土工具，现在研究者又称为镢。仅出土一件，用厚铁板锻打而成，铁板厚达 0.5 厘米。刃部显得较短、较钝，或许正是山地石块长年磨蚀留下的痕迹。

锸　农作翻土工具，不同于钁的是较薄、较宽，装木柄的銎常常制成凹口。仅出土一件，铸造而成。出土时就只有残损的一半，

铁钁（M360：1）

铁锸（M338：2）

使我们颇费思考，因为 1978 年发掘出土 11 件铁锸，多数也是残损一半。要说它们是埋在墓中因年代久远锈蚀而残损，为何另一半会一点痕迹也不留下？要说是原来铸造的形状就如此，分明都有很清楚的断口痕迹，而且半个铁锸在木柄上的安装很难稳定。因而有人认为，是埋葬时有意识使用了半个铁锸，甚至可能是有意砸断了铁锸用于随葬。认为这是一种特殊丧葬意识的反映。但也有人认为，由于铁锸是铸铁制品，比较脆，使用过程中容易发生断裂。持有者不愿废弃，继续固定在木柄上使用。后来也被作为他的随葬品。我们比较倾向于后一说。因为考古虽然的确发现过，远古时代的人有将随葬品敲破一点的做法，研究者将其称为"破器"，但可乐乙类墓除铁锸现象外，没发现其他任何器物有人为破坏例。不知道你的看法如何？

铁器中还有些小刀、钎、钉等小件，这里就不一一介绍了。

3．一些值得关注的现象

与铜器一样，除了器物介绍中已谈到的一些现象，另外还有几点值得我们注意。

（1）铁器分布与数量

铁器出土于 21 座墓中。本次发掘的乙类墓共有 56 座墓出土随葬品，铁器墓约占其中的 38%。从分布比例来看，数量已经很不少，因为当时的"西南夷"地区，铁器开始使用的时代比较晚，最初都是靠从外地输送进来。

铁器在单座墓葬中的分布，明显比较稀疏。只有 274 号墓数量较多，达 6 件。这座墓地位的特殊不用多说了。另外有一座墓出土两件完整的铁器。其余墓基本都是只有一件铁器，其中三座墓附带有点小铁钉或小铁片或半个铁锸。

出土铁器的 21 座墓中，有 5 座除一件铁器外，没有任何其他随葬品。其余 16 座都有较多铜器，而且铜器显得甚为重要。如出土铁器最多的 274 号墓，墓中套头及套足的大铜釜、盖脸垫臂的铜洗不光铸造精美，而且意蕴不凡。

兵器是乙类墓部族社会生活中最重要的一类用器。本次发掘出土兵器按质地统计，全铁兵器 5 件，铜铁合制兵器 3 件，全铜兵器 37 件。铁兵器在当中只占到很小比例。

几方面的数字对比，都显示了一个明显的事实，尽管铁器是人类文明进程中优于铜器的新发明，但铁器在乙类墓当时的社会生活中，远远不能达到取代铜器的地步，铜器依然是该地部族起着主导作用的生活资料。

通过检测分析发现，乙类墓的铁器中铸铁脱碳钢占有较大比例，此外还有脱碳铸铁及韧性铸铁。这些铁器虽然有的可能从外地直接输入，但仍有一些具有明显的本地特色。这说明，该部族已掌握了较高的铁器制作技术。但铁器之所以不能较快取代铜器成为主要的生活资料，一个重要原因应与铁原料的缺乏有关。

（2）柳叶形铁剑

我们在器物介绍时已经谈过柳叶形铁剑的特殊性，它不光有地方性特点，而且在反映剑的演变史中是一个重要环节。

镂空牌形茎首铜柄铁剑被看作是乙类墓最有代表性的兵器。这种剑可以追寻到它自身的发展轨迹。经过反复比较，我们在乙类墓出土的所有剑中理出这个变化过程。最初的剑是巴蜀式柳叶形铜剑，这种剑用树皮、藤条捆绑木条作为剑柄。后来，发展到用青铜铸造出剑柄，剑柄是空心的，将柳叶形铜剑插进去固定紧。这就是我们看到的镂空牌形茎首铜剑。这时期，柳叶形铁剑相继出现。这种铁剑除了采用柳叶形铜剑捆绑剑柄的方法外，还采用了镂空牌形茎首铜剑的装柄方法。这就是我们看到的铜柄铁短剑。再后来，铜剑柄愈益精细，铁短剑也发展成长剑，成为代表性的镂空牌形茎首铜柄铁剑。我们在报告中列图显示了这个演化过程：

```
柳叶形铜剑 ———————→ 柳叶形铁剑 ———————————→
        └——————→ 铜柄铜剑 ————————→ 铜柄铁短剑 ——→ 铜柄铁长剑
```

从发掘资料中理清楚剑的发展过程，不仅弄清了铜柄铁剑的来历，而且对于我们判断墓葬相互的早晚顺序，有很大的帮助。

（3）生产工具与兵器

在乙类墓的部族中，征战防守与生产劳动应该是最重要的社会活动。因而，生产工具和兵器出土的现象特别受到我们的关注。

我们发现，生产工具基本不和兵器同时出土。不算铁削刀，发现的六件铁工具，有两件出于274号墓，墓中同时伴出有兵器。但这本是一座很特殊的墓，所以这种伴出的现象应当特殊看待，不能作为一般规律。另外四件各出土于一座墓，墓中则没有兵器。

1978年发掘的乙类墓，有九座墓出土铁工具，都是锸、铚、铧等农业生产工具。九座墓均不出兵器。

生产工具和兵器不在同一座墓中共出，给我们的印象是，墓主人生前主要从事的社会活动不相同，有的人主要从事生产劳动，也有人主要从事征战防守。即是说，在部族中存在有一定程度的社会分工。当然，这种分工还不会很严格，只是相对有所侧重而已。社会分工对于社会形态研究来说，是比较受重视的资料。

（4）铁器环首的制作方式

铁削刀和铁刀的柄后端多制有一个圆形环，既有装饰效果，又便于挂放。我们把它称为环首。可乐乙类墓出土的环首器，环首都经锻打制成。锻打的方法有两种：一种是将柄后部的铁条打细后，直接卷曲形成圆环，环末尖端靠住直柄起弯处即可，环首看起来是一个较光滑的圆圈；另一种是将铁条打细后，先回折，留出一小段，再卷曲成环，环末尖端一般稍有回卷，与直柄回折处配齐，环首圆圈看起来不完整，柄端会有一小段伸进圆环内。

从使用效果看，两种环首其实并无优劣差别。柄端突进环首，无论从增加强度还是增加稳定性方面，都起不到什么实际作用。而且环首也不存在需改善这些方面的必要。

有人认为环首弯曲方式可能反映了时代早晚的区别。但可乐乙类墓不同墓中与环首铁器伴出的器物，一点看不出有早晚差别。国内其他地方出土的战国至汉代环首铁器，也有这两种弯曲方式，也看不出有时代的差别。因而这大概不是一种早晚工艺的变化。

我们觉得，这不同的弯曲方式，把它归结为不同制作工匠的个人操作习惯可能比较客观。不同的工匠得到不同的师承，形成不同的审美习惯，生产出不同的制品，是非常自然的事。

环首铁器还有其他一些制作方法，比如直接靠铸造制成。但可乐乙类墓中没有发现。

五　随葬玉、骨器

玉器和骨器全是随身装饰品，其中玉器 46 件，骨器 40 件，另有 3 组孔雀石串珠。我们将选择其中不同类别和形制的器物分别加以介绍，不一一罗列。此外，还有 3 件贝饰品，附于这部分介绍。

1. 玉器

玉玦　玦是古代对有一道缺口的环状饰物的称呼，一般作为耳坠佩戴。严格说，古人根据环状饰物中间圆孔的大小，还划分有璧、瑗、环三种不同称呼的标准，这里不多说。玉玦仅出土一件，形状很有特色，在一个璧形玦的外圈，对称雕有四个鸡冠状的装饰。所以我们平时称它为带冠璧形玉玦。这个玦不算大，外直径5.65~5.85厘米。但戴在耳上是十分显眼的。经检测，质地为透闪石，属习称的真玉。这件玉玦的装饰风格，与四川成都金沙遗址出土的一种玉璧形器最为相像，玉璧形器要大得多，金沙遗址发掘者把那上边的冠状装饰称为"齿突"。另外，广西平乐银山岭战国墓中，也发现过外圈雕有对称装饰的玉玦，被称为"四瓣相对称的花饰"。这些玉器之间有没有一定联系，现在还不好做结论。不妨先了解一下，去那里参观时多一分观察。

玉璜　也是一种古代称呼，多为身上的佩玉。两件璜的造型不像玉玦那样有明显的特色。质地也是透闪石。玉璜有时利用折断的环形器加工而成。这两件璜也有这种可能，因为其中一件的端头上，有小小一个半圆

带冠璧形玉玦（M341:6）

玉璜（M312）

形的缺口，从加工痕迹看，这原来是一个圆形孔，用双面对钻方法加工成，后来逢中折断，才改成了现在的形状。它很可能曾经是一个完整的环形器。

玛瑙管　管和珠是玉饰品中最主要的类型，主要用来穿缀成串，挂于脖子上。其中以玛瑙制品最有代表性。玛瑙管共 28 件，多为偏红的赭石色，还有乳白色，带有漂亮的自然纹理，磨制得很光润。大小不一，形式不定。有的呈圆柱形，有的腰部略向外鼓，有的腰部略向内束，有长有短。当中都贯穿有一个圆形的小孔，我们把小孔称为穿。

玛瑙珠　玛瑙珠的颜色多为乳白，形状很像算盘珠，当中也有圆形穿。还有少量制成圆墩形，上下为平面。这种墩形珠有可能利用折断的玛瑙管改磨而成，在玛瑙管中就发现多件短管是利用折断的长管改制的。这样漂亮的装饰品，万一摔断，当然舍不得随意扔掉。

管和珠除了用玛瑙磨制外，还有少数用玉髓、绿泥石、绿松石等制成的。形状大体相似。

孔雀石串珠　孔雀石是一种铜矿物，常与蓝铜矿共生，多呈翠绿色，有细细的同心带状条纹，很漂亮。很早就被人们用来制作装饰品，也被看作玉饰大范畴。出土的 3 组孔雀

不同的玛瑙管（M274）、玛瑙珠（M274：38）

孔雀石串珠（M330：2）

石串珠颜色为灰绿，珠粒很多，最多的一组达 2131 粒。粒径都在 0.5 厘米以下。稍长的像支小管，长约 1 厘米。短的仅是薄片，厚不到 0.1 厘米。串珠的使用方式还不很清楚，从三座墓的出土位置看，都不像用作项饰佩戴。其中 342 号墓大概是将串珠排列钉在盖于头上和盖于胸部的布料上。出土串珠的三座墓都是小孩墓，经骨骼鉴定，一座大约 2～4 岁，一座大约 6 岁，一座大约 6～9 岁。这样的小孩，应该不需佩戴项饰品。孔雀石不是当地产品。使用这样多珍贵的串珠给小孩随葬，恐怕更多反映的是长者对夭折幼童一种特别的怜爱之情。

2. 骨器

骨玦　用动物骨头做成的环状耳饰品，也有一个小缺口。磨制得很精细。是什么动物骨头，却没有鉴定出来。玦外径达七八厘米，只有大型动物的骨头才加工得出来。骨玦只在六座墓中有发现，但很显眼，佩戴最多的居然左右耳各戴 3 只，佩戴者一定很着意要对它们加以炫耀。

骨玦（M274）

骨珠　用动物骨头制成，也没鉴定出动物种类。共出土 22 件，除两件出土于 271 号墓外，其余都出土于 274 号墓。骨珠与玛瑙管、铜铃等交错穿缀成串，挂在死者的脖子上。也是非常显眼的装饰品。

用动物骨头制成的装饰品还有少量骨管。

骨珠（M274:13）

贝饰（M274:61）

贝饰　有两种：一种直接用海贝作装饰，出土时两件海贝位于死者右手铜镯前边，看不出是用带子穿了挂在手腕，还是钉在衣服袖口；另一种是用一小片贝壳片稍加工，在一端钻小孔穿绳，作为项饰串的一个组件。

3. 一些值得关注的现象

（1）玉器分布

玉器共 46 件，主要出土于 274 号和 271 号墓，其中 274 号墓 28 件，271 号墓 13 件，只有 5 件出土于另外三座墓。

274 号墓和 271 号墓玉器种类很相似，以玛瑙管为主。总体看，271 号墓的玉器显得更小巧一些。我们在介绍铜铃时，曾谈到过铜铃主要分布于这两座墓，而且形制相似，估计两座墓有特殊的亲情关系。玉器也出现这样相似的分布特点，就再次证实了二者的特殊关系。在报告第三编第三章第三节之七铜器中"一些值得关注的文化现象"关于铜铃的讨论中，我们分析过271号墓应为一座幼儿墓。而274号墓主人是部族中地位特殊的一名首领，271号墓中相似的玉器和铜铃，极有可能是这名首领从自己特殊的装饰品中分选出来，送给这个幼儿的。幼儿应该是他所钟爱的子女，不幸夭折。根据骨骼鉴定，274号墓主人年龄约20～22岁，这名幼童是他第一个小孩也说不定。这些玉器与铜铃，表达了他深切的哀思，也显示了这名幼童特殊的地位。如果他顺利成长起来，或许将是其父特殊身份当然的继承人。

玉器分布如此集中，说明对玉器的支配相当垄断。当地没有玉矿分布，这批集中的玉器很可能是通过一次较偶然的机会进入到该部族中的，有可能是征战的缴获，有可能是特殊的馈赠，也有可能是难得的交换。不论是哪一种，这种机会显然不容易碰上一次。

全部玉器中有三件为透闪石玉，论质地和造型，都很珍贵。但三件玉器分出于312号墓和341号墓，并没有集中到274号墓。这是因为三件玉器传入的时间早于274号墓的时间。根据我们的研究，出土一件玉玦的341号墓属第一期墓葬，相当于战国早期至战国中期。出土两件玉璜的312号墓属第二期墓，相当于战国晚期。而274号墓属第三期墓，相当于战国末期至西汉前期。即是说，从第一期墓至第三期墓，大约间隔二三百年。由此看来，玉器在该地区的确缺乏较通畅的来源。

（2）玉器的钻孔工艺

玉管和玉珠中部都有一个圆形穿，这个穿在当时的生产条件下，是很不容易制造的。玛瑙和玉髓的硬度都很高，按测定硬度的"摩斯硬度计"，玛瑙的硬度为6.5～7度，玉髓的硬度为7度。这个硬度超过现在一般小刀的硬度，达到钢锉一类工具钢的硬度。要在这样硬的玉器上钻出孔，一般要有更硬的工具才办得到。现代可以制造特殊的合金钢或金刚石钻，但古代没有这些。古代制玉工匠采用了一种十分聪明的办法来解决这个难题。他们用竹管等自然界中的管状物充当钻孔工具，在管前端撒少量硬质细砂，术语称为"解玉砂"，反复转动管状物，依靠解玉砂的摩擦，在玉器上钻出孔来。这种办法被称为"管钻法"。玉管和玉珠中部的穿，应该也用这样办法制成，但这样小的孔，用什么管来旋转，却是我们弄不明白的。

观察玉管和玉珠的穿，我们发现钻孔操作时，分别采用了两头对钻和一头钻通的不同步骤。两头对钻的孔，由于手工操作不可能十分准确，中部都留有错位的痕迹。透明的玉管，从外壁就可以看出来。不透明的玉管，则要用细铁丝顺着管壁去探查。大家看看彩版六四:2，以及报告第五编274号墓的器物绘图就很清楚了。玉管的穿全用对钻法制成，玉珠的穿则全从一头钻通。一头钻通的穿，孔壁很直，孔径一头大，一头小。因为开始钻的一头反复受到转动的管壁摩擦，管壁会粘上钻磨下的玉料微粒，随着管的反复转动，先钻通的管壁也受到摩擦，孔径就会稍有扩大。大家看绘制的器物线图时，可能已经注意到这一点。考古研究中常常需要这样仔细地观察出土的文物，是不是很有意思？对古人的这些创造性行为，我们的确有责任认真了解，并公之于众。

（3）孔雀石片的制作和镶嵌

孔雀石片很小，数量很多。串珠中很多是薄片状，厚度约0.1厘米，直径0.2～0.5厘米。宽带片状形铜手镯上镶嵌的孔雀石圆片更小，厚约0.05厘米，直径0.15～0.3厘米。一件铜手镯上的孔雀石片可多达400片。所有孔雀石圆片中心都有一个小圆孔。

这样多小片究竟是怎样制作出来的，很让人惊奇。孔雀石的硬度为3.5～4度，属中上硬度，要切出这样多平整的小薄片很难。将孔雀石磨成一根小圆条似乎还可以办到，但将有限的原料分割，并磨成很多根小圆条已经很难。进一步在圆条中心钻出极小的孔，切成薄片就更难。即使有锋利的硬刀切得出片，薄片的强度差，很容易碎裂，切片的成功率会很低。而且如果真有硬刀，真用刀切的办法，何必要在圆条中心钻出一个小孔？我们为此请教过一些专家，还没有人对孔雀石片加工工艺作过研究，得不出答案。希望在今后的考古中，我们能有机会找到有帮助的线索。

镶嵌在铜手镯上的孔雀石片使用了黑色的黏合剂，现在粘结得已经不很牢。经北京大学文博学院专家使用显微红外光谱检测，黏合剂是生漆。漆在中国的使用最早可推到原始社会时期，春秋战国时期已出现高度发达的漆文化。贵州黔西北的毕节地区，至今是优质生漆的产地。两千多年前这里是否也有大量的漆树呢？孔雀石片的黏合剂或许给我们提供了一条有价值的信息。

（4）耳玦的不对称佩戴

细心的读者读到前边介绍玉玦的文字时，可能已经会产生疑问，为什么只是一件？按照普遍的习惯，应该是左右耳各一件，共两件才对呀。大家应当注意，我们在介绍铜手镯时，已经谈到过宽片状铜手镯多数都是不对称佩戴。这种不对称同时也反映到耳玦的佩戴上，玉玦就是一个明显的例子。死者就只有一件玉玦，戴在右耳上，右耳同时又重叠戴一件骨玦，而左耳却什么也不戴。

骨玦共14件，出土于六座墓中。其中四座墓都是不对称佩戴。除了出土玉玦的341号墓外，298号墓死者左耳戴一件，右耳戴两件；342号墓和350号墓都是右耳戴一件，左耳不戴。应该说，首饰品的佩戴在乙类墓的部族中，既注重对称，也注重不对称。这是审美情趣多样化的明显表现。这种多样化，一定是群体存在强烈爱美意识，并经历长期积累才有的结果。而审美意识的普遍化程度和多样化程度，与这个群体的经济生活水平肯定有着密切关系。

六　随葬纺织品及漆、木、皮器等

1. 纺织品

纺织品基本全部朽坏，所幸在一些铜器和铁器上粘着的少量残片还保存了下来，使我们能够看到当时纺织品的概貌。纺织品的使用应是普遍现象，在15座墓37件器物上发现粘附的残片。经苏州的中国丝绸博物馆专家鉴定，纺织品包括丝织物、毛织物和麻织物。从外观看，有的细密带光泽，有的厚实稍粗糙。在多件铜手镯内侧还有一种很轻薄的网格状织物，可惜这种网状织物没有被鉴定出来。有兴趣可看看彩版六六～六八。

2. 漆器

漆器比纺织品朽坏得还厉害，只剩下一堆红色印痕。在九座墓中发现这样的印痕，其中两座墓大体可看出原器是一件豆，其余印痕略呈圆形，直径约10～20厘米。我们在前文提到贵州黔西北地区出产生漆。这些漆器是否当地制造，还不能肯定。当时的巴蜀地区倒是盛产漆器，汉代还输送到贵州来，贵州清镇汉墓就出土过有"蜀郡"、"广汉郡"铭文的漆器。

3. 木器

成件的木器只看到木手镯，用树木的韧皮做成。窄片状，稍加打磨，未作更多加工。不封口。出土时放在死者手腕部位。另一种用窄木条随意绕了一圈半，也在手腕部位，故也定为手镯。勉强可辨出器形的木器还有木剑鞘。不过也朽坏得很严重，只看到剑上的木痕，结构及挂法等都无法知道。

4. 皮器

皮器只在一件铁刀和一件铁削的刀尖部看到一点残留的皮鞘，形状、缝制工艺都不了解。想来当时使用动物皮应是比较普遍的事情。可参见彩版七一、七二。

七　年代与分期

1. 年代与分期

我们已经知道，现在发现的墓口都出现在生土层上，最初的墓口地层早已被长年的农耕破坏，因而不能根据墓口的地层位置分析全部墓葬的早晚关系。不过，部分墓葬出土的随葬品还是提供了一些分析的条件，使我们能对有随葬品的墓葬进行基本断代和分期。这里尽可能考虑了部分随葬器物的演化规律、典型器物的时代特征以及墓葬间的打破关系等。综合这些方面的研究结果，我们将 55 座出土随葬品的墓划分为三期。

第一期墓葬 15 座，包括 294 号、298 号、302 号、308 号、309 号、310 号、318 号、334 号、335 号、337 号、340 号、341 号、343 号、354 号及 356 号墓。时代为战国早期至战国中期。

第二期墓葬共 23 座，包括 264 号、267 号、268 号、277 号、292 号、296 号、299 号、301 号、304 号、305 号、306 号、312 号、317 号、319 号、322 号、324 号、325 号、330 号、331 号、348 号、350 号、365 号及 370 号墓。时代为战国晚期。

第三期墓葬共 18 座，包括 266 号、269 号、271 号、272 号、273 号、274 号、275 号、286 号、287 号、288 号、300 号、311 号、338 号、342 号、351 号、359 号及 360 号墓。时代为战国末期至西汉前期。最晚的年代可能在汉武帝元光、元朔年间。

本编第四章中对部分器物的演化、有关器物的时代特征、过去在器物断代上的少量问题等都有专节说明。每一期墓葬主要的考古文化特征，在介绍墓葬分期时，也有概括。需进一步了解时可翻回去查一查，这里不重复。不过翻回去看看第四章最后的图五二～五四很有必要，那是各期墓葬特征性器物示意图，可以帮助你形象地初步了解主要出土器物的概貌。

2. 测年问题说明

我们对发掘中收集到的部分标本作了碳十四测年分析。碳十四测年是考古研究中采用最多的一种测定年代的方法，主要用于测定距今 5 万年以内的考古遗存。碳十四是存在于大气中的一种放射性碳元素，自然界中的动植物生长过程中会不断获取这种碳元素，并与大气中碳十四的浓度保持平衡。动植物生命一旦停止，这种平衡的保持也随之停止，动植物体内的碳十四就会开始发生衰减。研究发现，每经历 5570 年，这些动植物体内的碳十四浓度就会衰减一半。这个时界被称为碳十四的半衰期。因此，对考古发现的木头、骨头等标本进行碳十四浓度的测定，根据其半衰期原理加以计算，就可以确定该标本当初生存的具体时间。由于大气中的碳十四浓度有一定的起伏变化，碳十四测定的年代，还需要通过树木年轮的校正，才能更为准确。树木校正原理这里不多介绍。不过，在考古研究中，碳十四测年所提供的数据，并不能作为考古断代唯一的直接依据，还必须与地层学及类型学提供的其他信息参照加以分析。

报告第四章列举了 12 个测年数据。其中最早的为公元前 510±36 年。最晚的为公元前 302±47 年。分别属于我国春秋晚期和战国中晚期。显然前文所述墓葬的分期断代没有直接采用测年数据。这是因为参照地层学和类型学的信息，我们认为测年数据整体偏早。这 12 座测年墓葬中，7 座出土有铁器，所有铁器明显为我国中原系统器物。而按照测年数据，七座墓中两座属春秋晚期，五座属战国，以战国早期至中期为主。这与中国古代早期铁器出现和流行的历史背景，以及西南地区铁器传入和流行的历史状况很不相符。根据考古发现的资料，中国铁器的普及大约在进入战国之后。西南地区的铁器在中原影响下出现，铁器的普遍使用呈现出比中原偏晚的趋向。在古代巴蜀地区目前所发现的早期铁器，就没有战国之前的，多数为战国晚期。比巴蜀更偏南、与中原交往更偏晚的可乐，不应当呈现出年代的颠倒现象。

碳十四测年数据偏差现象很早就被发现，考古界有学者认为，检测的标本如受过铜锈污染，检测结果会出现偏早误差。误差大时，甚至会达到数百年。而可乐采集到的木、骨等含碳标本，全位于铜器旁，都受到铜锈严重污染。检测数据偏早可能就是这个原因。这批测年数据偏早的幅度，估计在 100～200 年左右。

有关的测年数据与详细分析，可查阅本编的第四章。

八　关于小结

本编第五章对乙类墓的基本文化面貌、遗存中反映出的社会生活状况与习俗、墓主人身份与年龄等分节进行小结，并对套头葬的命名等问题加以讨论。

基本文化面貌主要从考古遗存现象方面予以归纳，这是考古研究最基本的着眼点。可以仔细读一读，有助于全面了解可乐墓葬的基本特征。

社会生活状况与习俗是基于考古遗存现象反映出的一些直观信息所进行的归纳，兼顾到住、食、穿、发型、审美、生产、矿资源、宗教等不同方面，但不作过多发挥推测，不追求面面俱到，主要为保持考古学的客观性规范。其实在这些方面还有很多值得继续研究的空间，大家阅读时可能就会随时产生出一些联想，有兴趣时不妨顺着联想查查相关的书，进一步思考些问题。

研究墓主人身份需注意到不同的级别差异，同时应注意到基本的自由民身份。即是说，有差异但不存在明显的人身依附和奴役现象。这对于我们判断当时的社会性质具有重要意义。墓主人身份中的幼童可说是刻意划出来的一种类别，一方面难以准确将他们归附于某一类别中去，这里可能牵涉到对家庭形态的判断问题，不宜勉强。再方面幼童墓葬所占比例确实偏高，给我们留下很深印象，有必要特别加以强调。

墓主人年龄是体质人类学家根据保存的人骨资料分析得出的，人骨资料有限，肯定不能涵盖所有墓葬。但这是年龄分析仅存的研究标本。可作为一种随机资料，有其不可替代的价值。

套头葬命名原由 78 报告提出，在后来的研究中曾出现一些歧义，有人甚至提出要重新命名。我们感觉这种歧义趋向代表了部分人的思考认识，有必要加以廓清，并再次强调了这种命名的稳定性。一方面是为了充分尊重前人的研究，另一方面也利于对这种特殊葬俗的进一步研究，避免无谓出现多种称呼，使初接触的人无所适从。

总之，第五章的文字无太多专业性术语，这里不一一细说。

第四编　出土物检测及分析

运用自然科学技术和方法对出土遗物开展检测分析，是从不同角度对考古遗存进行的深入研究，可以提供大量依靠直接观察不能获得的信息。本次发掘研究过程，共进行了17项检测分析。为忠实反映检测分析结果，本编根据检测具体项目分节列题，每节除我们的综述外，也将检测部门提供的检测分析报告原文刊载于后。

一　陶器成分分析

陶器成分分析贵州以往的考古发掘研究从未开展过。这次分析对考古报告基本未产生直接作用，但对于专业研究将提供有价值的资料，而且，作为原始资料积累，将有其长远意义。

共选10件陶器取样，请中国社会科学院考古研究所考古科技实验中心进行成分分析。

测量分析了陶片中的25种元素，得到聚类分析的树形图。根据树形图将10件样品分成了三个相似组。但所分三组，与考古地层学和类型学所作出的结论显示不出必然联系。相反，第3组的4件样品还显示出一定的不协调性。

第三组四件陶器样品为送检样品的2、6、8、10号。其中2号出自可乐罗德成地266号墓，系第三期乙类墓。6号为墓地填土中的采集品，形制与乙类墓出土陶器有一定差异。8号为墓地范围一个小坑内出土，陶质与形制都与乙类墓陶器有异，通过器物对比认为属贵州威宁或云南昭鲁坝子传入器。10号出自可乐锅落包284号墓，系甲类墓，时代略晚于第三期乙类墓，陶质为泥质灰陶，轮制成型，与乙类墓陶器有明显差异。因此，对陶器成分检测根据聚类分析树形图所作分组原因，需从更多角度去认识和分析。

以下为分析者提供的分析报告。

可乐墓葬出土陶器的中子活化分析

中国社会科学院考古研究所考古科技实验研究中心　王增林

利用中子活化分析方法对所采集的10件陶器样品进行分析（样品编号见表一[①]），每

件陶器样品测量了 25 种元素（中子活化分析数据见表二），对测量资料进行聚类分析后得到了聚类分析树形图（图一），从图中可以看到这 10 件样品分成了三个组，即 3、5 号分为一组；1、4、7、9 号分为一组；2、6、8、10 号分为一组。虽然 10 号样品无论从陶器的式样还是陶器的质地都与众不同，但就元素含量上看与 2、6、8 号样品分在了一组。这 10 件陶器样品的制作原料可能来自三个不同的区域或制作时可能采用了三种不同的配方来完成的。

表一　陶器样品编号、名称及状况

实验室编号	样品名称及状况	样品原编号
GZH1	陶罐碎片（取样前器物已碎）	M370：1
GZH2	陶罐（样品为罐内器物碎片）	M266：1
GZH3	四乳丁折腹小陶罐	M322：1
GZH4	单耳陶罐（采集品）	DT1005
GZH5	陶罐	M340：1
GZH6	陶罐（采集样品）	HKDT0905
GZH7	陶罐（样品为罐内口沿碎片）	M304：1
GZH8	陶单耳罐	HKBT0502K4
GZH9	单耳陶罐	M305：1
GZH10	陶罐	M284：16

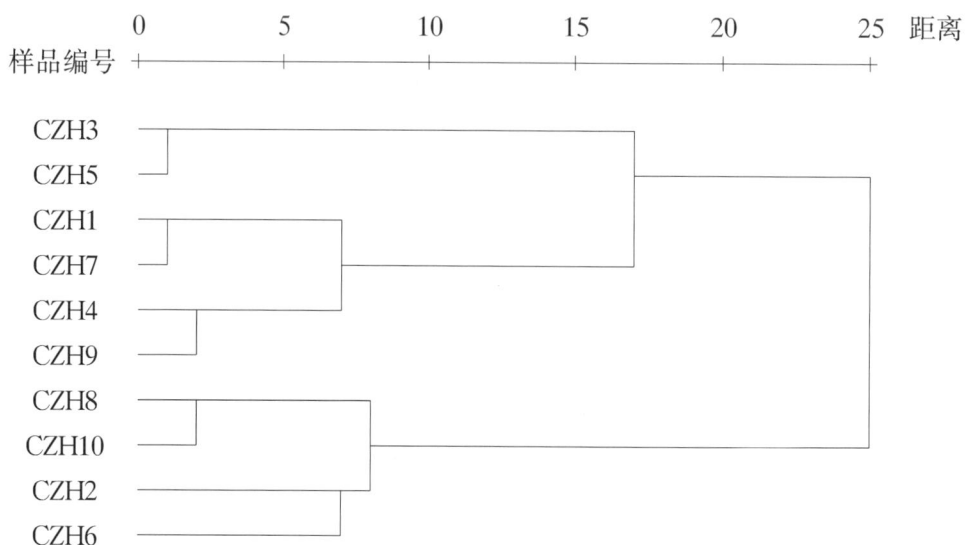

图一　聚类分析树形图

表二 中子活化分析资料 (单位：ppm)

样品编号	As	Ba	Br	Ca	Ce	Co	Cr	Cs	Eu	Fe	Hf	La	Lu	Na	Nd	Rb	Sb	Sc	Sm	Ta	Tb	Th	U	Yb	Zn
GZH1	8.89E+00	3.94E+02	3.23E+00	1.30E+05	1.63E+02	1.50E+01	1.27E+02	6.05E+00	4.04E+00	4.09E+04	1.17E+01	6.31E+01	7.70E-01	3.03E+03	6.70E+01	5.94E+01	7.32E-01	3.40E+01	1.47E+01	3.26E+00	1.89E+00	1.47E+01	3.72E+00	4.59E+00	1.72E+02
GZH2	9.31E+00	1.56E+03	2.87E+00	2.17E+04	1.04E+02	1.07E+01	1.90E+02	8.43E+00	2.32E+00	3.62E+04	4.48E+00	5.14E+01	6.35E-01	1.59E+03	5.66E+01	1.29E+02	4.99E-01	2.20E+01	1.07E+01	9.62E-01	1.43E+00	2.35E+01	7.37E+00	4.01E+00	1.14E+02
GZH3	1.27E+01	4.55E+02	3.65E+00	1.24E+05	1.95E+02	2.45E+01	1.41E+02	6.81E+00	4.09E+00	4.49E+04	1.23E+01	7.90E+01	7.60E-01	2.40E+03	8.89E+01	7.89E+01	1.65E+00	3.33E+01	1.54E+01	3.58E+00	2.02E+00	1.61E+01	4.04E+00	4.62E+00	2.31E+02
GZH4	4.22E+00	3.59E+02	3.04E+00	6.83E+04	1.19E+02	2.04E+01	1.48E+02	4.73E+00	3.02E+00	4.51E+04	8.67E+00	3.25E+01	3.52E-01	1.66E+03	4.89E+01	4.63E+01	7.35E-01	3.15E+01	5.42E+00	2.87E+00	1.32E+00	1.27E+01	1.84E+00	2.59E+00	1.61E+02
GZH5	8.81E+00	3.98E+02	7.30E-01	1.20E+05	1.82E+02	2.47E+01	1.69E+02	6.11E+00	3.90E+00	4.86E+04	1.23E+01	6.28E+01	1.04E+00	2.37E+03	6.70E+01	5.96E+01	1.38E+00	3.27E+01	1.44E+01	3.49E+00	1.73E+00	1.63E+01	4.14E+00	4.73E+00	2.36E+02
GZH6	1.28E+01	4.25E+02	3.09E+00	1.39E+05	1.13E+02	1.71E+01	1.61E+02	1.17E+01	1.97E+00	2.84E+04	7.40E+00	9.18E+01	9.91E-01	3.21E+03	4.67E+01	1.68E+02	9.27E-01	2.31E+01	1.76E+01	1.94E+00	1.23E+00	1.98E+01	6.32E+00	6.28E+00	1.05E+02
GZH7	7.52E+00	3.25E+02	1.07E+00	9.81E+04	1.35E+02	1.30E+01	1.14E+02	5.25E+00	3.36E+00	3.38E+04	9.66E+00	5.10E+01	6.00E-01	2.78E+03	5.73E+01	5.27E+01	8.62E-01	2.88E+01	1.22E+01	2.67E+00	1.60E+00	1.15E+01	2.94E+00	3.69E+00	1.19E+02
GZH8	1.17E+01	5.04E+01	2.41E+00	4.29E+04	1.11E+02	1.61E+01	1.95E+02	6.88E-01	1.63E+00	2.09E+04	9.38E+00	4.90E+01	5.81E-01	2.96E+02	4.36E+01	1.18E+02	5.94E-01	1.65E+01	8.41E+00	1.87E+00	1.01E+00	2.06E+01	4.17E+00	3.75E+00	1.15E+02
GZH9	3.65E+00	2.85E+02	2.05E+00	9.43E+04	1.14E+02	1.86E+01	1.47E+02	3.95E+00	3.68E+00	4.60E+04	7.69E+00	5.09E+01	8.93E-01	2.08E+03	5.71E+01	2.89E+01	5.58E-01	3.12E+01	1.12E+01	2.18E+00	1.30E+00	1.11E+01	2.36E+00	3.83E+00	1.38E+02
GZH10	7.76E+00	4.41E+02	0.00E+00	3.56E+04	1.29E+02	1.52E+01	1.13E+02	8.02E+00	1.69E+00	2.99E+04	7.37E+00	6.23E+01	5.43E-01	9.44E+02	5.67E+01	1.60E+02	1.23E+00	1.74E+01	8.33E+00	1.81E+00	1.01E+00	2.05E+01	4.82E+00	3.38E+00	9.96E+01

二 陶器碳元素检测分析

出土陶器中器表褐色，胎心黑色现象较突出。除可能与烧制过程中火候较低及时间较短有关外，或认为与制陶泥料中碳元素含量高有关。为了解陶器原料中碳元素含量，选取部分陶片于2007年4月送中国科学院金属研究所分析测试部进行碳元素测试。陶片样本共6件，分别选自可乐甲类墓与乙类墓，此外还挑选了普安县铜鼓山遗址2002年发掘出土的陶片。6个样本碳元素质量百分数检测结果如下：

M283：12 陶罐残片　　　0.24（w/%）

M284：11 陶釜残片　　　0.89（w/%）

M267：11 陶罐残片　　　5.46（w/%）

M370：1 陶罐残片　　　2.40、2.92（w/%）

02PTT110②陶片　　　1.10（w/%）

02PTT75①陶片　　　0.97（w/%）

注：检测依据：GB/T 14265－93

　　检测仪器：CS分析仪

　　环境条件：温度：20℃，湿度：20%

6个样本可分三组分析：

① 第一组为M283与M284，同为可乐甲类墓。在三组样本中碳元素含量最低，可能与墓主人对制陶泥料的选择习惯有关。M283与M284陶片碳元素含量有一定差异，应属不同工匠制作的产品。

② 第二组为M267与M370，同为可乐乙类墓。在三组样本中碳元素含量最高。乙类墓属地方少数民族墓葬，这两座墓同属二期，时代稍早于一组甲类墓。其墓主人对制陶泥料的选择与甲类墓主人有一定区别。乙类墓所出陶器往往有意识掺入较多炭屑也说明这种区别。本组M267与M370陶片之间碳元素含量差异大以及M370同一样本中碳元素分布不匀，既可能与不同工匠制作的产品差异有关，也可能反映乙类墓主人陶器制作工艺中的某种随意性。

③ 第三组为02PTT110②与02PTT75①，分别为普安县铜鼓山遗址不同探方第一层和第二层出土陶片，也有陶片胎心发黑现象，时代与第二组陶片大体相当。普安县属贵州黔西南地区，与可乐相距甚远，陶片碳元素含量与可乐陶片存在差异属正常现象。

由于国内考古发掘出土陶器过去普遍未作碳素测定，可乐陶器以及普安铜鼓山遗址陶器所作碳元素分析的资料，暂无法与国内其他不同地点不同遗址进行横向比较，所含碳素的绝对值大小也无法做出明确判断，因而陶片胎心发黑现象的碳素原因也还只能作为一种推测。

这批检测资料可能属国内考古出土陶器碳元素比值的第一组数据。但随着科技考古的不断深化普及，积累的资料会逐渐多起来，这对今后的考古研究将有重要意义。

三　陶器工艺鉴定分析

对出土陶器工艺问题先后两次在北京请教中国国家博物馆研究员李文杰先生。第一次选取12件陶器，请李先生逐件观察，并分别提出分析意见。第二次又针对泥料中沙质现象、陶胎中心颜色发黑、部分低温陶器、陶器上附加带纹的黑色等问题，选取部分陶片样品，请李先生再作观察分析。以下为两次现场记录整理的口述意见。

（一）李文杰先生第一次观察分析意见

2004年6月4日，贵州省文物考古研究所邀请中国国家博物馆研究员李文杰先生对贵州赫章可乐战国至西汉时期墓葬出土的部分陶器进行制作工艺方面的观察研究。研究在中国社会科学院考古研究所办公室进行。李先生对陶器作了仔细的观察，逐一提出分析意见。意见记录如下：

1. 陶罐（M266：1）

夹炭夹砂红褐陶罐。手制成形，即用泥条盘筑法成形。外壁用素面拍子拍打，内壁留有垫窝。拍打后用湿手抹平。

肩下部饰有三周戳印纹，戳印工具前端横断面呈椭圆形。从戳印纹可看出，陶轮沿逆时针方向转动，制作者右手执工具，逐行戳印。在慢轮上用工具修整口沿，沿面留有一周凹槽。最后安装四枚乳丁。

以低温烧成，烧成温度约650℃～700℃。应为明器，非实用器，装水会渗漏。

烧成气氛：氧化焰（以下器物除M284：16陶罐外，其余均用氧化焰烧成）。

2. 陶瓶（M292：1）

夹砂红褐陶瓶。手制成形，即用泥条盘筑法成形。外壁用素面拍子拍打，再用湿手抹平。口沿经过慢轮修整。颈部饰凹弦纹一周，凹弦纹下侧刻划三角折线纹。腹部略加磨光。

烧成温度：700℃左右。

3. 陶罐（M294：1）

夹炭夹砂红褐陶圈足罐。手制成形。即用泥条盘筑法成形，肩内壁留有捏泥条的指窝，腹内壁可看出泥条间的缝隙，泥条的宽度约1厘米。外壁先用素面拍子拍打，留有一些小平面。再用湿手抹平。此器可作为说明泥条盘筑法成形工艺的典型器物。

烧成温度：约 650℃～700℃。

4. 陶罐（M304:1）

夹砂夹炭红褐陶罐。掺和料中砂粒较多，炭末较少。手制成形，即用泥条盘筑法成形。内壁肩腹交界处留有泥条缝隙，及手捏的指窝。外壁用素面拍子拍打，内壁留有垫窝。在慢轮上用工具修整口沿，沿面留有一周凹槽。

肩部饰篦划纹及戳印纹。先用四齿篦状工具旋划凹弦纹两组，两组凹弦纹间再用纵向篦划纹分为 20 格，每格内施上下两组横列四齿戳印纹。四齿凹弦纹上下再分别施纵列四齿戳印纹一周。从纹饰上可看出，施加纹饰时陶轮沿逆时针方向转动，制作者右手持工具操作。

然后安装四枚乳丁。器表略加打磨。打磨处略有光泽，却没有坚硬工具摩擦痕，磨光工具可能为软硬适度的皮类物。

烧成温度：700℃左右。

5. 陶罐（M305:1）

夹炭夹砂红褐陶单耳罐。手制成形，即用泥条盘筑法成形。圈足后加。

用绕绳的拍子拍打外壁，内壁留有较明显的垫窝，由于口小，手伸不进罐内，可能用长条形的鹅卵石作为垫子。折肩由于修整拍打而形成，原来应为圆肩。拍打后用湿手抹平，局部留有竖向细绳纹。

肩中部饰戳印纹一周，戳印工具前端横剖面略呈三角形。从戳印纹上可看出，陶轮沿逆时针方向转动，制作者右手执工具操作。

然后安装四枚乳丁，再安装桥形单耳。

烧成温度：约 650℃～700℃。

6. 陶罐（M322:1）

夹炭夹砂红褐陶单耳罐。掺和料中以炭末为主，砂粒较少。手制成形，即用泥条盘筑法制坯。外壁用素面拍子拍打，拍打时器内垫子或用鹅卵石，或用陶垫，肩腹交界处留有垫窝痕。拍打后再用湿手抹平。

肩部饰横向篦划纹两组，两组篦划纹之间，每隔约 10 厘米以一组竖向篦划纹分格，格内戳印横向篦点纹 7 至 8 列。戳印时工具从下往上斜向刺入。篦划纹及篦点纹均用同一个四齿篦状工具。

然后安装四枚乳丁，乳丁前端划"十"字纹。最后安装桥形单耳。

烧成温度：约 700℃。

7. 陶杯（M338:1）

夹炭夹砂红褐陶单耳圈足杯。手制成形　即用泥条盘筑法成形，圈足后加。经素面拍子拍打后，用湿手抹平。口沿经慢轮修整，留有一周凹槽。器表略加磨光。

烧成温度：约 650℃～700℃。

8．陶罐（M340：1）

夹炭夹砂红褐陶罐。掺和料中炭末较多，砂粒很少。手制成形，即用泥条盘筑法成形。肩、腹内壁留有手指捏压的指窝。外壁用素面拍子拍打，腹内壁留有椭圆形垫窝。拍打后用湿手抹平。器表略加打磨，打磨处略有光泽，却没有坚硬工具遗留的痕迹，器面甚至留有拍打的分散的小平面。打磨工具可能是软硬适度的皮类物。在慢轮上用工具修整口沿，沿面留有一周凹槽。

烧成温度：约 650℃～700℃。

9．陶罐（HKBT0502K4）

夹砂红褐陶盘口单耳罐。掺和料中仅加有细砂，无炭末。砂粒经过筛选，粒径约 0.5 毫米。手制成形，即用泥条盘筑法成形，内壁留有泥条缝隙。有上下两层器底，下层底整块脱落，保存完好。从这件器物可清楚看出泥条盘筑器壁与器底之间的关系。先用素面拍子制一圆饼状器底，然后以泥条沿圆饼状底边缘外侧盘筑器壁。陶轮沿顺时针方向转动，制作者用左手持泥条，右手捏泥条，泥条按逆时针方向延伸，泥条盘筑满一圈后，连续升上一圈。器壁达到一定高度后，为加固底部，在底外又加一层较薄的圆饼状底，并顺次将后加底边缘与器壁间抹光滑。因而形成上、下两层器底。俯视脱落开的下层底，其边缘有一圈很薄的断裂龇口。仰视上层底及边缘泥条，接头处的痕迹清楚可见，泥条是按逆时针方向延伸（彩版二九）。先做器底后盘筑器壁，在坯体成形工艺上称为正筑泥条盘筑法。这是反映正筑泥条盘筑法很典型的一件器物。据此断定这一批手制器物可能都是采用正筑泥条盘筑法成形的。后加下层底是制作者根据需要采取的一项临时性的加固措施，不一定每件器物都需要这样做。至于下层底脱落的原因，是因为加下层底时罐基本成形，上层底已略干缩，两层底泥料的含水量存在差异，干燥收缩率不同，烧制后易发生脱层。罐的口部呈现盘口状，既与成形时捏泥条的手法有关，有意识使它初步呈现盘口状；也与整形有关，口沿外表可能用素面圆棍进行滚压整形，内壁可能用圆球状物进行滚压整形，使之进一步形成盘口状。

器腹外壁用素面拍子拍打，再以湿手抹平。最后装桥形单耳。

烧成温度：700℃左右。

烧成气氛为氧化焰，但器物靠近柴火部位，有局部渗碳现象，造成陶色不匀，局部有黑色斑块。

10．陶罐（HKDT1005 采：2）

夹炭夹砂红褐陶单耳罐。陶土中有两种掺和料：炭末（用何种植物烧成不详）、细砂。炭末较多，细砂较少，细砂经过筛选。手制成形，即用泥条盘筑法成形。以绕绳拍子拍打器腹外壁，特点是绳纹没有连续性，器表留有一个个因拍打而形成的小平面。再用湿手略加抹平，由于未抹彻底，留有许多绳纹痕迹。然后装三枚乳丁，乳丁上刻划"十"字纹。最后在口肩之间安装桥形单耳。

烧成温度：约 650℃ ～700℃。

11．陶罐（HKDT0905 采：1）

夹炭红褐陶单耳罐。掺和料中只有炭末，无砂粒。手制成形，即用泥条盘筑法成形。肩部以下用绕绳拍子拍打，留有明显的绳纹痕。器底拍打成圜底。内壁肩腹交界处及底部留有垫窝。

肩部用四齿篦状工具戳印一周竖列篦点纹。从篦点纹上可看出，戳印时陶轮沿逆时针方向转动，制作者右手竖执篦齿工具，斜向刺入器壁。

在慢轮上用工具修整口沿，沿面留有一周凹槽。最后安装桥形单耳。

烧成温度：约 650℃ ～700℃。

12．陶罐（M284：16）

泥质灰陶。轮制成形，拉坯痕迹已看不出，内外壁均在快轮上用刀具加以彻底修整，留有细密轮纹。从修整痕迹上可看出，快轮慢用修整时陶轮沿逆时针方向慢速转动，制作者左手放在胎壁内侧，右手在外侧从上往下操作。腹部外壁稍加磨光。特点是器表既有光泽，又有一道道磨光工具滑动摩擦的痕迹。是在坯体将干未干时用坚硬而光滑的工具打磨的。

烧成温度：约 900℃。

先以氧化焰烧制，后期改用还原焰烧成。外壁、内壁和胎心均为浅灰色，表明经过较长时间充分的还原烧成。陶色呈现浅灰色，是弱还原焰烧成所致。另外与陶土的化学组成有关，陶土中所含氧化铁成分较低，呈现的灰颜色就会较浅。

这件陶器的成形工艺、修整工艺和烧制工艺水平都较高，值得注意的是器形与山西省西汉中期的同类罐相似（记录者注：见李文杰：《中国古代制陶工艺研究》图一六七：3，科学出版社，1996 年）。

综上所述，除第 12 件陶器（M284：16）的制陶工艺水平较高外，其余 11 件器物的制陶工艺，尤其是成形工艺和烧制水平都较低。其制陶工艺特点是：

1．从器形上看，流行单耳。这一点与西北地区陶器有相似之处，二者是有某种关系，还是偶然的巧合？尚待研究。

2．从制陶原料上看，制作明器时流行夹炭陶、夹炭夹砂陶（掺和料中炭末多，砂粒少）或夹砂夹炭陶（砂粒多，炭末少）。至于在贵州地区战国至西汉时期的实用器（日常生活用具）中是否也有夹炭陶，这个问题尚待在遗址（尤其是房址）的考古发掘中探明。在江汉地区，夹炭陶实用器最早见于城背溪文化，最盛行的是大溪文化，最晚的见于石家河文化早期。由此可见，夹炭陶是一种相当原始的陶器。

3. 从坯体的成形工艺上看，流行正筑泥条盘筑法。然而在内地，战国至西汉是中国历史上制陶工艺大发展的时期之一，突出地表现在呈现出快轮制陶技术的第二次高潮。

4. 绳纹都是拍打而成的，而且常被湿手抹平，没有多少装饰意义。可见，拍打绳纹的目的是整形和加固胎壁。

5. 从烧制工艺上看，流行低温陶，质地松软（有的稍硬），烧制工艺相当马虎，显然不是实用器。

由此可见，这是一批具有当地民族特色的陶器，是专门为死者随葬之用而制作的明器，与第 12 件陶器相比，在制陶工艺上存在较大的差距。

最后，需要说明的是：12 件陶器的共同点在于，所用的陶土都是当地产的普通易熔黏土。①

附记：我们送陶器到北京时，适逢李先生病愈出院之初，我们不知情。相关人员转告我们的邀请后，李先生毫不推诿，欣然应允。2004 年 6 月北京天气特别热，李先生从丰台区住宅赶到考古所时，已是大汗淋漓。我们始知李先生患病初愈，十分不过意。李先生稍息片刻，取出携带的放大镜，立即全神贯注一件件观察陶器，然后逐件口述鉴定意见。碰到我们不熟悉的问题，先生会不厌其烦细细解释。无疑，这次观察鉴定不光大大提高了报告关于出土陶器信息的介绍质量，而且是老一辈考古学家高尚学养品格的一次具体展现。从北京返筑后，李先生还数次来信，认真审定、修改了我们所作的记录，并一直挂记着报告的研究和进展。

（二）李文杰先生第二次观察分析意见

2005 年 3 月 25 日，贵州省文物考古研究所再次邀请李文杰先生对贵州赫章可乐战国至西汉墓葬出土的部分陶器进行观察研究，主要涉及部分陶器的泥料带沙质、烧成温度太低、白色陶、附加带纹呈黑色、胎心呈黑色、陶色偏红、是否添加木炭屑等问题。李先生逐一认真观察选送的陶片样品，并对部分样品进行测试，提出分析意见。以下为根据记录整理的具体意见：

1. 陶罐口沿（M281：10）

---

① 记录稿送经李文杰先生审阅。记录者：张元、梁太鹤。

样品显现泥料沙质较重，但所用主要原料属黏土，沙土没有可塑性，不能制作陶器。泥料中砂粒是人为掺入的。这件陶器火候虽低，但烧成温度应高于 500℃。以前国内所发现的陶器烧成温度都在 600℃ 以上。山西陶寺遗址出土有火候特低的陶器，但那是明器。

2. 陶罐片（M281：14）

（白陶）一般的说，陶片发白的原因有两种，一是含铝多，为高岭土；一是含镁多，如镁质黏土即滑石黏土。这件不像纯的高岭土，纯的高岭土烧后会更白。这件不滑，不是镁质黏土。吸水率较高，一放进水中就冒泡。烧成温度可能有 500℃～550℃。

3. 陶豆足沿（M281：16）

与第一件情况略同。李先生取少量样品与上一件白陶罐样品一同进行浸水测试，数日后回复书面意见如下：

"坯体经过烧制变成陶器，500℃ 以上为红热温度。因此，由坯体烧制成陶器，必须在 500℃ 以上。500℃ 以下仍然是坯体，不可能成为陶器。换句话说，坯体从 500℃ 开始逐渐陶化。鉴定出土器物是坯体还是陶器，可以采用水浸法，将器物的一小片浸在水中试验，如果是坯体，浸在水中大量吸水，不久就会解体，化成泥。如果是陶器，浸在水中，吸水率远不如坯体，而且不会解体，不会化成泥。

贵州赫章可乐汉式墓葬出土的红陶豆残片，浸入水中时，看不到小气泡。白陶罐残片致密度很低，浸入水中时，立即冒出许多小气泡，说明两者的吸水率不同。从 3 月 25 日至 30 日两片都一直浸在水中，仍然保持原样，没有解体，没有化成泥，这表明两者都是陶器，不是坯体。陶器的硬度主要决定于烧成温度高低，也与加工的程度有关。两者的差别是：红陶的原料是普通易熔黏土，摩氏硬度约 1，与滑石硬度相当，推测烧成温度约 500℃～550℃。白陶的原料是不纯的高岭土，含铁量较低，因此大致呈现为白色，即以不纯的高铝质耐火黏土为原料。摩氏硬度约 1 弱，推测烧成温度约 500℃～550℃。

30 日将两者从水中取出后，用手指捻，即成粉末，稍有一点泥浆。这表明两者都是烧成温度很低的低温陶，是目前所发现的烧成温度最低的陶器。这些都是明器，为死者随葬之用，因此烧成温度很低，烧制工艺非常马虎。"

4. 陶壶片（M284：22）

（褐陶，陶片有明显起层现象。陶壶腹部有一条附加带状堆纹呈黑色。请教陶片起层及带纹黑色与褐陶色差异的原因等）手制成形痕明显，陶片内壁上的凹槽是泥条或泥片结合部的遗痕。此件凹槽较长，说明泥条成形的可能性大。陶片起层与泥料含水量有关，泥料含水量低及泥料较硬可出现起层状，叠压处是泥条结合部的痕迹。此件烧成温度可能不到 800℃。附加带纹的黑色有超出带纹的地方，黑色的边缘清楚，因此，黑色应是含有某种着色剂，而不是渗碳所致。渗碳的不同处在于边缘会模糊，且有过渡带。而这件带纹的黑色并没有这种现象。所含着色剂可在实验室作测试，将陶片烧至600℃，如果黑色不变，应是含铁、锰元素的矿物质。如果黑色消退，则是含有机质。[1]

5. 陶釜片（M284：11）

（红陶，胎心发黑）陶色发红程度与泥料含铁量有关，含铁量高会发红，含铁量较低则偏黄。如同样含铁量，火候高的会较红。胎心发黑可能是因为泥料中含碳素较高，而不是夹炭屑所致。如果火候较低，胎心未及充分氧化，会出现这样状况。

6. 陶碗片（M284：18）

（黄灰陶，泥料沙质重，含石英砂，胎心呈边缘整齐的黑色层）所含砂粒很少，似泥中原来包含的，不像人为加入。这几件陶器除那件白陶外，都是普通易熔黏土。胎心发黑还是因泥料含碳素较高，以及火候低。这件烧成温度可能就略低于600℃。

7. 陶罐片（M267：11）

（夹炭陶，有明显木炭痕。）从陶片上观察，对泥料所掺炭屑为木炭的推测或可成立。还可再作更多观察。夹炭陶在很多地方都发现，如湖北的城背溪文化、大溪文化等。所加为炭化稻壳。可乐陶器中未发现稻壳痕，所加炭屑是何种炭值得研究[2]。

（三）陶壶附加带纹样品加温测试分析[3]

赫章可乐 M284 出土陶壶腹部附加带纹呈黑色，与壶壁红褐陶色不同。带纹与腹壁个别连接部有涂抹痕。根据中国国家博物馆李文杰先生建议，2005 年 8 月 2 日选样进行了加热测试。样品选自陶壶腹壁附加带纹部，一片，长宽均近 10 厘米。使用普通电炉加热，电炉功率为1200W。

将样品直接放于电炉上，预热十余分钟，然后用搪瓷钵扣在电炉上，加温，15 分钟后观察陶片，已烧成红色，温度达 600℃以上。揭去搪瓷钵，切断电源，让样品逐渐降温，冷却。

观察样品，内壁呈暗砖红色，外壁色相似、稍暗。附加带纹仍呈黑色。从剖面观察，陶壶胎心亦呈砖红色，附加带纹层剖面为黑色。

分析观察现象，带纹上的黑色急剧氧化后未发生褪化，不应是涂刷生漆一类有机颜料所至。带纹表层和心层经高温烧过仍保持同样黑色，说明黑色并非仅在表面涂刷一层成色矿物颜料，应是附加带纹的泥料中就含有较高铁、锰元素。这种高铁、锰元素泥料有可能

---

[1]　事后我们对陶片另作有加温测试，记录见后。
[2]　记录稿送经李文杰先生审阅。记录者：梁太鹤。
[3]　测试者：梁太鹤、陆永富。

是在陶壶制成之后，制作附加带纹时另选用一种泥料。也有可能是在原泥料中特别掺入过铁、锰矿物原料。因为所有出土陶器仅此一件出现这种现象，具体原因尚需检测分析后才好断定。带纹与器壁连接部个别地方出现的涂抹痕，应是附加带纹泥条粘上后加压所致。

四　铜器检测分析

铜器选取容器、兵器、装饰品等不同类别样品，请中国社会科学院考古研究所考古科技实验研究中心进行相关综合检测分析。中国社会科学院考古研究所考古科技实验中心刘煜会同吉林省文物考古研究所贾莹，于 2005 年至 2006 年陆续进行铜器化学成分检测分析、金相检测分析、扫描电镜分析、X 射线衍射分析等一系列工作，提出具体分析意见及讨论。

铜器检测工作做得较认真、系统，检测结论及分析意见中有几点尤其值得重视：

（1）铜器材料和成形方法都具有较鲜明的地方特点，如所有器物的锡含量都比中原地区常用的合金要低，制作技术相对较原始。

（2）制作工匠已经熟练掌握了铸造和锻打铜器技术，能根据不同用途器形来选择成形工艺。

（3）同样用途的器物，锈蚀物组成非常相似，表明它们有相似的合金成分和制作工艺。

（4）套头葬中的鼓形铜釜为红铜制品，可能是专门的明器。

以下为分析者提供的检测分析报告。

赫章可乐墓地出土青铜器的检测分析

中国社会科学院考古研究所考古科技实验研究中心　　刘煜

吉林省文物考古研究所　　贾莹

2000 年贵州省文物考古研究所会同赫章县文物管理所在贵州省赫章县可乐乡可乐村发掘了一批战国至西汉墓葬，取得重要收获。墓葬属古夜郎国时期，出土铜制品有釜、洗等容器，戈、剑等兵器以及发钗、手镯、扣饰等装饰品。本文利用 ICP（电感耦合等离子体发射光谱）、金相显微镜、XRD（X 射线衍射）及 SEM（扫描电镜）等检测手段，对部分铜器样品进行了分析，以期了解这批铜器的合金配制、制作工艺等信息，进而探讨古夜郎国时期当地的金属冶铸水平和这批青铜器的腐蚀状况。

一　ICP 检测化学成分

1. ICP 检测赫章可乐墓地铜器化学成分

对赫章可乐墓地出土的 16 件铜器残片使用 ICP 进行检测，所得结果见表一。

分析仪器：美国 Leeman 公司 Prodigy 型 ICP－OES

分析单位：清华大学化学分析中心原子光谱实验室

这里沿用《中国上古金属技术》一书中的分类方法[①]：

Ⅰ类，几乎不含锡、铅的视作纯铜（Ⅰa），锡、铅含量均低于 2% 的视作类纯铜（Ⅰb），铅和锡均视作杂质混入。

Ⅱ类，含铅量低于 2%，铅视为杂质混入，含锡量高于 2% 的视作锡青铜，属于铜锡二元合金。其中，含锡量高于 10% 的为高锡青铜，记作Ⅱ$_H$。

Ⅲ类，含锡量低于 2%，锡视为杂质混入，含铅量高于 2% 的称作铅青铜，实为铜－铅二元合金。其中，含铅量高于 10% 的为高铅青铜，记作Ⅲ$_H$。

Ⅳ类，含锡、铅量均高于 2%，是有意加入的合金元素，构成铜－锡－铅三元合金，称为铅锡青铜。其中，锡高于 10% 的属于高锡铅锡青铜，记作Ⅳ$_S$；铅高于 10% 的属于高铅铅锡青铜，记作Ⅳ$_P$；铅、锡均高于 10% 的属于高锡高铅铅锡青铜，记作Ⅳ$_B$。

表一　青铜器成分检测结果　　　　　　　　　　　（重量百分比）

序号	器号	器名	Cu	Sn	Pb	Fe	Bi	As	Ni	Si	其他杂质	总和 (100%)	合金种类	锡铅比
1	M273:1	铜釜	85.16	6.96	7.37	1.25	0.02	0.59	0.18	0.05	(Na, Ca, Se) 0.01	101.59	Ⅳ	0.94
2	M281:17	铜釜	72.18	12.17	7.93	0.07	0.12	0.44	0.10	0.01	(Al, Ca, Cr, Mg, Na, Se) 0.05	93.07	Ⅳ$_S$	1.53
3	M274:86	铜釜	77.84	9.04	4.61	0.32	0.04	0.25	0.12	0.03	(Na, Ca, Se) 0.01	92.26	Ⅳ	1.97
4	M274:37	铜釜	80.12	9.45	2.95	0.29	0.03	0.22	0.10	0.05	(Na, Ca, Se) 0.01	93.22	Ⅳ	3.20
5	M272:1	铜釜	91.76	0.40	0.08	0.08		0.19	0.02	0.00	(Al, Ca, Cr, Mg, Na, Se) 0.03	92.56	Ⅰa	

---

① 苏荣誉等：《中国上古金属技术》第四章《青铜合金配制》，山东科学技术出版社，1990 年，186 页。

续表

序号	器号	器名	Cu	Sn	Pb	Fe	Bi	As	Ni	Si	其他杂质	总和（100%）	合金种类	锡铅比
6	M264:1	铜釜	92.52	0.02	0.02	0.01		0.05	0.01	0.02	(Na, Ca, Se) 0.01	92.66	I a	
7	M273:3	铜洗	71.40	14.23	7.35	0.17	0.13	0.18	0.12	0.02	(Al, Ca, Cr, Mg, Na, Se) 0.02	93.59	IV S	1.94
8	M302:1	铜戈	91.31	3.70	1.37	0.01	0.00	0.21	0.02	0.01	(Al, Ca, Cr, Mg, Na, Se) 0.07	96.70	II	
9	M317:1	铜戈	77.71	15.22	0.09	1.20	0.00	0.32	0.03	0.02	(Al, Ca, Cr, Mg, Na, Se) 0.04	94.63	II H	
10	M331:1	铜戈	85.28	6.73	1.30	0.12	0.00	0.30	0.02	0.05	(Al, Ca, Cr, Mg, Na, Se) 0.05	93.85	II	
11	M268:2	铜戈	82.49	9.86	0.97	0.02	0.00	0.19	0.02	0.01	(Al, Ca, Cr, Mg, Na, Se) 0.02	93.58	II	
12	M301:1	铜剑（巴蜀）	80.72	14.19	0.18	0.05		0.30	0.05	0.02	(Al, Ca, Cr, Mg, Na, Se) 0.05	95.56	II H	
13	M308:8	发钗	89.19	5.92	0.35	0.03	0.01	0.28	0.02	0.02	(Na, Ca, Se) 0.01	95.83	II	
14	M341:1	发钗	87.48	7.24	1.45	0.04	0.01	0.15	0.03	0.01	(Na, Ca, Se) 0.01	96.42	II	
15	M264:3	铜镯	73.69	21.13	0.34	0.02	0.01	0.18	0.02	0.00	(Al, Ca, Cr, Mg, Na, Se) 0.01	95.40	II H	
16	M338:16	扣饰	77.85	8.76	4.30	0.25	0.05	0.43	0.09	0.03	(Al, Ca, Cr, Mg, Na, Se) 0.03	91.79	IV	2.03

由于样品都有不同程度的锈蚀，尽管制备时已尽可能地去除干净表面，却无法去除内

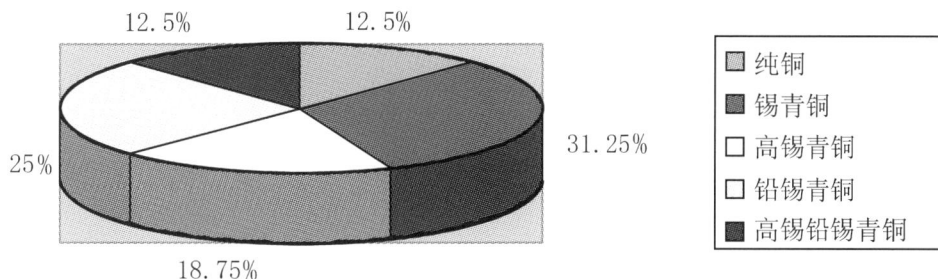

图一　合金类型分布

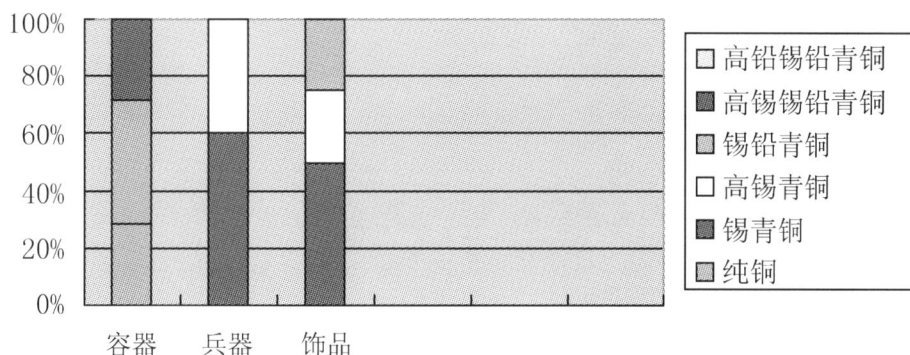

图二　不同种类铜器合金类型

部的锈蚀，因此所有的检测结果都不足100％。

检测结果表明：综合来看，这批器物以低锡含量的二元和三元合金类型为主，各种合金类型的比例分布如图一所示。

其中，容器多为锡、铅含量中等的铅锡青铜，锡含量从6.96％～14.23％，铅含量从2.95％～7.93％，锡铅比从0.94％～3.2％，锡含量大多高于铅含量，同时还有两件纯铜制品；兵器均为锡青铜，锡含量从3.70％～15.22％；装饰品大多为锡青铜，锡含量从5.92％～21.13％，其中发钗的锡含量远远低于手镯的锡含量，一件扣饰为锡、铅含量中等的铅锡青铜。不同种类器物的合金类型分布如图二所示。

赫章可乐墓地出土青铜器的锡、铅含量分布如图三和图四所示。

（1）青铜器的锡含量

青铜中铜与锡的比例，和青铜的机械性能有一定的关系。适当加入锡，能够改善合金的流动性能，并能增加硬度和强度。在锡为18％的时候青铜的抗拉强度约为36kg/mm，而在锡为30％的时候遽降为13kg/mm。伸长率以含锡量为2％为最，大约为21％，随含锡量增加而下降，在含锡25％的时候趋近于零。硬度大体与锡含量成正比，不含锡时大约

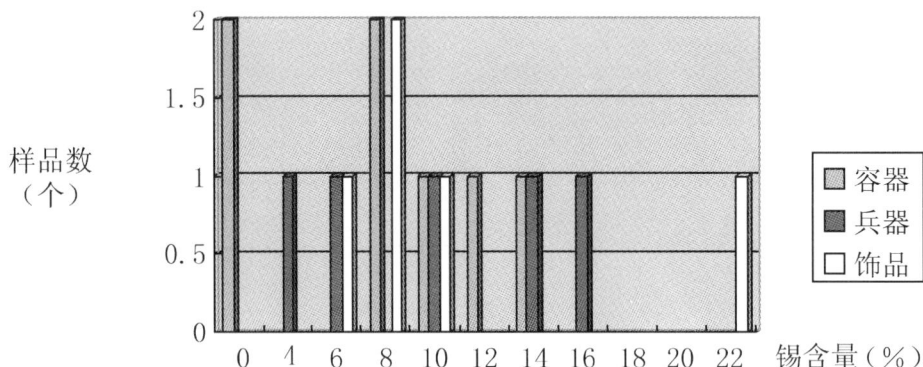

图三　赫章可乐出土铜器锡含量分布

为 HB50，含锡量 30％时可到 HB370。综合来看，一般青铜器在含锡量为 5％～15％时拥有最佳的性能。

由图二可见，该墓地出土的青铜器的锡含量基本呈正态分布，基本上集中于 4％～16％之间，特别集中于 8％附近，符合青铜器的性能要求。含锡量在 8％左右的青铜，铸造和锻造工艺均适用。相比而言，兵器的锡含量高于装饰品和容器，这是为了实用的要求，兵器需要具有更高的强度。高锡的手镯和纯铜的容器是比较特殊的。高锡的手镯可能是为了色泽的考虑，高锡的器物呈现较为纯正的金黄色。从外观上来看，铜釜分为两种，辫索耳铜釜体形大，铸造精良；而另一种鼓形铜釜，制作工艺明显粗糙，发掘者认为后者是"套头葬"专用的器物。铜釜使用的合金类型则也大致可分为两类，一类就是锡、铅含量中等的铅锡青铜，而另一类则是纯铜，分别对应两组外观和做法不同的铜釜。红铜铸造性能不良，因此这种铜釜没有实用性，通常形体也较小，有可能是作为明器。另外，与其相邻的滇文化中，万家坝型早期铜鼓，大约是在春秋早期，使用的也是红铜或是铅锡含量很低的青铜，铸造粗糙[1]。

(2) 青铜器的铅含量

由图四可见，有相当多的器物含铅低于 2％，这一般视作是原料中的杂质带入，而非有意加入，特别是兵器，全部采用了铜锡二元合金，说明它对强度的要求较高。但是，由于锡含量高于 5％后，延展率开始降低[2]，铅的加入，不仅可以降低熔点，而且可以有效地避免高锡青铜的脆性。更重要的是，由于铅在铜中呈游离态，它本身的熔点又很低，强烈地割裂了铜的组织结构，使其流动性和充型能力大大提高，显著降低生成浇不足缺陷的

---

[1] 中国古代铜鼓研究会编：《中国古代铜鼓》，文物出版社，191 页。

[2] Chase.W.T.，*Ternary Representation of Ancient Chinese Bronze Composition*，Advances in Chemistry Series，p171.

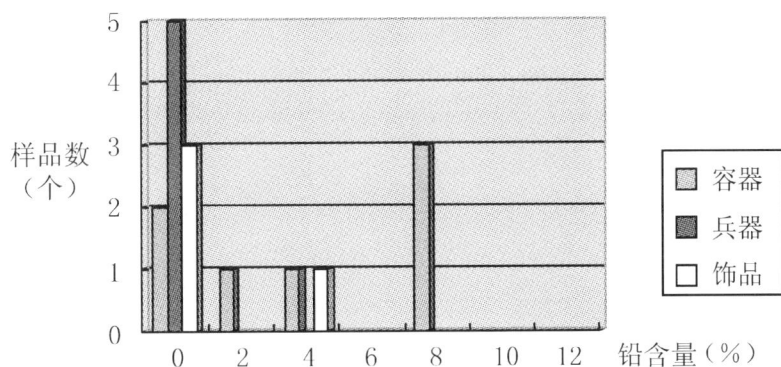

图四　赫章可乐出土铜器铅含量分布

倾向，特别有助于铸造纹饰细腻复杂的容器。相对而言，高锡的铜锡铅三元合金的铸造性能较高锡的铜锡二元合金为好。但是，由于铅会降低合金的强度，因此这些容器含铅量都不太高，而兵器都不含铅，饰品也很少含铅，因为铅的加入会影响色泽的美丽。

二　金相检测

对赫章可乐墓葬出土的铜器中选取 11 件残片样品，镶嵌试样后，进行了金相观测，具体的检测结果见表二。这些样品的金相组织主要分为三类：

纯铜组织：微量硫、氧与铜形成的 α 固溶体树枝状晶，大量蓝灰色硫化物与氧化亚铜夹杂呈细小颗粒状沿晶界分布（图五）。其间多含有氧，这是在空气中冶铸时没有采取脱氧措施造成的。硫的存在可能是冶炼硫化矿造成的。有些样品截面上可见大块的灰蓝色氧化亚铜（图六）及铸造缺陷（图中黑色部分）。纯铜质软，熔点高、流动性差，充型能力

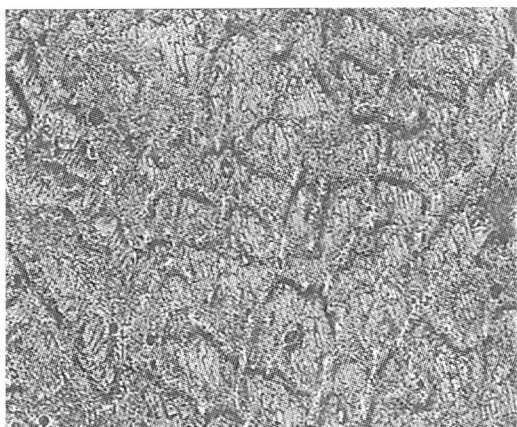

图五　M272：1 铜釜金相组织（200×）

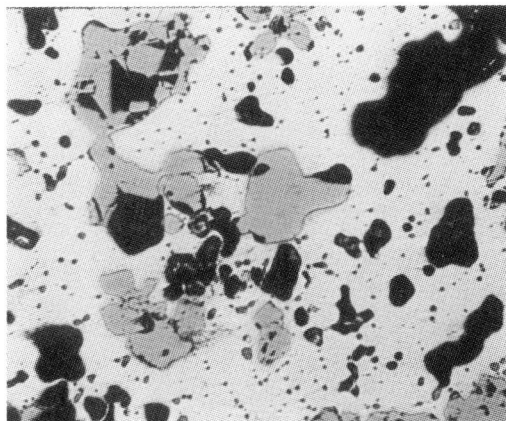

图六　M264：1 铜釜金相组织（132×）

低，吸气倾向大，冷却时收缩较大，容易导致充型不足、多量气孔以及因收缩应力导致的开裂等缺陷，通常不用来铸造器物。但是，贵州、云南等地早期铜鼓较多地使用红铜，论者以为是技术初始阶段合金化水平较低所致[①]；但殷墟 M160 的 50 号方形器与同出的 51 号甗亦均为红铜材质[②]，二者出现在锡青铜配制很发达的殷商时期，很可能是外来的产品。而赫章可乐这两件铜釜，可能与其用作明器的用途有关。

铸态组织：容器和兵器样品大多呈现典型的铸态枝晶组织，在 α 相基体上分布着枝状的（α+δ）相（图七），大部分样品上（α+δ）相优先被锈蚀，可见腐蚀沿着晶界深入。有些含铅较高的样品则是 α 相基体上分布着细小弥散状的（α+δ）相，铅颗粒以游离态分布（图八）。有些样品有纯铜晶粒（又叫再沉积铜）沿着晶界和腐蚀边缘析出。部分样品有较多铸造缺陷，缩孔附近腐蚀严重，从边缘延伸至中心，α 相被腐蚀，腐蚀连成一片，局部可见腐蚀形成的大块的氧化亚铜颗粒（图九）。

再结晶退火组织：几件发钗样品呈现典型的 α 固溶体等轴晶组织，少见腐蚀，多处可见退火孪晶（图一〇），说明这类器物都是经过加热反复锻打成形的，具有良好的抗腐蚀性能。

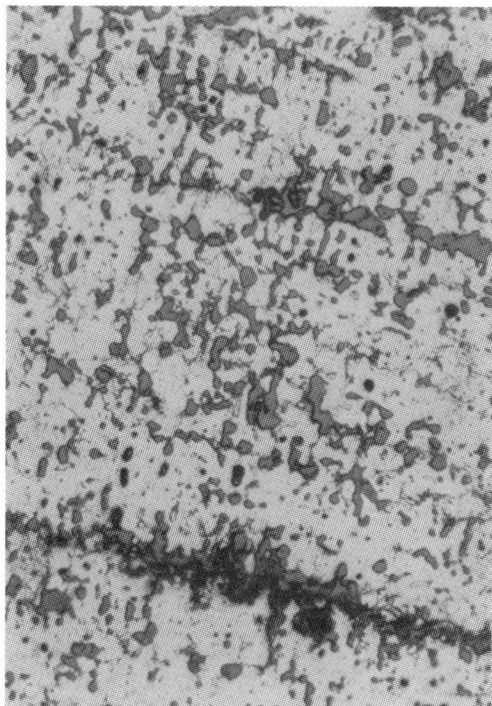

图七　M274:86 铜釜金相组织（264×）

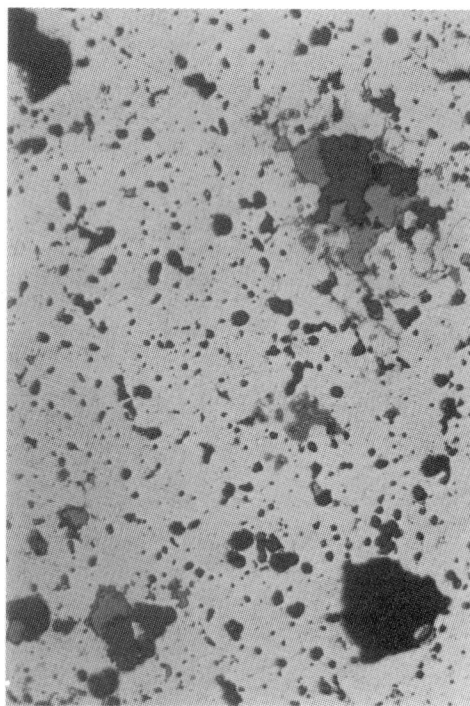

图八　M273:1 铜釜金相组织（264×）

---

①　中国铜鼓研究会编：第八章《古代铜鼓的铸造工艺》，见《中国古代铜鼓》，182～228 页。

②　季连琪：《河南安阳郭家庄 160 号墓出土铜器的成分分析研究》，《考古》，1997 年第 2 期。

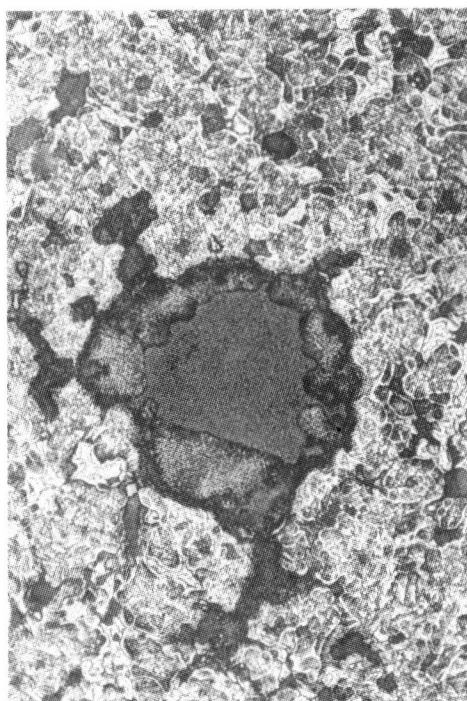

图九 M273:1 铜釜金相组织
中的氧化亚铜（528×）

图一○ M341 发钗金相
组织（528×）

表二 青铜器金相检测结果

序 号	器物号	器物名	概　况
1	M273:1	铜釜	铸态组织，α相基体上分布着细小弥散的（α+δ）相，较多的铅颗粒以游离态存在，局部有大块灰蓝色硫化物夹杂。缩孔附近腐蚀严重，从边缘延伸至中心，腐蚀连成一片，在这些部位α相优先腐蚀。局部有大块的氧化亚铜颗粒。
2	M308:8	发钗	热锻形成的再结晶组织，局部有孪晶。晶界上分布着一些细小的黑色颗粒以及灰蓝色的硫化物夹杂。
3	M264:1	铜釜	有许多缩孔和气孔，说明是铸造而成。铸造铜液凝固时，微量硫、氧与铜形成α固溶体树枝状晶，大量蓝灰色硫化物与氧化亚铜夹杂呈细小颗粒状沿晶界分布。
4	M341:1	发钗	组织为重结晶退火组织，有孪晶存在，断面中有许多小的气孔及缩孔。应为锻打成形。
5	M274:86	铜釜	铸态的枝晶组织，铅颗粒以游离态分布，有纯铜晶粒沿着晶界和腐蚀边缘析出。

续表

序　号	器物号	器物名	概　　况
6	M274:37	铜釜	铸态的枝晶组织，铅颗粒以游离态分布，有纯铜晶粒沿着晶界和腐蚀边缘析出。
7	M281:17	铜釜	铸态的枝晶组织，铅颗粒以游离态分布，有纯铜晶粒沿着晶界和腐蚀边缘析出。
8	M272:1	铜釜	微量硫、氧与铜形成的 α 固溶体树枝状晶，大量蓝灰色硫化物与氧化亚铜夹杂呈细小颗粒状沿晶界分布。
9	M273:3	铜洗	细小弥散的（α＋δ）相散布在 α 相基体上，较多的铅颗粒以游离态存在。
10	M338:16	铜扣	细小弥散的（α＋δ）相散布在 α 相基体上，较多的铅颗粒以游离态存在。
11	M264:3	铜镯	铸态的枝晶组织，铅颗粒以游离态分布，有纯铜晶粒沿着晶界和腐蚀边缘析出。

对其金相组织检测表明，当时的工匠已经熟练掌握了铸造和锻打的金属技术，能够根据器物不同的用途来选择成形工艺。

三　SEM 分析

为了解样品的微观结构及成分的状况，我们对某些样品进行了扫描电镜分析。检测单位为：中国科学院长春应用化学研究所；使用的设备为 JXA－840 Scanning Microanalyzer 扫描电镜及 Oxford IS－300 能谱仪。

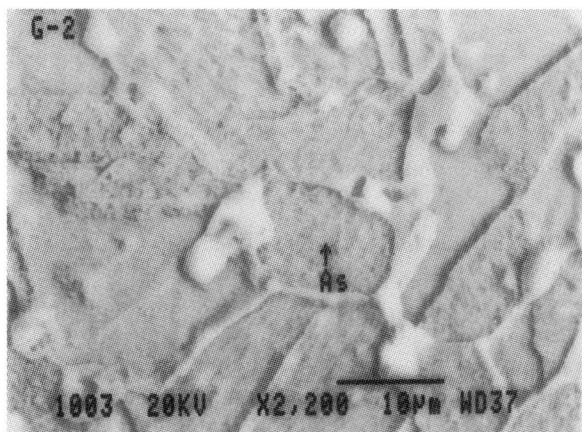

图一一　M308 发钗样品微观结构，
2 区二次电子像，1000×

1. 样品的微观结构

G2 样品 2 区的二次电子像中有明显的块相，检测成分为：CU86.82%、SN8.70%、O2.65%、AS1.59%，所以应为含铜高的 A 相，但局部含砷较高，这可能与矿源有关，如图一一。

2. 微区成分分析

使用扫描电镜能谱分析仪对 5 件样品进行了微区的成分分析，结果见表三。必须指出，使用无标样定量分析法进行成分分析的原理是在能谱仪上显示的 X

射线能谱曲线上，扣除本底，将某元素特征 X 射线峰值面积与显示的各元素特征 X 射线峰值面积总和的比值，定为该元素的含量，然后归一，故此方法测得的元素含量为相对含量，与化学分析法测得的元素绝对含量有所差别。这种方法的优点在于，可以了解微小区域的元素分布情况。

表三　扫描电镜 X - 射线能谱分析成分

序号	原编号	区域	元素含量（重量%）										备注
			Cu	Sn	Pb	Fe	As	Cr	Ag	Mn	O	S	
G1	M273:1 铜釜	侧面面扫 1	77.26	9.60	6.33	1.41	0.50 *	0.18 *			4.89	0.18 *	铅分布不均匀，有偏析现象
		侧面面扫 2	79.51	10.07	4.16	1.41	0.22 *	0.04 *			4.27	0.40	
		侧面面扫 3	86.39	8.89	0.05 *	0.04 *	0.23 *	0.04 *			4.08	0.28	
		1 区	65.21	10.85	8.99	2.07		0.90			11.42	0.55	
		2 区	76.20	9.69	4.79	1.33		0.64			6.94	0.41	
G2	M308:8 发钗	1 区	90.49	6.55		0.22 *					2.62	0.12 *	与 ICP 检测结果接近
		2 区	86.82	8.70		0.16 *	1.59				2.65	0.16 *	
G4	M341:1 发钗	1 区	86.70	9.79	0.11 *	0.13 *	0.32 *		Al 0.36		2.38	0.20	锡含量偏高
		2 区	90.01						Al 0.96	Cl 0.63	7.66	0.74	纯铜晶粒
		3 区	86.86	0.15 *	0.08 *				Al 0.99		0.95	10.96	纯铜晶粒
G5	M274:86 铜釜	1 区	60.46	7.84	15.13	0.22 *	0.04 *	0.37			13.35	2.58	存在较严重的偏析
		2 区	61.70	13.45	4.29	0.43	0.14 *	0.19 *			19.44	0.36	
		3 区	75.43	11.37	1.74	0.35	0.11 *	0.07 *			10.60	0.33	
G6	M274:37 铜釜	1 区（1）	19.79	5.35	55.11	0.28 *	0.13 *				17.17	2.15	铅颗粒
		1 区（2）	84.81	0.98	0.57 *	0.10 *	0.23 *	1.04			12.68	0.06	铜颗粒
		2 区	78.66	4.52	2.15	0.14 *	0.15 *	0.02 *			14.47	0.20	
		3 区	80.17	11.22	1.38	0.40	0.25 *	0.21 *			6.27	0.09 *	锡含量偏高

根据表三的资料可见，这些样品使用能谱仪检测的结果与使用 ICP 检测的结果有一定差别，锡含量明显偏高，其原因除仪器的分析误差外，很重要的原因是两者适用的范围不同。ICP 检测的是样品溶解后的平均成分，而扫描电镜能谱分析侧重于微区的表面分析。扫描电镜的微区分析结果显示，这些样品一般都存在偏析现象，故而在不同的区域锡含量差别很大，因此两种检测结果之间存在一定的差别。

四　XRD 检测

对 10 件残片上的锈蚀物成分做了 X 衍射分析，检测结果见表四。
分析仪器：BD - 86 型 X 射线衍射分析仪

分析单位：北京大学地质系 X 衍射实验室

表四　锈蚀物检测

序号	样品号	名称	锈蚀物成分
1	M272：1	铜釜	赤铜矿、孔雀石
2	M277：1	铜釜	赤铜矿、孔雀石
3	M277：1	铜釜	赤铜矿、孔雀石
4	M283：1	铜釜	赤铜矿、孔雀石、白铅矿
5	M273：2	铜洗	赤铜矿、孔雀石
6	M311：3	铜铃	赤铜矿、孔雀石、蓝铜矿、锡石
7	M274：47	铜铃	赤铜矿、孔雀石、蓝铜矿
8	M268：3	发钗	赤铜矿、孔雀石、锡石
9	M277：3	发钗	赤铜矿、孔雀石、锡石
10	M341：1	发钗	赤铜矿、孔雀石、锡石

注：赤铜矿 Cu_2O、孔雀石 $Cu_2CO_3Cu(OH)_2$、蓝铜矿 $Cu_3(OH \cdot CO_3)_2$、锡石 SnO_2、白铅矿 $PbCO_3$。

从检测结果来看，这些铜器的锈蚀产物较为单一，以赤铜矿、孔雀石、锡石为主，个别样品有蓝铜矿或是白铅矿。

青铜的腐蚀是一个非常复杂的过程，当其埋入地下后，随着土壤中的水分、盐分、氧气、二氧化碳的渗入，便开始了复杂的化学和电化学腐蚀。首先，富锡的（α＋δ）相优先腐蚀，锡在原地生成水和锡的氧化物，很易脱水形成二氧化锡。溶解的铅一部分生成不溶性的铅的氧化物或者碳酸铅沈积于原地，一部分穿过氧化亚铜迁移到外层形成碳酸铅沉积。溶解的铜离子在穿过氧化亚铜层向表面迁移的过程中，与氧生成氧化亚铜，后者继而在外表面生成碱式碳酸铜（孔雀石或是蓝铜矿）。在含锡量较高的铸造而成的铜器的金相组织中，沿着腐蚀坑边缘或 δ 相边缘有纯铜晶粒析出。

由于锡石是一种微晶结构，当含量较低时较难被检测出来。容器的锈蚀产物中未测出锡石，与容器使用的合金含锡量低有关。M272：1 铜釜经检测是一件纯铜制品，不含锡、铅，其金相显微结构上可见较多气孔和缩孔，表明该器因不含合金元素锡、铅而铸造性能不良。

铅是青铜中最易被腐蚀的元素。M283：1 铜釜锈蚀产物中含有白铅矿，说明该器含有较高的铅含量，且锈蚀较重。

五　讨　论

1. 合金成分与金属工艺

根据以上分析结果，我们认为，这批青铜器使用的材料和成形方法都具有比较鲜明的地方特色。容器一般采用中等铅锡含量的三元合金制成，但也有使用红铜的制品，后者可能是专为埋葬使用的明器，云南万家坝型早期铜鼓也有这种做法。兵器的含锡量较高，且几乎不含铅，表明这些兵器是实用器。随葬的首饰之中，发钗使用中等锡含量的二元合金锻打，这种中高等锡含量进行锻打处理的做法在东南亚一带较为常见，高锡的手镯则由铸造而成。分析结果表明：当时的工匠已经熟练掌握了铸造和锻打的金属技术，能够根据器物不同的用途来选择成形工艺。

相比而言，所有器物的锡含量都比中原地区常用的合金要低，制作技术也具有相对原始的特点，比较接近临近的滇文化。史载在汉代，夜郎王与滇王是西南夷地区唯一被汉王朝赐予金印的两位少数民族首领，可见当时夜郎是与滇媲美的方国。由于两国地理的相邻性，二者可能会有较多的往来，而其文化发展，也到达了相当的水平。

北京钢铁学院冶金史研究室上世纪 80 年代曾经测过 3 件赫章可乐 1978 年发掘出土的样品，其中 2 件战国时期的釜，分别为含锡量 5.2% 的低锡青铜以及红铜，而一件西汉时期的铜鼓，则是含铅高达 23% 的铅锡青铜[①]。从成分上看，这次分析的样品更接近上述战国的样品。

2. 腐蚀及保存状况

从样品的微观结构来看，使用铸造成形的样品腐蚀明显较重，一般是（α+δ）相被优先腐蚀，腐蚀较重的样品上 α 相也有部分被腐蚀。热锻成形的再结晶组织几乎没有锈蚀。

含锡量中等的铜釜及高锡的铜镯样品的铸造枝晶组织中，沿着腐蚀坑边缘或 δ 相边缘有纯铜晶粒析出。

目前关于其形成机理有不同的看法，有人认为它是一种电化学腐蚀产物，当其埋入地下后，随着土壤中的水分、盐分、氧气、二氧化碳的渗入，便开始了复杂的化学和电化学腐蚀。首先，富锡的（α+δ）相优先腐蚀，锡在原地生成水和锡的氧化物，很易脱水形成二氧化锡。溶解的铅一部分生成不溶性的铅的氧化物或者碳酸铅沈积于原地，一部分穿过氧化亚铜迁移到外层形成碳酸铅沉积。溶解的铜离子在穿过氧化亚铜向表面迁移的过程中，一部分被还原为纯铜晶粒，一部分与氧生成氧化亚铜，后者继而在表面生成碱式碳酸

---

① 　贵州省博物馆考古组等：《赫章可乐发掘报告》，《考古学报》，1986 年第 2 期。

铜（孔雀石或是蓝铜矿）[①]。但是目前公认并不能在实验室中模拟得到同样的结果。我们认为纯铜晶粒的形成过程是极为复杂的，可能遵循固体扩散的反应扩散原理，在含氧与乏氧交替的环境中，在锡、铅元素的参与下，依靠原子的热激活而进行的物质迁移过程，形态与自然铜类似[②]。

样品的锈蚀产物种类较为单一，这与器物所处埋藏环境土壤中的阴离子种类、含量有关，同时也表明样品的合金成分含量较低，少见铅和锡的化合物。从样品的种类来说，同样用途的器物的锈蚀物组成非常相似，这表明它们有相似的合金成分和制作工艺。

[①]　D.P. Dunne, *Studies on the re-deposition of Copper in corroded ancient bronzes*, paper present at the Kioloa Conference, Ancient Chinese and Southeast Asian Bronze Cultures, Australia, 1988.

[②]　贾莹等：《腐蚀青铜器中纯铜晶粒形成机理的初步研究》，《文物保护与考古科学》，Vol.11，No.2，1999 年第 2 期，31~40 页。

五　铁器检测分析

铁器检测分析由北京科技大学冶金与材料史研究所承担。共选取农具、工具、兵器等不同类别标本 11 件送检测，检测时间为 2007 年 3 月至 7 月。通过金相组织分析，11 件标本的材质 1 件为脱碳铸铁，1 件为韧性铸铁，9 件为铸铁脱碳钢（其中 1 件为铸铁脱碳钢与块炼铁两块材料锻打）。这 11 件铁器分属第二期与第三期乙类墓，以及甲类墓。检测结果显示，两类墓葬虽然属于不同民族，但铁器技术基本相同，普遍采用了铸铁退火技术，其材质、工艺与我国中原地区同期铁器明显属同一技术体系。两件铸铁器均为农具，一件为第三期乙类墓出土的铁锸，一件为甲类墓出土的铁锸。工具与兵器都采用钢材制成，尤其兵器使用了优质钢材锻造。反映当时已熟练掌握了铁器制作技巧。

以下为可乐铁器样本的实验研究报告，选送检测的标本中另有 3 件为 2004 年威宁中水墓葬出土的铁器，因发掘报告尚未整理公布，相关研究将另择时发表。

赫章可乐墓葬出土铁器的金相实验研究

北京大学考古文博学院　陈建立

北京科技大学冶金与材料史研究所　黄全胜　李延祥　韩汝玢

自上世纪 50 年代以来，贵州省考古工作者在赫章可乐遗址进行了多次大规模的调查和发掘工作，获得了一批重要的遗迹和遗物，出土包括铜柄铁剑、铁剑、削刀、矛、镞、铲、镬、锸、釜、凿、锥、锤、剪、斧等一大批铁制兵器、生产工具和日常用具，为研究西南地区铁器的出现和使用提供了较为重要的考古资料。其中 2000 年在可乐遗址的罗德成地与锅落包的第九次发掘，共清理墓葬 111 座，其中甲类墓 3 座，乙类墓 108 座，出土陶、铜、铁、骨、玉、玛瑙等器物 600 余件，无论从出土器物还是葬式，均为研究贵州古代夜郎地区文化增加了一批珍贵的实物资料，具有极其重要的学术价值，从而荣获"2001年中国十大考古新发现"[①]。受贵州省文物考古研究所的委托，本文选择可乐遗址 2000 年发掘出土部分铁器样品进行金相组织分析。

---

① 宋世坤：《可乐考古纪实》，《乌蒙论坛》，2006 年第 4 期。

一　实验方法及检测结果

根据研究的需要来选择样品。选择的原则是样品要有代表性，不仅要考虑地域、时间、种类的代表性，也应在技术上有代表性，同时选择的样品也应有足够多的数量。如对出土的古代钢铁制品应多重视兵器、工具、农具的金相学研究，也不应忽视生活用具的研究。本文选择可乐罗德成地、锅落包墓地出土的 11 件铁器进行金相实验研究，其中农具 4 件、工具 5 件、兵器 2 件样品详细情况见表一。

表一　进行金相组织分析的 11 件样品一览表

序号	原编号	样品名	年代	出土地点
1	M264:4	环首铁削刀	战国晚期	可乐罗德成地
2	M277:6	环首铁削刀		
3	M311:1	铁小刀		
4	M331:2	铁剑		
5	M274:92	铜柄铁剑	战国末-西汉前期	
6	M274:93	铁刮刀		
7	M338:2	铁锸		
8	M351:3	环首铁削刀		
9	M360:1	铁䦆		
10	M284:1	铁锃	西汉前期	可乐锅落包
11	M284:3	铁锸		

通过对金属制品的金相组织观察，可以了解到器物的材质和制作工艺，本文即采用这种方法对选择样品进行金相实验研究。在不影响器物外观形貌的情况下选择残断处或不影响主要纹饰、形制的地方取样，然后经过镶样、磨光、抛光后，铁器用 4％硝酸酒精溶液

侵蚀，最后在北京大学考古文博学院莱卡DM4000型金相显微镜下观察样品的金相组织，并拍摄照片。金相组织观察的结果见表二。

表二　11件铁器样品金相组织观察结果

序号	样　品	金相组织	材质判定结果
1	M264∶4 环首铁削刀	锈蚀严重，已无金属基体，锈蚀中可见铁素体与珠光体形成的魏氏组织痕迹，如图一。	铸铁脱碳钢
2	M277∶6 环首铁削刀	组织不均匀，刀背与中间部位为魏氏组织，含碳量约为0.4%～0.7%，刃部为铁素体组织，有微量元素偏析引起的带状组织，单相硅酸盐及复相铁橄榄石＋氧化亚铁共晶夹杂沿加工方向变形拉长，如图二、三、四。	两块铸铁脱碳钢锻打
3	M311∶1 铁小刀	纵剖面：含碳量不均匀，一边为铁素体及珠光体组织，含碳量约为0.2%，中有少量单相硅酸盐夹杂；另一边为铁素体组织，有较多铁橄榄石与氧化亚铁共晶夹杂变形拉长，中间过渡层含碳量有变化过程，如图五、六。 横截面：组织大致与纵剖面相同，但高碳处夹杂物更少，低碳处铁素体晶粒大小不均匀，内有大量单相和复相共晶夹杂。	块炼铁与铸铁脱碳钢两块材料锻打
4	M331∶2 铁　剑	锈蚀严重，已无金属基体，锈蚀中有铁素体和少量珠光体痕迹，有单相硅酸盐夹杂物变形拉长，如图七。	铸铁脱碳钢
5	M274∶92 铜柄铁剑	锈蚀严重，锈蚀中仅见铁素体和珠光体组织痕迹，未发现夹杂物，如图八。	铸铁脱碳钢
6	M274∶93 铁刮刀	铁素体和细珠光体，渗碳体部分球化，质地纯净，有铸造缩孔，如图九。	铸铁脱碳钢
7	M338∶2 铁　锸	芯部为共晶白口铁，图一〇，边部锈蚀严重，有铁素体与珠光体组织痕迹，如图一一。	脱碳铸铁

续表

序号	样　品	金相组织	材质判定结果
8	M351:3 环首铁削刀	铁素体和珠光体组织，含碳量约为0.4%，质地纯净，有铸造缩孔，如图一二。	铸铁脱碳钢
9	M360:1 铁镬	纵剖面：部分细珠光体和少量渗碳体组成的过共析钢组织，是快速冷却得到的组织，图一三。单相硅酸盐夹杂物及铁橄榄石和氧化亚铁共晶夹杂沿加工方向变形拉长，局部为铁素体和珠光体组织，图一四。横截面：组织不均匀，一边为铁素体组织，一边为铁素体和珠光体组织，含碳量约为0.2%，单相硅酸盐夹杂物及铁橄榄石和氧化亚铁共晶夹杂沿加工方向变形拉长，图一五。	铸铁脱碳钢锻打
10	M284:1 铁铚	锈蚀严重，仅存小块金属颗粒，为铁素体和珠光体组织，含碳量不均，图一六。	铸铁脱碳钢
11	M284:3 铁锸	锈蚀严重，芯部锈蚀中发现有团絮状石墨及铁素体基体痕迹，边部存在脱碳层，图一七、一八。	铸铁脱碳而成的韧性铸铁

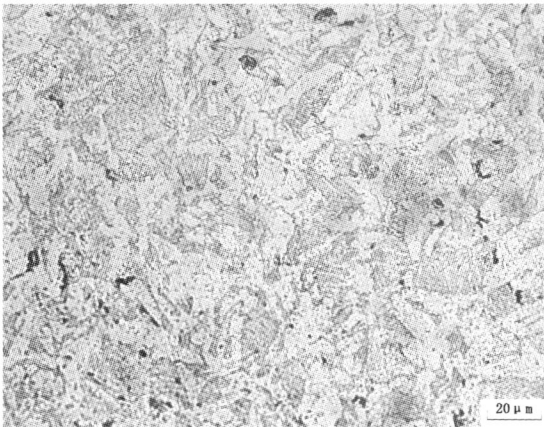

图一　M264:4 环首铁削刀
锈蚀中的魏氏组织痕迹

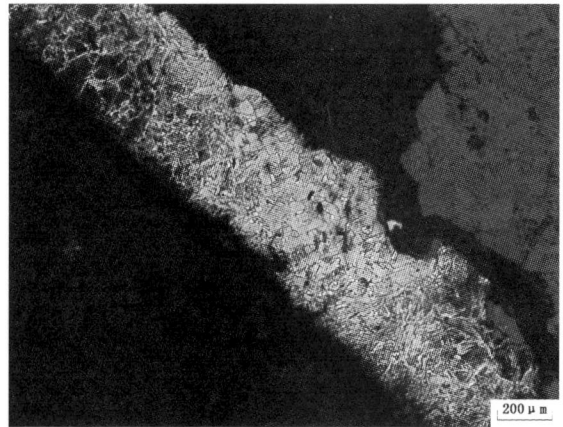

图二　M277:6 环首铁削刀
铁素体和魏氏组织分布不均

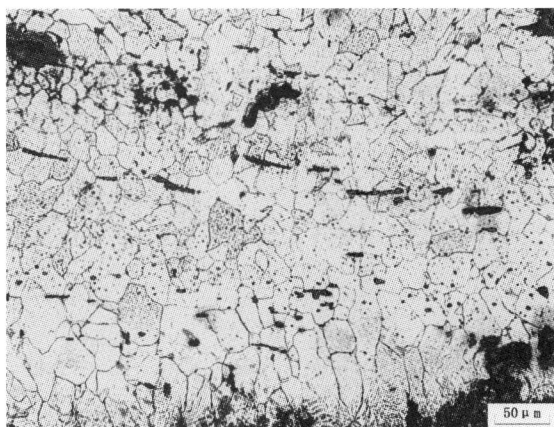

图三 M277:6 环首铁削刀
铁素体组织

图四 M277:6 环首铁削刀
含碳量不均匀的魏氏组织

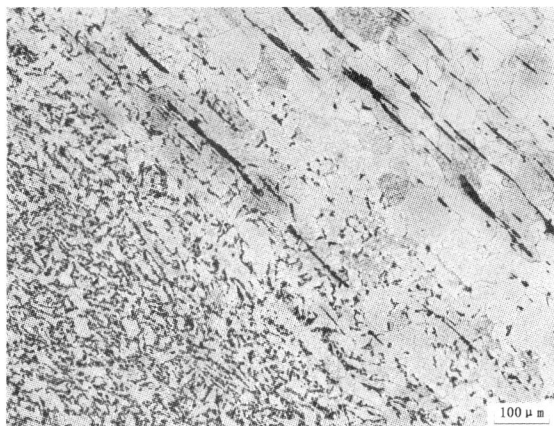

图五 M311:1 铁小刀
铁素体及铁素体+珠光体组织过渡层

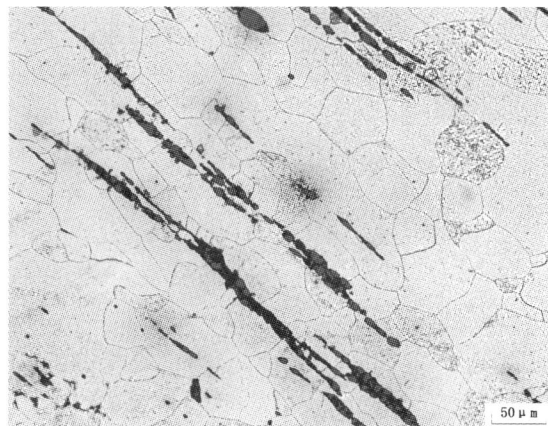

图六 M311:1 铁小刀
铁素体组织及共晶夹杂物

图七 M331:2 铁剑
锈蚀中的铁素体组织痕迹

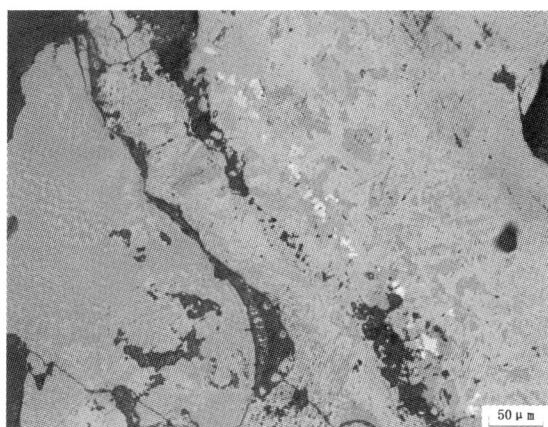

图八 M274:92 铜柄铁剑
锈蚀中的铁素体与珠光体组织痕迹

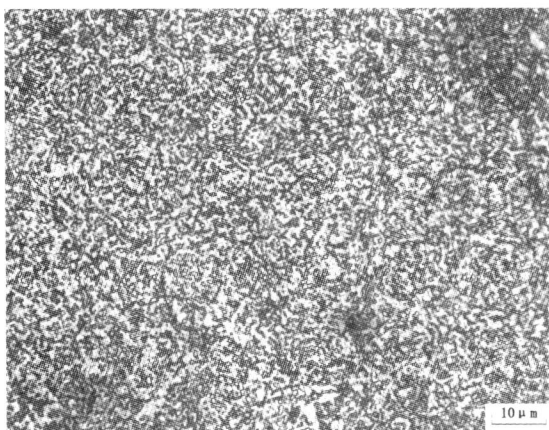

图九　M274∶93 铁刮刀
铁素体、细珠光体及球状渗碳体组织

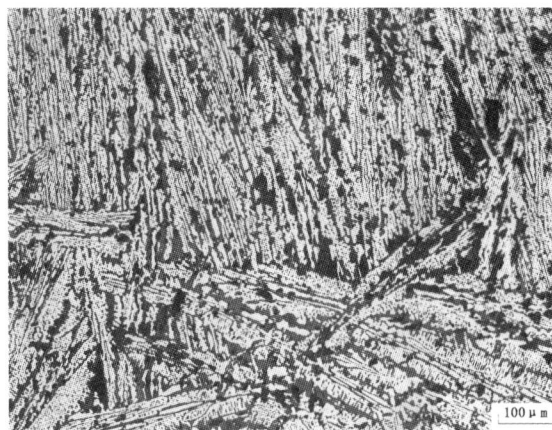

图一〇　M338∶2 铁锸
芯部的共晶白口铁组织

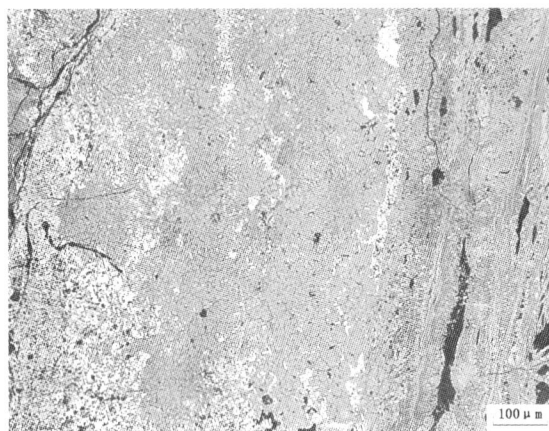

图一一　M338∶2 铁锸
边部的脱碳层组织痕迹

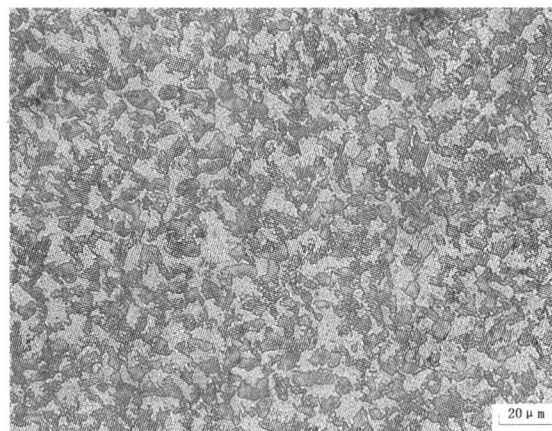

图一二　M351∶3 环首铁削刀
铁素体＋珠光体组织

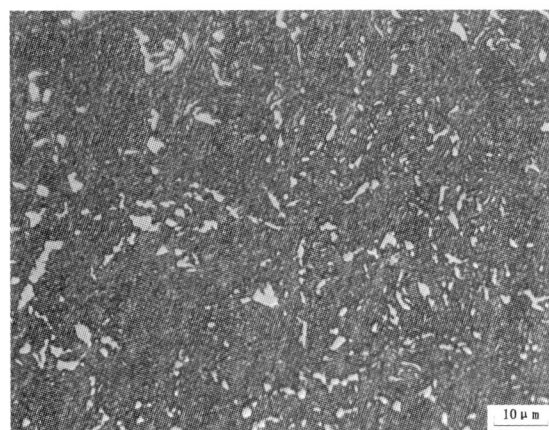

图一三　M360∶1 铁钁
珠光体和少量渗碳体组成的过共析钢快速冷却组织

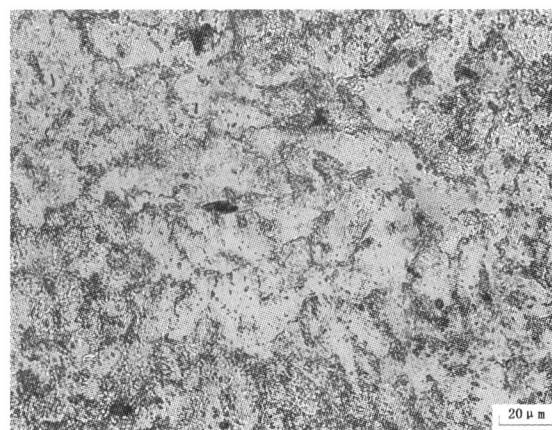

图一四　M360∶1 铁钁
铁素体与珠光体组织

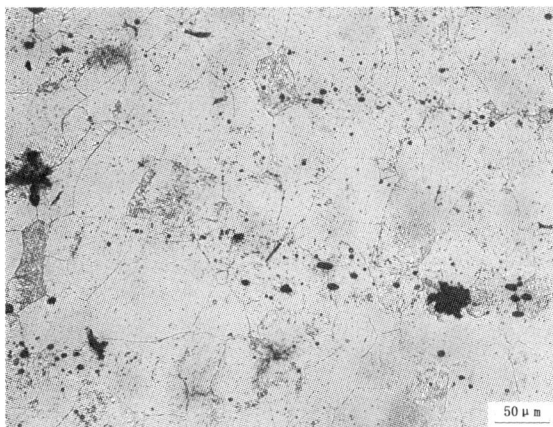

图一五　M360∶1铁镬

铁素体组织

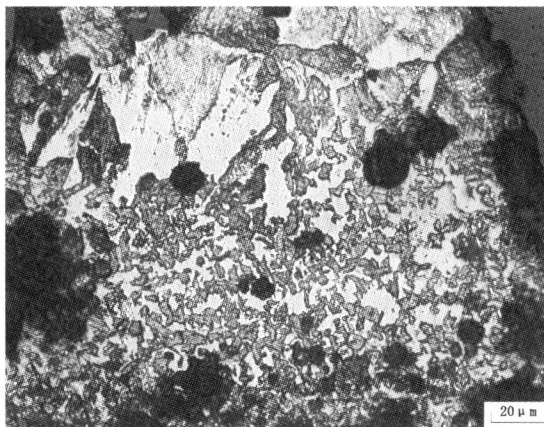

图一六　M284∶1铁铚

铁素体＋珠光体组织

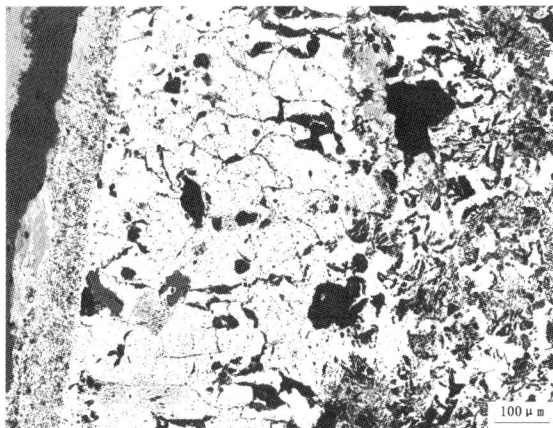

图一七　M284∶3铁锸

芯部锈蚀中的团絮状石墨及边部脱碳层

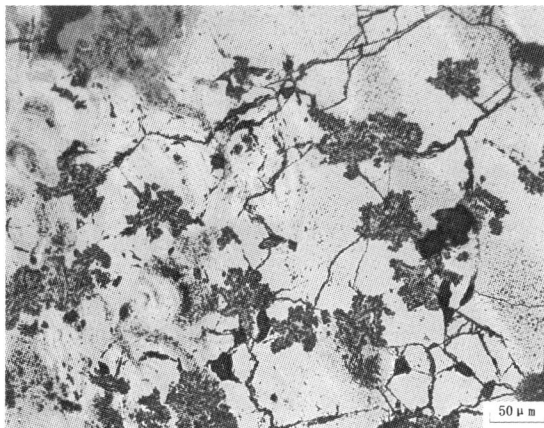

图一八　M284∶3铁锸

芯部锈蚀中的团絮状石墨

二　分析讨论

1. 铁器所反映的制作技术

根据铁器的金相组织鉴定结果可知，11件铁器样品中有脱碳铸铁1件、韧性铸铁1件、铸铁脱碳钢9件（其中1件为块炼铁和铸铁脱碳钢复合器），反映了较高的制作技术，为研究西南地区钢铁技术的发展提供了新的实物例证。

本次检测的属于战国晚期至西汉时期的两类墓葬出土1件脱碳铸铁、1件韧性铸铁和9件铸铁脱碳钢制品为研究西南地区铸铁退火技术的使用、交流与传播等问题提供了新资料。中国最早的生铁制品出土于春秋早期的山西天马－曲村遗址[①]，然而在冶炼生铁初期，只能得到白口铁，白口铁耐磨，脆而硬，但强度不够，只适于铸造犁铧等农具，不适于制造韧性工具。为改善性能，中国于战国早期发明了铸铁退火技术。它使硬而脆的含碳量高的大块渗碳体分解，从而克服了白口铁的脆性，根据脱碳程度的不同，产品可称为脱碳铸铁、韧性铸铁和铸铁脱碳钢。其中脱碳铸铁的组织特征是边部已经脱碳成熟铁或低碳钢，而芯部还保留原来的生铁组织，是一种没有完全脱碳的产品，它既保留生铁的硬度，又有钢的韧性，是一种钢和铁的复合器，具有较高的使用性能，河南洛阳水泥厂战国早期灰坑中出土的铁铲被认为是中国最早的铸铁退火制品[②]。铸铁退火处理是在退火窑中成批进行的，在战国和汉代的冶铸遗址中发现的烘窑，可以稳定地达到 900℃～1000℃ 的高温，还可以控制燃烧速度、窑温和炉内气氛。古代铸铁退火处理的应用有两种情况：一种是先用生铁铸成器物，然后对其进行退火处理；另一种方法是先将铁铸成板材，然后对板材进行退火处理，再将板材锻制成器物[③]。本文检测的 M338:2 铁锸的芯部为共晶白口铁组织，如图一〇，尽管边部锈蚀严重，但发现有铁素体与珠光体组织痕迹。如图一一，经判定为脱碳层，该件样品为脱碳铸铁制品。M284:3 铁锸是锈蚀严重，已无金属残余，但从芯部锈蚀中发现团絮状石墨和铁素体基体组织残余，边部存在脱碳层，如图一七和图一八，为铸铁脱碳而成的韧性铸铁制品。M264:4 环首铁削刀锈蚀比较严重，已无金属基体，但从锈蚀中可见铁素体与珠光体组成的魏氏组织痕迹，如图一，可判定为铸铁脱碳钢。M277:6 环首铁削刀的金相组织不均匀，刀背与中间部位为魏氏组织，含碳量约为 0.4%～0.7%，刃部为铁素体组织，有微量元素偏析引起的带状组织，单相硅酸盐和铁橄榄石－氧化亚铁共晶夹杂沿加工方向变形拉长，如图二、图三和图四，经判定该样品系两块铸铁脱碳钢锻打而成，夹杂物系锻打过程中夹裹进来的。铸铁脱碳钢组织比较均匀，在没有锻打的情况下保留原铸造缺陷、夹杂物极少等组织特征。经鉴定 M264:4 环首铁削刀、M274:92 铜柄铁剑、M274:93 铁刮刀、M277:6 环首铁削刀、M284:1 铁铚、M311:1 铁小刀、M331:2 铁剑、M351:3 环首铁削刀、M360:1 铁镬九件样品均具有这种组织特征，均可判定为铸铁脱碳钢制品。从 M311:1 铁小刀的纵剖面看，其含碳量不均匀，一边为铁素体和珠光体组织，含碳量约为 0.2%，有少量单相硅酸盐夹杂；另一边为铁素体组织，有较多铁橄榄石－氧化亚铁共晶夹杂变形拉长，中间过渡层含碳量有变化过程，如图五。而横截面的组织大致与纵剖面相同，但高碳处夹杂物更少，为铸铁脱碳钢，低碳处铁素体晶

---

①　韩汝玢：《天马－曲村遗址出土铁器的鉴定》，北京大学考古系商周组，山西省考古研究所：《天马－曲村（1980～1989）》，科学出版社，2000 年。

②　李众：《中国封建社会前期钢铁冶炼技术发展的探讨》，《考古学报》1975 年第 2 期。

③　韩汝玢：《阳城铸铁遗址铁器的金相鉴定》，河南文物研究所，中国历史博物馆考古部：《登封王城岗与阳城》，文物出版社，1992 年。

粒大小不均匀，内有大量单相和复相共晶夹杂，为块炼铁。所以该件样品可判定为块炼铁与铸铁脱碳钢两块材料锻打而成。总之，脱碳铸铁、韧性铸铁和铸铁脱碳钢制品的发现表明，在当时的西南地区已经大规模使用铸铁退火技术。

2. 铁器制作技术的相关比较

本次共检测 4 件农具，分别为 M338:2 铁锸、M284:1 铁铚、M284:3 铁锸和 M360:1 铁钁，鉴定结果是 M338:2 铁锸为脱碳铸铁，M284:1 铁铚为铸铁脱碳钢，M284:3 铁锸为韧性铸铁，M360:1 铁钁为经铸铁脱碳钢锻打而成，表现出较高的制作技术水平。从已鉴定的各地出土农具的材质上看，农具主要由生铁铸造而成，并对铸成器物进行退火处理以改善其性能。中原地区各遗址和墓葬中有大量铁制农具出土，种类有犁铧、钁、楔、锄、锸、锛、铲、镰等，材质有白口铁、灰口铁、麻口铁、脱碳铸铁、铸铁脱碳钢、韧性铸铁和块炼铁等。例如北洞山汉墓出土的铁镢是白口铁铸造成形后又经过退火处理[1]，同样性质的还有永城保安山梁孝王墓出土的斧、锄[2]，大葆台汉墓出土的铁钁[3] 等。福建武夷山城村汉城出土锸、钁、犁铧、镰刀等农具在形制上既有中原地区的特点，又存在明显的当地特征，该遗址出土铁锸既有白口铁制品，又有韧性铸铁和铸铁脱碳钢制品。鉴定的四川绵阳双包山汉墓出土铁锸的金相组织为典型的脱碳铸铁组织，其一边为纯净铁素体组织，一边为过共晶白口铁组织，中间有过渡层，单相夹杂物较少，是铸造成器物以后又经脱碳退火处理制成。所以在制作技术上，本次鉴定的 4 件铁制农具与上述经过鉴定的样品基本同属一个技术体系。目前在中国南方与东北地区、朝鲜半岛以及日本列岛出土汉代锻銎铁器较多，但是经过金相组织分析的铁器较少，其间的联系尚待深入研究，本次鉴定为研究锻銎技术的交流与传播提供了新资料。

检测的 M264:4 铁削刀、M277:6 环首铁削刀、M274:93 铁刮刀、M351:3 铁削刀 4 件工具，均采用铸铁脱碳钢锻打而成，M311:1 铁小刀为块炼渗碳钢与铸铁脱碳钢锻打而成。其中 M277:6 环首铁削刀为采用两块铸铁脱碳钢锻打而成，并有微量元素偏析引起的带状组织。M274:93 铁刮刀为铁素体、细珠光体和球状渗碳体组织，质地纯净，有铸造缩孔，如图九，亦为铸铁脱碳钢锻打而成。可见这 5 件工具的制作技术表现出较高的质量，与已鉴定的河北满城汉墓[4]、广州南越王墓、徐州北洞山汉墓、狮子山楚王陵、永城保安山梁

[1] 韩汝玢、姚建芳、刘建华：《北洞山西汉楚王墓出土铁器的鉴定》，徐州博物馆，南京大学历史系考古专业：《徐州北洞山西汉楚王墓》，文物出版社，2003 年。

[2] 李秀辉、韩汝玢：《永城保安山寝园及二号墓出土金属器物的鉴定》，河南省文物研究所：《永城西汉梁国王陵与寝园》，中州古籍出版社，1996 年。

[3] 北京钢铁学院《中国冶金史》编写组：《大葆台汉墓铁器金相检查报告》，大葆台汉墓发掘组等：《北京大葆台汉墓》，文物出版社，1989 年。

[4] 北京钢铁学院金相实验室：《满城汉墓部分金属器的金相分析报告》，中国社会科学院考古研究所、河北省文物管理处：《满城汉墓发掘报告》，文物出版社，1980 年。

王墓、北京大葆台汉墓、福建武夷山等汉代铁制工具的制作技术亦同样属于一个技术体系。

本次检测2件兵器，均采用优质钢材锻造而成。M331:2铁剑和M274:92铜柄铁剑均锈蚀严重，但从锈蚀可见原组织痕迹，并发现有单相硅酸盐夹杂物变形拉长，可判定为铸铁脱碳钢制品。具有较高的制作技术水平。兵器质量和数量的改进，对军队的装备、数量、兵种、战术和战争规模等方面会产生重大影响。战国时期武器的生产发生了重大的变革，主要表现在钢铁技术的进步，出土了较多的铁制兵器，至迟到东汉时期，钢铁兵器已经完全取代了青铜兵器。钢铁兵器的出现和使用，较之青铜兵器，进攻性能大为提高。本次检测的铁剑与铜柄铁剑与其他地区特别是南方地区的同类器物的制作技术亦有相同之处。如福建武夷山城村汉城出土兵器的鉴定发现，矛和剑系采用铸铁脱碳钢和炒钢为原材料锻打而成，其中有部分样品存在因微量元素偏析引起的带状组织。广州南越王墓出土西汉时期炒钢制兵器多件。在云南昆明羊甫头墓地出土铁刀和江川李家山M68出土铁剑经鉴定也是炒钢制品。本次铁制兵器的检测为研究中国古代钢铁兵器发展史提供了新资料。

3. 铁器所反映的文化现象

赫章可乐铁器的出土与金相实验研究为研究西南地区秦汉时期钢铁技术的发展提供了考古背景明确的实物资料。由于该地区位于云贵川三省接壤地区，在巴蜀和中原通往印度的丝绸之路上具有重要地理位置，所以本研究对于探讨我国西南地区文化的发展与交流具有重要意义。可乐遗址是20世纪50年代后期发现的，至今已进行了九次发掘，清理秦汉时期墓葬370余座，发掘同时期遗址面积400余平方米，出土各类文物2000余件，残砖、碎瓦、陶片上万件，占贵州已发掘战国秦汉时期500余座墓葬的三分之二，出土文物为贵州历史时期文物总数的二分之一，可见可乐遗址的发掘，为研究贵州古代历史提供了一批重要的实物资料，在贵州考古上具有极其重要的作用[①]。本次鉴定的铁器样品尽管取样数量较少，不能完全说明当时的钢铁技术水平，但从有限的鉴定结果看，这批样品的制作技术与中原及南方地区经过鉴定的铁器同属一个技术系统，亦即生铁冶炼、铸铁退火及铸铁脱碳钢的技术体系。

经过鉴定的可乐遗址铁器中有两件出土于甲类墓（汉式墓），九件出土于乙类墓（夜郎时期墓葬）。甲类墓出土铁器主要是生产工具与兵器，其次是生活用具，生产工具有铲、斧、斤、凿、锤、锥、钻、剪、夹、削等；兵器有剑、刀、矛、镞等；生活用具有釜、三脚架、灯等。乙类墓出土铁器有生产工具镬、锄、铧、削；兵器有铁剑（包括铜柄铁剑和柳叶形剑）、刀；生活用具釜、脚架、钎，装饰品带钩等。尽管两类墓葬在铁器的随葬数

① 贵州省博物馆考古研究所：《贵州田野考古四十年》，贵州民族出版社，1994年；宋世坤：《可乐考古纪实》，《乌蒙论坛》，2006年第4期。

量、种类和形制有一定差异，但在铁器加工和制作技术基本相同，说明钢铁制作技术或者
铁制品在不同族属之间是相同的。由于目前尚未在该地区发现战国末－西汉时期冶铁遗
址，所以这批铁器可能来自外地，但当地也可能掌握一定的钢铁加工与制作技术，这点从
个别器物的器形和加工方式上可以看出。据宋世坤先生研究，赫章、威宁等地的铁器可能
来源于冶铁业极为发达的巴蜀地区①，这是有道理的。如秦统一中国之后，迁卓氏、程郑
等内地冶铁与豪富大户到蜀地，推动了当地冶铁技术的进步。汉代又在蜀地置三大铁官对
冶铁业进行管理，说明当时巴蜀地区冶铁业已具较大规模。但遗憾的是，关于西南地区早
期冶铁遗址、冶铁技术及出土铁器的实验研究没有充分展开，所以探讨赫章地区铁器来源
问题需要更多的科学鉴定资料。

　　值得注意的是，在乙类墓中出土较多反映地方特色的铜柄铁剑、柳叶形剑和铁戈等铁
制兵器，说明当地可能存在自己的铁器加工和制作技术，但在本次鉴定中仅分析了一件铜
柄铁剑，并且该件样品锈蚀比较严重，只能从锈蚀中判定其材质，这影响了对整个遗址钢
铁技术的深入研究，希望在今后的研究中能得以补充。作为一种重要的文化现象，到目前
为止，考古工作者已在陕西、河南、湖南、河北、北京、辽宁、内蒙古、甘肃、宁夏、四
川和云南等地发现多件铜（金、银、玉）柄铁剑（钺、刀、矛、戈）等复合兵器，在伊
朗、前苏联地区、朝鲜半岛以及日本列岛均有不同时期的复合材质铁兵器出土，所以这种
复合材质兵器的制作技术、发展与传播值得深入研究。其中部分样品经过检测分析，如河
北槁城出土商代中期铁刃铜钺②，北京平谷六家河出土商代中期铁刃铜钺③，河南浚县出
土商末周初铜柄铁戈④，河南三门峡虢国墓地出土西周末期铜銎铁锛、铜柄铁削、玉柄铁
剑和铜内铁援戈⑤，陕西宝鸡市益门村金柄铁刀⑥ 和甘肃宁夏交界陇山地区出土公元前
8～前 5 世纪铜柄铁剑⑦、铜柄铁刀⑧，吉林榆树老河深出土多件东汉时期复合材质铁兵
器⑨ 的铁质部分经过检测分析，发现有陨铁、块炼铁、块炼渗碳钢、铸铁脱碳钢等多种

①　宋世坤：《贵州早期铁器研究》，《考古》，1992 年第 3 期。

②　李众：《关于槁城商代铜钺铁刃的分析》，《考古学报》，1976 年第 2 期。

③　张先得、张先禄：《北京平谷刘家河商代铜钺铁刃的分析鉴定》，《文物》，1990 年第 7 期。

④　R. J. Gettens etc.：*Two Early Chinese Bronze Weapons with Meteoritic Iron Blade*. Occasional Papers,
Vol.4　No.1, Freer Gallery of Art, Washington D.C., 1971.

⑤　韩汝玢、姜涛、王保林：《虢国墓出土铁刃铜器的鉴定与研究》，河南省文物考古研究所、三门峡
市文物工作队：《三门峡虢国墓》，文物出版社，1999 年。

⑥　白崇斌：《宝鸡市益门村 M2 出土春秋铁剑残块分析鉴定报告》，《文物》，1994 年第 9 期。

⑦　韩汝玢、柯俊：《中国科学技术史·矿冶卷》，科学出版社，2007 年，383 页。

⑧　David A Scott, Qinglin Ma. *Metallographic examination of iron artifacts from Gansu Provinca, China*.
Historical Metallurgy. 2006. 40（2）：105～114.

⑨　韩汝玢：《吉林榆树老河深鲜卑墓葬出土金属文物的研究》，吉林文物考古研究所：《榆树老河深》，
文物出版社，1987 年。

材质。这些器物的共同点在于他们都是铜（金、玉）铁复合器，铁均锻焊于刃部等使用部位，均出现于当地早期铁器时代的初期，表明工匠已经对铜和铁性能的差别有一定的认识。这种复合器的使用同时说明在铁金属使用的初期，是比较稀少和珍贵的，反映了人们对铁的重视。关于铜铁复合兵器的制作技术研究将另文发表。

4. 关于铁锈中组织残余问题

本次鉴定的 11 件样品中有 5 件锈蚀严重，为准确判定其材质及制作工艺，有必要对锈蚀中的残余组织进行仔细观察与甄别，现进行简单讨论。M284:1 铁锃锈蚀严重，但在锈蚀中发现一直径仅 150μm 的金属颗粒，用 4% 硝酸酒精溶液侵蚀以后，金相组织为铁素体和珠光体组织，含碳量不均，如图一六，可判定为铸铁脱碳钢制品，另外在金属颗粒周围的锈蚀中发现有与之相对应的组织痕迹。M284:3 铁锸已基本锈透，但在芯部锈蚀中发现有团絮状石墨及铁素体基体痕迹，如图一七，边部有脱碳留下的痕迹；如图一八，该件样品是铸铁脱碳而成的韧性铸铁。这两件样品因为有部分金属或石墨残余，所以比较容易鉴定，然而对于没有金属颗粒和石墨的样品，需要仔细观察才行。如图一是 M264:4 环首铁削刀的锈蚀中铁素体与珠光体形成的魏氏组织痕迹；图七是 M331:2 铁剑锈蚀中的铁素体和少量珠光体痕迹，并发现有单相硅酸盐夹杂物变形拉长；图八是 M274:92 铜柄铁剑锈蚀中的铁素体和珠光体组织痕迹。从这几张照片中可以看出，这些样品在锈蚀以后，原组织痕迹是有可能保留下来的。相信通过总结更多的经验，提高实验技巧，今后会对一些保存状况较差的早期铁器的制作工艺研究有所帮助。关于锈蚀中原组织痕迹的研究，我们将发表专文进行讨论。

三　结　论

本文首次对赫章可乐遗址出土铁器进行金相实验研究，发现有脱碳铸铁、麻口铁、铸铁脱碳钢和炒钢等制品，具有较高的制作技术水平，与中原地区钢铁技术同属以生铁冶炼和生铁制钢技术为主的钢铁技术体系，表明中原地区的钢铁技术在该地区得到较多体现和应用。本项研究丰富了西南地区钢铁技术的研究成果，对于阐明西南地区当时的钢铁技术发展状况提供了科学资料。但是到目前为止，贵州基本未发现战国中期及以前的铁器制品以及早期冶铁遗址，本文关于贵州出土铁器的实验研究也尚属首次，分析样品数量较少，所以对该地区战国至汉代的钢铁技术发展的了解还十分有限。据不完全统计，该地区出土铁器已达数百件，所以系统研究该地区及邻近地区的钢铁技术，进一步揭示该地区钢铁技术水平，还需要大量的田野调查、考古发掘和实验分析等工作。

六　玉器检测分析

　　共选取6件样品请北京大学造山带与地壳演化教育部重点实验室红外光谱实验室进行检测。结果如下：

表一　玉器检测样品及检测结果

样品名称	器物编号	实验编号	鉴定结果
玉璜	M312∶2	405157	透闪石
玉璜	M312∶3	405158	透闪石
绿松石珠	M271∶25	405159	绿松石
玉玦	M341∶6	405160	透闪石
玛瑙管	M274∶70	405161	玛瑙
孔雀石串珠	M330∶2	405162	孔雀石

　　以下为实验室报告的红外光谱图：

红外光谱图

样品名称：M312　鉴定结果：　透闪石
测试单位：北京大学造山带与地球演化实验室

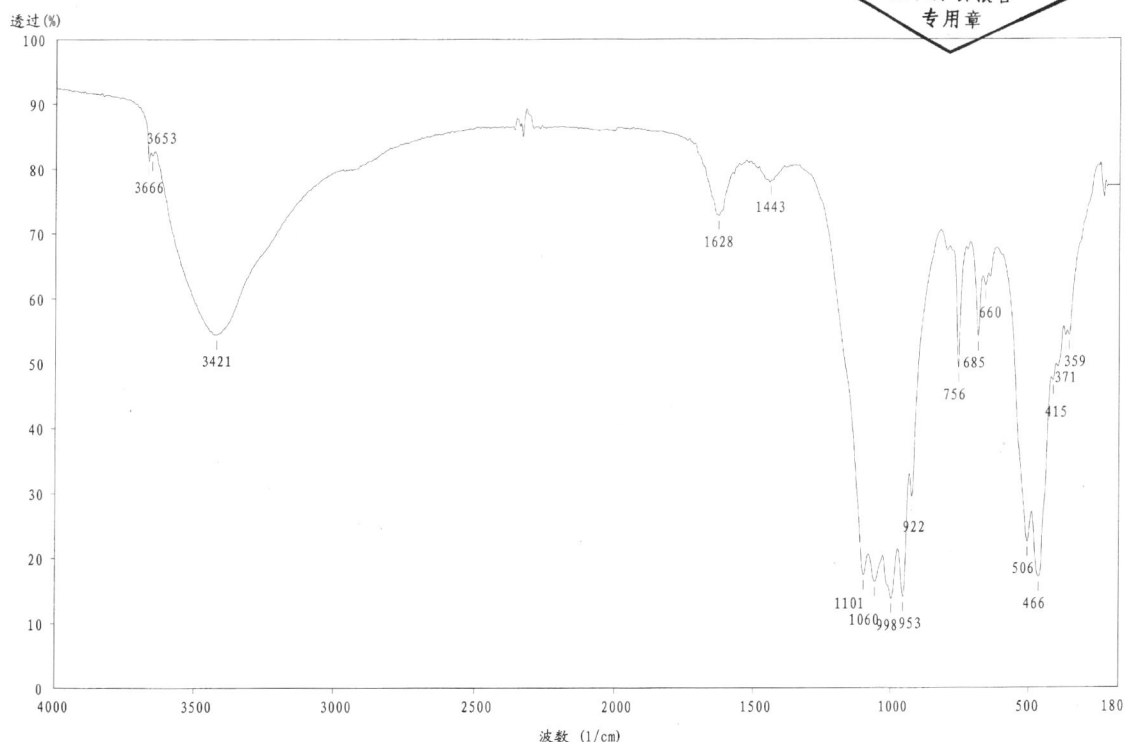

实验编号：405157　日期：2004-6-3
分析人：赵印　电话：010-62751893

北京大学
造山带与地壳演化教育部重点实验室
实验分析报告
专用章

透过(%)

3653
3666
3421
1628
1443
756
660
685
922
1101
1060 998 953
506
466
359
371
415

波数 (1/cm)

红外光谱图

样品名称: HKM330 鉴定结果: 孔雀石
测试单位: 北京大学造山带与地球演化实验室

北京大学
造山带与地壳演化教育部重点实验室
实验编号: 405162 实验分析报告 日期: 2004-6-3
分 析 人: 赵印 专用章 电话: 010-62765893

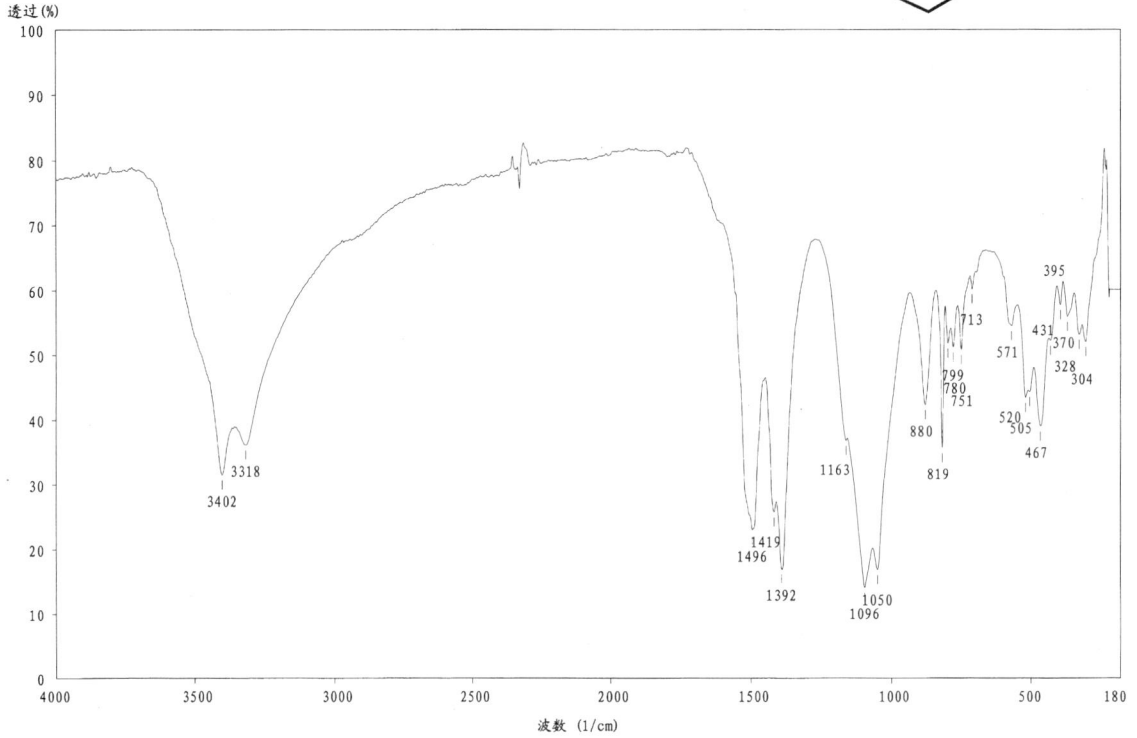

透过(%)
波数 (1/cm)

红外光谱图

样品名称: HKM274:70 鉴定结果: 玛瑙
测试单位: 北京大学造山带与地球演化实验室

北京大学
实验编号造山带与地壳演化教育部重点实验室
分 析 人: 赵印 实验分析报告 010-62765893
专用章

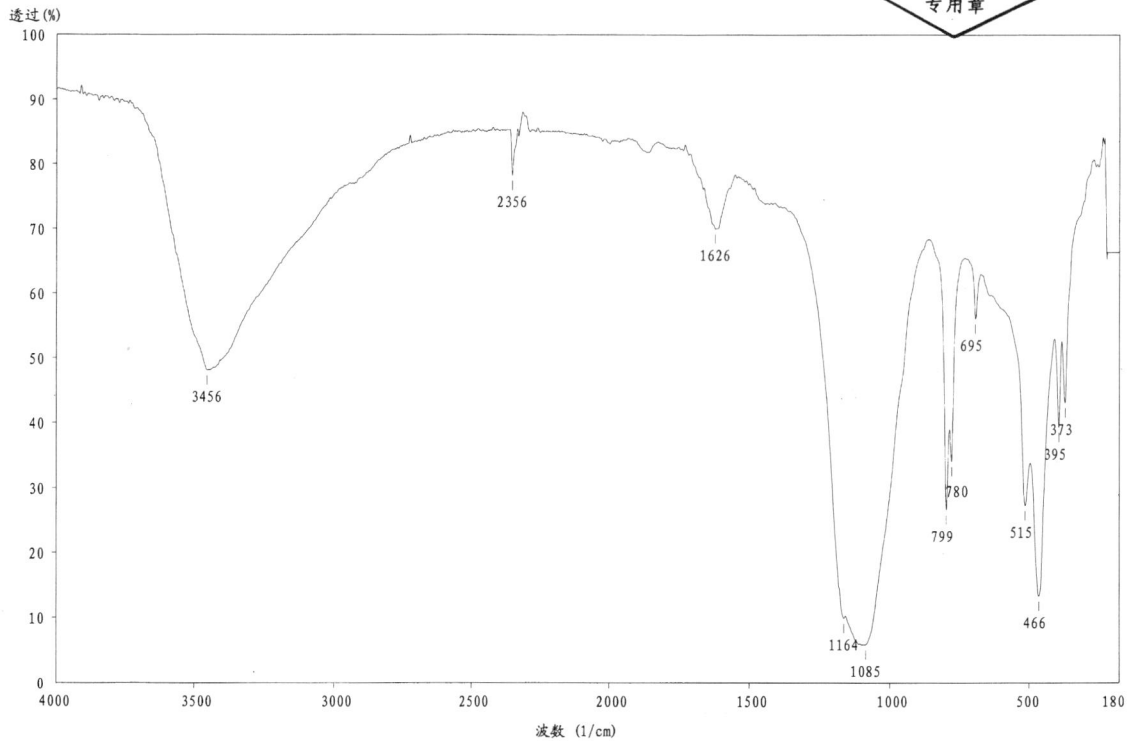

透过(%)
波数 (1/cm)

红外光谱图

样品名称: M341:6　鉴定结果:　透闪石

测试单位: 北京大学造山带与地球演化实验室

北京大学

实验编号出带与地壳演化教育部重点实验室　日期: 2004-6-3

分 析 人: 赵印香　实验分析报告　010-62765893

专用章

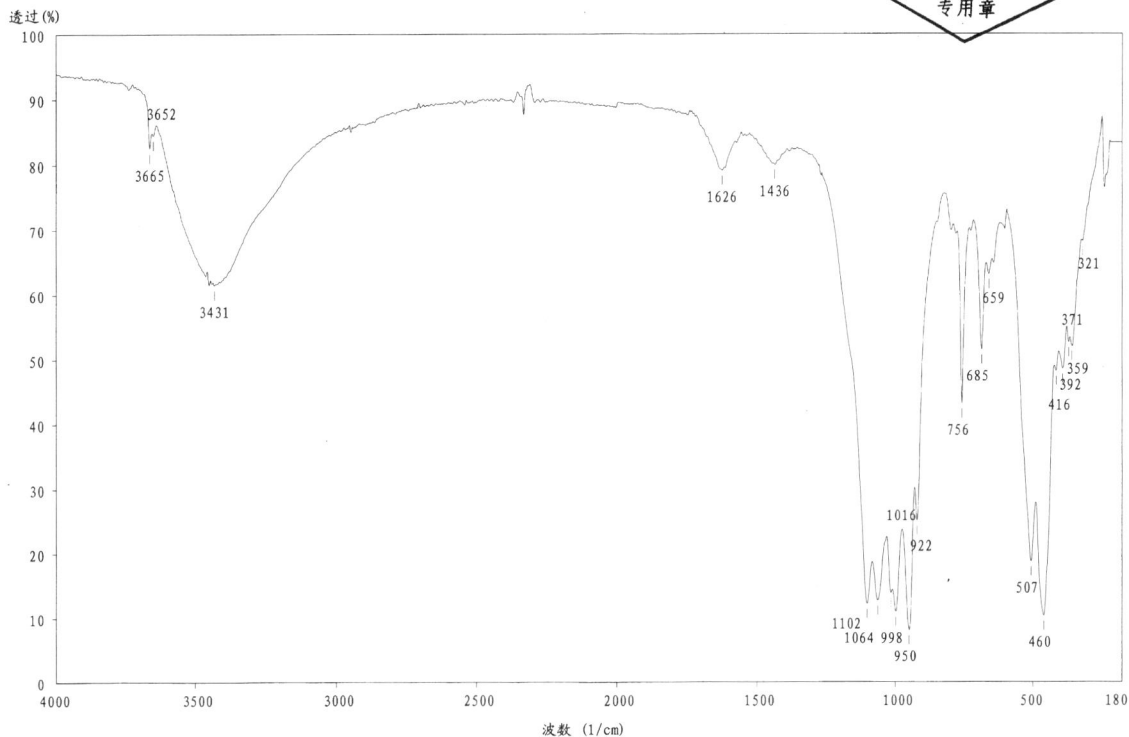

样品名称: HKM271:25　鉴定结果:　绿松石 (含少量石英杂质)

测试单位: 北京大学造山带与地球演化实验室

红外光谱图

北京大学

实验编号造山带与地壳演化教育部重点实验室

分 析 人: 赵印香实验分析报告040-62765893

专用章

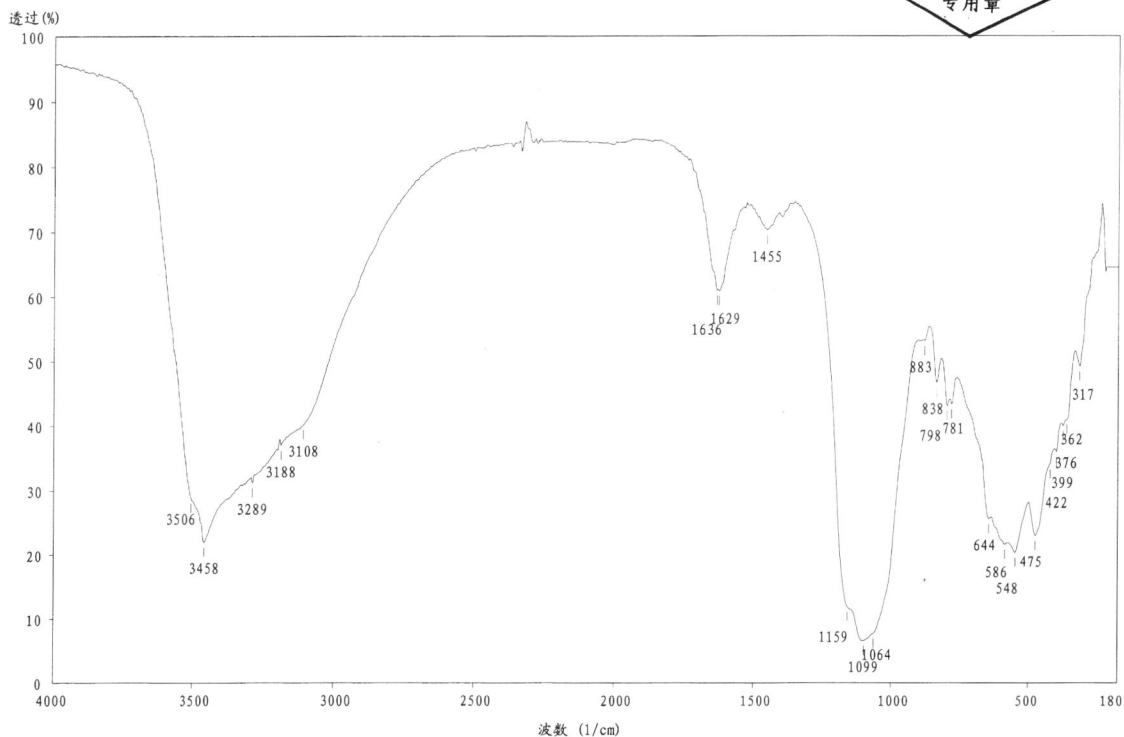

红外光谱图

样品名称: HKM312　鉴定结果: 透闪石
测试单位: 北京大学造山带与地球演化实验室

实验编号: 405158　日期: 2004-6-2
分析: 造山带与地壳演化教育部重点实验室
实验分析报告
专用章
北京大学

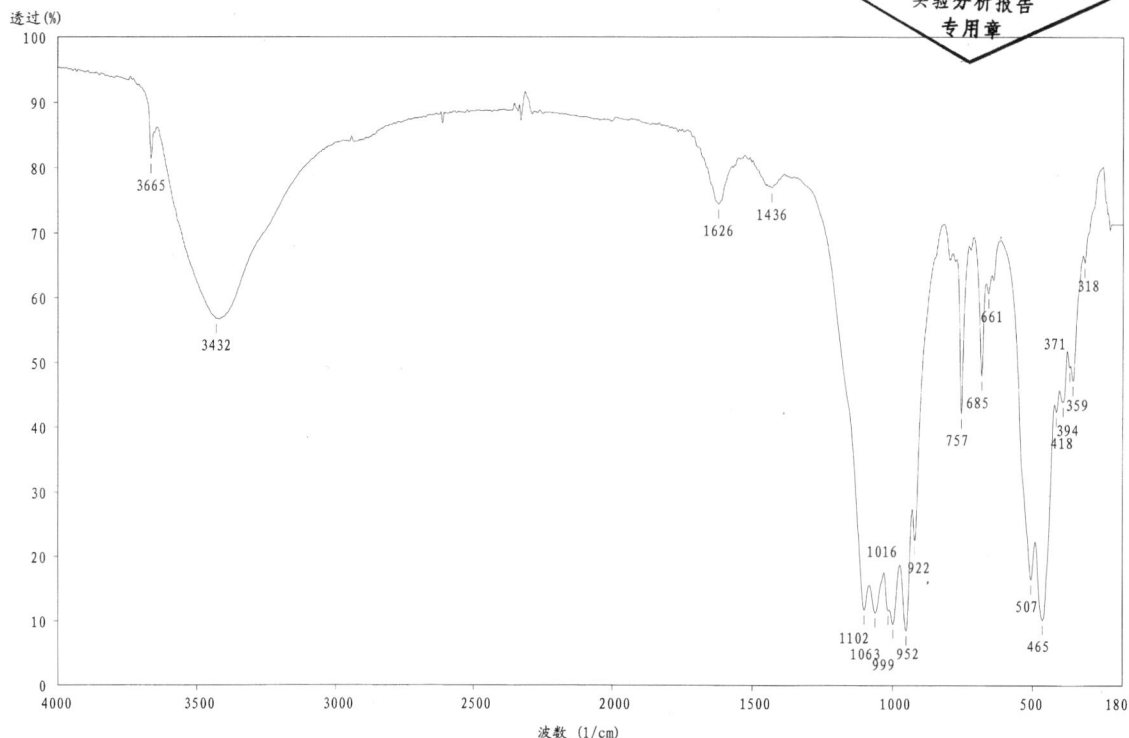

实验室红外光谱测试条件

仪器名称: 红外分光光度计

仪器型号: PE983G

分辨率: $3cm^{-1}$

扫描范围: $4000cm^{-1} \sim 180cm^{-1}$

仪器工作条件: 室温: 27℃　湿度: 54 %

压片条件:

样品重量: 0.9 mg

KBr: 200 mg

抽真空: 2分钟后加压到8.0吨

加压时间: 3分钟

七　骨器鉴定^①

骨器类别不多，有的是否动物骨骼我们一度无把握，2005 年 3 月 5 日在北京请中国社会科学院考古研究所周本雄先生进行观察鉴定。观察意见记录如下：

骨管（M311:4）：应为动物骨头。中心呈骨腔结构。

骨管（M311:5）：亦为动物骨头。

骨管（M311:6）：亦为动物骨头，估计属鹿一类。

骨珠（M274:77）：应为动物骨头制品。

骨玦（M342:53）：动物骨头制品。大型动物，如牛的后肢骨。不是象牙制品。

---

① 记录者：梁太鹤。

八　纺织品检测分析

在不少墓葬中发现纺织品痕迹，但保存下来的独立残片极少。选送到中国丝绸博物馆进行监测分析的样品，多系附着在铜、铁器上的少量残余。检测的基本情况在报告第三编第三章第六节中有介绍。分析人为丝绸博物馆刘剑与浙江理工大学纺织材料学院吴子婴。电镜分析在浙江理工大学纺织材料学院进行。检测分析认为，纺织品类别包括丝织物、毛织物和麻织物。除选送样品外，另有多件铜镯内壁及铜带钩面等器物上粘附一种轻薄疏网状织物，未能进行专项检测鉴定。

以下为分析者提供的分析报告。

赫章可乐墓葬出土织物纤维的鉴定

中国丝绸博物馆　刘　剑

浙江理工大学　吴子婴

2000 年 9 月至 10 月，贵州省文物考古研究所会同赫章文管所在贵州省赫章县可乐乡可乐村发掘了一批战国至西汉墓葬。2005 年，贵州省考古所将发现的粘附有纺织品的器物二十余件送到中国丝绸博物馆鉴定，其中电镜分析在浙江理工大学纺织材料学院进行。现出具鉴定报告如下。

一　纤维的分离

赫章可乐出土的织物纤维分为两类：一类是粘附在金属器物上，另一类是混杂在泥土中。前者纤维非常脆，如铜鍪上的平纹织物已经被铜绿侵蚀，虽然外观依然有光泽，但几乎没有了柔软度。由于粘附在铜鍪上的织物分布较散，虽可用软化剂揭展的方法获得良好的样本，但是这样将破坏了文物的原貌。利用电子扫描显微镜观测仅需较少的样品，因此，简单而又有效的方法是用手术刀片将粘附在铜鍪上的织物样品切割下来。

在此次对赫章可乐出土文物的检测中，观测到超过 10 件的金属文物上有纤维残痕，其中包括丝、毛、麻等。

二　丝纤维

丝纤维共发现 5 例，分别是 M277:2、M330:3、M298、M274:91、M274:41。图一是铜鍪（M277:2）上纤维横截面电镜图，我们可以看到非常清晰的不规则的三角形空腔，这是桑蚕丝的典型形状。一根茧丝是由两根单丝平行排列组合而成，每根单丝中间是丝素，外层是丝胶，图中大部分的丝素蛋白已被降解，只剩下空腔。而在图二铁削刀（M330:3）上的丝纤维还能看到残留的丝素蛋白。

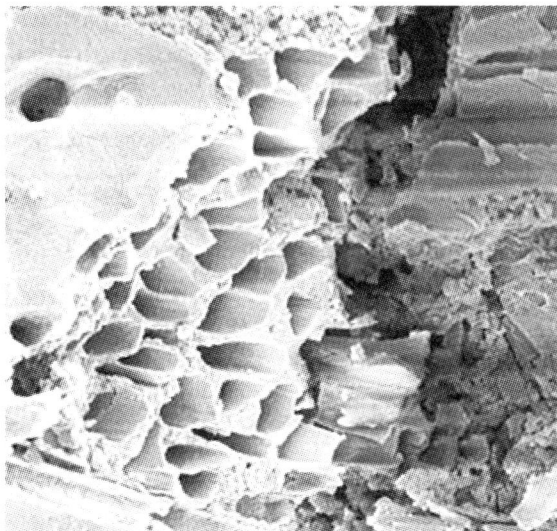

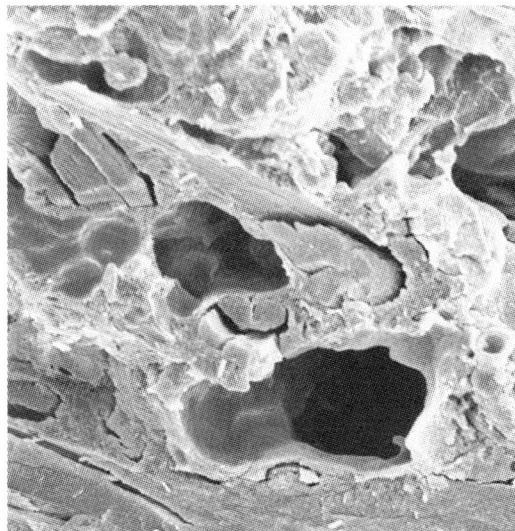

图一　M277:2 上纤维横截面电镜图　　　图二　M330:3 上纤维的电镜图

三　毛纤维（织物）

除了发现丝纤维外，还有另一种蛋白质纤维——羊毛纤维。根据建国后文献记载的出土情况，最早的应该是 1979 年在新疆哈密一个相当于商代的墓葬里，发现了一批毛织物和毛毡。此外，青海都兰也发现过周代早期的毛织物。这一发现位于贵州高原，非常罕见。

在贵州赫章的墓葬中，一件铜扣饰（M338）上的纤维被确认为羊毛。图三显示的是铜鍪（左）和铜扣饰（右）上织物的 50 倍显微镜图。铜鍪上的蚕丝织物细密有光泽，铜扣饰上的织物纱线明显较蚕丝粗，经过扫描电镜观察发现了清晰的羊毛印痕（图四）。羊毛纤维的形态特征是纵向有鳞片覆盖，鳞片覆盖主要有三种形状：环状覆盖、瓦状覆盖和龟裂状覆盖。不同的覆盖形状对应于不同粗细羊毛，环状为细毛，瓦状为半细毛，龟裂状为粗毛。

在图四中可以观察到，羊毛纤维中间的蛋白质已被降解，纤维内壁上鳞片印痕却非常

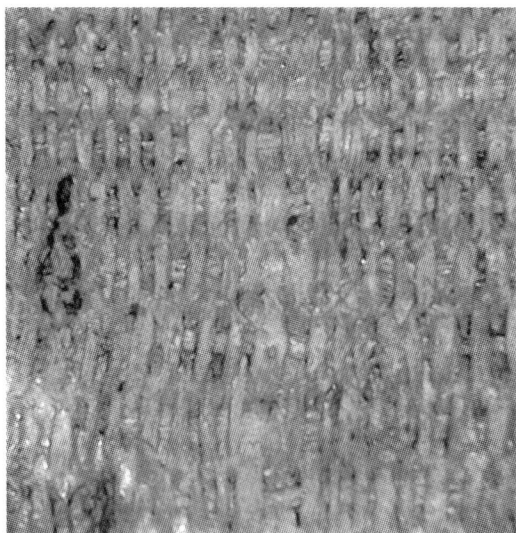

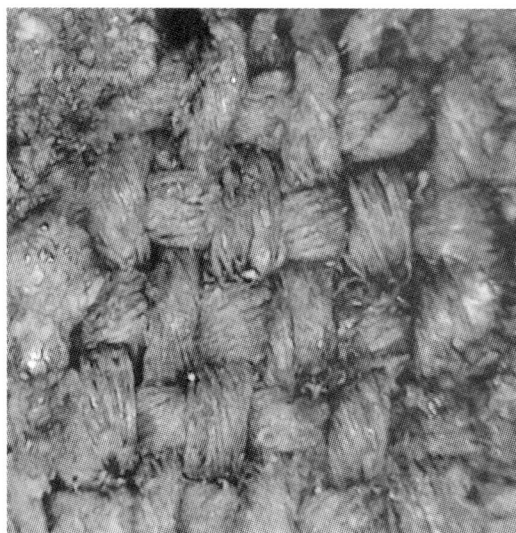

图三　M277:2（左）和 M338 铜扣（右）上织物的数位显微镜图

图四　M338 铜扣上纤维的电镜图·
（右下角图为现代羊毛的电镜图）

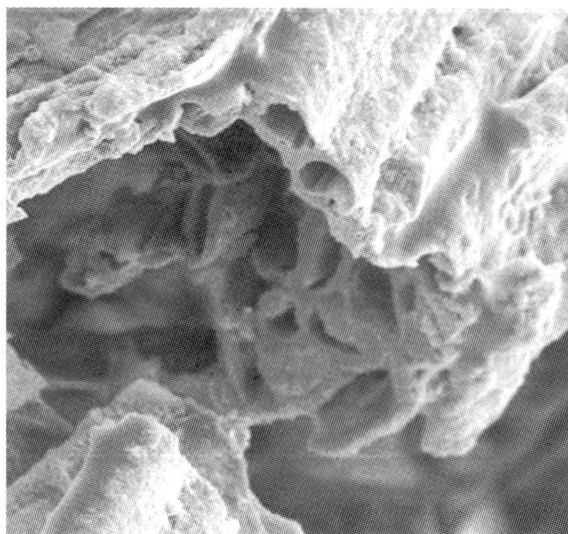

图五　M274:100 纤维的电镜图

的清晰，对比现代羊毛样本的电镜图，我们可以初步判断铜扣饰上的纤维为细羊毛。现代一般认为我国古代饲养的绵羊有三大品种。一是产于蒙古高原的蒙古羊，二是分布于西藏、四川、云南、贵州等地的藏羊，三是分布于新疆、甘肃等地的哈萨克羊。而赫章出土的羊毛纤维属于哪一类，有待于进一步的研究。

四　植物纤维

在古代还有一类广泛使用的纺织原料是植物纤维。根据目前纺织品的出土情况研究，在东汉（可能开始了棉的使用）之前，人们使用的植物纤维主要是麻。但是，在春秋战国时期，另一种植物纤维葛也非常流行。在赫章出土的第二类纤维（混杂于泥土）中，根据扫描电镜观察应当是植物纤维。其中的织物纤维可以认为是麻。如 M274：99、M274：100等。图五中可以观察到几个纤维截面，呈圆形或椭圆形，截面中间有空腔。麻纤维在使用前必须脱落植物韧皮纤维上的胶质，称之为沤麻。沤是利用水中微生物分泌的果胶酶，分解植物韧皮和茎液中的胶质，使纤维分散而柔软。在图五中我们看到的是几根分散的纤维，可见该件织物中的纤维处理得比较好。

通过对赫章出土的 20 余件织物纤维的初步鉴别，不仅发现了战国到西汉时期蚕丝和麻的使用，同时也发现了羊毛纤维的印痕。

九　木器木材种属鉴定

出土木器种类不多，已有发现包括木手镯、木剑鞘、铜戈木柲和木棺等。其中木手镯基本保持完整，木剑鞘仅有少量残部附着在铁剑或削刀上，木柲和木棺仅有零散残片。我们挑选不同木器种类标本共20件。请中国社会科学院考古研究所考古科技实验研究中心进行鉴定，鉴定人为王树芝，照片拍摄人为王增林。

鉴定结果，样本有两个树种。其中一个树种未鉴定，一个树种为松属软木松类。未鉴定树种中，器物包括手镯、剑鞘、剑茎上缠绕的薄片状木、铜戈的木柲等。我们曾将其中一些器物如手镯、剑茎缠绕薄片等看为藤类植物。手镯木条细长，围成环形。剑茎缠绕片连续捆扎于剑茎的木条上，很薄，呈黄色，甚至略发亮。检测鉴定认为这些样本结构不是藤本植物，像树木的韧皮部。看来当时利用树木韧皮已很熟练。已鉴定树种的样本多为木棺残片，以松类制作木棺较符合实际。

以下为分析者提供的鉴定报告。

赫章可乐墓葬出土木材样本的鉴定

中国社会科学院考古研究所考古科技实验研究中心　王树芝　王增林

赫章可乐墓葬为古代夜郎时期"南夷"民族战国至西汉时期的墓葬，墓葬中有一些奇特的埋葬习俗及具有浓郁民族特色的随葬器物，是研究西南地区古代文化面貌的一处重要遗存。

贵州省文物考古研究所会同赫章县文管所在赫章可乐墓葬发掘中，采集到了一些木材样本和木炭样本。受贵州考古所的委托，我们对这些木材样本进行了鉴定。将采集的木材、木炭样本经室内加工，做横向、径向、弦向三个方向切片，先在体式显微镜下观察、记载木材特征，进行树种鉴定，根据《中国木材志》得出结论，然后将木材、木炭样本粘在铝质样品台上，样品表面镀金，在日立 S-530 扫描电子显微镜下进行拍照。经过鉴定，这些样本属于两个树种，一个树种未鉴定，但已经有3个切面的结构，另一个树种为松属（Pinus）。

图一、二和三分别为 M365：10 木手镯的横切面、径切面和弦切面，图四、图五和图六分别为 M274：97（铜洗下铁戈内上残木条）的横切面、径切面和弦切面。从样本横切面看，轴向系统似由筛胞和薄壁细胞组成，从样本径切面和样本弦切面看，细胞大小一致，

壁薄，似有运送叶部所制造养分的能力。经鉴定，不似藤本，但疑似树皮（韧皮部）（与林科院几位老师商量决定）。此外，M271、M296∶3（剑茎缠绕木条）、M341∶31（木手镯）、M298（剑鞘残片）、M301∶3（铜剑下剑鞘残片）、M341∶10（剑鞘残片）、M348（剑茎部缠绕木）和M350（剑身下剑鞘残片）的样本也是这种结构的树皮。

尹思慈认为松杉目的次生韧皮部，如同次生木质部一样，轴向系统由筛胞和薄壁细胞组成，有些树种还有韧皮纤维。松杉目树皮结构可分为两大类型：1. 以杉科、柏科为代表的类型：它们的树皮特征主要表现在次生韧皮部轴向系统纤维、筛胞和薄壁细胞有顺序的交替。2. 以松科为代表的类型：次生韧皮部轴向系统不呈径向有规则的明显层次交替，但薄壁细胞仍呈弦向的行和带。松属各树种的次生韧皮部中，目前未发现任何类型的厚壁细胞。因此，出土的似树皮的东西可能是松杉目的树皮。

关于树皮结构的研究很少。但树皮可制作多种多样的生活用品。北方一些地方利用富有弹性的桦树皮，制成箱篓、摇篮，桦皮还可制舟，南方的棕树皮可编织棕箱、蓑衣、棕床等。许多生活用品，如瓶塞、软木地板都可用树皮加工。栓皮栎树皮制成软木，用于水上救生用具。树皮还是建筑材料，南方一些地方把树皮当瓦盖（杉木皮制瓦），树皮作墙体。

什么树种的树皮有柔韧性而且有一定的硬度，还可制作手镯，这是一个值得思考的问题。因此，是否树皮，是什么树种的树皮还需要将来的研究来证实。

图七、八、九分别为M274∶96（棺木残片）的横切面、径切面和弦切面。图一○、一一和图一二分别为M274∶95（棺木残片）的横切面、径切面和弦切面。图一三为M272（残木片）的径切面，图一四为M296∶5（在铜洗上面的棺木残片）的径切面，图一五为M273（朽木棺）径切面，图一六为M273（朽木棺）的弦切面，图一七为M272（木屑）的径切面，图一八为M272（木屑）的弦切面，图一九为M298（残木片）径切面，图二○为M312（铜鍪内残存木）横切面，图二一为M312（铜鍪内残存木）弦切面。这些样本的横切面，生长轮略明显，有树脂道。径切面，射线薄壁细胞与早材管胞间交叉场纹孔式为窗格型，射线管胞内壁没有锯齿。弦切面，有单列射线和纺锤射线。由此断定属于松属。除此之外M277∶9（朽木）、M325（剑鞘残片）、M308（铜戈、剑上残木块）、M350（棺木残片）、M317和M341（戈柲残木块）也为松属。松木耐腐，所以棺木经常用松木。松木是很好的枕木、矿柱、桥梁、车厢和家具用材，该遗址的棺、戈柲及部分剑鞘都是用松木制成。

以下为贵州赫章可乐遗址墓葬出土木材样本在扫描电镜下的显微结构（图片 21 幅）

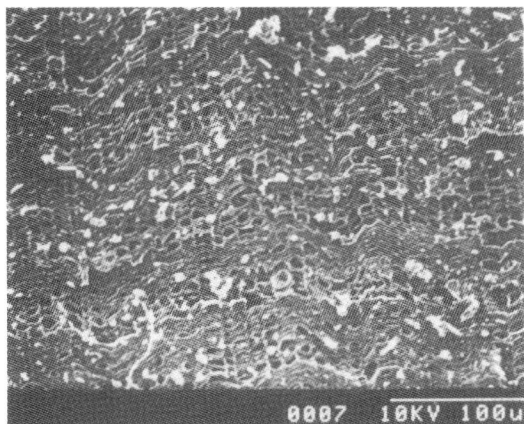

图一　疑似树皮横切面（300 倍）

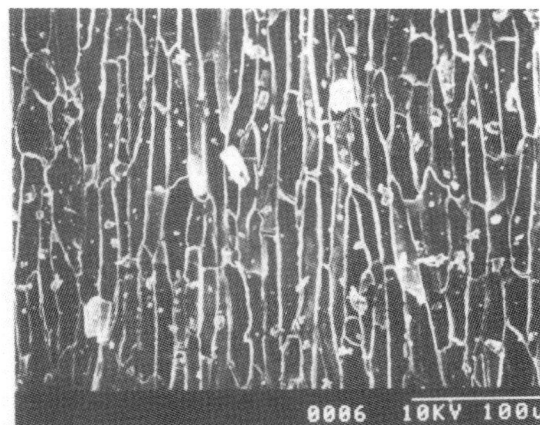

图二　疑似树皮径切面（300 倍）

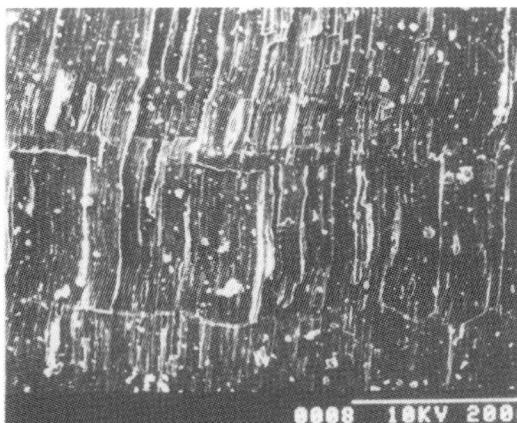

图三　疑似树皮弦切面（300 倍）

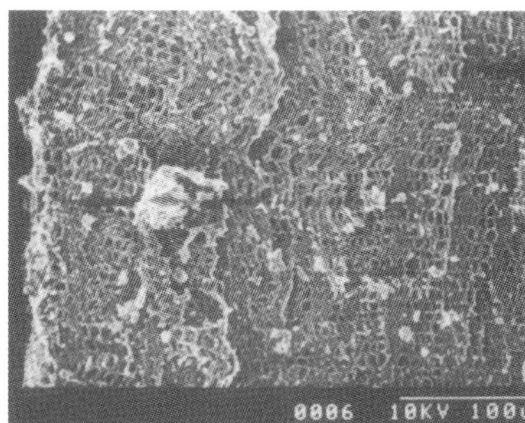

图四　疑似树皮横切面（300 倍）

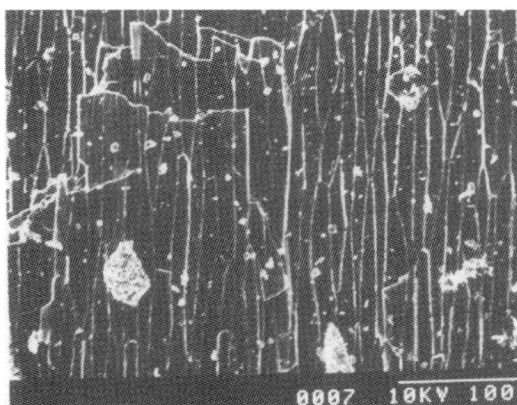

图五　疑似树皮径切面（300 倍）

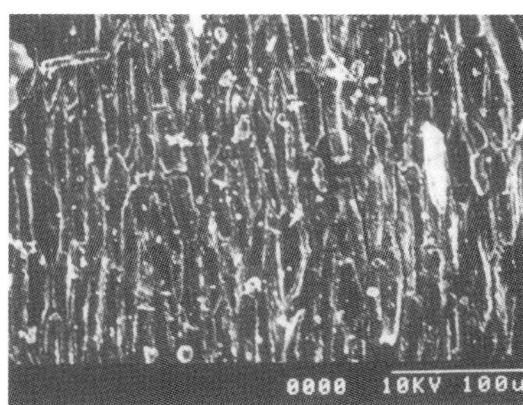

图六　疑似树皮弦切面（300 倍）

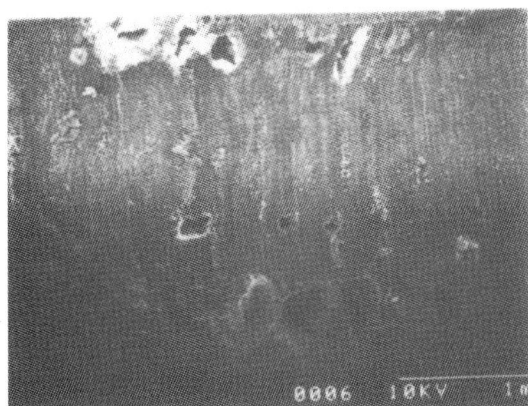

图七 松属横切面（30倍）

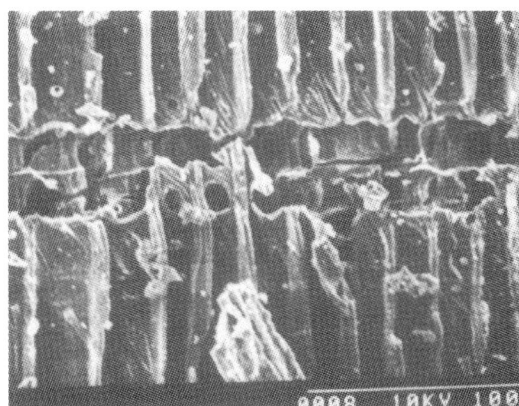

图八 松属径切面（500倍）

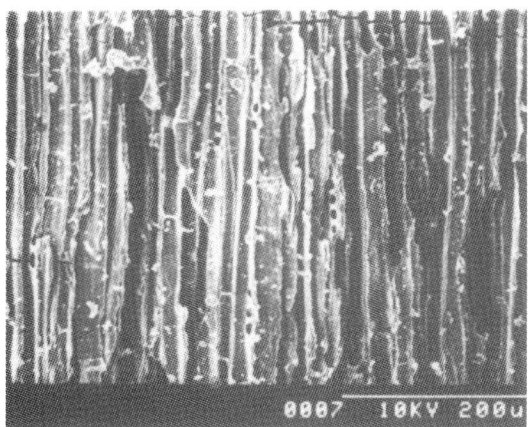

图九 松属弦切面（200倍）

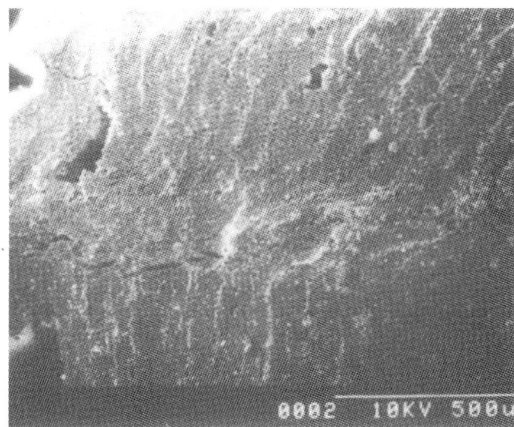

图一〇 松属横切面（80倍）

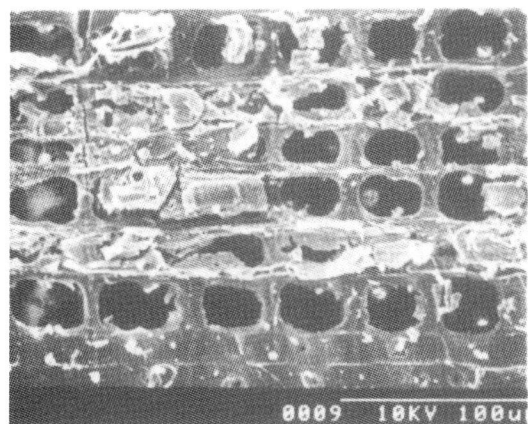

图一一 松属径切面（400倍）

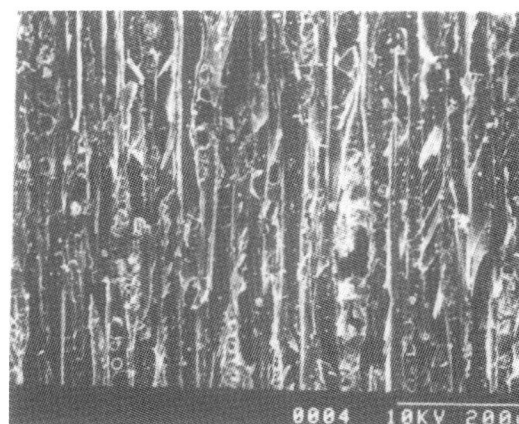

图一二 松属横切面（150倍）

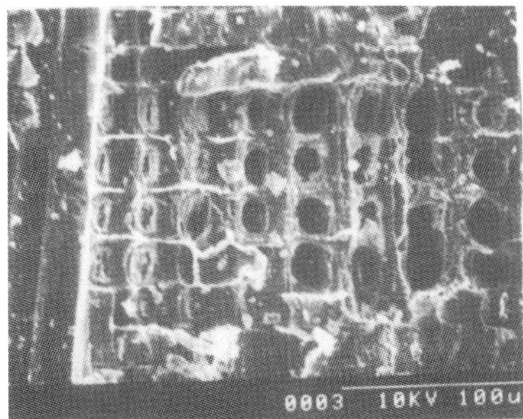

图一三　松属径切面（400 倍）

图一四　松属径切面（200 倍）

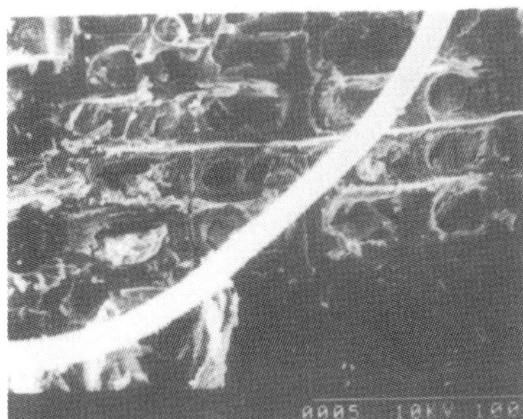

图一五　松属径切面（500 倍）

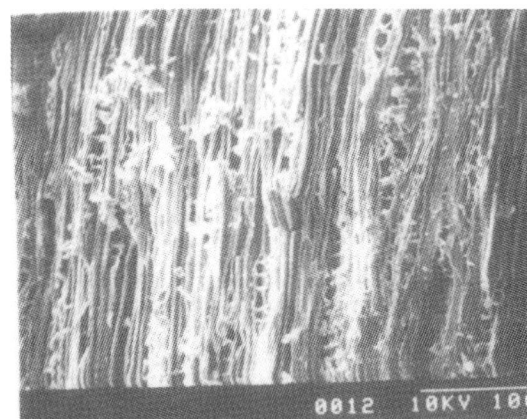

图一六　松属弦切面（300 倍）

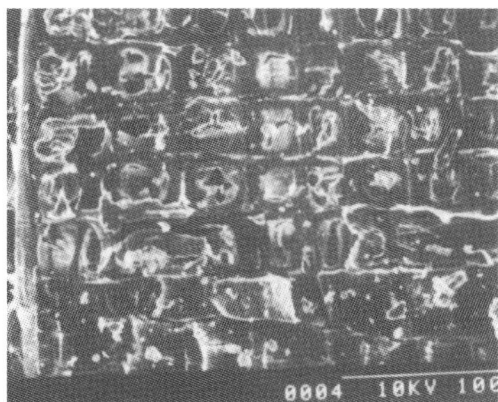

图一七　松属径切面（400 倍）

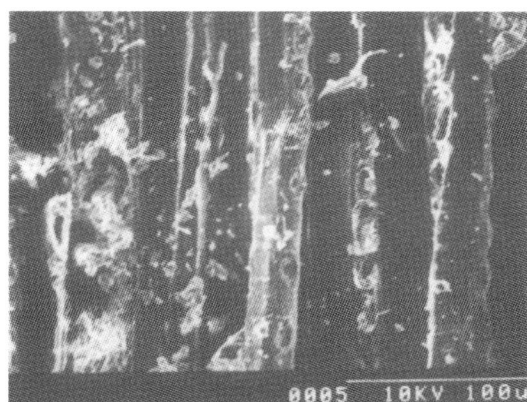

图一八　松属弦切面（400 倍）

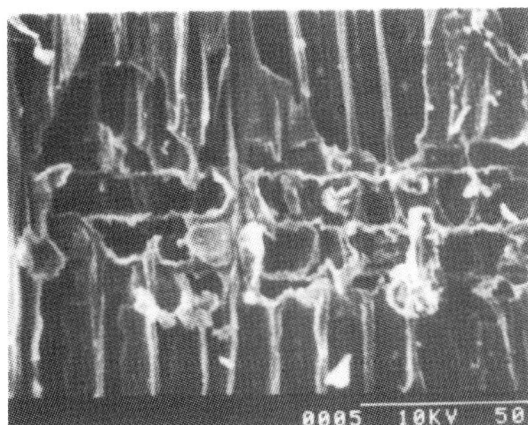

图一九 松属径切面（800倍）

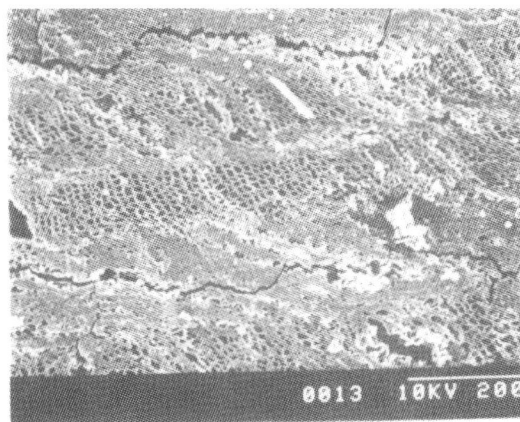

图二〇 松属横切面（150倍）

图二一 松属弦切面（150倍）

一〇　绿松石珠检测分析

M288出土一件残损的绿松石珠，因形制结构的一些特点，曾疑为料器，取样送北京科技大学冶金与材料史研究所进行检测。检测人为北京大学考古文博学院陈建立、崔剑锋。检测结果该件质地非玻璃，实为绿松石。

以下为检测分析报告。

赫章可乐墓葬出土绿松石珠的检测分析

北京大学考古文博学院　陈建立　崔剑锋

对赫章可乐罗德成地M288出土绿松石珠残片进行取样，将其镶嵌在酚醛树脂中，然后在不同粒度的砂纸上磨光，抛光后在莱卡DM4000M型金相显微镜下观察样品的显微组织，并拍摄照片，如图一和图二，并在北京大学考古文博学院激光烧蚀等离子体发射光谱仪进行定性成分分析，检测结果为元素组成有铜、磷、铝、锡、铁等元素。该件样品为绿松石。分析人为北京大学考古文博学院陈建立、崔剑锋。

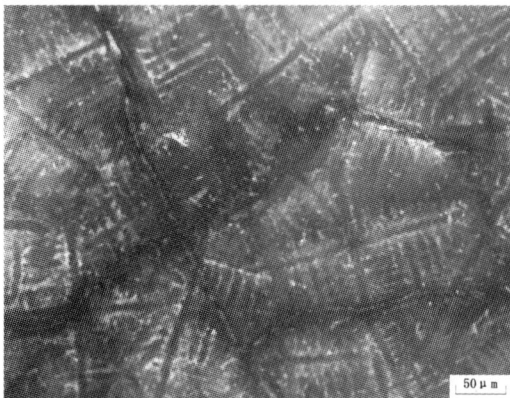

图一　样品的显微组织（明场）

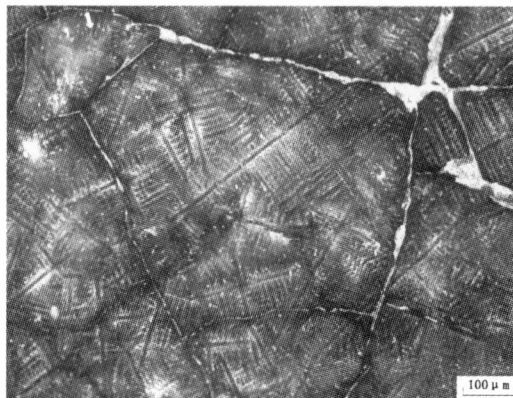

图二　样品的显微组织（暗场）

一一　陶器上粘附红色颜料检测分析

可乐锅落包 M281 和 M284 都发现在个别陶器上涂洒有红色颜料，出土状况显示系埋葬时现场涂洒。采集其中两件陶器上颜料请北京大学考古文博学院进行检测分析。分析人为崔剑峰、陈建立。分析认为，红色颜料为朱砂。

以下为分析者提供的分析报告：

赫章可乐墓葬出土陶器粘附颜料分析报告

北京大学考古文博学院　崔剑峰　陈建立

一　样品描述

表一　可乐锅落包墓葬出土陶器颜料取样清单

馆藏号	样品名称	出土地点	样品照片
M281:9	陶罐耳部红色颜料	赫章可乐锅落包	图一
M284:5	陶纺轮表面红色颜料	赫章可乐锅落包	图二

图一　M281:9 体式显微镜照片

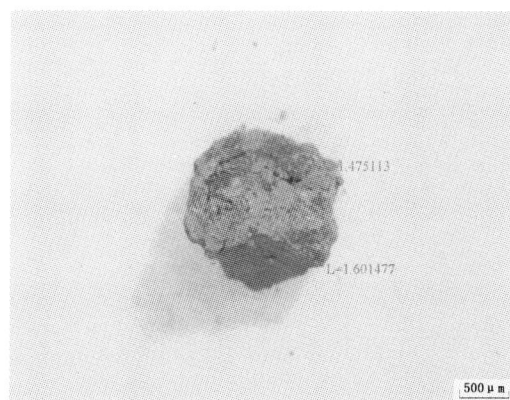

图二　M284:5 体式显微镜照片

二　分析方法及结果

将样品粘结在导电胶表面上，用清华大学机械学院摩擦学国家重点实验室 FEI Quanta 200 FEG 型场发射环境扫描电镜观察表面形貌并拍摄照片，同时用扫描电镜外接的牛津 INCA2000 型能谱仪进行成分的定性分析，扫描电镜照片及能谱分析结果分别见图三和图四。

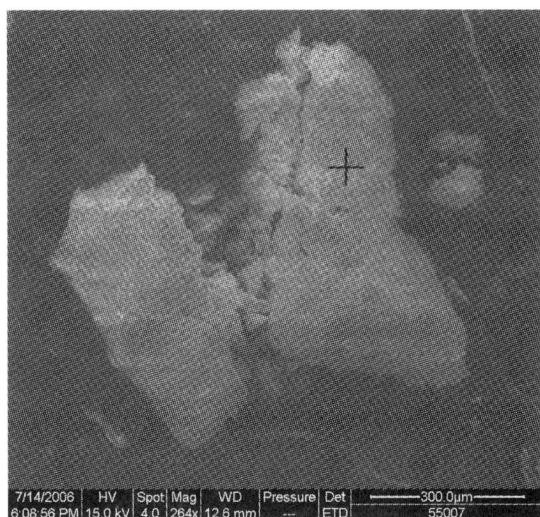

M281:9 扫描电镜二次电子像（分析位置为"十"字所示）

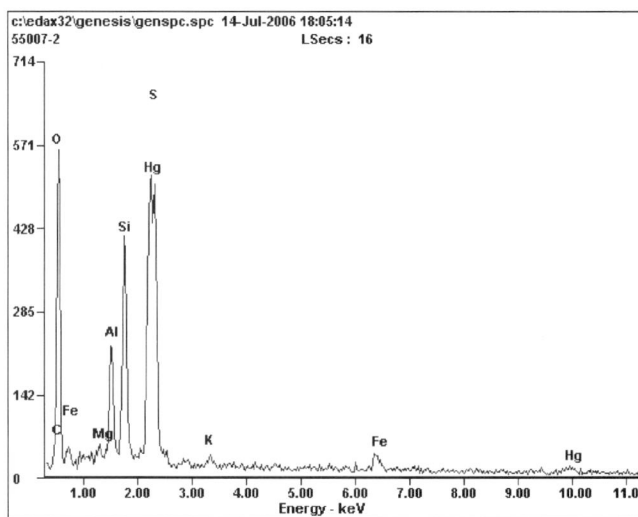

M281:9 扫描电镜能谱图

图三　M281:9 陶罐表面颜料扫描电镜能谱分析结果

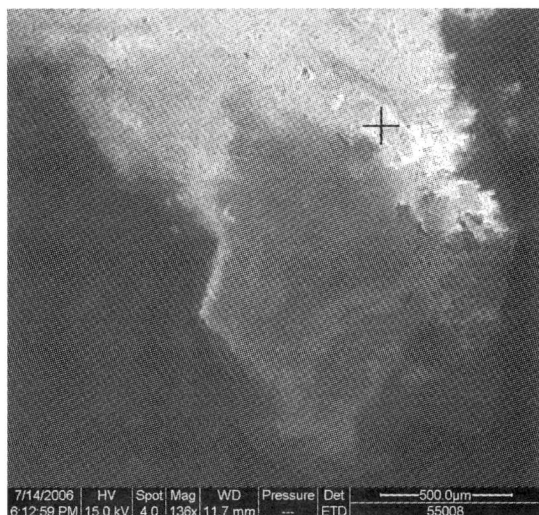

M284:5 扫描电镜二次电子像（分析位置为"十"字所示）

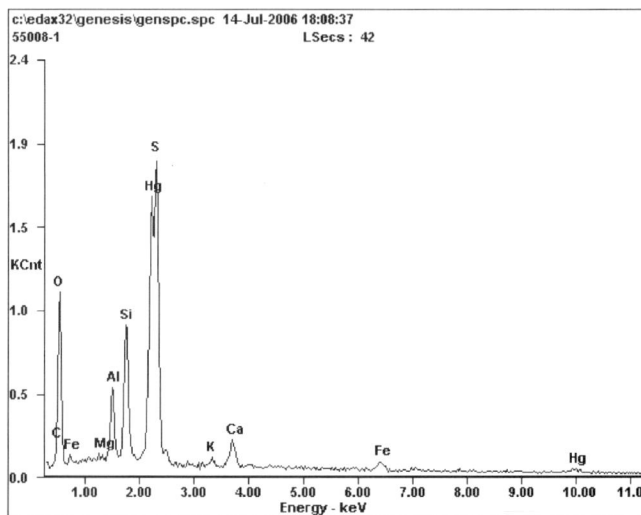

M284:5 扫描电镜能谱图

图四　M284:5 陶纺轮表面颜料扫描电镜能谱分析结果

三 检测结果

扫描电镜能谱分析结果表明，陶器表面及红色颜料的主要成分有 Fe、Al、Si、Mg、K、Ca、Hg 和 S 等，其中 Fe、Al、Si、Mg、K 和 Ca 等元素是陶器本身带有色，Hg 和 S 则是红色颜料朱砂（HgS）的组成元素，所以可乐锅落包 M281 和 M284 个别陶器上涂洒红色颜料为朱砂。

一二　铜手镯镶嵌孔雀石片粘结剂检测分析

　　出土铜手镯多镶嵌有孔雀石小圆片，小圆片镶嵌在铜手镯凹槽内，使用有黑色粘结剂。选取 4 件铜手镯的粘结剂，请北京大学考古文博学院进行检测分析。分析人为崔剑峰、陈建立。分析认为粘结剂为生漆。

　　以下为分析者提供的分析报告。

赫章可乐墓葬出土铜手镯上镶嵌物粘结剂分析报告

北京大学考古文博学院　崔剑锋　陈建立

一　样品描述

表一　铜手镯镶嵌孔雀石粘结剂取样清单

原编号	样品名称	出土地点
M271∶1	铜手镯镶嵌孔雀石粘结剂	可乐罗德成地
M298∶12	铜手镯镶嵌孔雀石粘结剂	可乐罗德成地
M365∶8	铜手镯镶嵌孔雀石粘结剂	可乐罗德成地

二　分析方法及结果

　　采用北京大学考古文博学院配制美国热电公司 Nicolet 型显微红外光谱仪，取极微量样品进行分析。分析结果见图一、图二和图三，从图中可以看出三个样品的红外光谱基本相同，将此三张图合为图四。

　　从图四可以看出，三件样品的红外光谱基本相同。其中 3320cm^{-1}、1415 cm^{-1}、1043 cm^{-1}、873 cm^{-1} 等几处为孔雀石的吸收峰（标"√"处），2930 cm^{-1}、2850 cm^{-1}、1588 cm^{-1} 等处（标"×"处）为漆的吸收峰。

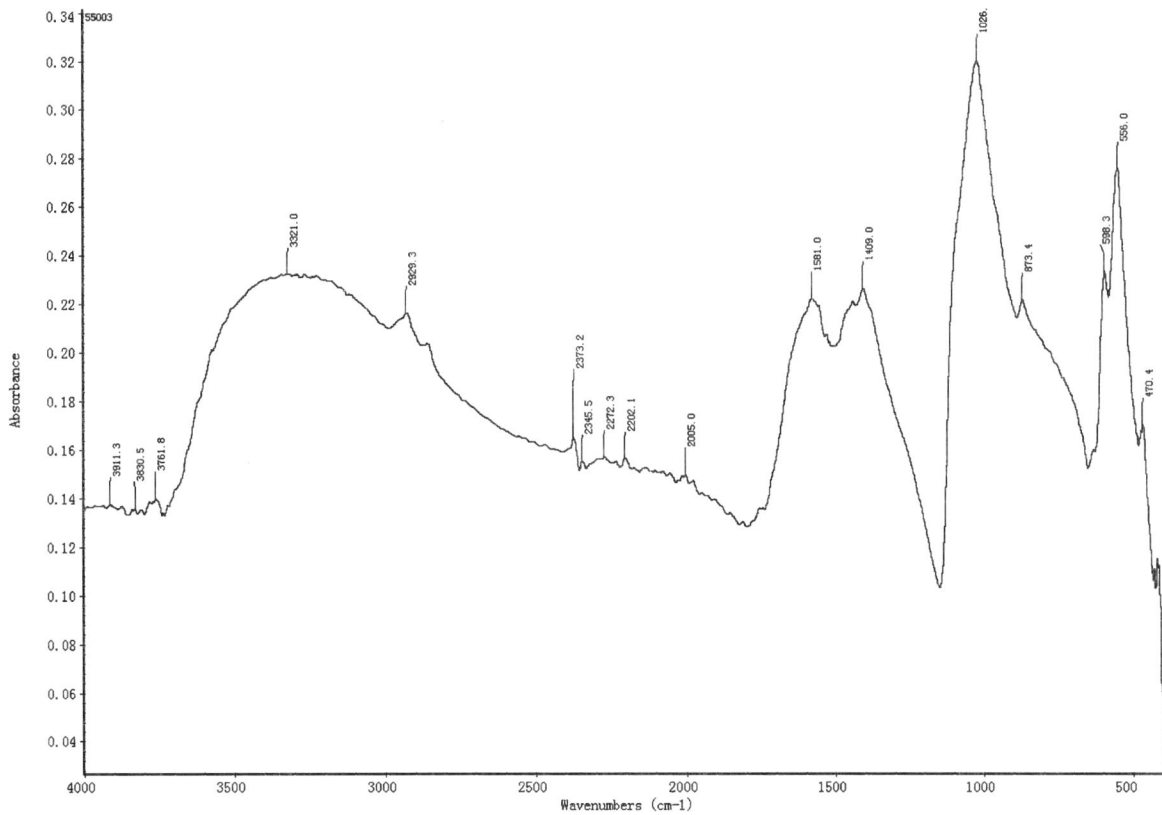

图一　样品 M271:1 显微红外光谱图

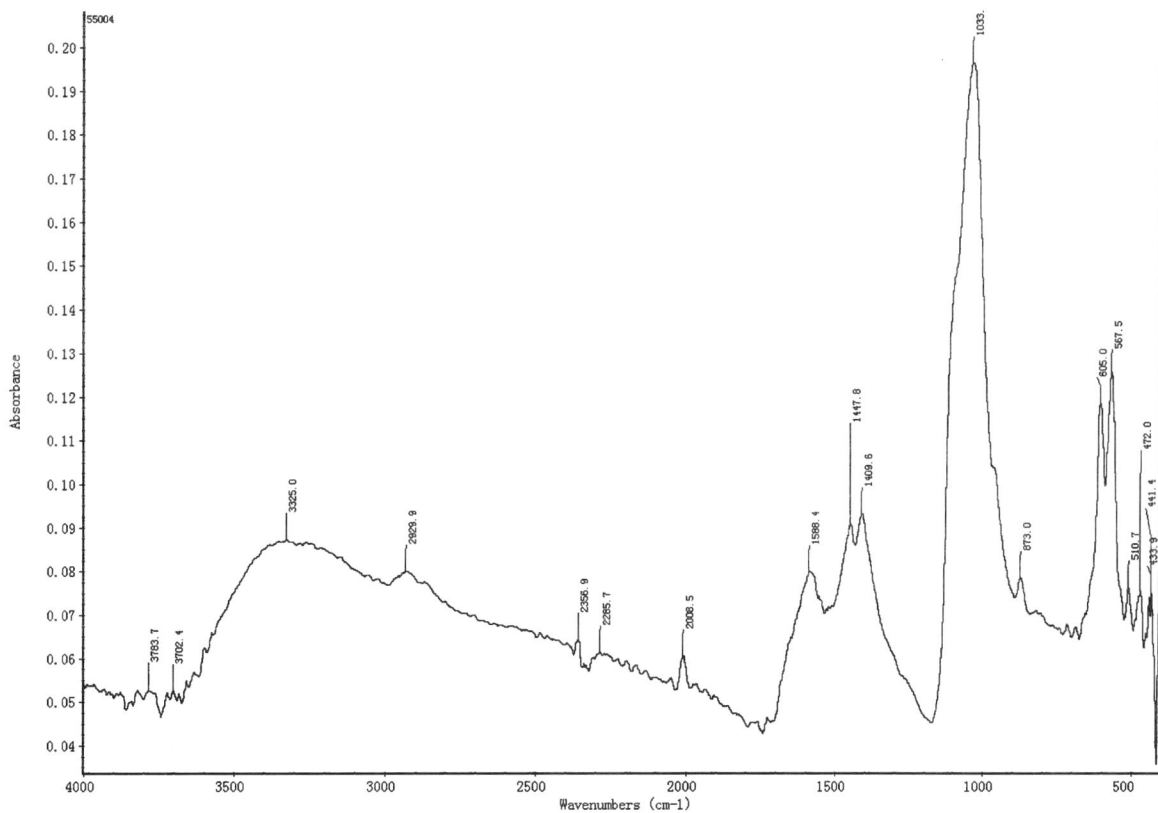

图二　样品 M298:12 显微红外光谱图

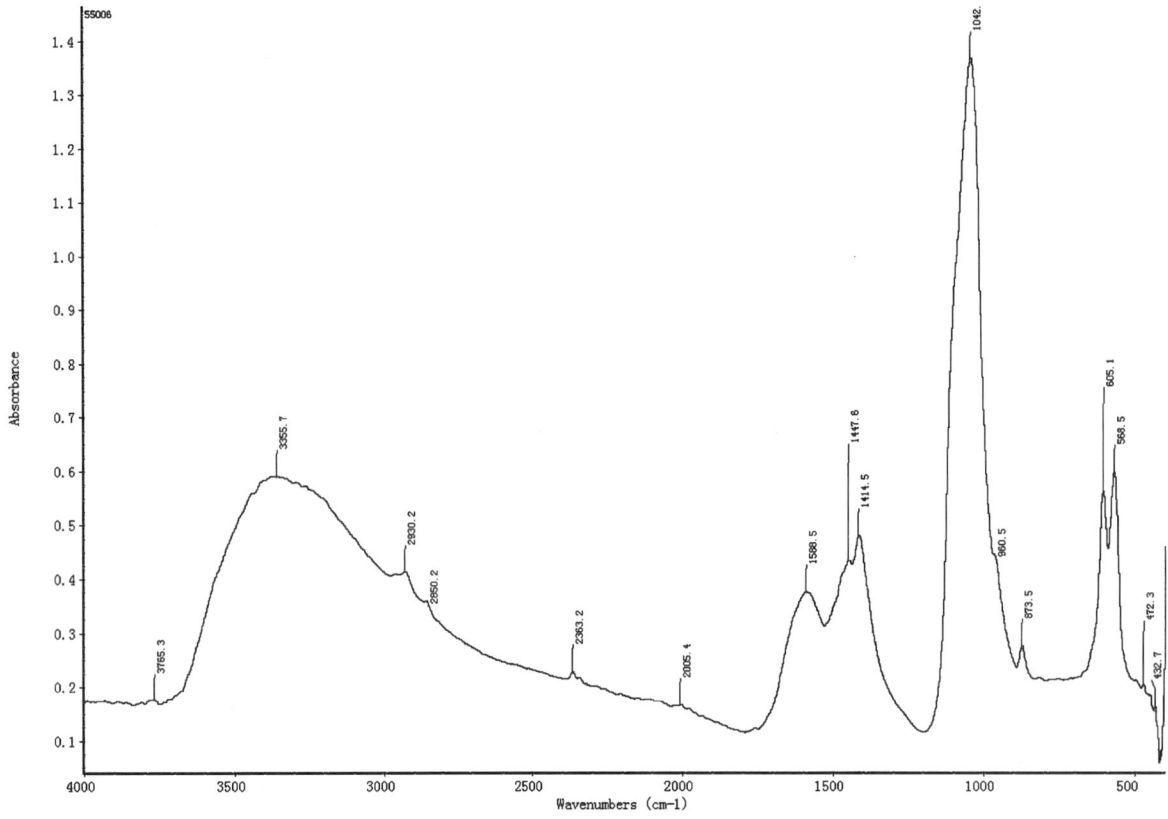

图三 样品 M365:8 显微红外光谱图

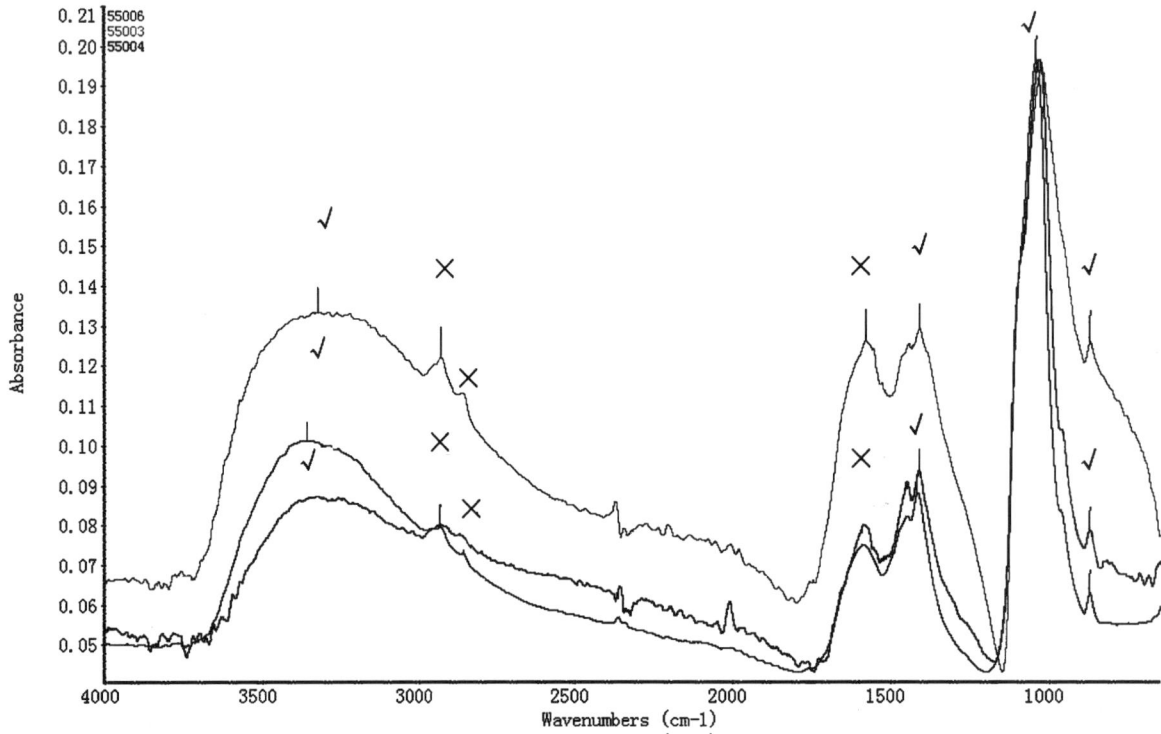

图四 3件样品显微红外光谱图

三　检测结果

用显微红外光谱分析了铜手镯镶嵌孔雀石片时使用的粘结剂材料，结果表明粘结剂的红外光谱吸收峰与生漆的吸收峰基本相同，所以粘结剂为生漆。

一三　人骨性别年龄鉴定分析

墓葬人骨绝大多数朽坏不存，在少量墓葬紧靠铜器部位，发现局部骨胳或牙齿。采集到的 25 个个体骨胳，除 1 个太残碎，其余 24 个均送中国社会科学院考古研究所考古科技实验研究中心进行性别和年龄鉴定分析。鉴定人为张君、王明辉。十分遗憾的是，由于骨胳保存质量极差，可鉴定部位数量太少，人骨性别只有 2 例能作倾向性鉴定，其余不明。年龄大多有基本鉴定，有 2 例不明。此外，有 1 例可鉴定出具有蒙古人种倾向。不过，这对于分析墓葬族群的社会与生活状况等方面已提供了很有价值的信息。

以下为分析者提供的鉴定分析报告。

赫章可乐墓葬人骨鉴定

中国社会科学院考古研究所考古科技实验研究中心　张君　王明辉

可乐墓葬于 2000 年秋季由贵州省文物考古研究所会同赫章县文物管理所共同发掘。该墓葬群处于战国至西汉时代，属于古夜郎国时期，具有独特的墓葬习俗和随葬器物。本文鉴定的人骨出自发掘地罗德成地的 107 座墓葬中，皆为土著民族墓，墓葬形式为竖穴土坑墓，具有多种独特的引人注目的埋葬方式，如"套头葬"，即用鼓形铜釜套于死者头部，此外还有铜洗盖脸、垫头和墓中插铜戈等各种形式。墓葬的不同埋葬规格和随葬品的丰厚程度都反映了当时社会的等级差异①。

本文对采集到的 24 个个体的骨胳残骸进行了鉴定。骨胳保存质量极差，仅剩严重朽蚀的碎骨和一些牙齿，而且大部分的牙齿仅是齿根和齿质已经腐蚀掉的齿冠，所以，性别鉴定极其困难，年龄的估计主要是依据牙齿的磨耗程度和结合个别头骨片上的骨缝愈合情况来判断的。24 个个体中，倾向于男性的 1 例（M272），倾向于女性的 1 例（M273），其余个体的性别不明。未成年个体（小于 14 岁）3 例，青年期（14～24 岁）的个体最多，近全部个体数的一半，有 11 例，壮年期个体（25～35 岁）4 例，中年期个体（35～55 岁）3 例，只能判定为成年的 1 例，年龄不清的 2 例，最大年龄 35～40 岁，最小年龄 2～4 岁。个别头骨碎片的局部特征表现出蒙古人种的倾向（如 M296）。所鉴定个体的具体描述如下：

---

①　贵州省文物考古研究所：《贵州赫章可乐夜郎时期墓葬》，《考古》2002 年第 7 期。

M264：性别不明，年龄不明。骨胳保存有肱骨、尺、桡骨残段。骨胳较纤细，骨壁较薄。

M268：性别不明，成年。仅存两片头骨片，其中一片头骨上的骨缝已愈合，达到成年。

M272：可疑男性，30岁左右的壮年个体。骨胳遗留有颅骨片，无面部和颅底，此外还有三块颈椎骨。头骨的骨壁较厚，枕外隆突较显著，前额倾斜，均显示了一般男性特征。颅内矢状缝完全愈合，颅外缝也基本愈合，但缝隙还较为清晰，人字缝部分愈合，年龄是根据骨缝的愈合情况做大致判断的。

M273：可疑女性，35～40岁的中年个体。骨胳保留有头骨顶部（无面部和颅底）、少量残颈椎和部分牙齿。头骨显示出中长的卵圆形颅，颅的尺寸较小，枕外隆突不显著。所有骨缝的颅内缝已经完全愈合，矢状缝顶段凹陷，出现老年化现象。颅顶部有大小不一、不规则的融蚀状凹坑，未穿透颅壁，原因不明。牙齿多为齿冠，尺寸较小，可以区分出有上颌2枚前臼齿、2枚臼齿，下颌有2枚臼齿。臼齿的齿尖磨耗较重，已经暴露齿质点。年龄是根据牙齿的磨耗和颅骨缝愈合程度来判定的。

M274：性别不明，20～22岁的青年个体。有若干头骨片和牙齿。牙齿共23枚，包括上颌6枚臼齿、3枚前臼齿和2枚犬齿；下颌6枚臼齿、4枚前臼齿和2枚下门齿。第一、第二臼齿的磨耗程度为2～3级，齿质点已暴露，第三臼齿基本未磨耗。上第一和第二臼齿及下第一臼齿的咬合面有很小的龋齿洞。

M277：性别不明，青年个体。骨胳为少量颅骨残片和2枚齿冠。牙齿为恒齿，齿冠表面基本没有磨耗，说明年龄不大。从遗留的乳突和下颌髁突看，此个体已成年。

M292：性别不明，不超过20岁。有3枚牙齿齿冠，分别是门齿、臼齿和上前臼齿。齿冠的表面基本没有磨耗，年龄最大不超过20岁，最小不小于12岁。

M296：性别不明，35岁左右的壮年个体。骨胳有头骨片和牙齿。头骨片骨壁较薄，残存的鼻根部特征显示了鼻根凹陷平的蒙古人种特征。牙齿有上下颌14枚，其中4枚仍保留在破损的右侧上颌骨中，其他为离体牙，牙齿的尺寸较小。牙齿磨耗较严重，上颌右侧第一臼齿暴露大面积的齿质，年龄根据牙齿的磨耗程度判断的。

M298：性别不明，不到20岁的成年个体。有17枚牙齿，上颌10枚为2枚犬齿、4枚前臼齿、4枚第一和第二臼齿，下颌7枚包括1枚前臼齿和6枚臼齿。所有牙齿基本未见明显的磨耗面，1枚第三臼齿的形态似乎是还没有完全萌出齿槽，这些特点说明该个体较年轻。

M299：性别不明，20～25岁的青年个体。骨骼有1块头骨片、3块颅底骨和13枚牙齿齿冠。颅基底缝已完全愈合，说明是成年个体。牙齿包括1枚犬齿、2枚上前臼齿和10枚臼齿。第一臼齿的齿尖已磨耗，但第二和第三臼齿基本未磨耗。

M301：性别不明，25～30岁的壮年个体。骨骼有头骨残片和10枚牙齿。颅骨的颅内矢状缝开始愈合，愈合程度并不紧密。牙齿包括上颌4枚（1枚前臼齿、2枚第一臼齿、1枚第二臼齿）和下颌5枚（1枚犬齿、2枚前臼齿、第一、第二臼齿各1枚），1枚第三臼齿的上下颌位置难以确定。上第一臼齿的齿尖已磨耗，齿质点暴露，磨耗等级为2～3级，且齿颈部发生较大面积龋洞。下臼齿的齿尖也磨耗见齿质点。第三臼齿未磨。

M306：性别不明，20岁左右的青年个体。仅存16枚离体牙。8枚为齿冠，其余破损严重，不能鉴定，其中有4枚臼齿，其齿冠磨耗较轻，磨耗等级1～2级，1枚臼齿的侧面有一个很小的龋齿洞。

M308：性别和年龄不明。仅存上肢骨碎片，不易鉴定。

M309：性别不明，青年个体。骨骼有少量颅底骨、2块残破颈椎骨和几枚牙齿。颅骨的基底缝已愈合，表明个体已成年。可分辨出8枚牙齿齿冠，包括6枚臼齿和1枚犬齿、1枚前臼齿。牙齿均有不同程度磨耗，第一臼齿的齿尖磨耗约为2级，磨耗轻，所以年龄不大。

M310：性别不明，小于20岁。有18枚牙齿，多为齿冠。上颌6枚（1枚中门齿、1枚侧门齿、犬齿和前臼齿个2枚），下颌8枚（4枚门齿、1枚犬齿和3枚前臼齿），另有4枚臼齿的上下颌位置不清。所有牙齿均未见明显的磨耗痕迹，从牙齿的萌出齿种和磨耗程度看，该个体年龄不大，最大可能不超过20岁。

M318：性别不明，35～40岁的中年个体。骨骼有颅底、肢骨碎片和18枚牙齿。牙齿尺寸较小，基本仅剩齿冠，包括上颌8枚牙齿（3枚门齿、2枚前臼齿和3枚臼齿）和下颌10枚牙齿（3枚门齿、1枚犬齿、2枚前臼齿和4枚臼齿）。所有牙齿的齿冠均有不同程度的磨耗，臼齿齿尖基本磨平，磨耗等级为3～4级，齿质暴露。其他骨骼碎片无法鉴定。

M330：性别不明，2～4岁的未成年个体。仅剩2枚乳臼齿的齿冠，第一乳臼齿轻微磨耗，第二乳臼齿没有磨耗痕迹。

M334：性别不明，青年个体。3枚恒齿齿冠，包括1枚犬齿、1枚前臼齿和1枚破损的臼齿齿冠。齿冠基本没有磨耗，最大超不过青年期（15～23岁）。

M338：性别不明，6岁左右的未成年个体。仅存牙齿齿冠14枚，其中10枚乳齿包括4枚门齿、2枚犬齿和4枚臼齿，另外4枚为刚萌出或即将萌出的第一恒臼齿，这个牙齿的萌出年龄在5、6岁，所以该个体的年龄在6岁左右。

M341：性别不明，25岁左右的青壮年个体。仅存头骨碎片和一些牙齿。牙齿包括上颌11枚（1枚中门齿、2枚犬齿、4枚前臼齿和4枚臼齿）和下颌8枚（3枚门齿、2枚犬齿、3枚前臼齿），另有2枚臼齿似第三臼齿，但上下颌位置难辨，牙齿齿尖已经磨耗，齿质点暴露，第一臼齿的磨耗程度较第二臼齿稍重，磨耗等级为2～3级。

M342：性别不明，6～9岁的未成年个体。骨骼有一些头骨片和32枚乳齿和恒齿。该个体正处于乳齿和恒齿的换牙时期，14枚牙齿为乳齿，包括6枚门齿、3枚犬齿和5枚臼齿，其中的2枚右上颌乳臼齿还保留在颌骨的齿槽中，没有脱落。18枚牙齿为恒齿，包括4枚上门齿、3枚犬齿和3枚前臼齿（1枚上前臼齿和2枚下前臼齿）和8枚臼齿，其中右上颌的侧门齿和犬齿还没有完全萌出齿槽，保留在颌骨中。一般情况下，侧门齿和犬齿的萌出年龄大概在7~10岁之间。乳臼齿的磨耗较为严重，齿尖全部磨平，暴露齿质，但几个恒臼齿的齿根还没有完全发育好，从牙齿的交替情况和乳齿的磨耗程度判断该个体的年龄应该在6~9岁之间。

M348：性别不明，18~20岁的青年个体。仅存21枚离体牙的齿冠，包括上颌的1枚门齿、1枚犬齿、4枚前臼齿和下颌的1枚犬齿、2枚前臼齿及12枚上下臼齿。第一和第二臼齿的齿尖轻微磨耗，磨耗等级为2级，齿质点未暴露，其他牙齿未见磨耗。

M350：性别不明，35~40岁的中年个体。骨胳保存有头骨片和牙齿。头骨片上的颅内、外骨缝已经完全愈合，枕外隆突发育弱到中等程度。牙齿共11枚，其中3枚臼齿（M1-M3）依然保留在颌骨中，另外8枚为离体牙的齿冠（3枚下门齿、1枚犬齿和4枚前臼齿）。牙齿的尺寸较大，磨耗较重，臼齿齿尖基本磨平，齿质点暴露，第一、第二臼齿的磨耗等级都在3级左右，第三臼齿的磨耗也有2~3级，牙齿的磨耗程度显示了该个体在这些鉴定的群体中年龄较大。

M365：性别不明，14~16岁的青年个体。采集到一些残损的上肢骨和一些离体牙的齿冠。齿冠15枚均为恒齿，包括2枚下门齿、2枚上前臼齿、1枚下前臼齿、2枚犬齿和8枚臼齿。牙齿尺寸小，臼齿基本没有磨耗，未见第三臼齿，犬齿齿尖有一定程度的磨耗。

以下是可乐墓地的不同埋葬方式和墓主性别、年龄的对照表。

表一　可乐墓地的特殊埋葬方式与墓主性别、年龄的对照

埋葬方式	墓号	性别	年龄	年龄分期
铜釜套头、墓壁垒石	M264	不明	不明	不明
铜釜套头	M272	男性？	30岁±	壮年
铜釜套头	M277	不明		青年
铜釜套头、套脚、铜洗盖脸、盖臂	M274	不明	20~22岁	青年
铜釜套头、铜洗垫脚、垫臂	M273	女性？	35~40岁	中年
铜洗垫头	M298	不明	＜20岁	青年
铜洗盖脸	M296	不明	35岁±	中年

续表

埋葬方式	墓号	性别	年龄	年龄分期
铜洗盖脸、墓底插铜戈	M342	不明	6～9岁	未成年
墓底插铜戈	M331	未采集骨骼		
	M351	未采集骨骼		
	M365	不明	14～16岁	青年

　　从对照表看，埋葬规格与年龄似无太大的关系，未成年个体和成年人有相同规格的埋葬方式（如 M296 和 M342），因此，埋葬规模可能与个体所处的家族或集团的社会地位或等级有直接关系。在墓底插铜戈的墓葬中，两个墓未采集到人骨，另外两个墓主（M342 和 M365）的年龄都偏小，这种埋葬方式是否与年龄有一定的关系，仅靠这些材料还不能肯定。因为多数个体的性别不明，所以不能看出埋葬方式与性别的关系，如果有人骨 DNA 的性别和人群亲缘关系的鉴定，将有助于对可乐墓地的埋葬性质和埋葬风俗有进一步的认识。

一四　人骨 DNA 鉴定

从墓葬残存的人骨中提取 DNA，并进行 DNA 系列测定是我们极想获取的一项信息，除了可弥补人骨观察鉴定的缺憾外，还可能通过对 DNA 的研究为探讨墓葬族群的族属渊源提供一些遗传学信息。贵州考古过去从未进行过这方面工作，很希望能为这方面研究积累一些资料。选取人骨性别年龄鉴定后所存样品，送复旦大学生命科学学院现代人类学教育部重点实验室做 DNA 提取和测序实验。虽然人骨标本保存质量非常差，实验室仍努力进行尝试，先后两次设法从残破的样本中提取 DNA。遗憾的是，最终未能获得可扩增的 DNA 片段，无法进行年龄、性别等方面的分析鉴定工作。虽然这次人骨 DNA 鉴定未达到预期目标，但这项工作仍为贵州今后考古发掘和研究积累了宝贵经验，尤其复旦大学生命科学学院现代人类学教育部重点实验室对考古过程中提取人骨样本以及在实验室进行实验工作提出的一系列总结和建议，对这方面工作的深入开展，将产生积极影响。

以下为分析者提供的研究报告。

赫章可乐墓葬人骨 DNA 研究报告
复旦大学现代人类学教育部重点实验室　徐智　谭婧泽　金力

一　前　言

古代 DNA（ancient DNA，aDNA）是指保留在古代生物遗骸和遗迹中的遗传物质，是一种重要的遗传资源[①]。自 1985 年 Pääbo 等[②] 成功地从人类干尸（木乃伊）中获取到古 DNA 序列片段以后，关于古代人骨 DNA 的研究已成为遗传学、分子生物学、人类学、考古学、民族学、医学、法医学等学科共同关注和探索的一个新的研究领域和课题方向。

近些年来，将古代人骨 DNA 的研究方法应用到考古学上，对考古遗址中出土的古代人骨的个体、家系、性别及种族等鉴定工作提供遗传学证据，为考古学研究提供更多的有价值的信息。在田野考古墓葬中经常出土大量的古代人骨，对这些古代人骨进行性别年龄

---

① Hofreiter M., Serre D., Poinar H.N., Kuch M. & Pääbo S.: *Ancient DNA*. Nat. Rev. Genet, 2001, 2: 355~359.

② Pääbo S.: *Molecular cloning of ancient Egyptian mummy DNA*. Scientific American, 1985, 269（5）: 60~66.

鉴定及种族特征的研究是考古学和人类学研究的一项非常重要的基础性工作。过去多依靠传统的体质测量手段对人骨进行性别和年龄的大致判断，并对人骨进行测量后再根据测量资料进行种族成分的分析。传统的体质测量方法存在着一些局限性，比如对于未成年（≤15 岁）个体的性别判断和种族属性的鉴定就存在较大的困难。由于未成年个体的性别尚未发育完善，无法很准确地鉴定其性别属性。同样未成年个体的种族属性也因个体尚未充分发育而难以鉴定。对于成年个体的性别和种族鉴定也会存在一些主观上的误差。如果能结合古代人骨 DNA 的性别和种族分析结果，从两个不同学科研究的角度进行比对分析，由此得出的结果，可能更具有相互检核作用和参考价值。

在人类学和考古学研究领域中，古代人骨 DNA 研究可以获得以下三方面的信息：

1. 个体水平上的遗传信息（Individual level）：这方面的信息可以用于考古墓葬发掘的个体鉴定、家系鉴定、性别鉴定和种族鉴定等，同时也是获得以下两方面信息的前提；

2. 人群内部的遗传信息（Infrapopulation level）：通过比较群体内两个或多个个体之间的遗传信息可确定一个群体中个体之间的相似或歧异程度；

3. 群体之间的遗传信息（Interpopulation level）：比较不同人群之间的 DNA 差异可以揭示出他们之间在进化上的相互关系，进而在时间或空间上重建人类演化过程[①]。

2004 年，贵州省文物考古研究所的张元、梁太鹤来到我实验室，为我实验室提供了该所于 2000 年在赫章可乐战国至西汉墓葬群中发掘出土的人骨标本，希望能进行古 DNA 的提取和序列分析等研究。所提供的人骨样本主要是一些头骨残片和牙齿残段或仅剩牙冠，骨质保存状况很差，而且几乎大部分样本上都有很浓的绿色染料，据贵州省文物考古研究所人员介绍，该绿色染料很可能是青铜器的铜锈，因墓葬中出土了大量的青铜器。

二 研究材料

本次研究所用标本是从贵州赫章可乐战国至西汉时期墓葬中出土的一些人骨标本，这些人骨标本的骨质保存状况非常差，或仅为头骨残片，或为牙齿残段，或仅剩牙齿冠部。从所提供样品中挑选了骨质外观尚可的 8 个个体的头骨残片和牙齿样品进行了 DNA 的抽提，这些样本的墓号分别是 M268、M274（1）、M277（2）、M296（2）、M301（2）、M338、M341、M342。（样品的具体信息见附表）

三 实验方法

1. 样品的预处理

---

① 刘武、叶健：《DNA 与人类起源和演化——现代分子生物学技术在人类学研究中的应用》，《人类学学报》，1995，14（3）:266～281。

先用无水乙醇清洗样品。供实验用的头骨残片和牙齿等样品因本身体积较小，都难以通过打磨机清理表层。只对头骨残片用手术刀等器具刮去样品表面约 1~2 毫米，再经紫外线照射 30 分钟以上。牙齿因样品含量极少，无法用手术刀刮去表面的污物，直接经紫外线照射 30 分钟以上。处理后的样品用液氮冷冻研磨机（SPEX CertiPrep 6750 Freezer/Mill）粉碎，得到极细的颗粒。

2．DNA 抽提

DNA 的提取目前主要有酚—氯仿法和硅胶吸附法两种方法。传统的酚—氯仿法是使用酚—氯仿除去样品中的蛋白质，回收水相，用乙醇沉淀得到 DNA；硅胶吸附法是 Boom 等[①] 根据在高浓度 GuSCN 条件下核酸能与硅藻或硅颗粒结合并在较高温度下被洗脱释出的特性，建立起的一种简便、快速、可靠的 DNA 分离纯化方法。张帆等[②] 对两者的比较实验初步证明：基于硅胶吸附原理的 DNA 提取方法，对于后期的 PCR 反应效率，要高于传统的酚—氯仿法。本实验先采用酚—氯仿法处理，水相用硅吸附法纯化 DNA。

本次实验参照 Yang 等[③] 提出的方法并进行了改进：取 1g 样品粉末，加入 3.5ml 裂解液，56℃ 摇床 16 小时；8000rpm 离心 5 分钟；取上清，加 2 倍体积 Lysis Buffer，摇匀；加入 80ul 硅胶，室温静置 1hr；12000rpm 离心 2 分钟；弃上清，沉淀加 600ul Washing Buffer，重悬浮；12000rpm 离心 2 分钟；弃上清，沉淀加 600ul 70% 乙醇，重悬浮；12000rpm 离心 2 分钟；重复用乙醇洗涤一次；弃上清，沉淀加 600ul 丙酮，重悬浮；12000rpm 离心 2 分钟；弃上清，沉淀 65OC 烘干；沉淀加 400ul Elution Buffer，65OC 溶解 1hr；12000 分钟离心；取上清，得到可能含有 DNA 的溶液。

所有试剂均为无核酸污染试剂。每次抽提均设阴性空白对照实验和操作者的阳性对照实验。由于古代人骨样本中 DNA 含量甚微，一般无法在紫外线下用溴化乙啶染色直接观察，需用 PCR（DNA 聚合酶链式反应）方法扩增后方可观察到扩增后的 DNA 特异性条带。

3．PCR 扩增反应（DNA 聚合酶链式反应）

在本实验过程中，主要针对线粒体 DNA（mtDNA）高变区 I（HVSI）进行扩增，然后以第一次扩增产物为模板，进行第二次扩增。

---

①　Boom R., Sol. C. J. A, Salimans M. M. M, Jansen C. L., Werthein Van Dillen P. M. E., Van Der
　　- Noordaa J.: *Rapid and simple method for purification of nucleic acids*. Journal of Clinical Microbiology, 1990, 28: 495~503.

②　张帆、李辉、黄颖、谭婧泽、张丽苹、徐智、金建中、卢大儒、金力：《中国若干考古遗址古 DNA 样本的初步探索》，《中央民族大学学报（自然科学版）》，2003，12（1）：40~44。

③　Yang, DY, Eng, B., Waye, J.S, Dudar, JC and Saunders, S.R.: Technical note: *improved DNA extraction from ancient bones using silica - based spin columns*, *Am.J. Phys.* Anthropol, 1998, 105, 539~543.

PCR 扩增反应所用引物为：L16016：5′－ATTCTCTGTTCTTTCATGGG－3′；H16213：5′－GATAGTTGAGGGTTGATTGC－3′；L16190：5′－CCCCATGCTTA-CAAGCAAGT－3′；和 H16403：5′－ATTGATTTCACGGAGGATGG－3′。反应循环条件为：94℃×3min →（94℃×30sec →55℃×50sec →72℃×50sec）×40cycles →72℃×5min。反应所得产物经 2%琼脂糖凝胶电泳检测，电泳检测未观察到 DNA 特异性条带。

在 PCR 扩增反应的实验过程中，同时进行阴性空白对照实验和操作者自身的阳性实验。

4．测序和分型

本实验经过两次 PCR 扩增反应，最终没能获得可扩增的 DNA 片段，无法进行进一步的测序以及分型、性别鉴定等工作。

四　实验结果

在本实验中，首先进行预处理，其目的是剔除可能遭受污染的样品表层。供本实验所用的 8 个样品表面普遍覆盖有绿色的杂质，难以用乙醇、水等溶液洗涤干净，在整个抽提过程中，溶液始终表现出异常的绿色。

本实验曾先后由两人进行过实验，每次实验的步骤及实验体系基本一致，并且在整个 DNA 抽提和 PCR 扩增反应过程中，都同步进行阴性空白对照实验和操作者自身 DNA 的阳性对照实验，如不加样品的空白抽提和不加 DNA 模板的空白 PCR 反应，并与样品抽提和 PCR 扩增平行进行的操作者自身 DNA 的阳性对照，以排除实验室或器械造成的污染，或实验人员自身可能的分子带入。

经过多次 PCR 反应，最终没能获得可扩增的 DNA 片段，无法进行进一步的测序以及分型、性别鉴定等工作。

五　分析与讨论

1．实验结果分析

本次实验最终没能获得可扩增的 DNA 片段，究其原因可能有以下几点：

（1）这批样品的保存状况比较恶劣，骨质状况很差，多为头骨残片或牙齿残段或仅剩牙冠，获得 DNA 的可能性比较小。贵州省属我国西南地区，土质多呈酸性而疏松，不利于骨骼的长期保存，所以供本实验所用的人骨标本大多残破，且骨质很差。DNA 分子是一类非常不稳定的生物大分子，易于降解。在合适条件下保存下来的古代 DNA 分子通常是些受损的分子量很小和含量很低的分子。经过大约两千多年的酸性土壤的侵蚀后而得以保存下来的骨骼，其内 DNA 的含量就更低。另外，头骨主要是由两块坚硬的骨板和其内的板障构成，骨质中骨髓和骨粉的含量较少，而 DNA 分子多保存在骨髓腔或丰富的骨粉中，所以古 DNA 研究所用的骨骼材料最好为保存完整的牙齿或较大的肢骨（见图一、二所示）。牙齿的古 DNA 多储存在牙根部的牙髓腔中，如果牙齿保存完整且比较坚硬，提取出 DNA 的可能性较大一些，而且最好的材料是臼齿。而供本研究所用的牙齿样品基本都破损，或剩牙齿残段，或仅剩牙冠部分，古 DNA 的含量极其微量。而牙冠的主要成分是钙质，几乎不含 DNA 分子。

（2）由于样品本身体积较小，难以通过打磨机清理表层以去除污染物。本实验只对头骨残片用手术刀等器具刮去样品表面约 1～2 毫米，再经紫外线照射 30 分钟以清洁、消毒、杀菌。而牙齿残段和牙齿残冠因样品含量极少，无法用手术刀片刮去除表面的污物，直接经紫外线照射 30 分钟以清洁、消毒、杀菌。由于无法很好地除去样品表面的污染物，也可能是无法获得 DNA 的原因之一。

（3）样品表面普遍覆盖有绿色的杂质，且难以用乙醇、水等溶液洗涤干净，在抽提过程中溶液始终呈现出异常的绿色，该绿色杂质也有可能对后续的 PCR 产生了抑制作用，从而导致 PCR 无阳性的结果。

2. 在以后采样及实验工作中需要注意的问题

由于考古环境和实验环境的不同，以及供实验用的样本的保存状况的不同，总结以下几点，防止古 DNA 样本发掘出土以后进一步降解及污染所应采取的一些必要措施，供考古人员和进行古 DNA 实验操作者参考。

（1）样品采集时应根据所研究的问题具体确定方案。在可能的情况下，同一个体标本应在不同器官或组织上采集多块样品；应尽可能采集同一类别的不同个体，以利于交叉检验；当不同类别的材料保存在同一墓地时，应采集代表性样品，以检查同一沉积中样品间 DNA 的保存差别及特性。

（2）样品采集的过程中应尽量避免现代 DNA 的污染。采集、搬运和清理样品时，应戴一次性乳胶手套、帽子和口罩等，并尽量减少同样品的接触（图三）。

（3）采集牙齿和骨骼残块时，一定要将个体严格地区分开来，分装进自封袋中，并标明出土该个体的墓葬、墓号、年代等考古学信息，如果有人类学的性别和年龄等人骨鉴定信息也应详细记录；采集回来的古人骨样品应尽快放入缓冲液中冷藏，以防古 DNA 的进一步降解（图一、二）。

（4）在专门的古代人骨 DNA 实验室内进行实验。古代人骨 DNA 实验室严格地区分出预处理室、古代人骨 DNA 提取室、PCR 扩增室、测序室等相互隔离的独立的实验区域，并与现代 DNA 实验室相隔较远的距离；古代人骨 DNA 实验室的每个隔离区域内都有严格控制污染的设备。（5）尽量多地使用一次性实验用品，对于必须反复使用的器皿和工具，在使用之前不仅用高温高压灭菌，而且采用紫外线照射、次氯酸钠溶液浸泡等消毒杀菌控制污染措施；古 DNA 的提取一定要在超净台内操作，PCR 扩增也应在超净台内操作（见

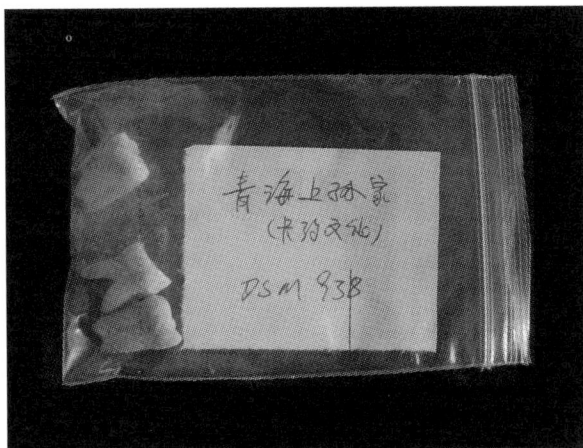

图一　保存状况良好的牙齿样品

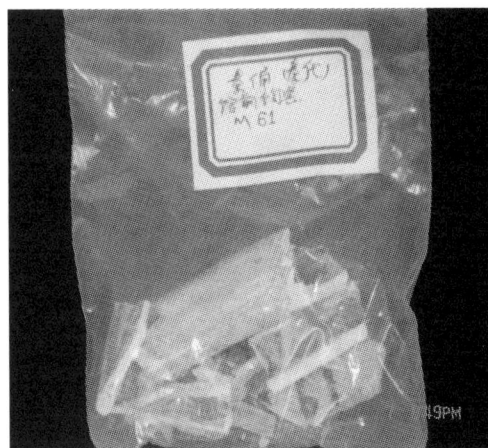

图二　骨质坚硬、骨粉含量丰富的肢骨残段

图三　采集和清理骨骼时的防污染穿戴

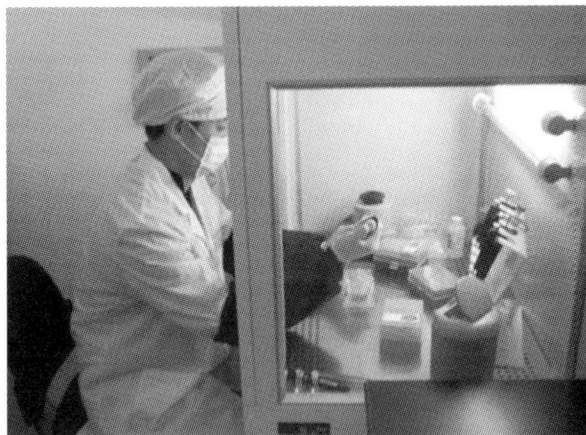

图四　古 DNA 抽提和 PCR 扩增应在超净台内操作

图四所示）。

（6）实验人员严格地进行防污染穿戴，并在实验过程中尽量减少接触实验物品的次数；严格控制进入实验室的人数，尽量避免两人以上的实验者同时在实验室内进行实验，在某一阶段进行实验的人数应控制在 3 人以内，阶段性实验（1 个月左右）结束后，应停止数天（1 周左右）不做实验，在停止实验期间每天进行数小时的通风和紫外线消毒杀菌等。

（7）在实验开始时首先要预处理去除古人骨样品表面的可能污染。采用无水乙醇清洗、高速冷却打磨机（Dremel）打磨，以及紫外线照射等方法对古人骨样品进行清洁、消毒、杀菌等预处理，剔除可能遭受污染的样品表层。

（8）实验前进行预实验保证实验系统处于正常而无污染的状态。

（9）在古代人骨 DNA 提取和 PCR 扩增过程中，采用一系列严格地与含样品的反应同步进行的空白对照（negative control）反应，空白对照反应结果应在整个实验过程中持续保持阴性，若在任何环节上对比样显示阳性时，应立即停止实验并检查污染源。同时，在整个实验过程中应与含样品的反应同步进行实验操作者自身的 DNA 阳性反应，严防实验操作者可能带来的污染。

（10）应多次重复实验，以检验古代人骨 DNA 的可靠性。如对同一个体应在不同的时间内重复提取和扩增，如果同一个 DNA 片段的序列相同的话，实验结果应是可靠的；应从同一个体中的不同部位或组织器官中获得同一片断的 DNA 序列是相同的；从同一墓葬采集的不同样品中提取和扩增古代人骨 DNA 应有一定的成功率；另外，在可能的情况下，对于同样的材料，采用同样的实验方法，应在不同的实验室进行重复试验，以得到更为可靠的结果，特别是对于 1 万年以上的化石样品。

（11）通过测序进行序列对比分析，所得的序列及多态性结果放入线粒体数据库和谱系树中进行验证，对异常的序列结果进行进一步验证，以保证古代人骨 DNA 资料的可靠性。

附表　抽提 DNA 的 8 个样品的信息表

样品墓号	样品保存部位
M268	颅骨残片
M273（5）	颅骨残片
M274（1）	牙齿
M277（2）	颅骨残片
M296（2）	颅骨残片
M301（2）	颅骨残片
M310	牙齿
M338	牙齿
M341	牙齿
M342	牙齿

一五　植物孢粉检测分析

　　为了解墓葬所处时期生态环境状况，计划采集一批地层土样进行植物孢粉分析。但罗德成地发掘的两个工区基本已无当时文化层保存，揭开现代农耕土层便是生土，墓口就出现在生土层上。仅 M269 所在 BT0103 北壁东侧在农耕土层下出现两个文化层，顺次编为第二层和第三层。第二层为黄色粘土，厚 12～28 厘米。第三层为褐色黏土，厚 10～24 厘米。从层位看，M269 开口于第二层底部。在该剖面采集生土层、第三层和第二层的一套土样，送中国社会科学院考古研究所考古科技实验研究中心进行植物孢粉检测分析，检测人为齐乌云。

　　分析认为，生土层堆积时期环境相对较好，第三层时期环境相对较差，第二层时期环境最好。按 M269 层位看，第二层时期正好是墓葬所属人类活动时期，墓葬分布状况显示当时人口相当密集。看来自然环境的优越与人口状况存在有一定关系。

　　很遗憾采集的土样标本太少，在 BT0103 北壁剖面显现出的地层分布范围很小，处于斜坡位置，上部受现代农耕扰乱严重，还不是一套完整的叠压地层。虽与 M269 有直接的叠压关系，但毕竟只是一个孤例，难以据此作出整个墓地的推断分析。

　　以下为分析者提供的分析研究报告。

赫章可乐墓地地层几个样品的孢粉分析研究

中国社会科学院考古研究所考古科技实验中心　齐乌云

　　贵州省赫章可乐墓葬是相当于战国至西汉的古夜郎国时期的墓葬群。可乐位于中亚热带地区赫章县城西北 50 多公里处，地处乌蒙山脉中段的东缘，为一东西走向的山间坝子，海拔高程约 1800 米。坝子中有可乐河自西向东流过。在坝子南北两侧，各分布有一列相对高度 50～100 米的土山，这些小山上目前已发现 10 余处战国至秦汉时期的墓葬群和数处大体同时期的遗址[①]。2004 年贵州省考古研究所送来可乐遗址三个孢粉样品，样品编号为 HKBT 二层、HKBT 三层和 HKBT 生土层，想了解战国到汉代时期可乐附近的植被环境状况，我们对三个样品进行了孢粉分析研究。每一样品利用 30 克土样，经酸碱处理、显微镜观察鉴定，共统计出 40 个植物科属的孢粉，其中乔木植物花粉有 12 种，灌木及草

---

　　①　贵州省文物考古研究所：《贵州赫章可乐夜郎时期墓葬》，《考古》2002 年第 7 期。

本植物花粉有 20 种，蕨类植物孢子有 8 种（表一）。

表一　贵州赫章可乐孢粉统计表

样号 粒数及百分比 孢粉名称		1（HKBT 二层）		2（HKBT 三层）		3（HKBT 生土层）	
		粒	%	粒	%	粒	%
孢子花粉总数		113	100	147	100	123	100
乔木植物花粉总数		35	30.97	15	10.2	30	24.39
灌木植物花粉总数		2	1.77	2	1.36	1	0.81
草本植物花粉总数		43	38.05	82	55.78	75	60.98
蕨类植物孢子总数		33	29.21	48	32.65	17	13.82
乔木植物花粉							
松属（*Pinus*）		18	15.93	15	10.2	16	13.01
杉科（*Taxodiaceae*）		3	2.65			7	5.69
柏科（*Cupressaceae*）		8	7.08				
桦属（*Betula*）						3	2.44
榆属（*Ulmus*）		1	0.88				
胡桃属（*Juglans*）						1	0.81
椴属（*Tilia*）						1	0.81
常绿栎（*Q. gilliana*）		1	0.88			2	1.63
石栎栲（*Lithocarpus/Castanopsis*）		1	0.88				
枫香属（*Liquidambar*）		1	0.88				
楝（*Melia*）		1	0.88				
金缕梅科（*Hamamelidaceae*）		1	0.88				
灌木及草本植物花粉							
水柏枝（*Myricaria*）				1	0.68		
麻黄（*Ephedraceae*）		1	0.88			1	0.81

续表

样号	1（HKBT 二层）		2（HKBT 三层）		3（HKBT 生土层）	
粒数及百分比　孢粉名称	粒	%	粒	%	粒	%
木犀（Olea）	1	0.88	1	0.68		
小禾本科（Gramineae）	4	3.54	5	3.4	7	5.69
中禾本科（Gramineae）	2	1.77				
菊科（Compositae）	1	0.88			1	0.81
紫菀属（Aster）	1	0.88				
蒿属（Artemisia）	9	7.96	37	25.17	31	25.2
藜科（Chenopodiaceae）	12	10.62	25	17.01	12	9.76
唐松草属（Thalictrum）					1	0.81
蓼属（Polygonum）			4	2.72		
玄参科（Scrophulariaceae）	4	3.54				
唇形科（Labiatae）					1	0.81
十字花科（Cruciferae）	1	0.88				
伞形科（Umbelliferae）	1	0.88				
石竹科（Caryophyllaceae）					7	5.69
百合（Lilium）	3	2.65	11	7.48	5	4.07
葎草（Humulus）	1	0.88				
杜鹃（Rhododendron）	1	0.88				
莎草科（Cyperaceae）	1	0.88			9	7.32
狐尾草属（Myriophyllum）	2	1.77			1	0.81
蕨类植物孢子						
凤尾厥（Pteridaceae）			1	0.68		
鳞盖蕨（Microlepria）	5	4.42	2	1.36	2	1.63
紫萁属（Osmunda）			3	2.04		

续表

样号 粒数及百分比 孢粉名称	1（HKBT 二层）		2（HKBT 三层）		3（HKBT 生土层）	
	粒	%	粒	%	粒	%
里白属（*Hicriopteris*）	2	1.77	1	0.68		
水龙骨科（Polypodiaceae）	6	5.31	7	4.76		
水龙骨属（*Polypodium*）	2	1.77	13	8.84	3	2.44
瓦韦（*Lepisorus*）					1	0.81
真蕨纲（Filicale）	18	15.93	21	14.29	11	8.94

　　孢粉分析结果表明，该遗址文化层的孢粉含量相对较少，孢粉浓度在 15.17～41.21（粒/克）之间变化，其中 HKBT 二层的孢粉浓度最高（41.21 粒/克），其次为生土层（20.3 粒/克），HKBT 三层的孢粉浓度最小（15.17 粒/克），原因可能是该地点文化形成之前的生土堆积时期的环境相对较好，而人类在此定居时期的三层文化时期的环境条件最差，但之后的二层文化时期的环境最好。下面按自老到新的顺序，逐一叙述。

　　在生土层堆积时期，可乐遗址周围以灌木及草本植物为主，占 61.79%，其次为乔木植物，占 24.39%，蕨类植物最少，占 13.82%。草本植物以蒿、藜、莎草、禾本科、石竹科、百合科为主，含少量的麻黄、菊科、唐松草属、唇形科、狐尾草属等。乔木植物以松、杉为主（在松属中可能包括马尾松，但孢粉分析只鉴定到属一级，未能鉴定到种一级），含少量的桦、胡桃、椴等落叶阔叶树种和常绿栎。蕨类植物以真蕨纲为主，含少量的水龙骨属、鳞盖蕨等。依据表一的植物种属百分比例来看，生土层堆积时期虽以草本植物为主，但常绿和落叶阔叶混交的乔木植物花粉含量也占一定的比重，因此，该时期植被应属常绿、落叶阔叶混交林、草原植被。

　　在第三层文化堆积时期，可乐遗址周围以灌木及草本植物为主，占 57.14%，以蕨类植物为辅，占 32.65%，木本植物含量最少，占 10.2%。草本植物以蒿、藜、百合科、禾本科、蓼属为主，含少量的水柏枝、木犀等。蕨类植物以真蕨纲、水龙骨属、水龙骨科为主，含少量的紫萁属、鳞盖蕨、凤尾蕨、里白属等。乔木植物种类单调，只出现了松属，除人类砍伐利用乔木等因素外，自然环境变化可能也占一定的比重。因此，该时期的环境条件最差，植物种类单调，花粉浓度低，虽出现了亚热带的蕨类，但其木本植物种类单调，含量很低，具有以草本植物为主、蕨类植物为辅的特点，原因可能是当时的湿度条件比较差，但温度条件还可以，因此，发育了疏树草原、蕨类草丛植被。

　　第二层文化堆积时期，乔木植物、草本植物和蕨类植物三者的含量相差不大。乔木植物种类多，其含量也比前两个时期要多，以松属、柏科、杉科植物为主，还出现了石栎栲、常绿栎、枫香属、棟属、榆属、金缕梅科等常绿阔叶和落叶阔叶树种。灌木及草本植物种类也较丰富，以蒿、藜、禾本科、玄参科为主，还出现了百合、狐尾草属、菊科、紫菀属、麻黄、木犀、十字花科、伞形科、葎草、杜鹃、莎草科等。蕨类植物含量也较多，以真蕨纲、水龙骨科、鳞盖蕨为主，含少量的水龙骨属和里白属。该时期常绿阔叶树和亚热带蕨类植物的含量最多，种类丰富，植物茂密。总体来看，该时期与前两个时期相比，其水热条件最好，发育了常绿落叶阔叶混交林植被，林下发育了草本植物层和蕨类植物层。

　　据中国植被分区，本区的地带性植被属中亚热带常绿阔叶林南部亚地带，海拔1500米以下主要分布常绿阔叶林植被[1]。但因可乐遗址墓葬分布在可乐一带河谷两面的阶地和剥蚀丘陵上，地貌上属黔西高原中山峡谷区，海拔1805～1900米左右，地处低纬度、高海拔地区的中亚热带高原，冬季受寒潮影响较小，夏季受东南海洋季风影响亦较显著，所以气候特征是冬无严寒，夏无酷暑的暖温带气候特征。受静止锋后的冷气团控制，全省常年多云雾。从现代植被分布来看，海拔约1800米的可乐遗址周围发育了常绿、落叶阔叶混交林，海拔2000～2200米以上在山地草甸土上发育了山地草丛。山体从下往上，由于水热条件不同，发育了常绿阔叶林、常绿落叶阔叶混交林、山地草丛等植被垂直带。因此，可乐遗址生土层堆积时期的环境可能没有现在好，当时的植被垂直带向上移动，介于山体常绿落叶阔叶混交林和山地草丛植被带之间。而文化形成初期的三层文化时期，环境进一步恶化，乔木植物明显减少，蕨类植物逐渐增多，山地垂直植被带进一步往上移动到山地草丛植被带。该文化时期只出现了松属花粉，但不能说明当时在该地点生长松树，因为松树花粉产量高，其花粉形态带两个气囊，随风飘扬的距离很远。之后的二层文化堆积时期，环境转好，此时期的环境条件在这一剖面中属最好，发育了常绿、落叶阔叶混交林植被，环境与近相当或相差不大。

　　因作者对该遗址或该地区没有进行过野外考察，遗址所采集的样品数量有限等原因，文中揭示的植被环境难免出现漏洞，仅供参考。有待增加样品数量，提高环境复原的精度。

---

　　[1]　中国植被编辑委员会编著：《中国植被》，科学出版社，1995年。

一六　碳十四年代测定报告

　　碳十四年代测定分别请中国社会科学院考古研究所实验室、北京大学考古文博学院科技考古与文物保护实验室承担。社科院考古所实验室进行常量标本检测，北京大学考古文博学院实验室进行微量标本检测。有关测年资料的综合分析，已在报告第三编第四章第三节详列。以下为两个实验室分别提供的测定报告。

（一）中国社会科学院考古研究所实验室碳十四年代测定报告

标本名称：贵州省赫章县可乐乡墓葬出土木片

标本物质：木片

实验室编号：ZK－3216

原编号：M272

采集日期：2000 年 10 月

收到日期：2004 年 6 月

出土情况及有关文献：战国至西汉

提供单位：贵州省文物考古研究所

测定日期：2004 年 7～11 月

碳十四年代（半衰期 5568）：2425±46BP（公元前 475±46）

树轮校正年代：760BC（17.6%）700BC

　　　　　　　540BC（50.6%）400BC

标本名称：贵州省赫章县可乐乡墓葬出土朽木

标本物质：朽木

实验室编号：ZK－3217

原编号：M273

采集日期：2000 年 10 月

收到日期：2004 年 6 月

出土情况及有关文献：战国至西汉

提供单位：贵州省文物考古研究所

测定日期：2004 年 7～11 月

碳十四年代（半衰期 5568）：2460±36BP（公元前 510±36）

树轮校正年代：760BC（25.9％）680BC

　　　　　　　　670BC（9.2％）630BC

　　　　　　　　590BC（3.3％）570BC

　　　　　　　　550BC（18.0％）480BC

　　　　　　　　470BC（4.5％）450BC

　　　　　　　　440BC（7.3％）410BC

标本名称：贵州省赫章县可乐乡墓葬出土木片

标本物质：木片

实验室编号：ZK－3218

原编号：M274

采集日期：2000 年 10 月

收到日期：2004 年 6 月

出土情况及有关文献：战国至西汉

提供单位：贵州省文物考古研究所

测定日期：2004 年 7～11 月

碳十四年代（半衰期 5568）：2407±35BP（公元前 457±35）

树轮校正年代：760BC（1.4％）740BC

　　　　　　　　540BC（66.8％）400BC

标本名称：贵州省赫章县可乐乡墓葬出土木炭

标本物质：木炭

实验室编号：ZK－3219

原编号：M296

采集日期：2000 年 10 月

收到日期：2004 年 6 月

出土情况及有关文献：战国至西汉

提供单位：贵州省文物考古研究所

测定日期：2004 年 7～11 月

碳十四年代（半衰期 5568）：2252±47BP（公元前 302±47）

树轮校正年代：390BC（23.1％）350BC

　　　　　　　　300BC（39.5％）230BC

　　　　　　　　220BC（5.6％）200BC

（二）北京大学实验室加速器质谱（AMS）碳十四测试报告

送样单位：贵州省文物考古研究所

送样人：　张元

测定日期：2004 年 11 月

实验室编号	样品	样品原编号	碳十四年代（BP）	误差
BA04278	朽木	M264	2390	40
BA04279	朽木	M277	2270	40
BA04280	朽木	M298	2430	40
BA04281	朽木	M308	2390	40
BA04284	朽木	M341	2350	40
BA04285	人骨	M342	2340	20
BA04286	朽木	M350	2260	40
BA04287	朽木	M356	2280	40

注：计算年代采用的碳十四半衰期为 5568 年，年代资料未作树轮年代校正。

北京大学　加速器质谱实验室

第四纪年代测定试验室（公章）

2004 年 11 月 22 日

一七　土壤酸碱度分析

　　发掘过程中我们未进行土壤酸碱度分析。编写报告时重新采集土样，请贵州省农业科学院土壤肥料研究所进行测定，测定人为黄燕芳。三个样品检测结果均显示，土壤偏酸性。

　　以下为分析者提供的分析报告。

贵州省农科院土壤肥料研究所分析报告单

送样单位：贵州省文物考古研究所

送样日期：2005.6.28.

分析日期：2005.6.30.

采样编号	分析号	土样地点	PH 值
1	1	罗德成地Ⅰ工区	5.72
2	2	罗德成地Ⅱ工区	6.30
3	3	M272 墓坑填土	5.47

　　注：本结果仅对来样负责。

第五编　墓葬资料分述

　　墓葬资料分述仅发表出土随葬器物的墓葬，按甲类墓和乙类墓分类，依墓号顺序排列。各墓器物介绍文字因报告前文综述部分对各种型式已有详细描述，故基本不作器形描述，主要介绍有关质地、工艺、特点及尺寸数据等内容。同一墓中同型式且式样雷同的器物，线图仅选用代表性的1～2件，不全数罗列。所有墓葬（包括未出土随葬品墓）基本情况一览将在第三部分列表介绍。

一　甲类墓分墓资料

　　甲类墓共发掘三座，分别为：M281、M283、M284。分述如下：

M281

　　M281位于可乐村岔河组锅落包饶应春责任地，方向18°，长方形竖穴墓坑，无墓道。墓口长3.35、宽2.22～2.32、墓坑深1.06～1.15米，墓壁陡直平整，墓底与墓口尺寸相同。墓底靠北面中部有一不规则长条状坑，深约0.25～0.35米，用途不明。发掘者估计系掘墓时仓促造成，随即中止并回填。墓坑填土为含红烧土颗粒的红褐色黏土和五花黄色黏土。墓底有彩漆棺木痕及少量漆器底。人骨朽坏不存。随葬器物较集中放于墓坑西侧及南端，有陶器、铜器、铁器等（图五七）。

　　（一）陶器　12件。

　　罐　8件。

　　A型Ⅰ式，1件（M281:20）。

　　夹砂褐陶。掺入的砂粒中有少量石英砂。泥条盘筑法成形。烧制火候不高，有短时渗碳现象。口径8.8～9.3、最大腹径21.1～22.2、底径12.9～13.1、高18.2厘米（图五八:1）。

　　A型Ⅱ式，2件。

　　M281:14，夹砂灰白陶。泥料沙质较重，加有少量石英砂。泥条盘筑法成形。制作较粗糙，器形整体略倾斜，不规整，器表多有拍打痕。烧制温度约500℃～550℃。口径

图五七　M281 平、剖面图

1.铜剑格　2~4.铜铃　5、23.铜币　6、9~12、14、15、20.陶罐　7.陶碗　8.陶釜
13.铜带钩　16.陶豆　17.铜釜　18.铁三足架　19.铁削刀　21.铁钎　22.铁锯片
24.铁钎　25.陶博山炉　26.纺织物痕　27.棺木痕　28.漆痕

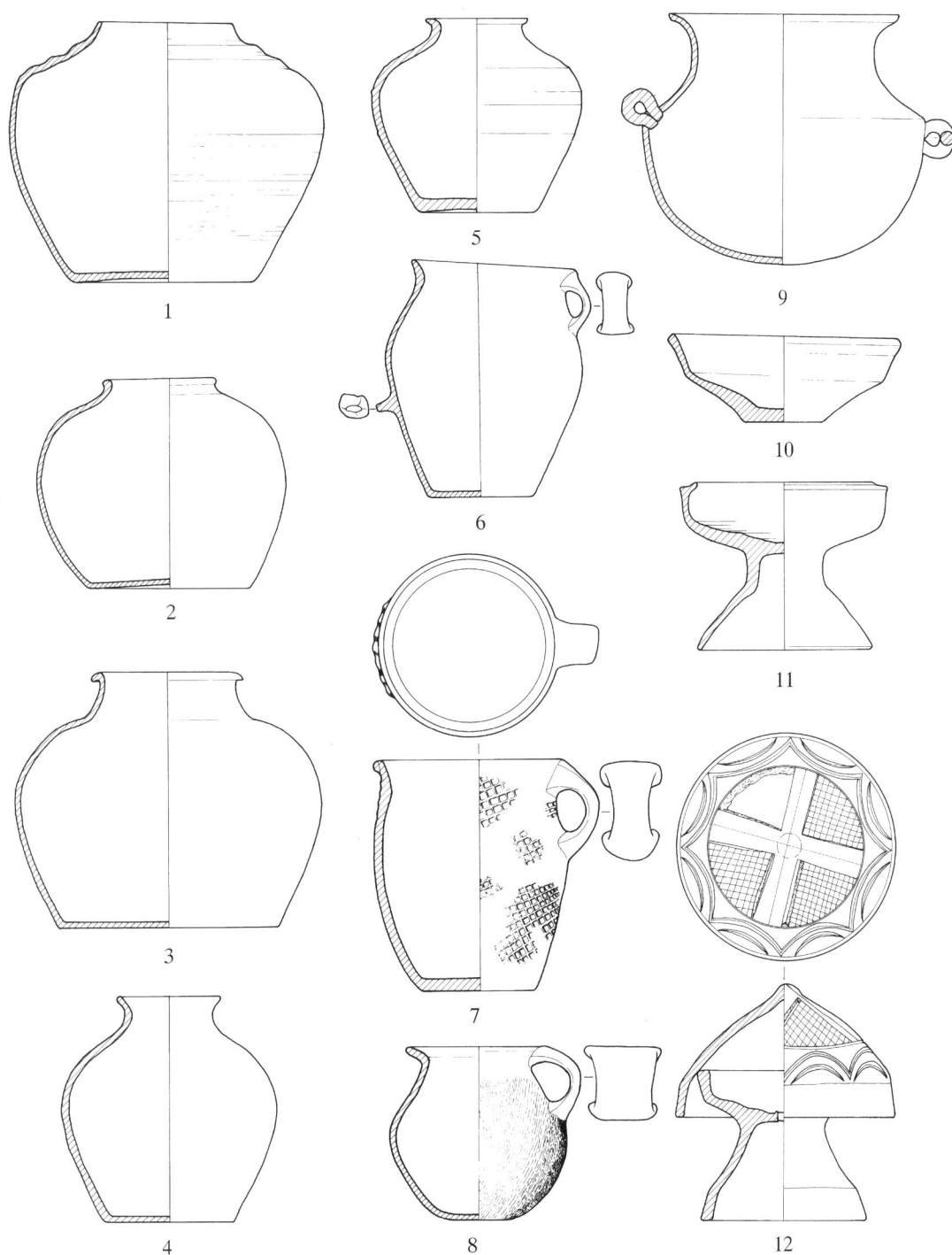

1、3～5、7～12. 0 4 8 厘米　　2、6. 0 8 16 厘米

图五八　M281 随葬器物（一）

1.A 型Ⅰ式陶罐（M281:20）　　2.A 型Ⅱ式陶罐（M281:14）　　3.A 型Ⅱ式陶罐（M281:15）

4.A 型Ⅲ式陶罐（M281:10）　　5.A 型Ⅲ式陶罐（M281:11）　　6.B 型Ⅲ式陶罐（M281:6）

7.B 型Ⅳ式陶罐（M281:12）　　8.C 型陶罐（M281:9）　　9.A 型陶釜（M281:8）　　10. 陶碗
（M281:7）　　11. 陶豆（M281:16）　　12. 陶博山炉（M281:25）

15.8～16.2、最大腹径 35.5～35.8、底径 22.8～23.7、高 29.4 厘米（图五八:2）。

M281:15，夹砂黄褐陶。泥条盘筑法成形。制作粗糙，肩略向一侧下倾，壁内可见泥条盘筑痕。烧制火候不高，器表稍抹即有砂粒掉下。口径 10.6～10.9、最大腹径 21.3～22、底径 15.3～15.7、高 17.5 厘米（图五八:3）。

A 型Ⅲ式，2 件。

M281:10，夹砂黄灰陶。加有石英砂。泥条盘筑法成形，腹内壁可见泥条盘筑痕。硬度很差，器表几乎已剥落一层，通体呈土黄色，烧制温度约 500℃～550℃。口径 7.4、最大腹径 15.3、底径 9～9.45、高 15.5 厘米（图五八:4）。

M281:11，夹砂黄灰陶。加有石英砂。泥条盘筑法成形，烧制温度约 500℃～550℃。口径 7.3、最大腹径 14.8～15、底径 8.1～8.7、高 13.7 厘米（图五八:5）。

B 型Ⅲ式，1 件（M281:6）。

夹砂褐陶，砂粒细，有较多石英砂。泥条盘筑法成形，制作粗糙，器形不规整，外壁有较多拍打痕，内壁有垫窝。烧制火候不高。胎心呈黑褐色。口径 22.4～23.2、最大腹径 26.9～27.4、底径 14～15、高 33.2 厘米，耳片宽 3.45～3.9、厚 0.85 厘米（图五八:6）。

B 型Ⅳ式，1 件（M281:12）。

夹砂褐陶。泥条盘筑法成形。外壁多有拍打痕，内壁有垫窝。口沿上饰小段齿状附加堆纹甚特殊。腹上部饰压印方格纹，下部饰绳纹。烧制火候较高。胎心呈黑色。口径 12.45～12.7、最大腹径 13.9～14.2、底径 7.15～8.15、高 16.3 厘米，耳片宽 2.4～2.8、厚 0.85 厘米（图五八:7）。

C 型，1 件（M281:9）。

夹砂灰褐陶，砂粒较细。泥条盘筑法成形，腹部满饰细绳纹。制作粗糙，器形不规整，外壁多有拍打痕，内壁垫窝浅，带有较明显的交错印痕，似使用软质绳线类物作内垫。火候较低，胎心呈黑色。口径 9.3～9.95、最大腹径 12.3～13.2、高 12.4 厘米，耳片宽 4.1～4.6、厚 0.85 厘米（图五八:8）。

釜　1 件（M281:8）。

A 型。泥质灰褐陶。泥条盘筑法成形，器形不甚规整。腹部圆条状环形小耳与腹壁连接处有明显缝隙，应是先制作器耳，器坯制成后再将耳插入。外壁略打磨，较光，但大面并不平整，所用工具应为软质物。腹上部带少量断断续续篮纹痕，估计系拍打所留。烧制火候不高，经短时渗碳处理，器表多显灰黑色，胎心红褐色。口径 16.4～17、最大腹径 19.6～20.7、高 17.6，耳条径 1.35～1.45 厘米（图五八:9）。

碗　1 件（M281:7）。

泥质黄灰陶。出土时扣放，器底及腹外壁大部涂有红彩。泥条盘筑法成形。烧制温度约 500℃～550℃。口径 16～16.5、底径 5.8、高 6.2 厘米（图五八:10）。

豆　1 件（M281:16）。

泥质黄灰陶。泥料沙质重。轮制法成形，盘内有修整时留下的螺旋纹。烧制火候不高。口内径 12.8～13.3、口外径 14.8～15.3、足径 12.2～12.7、通高 11.8 厘米（图五八:11）。

博山炉　1 件（M281:25）。

泥质黄灰陶。由圆锥形器盖和豆形器身扣合组成。豆浅盘，盘内残留少量炭屑。器盖上装饰的线划纹饰缺失一块，但在墓内未找到，应入葬时已不存。轮制成形。烧制火候不高。通高 16.7、盖口径 15.1～16、高 9.5，豆口径 12.2、底径 12、高 10.8 厘米（图五八:12）。

（二）铜器　6 件，另有铜币 2 组共 22 枚。

釜　1 件（M281:17）。

残损严重，未修复。口微侈，斜直领，腹上部对称置一对环形竖耳，圜底。出土时支于铁三足架上。口径 16.4、耳外径 3.6、耳条径 0.65、腹壁厚 0.1 厘米（图五九:1）。

剑格　1 件（M281:1）。

为中原汉剑常见的菱形剑格。出土时位于棺外右侧中部，附近有小片漆痕，但不见剑身和剑茎痕迹，无法判断剑的形制或是否有剑。长径 4.6、短径 1.9、高 1 厘米（图五九:4）。

带钩　1 件（M281:13）。

似中原汉代常见的水禽式带钩。出土时位于死者腰部，但钩首残失，在墓内未找到，估计入葬前已缺。钩体残长 7、最宽 1.45、最厚 1.05 厘米（图五九:3）。

铃　3 件。

M281:2，梯形合瓦式，铃表饰小乳丁颇有特点。通高 3.1、纽高 0.8、纽径 0.5、舌长 2.1 厘米（图五九:6）。

M281:3，形制相似，残损严重。

M281:4，形制相似，残损严重。

钱币　2 组 22 枚。

M281:5，共 6 枚，放于棺外右侧中部位置，残损严重，能辨认字形相当于满城汉墓 I 型五铢。

M281:23，共 16 枚，放于死者腰部位置，可剥离辨认 2 枚，均为五铢，分别相当于满城汉墓 I 型、III 型五铢（图五九:5）。

（三）铁器　5 件。

锯片　1 件（M 281:22）。

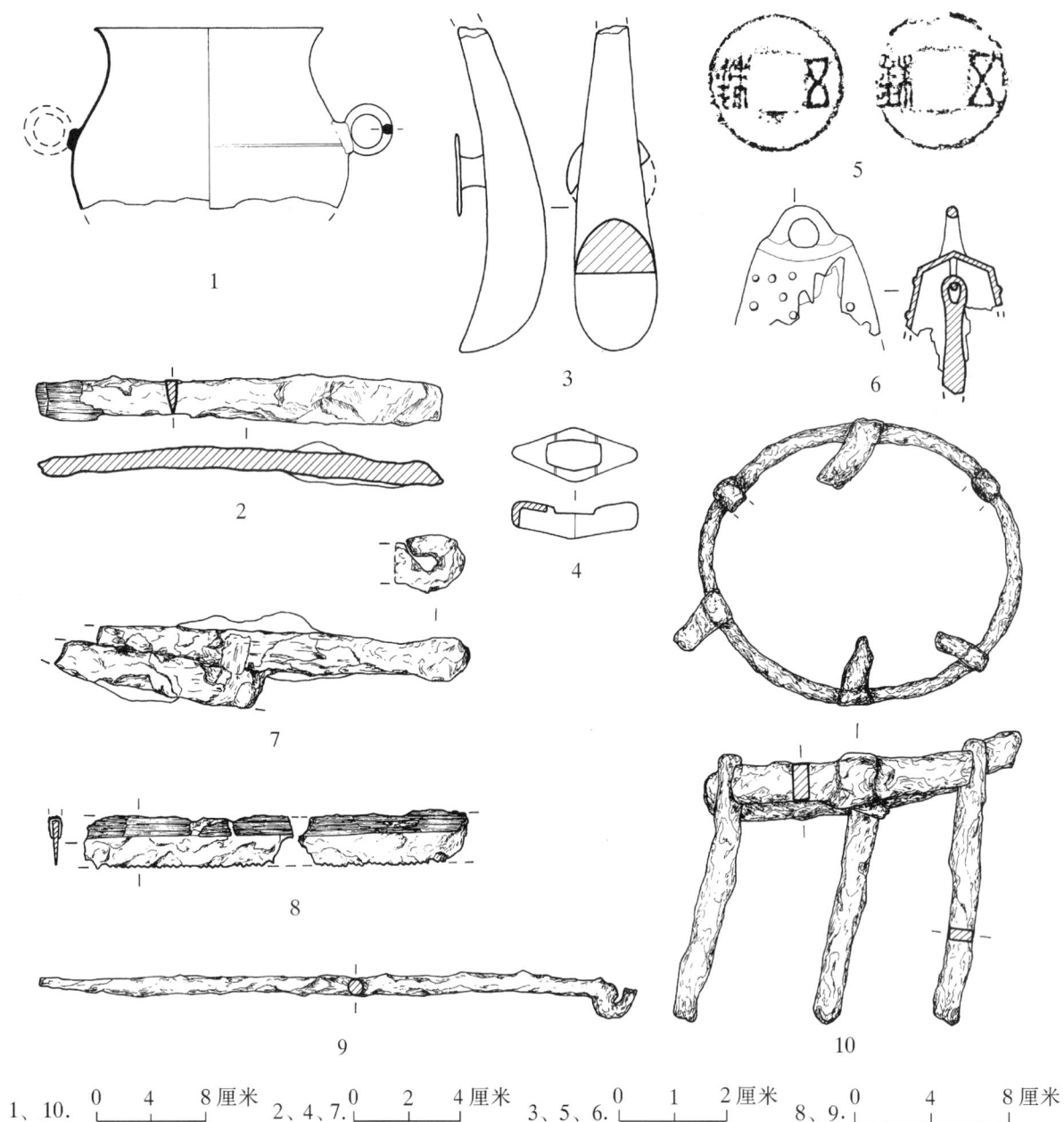

1、10. 0　4　8厘米　　2、4、7. 0　2　4厘米　　3、5、6. 0　1　2厘米　　8、9. 0　4　8厘米

图五九　M281 随葬器物（二）

1.铜釜（M281：17）　2.铁削刀（M281：19）　3.铜带钩（M281：13）　4.铜剑格（M281：1）　5.铜币（左：M281：23－1　右：M281：23－2）　6.铜铃（M281：2）　7.铁环首钎（M281：24）　8.铁锯片（M281：22）　9.铁环首钎（M281：21）　10.铁三足架（M281：18）

靠背一侧两面保留一道整齐的木痕，显示曾嵌于木条内使用。残损严重，长度不详，可拼接两段，一段长 9.1、一段长 11.1、宽 2.65、厚 0.2、齿均宽 0.31、高 0.12 厘米（图五九：8）。

削刀　1件（M281：19）。

残存刀身。刀身两面残留有髹漆木鞘，木鞘外先贴布，再髹黑漆。残长15、宽1.2厘米（图五九:2）。

钎 2件。

M281:21，环首残，略呈椭圆形，钎条呈长方柱形。环首锻打时先回折，再上弯卷环，钎尾端略突入环首内。残通长31.8、环首可量直径2.05、钎条下1/3处横剖面为0.6×0.65厘米（图五九:9）。

M281:24，环首较小，钎条呈圆柱形，两段平粘在一起，锈蚀严重，不辨是否同一钎。出土时与铁锯片、泥土锈结成一块。残通长15.1、环首径2.15、钎残端直径0.7厘米（图五九:7）。

三足架 1件（M281:18）。

环形架圈，置三足，足间置条形釜撑。高19.5、架圈径20.5~23.5、圈条宽2.14~2.3、条厚0.5、足条宽2.1、条厚1厘米（图五九:10）。

M283

M283位于可乐村岔河组锅落包饶应高责任地，方向150°，长方形竖穴墓坑，无墓道。墓口长3.20、宽1.95~2.03，墓底长3.14、宽1.88~2，墓坑深0.5~0.6米。墓壁不够规整，墓底小，墓口大，北壁口沿有一长1.60、宽0.25、深0.1米的凹槽，估计为后人农作活动所遗。墓坑填土为含红烧土颗粒的红褐色黏土和五花黄色黏土。墓底局部发现漆痕。人骨不存。随葬器物较集中放于墓坑东侧及南端，有陶器、铜器、铁器等（图六〇）。

（一）陶器 7件。

罐 4件。

A型Ⅱ式，1件（M283:3）。

夹砂黑褐陶，泥料沙质重，并加有小粒石英砂。泥条盘筑法成形。器形偏斜，器表略打磨。烧制火候不高，其表多有脱层，胎心黑色。口径11.85~12.25、最大腹径21.8~22.5、底径17.5~17.8、高17.5厘米（图六一:1）。

B型Ⅱ式，1件（M283:13）。

夹砂红褐陶。泥料沙质重，加有小粒石英砂。泥条盘筑法成形，制作粗糙，器形向一侧倾斜，器表不光整，多见拍打痕。烧制火候稍高，胎心多呈红褐色，局部呈黑灰色。口径11.9~12.6、最大腹径17.9~18.7、底径13.5、高16.8厘米，耳片宽2.9~3.75、中部厚0.9厘米（图六一:2）。

B型Ⅲ式，2件。

M283:11，夹砂红褐陶。泥料沙质重，加较多较大颗粒石英砂。泥条盘筑法成形，制作粗糙，器形明显倾斜，器表不平整，多拍打痕。烧制火候不高，器表局部呈黑色，胎心呈黑色。口径21.7~22.7、最大腹径24.7~26.8、底径13.2~13.8、高32，耳片宽3.6~

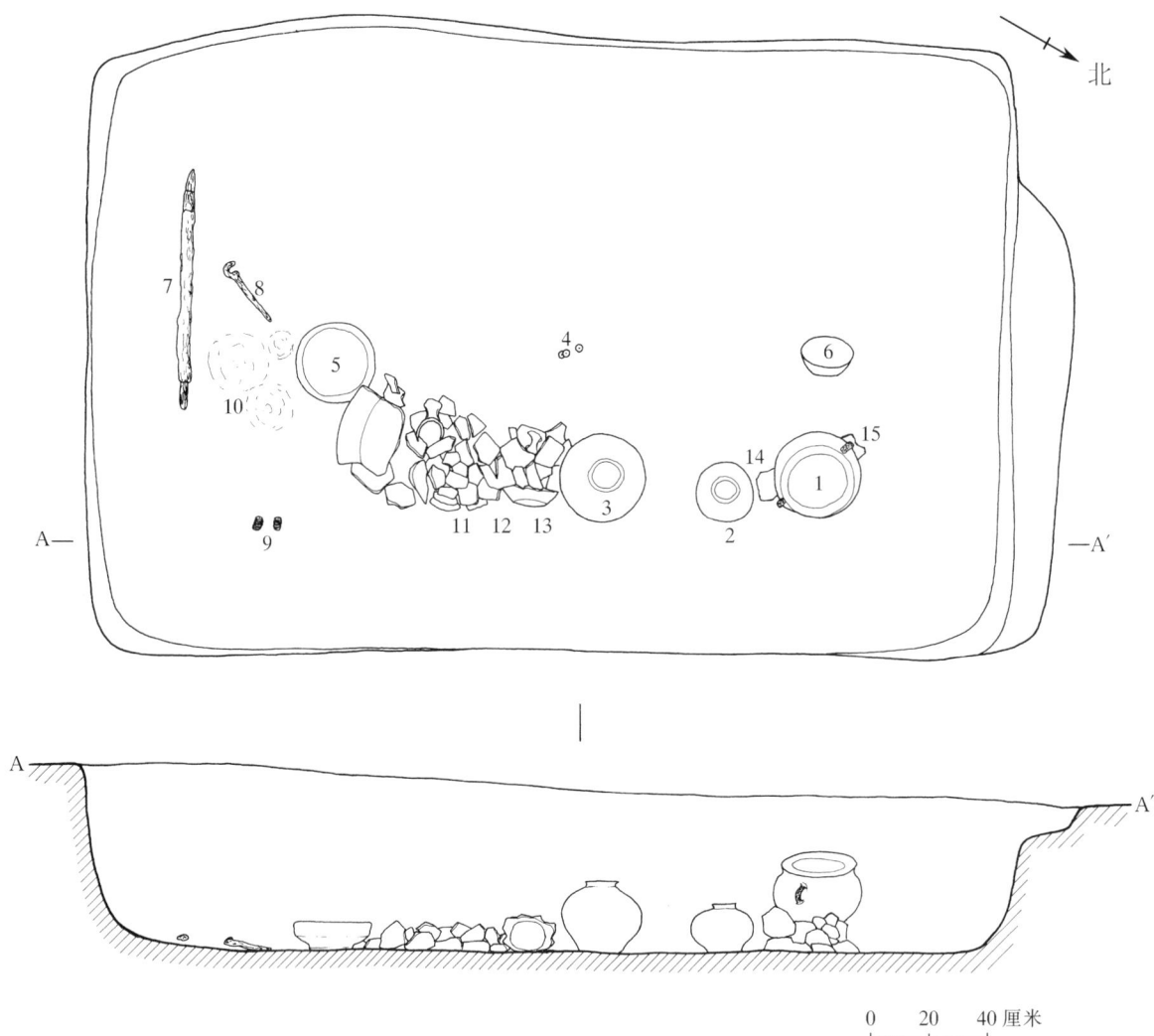

图六〇　M283 平、剖面图

1. 铜釜　2. 陶釜　3、11～13. 陶罐　4. 铜币　5. 陶钵　6. 陶碗　7. 铁刀　8. 铁削刀　9. 铜币
10. 漆痕　14～15. 锅桩石

3.8、中部厚 1.1 厘米（图六一:6）。

M283:12，夹砂红褐陶。泥料沙质重，加较多较大颗粒石英砂。泥条盘筑法成形，器面不平整。烧制火候不高，器表局部呈黑色，胎心呈黑色。口径 23.6～24.4、最大腹径 28.6～29.7、底径 14.2～14.8、高 34.6、器壁厚 0.3～0.8，耳片宽 3.25～3.7、中部厚 0.65 厘米（图六一:5）。

釜　1 件（M283:2）。

B 型。夹砂黄褐陶。泥料沙质重，加砂粒不多。泥条盘筑法成形，制作较粗糙，器形歪斜。腹部可看出用缠细绳的拍子拍打，略加抹平，又用条状工具抹过，留有不明显横条划痕。烧制火候不高，器表局部呈黑色。口径 15～15.8、最大腹径 18.5～19、高 13.4 厘米（图六一:4）。

钵 1 件（M283:5）。

夹砂褐陶。泥料沙质重，加少量石英砂。泥条盘筑法成形，制作粗糙，器形不规整，

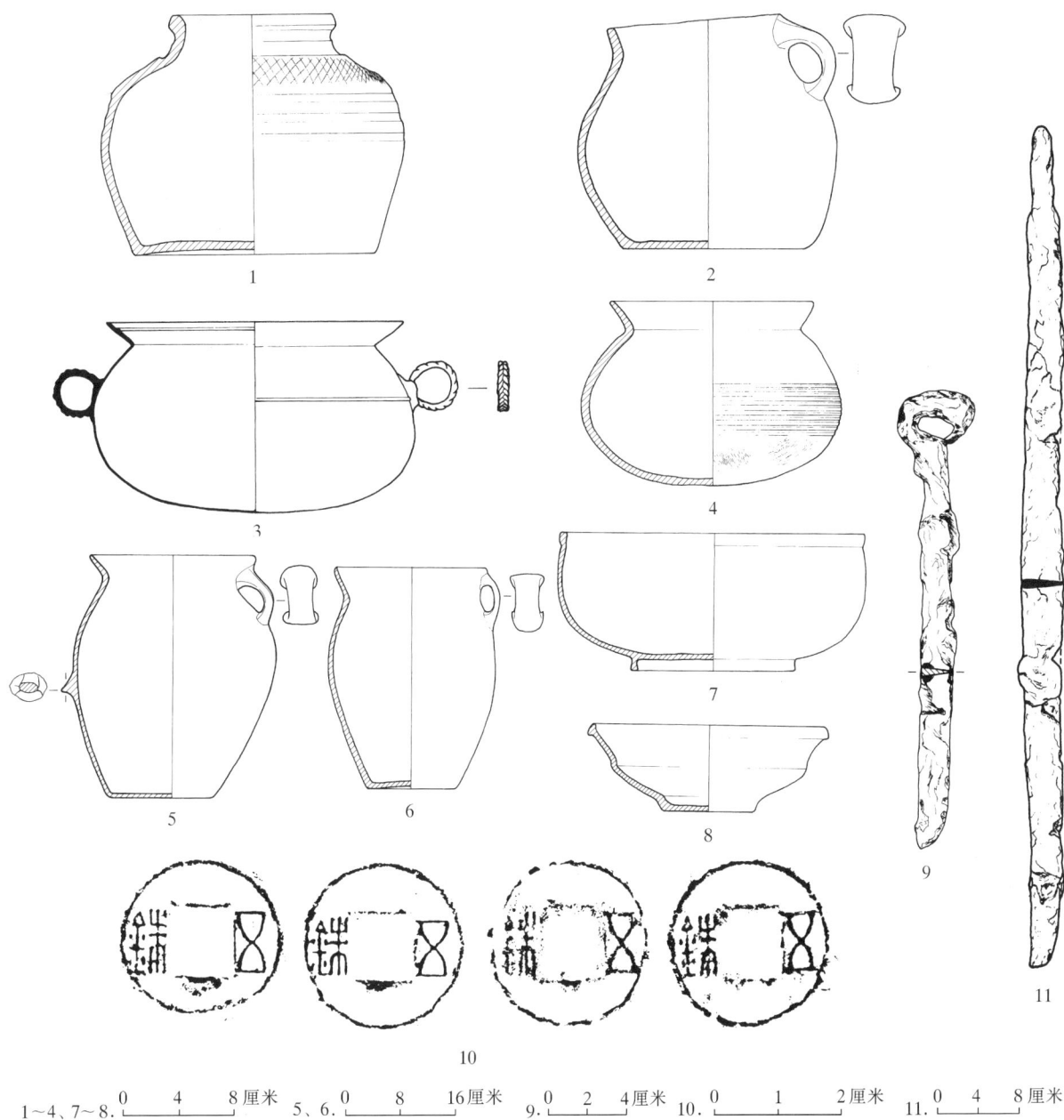

图六一　M283 随葬器物

1.A 型Ⅱ式陶罐（M283:3）　2.B 型Ⅱ式陶罐（M283:13）　3.铜釜（M283:1）　4.B 型陶釜（M283:2）

5.B 型Ⅲ式陶罐（M283:12）　6.B 型Ⅲ式陶罐（M283:11）　7.陶钵（M283:5）　8.陶碗（M283:6）

9.铁削刀（M283:8）　10.铜币（从左至右为：M283:4-1、M283:4-2、M283:4-4、M283:4-5）

11.A 型铁刀（M283:7）

下腹至圜底器表坑凹不平。烧制火候不高。口径21.7～23.6、最大腹径21.8～23.4、足径11.9～12.2、通高9.9厘米（图六一:7）。

碗　1件（M283:6）。

夹砂黑褐陶。泥料沙质重，加细砂粒。泥条盘筑法成形，制作较粗糙，器表不光整。器底可看出制坯时，先制圆饼形底，再从圆饼外缘盘筑器壁。烧制火候不高。口径17.7、底径6.4～6.9、高6.3厘米（图六一:8）。

（二）铜器　1件。另有铜币2组共13枚。

釜　1件（M283:1）。

腹外壁满布黑色烟炱痕，出土时坐于两块石头和一块泥土上。口径21.3、最大腹径23.1、高13.7、腹壁厚0.1、沿宽3.2，耳外径3.65、耳片宽0.95厘米（图六一:3）。

钱币　2组13枚。

M283:4，五铢，6枚，放于死者腰部位置，均可剥离辨认。分别相当于满城汉墓Ⅱ型和Ⅲ型五铢（图六一:10）。

M283:9，五铢，7枚，放于死者右侧头端位置，残损严重，大体辨认字形分别相当于满城汉墓Ⅱ型和Ⅲ型五铢。

（三）铁器　2件。

刀　1件（M283:7）。

A型，刀体长，汉墓习见兵器形式。通长81.8、刀身宽约3.5、刀背厚0.9、刀柄长8.5、柄中段宽2.1、厚1.2厘米（图六一:11）。

削刀　1件（M283:8）。

椭圆形环首，环首锻打时，从柄端直接弯环，环尖变细与柄相接。通长23，环首长径4、短径2.7，柄长9.4，宽1.3～1.6，刃部宽1.5～1.85厘米（图六一:9）。

M284

M284位于可乐村岔河组锅落包饶应高责任地，方向45°，长方形竖穴墓坑，无墓道。墓口长3.44～3.50、宽2.02～2.12，墓坑深1.02～1.28米。墓壁陡直平整，墓底与墓口尺寸相同。墓坑填土为红褐色黏土和五花黄色黏土。墓底有棺木痕。棺外东侧有一小片用自然石块铺成的地面，大体呈长方形，约0.20×0.35米，不明用途。墓底局部残留漆皮人骨不存。随葬器物较集中放于墓坑东侧及南端，有陶器、铜器、铁器等（图六二）。

（一）陶器　15件。

罐　6件，其中一件无法修复。

A型Ⅰ式，2件。

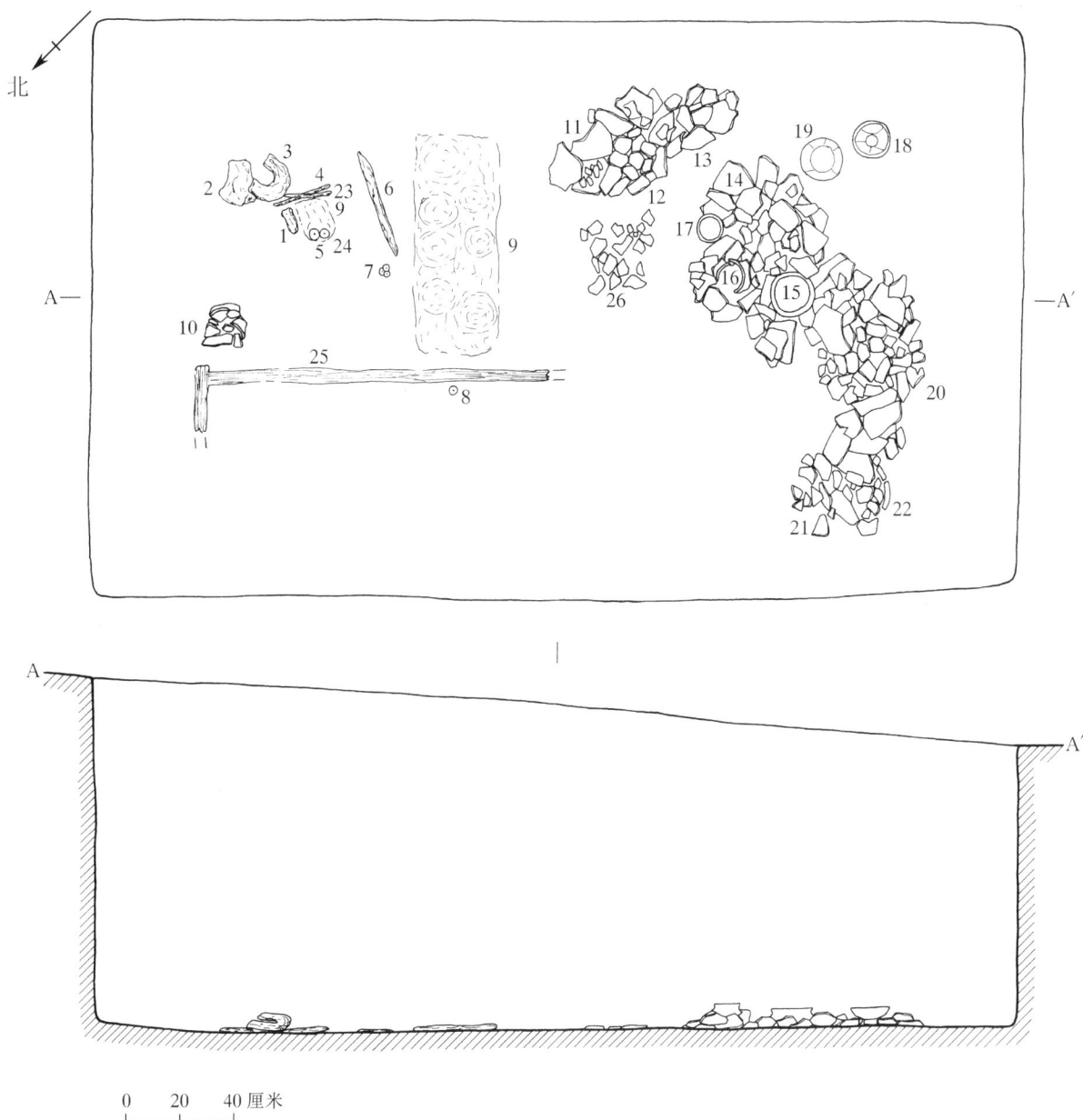

图六二　M284 平、剖面图

1.铁铚　2.铁斧　3.铁锸　4、23.铁削刀　5、24.陶纺轮　6.铁刀　7、8.铜币　9.漆皮
10、12、13、15、16、20.陶罐　11、19.陶釜　14、22.陶壶　17.陶豆　18.陶碗　21.陶盂
25.棺木痕　26.小石遗迹

M284:15，夹砂灰陶。泥料沙质重，加少量砂粒，包含石英砂。泥条盘筑法成形，内壁有盘筑泥条痕，器形略偏斜。烧制火候不高，用还原焰烧成。口径 12.4、最大腹径 28.3～28.7、底径 16.3～16.7、高 23.8 厘米（图六三:8）。

图六三　M284 随葬器物（一）

1、8.A 型Ⅰ式陶罐（M284:16、M284:15）　2.B 型陶釜（M284:19）　3.陶盂（M284:21）　4、6.B
型Ⅱ式陶罐（M284:12、M284:13）　5.陶碗（M284:18）　7.陶豆（M284:17）　9.A 型陶釜（M284:
11）　10.A 型Ⅱ式陶壶（M284:22）　11.A 型Ⅲ式陶壶（M284:14）　12.B 型Ⅰ式陶罐（M284:20）
13、14.陶纺轮（M284:5、M284:24）

M284∶16，夹砂灰陶。泥料经筛选，加少量石英砂，砂粒均匀。轮制法成形，器形规整，内外壁均在快轮上修整，外壁稍加磨光。用弱还原焰烧成，烧制温度较高，约达900℃。口径10.7～10.85、最大腹径18.3、底径12.3、高12.2厘米（图六三∶1）。

B型Ⅰ式，1件（M284∶20）。

夹砂褐陶，加有较多石英砂。泥条盘筑法成形，制作粗糙，器面不平，随处可见拍打平面和凹面。烧制火候不高，胎心呈黑色。口径27～27.7、最大腹径37.6～38.2、底径23.2～24.8、高41.8，耳①片宽3.55～4.7、中部厚1，耳②片宽3.35～5.2、中部厚1.05厘米（图六三∶12）。

B型Ⅱ式，2件。

M284∶12，夹砂红褐陶，加砂不多，基本为石英砂。泥条盘筑法成形，制作较粗糙，器形不规整，器表零乱，绳纹系修整时拍打所致。烧制火候不高，器表局部呈黑色。口径10.6～11.2、最大腹径14.2～15、高14.5、耳片宽3.55～4、厚0.5～0.8厘米（图六三∶4）。

M284∶13，夹砂褐陶，加有石英砂和其他砂粒。泥条盘筑法成形，制作粗糙，器面凹凸不平，器内有垫窝痕。器底印有叶脉纹。烧制火候不高，局部呈黑色。口长径11.05、短径9.75、最大腹径12、高13.8厘米，耳片宽4.35～4.6、中部厚0.9厘米（图六三∶6）。

未分型式，1件（M284∶10）。

无法修复，夹砂褐陶。从碎片可看出平折沿，口沿至腹部置宽片状耳。制作粗糙，器面凹凸不平。烧制火候不高。口径约9厘米，耳片宽3.8～4.3、中部厚0.9厘米。

壶　2件。

A型Ⅱ式，1件（M284∶22）。

夹砂褐陶。加砂粒不多。泥条盘筑法成形，制作较粗糙，陶胎有起层现象。腹部饰带状附加堆纹呈黑色，系制作带纹的泥料包含较多呈色矿物元素造成。烧制火候不高。口径18.3～18.6、最大腹径28.7～29.2、高32.8、壁厚0.9～1.25厘米（图六三∶10）。

A型Ⅲ式，1件（M284∶14）。

夹砂褐陶，泥料沙质重，加有较多石英砂粒。泥条盘筑法成形，制作较粗糙，器面不平整，多拍打痕。烧制火候不高，器表局部带黑色。口径14.2、最大腹径24.5、底径17.5、高27.2、壁厚0.6厘米（图六三∶11）。

釜　2件。

A型，1件（M284∶11）。

夹砂红褐陶，加砂粒不多。泥条盘筑法成形，制作较粗糙，器形不规整，器表拍打痕及器内垫窝均明显。烧制火候不高，胎心呈黑褐色，有大量孔眼。口径21.7～22.2、最大腹径28.9～29.8、高23.8，耳①片宽3.1、厚0.75厘米，耳②片宽3.25、厚0.85厘米

（图六三:9）。

B 型，1 件（M284:19）。

夹砂黄褐陶。泥条盘筑法成形，制作较粗糙，器形不规整，略倾斜。器表不平整，随处有砂粒突起。器内壁有盘筑泥条痕。烧制火候较高。口径 10.2～10.55、最大腹径 18.5～19.4、高 14.5 厘米（图六三:2）。

碗　1 件（M284:18）。

夹砂灰陶。泥料沙质重，加有较多细石英砂粒和其他砂粒。泥条盘筑法成形，制作粗糙，器底有制坯时留下的圆饼状痕，可看出从圆饼状底边缘盘筑器壁。烧制火候不高，胎心中部为一层清晰的黑色。口径 14.1～15、底径 5.6、高 5.3、腹壁厚 0.4～0.85 厘米（图六三:5）。

盂　1 件（M284:21）。

夹砂黑灰陶。泥料沙质重，加有较多细砂粒。泥条盘筑法成形，器表用软质物稍加打磨。烧制火候不高，用还原焰烧成。口径 14.9～15.4、肩径 17.8～18.3、足高 1.6、通高 7.4、口沿壁厚 0.6、肩部壁厚 1.2、腹壁厚 1 厘米（图六三:3）。

豆　1 件（M284:17）。

夹砂灰褐陶。泥料沙质重，加有较多细石英砂粒。泥条盘筑法成形，制作粗糙，盘面向一侧倾斜，器面不光整。烧制火候不高，用还原焰烧成。出土时豆盘内残留少量木炭。口径 10.05～10.1、柄中部径 3.8、足径 8.4～8.65、盘口厚 0.6～0.7、足口厚 0.65～1.05、通高 11.1 厘米（图六三:7）。

纺轮　2 件。

M284:5，夹砂红褐陶。加少量石英砂粒。出土时器表附有红彩，红彩浮于表面，且分布不匀。旁边地面亦有红彩。最大直径 3.2、穿孔直径 0.4、高 2 厘米（图六三:13）。

M284:24，夹砂褐陶，加少量石英砂粒。器表附有红彩，与前件略同。最大直径 3.8、穿径 0.7、平面径 2.35～2.4、高 3 厘米（图六三:14）。

（二）铜器　仅有铜币 2 组共 16 枚。

钱币　2 组 16 枚。

M284:7，五铢，约 8 枚，放于棺外左侧中部靠头端位置，残损严重。可辨者相当于满城汉墓Ⅲ型五铢（图六四:5）。

M284:8，五铢，8 枚，放于死者腰部位置，锈蚀成一叠。面上字形可辨，相当于满城汉墓Ⅰ型五铢（图六四:6）。

（三）铁器　6 件。

刀　1 件（M284:6）。

B型。刀身呈弧形向刃侧弯曲，应属工具类。残长37.4、柄最宽处3.4、厚1.2、刀身前端宽2.25厘米（图六四:3）。

锸 1件（M284:3）。

略呈"凹"字形，铸造而成。銎端至刃长11.5、銎端通宽12.8、厚2.5、銎口壁厚0.45、凹口间距5.4厘米（图六四:8）。

铚 1件（M284:1）。

略呈圆角长方形，整片横向略弧卷。长8.3、宽3.5～3.7、厚约0.25厘米（图六四:7）。

斧 1件（M284:2）。

平面略呈弧底梯形，銎经锻打而成。长13.3、銎端宽5.75、刃端宽8.2、銎端厚3.7、

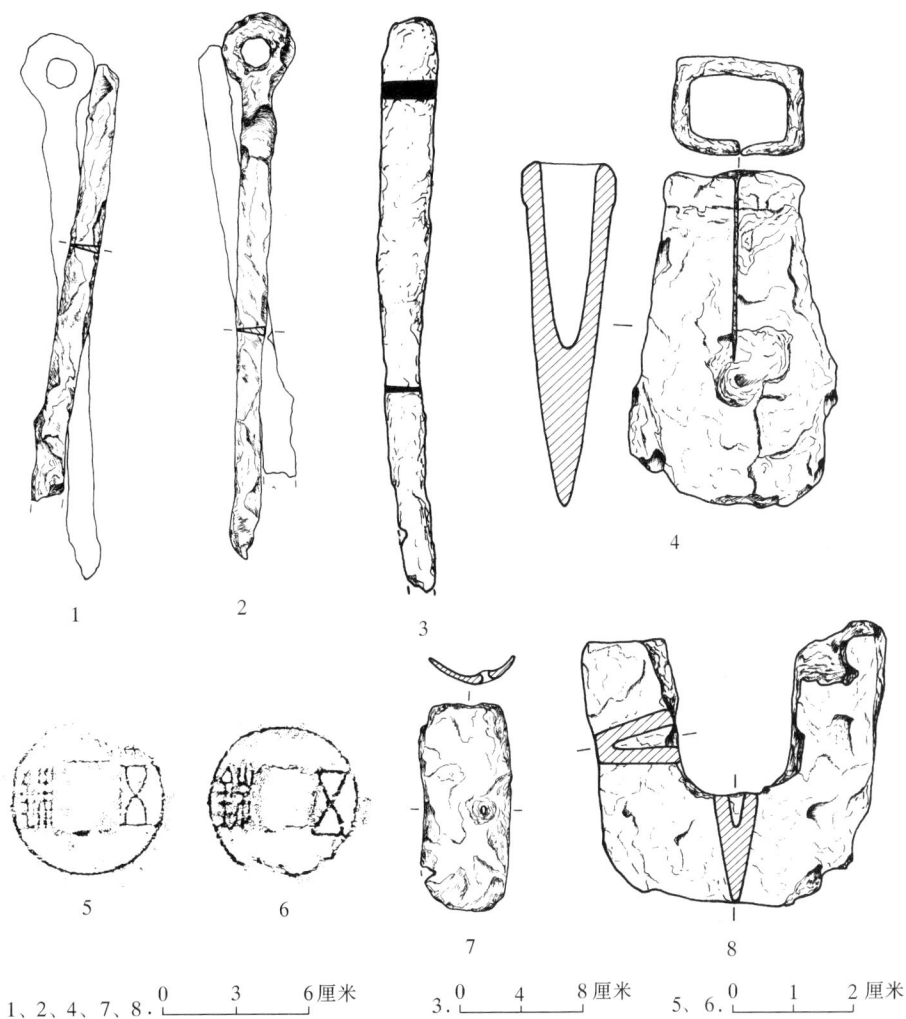

图六四 M284随葬器物（二）

1、2.铁削刀（M284:4、M284:23） 3.B型铁刀（M284:6） 4.铁斧（M284:2）

5、6.铜币（M284:7-1、M284:8-1） 7.铁铚（M284:1） 8.铁锸（M284:3）

釜口壁厚 0.7 厘米（图六四:4）。

削刀　2 件。

M284:4，环首。环首锻打时，从柄端直接弯环。与 M284:23 锈接粘连。通长 22、环首径 3、刃部宽 1.05～1.2 厘米（图六四:2）。

M284:23，仅存中段，估计原有环首。残长 17.7、刃部宽 1.1～1.35 厘米（图六四:1）。

二　乙类墓分墓资料

乙类墓共发掘 108 座，其中 56 座出土随葬器物，分述如下。其余墓葬简况可查阅第三部分之"墓葬登记表"。

M264

M264 位于 BT0102、CT0102，属 I 工区村民王明顺责任地，方向 280°。哑铃形墓坑。因村民取土烧砖挖毁一半。现存墓口长 1.4、宽 0.9，墓底长 1.26、宽 0.9，墓坑深 1.1 米。墓坑填土为夹红烧土颗粒的褐色黏土。墓底有棺木痕。沿坑壁有垒筑一周的自然毛石块。石块未作任何修整，大小不一，多条形，除墓坑头端一块长约 80 厘米外，其余多 20 余厘米长。毛石垒筑 2～4 层不等，未使用任何粘结料，总高度约 0.3 米。套头葬墓，用鼓形铜釜侧立套于死者头顶，釜内壁死者头部位置有竹席痕。铜釜下垫有两块小石头。仰身直体葬。铜手镯内残存一段肢骨，其余骨骼朽坏不存。随葬器物有铜器、铁器（图六五）。

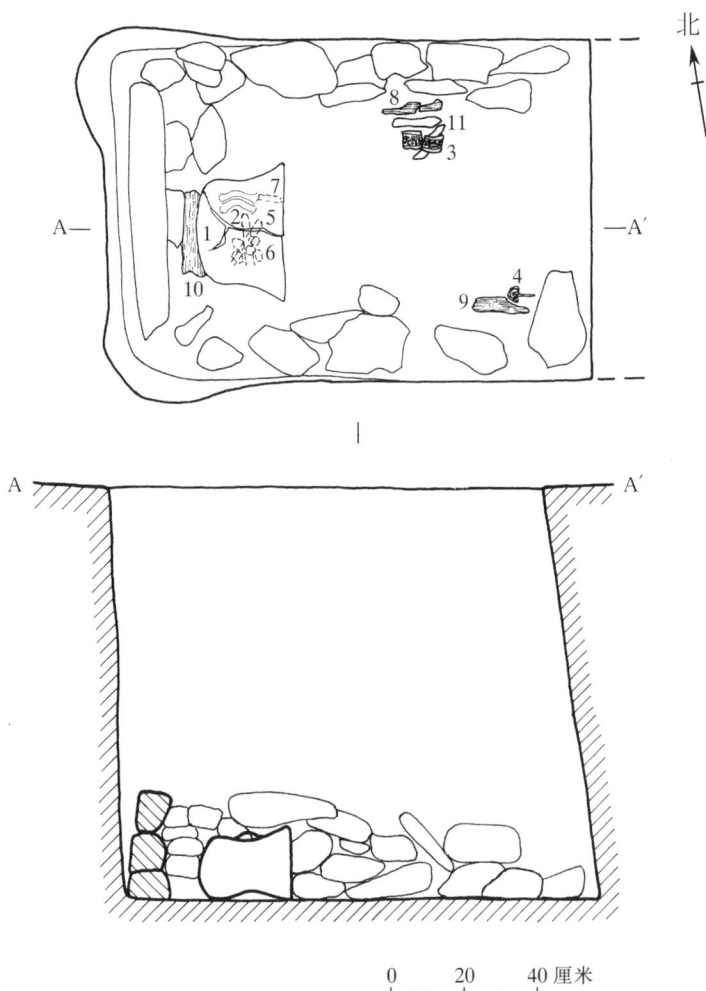

图六五　M264 平、剖面图

1.铜釜　2、5.铜发钗　3.铜手镯　4.铁削刀　6.头骨碎片　7.竹席痕　8～10.朽木　11.上肢残骨

（一）铜器　4 件。

釜　1 件（M264∶1）。

B 型。小平底外沿有一周不规则小突棱，器内壁口沿下约 4 厘米处凸起两周不明显的细弦纹。外壁布满烟炱。合范铸造，从口沿至底有两道纵向范缝痕。铸造粗糙。垫片分布较密。下腹部有几处用铜液补焊痕。口沿面宽 1.1～1.35、口径 36～37、最大腹径 24.4～25.5、腹中部内束处内径 19～21 厘米，耳跨度 10.5、10.4、耳单片宽约 1.82～2.2、高 1.65～2.36、厚约 1.12、1.1、高 26.2、底径 9.1 厘米（图六六∶1）。

发钗　2 件。

均为 A 型。整体呈长"U"形，铜条断面为圆形。两件形制、尺寸相同，出土时位于

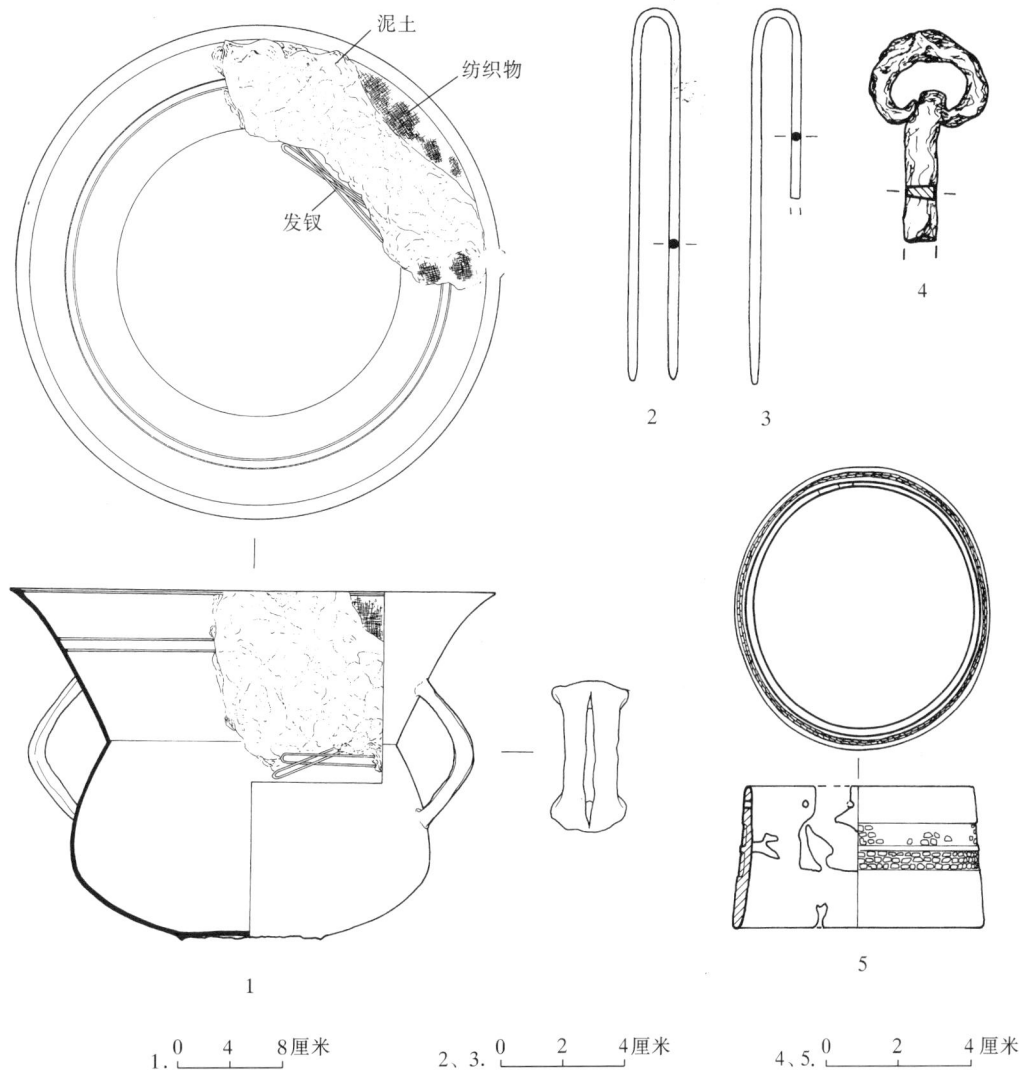

图六六　M264 随葬器物

1.B 型铜釜（M264∶1）　2、3.A 型铜发钗（M264∶2、M264∶5）　4.B 型Ⅱ式铁削刀（M264∶4）

5.A 型Ⅱ式铜手镯（M264∶3）

铜釜内，距口沿约 12 厘米。从发钗放置位置看，死者发髻位于头顶，两只发钗从发髻左侧分别插入，在中部交叉。

M264:2，长 12、条径 0.3 厘米（图六六:2）。

M264:5，长 12、条径 0.3 厘米（图六六:3）。

手镯　1 件（M264:3）。

A 型 II 式。宽片状环形。镯面中部有两周凹槽，槽内镶嵌不规则形孔雀石小薄片各三列。镯外径大端 6.85～7.5、小端 6.5～6.65，片宽 3.8、厚 0.25～0.35 厘米（图六六:5）。

（二）铁器　1 件。

削刀　1 件（M264:4）。

B 型 II 式。仅存环首及少部分柄部。环首用圆条锻打，先回折再弯曲成环，柄端略突入环首。柄较窄，厚度略向一侧倾斜。残通长 5.75、环首径 2.5～3.3、残柄条宽 0.9、厚 0.5 厘米（图六六:4）。

M266

M266 位于 BT0102、CT0102，属 I 工区村民王明顺责任地，方向 292°。长方形竖穴墓坑，无墓道。墓口长 1.84、宽 0.56～0.7，墓底长 1.55、宽 0.5～0.6，墓坑深 0.34～0.5 米。墓坑填土为夹红烧土颗粒的褐色黏土。人骨不存。随葬器物仅有陶罐一件（图六七）。

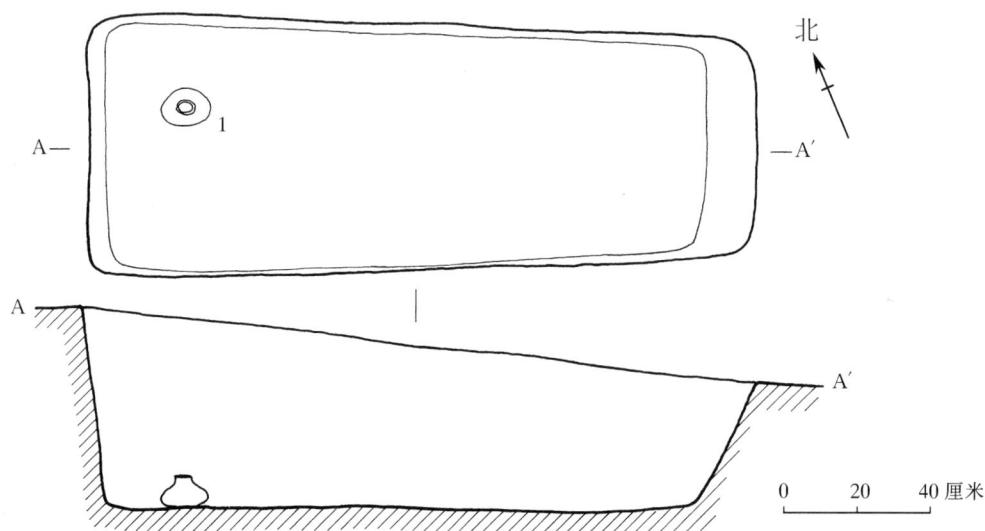

图六七　M266 平、剖面图

1. 陶罐

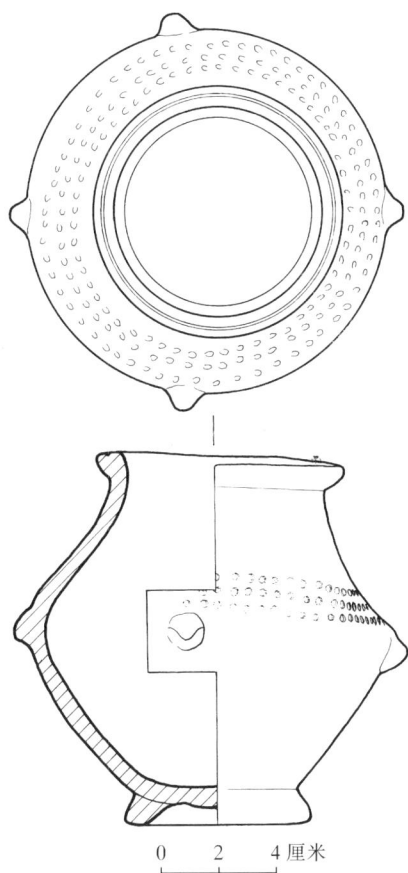

图六八 M266 随葬 C 型 I 式
陶罐（M266:1）

陶罐 1 件（M266:1）。

C 型 I 式。夹炭红褐陶。泥料加有较多炭屑，未加砂，器体轻，壁面留有大量孔隙。泥条盘筑法成形。乳丁较小，乳丁面未加修饰。烧成温度约 650°～700℃，胎心呈黑色。出土时位于死者头左侧。口径 8.5～8.65、最大腹径 12.2～12.4、高 12.8、足径 6.45～6.65、足高 1、乳丁高 0.5～0.7 厘米（图六八）。

M267

M267 位于 BT0101、CT0101，属 I 工区村民王明顺责任地，方向 240°，长方形竖穴墓坑，无墓道。墓口长 1.85～1.9、宽 0.66～0.74，墓底长 1.75～1.85、宽 0.63～0.72，墓坑深 0.7～0.8 米。墓坑填土为夹红烧土颗粒的褐色黏土。人骨不存，从随葬器物判断为仰身直体曲上肢葬。随葬器物有陶器、铜器（图六九）。

（一）陶器 1 件。

罐 1 件（M267:11）。

C 型 I 式。夹炭红褐陶。残损严重，腹部乳丁仅存一枚。现按 4 枚修复，但亦可能为 3 枚。乳丁顶部有一道斜纵向划纹。泥料加有较多炭屑。泥条盘筑法成形，制作较粗糙，器表多拍打痕，内壁有密集小垫窝。烧制火候不高，胎心呈黑色。出土时位于死者头左侧。口径 11.15～11.35、最大腹径 14.8～15.2、高 14.3、足径 6.7～6.9、腹壁厚 0.2～0.3 厘米（图七〇:1）。

（二）铜器 10 件。

手镯 10 件。

标本 M267:1～10，皆 C 型。形制结构相同，大小稍有差异。窄片环状。M267:1～5 佩戴于左腕，M267:6～10 佩戴于右腕，外径 5.45～5.9、片宽 0.85～0.92、厚 0.25 厘米（图七〇:2、3）。

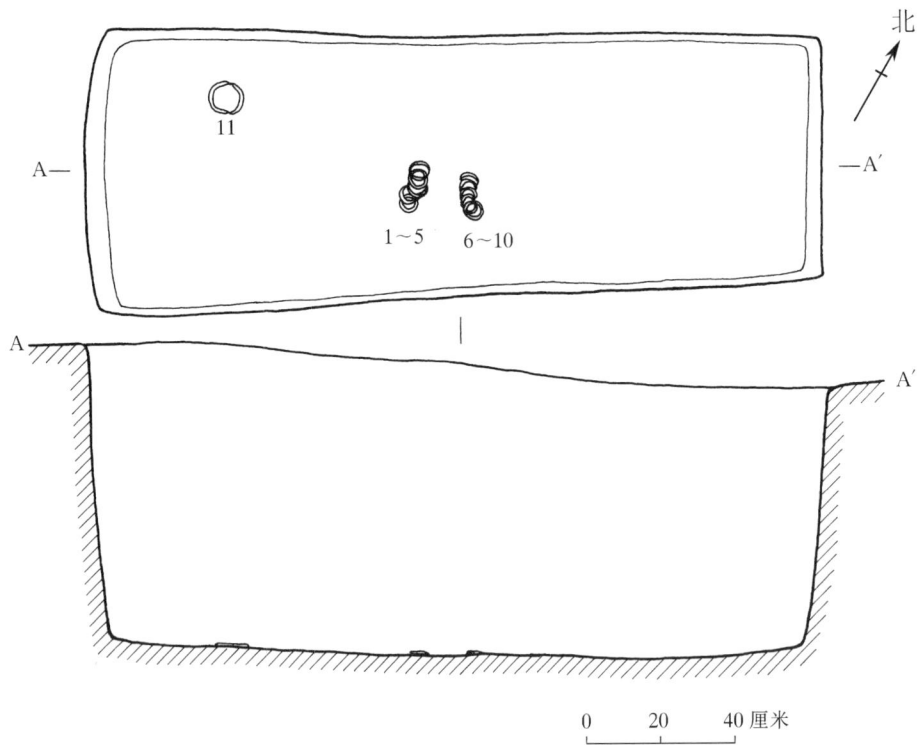

图六九　M267平、剖面图

1~10.铜手镯　11.陶罐

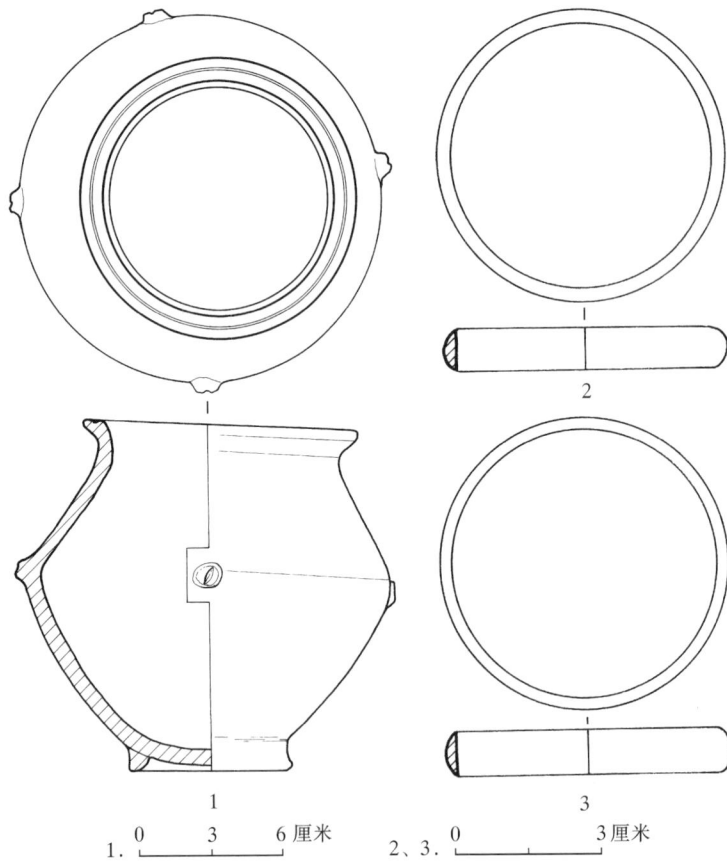

图七〇　M267随葬器物

1.C型Ⅰ式陶罐（M267∶11）　2、3.C型铜手镯（M267∶4、M267∶7）

M268

M268 位于 CT0102、CT0202，属 I 工区村民王明顺责任地，方向 273°。长方形竖穴墓坑，无墓道。墓口长 2.58～2.59、宽 0.96～1.12，墓底长 2.44～2.46、宽 0.8～0.98，墓坑深 0.24～0.4 米。墓坑填土为夹红烧土颗粒的褐色黏土。墓底有木棺痕。随葬器物仅有铜器（图七一）。

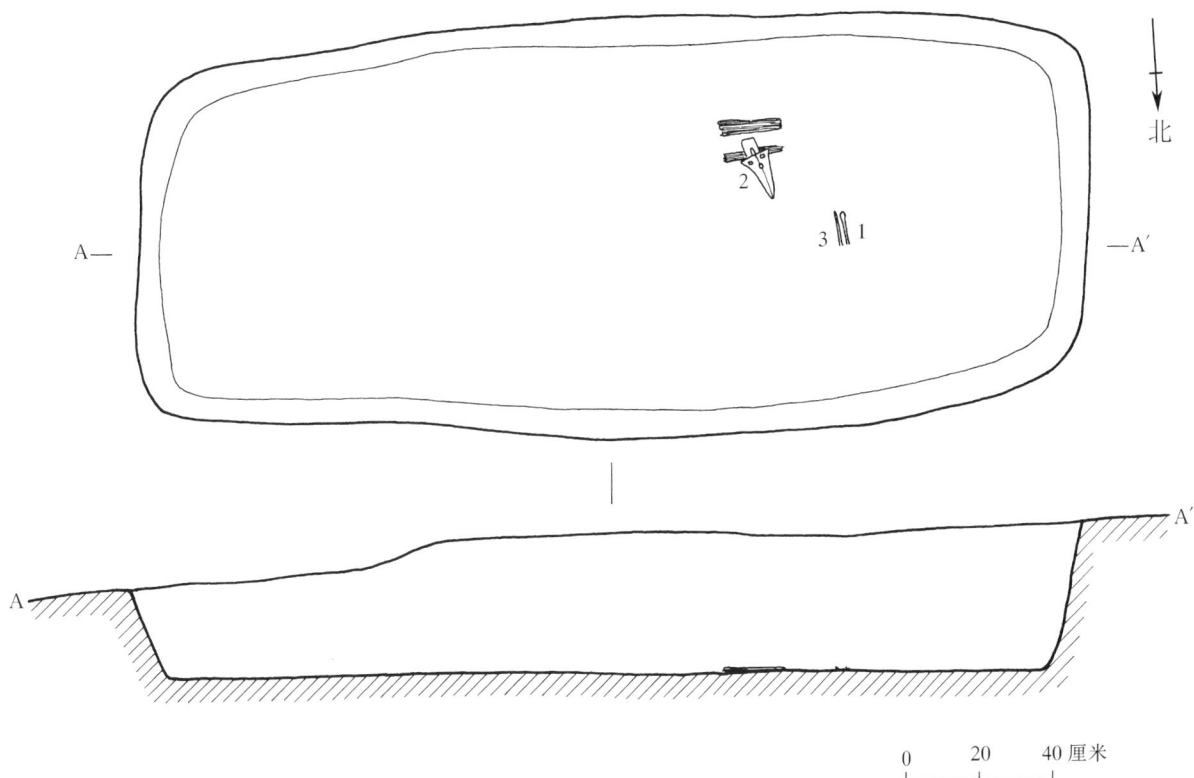

图七一　M268 平、剖面图
1、3. 铜发钗　2. 铜戈

铜器　3 件。

戈　1 件（M268:2）。

A 型。弧线三角形援无胡直内。圆形穿前圆柱状脊中空约 0.5 厘米。通长 22.4，内长 6.4、宽 4.8、厚 0.55，阑残长 7.9，援长 16、中宽 4 厘米（图七二:1）。

发钗　2 件。

均为 A 型。铜条断面为圆形。两件形制相同。从出土位置看，发钗分别从头顶发髻左、右两侧平插入，在中部交叉。

M268:1，长 14.8、条径 0.16～0.26 厘米（图七二:2）。

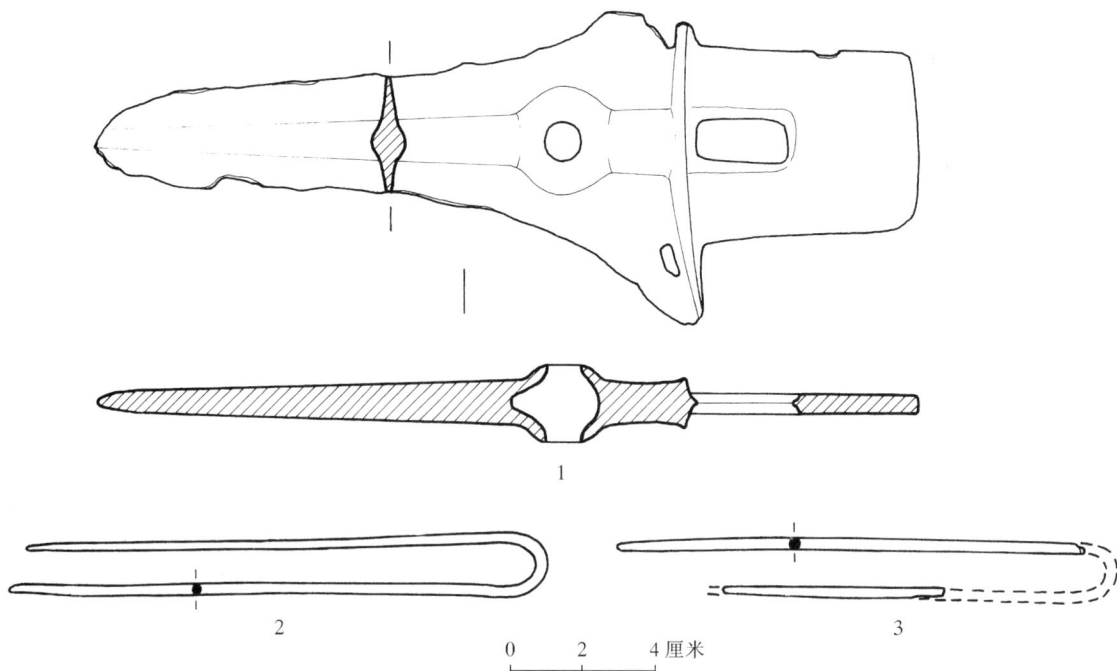

图七二　M268 随葬器物

1.A 型铜戈（M268:2）　　2、3.A 型铜发钗（M268:1、M268:3）

M268:3，残碎，现存两段。长 12.7、6、条径 0.2～0.26 厘米（图七二:3）。

M269

M269 位于 BT0102、BT0203，属 I 工区村民王明顺责任地，方向 305°。长方形竖穴墓坑，无墓道。墓口长 2.3～2.45、宽 0.84～0.92，墓底长 2.24～2.36、宽 0.7～0.84，墓坑深 0.98～1.06 米。墓坑填土为夹红烧土颗粒的褐色黏土。墓壁头端中部向外凸出一边长约 0.25、深 0.36 米圆角方形小坑，坑外端偏向一侧，估计系后人活动造成。墓底面略向脚端倾斜，倾斜度约 3°。人骨不存。随葬器物有铜器、铁器（图七三）。

（一）铜器　3 件。

发钗　2 件。

均 A 型。整体呈长"U"形，铜条断面为圆形。两件形制相同。从出土位置看，发钗都从头顶发髻右侧略向斜上方插入，前端稍有交叉。

标本 M269:3，长 13.1、条径 0.2～0.3 厘米（图七四:1）。

标本 M269:4，长 13.3、条径 0.2～0.3 厘米（图七四:2）。

带钩　1 件（M269:1）。

A 型。曲棒形。钩体长 17.5、最宽处 1.05 厘米（图七四:4）。

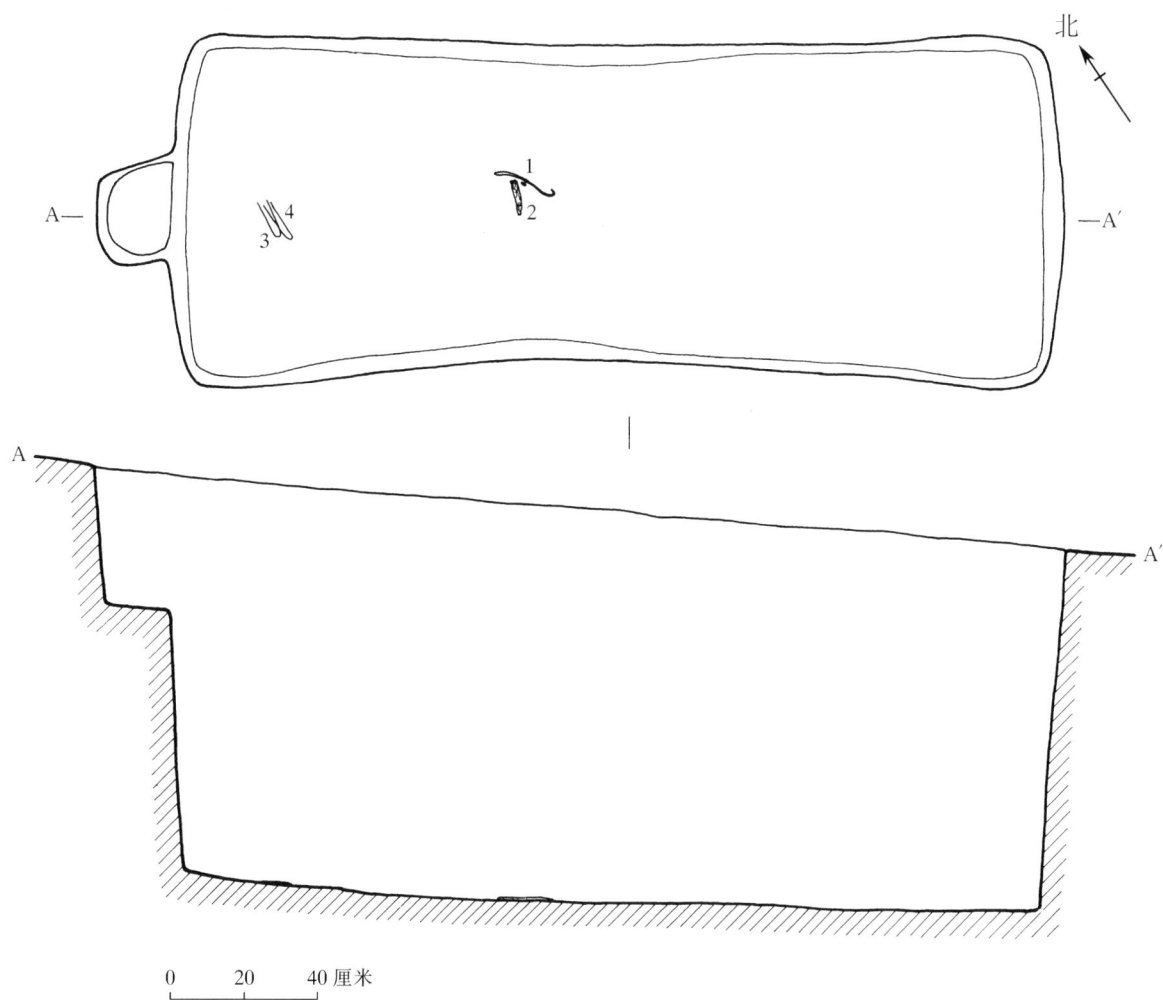

图七三　M269 平、剖面图
1. 铜带钩　2. 铁削刀　3、4. 铜发钗

（二）铁器　1件。

削刀　1件（M269:2）。

B 型 I 式。刀体平直，两端均残。残长 9.2、宽 0.7～1.7 厘米（图七四:3）。

M270

M270 位于 BT0103，属 I 工区村民王明顺责任地，方向 281°，长方形竖穴墓坑。墓口长 1.88、宽 0.64～0.84，墓底长 1.58、宽 0.6～0.7，墓坑深 0.6～0.7 米。墓坑填土为夹红烧土颗粒的褐色黏土，并有少量炭粒。人骨不存。墓底有三小块红色漆痕，器形不辨（图七五）。

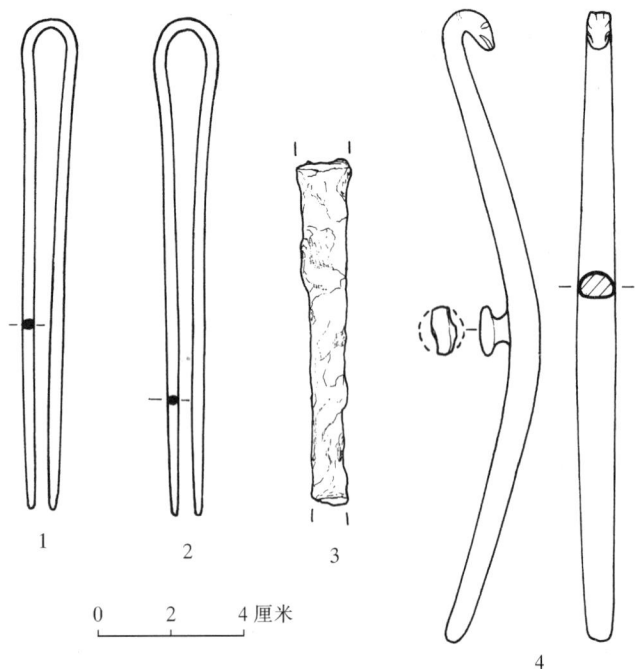

图七四　M269 随葬器物

1、2.A 型铜发钗（M269:3、M269:4）　3.B 型 I 式
铁削刀（M269:2）　4.A 型铜带钩（M269:1）

M271

M271 位于 BT0103、CT0103，属 I 工区村民王明顺责任地，方向 313°，长方形竖穴墓坑。墓口长 2.58、宽 0.82～1.12，墓底长 2.54、宽 0.6～0.68，墓坑深 0.8～0.96 米。墓坑填土为夹红烧土颗粒的褐色黏土。东南角被 M272 打破。墓坑两侧边各向外突出去一斜三角形坑，坑底部高于墓底数厘米。后期整理时推测这可能是两座打破关系的墓葬，长方形坑为一座无随葬品的大墓，被一座小墓略斜向打破，大墓两侧边突出去的斜三角形坑可能即小墓对顶边的两角。所发

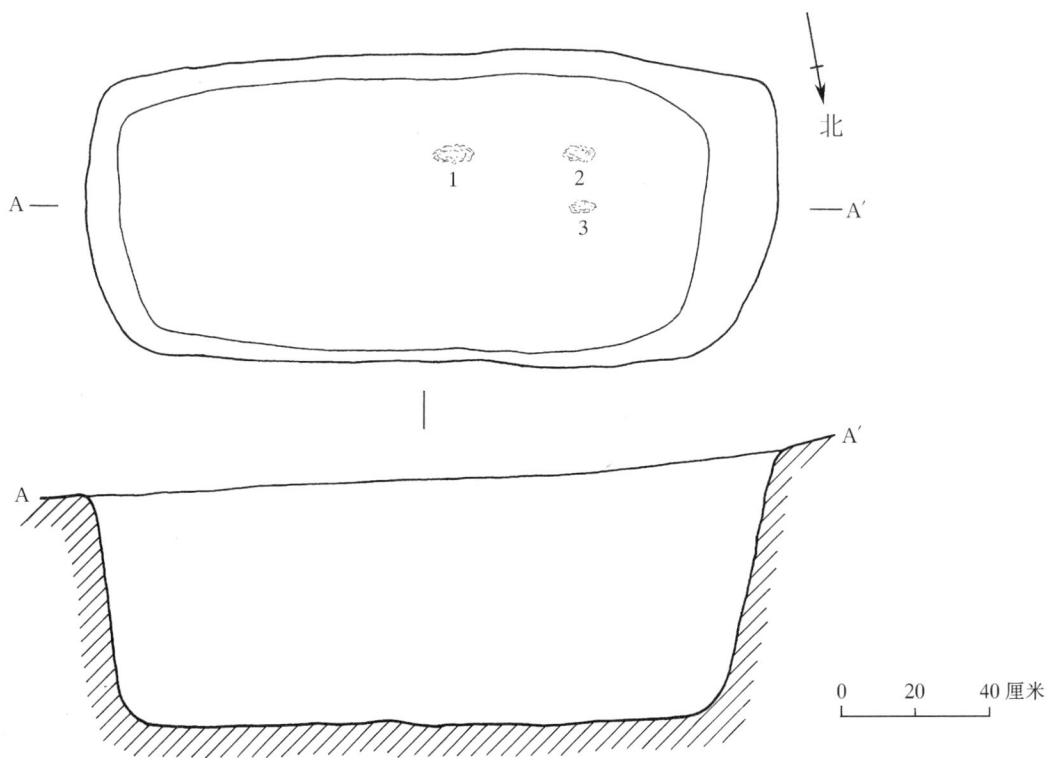

图七五　M270 平、剖面图

1～3.漆痕

现的随葬器物均为装饰品，摆放的地面高于大墓墓底数厘米，正好应属小墓墓底。但因现场未作此判断，后期推测缺乏地层依据，故不将小墓分离另编号。所幸大墓无随葬品，不造成器物混乱。墓底有木棺痕。人骨不存。随葬器物有铜器、玉器、骨器（图七六）。

（一）铜器 30件。

手镯 1件（M271:1）。

A型Ⅱ式。宽片状环形。镯面两周凹槽宽0.3～0.4厘米，槽内各镶嵌两列圆形孔雀石小薄片。孔雀石片直径0.2～0.25厘米，中心有小孔。与其他饰品集中放在一起，镯口向上，似乎未佩戴于手腕。镯外径大端5.1～5.25、小端4.7～4.85、片宽2.5、厚0.15～0.2厘米（图七七:1）。

铃 14件。

A型Ⅰ式，1件（M271:15）。

弧形口合瓦状，通体较宽扁，器表两面均铸有纹饰，一面因锈蚀纹饰不清晰，另一面纹饰可大致分辨，中心两同心圆如花蕊，周围弧线似花瓣状。通高3.1，口长径3.25、短径1.05，纽高0.85、纽孔径0.85厘米（图七八:1）。

A型Ⅱ式，13件。

标本M271:2～14，形制结构基本相同，大小稍异，纹饰风格基本一致。弧形口合瓦状，通体较窄小。器表双面铸花瓣状纹饰。通高2.6～2.8，口长径2～2.15、短径1.4～1.45，纽高0.6～0.8、孔径0.2～0.45、铃舌长2～2.3厘米（图七八:2～14）。

扣饰 15件。

均C型。标本M271:30～44，片状圆锥体形，大小相近，锥面斜度略有差异。直径2.1～2.4、高0.58～1.16厘米。举例如下：

标本M271:42，背面附横梁为鼻，横梁略偏，两端不齐，应为铸造时另嵌入铜条浇铸。直径2.15～2.25、高1.05厘米（图七七:2）。扣饰中另有12件与此件形制同。

标本M271:44，背面横梁规整，剖面呈三角形，面与口沿平齐，下端开一长方形小孔为鼻，应为整体一次铸成。直径2.3、高0.58厘米（图七七:3）。扣饰中另有M271:31与此件形制同。

（二）玉、骨器 15件。

玉髓管 2件。

M271:19，乳白色，半透明。圆柱形管中部外鼓，一端略残损。中部圆形穿从两端对钻而成，对接部位明显错位。长1.95、最大直径0.8、一端直径0.5、残端直径0.6、孔径两端均0.2厘米（图七七:4）。

M271:23，乳白色，半透明，有一道纵向自然纹理。圆柱形管。两端面有较多小坑

北

A—　　　　　　　　　—A'

漆痕

A　　　　　　　　　　　　　　　A'

0　　20　　40厘米

[⋰⋰] 熟土

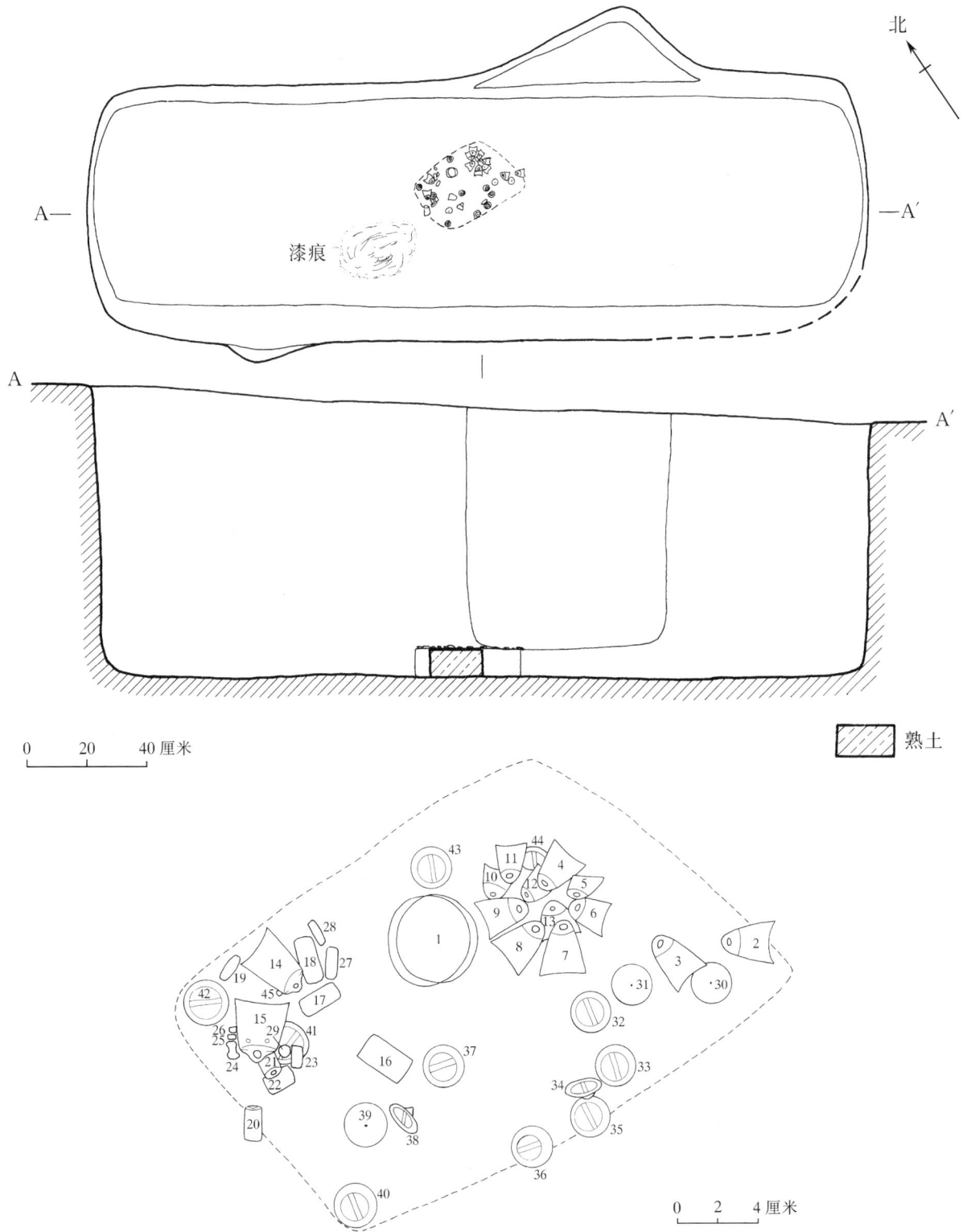

图七六　M271平、剖面及局部放大图

1.铜手镯　2~15.铜铃　16~18、20~22、27、28.玛瑙管　19、23.玉髓管　24.豆形坠饰　25.绿松
石珠　26.玉珠　29、45.骨珠　30~44.铜扣饰

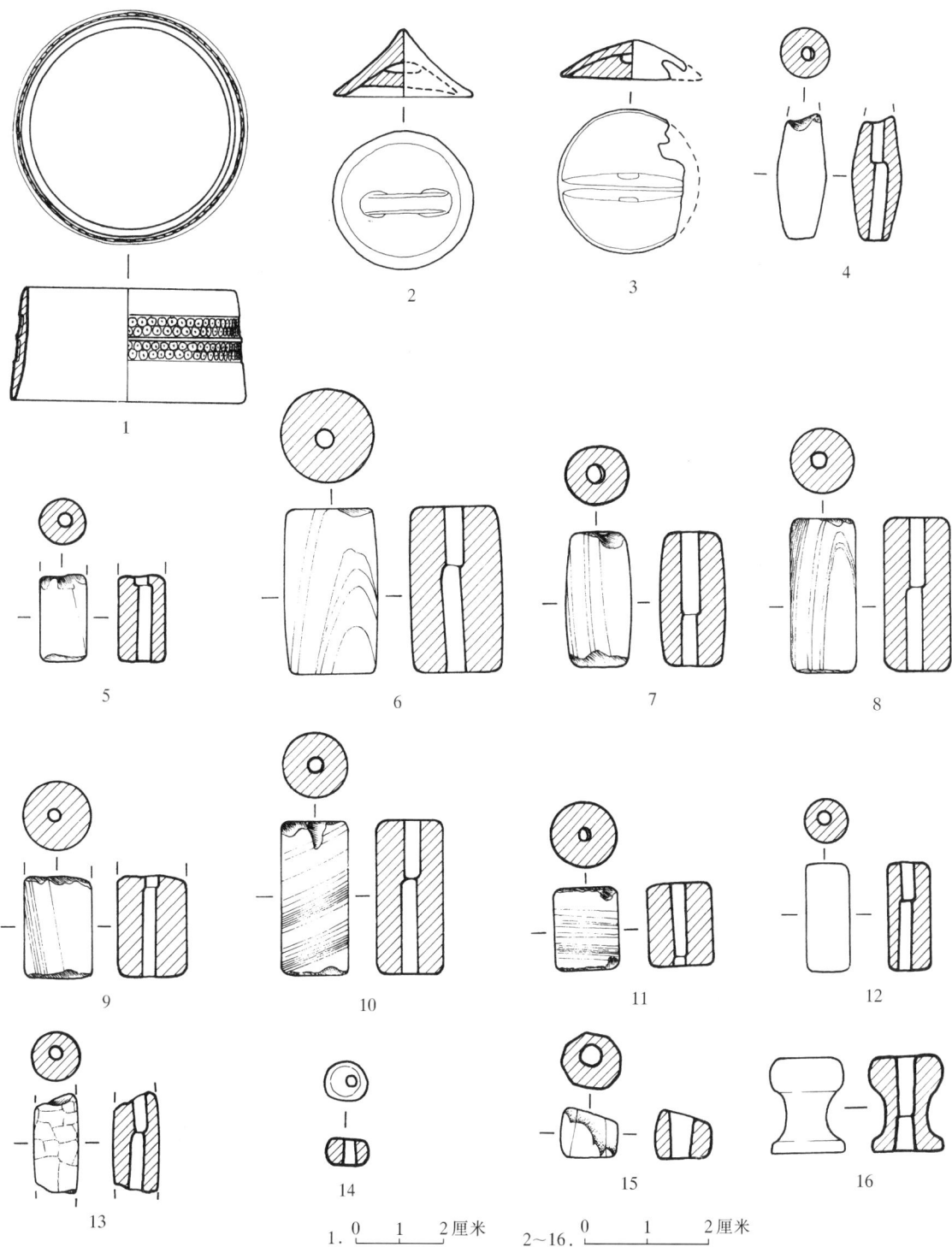

图七七　M271 随葬器物（一）

1.A 型Ⅱ式铜手镯（M271：1）　　2、3.C 型铜扣饰（M271：42、M271：44）　　4、5.玉髓管（M271：19、M271：23）　　6～13.玛瑙管（M271：16～18、M271：20～22、M271：27、M271：28）　　14.绿泥石珠（M271：26）　　15.绿松石珠（M271：25）　　16.变质岩豆形坠饰（M271：24）

0　　1　　2厘米

图七八　M271 随葬器物（二）

1.A 型 I 式铜铃（M271:15）　2～14.A 型 II 式铜铃（M271:2～14）

凹，一端磨过，另一端未磨。中部圆形穿从两端对钻而成，对接部靠近未磨一端，有错位。应是断损旧管再利用。长 1.35、直径 0.75，孔径 0.2、0.22 厘米（图七七：5）。

玛瑙管　8 件。

M271：16，乳白色，微透明，有自然纹理。圆柱形管，中部圆形穿从两端对钻而成，对接部有错位。长 2.6、直径 1.45～1.5、孔径两端均 0.3 厘米（图七七：6）。

M271：17，乳白色，微透明，有自然纹理。圆柱形管，两端微细。两端面不甚平齐，一端有明显磕伤。中部圆形穿从两端对钻而成，对接部有错位。长 2.1、直径 0.95～1.05，孔径 0.25、0.3 厘米（图七七：7）。

M271：18，乳白色，微透明，有自然纹理。圆柱形管，一端边缘略有磕伤。中部圆形穿从两端对钻而成，对接部有错位。长 2.43、直径 1.05、孔径两端均 0.25 厘米（图七七：8）。

M271：20，乳白色，微透明，有自然纹理。圆柱形管，一端平齐，另一端满布小坑凹。原为长管，意外折断后将断面稍修整继续使用。中部圆形穿从两端对钻而成，对接部有错位。长 1.6、直径 1.1、孔径两端均 0.2 厘米（图七七：9）。

M271：21，乳白色，微透明，有自然纹理。圆柱形管，两端边缘有小磕伤。中部圆形穿从两端对钻而成，对接部有错位。长 2.43、直径 1.05、孔径两端均 0.25 厘米（图七七：10）。

M271：22，乳白色，微透明，有自然纹理。圆柱形管，一端磨平，另一端未磨，边缘有修整痕。原为长管，意外折断后将断面边缘稍修整后继续使用。中部圆形穿从两端对钻而成，对接部有错位。长 1.3、直径 1～1.05，孔径 0.2、0.23 厘米（图七七：11）。

M271：27，橘红色，局部白色，半透明。圆柱形管，中部圆形穿从两端对钻而成，对接部有错位。长 1.7、直径 0.7、孔径两端均 0.2 厘米（图七七：12）。

M271：28，橘红色，微透明。圆柱形管，中部略外鼓，两端均有残损，面不平。中部圆形穿从两端对钻而成，对接部有错位。长 1.6、中部最大直径 0.75、两端直径 0.65、孔径两端均 0.2 厘米（图七七：13）。

绿泥石珠　1 件（M271：26）。

灰绿色，不透明。不规则圆形算珠状，腰部略鼓。中部贯通一圆形穿，位置略偏向一侧，从一端钻通。直径 0.65～0.7、高 0.4～0.45，孔径 0.16、0.2 厘米（图七七：14）。

绿松石珠　1 件（M271：25）。

蓝绿色，不透明。不规则多面形短柱状，中部贯通一圆形穿，位置略偏向一侧，从一端钻通。直径 0.92～1、高 0.65～0.8，孔径 0.32、0.4 厘米（图七七：15）。

变质岩豆形坠饰　1 件（M271：24）。

浅鸭蛋绿色，色不匀，不透明。略呈实心豆形，中部贯通一圆形穿，从两端对钻而

成，对接部略有错位。上部直径 1.2～1.3、中部直径 0.65、下部直径1.15～1.25、高
1.5、孔径两端均 0.3厘米（图七七:16）。

骨珠　2 件。

M271:29，算珠形，中部一圆形穿。朽坏严重，未取。

M271:45，朽坏粉碎，未取。

墓底另发现一片红漆痕，器形不辨。

所有饰品集中放置，其中 10 件铜铃环首相向，原应捆为一束。饰品间散落铜扣饰，
或正或反，似曾用钉有铜扣饰的布料将玉管、铜铃等饰品包裹。饰品下发现一片木痕。

M272

M272 位于 BT0103、CT0103，属 I 工区村民王明顺责任地，方向 283°，哑铃形墓坑。
墓口长 2.65～2.7、宽 0.84～1.14，墓底长 2.65～2.7、宽 0.8～1.1，墓坑深 0.6～0.7
米。墓坑填土为夹红烧土颗粒的褐色黏土。套头葬墓，用鼓形铜釜套头。该墓分别打破
M271、M273。墓底有棺木痕，铜釜内及附近残存死者部分头骨。仰身直体葬。随葬器物
仅有套头铜釜 1 件（图七九）。

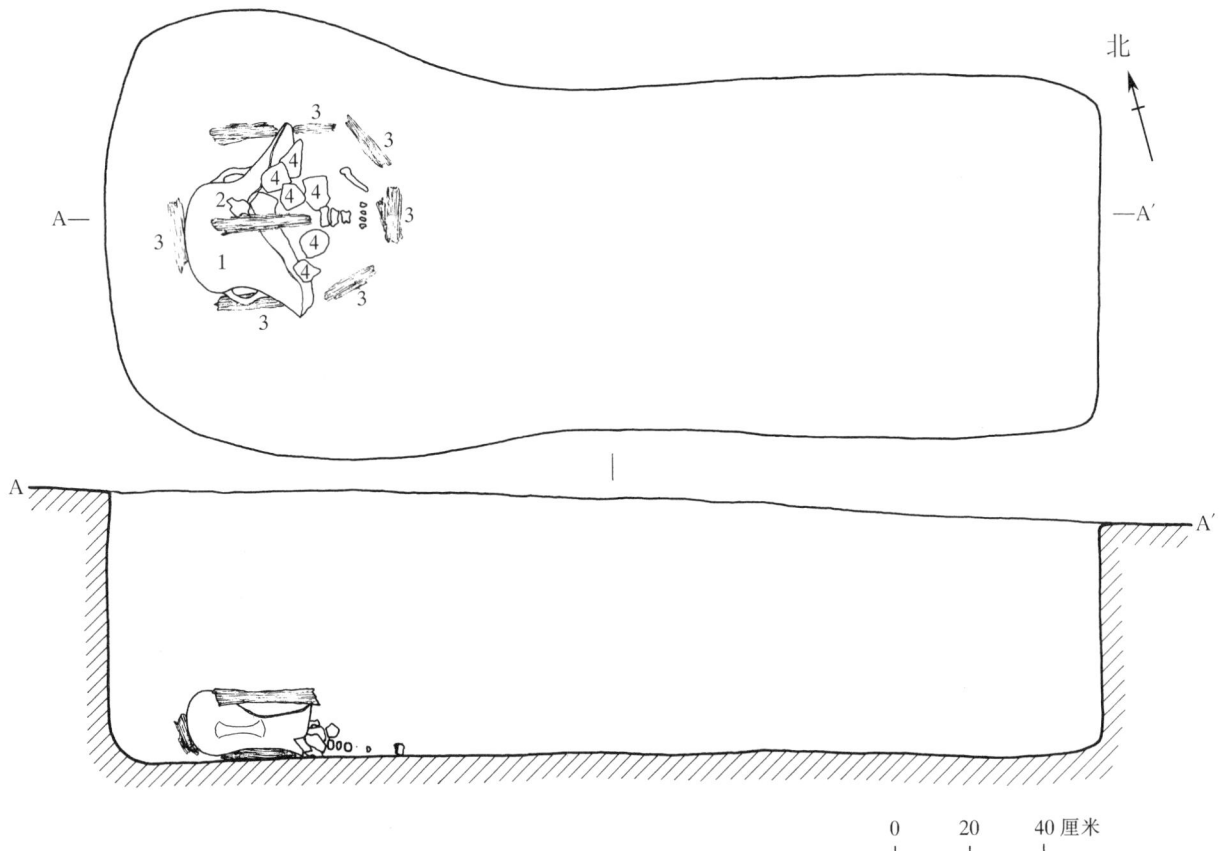

图七九　M272 平、剖面图

1. 铜釜　2. 铜釜残片　3. 朽木　4. 头骨碎片

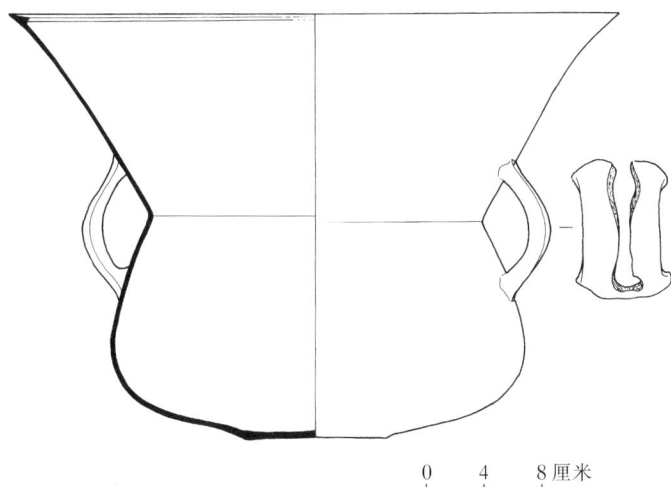

图八〇　M272 随葬 B 型铜釜（M272:1）

铜釜　1件（M272:1）。

B型。釜内为圜底，外部略呈小平底。合范铸造，从口沿至底有两道纵向范缝痕。铸造粗糙，形制不规整，器表尤其底部不平整。外壁布满烟炱。口沿面宽 1.2～1.5、口径 37.6～41、最大腹径 25.1～26.3、腹中部内束处内径 18.5～21.5、高 28、壁厚 0.25～0.42、耳跨度 10.6、8.4、耳单片宽约 1.75～2.3、1.95～2.05、耳片厚约 0.55～0.7、0.55～0.75 厘米（图八〇）。

M273

M273 位于 BT0103、BT0104、CT0103、CT0104，属Ⅰ工区村民王明顺责任地，方向 273°，哑铃形墓坑。墓口长 2.75～2.8、宽 1.2，墓底长 2.62～2.7、宽 1～1.1，墓坑深 1.05 米。墓坑填土为夹红烧土颗粒的褐色黏土。套头葬墓，用辫索纹耳大铜釜套头，另用铜洗垫足。北壁被 M272 打破。墓底面略向脚端倾斜，倾斜度约 5°。墓底有棺木痕。铜釜内残存死者部分头骨，铜洗上及附近有少量肢骨。仰身直体曲上肢葬。随葬器物有铜器、铁器（图八一）。

（一）铜器　4件。

釜　1件（M273:1）。

D型。折沿，斜肩，肩面微下凹，腹上部对称纵向置两只环形大耳，耳片弧形，耳面饰辫索纹 12 道，耳与腹壁连接处装饰有 6 道捆绑状辫索纹。耳片内原细砂模修整成弧面状附于耳条内壁，不剔除，使耳条显得粗壮有力。腹另两面对称饰一对铺首衔环，铺首眼鼻突出，耳、面用卷云弧线组成，环大，断面呈椭圆形。全器铸工精良，器形规整，器壁光洁匀称。合范铸造，从口沿至底有一道明显范缝。外壁有烟炱痕。口沿面宽 5.3、厚 0.28～0.32、口外径 42.2～42.7、口内径 33～33.5、最大腹径 48.2、高 30；耳：①径 8.55、片宽 3.1，②径 8.2、片宽 3.2 厘米；铺首：①兽面最宽 9.1、环径 8.82、环条径 1.2×1 厘米，②兽面最宽 9.1、环径 8.75、环条径 1.2×0.95 厘米（图八二:1）。

洗　3件。

M273:2，腹外壁铺首衔环以大铆钉铆接，内壁对应处有弧面圆饼状铆钉头。铺首铸造不够精细。口向上平放垫于死者足下。口外径 42～42.5、沿宽 1.8、腹壁厚 0.1、高

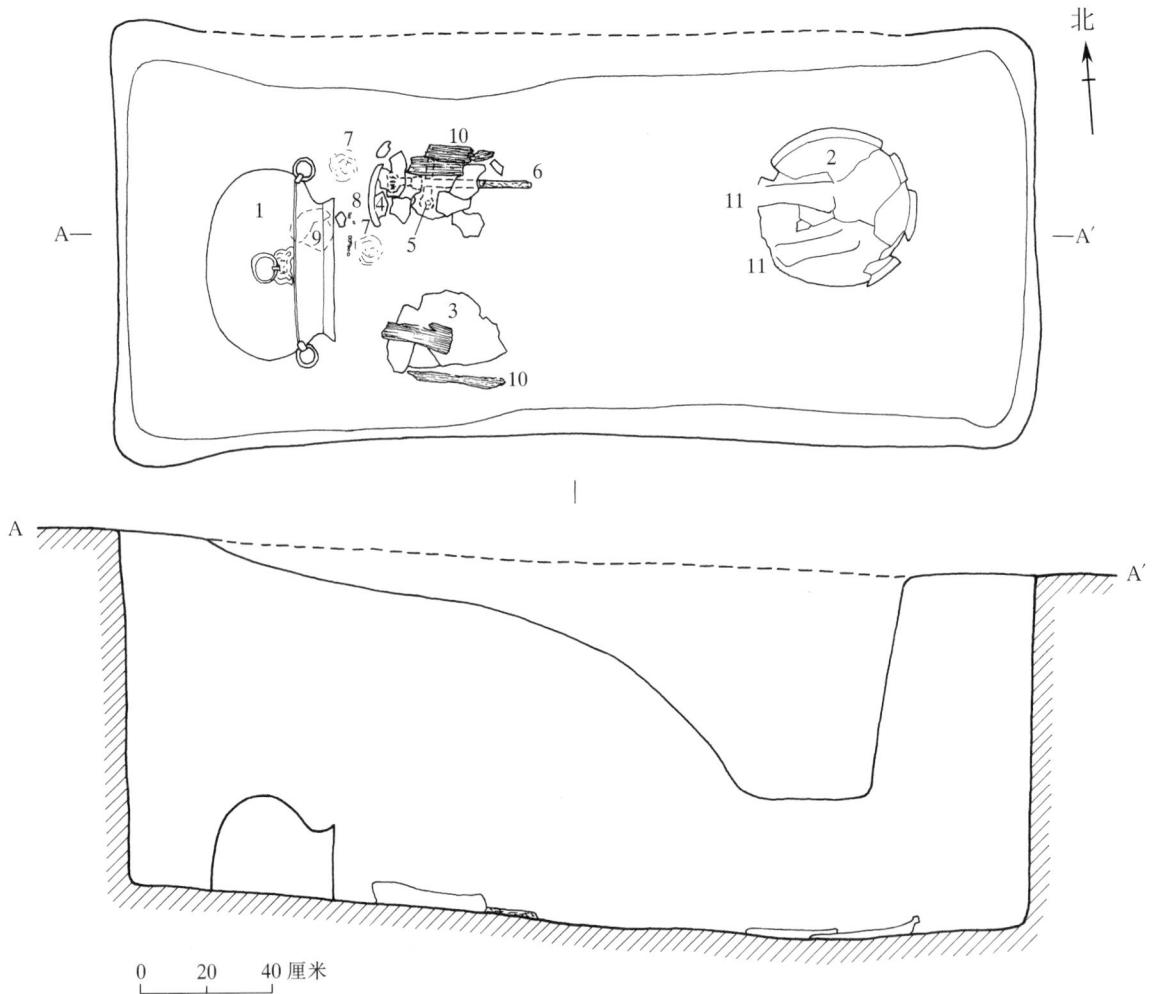

图八一　M273 平、剖面图

1.铜釜　2~4.铜洗　5.铁削刀　6.镂空牌形茎首铜柄铁剑　7.漆痕　8.牙齿　9.头骨碎片
10.朽木　11.下肢残骨痕

8.4，铺首耳通宽 5.05、环外径 4.4、条径 0.7 厘米（图八二：2）。

M273：3，口向上平放垫于死者右臂下，出土时洗内壁上有弯曲的臂骨痕。口外径 30、沿宽 1.3~1.45、腹壁厚 0.05、残高 5.5 厘米（图八二：3）。

M273：4，位于死者左臂旁，折断为两半，原应侧立放。口外径 31、沿宽 1.45、腹壁厚 0.05~0.1、高 8 厘米（图八二：4）。

（二）铁器　2 件。

镂空牌形茎首铜柄铁剑　1 件（M273：6）。

茎和剑身分别用青铜和铁铸造。工艺精细，茎上除正面纹饰外，牌形茎首侧面及茎前后侧面都有辫索纹，应系采用失蜡法铸造。剑身铁质，中部微起脊。剑身木质剑鞘大部保

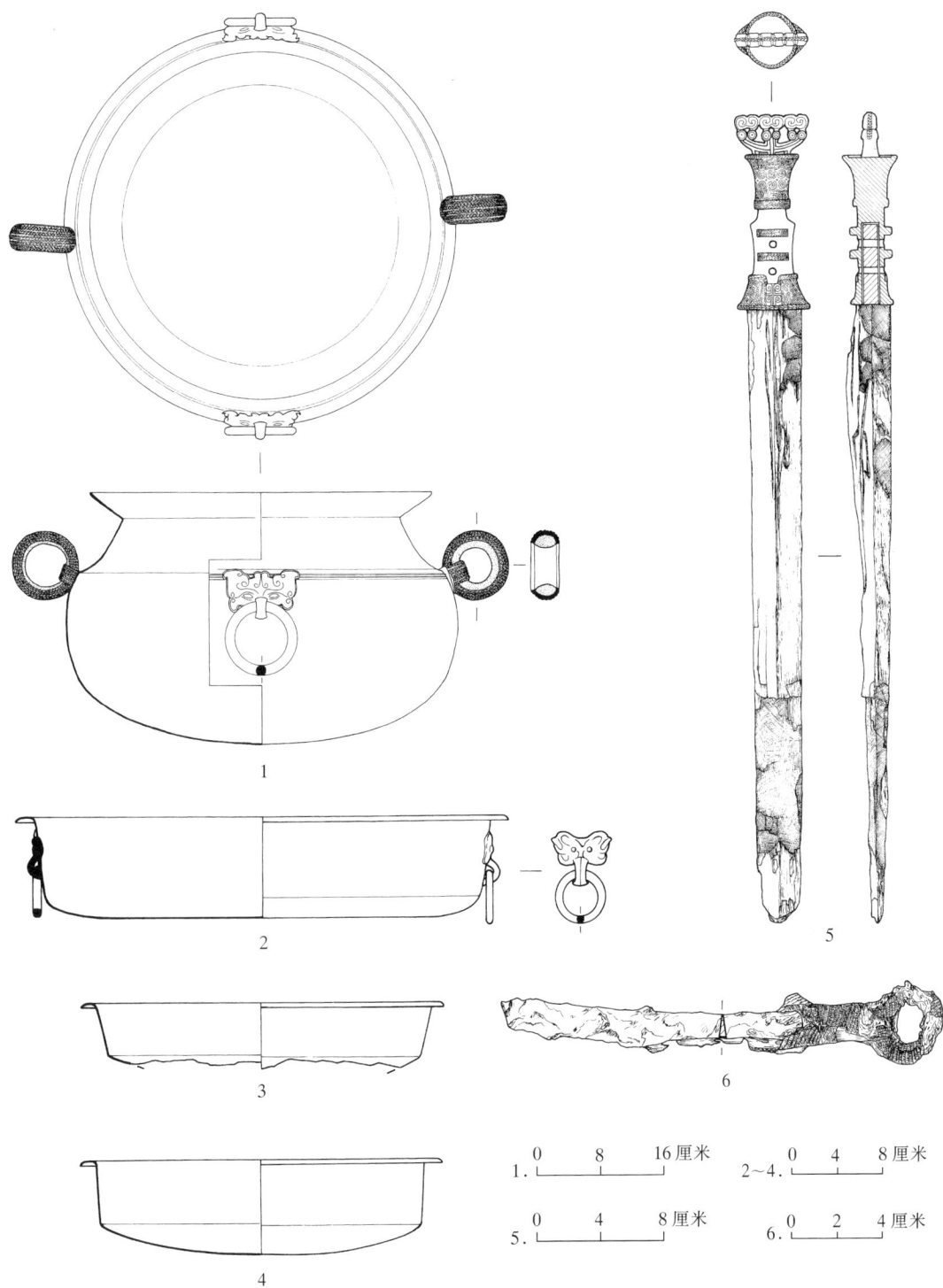

图八二　M273 随葬器物

1. D 型铜釜（M273:1）　2~4. 铜洗（M273:2、M273:3、M273:4）

5. 镂空牌形茎首铜柄铁剑（M273:6）　6. A 型 II 式铁削刀（M273:5）

存，但鞘面损坏严重。剑鞘上还残存一些纺织物痕。通长 48.5、茎通长 11.7、茎首牌宽 4.65、厚 0.95、剑身长 36.8、剑身中部宽（含残存剑鞘）3.05 厘米（图八二:5）。

削刀　1 件（M273:5）。

A 型Ⅱ式。柄与刀身基本等宽。柄端与环首边平齐，柄部及刀身部包裹有较厚纺织物，局部呈多层重叠。出土时位于死者弯曲的左小臂与大臂之间，环首向胸横置。通长 19.6、刀身长 10.5、柄中段宽 0.8、削中段宽 1.3、环首径 3.4 厘米（图八二:6）。

墓内另发现少量漆皮，红底黑纹，器形不辨。

M274

M274 位于 CT0104，属Ⅰ工区村民王明顺责任地，方向 273°，哑铃形墓坑。墓口长 2.84～3.20、宽 1.41～1.43，墓底长 2.76～3.12、宽 1.3～1.34，墓坑深 0.63～0.73 米。墓坑填土为夹红烧土颗粒的褐色黏土。套头葬墓，两件辫索纹耳大铜釜相向侧立，分别套于死者头顶及足部，另用铜洗盖脸，用铜洗盖臂或立于臂旁。墓底有棺木痕。铜釜内残留死者部分头骨及肢骨。仰身直体曲上肢葬。随葬器物有铜器、铁器、玉器及骨器（图八三）。

（一）铜器　31 件。

釜　2 件。

M274:87，D 型，肩腹部对称饰一对圆雕立虎。侧立套于死者头部。器壁外布满烟炱痕。口径 43.2～44.3、沿面宽 4.15、厚 0.4、最大腹径 49、通高 32.8、釜高 28.4，耳①径 9.35、片宽 3.35，耳②径 9.25、片宽 3.25，立虎①通长 17、通高 10.5、身长 12.45、臀宽 5.3，立虎②通长 17、通高 10.7、身长 12.45、臀宽 5.3 厘米（图八四:1）。

M274:86，D 型，腹上部对称纵向置两只环形大耳，耳面饰辫索纹 5 组 10 道。耳与腹壁连接处装饰有 10 道捆绑状细条。铸造工艺精良，器壁光整均匀，口至底有一道范缝。垫片分布较密，每片约 0.6 厘米见方。腹外壁布满烟炱痕。釜侧立套于死者足部，釜内保留有少量趾骨，口沿处粘附有部分纺织物。口径 38.3～39.4、口沿面宽 4.2～4.5、厚 0.25～0.28、最大腹径 43.9、高 26.3、耳①径 7.75、耳②径 7.85、耳宽 3～3.35 厘米（图八四:2）。

洗　4 件。

M274:1，腹外壁铺首衔环以一枚大铆钉铆接固定。铺首圆形耳，耳外沿带一小尖，眼斜直圆睁，鼻中部起棱。洗位于死者左臂部，出土时折为两半，原应侧立于左臂旁。口外径 38～38.4、沿宽 1.55、壁厚 0.05～0.1、高 8.6～8.9、铺首耳通宽 5.28、环外径 4.8、环条径 0.65 厘米（图八四:3）。

M274:2，出土时覆于死者右臂上。口外径 30.8～31.4、沿宽 1.4、壁厚 0.06～0.1、

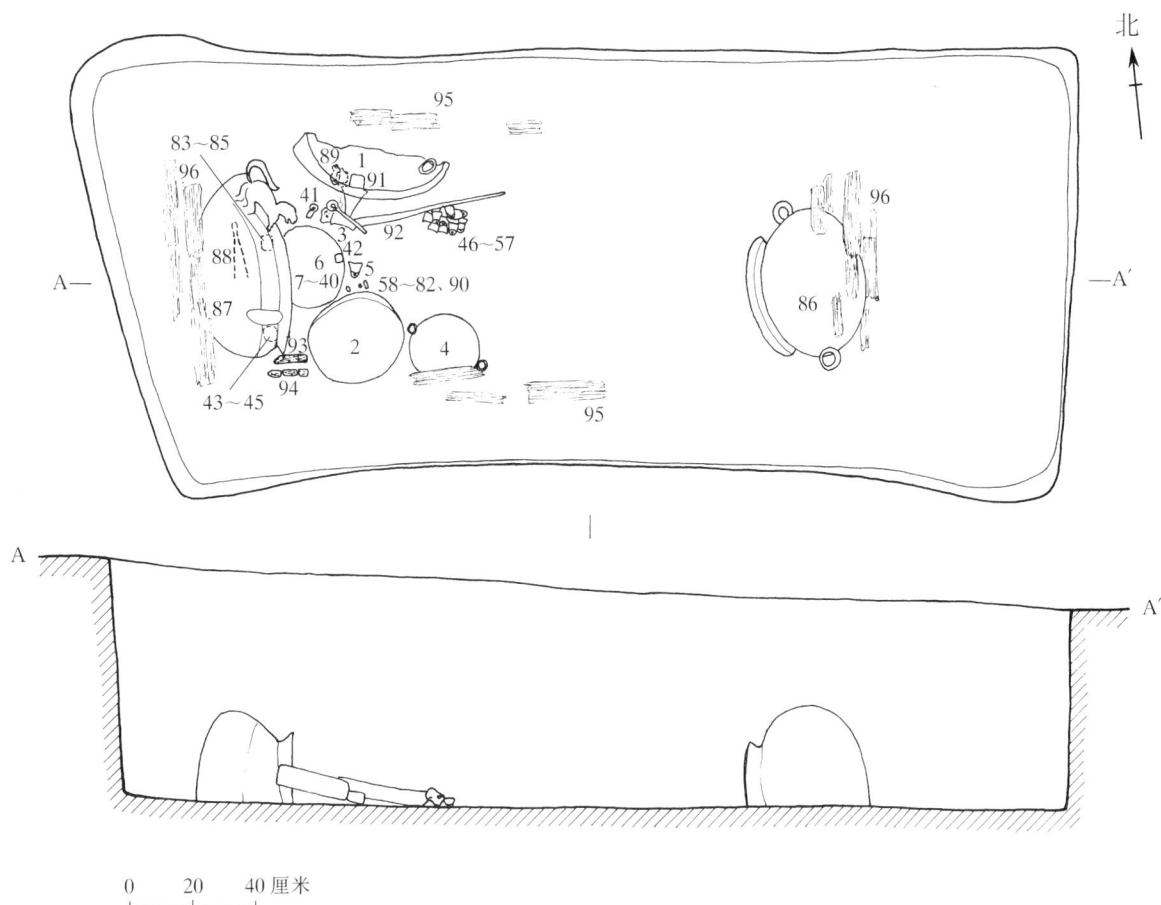

图八三　M274平、剖面图

1、2 4、6.铜洗　3.铁削刀　5、46～47.铜铃　7～40.项部串饰（玛瑙珠、玛瑙管、骨珠、骨管、铜铃）　41.铁削刀　42.铜印　43～45、83～85.骨珠　58～82.项部串饰（铜铃、玛瑙管、玉髓珠、骨珠、贝饰、铜鼓形挂饰、铜虎形挂饰）　86、87.铜釜　88.铜发钗　89.铜秘冒　90.铜双齿挂饰　91.铁戈　92.镂空牌形茎首铜柄铁剑　93、94.铁刮刀　95、96.棺木残片

高8.55厘米（图八四：4）。

M274:4，腹外壁铺首衔环以一枚大铆钉铆接固定。出土时与M274:2并列覆于死者右臂上。口外径23.5、沿宽1.2、壁厚0.05～0.1，铺首耳通宽3.95、环外径2.5、环条径0.3～0.4厘米（图八四：5）。

M274:6，腹外壁铺首衔环以一枚大铆钉铆接固定。出土时盖于死者面部。口外径30.5～31、沿宽1.3、壁厚0.06～0.08、高6.7，铺首耳通宽4.05、环外径3.4、环条径0.44厘米（图八四：6）。

秘冒　1件（M274:89）。

僧帽形，冒顶铸圆雕立虎，虎身满饰长条斑纹。出土时冒内残留少量木秘碎片，穿内残留竹铆钉。通高5.6，顶长径5.6，短径2.45，立虎通高2.7、通长4.6厘米（图八四：

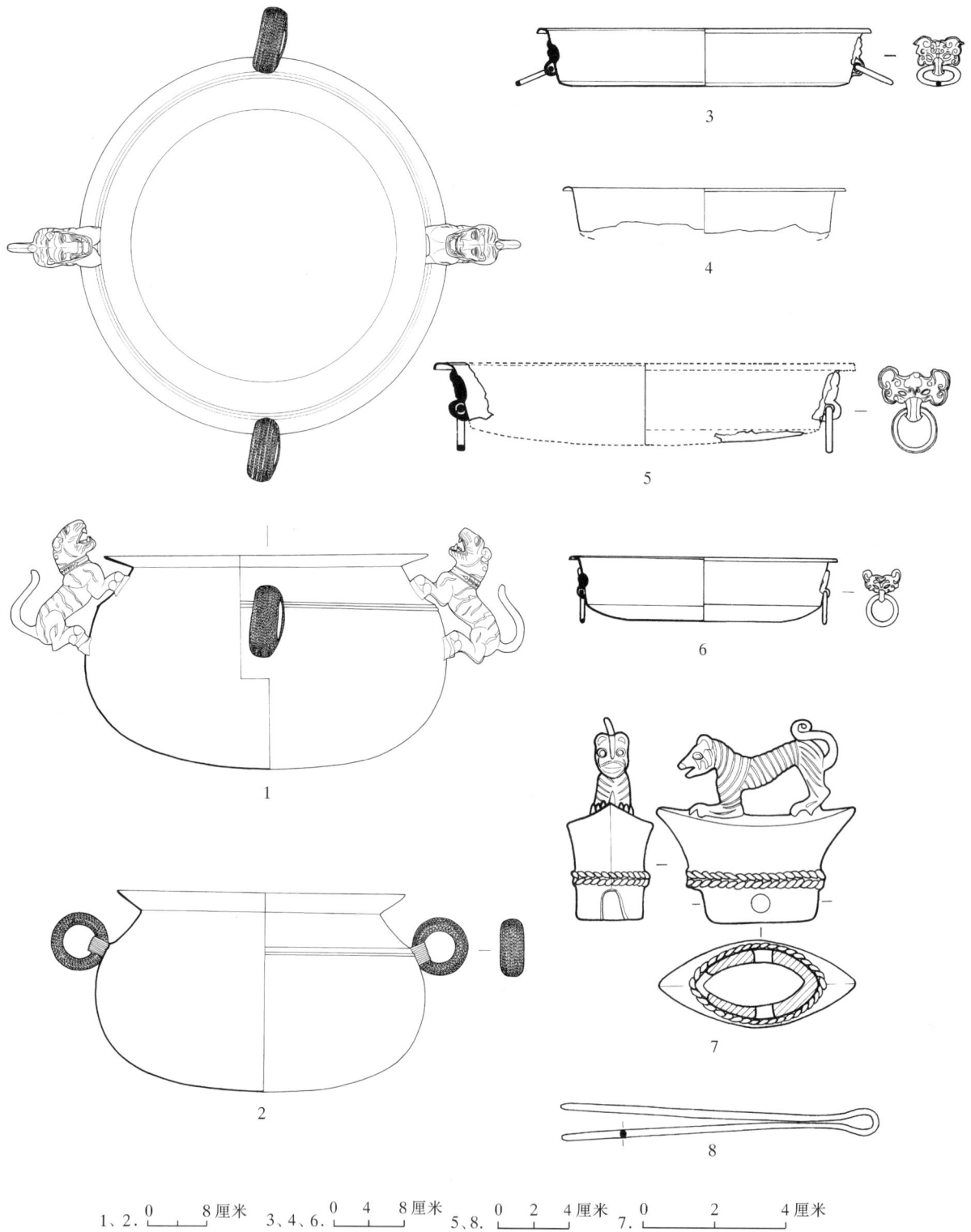

1、2. 0⎽⎽⎽⎽8厘米　3、4、6. 0⎽⎽4⎽⎽8厘米　5、8. 0⎽⎽2⎽⎽4厘米　7. 0⎽⎽⎽2⎽⎽⎽4厘米

图八四　M274 随葬器物（一）

1.D 型铜釜（M274：87）　2.D 型铜釜（M274：86）　3～6. 铜洗（M274：1、M274：2、M274：4、M274：6）　7. 铜秘冒（M274：89）　8.A 型发钗（M274：88）

7）。

发钗 1件（M274:88）。

A型。与其他"U"形钗略异，双股钗条接近钗尾处略向内斜收弯折，铜条断面为圆形。从出土位置看，佩戴时从头顶发髻左侧平插入。长17.8、条径0.3～0.4厘米（图八四:8）。

铃 19件。

A型Ⅰ式，2件。

M274:5，铃内顶部置半圆形挂环，器表两面铸有纹饰，中心一小圆如花蕊，周围以直线、弧线连接似花瓣状。此铃为项部串饰组件。通高3.3，口长径3.2、短径1.4，纽高1.1、孔径0.7厘米（图八五:1）。

M274:24，铃内顶部留有挂环残痕，器表锈蚀，纹饰模糊，亦似花蕊、花瓣状纹饰。

图八五　M274随葬器物（二）

1、2.A型Ⅰ式铜铃（M274:5、M274:24）　3～9.A型Ⅱ式铜铃（M274:15、M274:21、M274:26、M274:46～49）

此铃为项部串饰组件。通高3.4，口长径3.2、短径1.45、纽高1.1、孔径0.65厘米（图八五:2）。

A型Ⅱ式，17件。

形制结构基本相同，大小稍有差异，纹饰风格基本一致，构图略有小异。器表双面铸花瓣状纹饰。M274:15、M274:21、M274:26、M274:58、M274:59等五件为项部串饰组件，与玛瑙管、骨珠等交错连缀；M274:46~57等12件为一组，位于死者左胸部，可能曾穿缀成串，戴于死者左手腕。通高2.6~3，口长径2~2.3、短径1.3~1.5、纽高0.6~0.9、铃舌长2~2.5厘米（图八五:3~9；八六:1~9）。

虎形挂饰　1件（M274:79）。

虎张口扬尾，立于一段簧形圆管上。可能采用失蜡法铸造。为项部串饰之一。通高1.8，虎通长2.15、通高1.35，簧形管长1.95、管外径0.55~0.65厘米（图八七:1）。

鼓形挂饰　1件（M274:69）。

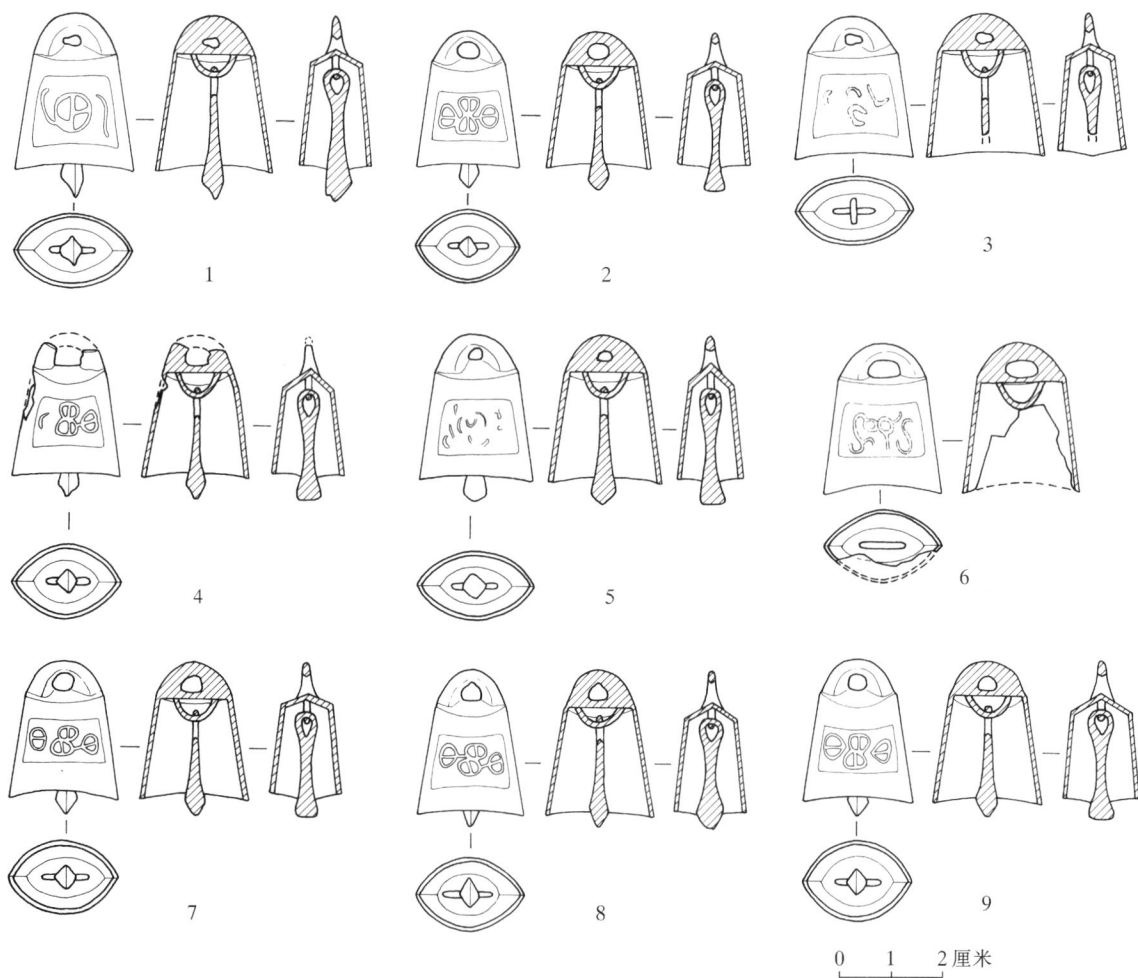

0　　1　　2厘米

图八六　M274随葬器物（三）

1~9.A型Ⅱ式铜铃（M274:50~54、56~59）

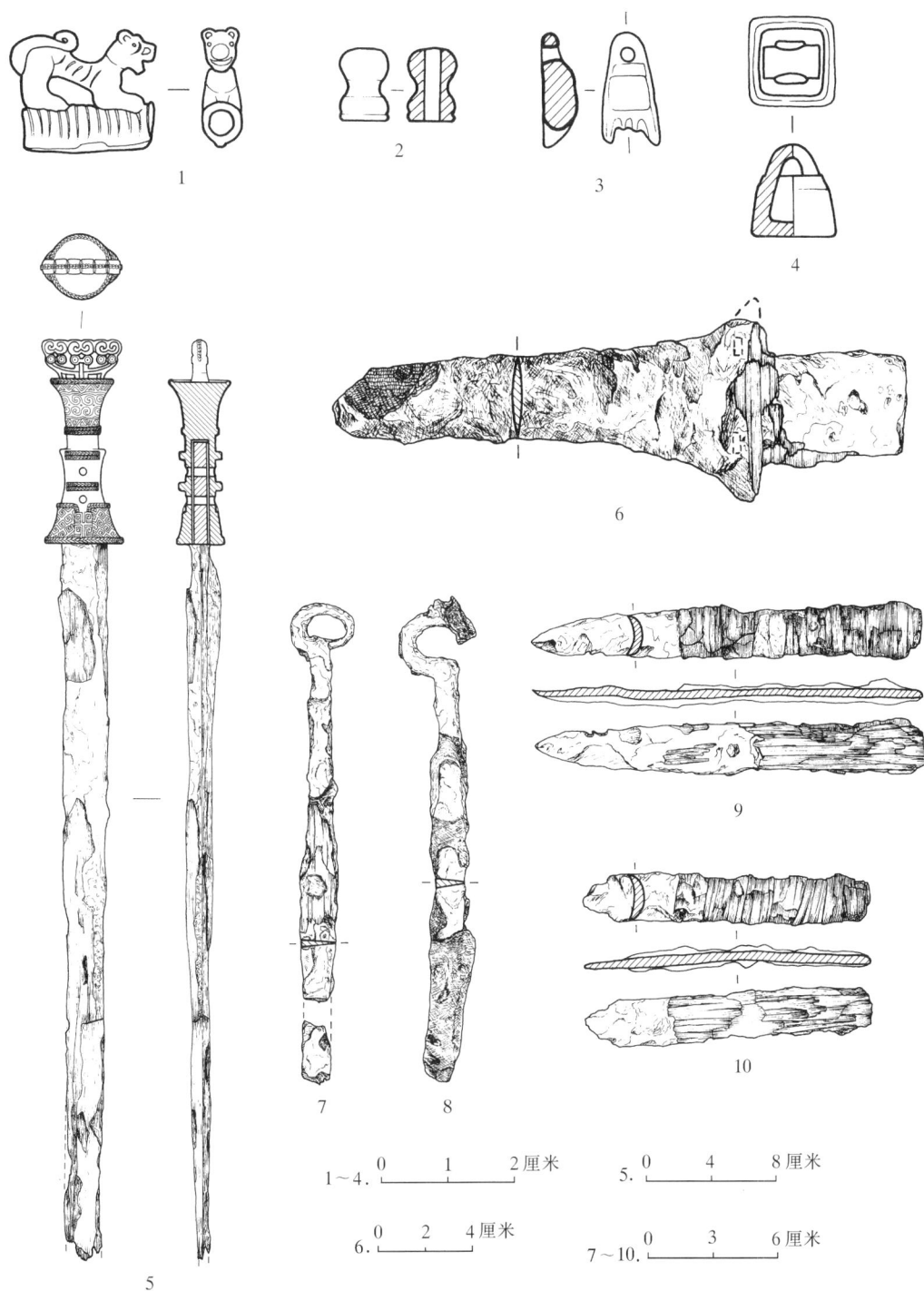

图八七　M274 随葬器物（四）

1. 铜虎形挂饰（M274:79）　2. 鼓形铜挂饰（M274:69）　3. 铜双齿挂饰（M274:90）

4. 铜印（M274:42）　5. 镂空牌形茎首铜柄铁剑（M274:92）　6. 铁戈（M274:91）

7. A 型 I 式铁削刀（M274:41）　8. B 型 II 式铁削刀（M274:3）　9. 铁刮刀（M274:94）

10. 铁刮刀（M274:93）

束腰实心鼓形，为项部串饰之一。高 1.05、底径 0.75、孔径 0.25 厘米（图八七:2）。

双齿挂饰　1 件（M274:90）。

形似现代挂锁，为项部串饰之一。通长 1.75、齿部宽 0.85、中部厚 0.5 厘米（图八七:3）。

印　1 件（M274:42）。

印面方形，印文篆书"敬事"二字，朱文，四周有边框。出土时位于死者项部，与玛瑙管、铜铃等伴出。通高 1.4、印面 1.3×1.3、纽片厚 0.2~0.25 厘米（图八七:4）。

（二）铁器　6 件。

镂空牌形茎首铜柄铁剑　1 件（M274:92）。

茎和剑身分别用青铜和铁铸造。工艺精细，茎除正面铸纹饰外，牌形首侧面及茎前后侧面都有辫索纹，可能采用失蜡法铸造。剑身局部残存木鞘痕。通长 53.65、茎通长 11.95，茎首牌宽 4.8、厚 0.9，剑身长 41.7、剑身中部宽 2.7 厘米（图八七:5）。

戈　1 件（M274:91）。

无胡长条形援，援后部弧形外展。援身一面附多层纺织物。出土时内旁有铜立虎秘冒。通长 24.6，内长 6.3、宽 3.9~4.1、厚 0.55，援中部宽 3.6、阑残长 7.5 厘米（图八七:6）。

削刀　2 件。

A 型Ⅰ式，1 件（M274:41）。环首椭圆形，柄较窄。环首锻打时直接弯环，柄端与环首边平齐。刀身前段残留有皮质鞘。通长 21.2、宽 1.2，柄宽 0.8~1，环首长径 3.4、短径 2.6 厘米（图八七:7）。

B 型Ⅱ式，1 件（M274:3）。环首椭圆形，刀体平直。环首锻打时直接弯环。刀身一面附有纺织物痕，另一面附有木痕。通长 17.2、宽 1.4，环首长径 2.9、短径 2.15 厘米（图八七:8）。

刮刀　2 件。

M274:94，弧形片矛状，刀尖略向外弧面弯曲。刀身外弧面残留捆绑状横道藤片或竹片痕明显，推测当时应捆绑于木柄上使用。通长 17.6，柄长 10.9、宽 2.15 厘米（图八七:9）。

M274:93，形制与 M274:94 相似，刃前部残。出土时与 M274:94 并列放置于套头铜釜右侧。通长 13（残），柄长 8.8、宽 1.9 厘米（图八七:10）。

（三）玉、骨器　56 件。

玉髓珠　1 件（M274:65）。

乳白色，半透明。中部圆形穿从大口径端钻通，另一端围绕孔口有琢磨成的不规则形凹坑。直径1.35、厚1.05，孔径①0.2、②0.23厘米（图八八:1）。

玛瑙管 19件。

M274:9，赭石色，色不匀，微透明，有少量自然纹理。中部圆形穿从大孔径端直钻至另一端孔口边沿。原应为长管，意外折断后修整再使用。长1.67、直径0.95~1、孔径①0.2、②0.5厘米（图八八:2）。

M274:10，赭石色，微透明。一端残断，未加修整继续使用。中部圆形穿现存从一端钻通。长1、直径0.95~1.05、孔径①0.35、②0.3厘米（图八八:3）。

M274:16，赭石色，色不匀，微透明。两端面磨制后仍留有许多小坑凹。中部圆形穿从两端对钻而成，对接部有错位。长2.95、直径1.45，孔径皆0.3厘米（图八八:4）。

M274:18，赭石色，色不匀，不透明，有自然纹理。两端残损，保留少量磨制面。中部圆形穿从两端对钻而成，对接部有错位。长3.85、直径1.45，孔径皆0.3厘米（图八八:5）。

M274:23，乳白色，半透明，有自然纹理。磨制不够规整，侧面略起棱，两端面有较多小坑凹。中部圆形穿从两端对钻而成，对接部有错位。长2.2、直径1.25~1.35，孔径①0.3、②0.35厘米（图八八:6）。

M274:28，橘红色，微透明，有自然纹理。一端略残。中部圆形穿从两端对钻而成，对接部有错位。长1.95、直径0.85，孔径皆0.3厘米（图八八:7）。

M274:29，赭石色，微透明。中部略鼓呈腰鼓形，中部圆形穿从两端对钻而成。长1.85、端径0.95、中部最大径1.45，孔径①0.45、②0.55厘米（图八八:8）。

M274:32，赭石色，色不匀，有自然纹理，微透明。中部圆形穿从两端对钻而成，对接部有错位。长2.7、直径1~1.05，孔径①0.23、②0.23厘米（图八八:9）。

M274:34，橘红色，色纯，微透明。一端残断，未加修整继续使用。中部圆形穿从两端对钻而成，对接部有错位。长1.55、直径0.95~1.05，孔径①0.4、②0.35厘米（图八八:10）。

M274:35，赭石色，微透明。磨制不甚规整，略呈椭圆，且两端略粗。中部圆形穿从两端对钻而成，对接部有错位。长2.65、直径1.15~1.3，孔径①0.42、②0.35厘米（图八八:11）。

M274:37，赭石色，色不匀，基本不透明，有不明显自然纹理和较多鳞状裂纹。端面磨制不精细。中部圆形穿从两端对钻而成，对接部有错位。长2.95、直径1.3~1.35，孔径皆0.3厘米（图八八:12）。

M274:39，赭石色，色不匀，多呈絮状，基本不透明，有不明显自然纹理和较多鳞状裂纹。端面磨制不精细。中部圆形穿从两端对钻而成，对接部有错位。长1.6、直径0.8~1，孔径①0.25、②0.35厘米（图八八:13）。

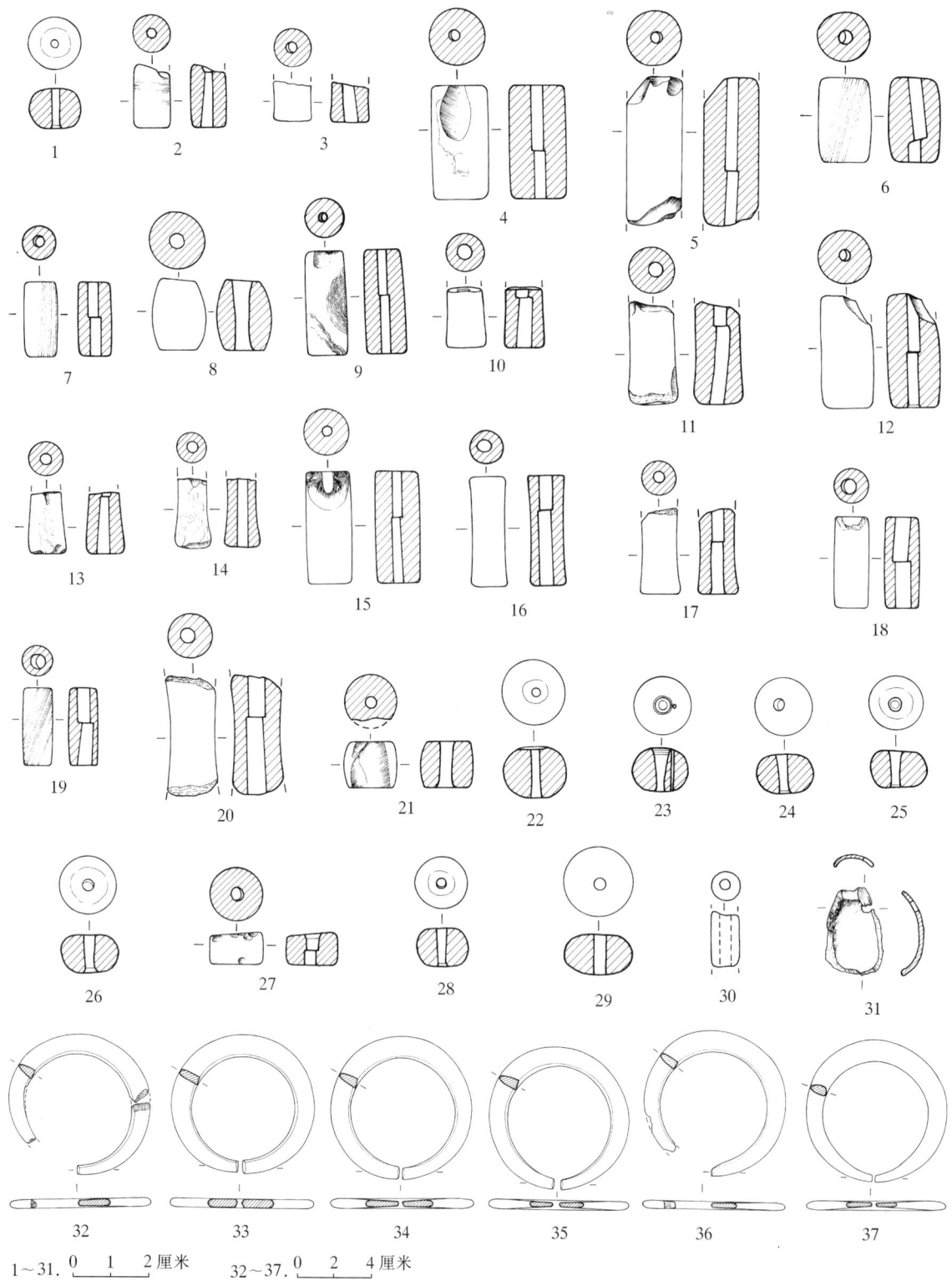

图八八　M274 随葬器物（五）

1.玉髓珠（M274：65）　2～20.玛瑙管（M274：9～10、M274：16、M274：18、M274：23、M274：28～29、
M274：32、M274：34～35、M274：37、M274：39、M274：60、M274：67、M274：70～71、M274：80～82）
21～28.玛瑙珠（M274：11～12、M274：33、M274：36、M274：38、M274：64、M274：66、M274：75）
29.骨珠（M274：13）　30.骨管（M274：30）　31.贝饰（M274：61）　32～37.骨玦（M274：43～45、
M274：83～85）

M274：60，赭石色，局部白色半，色浅，多呈絮状分布。有少量自然纹理。一端略粗，端面不平有凹坑，但明显经修整打磨。另一端早年折断，边沿及断面基本未加修整。中部贯通一圆形穿，从大径端钻通。长1.8、一端长径0.85、短径0.8，另一端长径1.05、短径0.9、孔径①0.28、②0.31厘米（图八八：14）。

M274：67，赭石色，局部色不匀，微透明。两端面磨制平齐，一端残损约1/2。中部圆形穿从两端对钻而成，对接部有错位。长2.9、直径1.2、孔径①0.25、②0.25厘米（图八八：15）。

M274：70，赭石色，光润不透明，有少量自然纹理。两端略粗，端面磨制平齐。中部圆形穿位置略偏，从两端对钻而成，对接部有错位。长2.85、直径0.85～0.96、孔径①0.35、②0.4厘米（图八八：16）。

M274：71，赭石色，微透明。一端早年折断，断面未作修整。中部圆形穿从两端对钻而成，对接部有错位。长2.2、直径0.9～1.05、孔径①0.3、②0.35厘米（图八八：17）。

M274：80，浅赭石色，色不匀，半透明，色如絮状分布，有少量自然纹理。一端残破约1/3。中部圆形穿从两端对钻而成，对接部有错位。长2.35、直径0.85～0.9、孔径①0.38、②0.4厘米（图八八：18）。

M274：81，乳白色，间有浅赭石色，半透明，有自然纹理。中部圆形穿从两端对钻而成，对接部有错位。长2、直径0.7～0.8、孔径①0.32、②0.35厘米（图八八：19）。

M274：82，赭石色，微透明。两端面残损，其中一端尚存局部磨制平面。中部圆形穿从两端对钻而成，对接部有错位。长3.1、直径1.2～1.3、孔径①0.45、②0.5厘米（图八八：20）。

玛瑙珠 8件。

M274：11，浅赭石色，微透明，有不明显自然纹理。中部圆形穿从两端对钻而成。直径1.25～1.4、厚1.2、孔径①0.35、②0.42厘米（图八八：21）。

M274：12，乳白色，微透明，有自然纹理。中部圆形穿从大口径端钻通，另一端围绕孔口有琢磨成的不规则形凹坑。直径1.65、厚1.35、孔径①0.3、②0.23厘米（图八八：22）。

M274：33，乳白色，半透明，有自然纹理。中部圆形穿从大口径端钻通，另一端围绕孔口有琢磨成的不规则形凹坑。穿孔边有一直径0.1厘米小孔，上下贯穿，孔口周围有琢刮痕，小孔整体呈弧形，应为自然生成的气泡孔。直径1.5、厚1.16、孔径①0.25、②0.4厘米（图八八：23）。

M274：36，乳白色，半透明，有自然纹理。中部圆形穿，从大口径端钻通，另一端围绕孔口有琢磨成的不规则圆形凹坑。直径1.5、厚1.05、孔径①0.31、②0.25厘米（图八八：24）。

M274:38，乳白色，微透明，有自然纹理。中部圆形穿从大口径端钻通，另一端围绕孔口有琢磨成的不规则椭圆形凹坑。直径1.4、厚0.9～1，孔径①0.22、②0.35厘米（图八八:25）。

M274:64，乳白色。中部圆形穿从大口径孔端钻通，另一端围绕孔口有琢磨成的不规则形凹坑。直径1.5、厚1，孔径①0.3、②0.25厘米（图八八:26）。

M274:66，赭石色，微透明。圆形不甚规整，上下面边沿有小坑凹。中部圆形穿，从两端对钻而成，对接部有错位。直径1.4、厚0.75～0.85，孔径①0.35、②0.33厘米（图八八:27）。

M274:75，乳白色，色不匀，局部略呈赭色，有自然纹理。中部圆形穿从大口径端钻通，另一端围绕孔口有琢磨成的不规则形凹坑。直径1.35、厚1，孔径①0.2、②0.25厘米（图八八:28）。

骨玦　6件。

形制大体相同，但制作细部略有差异。牙白色，表面局部染有铜锈绿色。均为偏心环形，靠玦口一侧较窄。玦面多磨成外薄内厚的弧形面，且整体向玦口侧倾斜变薄。M274:43～45佩戴于死者右耳，M274:83～85佩戴于死者左耳。

M274:43，残缺。外径约7.5、内径约5.4、肉宽0.5～1.1、厚0.3～0.5厘米（图八八:32）。

M274:44，玦整体等厚。外径7.35、内径5.25、肉宽0.65～1.15、厚0.45、玦口间距0.15厘米（图八八:33）。

M274:45，玦面一面倾斜度大，一面略弧。玦口一端从一面磨切较深，使其近似于平面。外径7.35、内径5.4、肉宽0.6～1.1、厚0.25～0.5、玦口间距0.16厘米（图八八:34）。

M274:83，外径7.1～7.3、内径5.4～5.6、肉宽0.5～1、厚0.2～0.5、玦口间距0.25厘米（图八八:35）。

M274:84，残缺。外径7.5、内径5.6、肉宽0.5～1.05、厚0.35～0.45厘米（图八八:36）。

M274:85，玦口侧磨得特别窄。内沿呈斜圆弧面。外径7.25、内径5.4～5.75、肉宽0.35～1.06、厚0.17～0.5、玦口间距0.15厘米（图八八:37）。

骨管　1件（M274:30）。

一端口部略残。长1.45、直径0.75，孔径皆0.3厘米（图八八:30）。

骨珠　20件。

编号为：M274:7、M274:8、M274:13、M274:14、M274:17、M274:19、M274:20、M274:22、M274:25、M274:27、M274:31、M274:40、M274:62、M274:68、M274:72、

M274：73、M274：74、M274：76、M274：77、M274：78。形制相似，尺寸略有差异。骨白色。磨制光整。中部圆形穿从一端钻通。出土时与玛瑙管、铜铃等交错放置，位于死者颈部，应为穿缀项饰组件。直径1.45～1.9、厚0.9～1.2、孔径0.25～0.5厘米。举例如下：

标本M274：13，直径1.8、厚1.05、孔径0.3厘米（图八八：29）。

其余骨珠线图不列。

贝饰　1件（M274：61）。

灰白色。贝壳片制成，边缘残破，上端一圆形穿。出土时位于死者颈部，与玛瑙管、铜铃、骨珠等伴出，应为项饰组件之一。长2.2、上宽1、下宽1.5、孔径0.3厘米（图八八：31）。

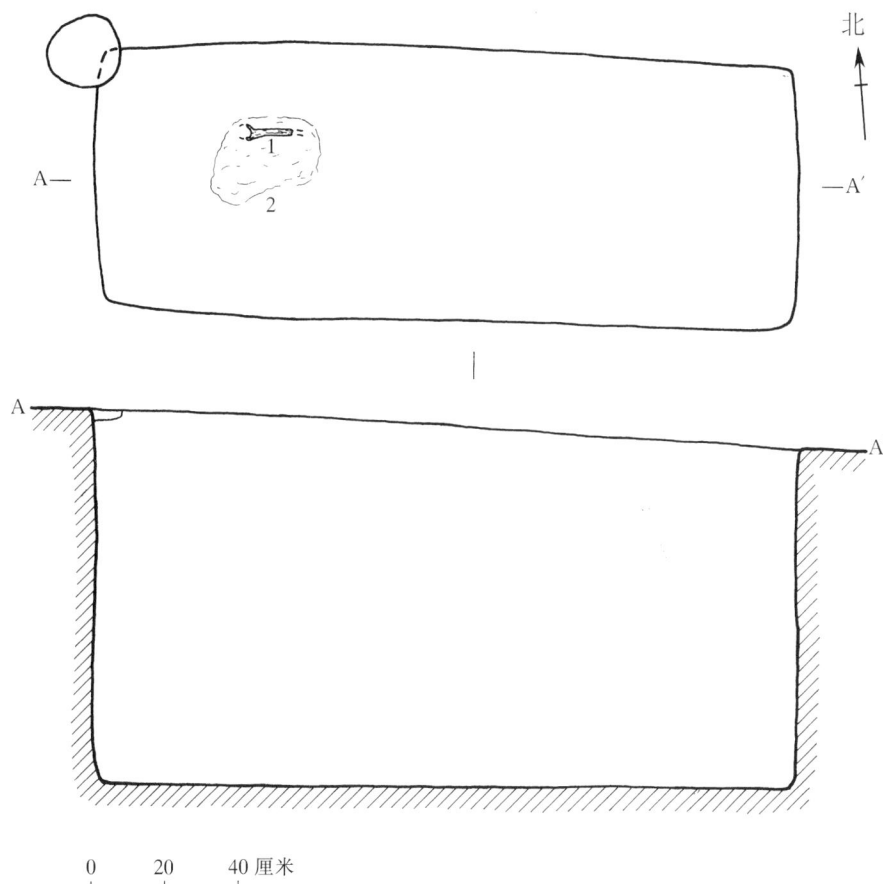

图八九　M275平、剖面图
1. 铁削刀　2. 漆痕

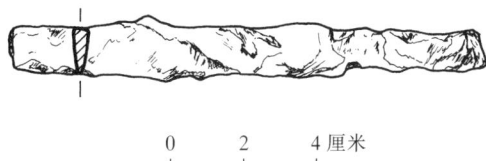

图九〇　M275随葬B型Ⅰ式
铁削刀（M275：1）

M275

M275位于BT0104、CT0104，属Ⅰ工区村民王明顺责任地，方向275°，长方形竖穴墓坑，无墓道。墓口长1.88～1.94、宽0.7～0.75，墓底长1.86～1.92、宽0.7，墓坑深0.9～1米。墓坑填土为夹红烧土颗粒的褐色黏土。人骨不存。随葬器物仅有残铁器1件（图八九）。

铁削刀　1件（M275：1）。

B型Ⅰ式。残。出土时刀前端一面附有少量木屑，一面附有数处红色漆皮痕。削刀周围分布一片漆痕。残长12.9、刀身完整部宽1.3厘米（图九〇）。

M277

M277 位于 CT0203，属 I 工区村民王明顺责任地，方向 288°，哑铃形墓坑。墓口长2.72、宽 0.8~1.08，墓底长 2.6、宽 0.72~1，墓坑深 0.49~0.83 米。墓坑填土为夹红烧土颗粒的褐色黏土。墓底前后端各挖有一道弧底浅槽。套头葬墓，用鼓形铜釜套头。墓底有棺木痕，铜釜下棺木残片上并有竹席痕。埋葬时，应在棺内铺有竹席。铜釜口沿附近残留死者少量头骨及牙齿。仰身直体葬。随葬器物有铜器、铁器及骨器（图九一）。

（一）铜器　7 件。

釜　1 件（M277:1）。

B 型。可乐出土鼓形铜釜中，唯此件口沿边横置一只片状三角形贯耳。全器铸造粗糙，形制不规整，器表不光洁，铜胎多有气孔。腹部半环耳及口沿下三角形贯耳无拼焊痕。外壁布满烟炱。口沿面宽 1~1.2、口径 31.4~32.3、最大腹径 26.5、腹中部内束处

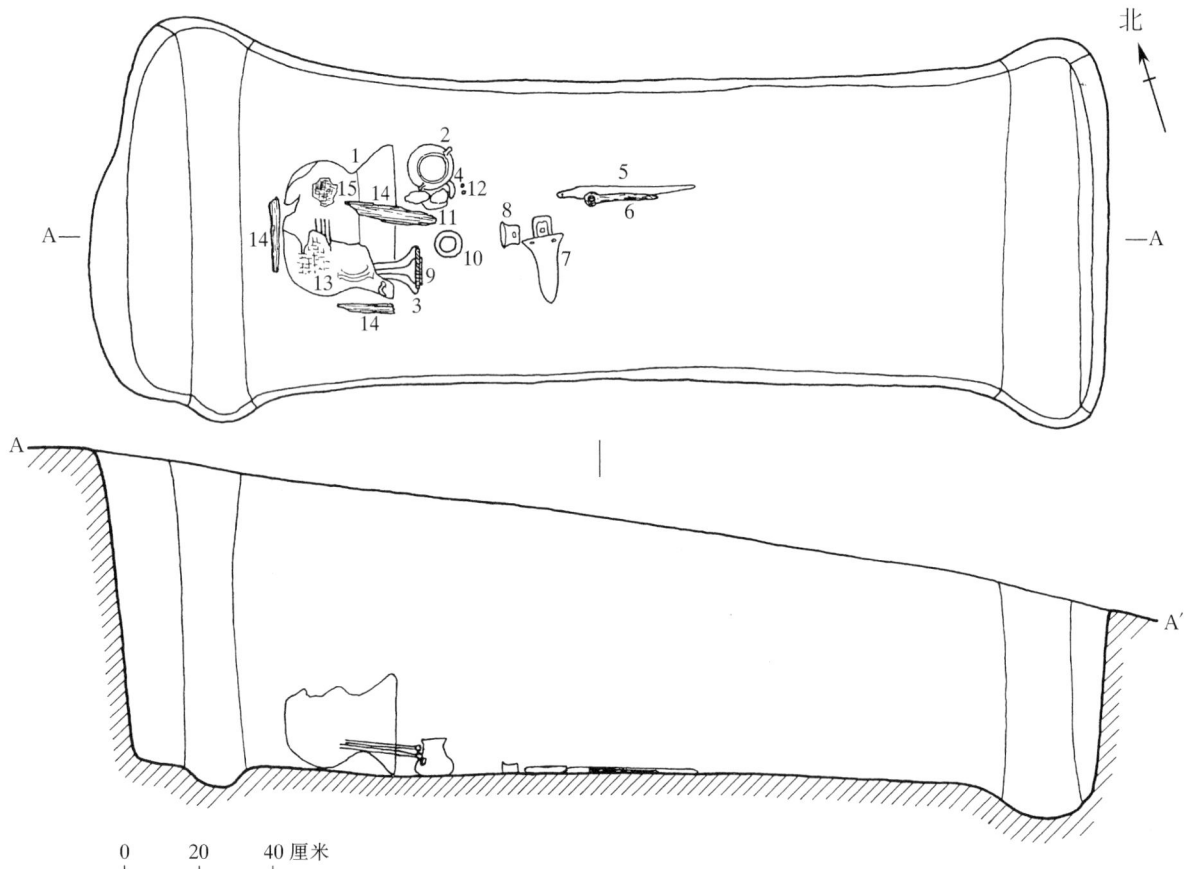

图九一　M277 平、剖面图

1. 铜釜　2. 铜鍪　3、9. 铜发钗　4. 骨珡　5. 柳叶形铜剑　6. 铁削刀　7. 铜戈　8. 铜柲冒　10. 骨珡
11. 头骨碎片　12. 牙齿　13. 竹席残片　14. 朽木　15. 纺织物残片

内径19.3～19.7、高24，耳单片宽约1.5、厚约0.7，三角形贯耳片宽约1.1、厚约0.5、耳孔径约1厘米（图九二：1）。

鑒　1件（M277：2）。

B型。口沿下至底有一道范痕，其中颈部范痕经过打磨，已不明显。腹局部粘附有小片纺织品。出土时紧靠死者头左侧放置。口径8、最大腹径11.1、高10.4、大耳外径2.8、小耳外径2.4厘米（图九二：2）。

柳叶形剑　1件（M277：5）。

剑身中部脊上有槽。两从铸有虎斑纹和半圆纹。两端略残，茎末残断处可见一穿痕。剑残长41、茎残长5.5、最宽处3.4厘米（图九二：9）。

戈　1件（M277：7）。

C型。条形援无胡直内。内上方形穿与周围饰圆点、弧线及栉纹，恰组合成人面纹。通长24.8、援长18.8，内长6，宽4.5、厚0.45，阑残长9.7厘米（图九二：5）。

柲冒　1件（M277：8）。

略呈僧帽形，通高3.4，顶长径5、短径2.3，口部壁厚0.15～0.25厘米（图九二：3）。

发钗　2件。

皆B型。簧形首，钗条中部弯曲为90°。出土时，簧形首垂于死者右肩稍高位置，钗条向上，前端弯曲部位于头顶。簧形首内插有木条。

M277：3，首部簧共41圈。簧长8.8、簧管径0.8～0.9、钗通长30.2、钗条径0.25～0.3厘米（图九二：6）。

M277：9，首部簧共36圈。簧长8.3、簧管径0.85～0.95、钗通长31.2、钗条径0.23～0.32厘米（图九二：7）。

（二）铁器　1件。

削刀　1件（M277：6）。

B型Ⅰ式。环首圆形，柄端与环首边平齐。通长19.1、环首径2.7、柄长5、柄部宽0.9、刀部宽1.3厘米（图九二：8）。

（三）骨器　2件。

玦（环？）　2件。

形制相似，出土时分别位于死者左、右耳部。其中M277：10朽坏严重无法取出。

标本M277：4，牙白色，条状环形，残缺一半。外沿呈圆弧面，内沿为斜直面。外径约5.55、肉宽0.85～0.9、厚0.5厘米（图九二：4）。

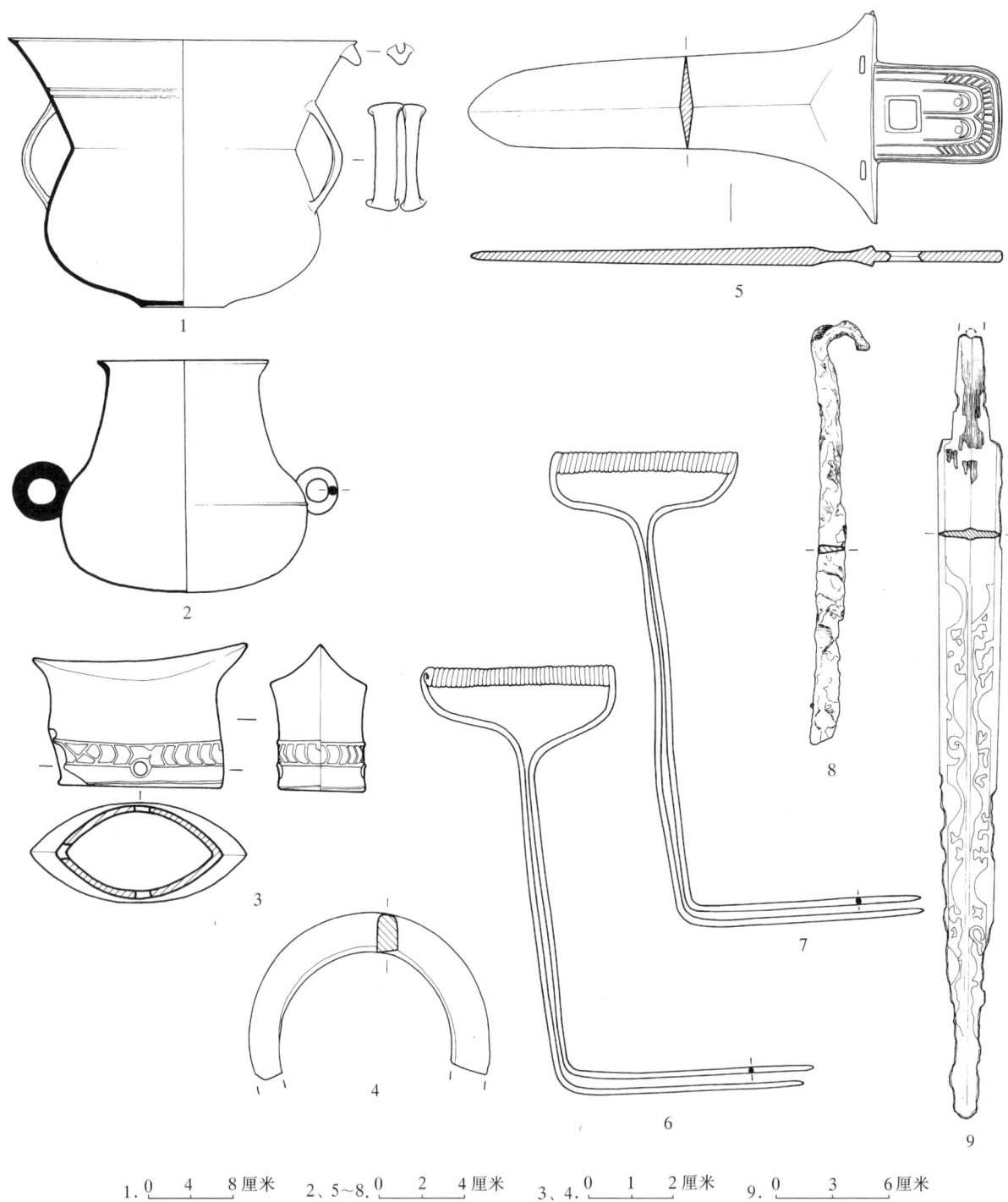

图九二　M277 随葬器物

1.B型铜釜（M277：1）　2.B型铜鍪（M277：2）　3.铜柲冒（M277：8）　4.骨玦（M277：4）

5.C型铜戈（M277：7）　6、7.B型铜发钗（M277：3、M277：9）　8.B型Ⅰ式铁削刀（M277：6）

9.柳叶形铜剑（M277：5）

M286

M286 位于 BT0105、CT0105，属 I 工区村民施纪奎责任地，方向 264°，哑铃形墓坑。墓口长 2.76～2.82、宽 0.9～1.18，墓底长 2.68～2.74、宽 0.77～1.08，墓坑深 0.09～0.18 米。墓坑填土为夹红烧土颗粒的褐色黏土。墓底中部略下凹。南壁两端外突部紧靠 M287 北壁。墓底偏西南侧有一个不规则圆洞，系后人活动所遗。人骨不存。随葬器物仅有 1 件铁刀（图九三）。

铁刀　1 件（M286:1）。

B 型。直柄、刀背平直。柄上残留木痕，原应装有木质握柄。刀体厚重，属兵器。通长 35.5，刀身长 23.5、宽 3.6，刀背厚 0.6～0.7 厘米（图九四）。

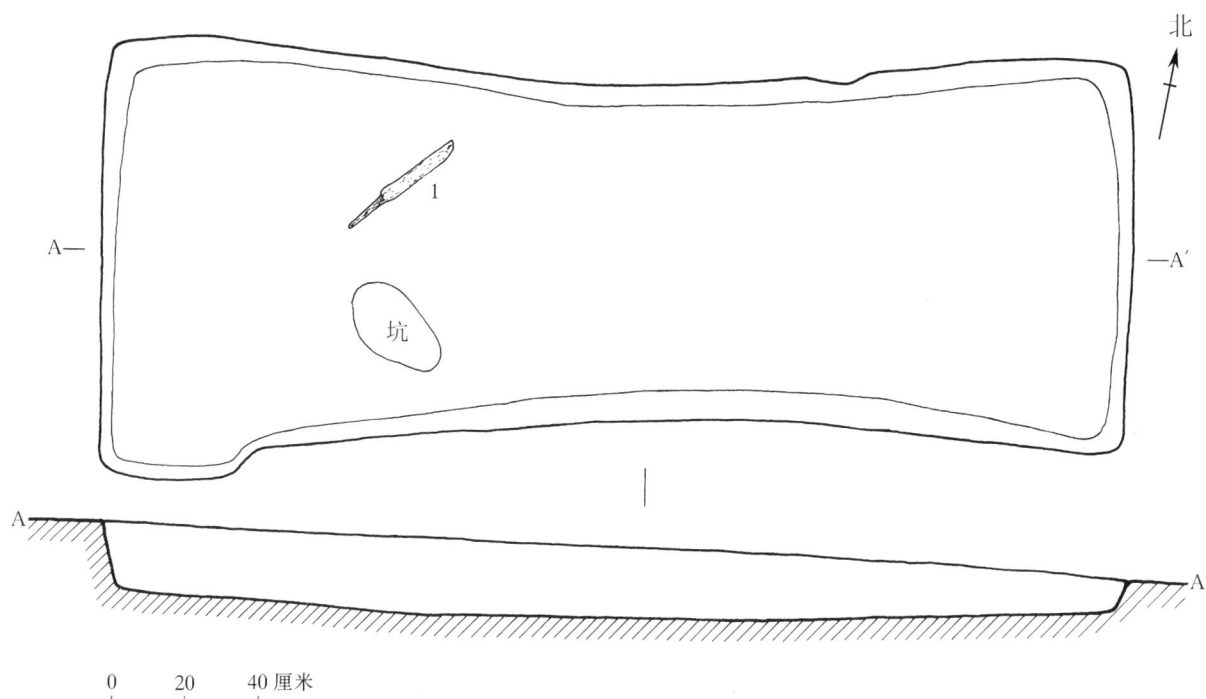

图九三　M286 平、剖面图

1. 铁刀

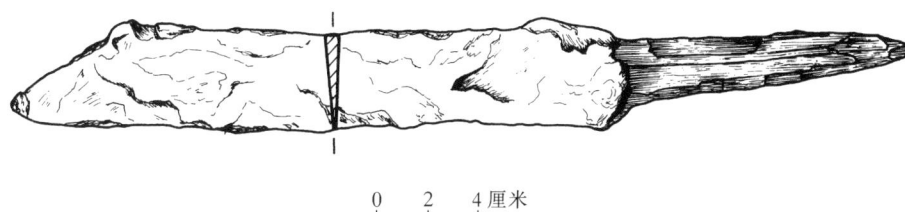

图九四　M286 随葬 B 型铁刀（M286:1）

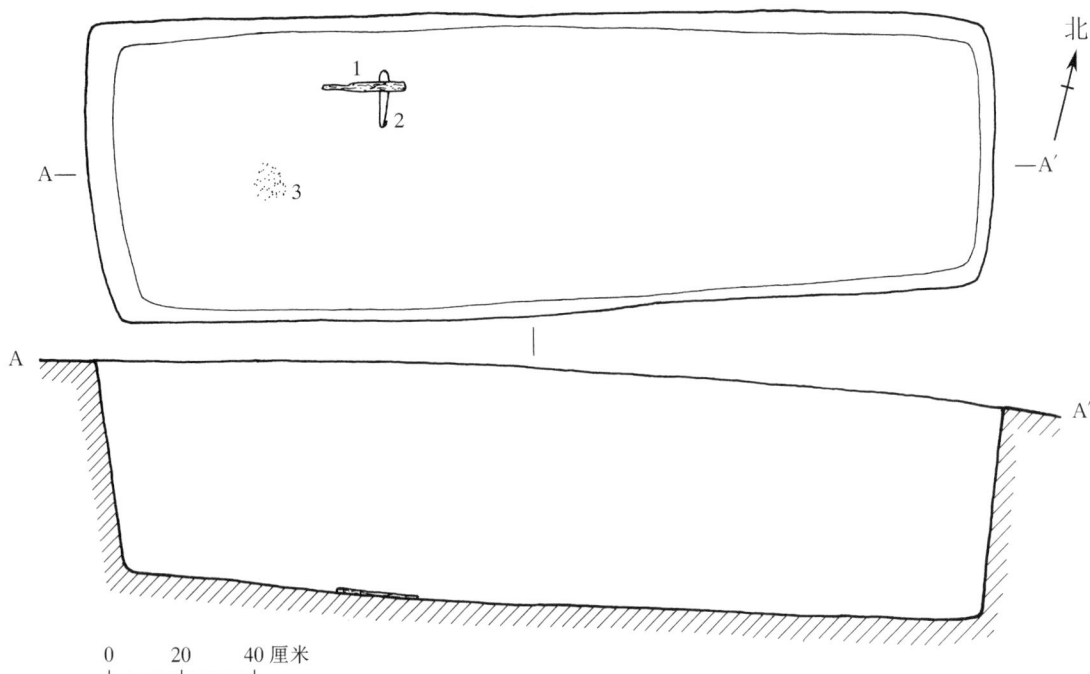

图九五　M287平、剖面图

1.铁削刀　2.铜带钩　3.头骨碎片

M287

M287位于BT0105、CT0105，属Ⅰ工区村民施纪奎责任地，方向258°，长方形竖穴墓坑，无墓道。墓口长2.3～2.45、宽0.72～0.8，墓底长2.28～2.35、宽0.58～0.7，墓坑深0.53～0.58米。墓坑填土为夹红烧土颗粒的褐色黏土。墓底面略向脚端倾斜，倾斜度约5°。人骨不存。随葬器物有少量铜器、铁器（图九五）。

（一）铜器　1件。

带钩　1件（M287:2）。

C型Ⅱ式。琵琶形，钩首鸟头形。钩面饰粗弧线、斜线组成的图案。出土时横向放置于死者胸部左侧。钩体长13.5、最宽处2.1厘米（图九六:2）。

（二）铁器　1件。

小刀　1件（M287:1）。

B型。刀端斜平头，刀背平直，刀身残留少量

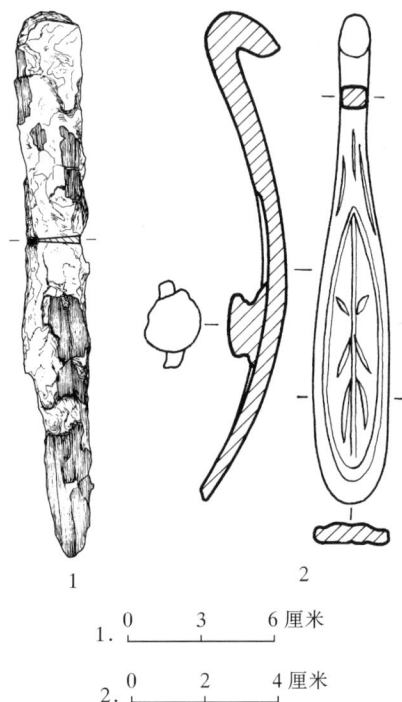

图九六　M287随葬器物

1.B型铁小刀（M287:1）

2.C型Ⅱ式铜带钩（M287:2）

木痕，刀首部包裹齐整，应系刀鞘。刀柄两面残留纵向木痕，原应装有木质握柄。通长21.2，刀身长14、宽2.4～2.7，柄中部宽1.75厘米（图九六:1）。

M288

M288位于BT0105、BT0106、CT0106，属Ⅰ工区村民施纪奎责任地，方向260°，长方形竖穴墓坑，无墓道。墓口长2.65、宽0.9～0.92，墓底长2.58、宽0.84～0.86，墓坑深0.3米。墓坑填土为夹红烧土颗粒的褐色黏土。墓底中部一直径约0.2米圆形小坑，应

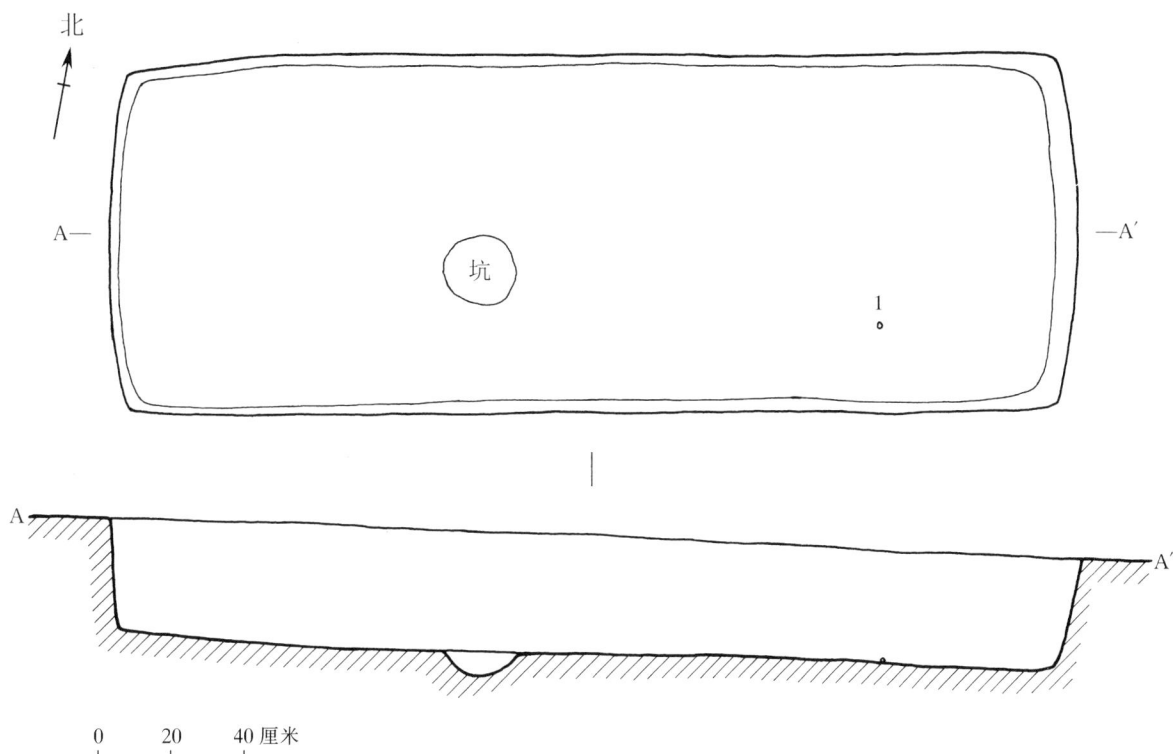

图九七　M288平、剖面图
1. 绿松石珠

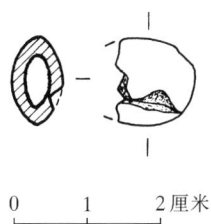

图九八　M288随葬
绿松石珠（M288:1）

系后人活动所遗。墓底面略向脚端倾斜，倾斜度约4°。人骨不存。随葬器物仅有1件料珠（图九七）。

绿松石珠　1件（M288:1）。

残破严重，仅存一半，扁椭圆空心果核状，内壁较粗糙。翠蓝色。出土时位于死者右足旁。可测椭圆短径约1.16、高0.76厘米（图九八）。

M292

M292 位于 DT0804、DT0805，属 Ⅱ 工区村民刘朝顺责任地，方向 315°，长方形竖穴墓坑，无墓道。墓口与墓底尺寸基本相同，长 2.18、宽 0.52～0.58，墓坑深 0.68～0.83 米。墓坑填土为夹红烧土颗粒和炭屑的褐色黏土。墓底面略向脚端倾斜，倾斜度约 3°。墓口两侧各有不规则浅坑，应系后人活动所遗。墓底残留少量人牙。随葬器物有陶器、铜器（图九九）。

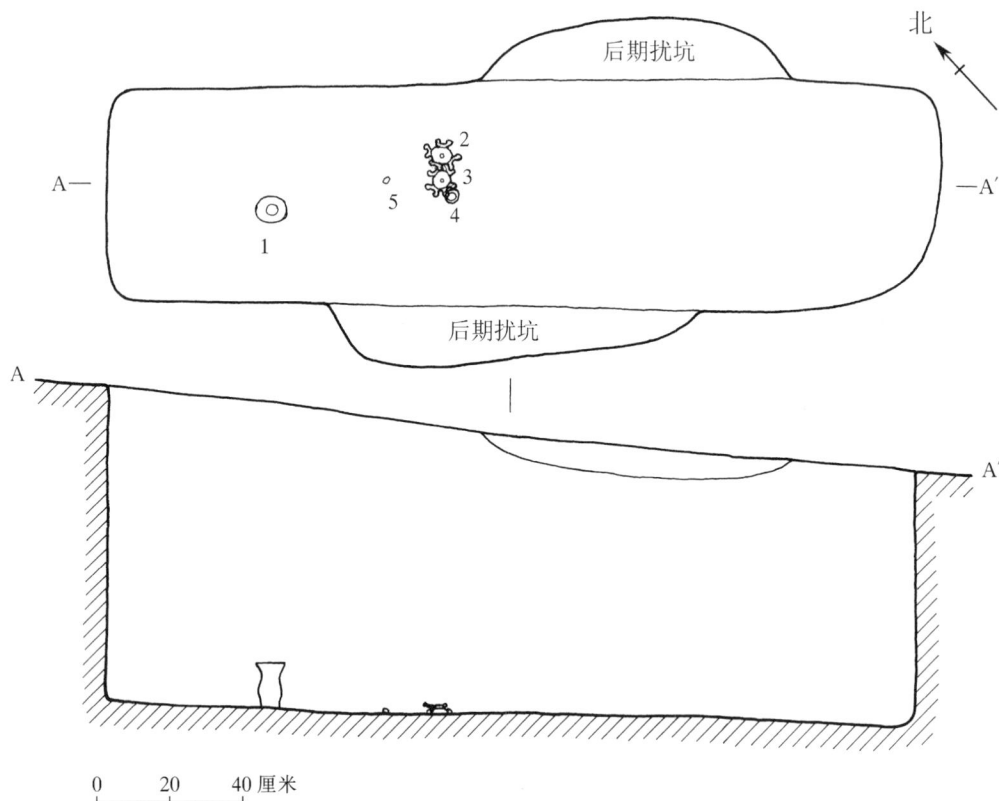

图九九　M292 平、剖面图
1. 陶瓶　2～4. 铜扣饰　5. 牙齿

（一）陶器　1 件。

瓶　1 件（M292:1）。

夹砂褐陶。泥料中加有较多细石英砂，未加炭屑。泥条盘筑法成形，外壁用素面拍子拍打，并用细齿状工具纵向刮过，盘口内壁用同样工具横向刮过，再抹平，局部留有齿状刮痕。烧成温度约 700℃，火焰不匀，有局部渗碳现象。出土时直立于墓底，位置距死者头顶不远。口径 8.65～8.95、最大腹径 6.9～7.05、底径 4.9～5.3、高 12.2 厘米（图一〇〇:1）。

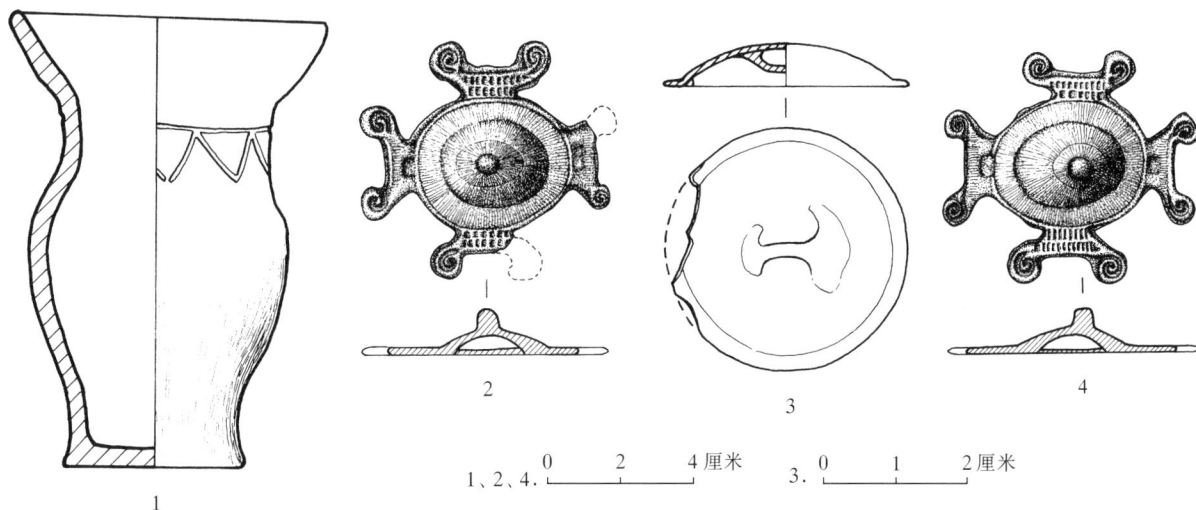

图一〇〇　M292 随葬器物

1. 陶瓶（M292:1）　　2、4.E 型铜扣饰（M292:2、M292:3）　　3.D 型铜扣饰（M292:4）

（二）铜器　3件。

扣饰　3件。

D 型，1件（M292:4）。圆形，背面横梁系整体一次铸造而成。出土时球形面朝上放置。直径 3.3、高 0.6、鼻长 1.2、孔径 0.7 厘米（图一〇〇:3）。

E 型，2件。形制相同。椭圆形四端各附一组卷云纹角形装饰，中部突起一枚乳丁。背面横梁系分铸而成。出土时正面朝上，与 D 型扣饰同位于死者胸部。

M292:2，一角残缺。椭圆长径 4.2、短径 3.5、厚 0.3、角长 1.4、宽 3.1~3.3，背面横梁长 1.7、宽 0.4、乳丁高 0.55 厘米（图一〇〇:2）。

M292:3，椭圆长径 4.2、短径 3.5、厚 0.2~0.3、角长 1.4、宽 3.1~3.3，背面横梁长 1.7、宽 0.3、乳丁高 0.55、通长 6.85、通宽 6.15、通高 1.2 厘米（图一〇〇:4）。

M294

M294 位于 DT0805，属 Ⅱ 工区村民刘朝顺责任地，方向 310°，长方形竖穴墓坑，无墓道。墓口长 1.66~1.7、宽 0.64~0.68、墓底长 1.62~1.65、宽 0.54~0.62，墓坑深 0.36~0.48 米。墓坑填土为夹红烧土颗粒和炭屑的褐色黏土。东北角被 M293 打破，南壁西端打破 M295。人骨不存。随葬器物仅一件陶罐（图一〇一）。

陶罐　1件（M294:1）。

C 型 Ⅰ 式。夹炭红褐陶。加有较多炭屑，泥料中并含较多直径 0.05 毫米以下的极细砂，偶见稍大砂粒，系泥料中自然生成。泥条盘筑法成形，肩内壁留有指窝，腹内壁可看

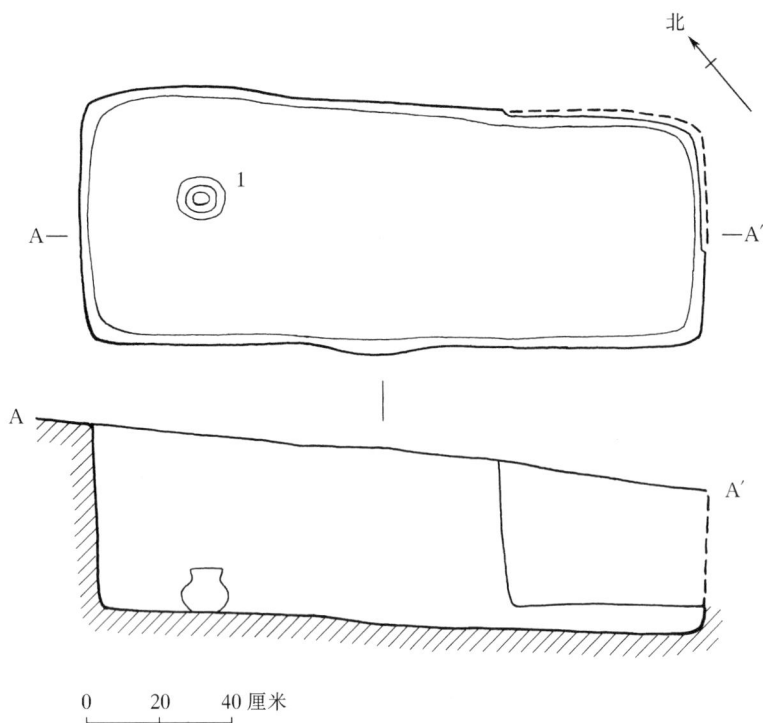

图一〇一　M294 平、剖面图
1. 陶罐

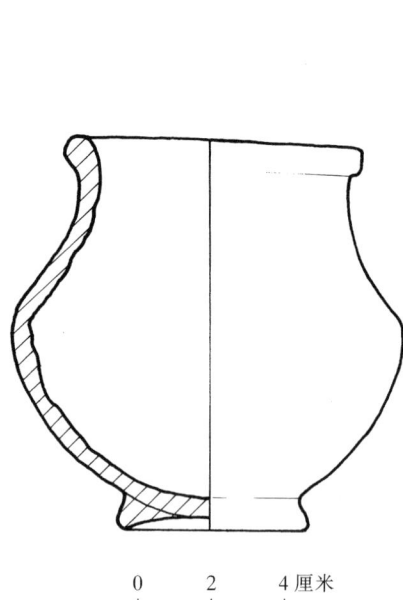

图一〇二　M294 随葬
C 型 I 式陶罐（M294:1）

出泥条间缝隙，泥条宽度约 1 厘米。外壁用素面拍子拍打，并用窄条工具纵向轻刮，再用湿手抹平。烧成温度约 650℃～700℃，火不匀，有局部渗碳现象。出土时位于墓底距死者头顶不远处。高 10.65、口径 7.6～8.1、最大腹径 10.4～10.6、足径 5.1～5.2、足高 0.9厘米（图一〇二）。

M296

M296 位于 DT0805、DT0905、DT0906，属 II 工区村民刘朝顺责任地，方向 314°，长方形竖穴墓坑，无墓道。墓口长 2.58～2.6、宽 0.82～0.84，墓底长 2.5～2.54、宽 0.75～0.83，墓坑深 0.67～0.84 米。墓坑填土为夹红烧土颗粒的褐色黏土。墓壁头端中部向外凸出一直径约 0.25、深 0.16～0.34 米圆形小坑，北壁中部向外凸出一直径约 0.25、深 0.14 米半圆形小坑。均系后人活动所遗。东南角打破 M295。墓底有棺木痕。仰身直体葬，用铜洗盖于头部，铜洗下头骨大部保存。随葬器物有铜器、铁器（图一〇三）。

（一）铜器　7 件。

洗　1 件（M296:1）。

出土时平扣于死者头部，死者所佩铜发钗刺穿洗底，少量钗条尖部从洗底透出。口外

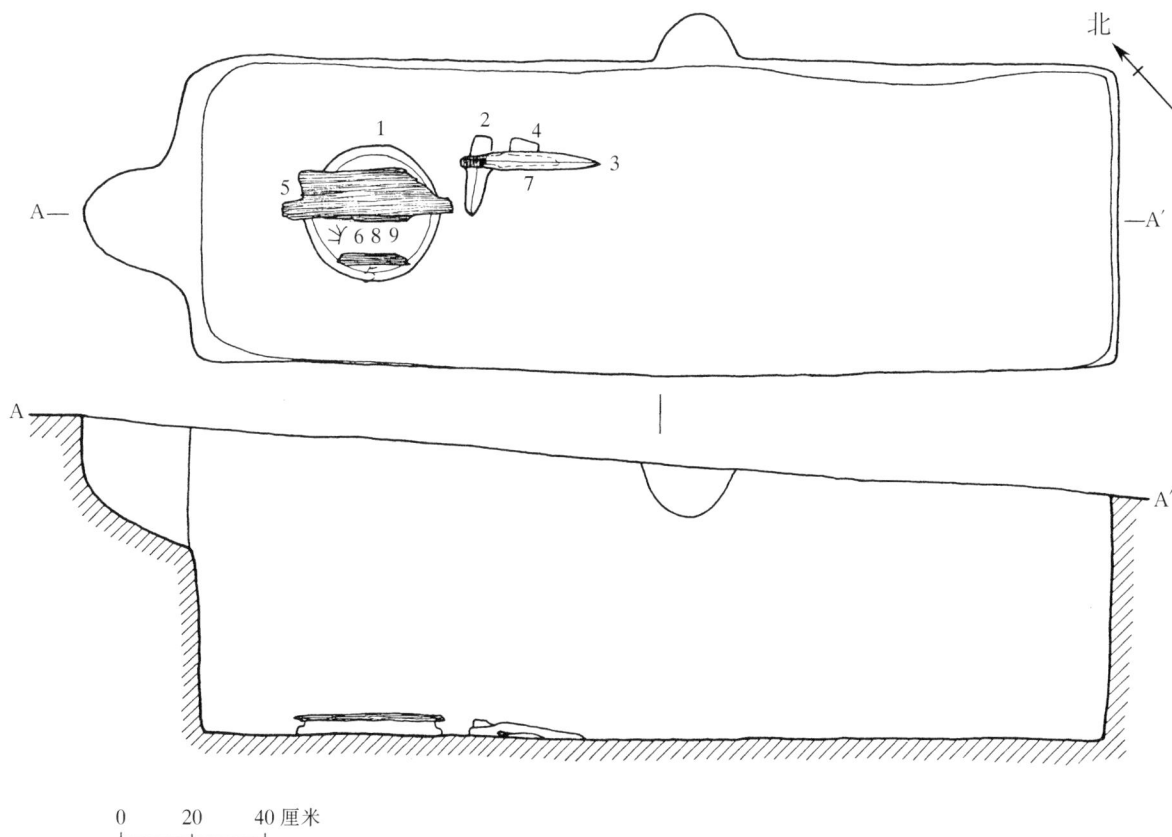

图一○三　M296 平、剖面图

1. 铜洗　2. 铜戈　3. 柳叶形铜剑　4. 铜柲套饰　5. 朽木　6、8、9. 铜发钗　7. 铁削刀

径 36～36.5、沿宽 1.9、壁厚 0.1、高约 7.2 厘米（图一○四：1）。

柳叶形剑　1 件（M296:3）。

中脊突出，两从略下凹，剑身基部饰虎纹、水波纹、麦穗纹及巴蜀图语。出土时剑茎上用树皮缠绕，树皮宽 0.4、厚 0.1 厘米。树皮内有纵向残木条。通长 41.3、茎长 6.4、剑身最宽处 3.95 厘米（图一○四：2）。

戈　1 件（M296:2）。

A 型。无胡直内，弧线三角形援，圆形穿后侧柱状脊中空约 1 厘米，前端中空约 2 厘米。通长 23，内长 6.8、宽 5.1、厚 0.65，援中部宽 4、阑长 10.1 厘米（图一○四：3）。

柲套饰　1 件（M296:4）。

椭圆形筒状，铜皮制成，出土时位于铜戈木柲近戈部，包裹于柲上，柲已朽坏不存。高 5.9、长径 3.8、短径 2.3、壁厚 0.04 厘米（图一○四：8）。

发钗　3 件。

均为 A 型。整体呈长"U"形，铜条断面为圆形。三件发钗形制相同、长度稍有区别。从出土位置看，一件从头顶发髻左侧平插入，二件从发髻后侧平插入。

M296:6，长 10.7、条径 0.26～0.3 厘米（图一〇四:5）。

M296:8，长 11.5、条径 0.3～0.35 厘米（图一〇四:6）。

M296:9，长 9.15、条径 0.25～0.32 厘米（图一〇四:7）。

（二）铁器　1件。

削刀　1件（M296:7）。

B型Ⅱ式。环首略呈圆角长方形，柄端突入环首内。刀身前半部一面附有木痕，另一面附着物不明，质地细密，表层髹漆，估计为刀鞘。通长 20.8、刃部宽 1.4、柄部宽 1.3、柄长 9.4，环首长径 3.15、短径 2.1 厘米（图一〇四:4）。

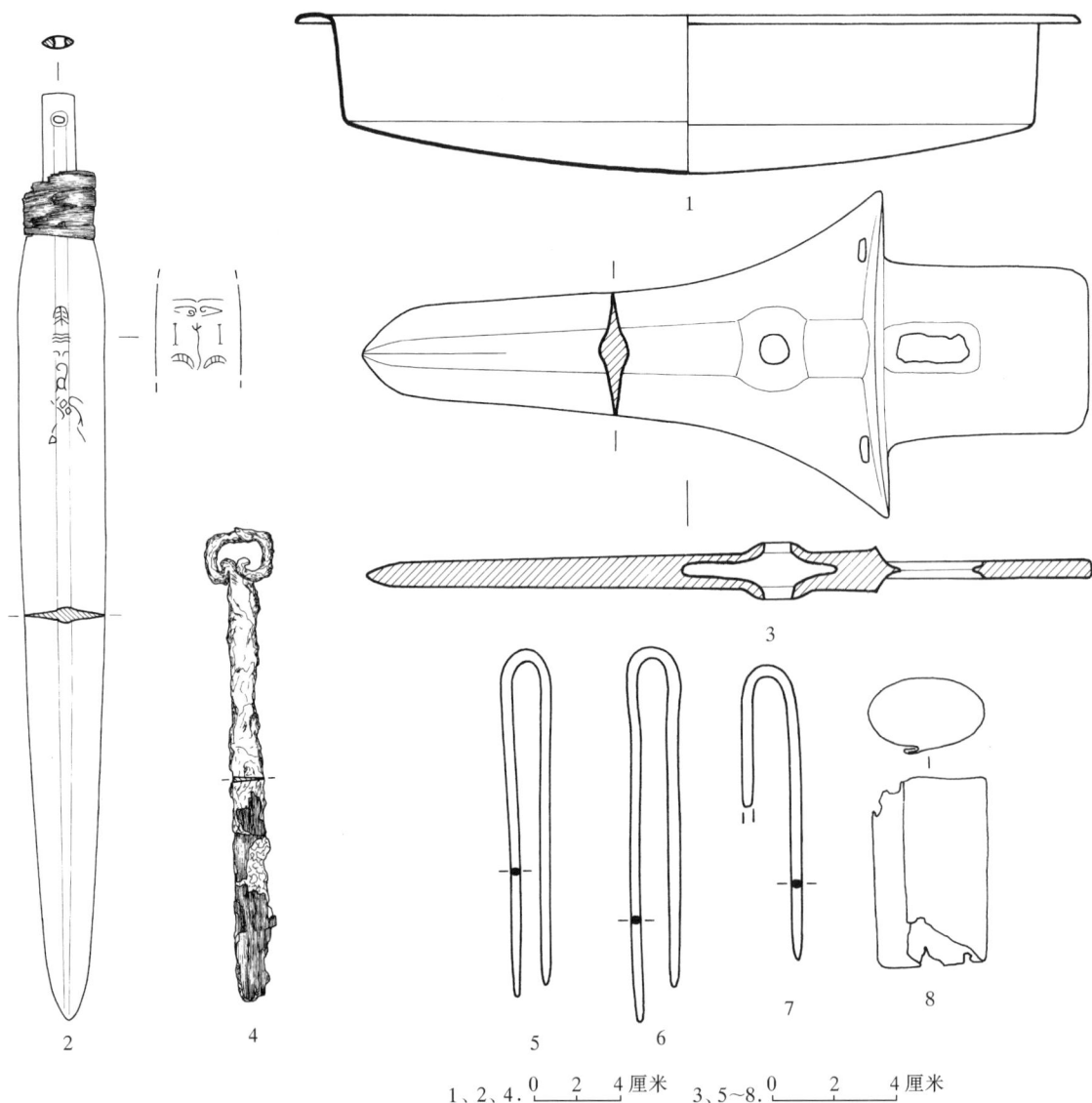

图一〇四　M296 随葬器物

1. 铜洗（M296:1）　2. 柳叶形铜剑（M296:3）　3.A 型铜戈（M296:2）　4.B 型Ⅱ式铁削刀（M296:7）　5～7.A 型铜发钗（M296:6、M296:8、M296:9）　8. 铜柲套饰（M296:4）

M298

　　M298位于DT0805、DT0806，属Ⅱ工区村民刘朝顺责任地，方向315°，长方形竖穴墓坑，两侧壁靠头端略有弯折。无墓道。墓口长2.4～2.5、宽0.8～0.96，墓底长2.3～2.38、宽0.64～0.8，墓坑深0.84～1.1米。墓坑填土为夹红烧土颗粒的褐色黏土。墓壁头端中部向外凸出一约长0.3、宽0.24、深0.3米长方形小坑。可能系后人活动所遗。东南角被M297打破。人骨不存。死者头部位置平放铜洗，洗内有铜发钗，洗口沿处有骨玦，口沿外残留死者部分牙齿。埋葬时铜洗应垫于死者头下。仰身直体曲上肢葬。随葬器物有铜器、铁器、骨器（图一○五）。

　　（一）铜器　7件。

　　洗　1件（M298:1）。

　　垫于死者头下。口外径33.6～34.8、沿宽2.05、高7.2、壁厚0.05厘米(图一○六:8)。

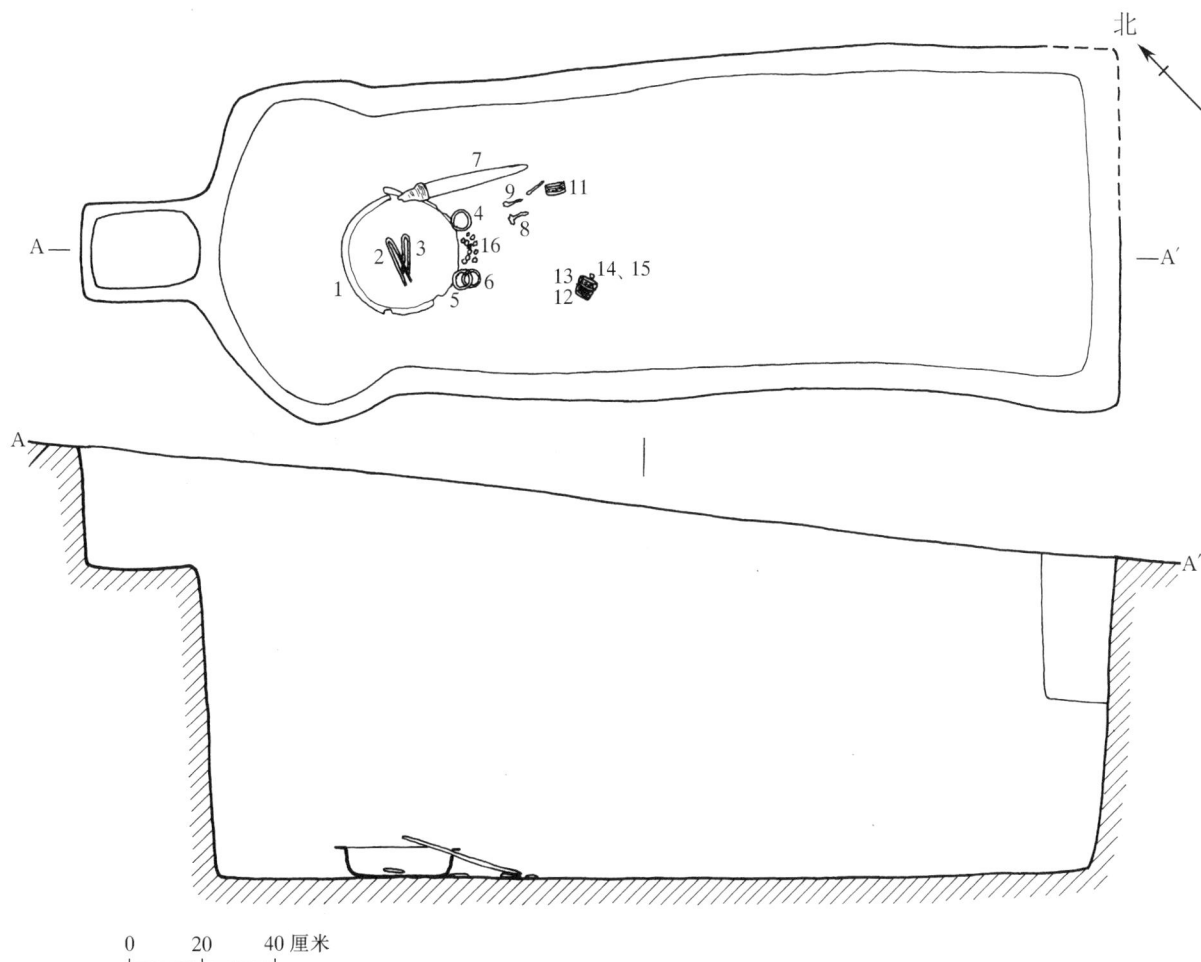

图一○五　M298平、剖面图

1.铜洗　2、3.铜发钗　4～6.骨玦（环?）　7.柳叶形铜剑　8、9.铁钉　11～13.铜手镯

14、15.贝饰　16.牙齿

柳叶形剑　1件（M298:7）。

茎末一圆穿。剑身基部有两片蝉翼状装饰铜片，铜片外残存少许涂朱皮革。剑茎缠有麻类物，外夹木片。通长35.3、剑身最宽处3.8厘米（图一〇六:9）。

发钗　2件。

均为A型。整体呈长"U"形，铜条断面为圆形。形制相同，尺寸稍有区别。从出土位置看，发钗皆从头顶发髻左侧平插入，前端略交叉。

M298:2，长14.5、条径0.32~0.36厘米（图一〇六:1）。

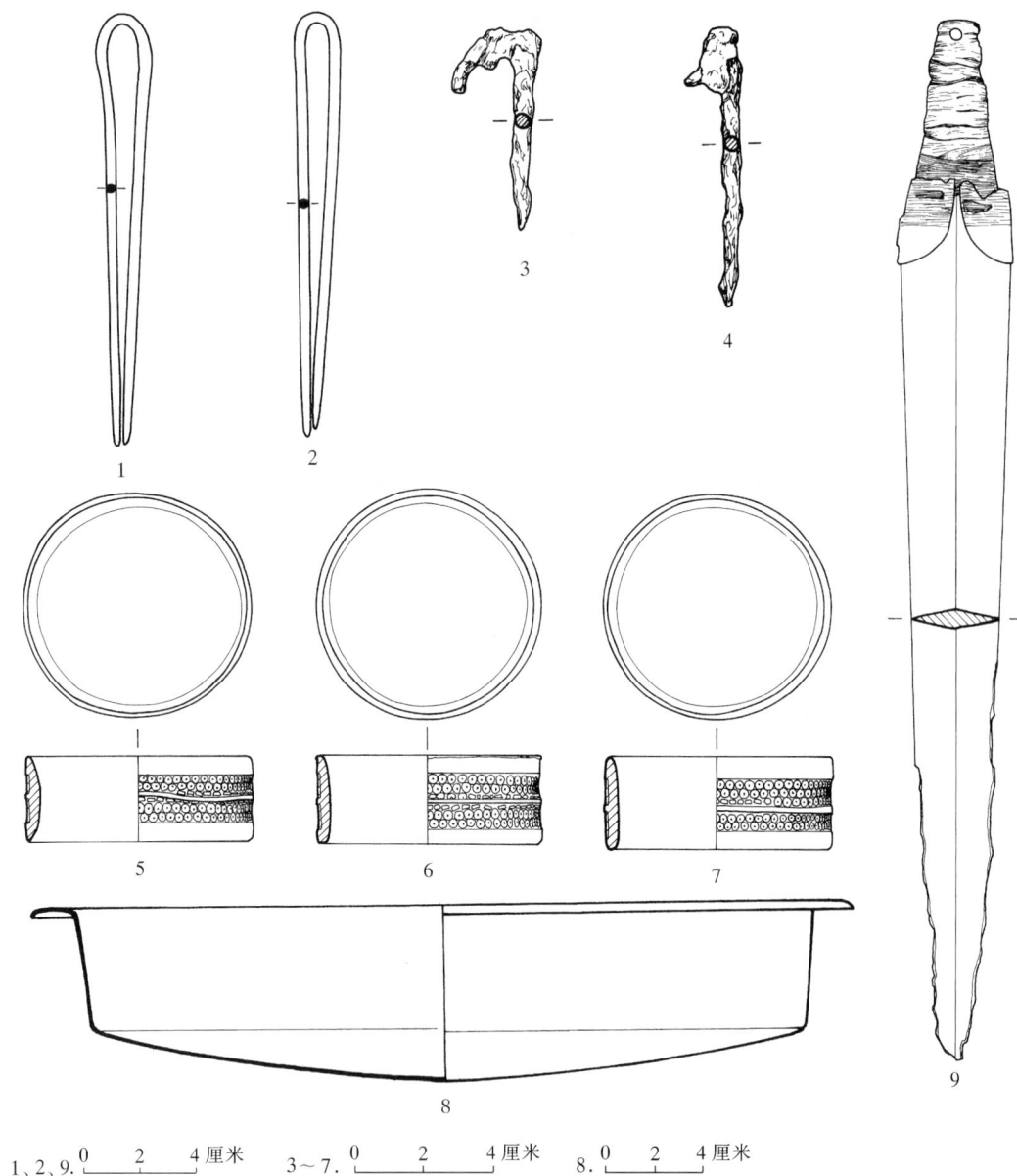

图一〇六　M298随葬器物

1、2.A型铜发钗（M298:2、M298:3）　3、4.铁钉（M298:8、M298:9）　5~7.A型Ⅱ式铜手镯（M298:11、M298:12、M298:13）　8.铜洗（M298:1）　9.柳叶形铜剑（M298:7）

M298：3，长 14.3、条径 0.32～0.39 厘米（图一〇六：2）。

手镯　3 件。

均为 A 型 II 式。宽片状环形，内壁口沿弧状向外倾斜。镯面两周凹槽内各镶嵌两列或三列圆形孔雀石小薄片，局部缝隙处镶嵌不规则形状孔雀石小薄片。小圆片中心均钻有小孔，圆片直径约 0.2～0.3 厘米。三件手镯形制基本相同、尺寸稍有区别。镯内壁均粘附有轻薄网格状纺织物。

M298：11，佩戴于死者左臂。镯外径 6～6.3、片宽 2.3、厚 0.25～0.4 厘米（图一〇六：5）。

M298：12，佩戴于死者右臂。镯外径 6.15～6.3、片宽 2.4、厚 0.35～0.4 厘米（图一〇六：6）。

M298：13，佩戴于死者右臂。镯外径 6.05～6.3、片宽 2.4～2.5、厚 0.35～0.4 厘米（图一〇六：7）。

（二）铁器　2 件。

钉　2 件。

圆形铁条制成。后端回折分叉因锈蚀，结构不明。粘附有纺织物。形制基本相同，出土时并列放置于死者左手铜镯上侧，用途不明。原定为三件，后经整理为二件，故原编 M298：10 空缺。

M298：8，残长 5.4、直径约 0.45 厘米（图一〇六：3）。

M298：9，残长 7.62、直径约 0.45 厘米（图一〇六：4）。

（三）骨器等　5 件。

玦（环？）　3 件。

形制相似，三件均朽坏严重无法取出。出土时 M298：4 位于死者左耳，M298：5、M298：6 等两件位于死者右耳。

贝饰　2 件。

M298：14、M298：15，置于死者右手铜镯边，朽坏严重未取。

M299

M299 位于 DT0805，属 II 工区村民刘朝顺责任地，方向 315°，长方形竖穴墓坑，无墓道。墓口长 2.7～2.8、宽 0.67～0.82，墓底长 2.58～2.6、宽 0.46～0.68，墓坑深 0.4～0.64 米。墓坑填土为夹红烧土颗粒的褐色黏土。东南角被 M293 打破。残存死者少量头骨及牙齿，仰身直体葬。随葬器物有少量铜器（图一〇七）。

铜器　3件。

戈　1件（M299:1）。

D型。无胡直内，援中部脊从锋直至阑。内端呈"m"形，铸双螺旋纹。通长23.9、援长18.4，内长5.5、宽4.1、厚0.55，阑长9.5厘米（图一〇八:1）。

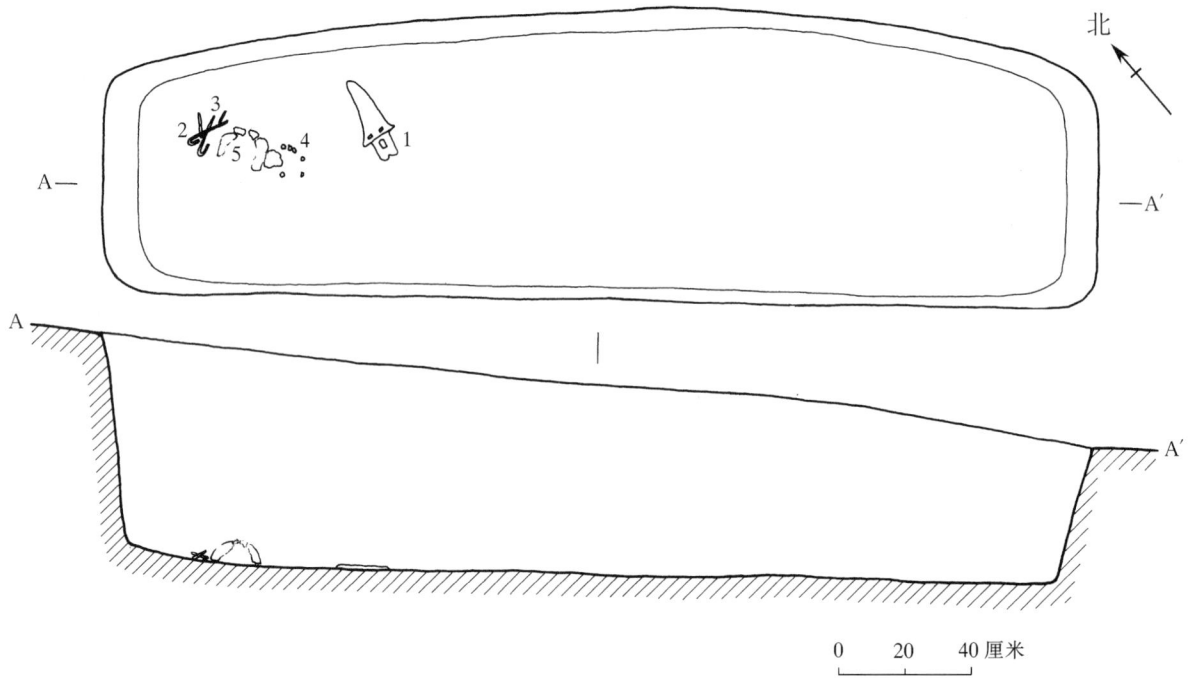

图一〇七　M299平、剖面图

1.铜戈　2、3.铜发钗　4.牙齿　5.头骨碎片

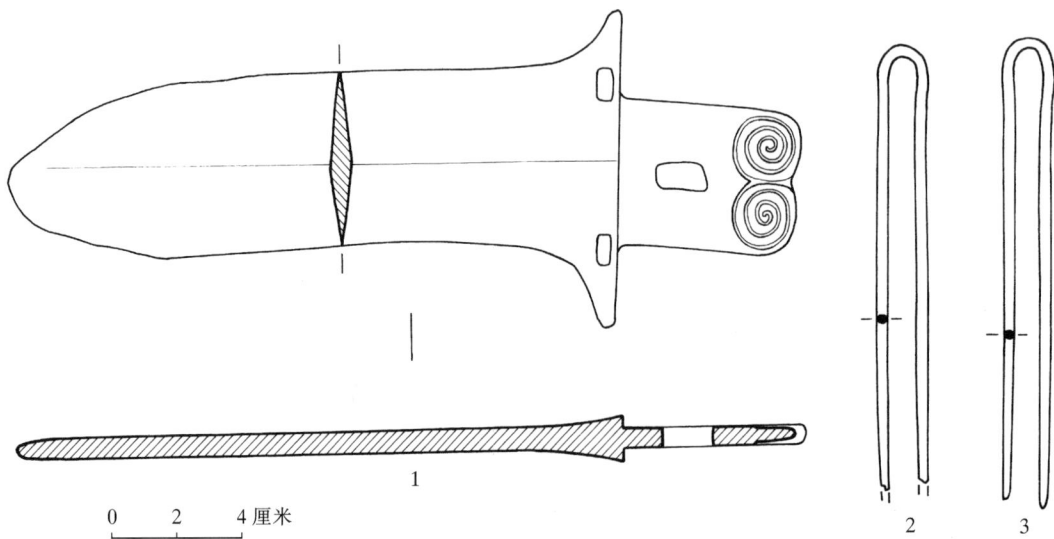

图一〇八　M299随葬器物

1.D型铜戈（M299:1）　2、3.A型铜发钗（M299:2、M299:3）

发钗　2件。

皆为 A 型，整体呈长"U"形，铜条断面为圆形。形制相同，尺寸稍有区别。从出土位置看，两件发钗均从头顶发髻右侧平插入，其中一件略向下斜。

M299:2，长 13.1、条径 0.3~0.34 厘米（图一○八:2）。

M299:3，长 13.9、条径 0.3~0.38 厘米（图一○八:3）。

M300

M300 位于 DT0805、DT0806，属Ⅱ工区村民刘朝顺责任地，方向 313°，哑铃形墓坑。墓口长 2.4~2.75、宽 0.92~1.12，墓底长 2.3~2.57、宽 0.78~1.02，墓坑深 0.54~0.69 米。墓坑填土为夹红烧土颗粒的褐色黏土。西北角打破 M313。人骨不存。随葬器物仅有一件铁器（图一○九）。

铁削刀　1件（M300:1）。

B 型 I 式。环首椭圆形，刃前端残佚，柄端略突入环内。通长 18.4，刀身残长 8.7、

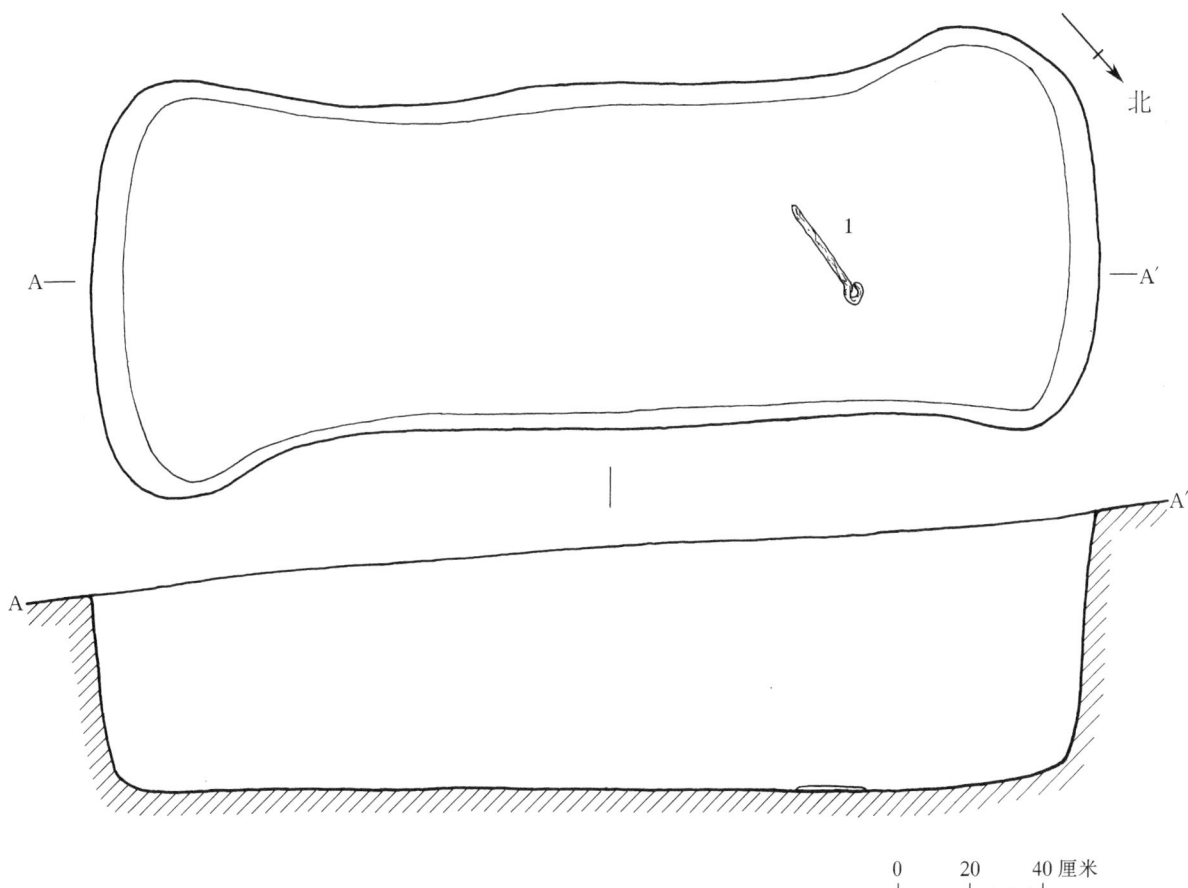

图一○九　M300 平、剖面图

1. 铁削刀

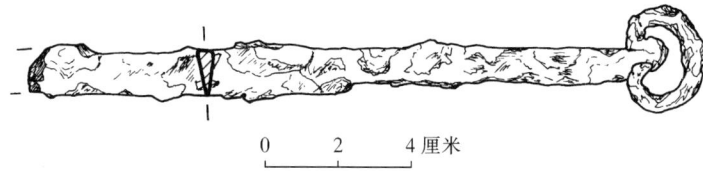

图一一〇　M300 随葬 B 型 I 式铁削刀（M300：1）

宽 1.4，柄宽 0.95，环首长径 2.8、短径 2.1 厘米（图一一〇）。

M301

M301 位于 DT0806，属 II 工区村民刘朝顺责任地，方向 310°，哑铃形墓坑。墓口长 2.3～2.5、宽 0.83～1.02，墓底长 2.2～2.3、宽 0.68～0.82，墓坑深 0.64～0.84 米。墓坑填土为夹红烧土颗粒的褐色黏土。打破 M313。墓底残留死者部分头骨及牙齿，仰身直体葬。随葬器物仅有一件铜器（图一一一）。

柳叶形剑　1 件（M301：1）。

剑身起脊，剑茎处缠有树皮数周。通长 34、剑身最宽处 3.85 厘米（图一一二）。

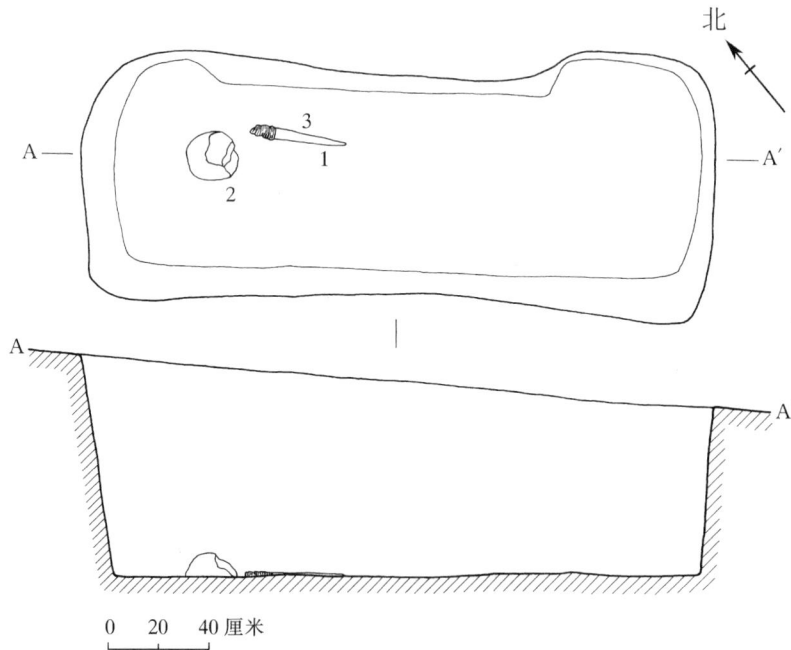

图一一一　M301 平、剖面图
1. 铜剑　2. 头骨碎片　3. 铜剑鞘

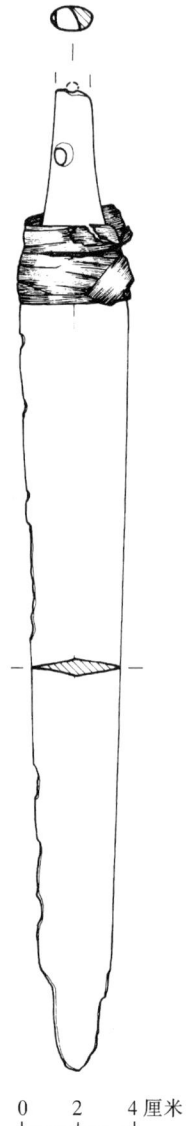

图一一二　M301
随葬柳叶形铜剑
（M301：1）

M302

M302 位于 DT0806，属Ⅱ工区村民刘朝顺责任地，方向 300°，哑铃形墓坑。墓口长 2.14~2.48、宽 0.86~1.14，墓底长 2.04~2.34、宽 0.82~1.08，墓坑深 0.32~0.54 米。墓坑填土为夹红烧土颗粒的褐色黏土。墓底前后端各挖有一道约 0.2 米的宽弧底浅槽，位置与侧壁的弧形面相对应。墓底残存棺木痕，人骨不存。随葬器物仅有一件铜器（图一一三）。

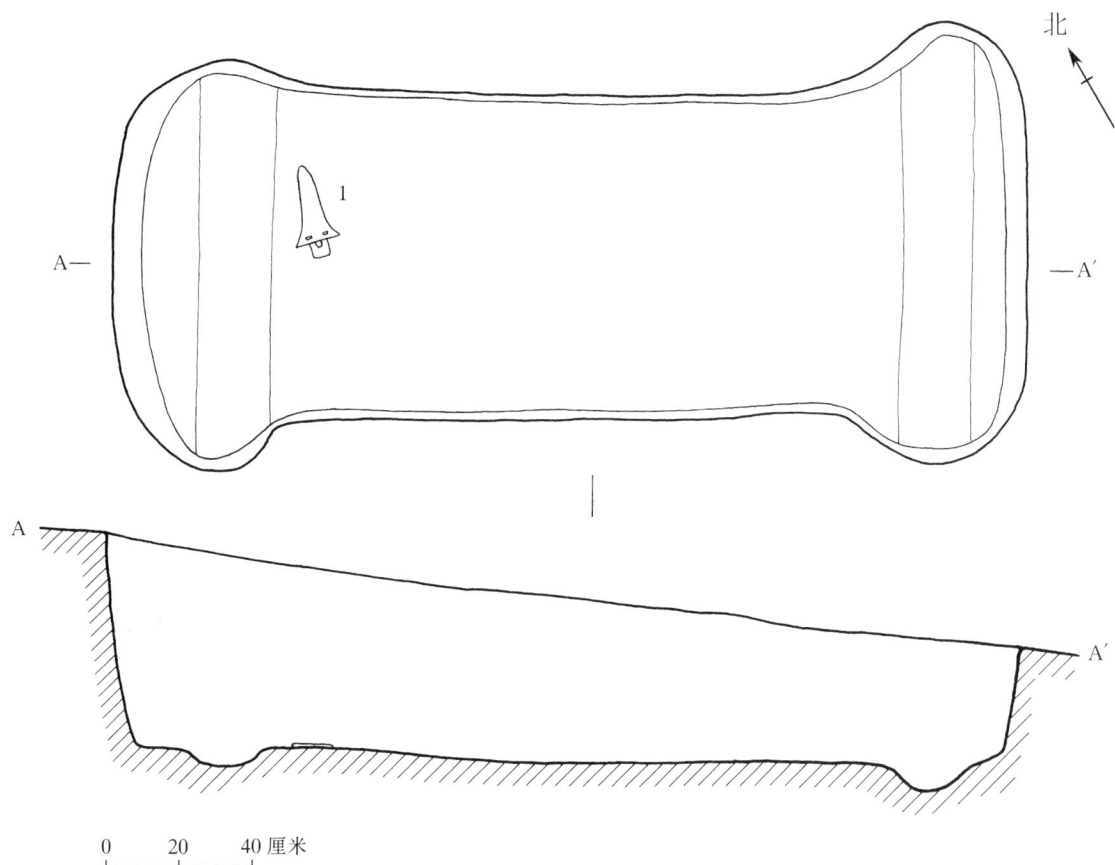

图一一三　M302 平、剖面图
1. 铜戈

铜戈　1 件（M302:1）。

C 型。无胡直内，两刃不对称，援身中部脊自锋至距阑 2.5 厘米处止。援身近阑处略薄。通长 23，援长 17.3、中宽 4.3，内长 5.7、宽 4.6、厚 0.6，阑长 10.2 厘米（图一一四）。

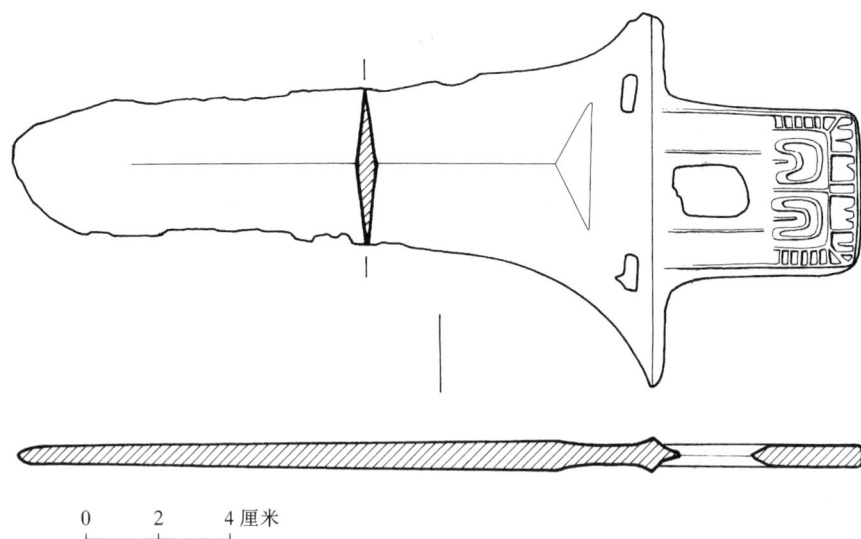

图一一四　M302 随葬 C 型铜戈（M302:1）

M304

　　M304 位于 DT0807，属Ⅱ工区村民刘朝顺责任地，方向 320°，长方形竖穴墓坑，无墓道。墓口长 1.97～2.06、宽 0.62～0.74，墓底长 1.9～1.92、宽 0.56～0.6，墓坑深 0.34～0.54 米。墓坑填土为夹红烧土颗粒的褐色黏土。人骨不存，从手镯位置看为仰身直体曲上肢葬。随葬器物有陶器、铜器（图一一五）。

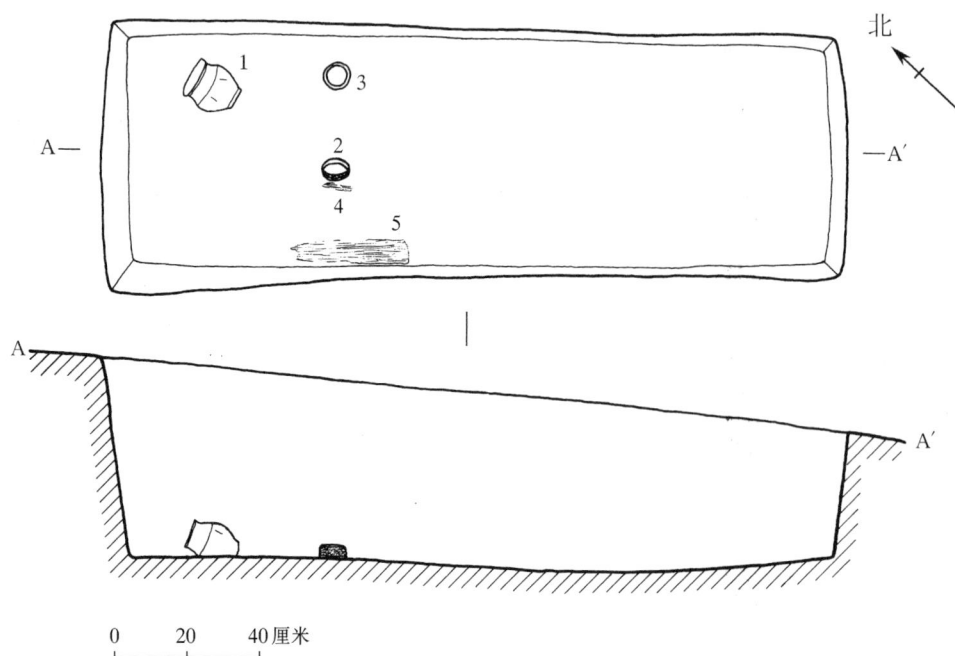

图一一五　M304 平、剖面图

1. 陶罐　2、3. 铜手镯　4、5. 朽木痕

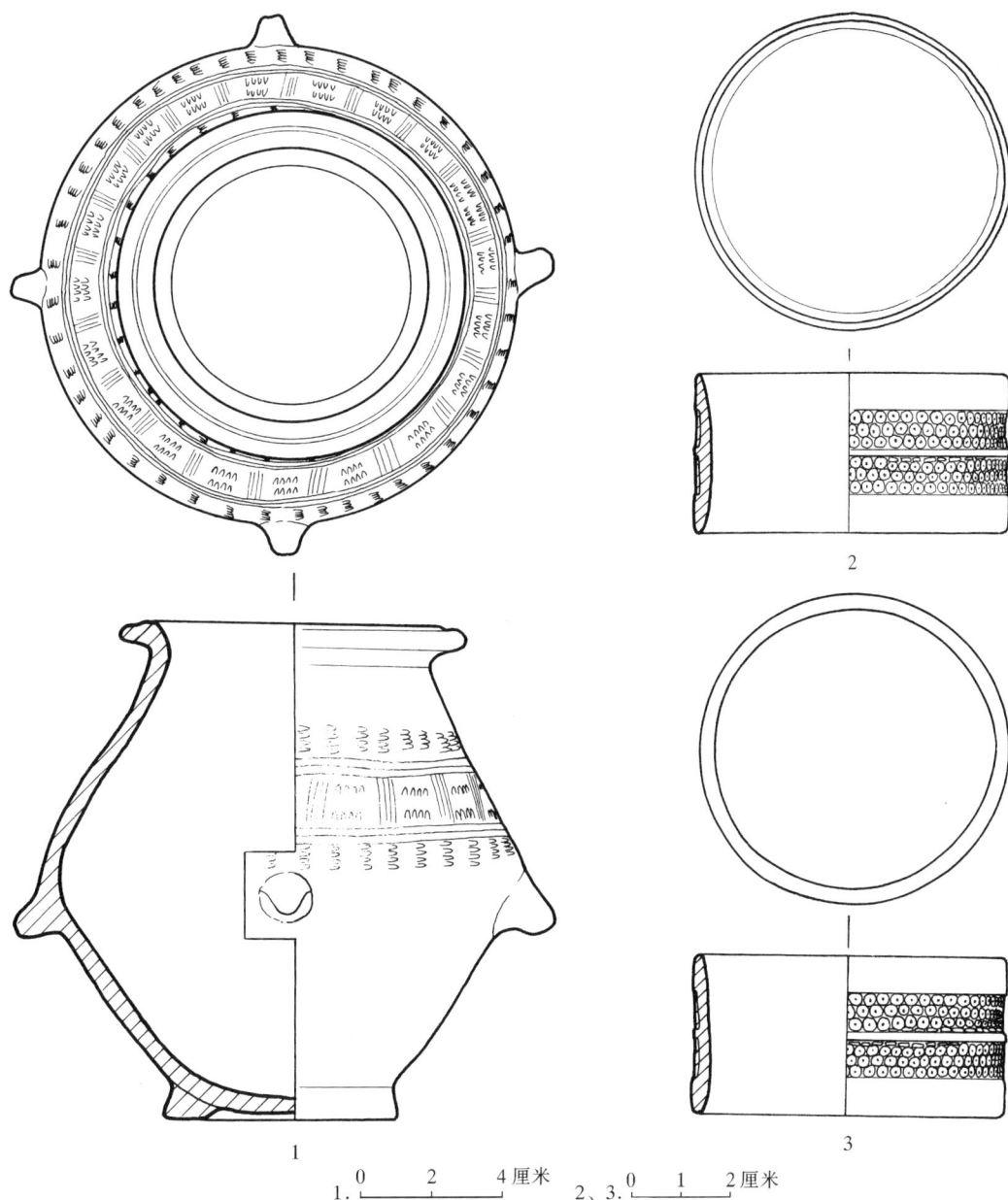

图一一六　M304 随葬器物

1.C 型Ⅰ式陶罐（M304：1）　2、3.A 型Ⅱ式铜手镯（M304：2、M304：3）

（一）陶器　1件。

罐　1件（M304：1）。

C 型Ⅰ式。泥条盘筑法成形，泥料中加有较多石英砂及少量炭屑。烧制温度约 700℃，火焰不匀。出土时位于死者头左侧。口径 9.35～9.6、最大腹径 12.75～13.3、足径 6.35～6.5、高 13.85 厘米（图一一六：1）。

（二）铜器　2件。

手镯　2件。

皆为 A 型 Ⅱ 式。宽片状环形，内壁口沿弧状向外倾斜。镯面中部两道凹槽，槽内各镶嵌三列圆形孔雀石小薄片，局部缝隙处镶嵌不规则形状孔雀石小薄片。圆片中心钻有小孔。圆片直径约 0.2～0.35 厘米。两件手镯形制基本相同，内壁均粘附有较多薄纱网状纺织物。

M304:2，佩戴于死者右臂。镯外径 6.1～6.3、片宽 3.1、厚 0.3～0.4 厘米（图一一六:2）。

M304:3，佩戴于死者左臂。镯外径 6～6.3、片宽 3.1、厚 0.2～0.4 厘米（图一一六:3）。

M305

M305 位于 DT0807，属 Ⅱ 工区村民刘朝顺责任地，方向 310°，长方形竖穴墓坑，无墓道。墓口长 2.56～2.66、宽 0.7～0.82，墓底长 2.44～2.56、宽 0.6～0.78，墓坑深 0.5～0.6 米。墓坑填土为夹红烧土颗粒的褐色黏土。墓底面略向脚端倾斜，倾斜度约 9°。人骨不存。随葬器物仅有一件陶器（图一一七）。

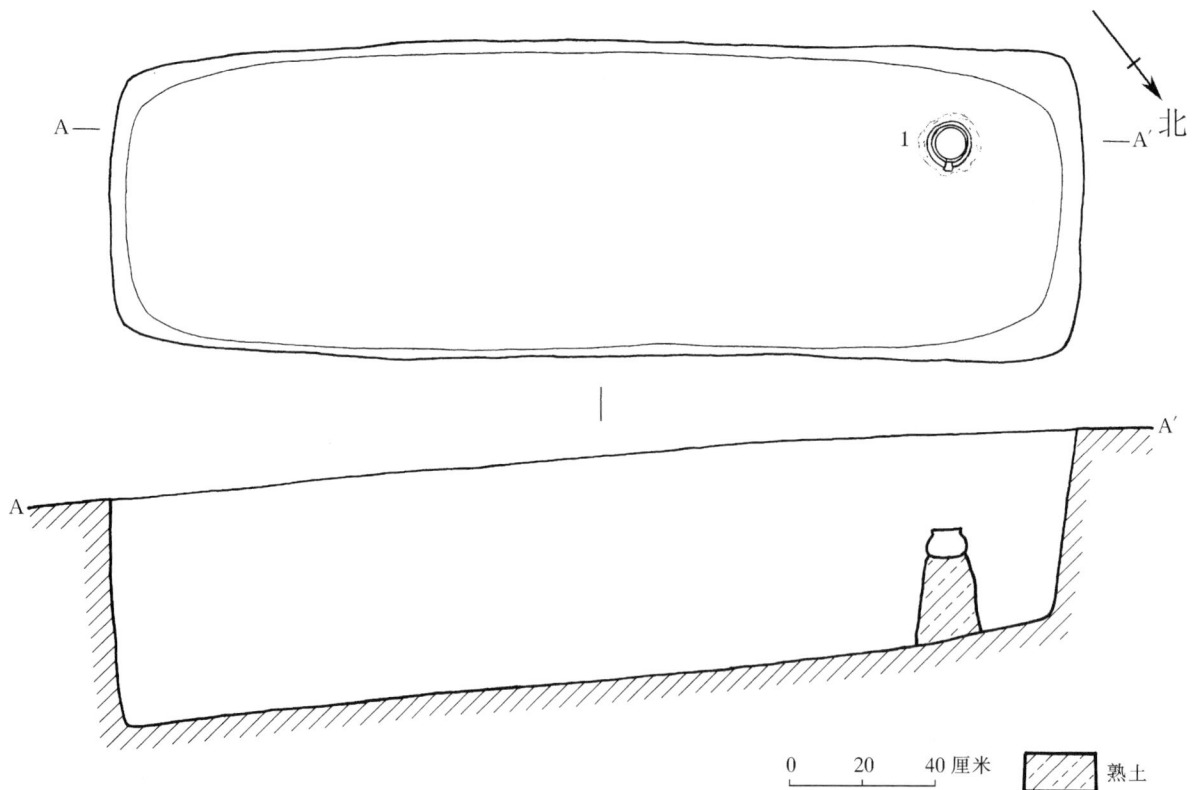

图一一七　M305 平、剖面图
1. 陶罐

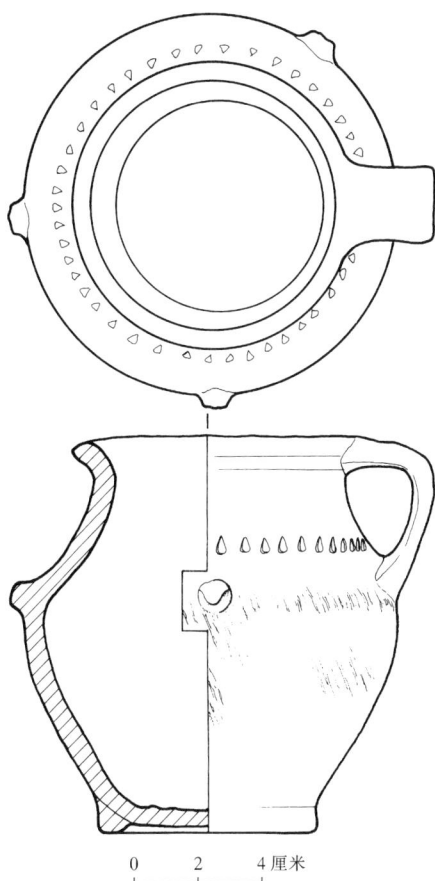

图一一八　M305随葬C型Ⅱ式陶罐（M305∶1）

陶罐　1件（M305∶1）。

C型Ⅱ式。夹炭红褐陶。折肩部饰乳丁三枚。泥条盘筑法成形，内壁留有明显垫窝。泥料中加有较多炭屑，器体轻，壁面有大量孔隙。烧制温度约650℃～700℃。出土时位于墓底距死者头顶不远处（图一一八）。

M306

M306位于DT0907，属Ⅱ工区村民刘朝顺责任地，方向310°，哑铃形墓坑，无墓道。墓口长2.28～2.44、宽0.76～0.9，墓底长2.27～2.36、宽0.76～0.9，墓坑深0.21～0.27米。墓坑填土为夹红烧土颗粒褐色黏土。墓底面略向脚端倾斜，倾斜度约3°。残存死者少量牙齿。仰身直体葬。随葬器物仅有一件铜器（图一一九）。

铜戈　1件（M306∶1）。

图一一九　M306平、剖面图
1.铜戈　2.牙齿

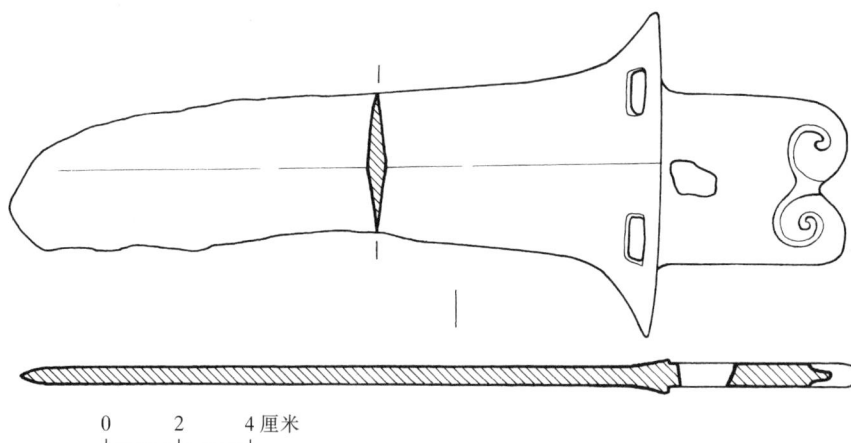

图一二〇　M306 随葬 D 型铜戈（M306:1）

D 型。无胡直内。援身较平整，两刃不对称。内端呈"m"形，饰双螺旋纹。通长 22.7，援长 17.6、中宽 3.8，内长 5.1、宽 4.4、厚 0.55，阑长 8.7 厘米（图一二〇）。

M308

M308 位于 DT0907，属 Ⅱ 工区村民刘朝顺责任地，方向 318°，长方形竖穴墓坑，无墓道。墓口长 2.2～2.4、宽 0.64～0.68，墓底长 2.16～2.26、宽 0.64～0.68，墓坑深 0.31～0.4 米。墓坑填土为夹少量红烧土颗粒的褐色黏土。墓底面略向脚端倾斜，倾斜度约 2°。铜镯内残留死者少量肢骨。仰身直体曲上肢葬。随葬器物有铜器（图一二一）。

铜器　9 件。

镂空牌形茎首铜剑　1 件（M308:3）。

茎与剑身分铸、组合为剑。茎首镂空牌状，厚 0.65 厘米。茎从前至后有四道凸起的箍状装饰，茎前端略外展，与两道箍状装饰组合成剑格。茎断面呈叶片形，中空。茎中部有一个方形穿，供楔入销钉以固定剑身。剑身为巴蜀式柳叶形剑，剑身与茎交界处呈斜弧线，无明显分界，茎上一穿，恰与外茎方形穿吻合。近基部纹饰略似手纹。通长 34.8、茎通长 11、剑身长 25.2、剑身最宽处 2.6 厘米（图一二二:1）。

戈　1 件（M308:2）。

A 型。弧线三角形援无胡直内。圆形穿前柱状脊中空约 0.5 厘米，通长 22.6，援长 15.6、中宽 4，内长 7、宽 5.3、厚 0.6，阑长 10 厘米（图一二二:2）。

镞　1 件（M308:1）。

仅存部分镞头。扁体窄三角双翼形，中部开三角形槽，镞尖卷曲，从铤端断口看，铤为圆柱形。出土时位于死者右小腿部。残长 2.68、厚 0.2 厘米（图一二二:6）。

发钗　2 件。

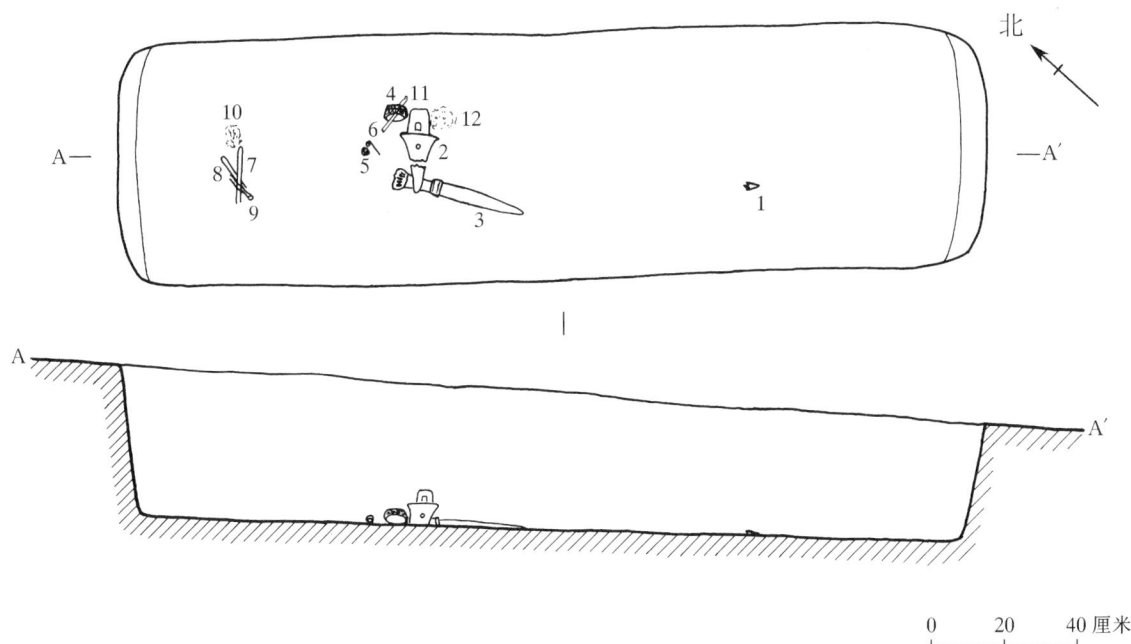

图一二一　M308平、剖面图

1.铜镞　2.铜戈　3.镂空牌形茎首铜剑　4.铜手镯　5.铜戒指　6、9.铜发簪　7、8.铜发钗

10.彩漆痕　11.上肢残骨　12.炭屑

皆为A型。呈长"U"形，两端残损，铜条断面为圆形。从出土位置看，两件发钗均从头顶发髻左侧平插入，其中一件略向下斜。

M308:7，残长12.3、条径0.3～0.36厘米（图一二二:4）。

M308:8，残长14.2、条径0.3～0.35厘米（图一二二:5）。

发簪　2件。

簪首簧形，用铜条绕成，簧短，簧条间无空隙，簪条渐细，端部残。2件形制相同。

M308:6，簧共三圈，出土时位于死者左手部，与铜戒指相邻。通长9.25、簧管径0.8、簪条径0.25厘米（图一二二:8）。

M308:9，簧残存两圈，出土时位于死者头部，应从发髻右侧平插入，与铜发钗相交错。通长9.15、簧管径0.85、簪条径0.25～0.3厘米（图一二二:9）。

手镯　1件（M308:4）。

A型Ⅱ式。宽片状环形，内壁口沿弧状向外倾斜。镯面中部两道凹槽，槽内镶嵌三列不规则长方形孔雀石小薄片，孔雀石片长约0.2、宽0.1～0.2厘米。手镯内壁附有薄纱网状纺织物，网较密。戴于死者左臂。镯外径6.15～6.35、片宽3.4～3.52、厚0.25～0.32厘米（图一二二:7）。

戒指　1件（M308:5）。

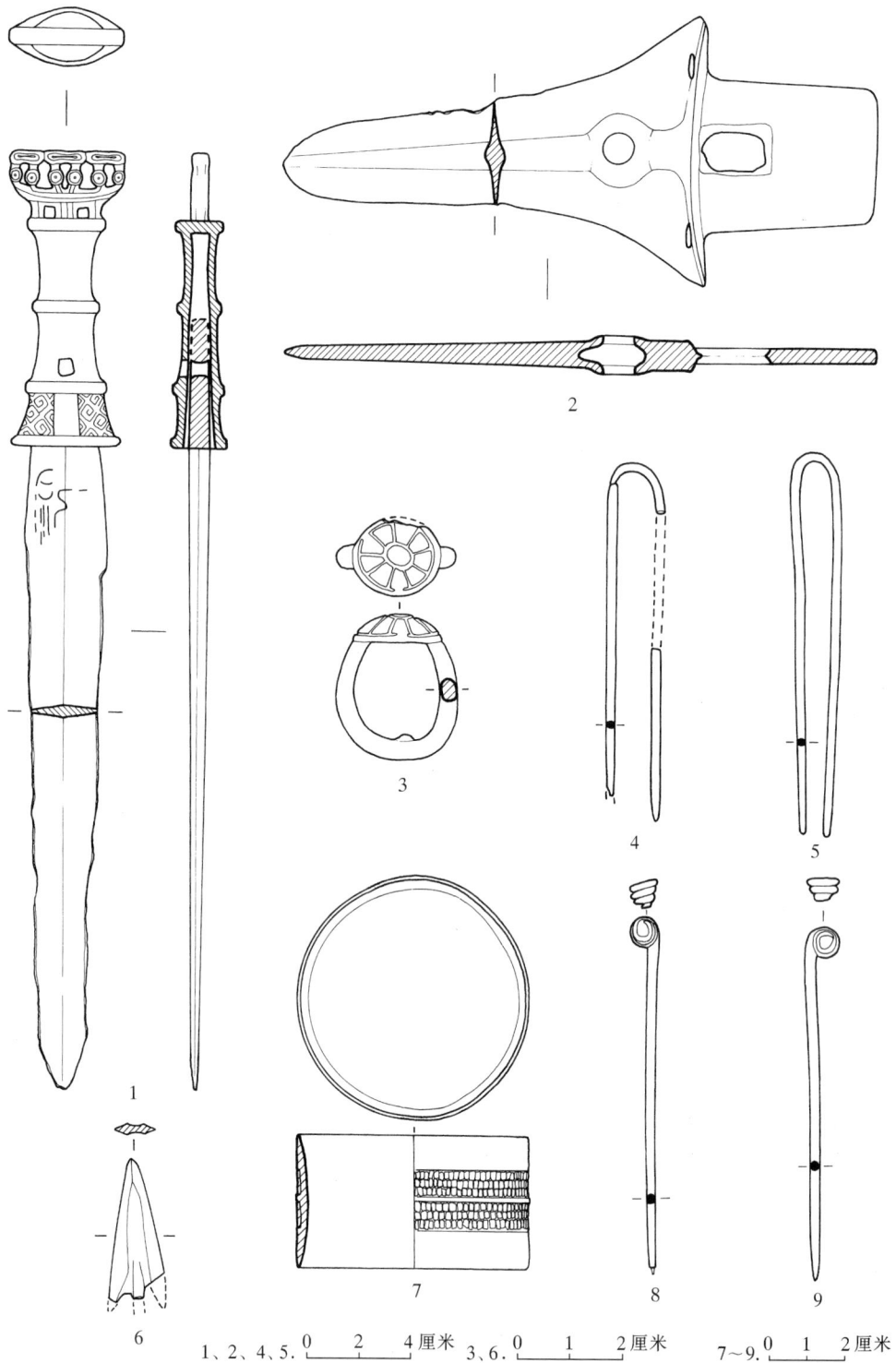

图一二二　M308 随葬器物

1. 镂空牌形茎首铜剑（M308：3）　2. A 型铜戈（M308：2）　3. 铜戒指（M308：5）　4、5. A 型铜发钗（M308：7、M308：8）　6. 铜镞（M308：1）　7. A 型 II 式铜手镯（M308：4）　8、9. 铜发簪（M308：6、M308：9）

戒面片状圆形，饰九瓣菊花纹。戒条接口位于环中部，可见两头叠压接痕。戒面及环条面留有明显的打磨痕。戴于死者左手。环径 2.3～2.7、条径 0.3～0.5、戒面径 1.5～1.7 厘米（图一二二:3）。

另外在死者头顶左侧发现小片红色漆痕，器形不辨。

M309

M309 位于 DT0906、DT0907，属 II 工区村民刘朝顺责任地，方向 310°，长方形竖穴墓坑，无墓道。墓口长 2.53～2.6、宽 0.7～0.72，墓底长 2.39～2.5、宽 0.62～0.7，墓坑深 0.53～0.78 米。墓坑填土为夹少量红烧土颗粒的褐色黏土。墓底头端中部有一长 0.22、宽 0.13、深 0.1 米左右小坑，与 M350 等墓相似，与后人活动有关。东南角被 M321 打破。墓底残留死者少量头骨及牙齿。仰身直体葬。随葬器物有少量铜器（图一二三）。

铜器 3 件。

柳叶形剑 1 件（M309:2）。

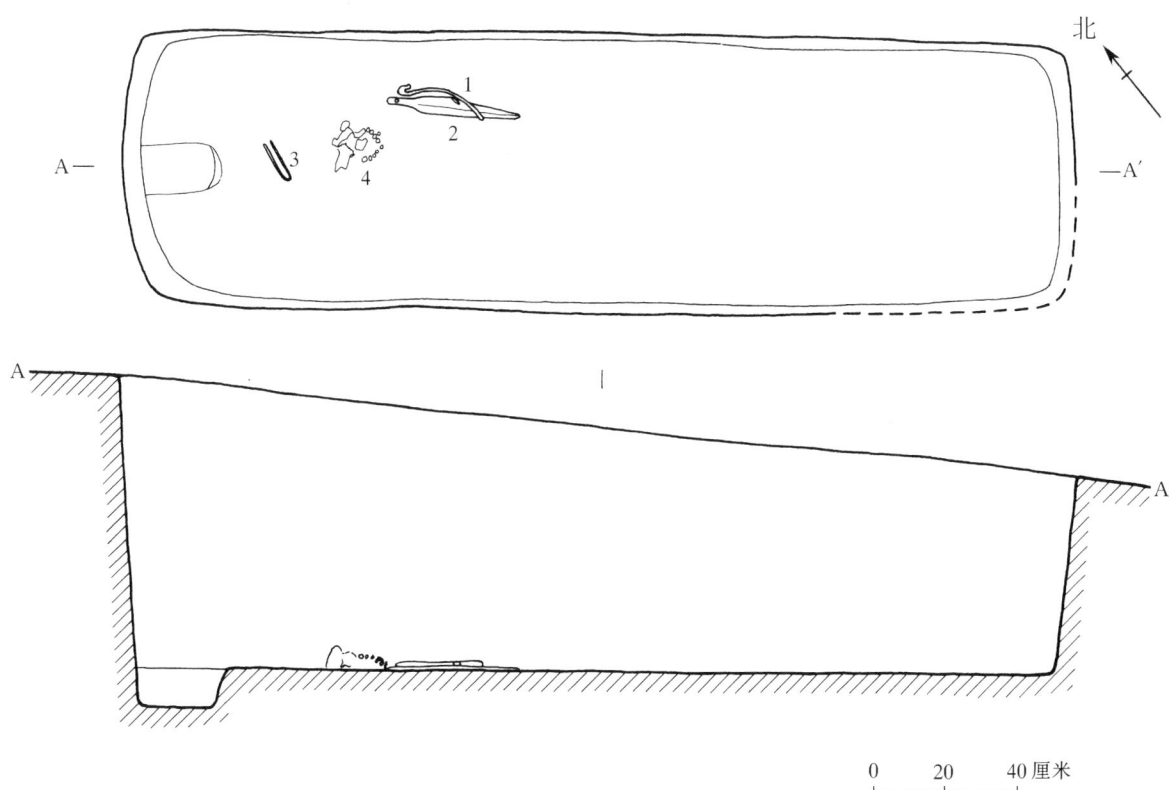

图一二三 M309 平、剖面图
1. 铜带钩 2. 铜剑 3. 铜发钗 4. 头骨碎片与牙齿

剑身中脊凸出，剑身与茎无明显分界。通长 35.7、剑身最宽处 4厘米（图一二四:1）。

发钗　1 件（M309:3）。

A 型。整体呈长"U"形，前端残损，钗条断面为圆形。从出土位置看，发钗从头顶发髻右侧向斜上方插入。残长 9.1、条径 0.3 厘米（图一二四:2）。

带钩　1 件（M309:1）。

C 型 I 式。琵琶形，钩面饰错金卷云纹、直线纹及弧线纹组合的图案，钩身中部与纽相对应处凸起一圆形装饰。钩面粘附有轻薄网格状纺织物。出土时与铜剑并列顺身体向放置于死者胸部左侧。钩体长 24.2、最宽处 4.3、纽中心距钩尾 8.6 厘米（图一二四:3）。

M310

M310 位于 DT0807、DT0907，属 II 工区村民刘朝顺责任地，方向 320°，长方形竖穴墓坑，无墓道。墓口长 1.9~2.06、宽 0.76~0.88，墓底长 1.82~1.94、宽 0.6~0.68，墓坑深 0.76~0.98 米。墓坑填土为夹少量红烧土颗粒及大量灰黑颗粒的褐色黏土，土色较浅。墓壁头端中部向外突出一弧形坑，直径约 0.35 米，弧形坑延伸至墓底，形成一长 0.22~0.28、宽 0.22~0.24、深 0.1 米左右的不规则长方形小坑。估计系后人活动所致。北壁东半部

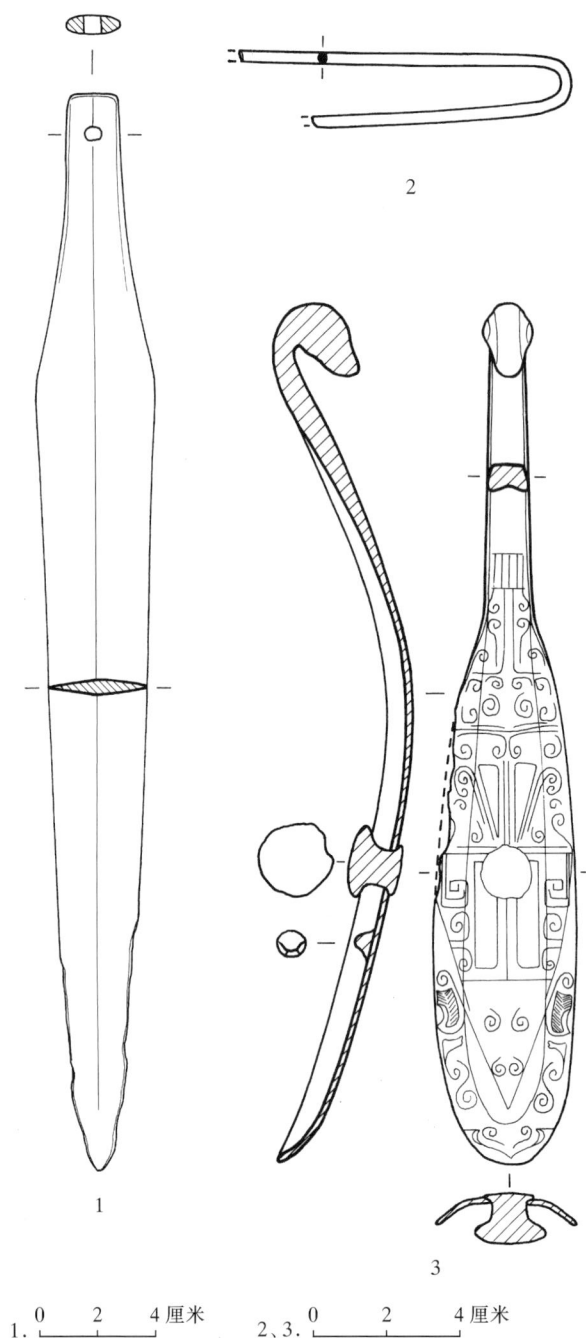

图一二四　M310 随葬器物

1. 柳叶形铜剑（M309:2）　2. A 型铜发钗（M309:3）
3. C 型 I 式铜带钩（M309:1）

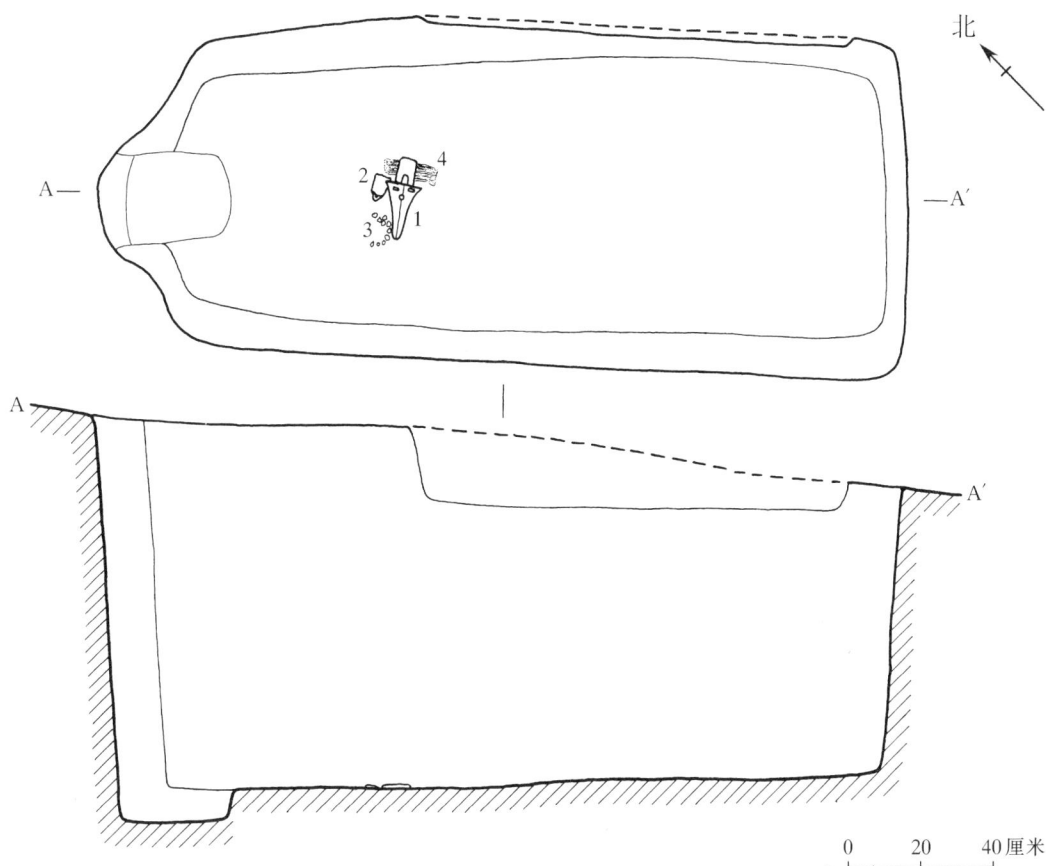

图一二五　M310 平、剖面图
1. 铜戈　2. 铜铃　3. 牙齿　4. 朽木

被 M311 打破。墓底残留棺木痕及死者部分牙齿。仰身直体葬。随葬器物有少量铜器（图一二五）。

铜器　2 件。

戈　1 件（M310:1）。

A 型。无胡直内，弧线三角形援。通长 22.5，援长 15.8、中宽 3.9，内长 6.7、宽 4.9、厚 0.6，阑长 9.8 厘米（图一二六:1）。

铃　1 件（M310:2）。

B 型。双弧面，铃口微弧，铃舌上端为环形，穿于铃身上部插入的横柱上，横柱外侧铆焊固定，铃面留有明显焊疤。铃体大，厚重，与可乐其他墓葬铜铃形制差别较大。出土时位于死者头左侧靠肩部，与铜戈相邻。通高 4.85，口长径 3.5、短径 2.7，纽高 0.8、孔径 0.35、铃舌长 3.8、壁厚 0.2～0.25 厘米（图一二六:2）。

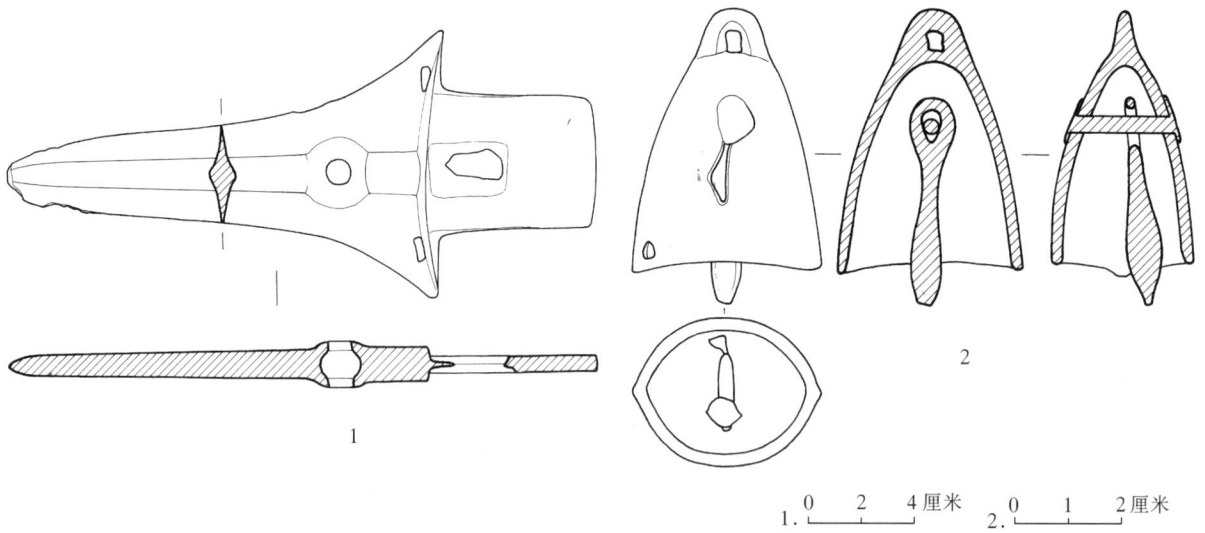

1. ⌐　　　　　0　　2　　4厘米　　2. ⌐　　0　　1　　2厘米

图一二六　M310 随葬器物

1.A 型铜戈（M310：1）　　2.B 型铜铃（M310：2）

M311

　　M311 位于 DT0807，属Ⅱ工区村民刘朝顺责任地，方向300°，长方形竖穴墓坑，无墓道。墓口长 1.66～1.76、宽 0.7～0.76，墓底长 1.54～1.64、宽 0.62～0.7，墓坑深 0.08～0.2 米。墓坑填土为夹红烧土颗粒的褐色黏土。西南角打破 M310。人骨不存。随葬器物有铜器、铁器、玉器及骨器（图一二七）。

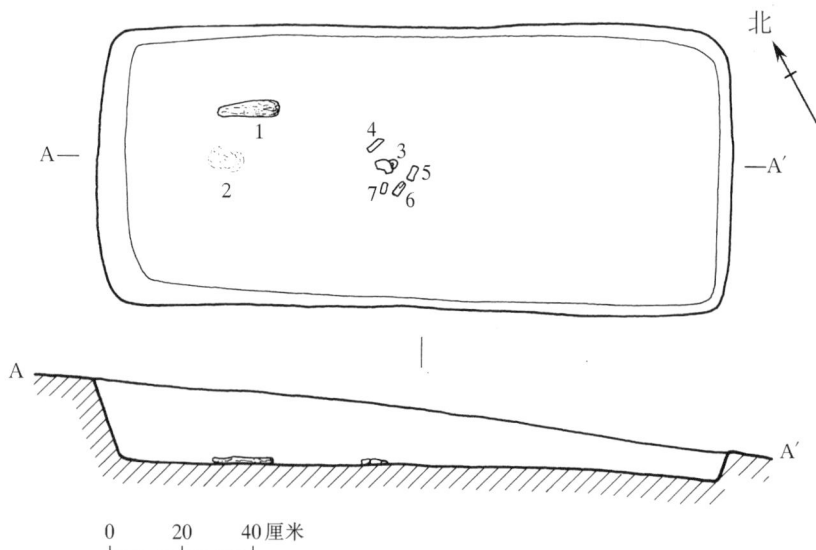

0　　20　　40厘米

图一二七　M311 平、剖面图

1.铁小刀　2.漆痕　3.铜铃　4～6.骨管　7.玛瑙管

（一）铜器　1件。

铃　1件（M311:3）。

A型Ⅰ式。仅存残片。残片上纹饰似花瓣纹。

（二）铁器　1件。

小刀　1件（M311:1）。

A型。圆头，刃后端约4厘米长一段有明显卷口。柄端似有残佚。柄一面残留纵向木痕，一面残留少量缠绕状树皮条，推测原装有木片、树皮条缠绕的握柄。通长15.6，刀身长10.7、宽3.3~3.9，柄宽3.15厘米（图一二八:1）。

（三）玉器、骨器　4件。

玛瑙管　1件（M311:7）。

赭石色，微透明，有自然纹理。中部圆形穿从两端对钻而成。长1.45、直径0.8，孔径皆0.3厘米（图一二八:2）。

骨管　3件。

M311:4，圆柱形管状，用动物肢骨制成。通长2.42、直径0.9~0.95、孔径①0.3~0.35、②0.4~0.6厘米（图一二八:3）。

M311:5，圆柱形管状。用动物肢骨制成。一端有折断肢骨留下的断面缺口，稍加打磨，但仍凹凸不平；一端留有围绕外缘切磨的印痕，可明显看出切磨至一定深度后强力将肢骨折断，再将断面磨制修整的痕迹。通长2.45、直径0.9~0.95、孔径①0.3~0.35、

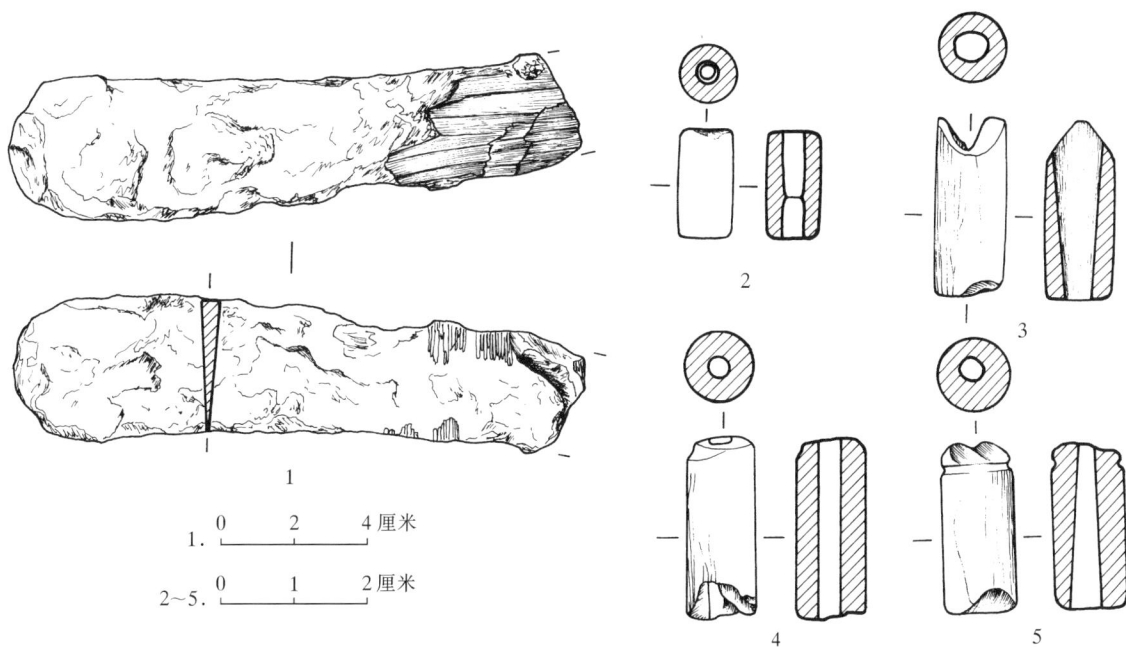

0   2   4厘米
1.

0   1   2厘米
2~5.

图一二八　M311 随葬器物

1.A型铁小刀（M311:1）　2.玛瑙管（M311:7）　3~5.骨管（M311:4、M311:5、M311:6）

②0.3厘米（图一二八:4）。

M311:6，圆柱形管状。用动物肢骨制成。一端稍磨平，另一端围绕外缘切磨出一周凹槽，强力折断肢骨，断面不平整。通长2.3、直径0.9～0.95、孔径①0.25、②0.35～0.45厘米（图一二八:5）。

另外在墓底死者头部位置发现一片红色漆痕，器形不辨。

M312

M312位于DT0807，属Ⅱ工区村民刘朝顺责任地，方向310°，长方形竖穴墓坑，无墓道。墓口长1.72～1.78、宽0.72～0.76，墓底长1.64～1.68、宽0.7～0.73，墓坑深0.2～0.32米。墓坑填土为夹红烧土颗粒的褐色黏土。墓坑头端南侧有一个向外突出的弧形小坑，直径约0.28米，应系后人活动所遗。墓底残存棺木痕及少量漆痕。人骨不存。随葬器物有铜器及玉器（图一二九）。

（一）铜器 1件。

釜 1件（M312:1）。

A型。腹上部附一只竖装条形环耳。口沿下至底留有较明显范痕。高9.8、口径8.6、最大腹径12、壁厚0.1厘米（图一三〇:1）。

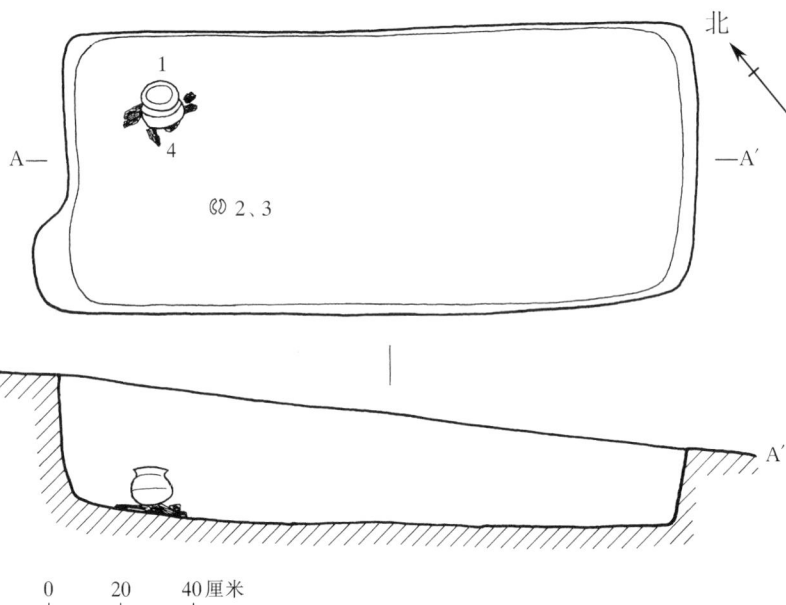

图一二九　M312平、剖面图
1.铜釜　2、3.玉璜　4.木炭痕

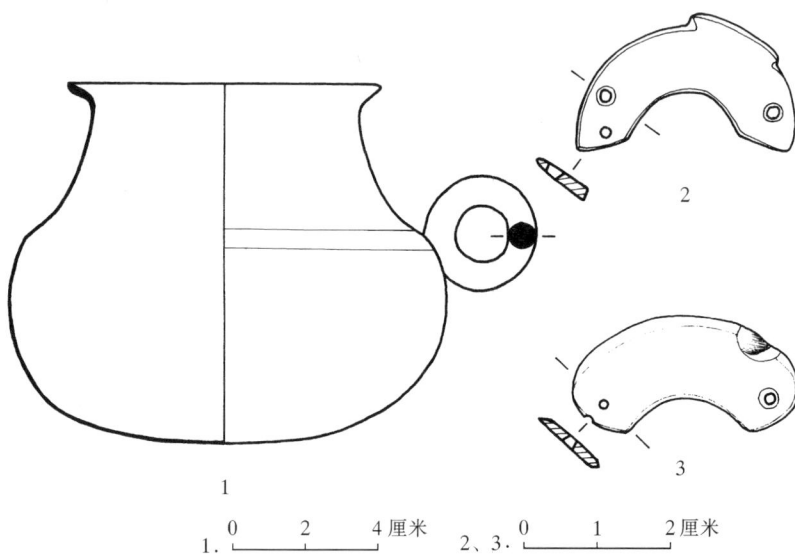

图一三〇　M312随葬器物
1.A型铜釜（M312:1）　2、3.玉璜（M312:2、M312:3）

（二）玉器　2件。

璜　2件。

M312:2，浅绿灰色，不透明。质地为透闪石。圆弧形片状，圆不甚规整。璜体薄，外沿磨成弧形薄口。外弧长4.85、外弧延线圆形直径3.0、内弧延线圆形直径1.4、宽0.7～0.9、厚0.18厘米（图一三〇:2）。

M312:3，灰白色，不透明，分布有较多深绿灰色网状纹理，局部有浅绿灰色透明块。圆弧形片状。质地为透闪石。一端中部有一个半圆形缺口，缺口沿钻磨痕明显，原应为一个圆形穿。璜体薄，外沿一面磨有一道0.2厘米宽整齐的斜面，沿口近似刃状。外弧长3.85、外弧延线圆形直径4.2、内弧延线圆形直径1.9、宽1.05～1.1、厚0.16厘米（图一三〇:3）。

另外在墓底铜鉴下有红色漆痕，器形不辨。

M317

M317位于DT0906，属Ⅱ工区村民刘朝顺责任地，方向315°，长方形竖穴墓坑，无墓道。墓口长2.12、宽0.7～0.98，墓底长2.02、宽0.56～0.76，墓坑深0.52～0.66米。墓坑填土为夹红烧土颗粒的褐色黏土。墓底有少量棺木残片，靠北侧墓壁并残存一条长约0.9米的棺木痕。残留死者少量头骨及肢骨。随葬器物有铜器（图一三一）。

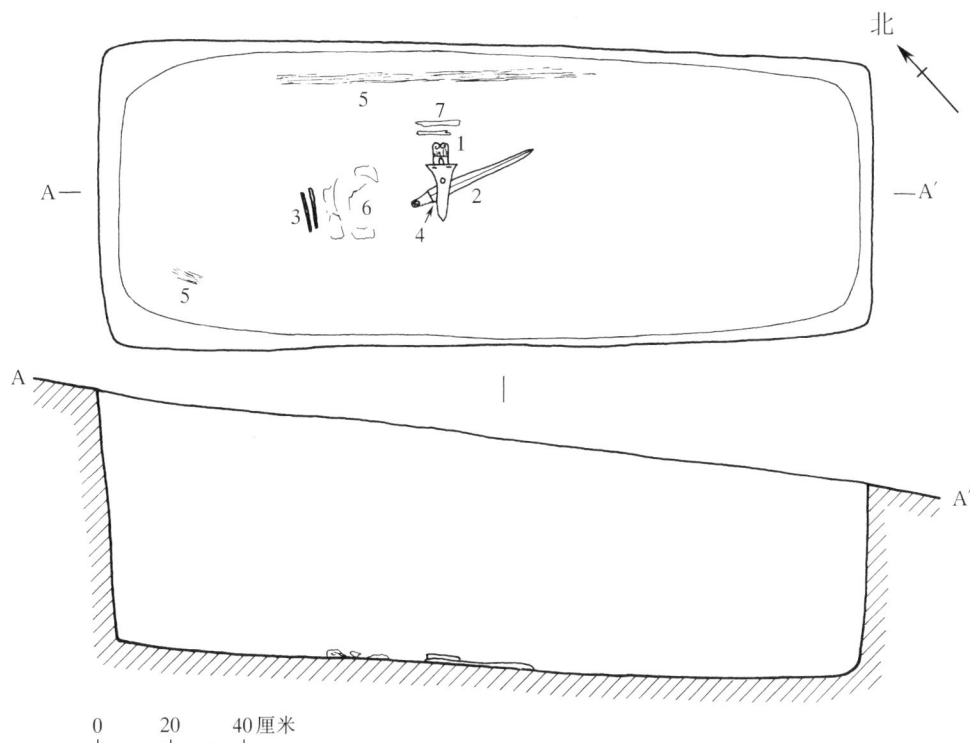

图一三一　M317平、剖面图

1.铜戈　2.铜剑　3.铜发钗　4.铜带钩　5.棺木痕　6、7.人骨碎片

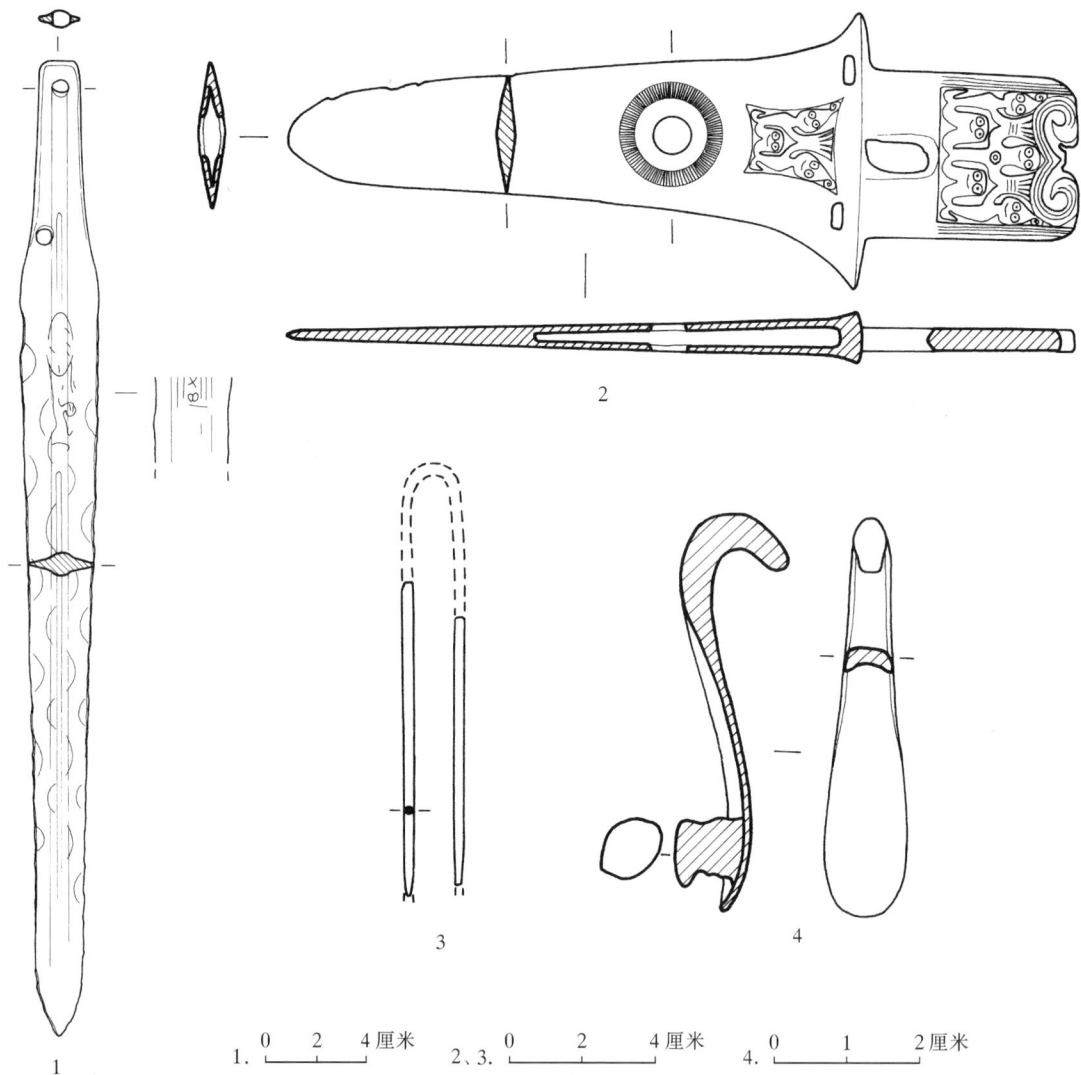

图一三二　M317 随葬器物

1. 柳叶形铜剑（M317:2）　2. B 型 Ⅱ 式铜戈（M317:1）　3. A 型铜发钗（M317:3）
4. C 型 Ⅱ 式铜带钩（M317:4）

铜器　4 件。

柳叶形剑　1 件（M317:2）。

中脊凸出，脊上有槽，剑身与茎无明显分界。剑身两从饰虎斑纹、半圆纹。剑身基部两面均铸有纹饰，一面为虎纹，另一面为水波纹等，剑身基部还残留有四片蝉翼状装饰铜片。通长 37.2、剑身最宽处 3.1 厘米（图一三二:1）。

戈　1 件（M317:1）。

B 型 Ⅱ 式。条形援无胡直内。援后半部整体中空，中空范围从阑边至援身 8.4 厘米。援及内上人形图案较精细。通长 21.8，援长 16、中宽 3.8，内长 5.8、宽 4.6、厚 0.65，阑长 7.5 厘米（图一三二:2）。

发钗　1 件（M317:3）。

A 型。残存两段，铜条断面为圆形。从出土位置看，发钗从头顶发髻左侧平插入。长8.5、7.2，条径 0.25～0.3 厘米（图一三二:3）。

带钩　1 件（M317:4）。

C 型Ⅱ式。琵琶形，出土时放置于死者胸部，与铜剑相邻。钩体长 5.3、最宽处 1.1厘米（图一三二:4）。

M318

M318 位于 DT0805、DT0905，属Ⅱ工区村民刘朝顺责任地，方向 323°，长方形竖穴墓坑，无墓道。墓口长 2.5～2.67、宽 0.7～0.76，墓底长 2.5～2.62、宽 0.55～0.58，墓坑深 0.78～0.9 米。墓坑填土为夹少量红烧土颗粒的褐色黏土。墓壁头端偏北部向外突出一弧形坑，直径约 0.3 米，深至墓底，应系后人活动所遗。墓底面略向脚端倾斜，倾斜度约 12°。西北角被 M319 打破。墓底残存死者少量肢骨及部分牙齿。侧身直体葬。随葬器物有少量铜器（图一三三）。

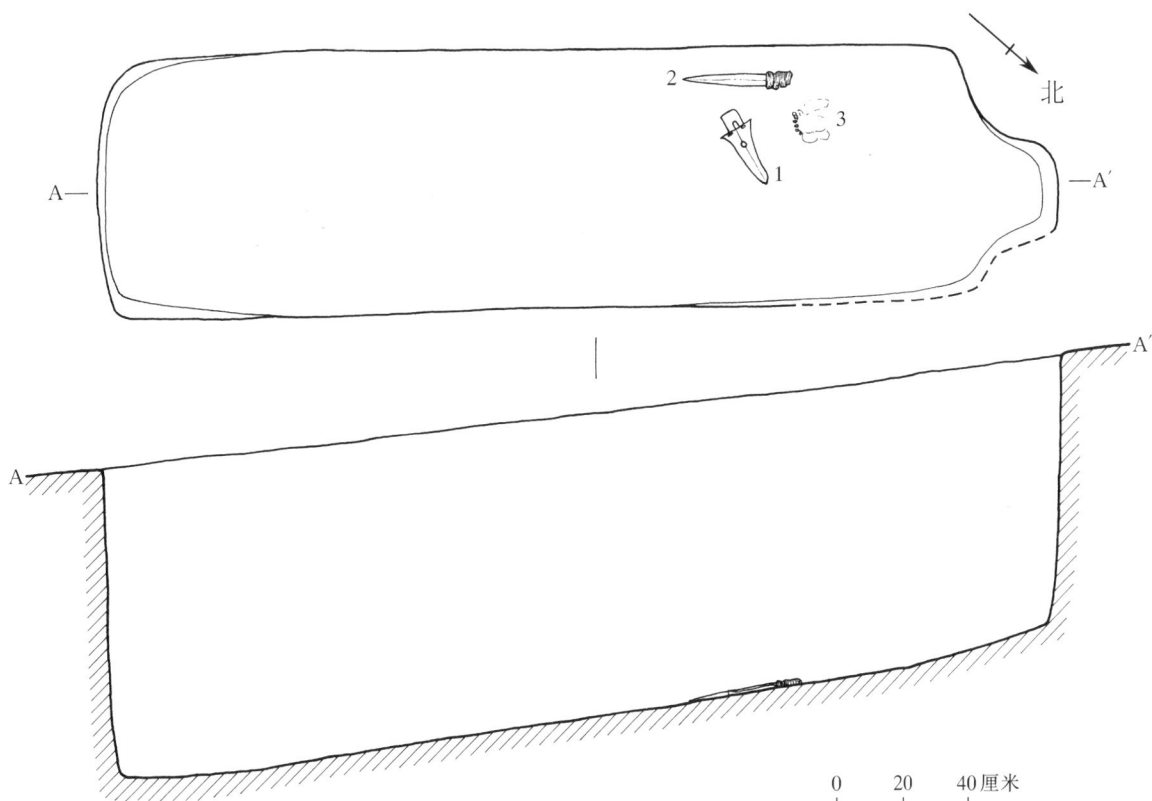

图一三三　M318 平、剖面图
1. 铜戈　2. 铜剑　3. 头骨碎片与牙齿

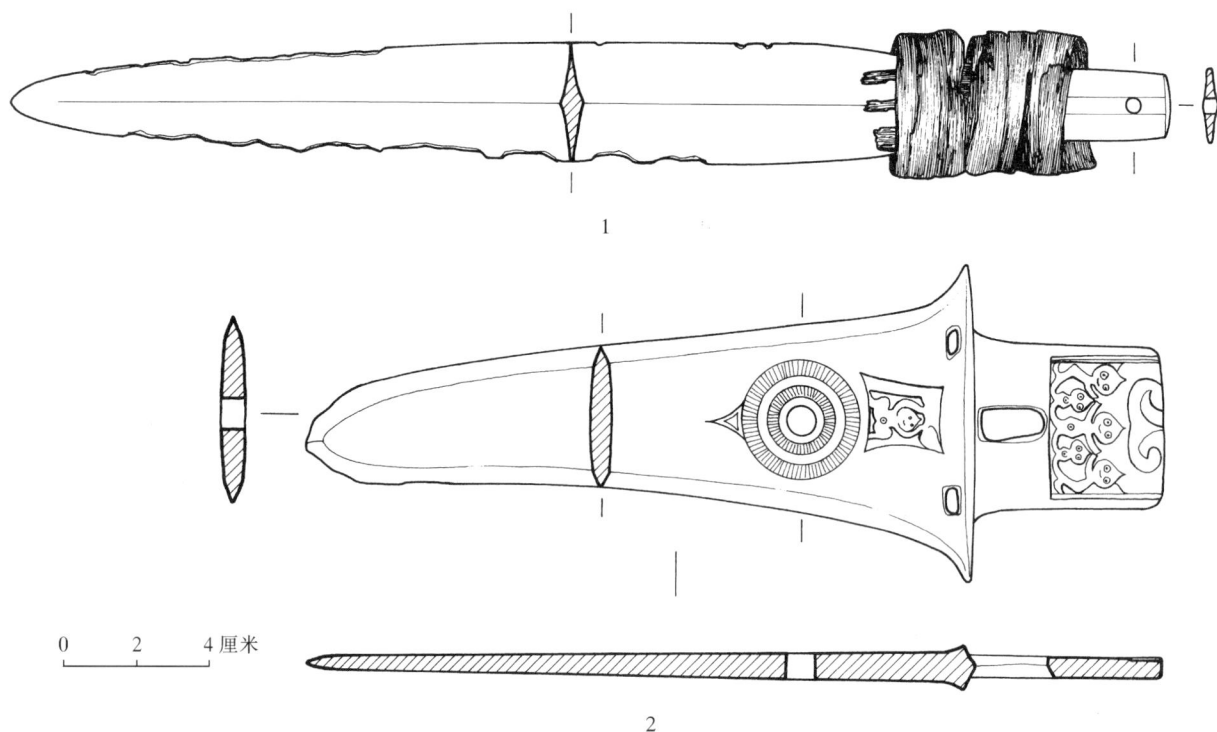

图一三四　M318 随葬器物

1. 柳叶形铜剑（M318:2）　　2. B 型 I 式铜戈（M318:1）

铜器　2 件。

柳叶形剑　1 件（M318:2）。

剑身与茎无明显分界，剑茎处缠有树皮数周，内插有纵向木片。通长 31.8、剑身最宽处 3.2 厘米（图一三四:1）。

戈　1 件（M318:1）。

B 型 I 式，条形援无胡直内。内上饰三人图案，中间人物腹部膨大，佩有圆形扣饰。援上人物作蛙状下蹲，胸腹部亦佩圆形扣饰。内与援两面纹饰相同。通长 23.2、援长 18.1，内长 5.1、宽 4.2、厚 0.58，阑长 8.6 厘米（图一三四:2）。

M319

M319 位于 DT0805、DT0905，属 II 工区村民刘朝顺责任地，方向 280°，长方形竖穴墓坑，无墓道。墓口长 2.36、宽 0.76，墓底长 2.34、宽 0.63，墓坑深 0.26～0.4 米。墓坑填土为夹少量红烧土颗粒的褐色黏土。墓壁头端偏北部向外突出一弧形坑，直径约 0.2、深 0.1 米。应系后人活动所遗。西南角打破 M318，东北角打破 M337。墓底残存死者少量头骨。随葬器物有铜器（图一三五）。

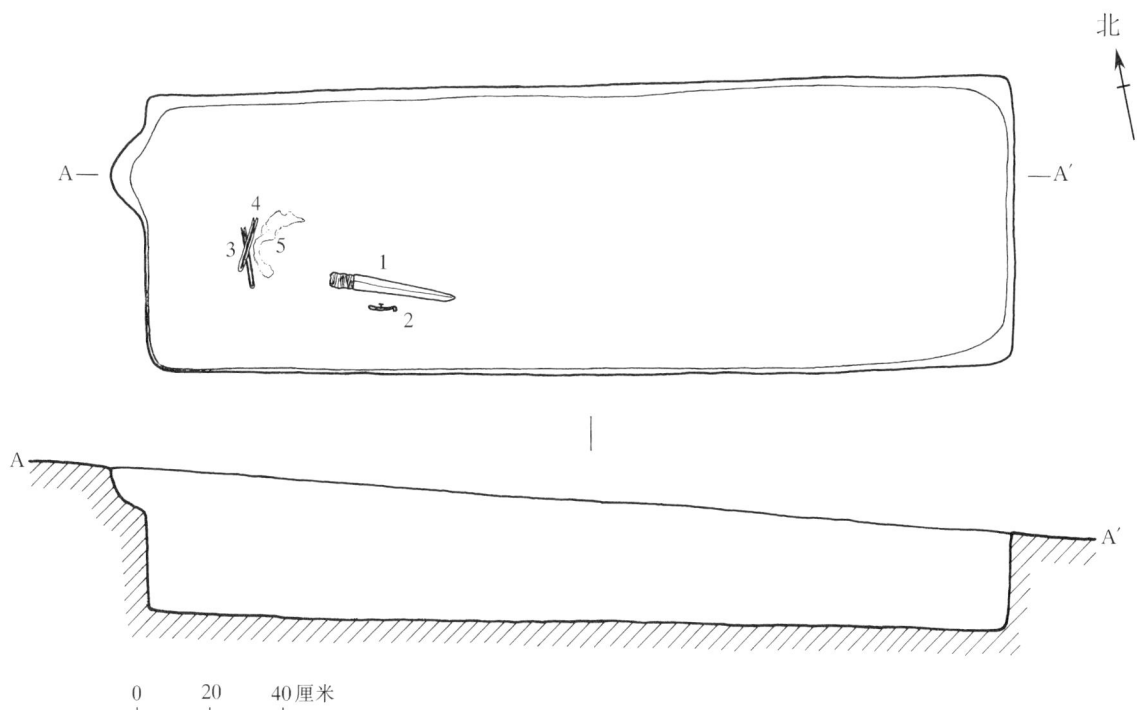

图一三五　M319 平、剖面图

1. 铜剑　2. 铜带钩　3、4. 铜发钗　5. 头骨碎片

铜器　4 件。

柳叶形剑　1 件（M319:1）。

剑身与茎有明显分界，交界处呈直角。剑茎处缠有树皮数周，内插有纵向木片。通长34.6、茎长 6.4、剑身最宽处 3.15 厘米（图一三六:1）。

发钗　2 件。

皆为 A 型。整体呈长"U"形，两钗条长度略有差异，铜条断面为圆形。两件形制相同。从出土位置看，两件发钗均从头顶发髻右侧平插入，分别略向上、向下倾斜。

M319:3，长 15.5、条径 0.3～0.4 厘米（图一三六:2）。

M319:4，长 16.2、条径 0.3～0.38 厘米（图一三六:3）。

带钩　1 件（M319:2）。

C 型Ⅲ式。琵琶形，钩首略呈鸟头形，腹瘦，腹上五道弧形凹槽。出土时与铜剑并列放置于死者胸部右侧。钩体长 6.8、最宽处 0.8 厘米（图一三六:4）。

M322

M322 位于 DT0806、DT0906，属Ⅱ工区村民刘朝顺责任地，方向 300°，长方形竖穴墓坑，无墓道。墓口长 1.5～1.59、宽 0.61～0.65，墓底长 1.47～1.54、宽 0.56～0.59，

墓坑深 0.13～0.25 米。墓坑填土为夹红烧土颗粒的褐色黏土。打破 M321、M323。人骨不存。随葬器物仅有一件陶罐（图一三七）。

陶罐　1 件（M322:1）。

C 型 Ⅱ 式。夹炭夹砂褐陶。耳拱弧较高，中部几呈折角状。折腹部对称饰四枚乳丁，乳丁高 0.65～0.8 厘米，端面较平，划有一较深"十"字纹。泥条盘筑法成形。泥料加有较多炭屑，器体很轻，观察可见大量孔隙。烧成温度约 650℃～700℃，火焰不匀。出土时放置于死者头部位置。口径 8.6～8.75、最大腹径 12.5～13.05、足径 6.2～6.55、高 12.9、耳片中部宽 2.9、厚 0.55 厘米（图一三八）。

M324

M324 位于 DT0808，属 Ⅱ 工区村民刘朝顺责任地，方向 307°，哑铃形墓坑。墓口长 2.45～2.6、宽 0.9～1，墓底长 2.38～2.4、宽 0.8～0.9，墓坑深 0.05～0.08 米。墓坑填土为夹红烧土颗粒的褐色黏土。墓上半部遭严重破坏，人骨不存。随葬器物仅有铜柄铁剑一件（图一三九）。

镂空牌形茎首铜柄铁剑　1 件（M324:1）。

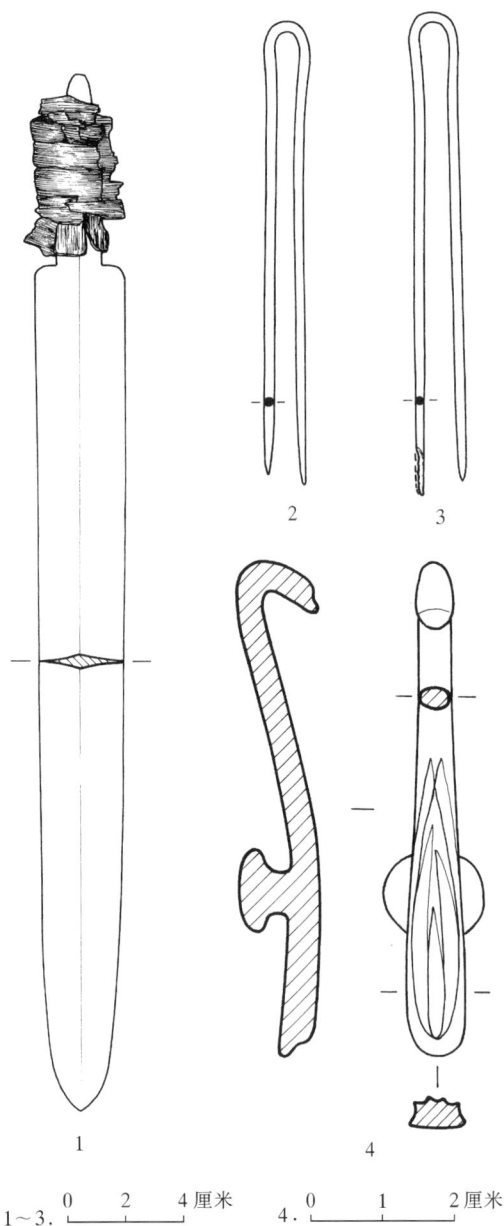

图一三六　M319 随葬器物

1. 柳叶形铜剑（M319:1）　2、3.A 型铜发钗（M319:3、M319:4）　4.C 型 Ⅲ 式铜带钩（M319:2）

茎和剑身分别用青铜和铁铸造。茎首镂空牌状，由三组卷云纹、圆圈纹及弧状条纹等构成。剑格与茎整体铸成，略呈"凹"字形。茎上饰卷云纹、三角雷纹、雷纹、辫索纹及小乳丁等。茎略残裂。剑身短，中部脊不明显，X 线摄影显示，剑身与剑茎呈弧线连接，与巴蜀式柳叶形铁剑同。通长 28.1、茎通长 11.4、茎首牌宽 4.1、厚 0.7，剑身长 16.7、

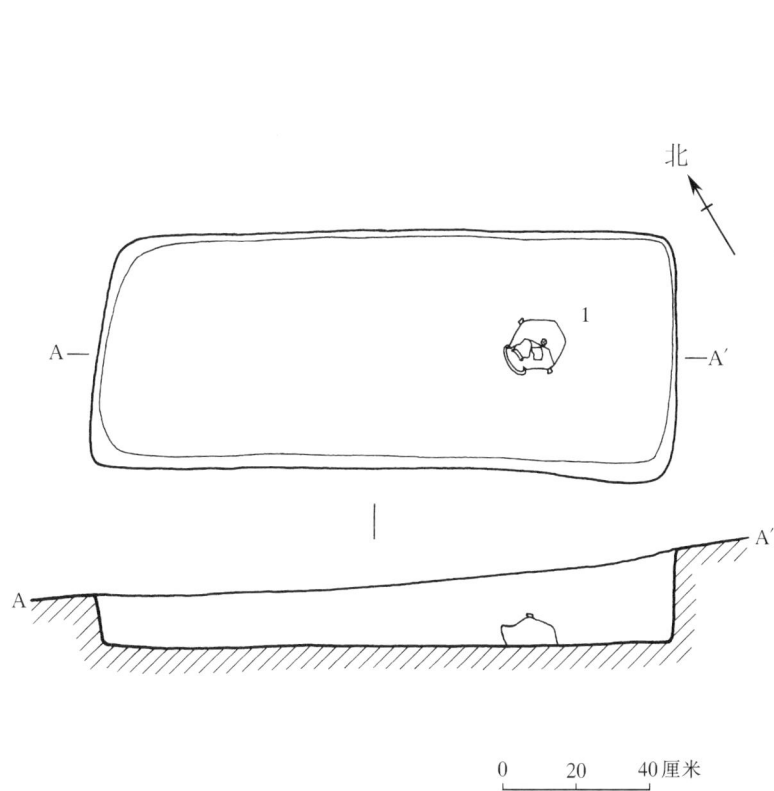

图一三七　M322 平、剖面图

1. 陶罐

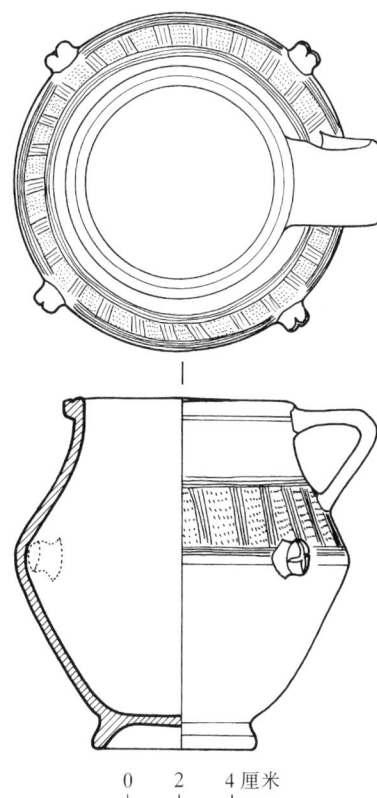

图一三八　M322 随葬

C 型 II 式陶罐（M322:1）

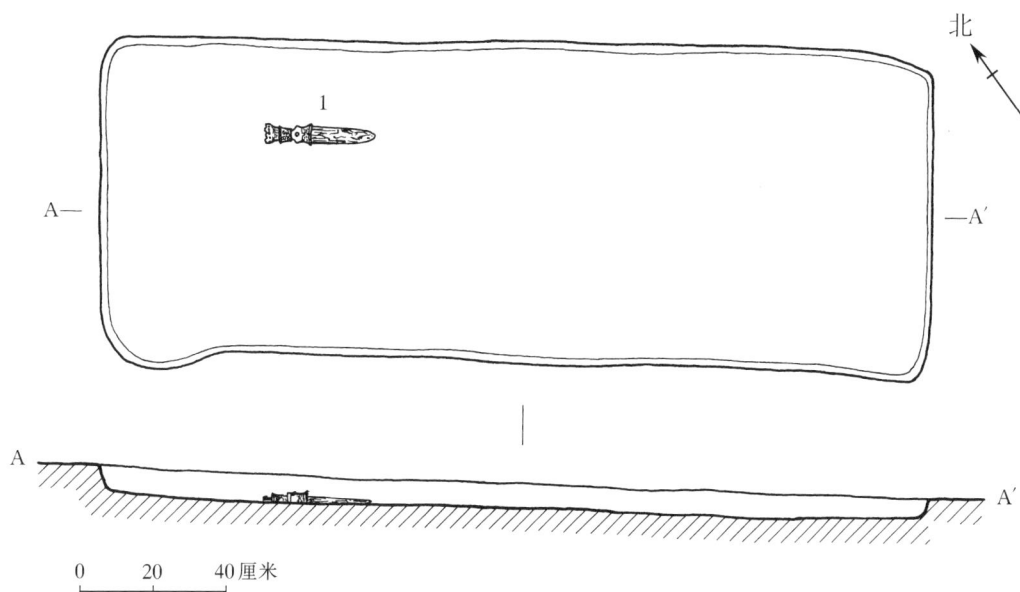

图一三九　M324 平、剖面图

1. 铜柄铁剑

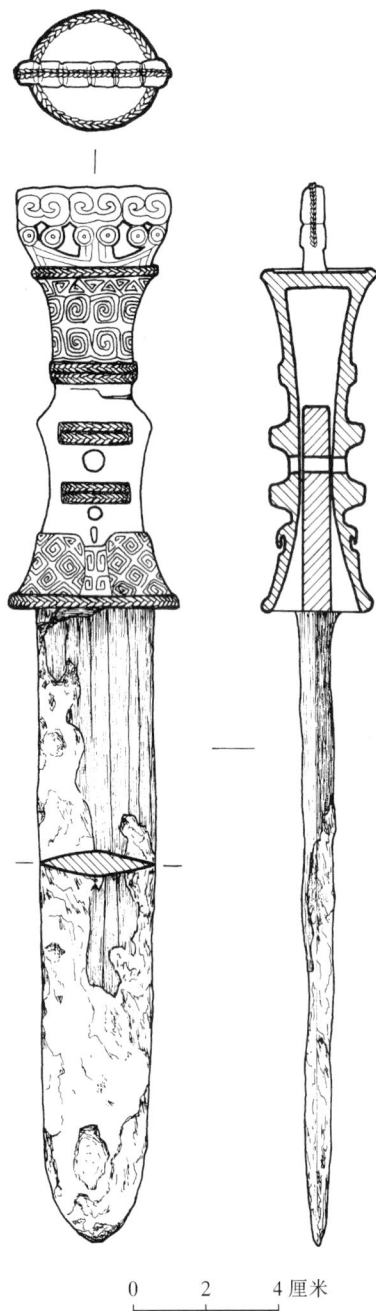

镂空牌形茎首铜柄铁剑（M324:1）

中部宽 3.1 厘米（图一四〇）。

M325

M325 位于 DT0906，属Ⅱ工区村民刘朝顺责任地，方向 320°，长方形竖穴墓坑，无墓道。墓口长 2.4～2.45、宽 0.75～0.8，墓底长 2.35～2.4、宽 0.74～0.78，墓坑深 0.52～0.6 米。墓坑填土为夹红烧土颗粒的褐色黏土，内含极少炭屑。西端打破 M326、东端打破 M316。墓底残存死者少量肢骨。随葬器物有铜器（图一四一）。

铜器　4 件。

蛇头形茎剑　1 件（M325:3）。

茎与剑身连体一次铸成。茎中空，两面饰不规则镂孔、线纹、辫索纹等，形似蛇头。通长 30.6、茎长 12、格宽 1.05，剑身长 18.6、最宽处 4.6 厘米（图一四二:1）。

戈　1 件（M325:2）。

A 型。无胡直内，弧线三角形援。援上圆形穿前柱状脊约 2 厘米一段中空。戈通长 19.8，内长 6.8、宽 5.8、厚 0.65，阑长 10.2 厘米（图一四二:2）。

带钩　1 件（M325:1）。

C 型 Ⅰ 式。琵琶形，钩面饰错金卷云纹、斜线纹组合的图案。出土时横置于死者腰部。钩体长 13.2、最宽处 3 厘米（图一四二:3）。

铜皮管饰　1 件（M325:4）。

铜皮制成，共六段管，其中有两段套接为一段。断面椭圆形，接口不加卷扣，两头平叠。管内原有包裹物，已不详。出土时位于戈柲与铜剑旁。管长径 0.9～0.95、短径 0.6，管长分别为 3.5、4.9、3.4、3.7、3.7、2.45 厘米（图一四二:4）。

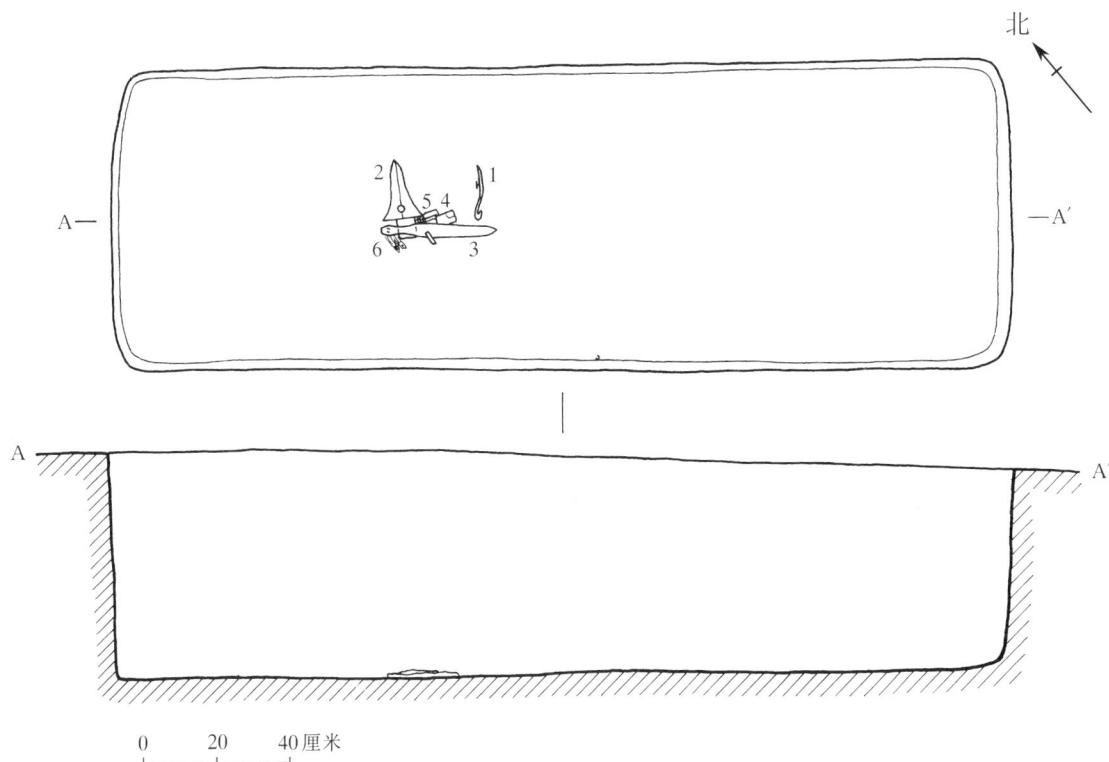

图一四一　M325 平、剖面图

1.铜带钩　2.铜戈　3.铜剑　4.铜皮管饰　5.戈柲装饰物　6.肢骨残片

M330

M330 位于 DT0905 、DT1005，属Ⅱ工区村民刘朝顺责任地，方向 320°，长方形竖穴墓坑，无墓道。墓口长 1.7～1.76、宽 0.62～0.88，墓底长 1.58～1.64、宽 0.58～0.66，墓坑深 0.7～0.72 米。墓坑填土为夹红烧土颗粒的褐色黏土。东端打破 M341。墓底残存死者少量肢骨及部分牙齿。随葬器物有铜器、铁器、玉器（图一四三）。

（一）铜器 4 件。

匜　1 件（M330:1）。

残损严重。器壁薄、匀，铸造工艺精巧。出土时放置于死者左肩位置，器内壁留有红彩痕。口长径约 14、短径约 10，残高 3、壁厚 0.05 厘米（图一四四:5）。

铃　3 件。

均为 A 型 I 式。弧形口合瓦状，通体较宽扁，器表纹饰因锈蚀不清晰，似花瓣纹。残损严重，其中 M330:5、M330:6 已残碎（图一四四:3、4）。

M330:4，仅存一半。铃舌棒槌状，挂于铃内顶部半圆形片状挂环上。通高 3.15、口

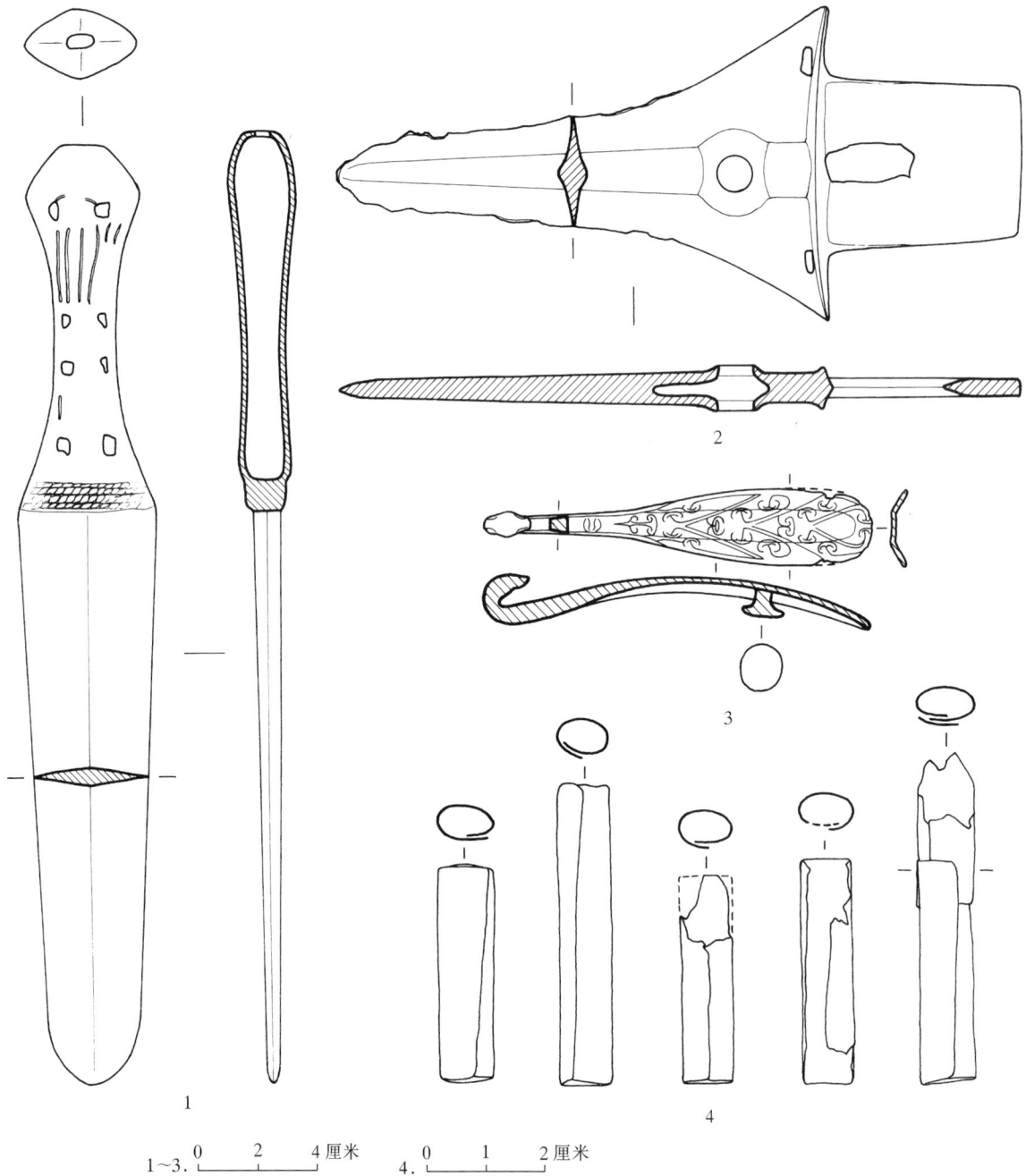

图一四二　M325 随葬器物

1.蛇头形茎铜剑（M325：3）　　2.A 型铜戈（M325：2）　　3.C 型 I 式铜带钩（M325：1）　　4.铜皮管饰
（M325：4　从左至右依次为 M325：4－1、M325：4－2、325：4－3、M325：4－4、M325：4－5、M325：4－6）

长径 3.05，纽高 0.8、孔径 0.85，舌长 2.9 厘米（图一四四：2）。

（二）铁器　1 件。

削刀　1 件（M330：3）。

B 型 I 式。环首大部残佚，有纺织物包裹，看不出弯头和接口痕。刀身一面附有较多纺

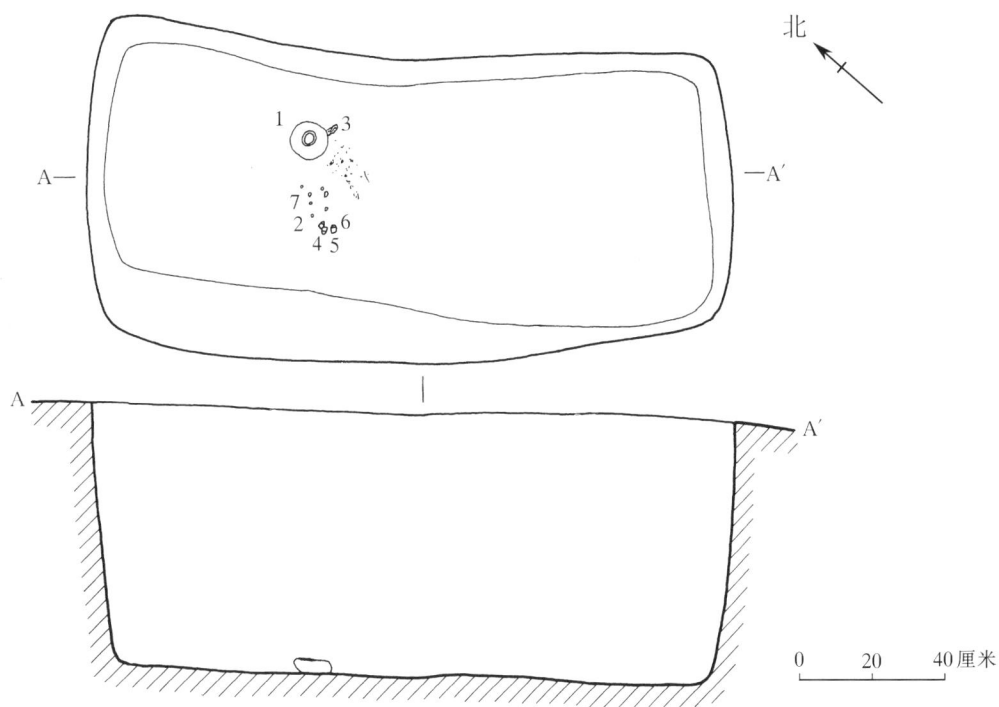

图一四三 M330 平、剖面图

1. 铜匜 2. 孔雀石串珠 3. 铁削刀 4~6. 铜铃 7. 牙齿

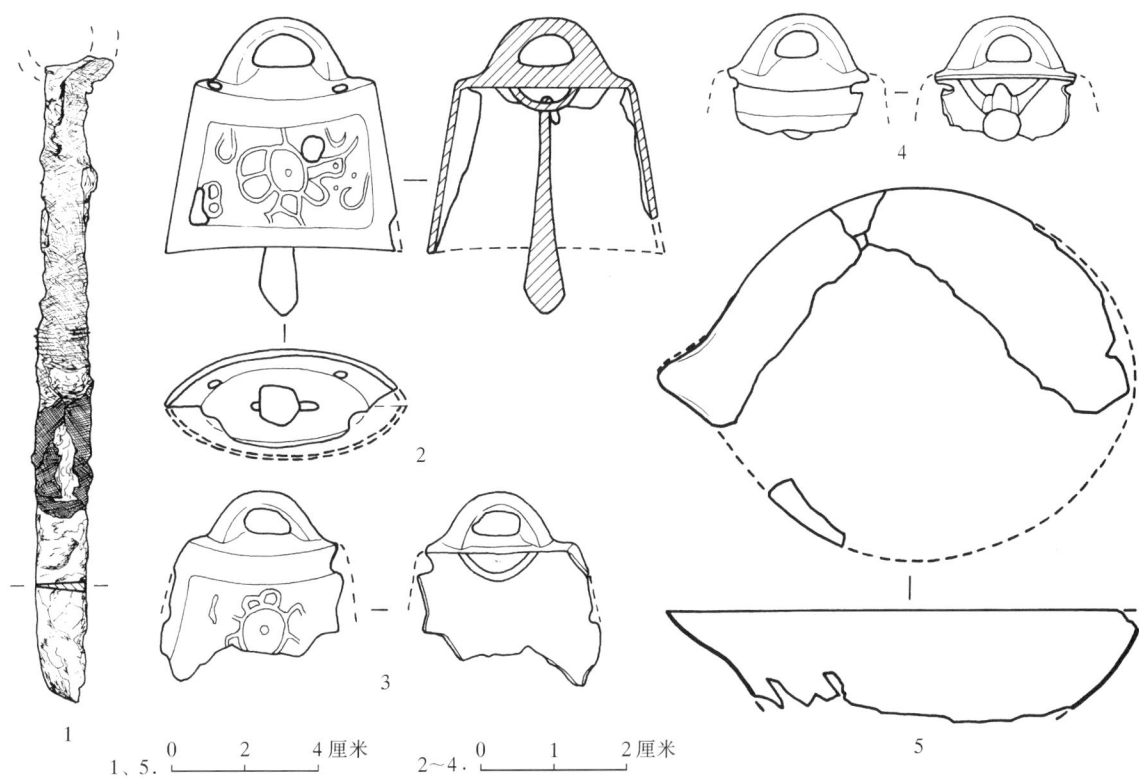

图一四四 M330 随葬器物

1.B 型 I 式铁削刀（M330:3） 2~4.A 型 I 式铜铃（M330:4、M330:5、M330:6） 5. 铜匜（M330:1）

织物，另一面似有鞘痕。残长 17.3、厚 0.8、刃部宽 1.3、柄宽 0.95 厘米（图一四四:1）。

（三）玉器　1 组。

孔雀石串珠　1 组（M330:2）。

灰绿色，不透明，有的带自然纹理。串珠粒大小不等，长者呈圆管状，短者呈圆片状，两面平齐，珠中部一圆形穿。用线连为串后通长约 333 厘米，计 2131 粒，另有少量残碎不计。出土时位于死者胸部偏左处，部分可看出成串排列状，但看不出整体是否一串。粒直径 0.25~0.5、长 0.08~0.95、孔径 0.05~0.1 厘米（参见彩版六三，线图略）。

M331

M331 位于 DT0907、DT1007，属 II 工区村民刘朝顺责任地，方向 325°，长方形竖穴墓坑，无墓道。墓口长 2.28~2.36、宽 0.63~0.65，墓底长 2.12~2.21、宽 0.56~0.63，墓坑深 0.38~0.52 米。墓坑填土为夹红烧土颗粒的褐色黏土。墓底面略向脚端倾斜，倾斜度约 2.5°。人骨不存，可看出死者头右侧墓底斜插一件铜戈。墓内随葬器物有少量铜器、铁器（图一四五）。

（一）铜器　1 件。

戈　1 件（M331:1）。

A 型。无胡直内，弧线三角形援，脊呈圆柱状。出土时斜插于死者头右侧墓底地面。

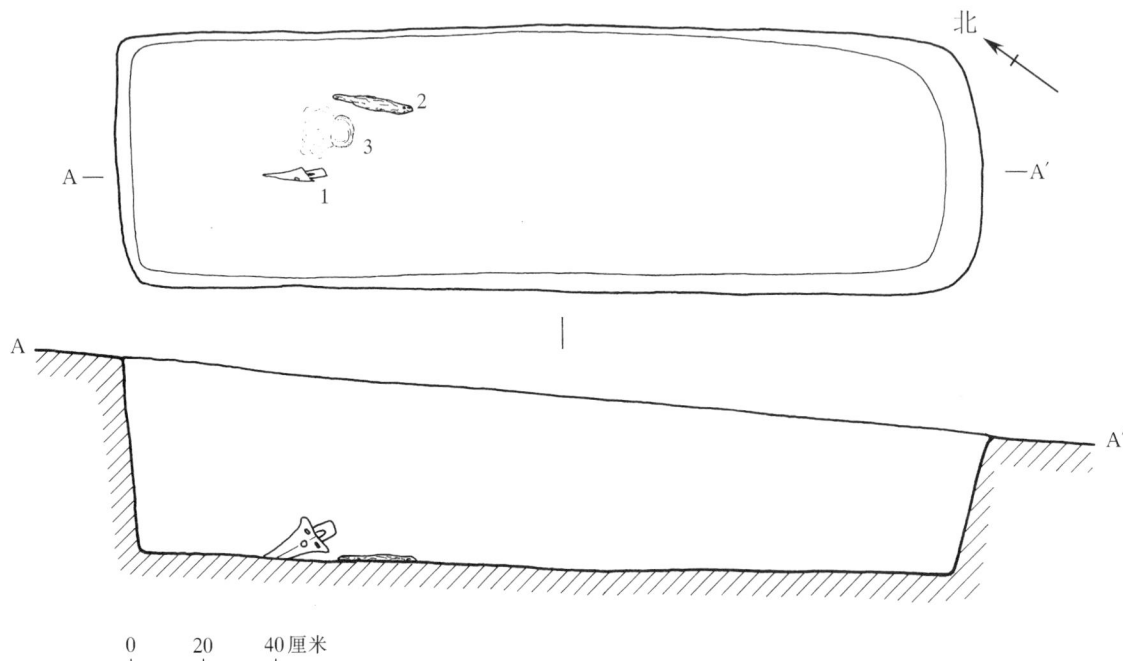

图一四五　M331 平、剖面图
1. 铜戈　2. 铁剑　3. 漆痕

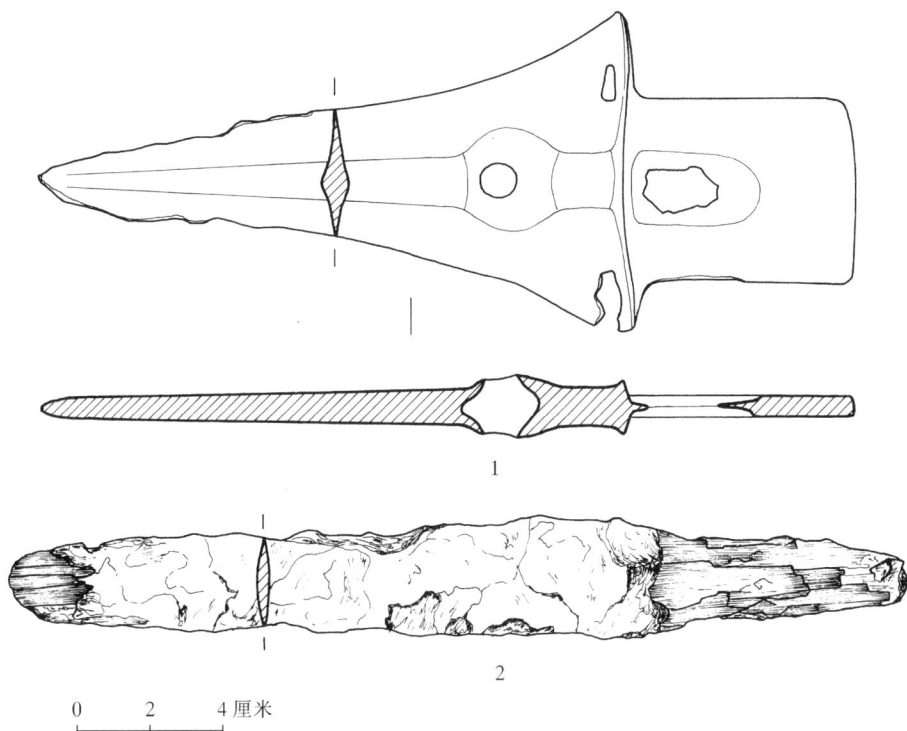

图一四六　M331 随葬器物

1. A 型铜戈（M331∶1）　　2. 柳叶形铁剑（M331∶2）

通长 22，内长 6.5、宽 4.8、厚 0.6，阑残长 8.5 厘米（图一四六∶1）。

（二）铁器　1 件。

剑　1 件（M331∶2）。

柳叶形，茎与剑身弧线相连，无明显分界。剑身中部较厚，因锈蚀不辨是否起脊。茎部残留木痕，估计原有木质握柄。通长 24.6、剑身中部宽 2.8 厘米（图一四六∶2）。

另外在墓底死者胸部位置发现红色漆痕，器形似豆。

M334

M334 位于 DT1007，属 Ⅱ 工区村民刘朝顺责任地，方向 310°，长方形竖穴墓坑，无墓道。墓口长 2.72～2.82、宽 0.52～0.98，墓底长 1.9～2.44、宽 0.48～0.86，墓坑深 0.06～0.12 米。墓坑填土为夹红烧土颗粒的褐色黏土。东南角被 M333 打破。墓底面向脚端倾斜，倾斜度约 4.5°。墓底残留死者少量肢骨及部分牙齿。仰身直体葬。随葬器物有少量铜器（图一四七）。

铜器　2 件。

戈　1 件（M334∶1）。

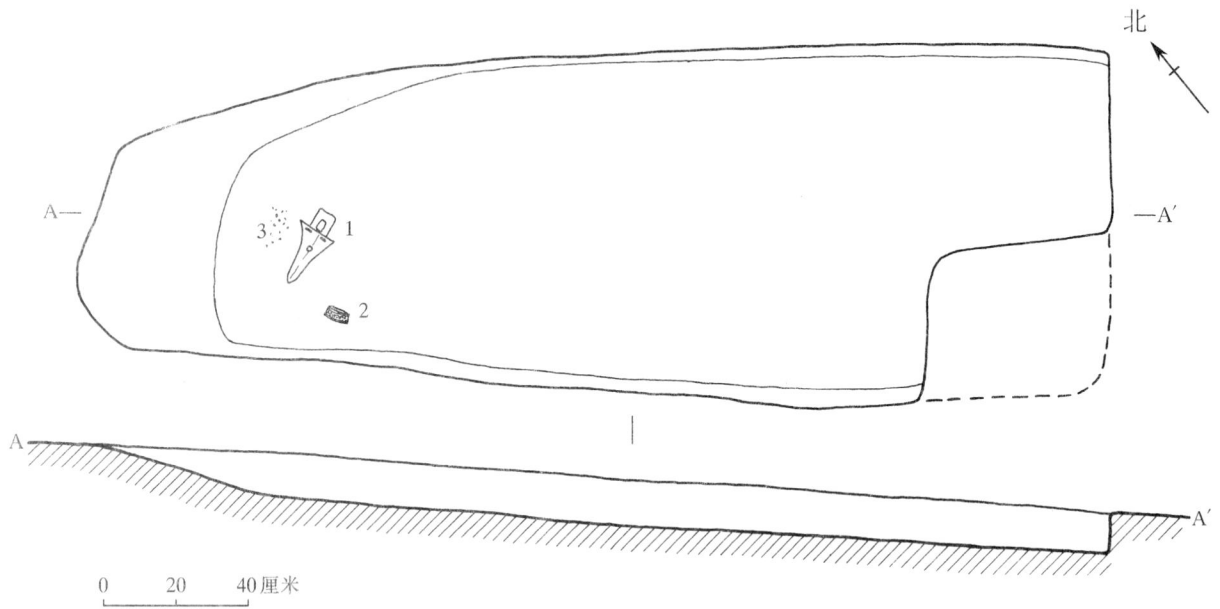

图一四七　M334 平、剖面图
1. 铜戈　2. 铜手镯　3. 牙齿碎片

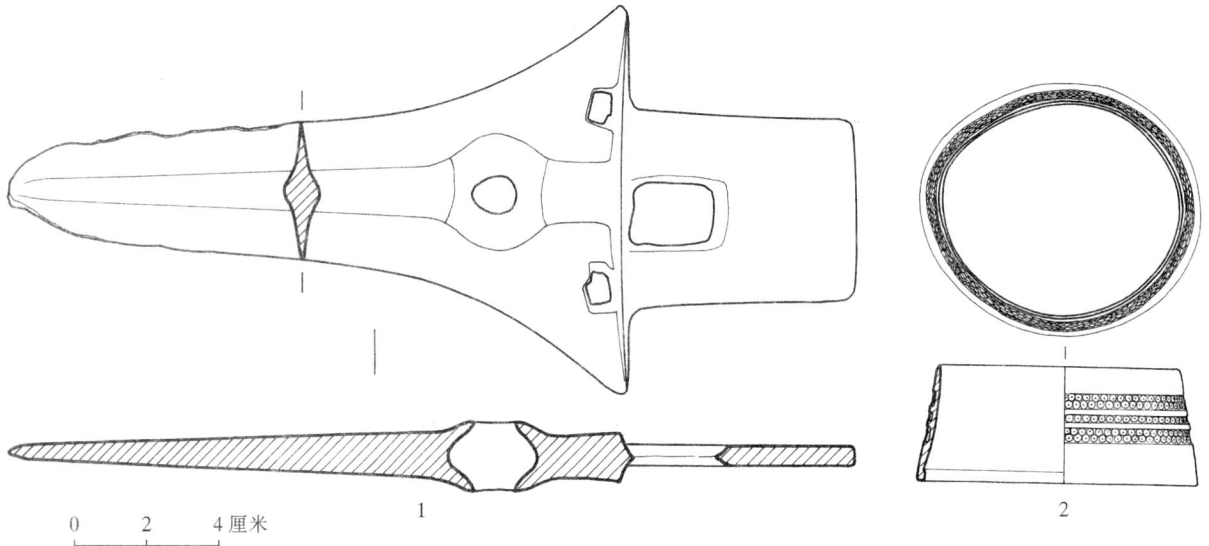

图一四八　M334 随葬器物
1. A 型铜戈（M334∶1）　2. A 型Ⅱ式铜手镯（M334∶2）

A 型。无胡直内，弧线三角形援，脊呈圆柱状。通长 23.2，内长 6.4、宽 5、厚 0.55，援长 16.8、中部宽 2.7，阑长 10.4 厘米（图一四八∶1）。

手镯　1 件（M334∶2）。

A 型Ⅱ式。宽片状环形，镯口一端大，一端小，大端内壁边沿有一周约 0.3 厘米宽凸棱。镯面中部三道凹槽，中部凹槽较窄，槽内镶嵌一列圆形孔雀石小薄片；两侧凹槽较宽，各镶嵌两列圆形孔雀石小薄片。镯内壁粘附有轻薄网格状纺织物。戴于死者右臂。大端外径6.5~7.6、小端外径5.9~6.7、片宽2.9~3.15、厚0.25~0.32厘米（图一四八:2）。

M335

M335位于DT1007，属Ⅱ工区村民刘朝顺责任地，方向313°，长方形竖穴墓坑，无墓道。墓口长2.15~2.2、宽0.56~0.7，墓底长2.1~2.15、宽0.12~0.24，墓坑深0.4~0.46米。墓坑填土为夹红烧土颗粒的褐色黏土。人骨不存。随葬器物仅有一件铜戈（图一四九）。

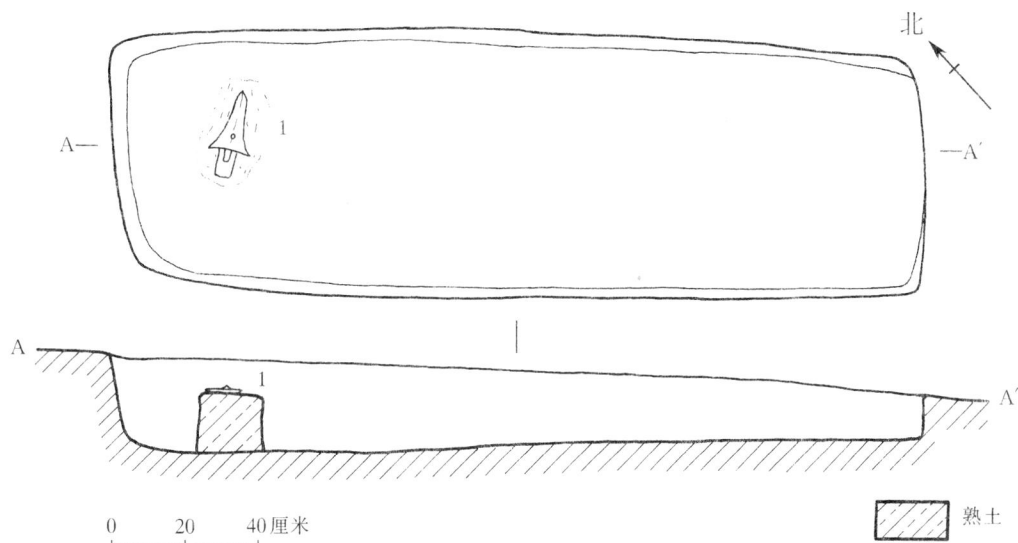

图一四九　M335平、剖面图
1. 铜戈

铜戈　1件（M335:1）。

A型。无胡直内，弧线三角形援。援上圆形穿前柱状脊有0.5厘米一段中空，穿后柱状脊中空1厘米。通长22.3、内长6.7、宽5、厚0.5、阑长10.3厘米（图一五〇）。

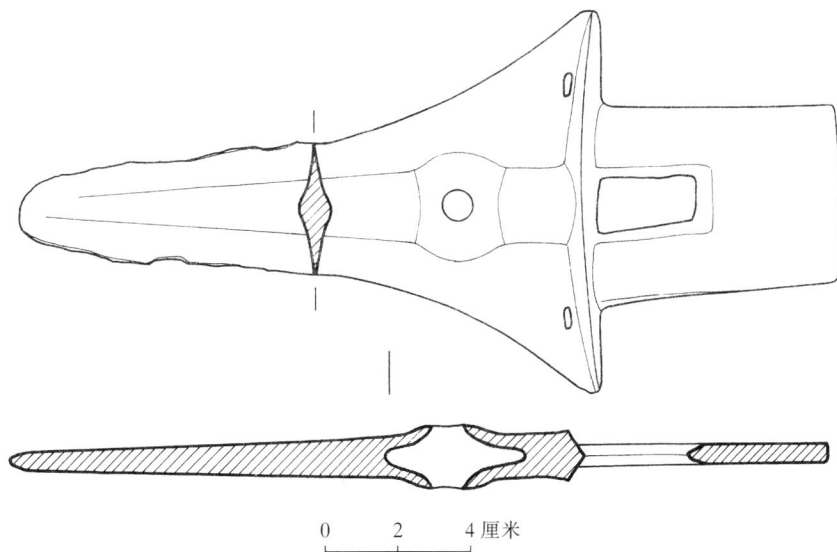

图一五〇　M335随葬A型铜戈（M335:1）

M337

M337 位于 DT0805，属 II 工区村民刘朝顺责任地，方向 325°，长方形竖穴墓坑，无墓道。墓长 2.08～2.12、宽 0.73～0.75，墓坑深 0.12～0.2 米。墓坑填土为夹红烧土颗粒

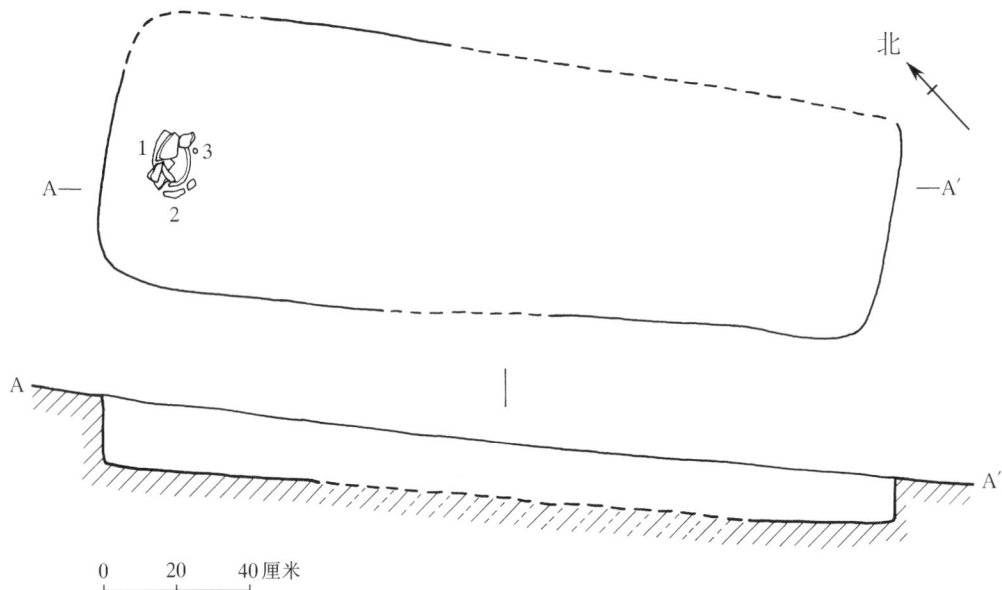

图一五一　M337 平、剖面图
1. 陶罐　2. 头骨碎片　3. 牙齿

的褐色黏土。东北角被 M295 打破、南壁被 M319 打破、西北角被 M296 打破。墓底面略向脚端倾斜，倾斜度约 3°。墓底残存死者少量头骨及部分牙齿。随葬器物仅有一件陶罐（图一五一）。

陶罐　1 件（M337:1）。

C 型 I 式。夹炭褐陶。泥料中加有较多炭屑，胎心为黑褐色，器表及胎心有大量孔隙，器体轻。烧制火候不高。出土时位于墓底距死者头顶不远处。口径 7.1、最大腹径 11.8～12.1、高 10.9、壁厚 0.3 厘米（图一五二）。

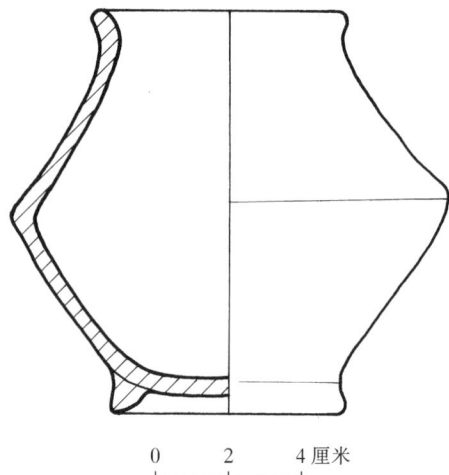

图一五二　M337 随葬 C 型 I 式
陶罐（M337:1）

M338

M338 位于 DT1005、DT1006，属Ⅱ工区村民刘朝顺责任地，方向 321°，哑铃形墓坑，无墓道。墓口长 1.95～2.2、宽 0.78～0.82，墓底长 1.92～1.96、宽 0.5～0.68，墓坑深 0.7～0.8 米。墓坑填土为夹红烧土颗粒的褐色黏土。东端被 M329 打破、北壁打破 M362。墓底面略向脚端倾斜，倾斜度约 12°。墓底残存死者少量牙齿。随葬器物有陶器、铜器、铁器和玉器（图一五三）。

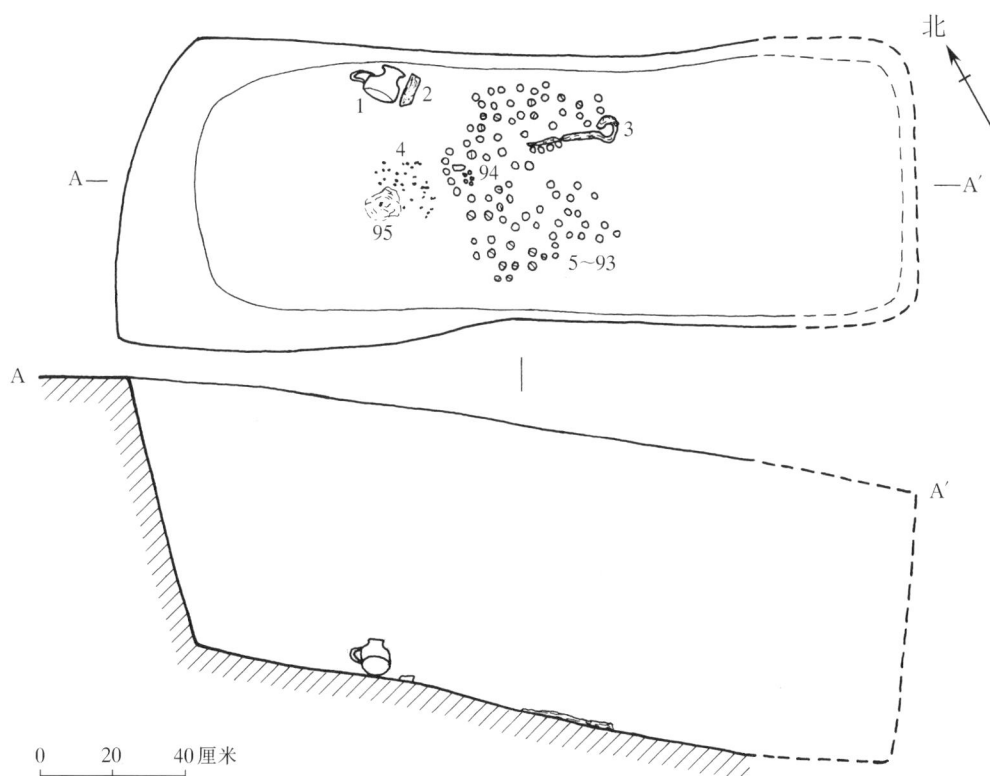

图一五三 M338 平、剖面图

1. 陶杯 2. 铁锸 3. 铁削刀 4. 孔雀石串珠 5～93. 铜扣饰 94. 牙齿 95. 漆痕

（一）陶器 1件。

杯 1件（M338:1）。

夹炭褐陶。耳拱弧高，中部几呈折角状。腹上部对称饰三枚椭圆乳丁，乳丁面有戳压窝痕。泥条盘筑法成形，器形小却制作规整。泥料中加有较多炭屑。烧成温度约 700℃。口径 6.25～6.32、最大腹径 8.7～8.75、足径 5.15～5.25、高 6.75，耳片中宽 2.4、厚 0.5 厘米（图一五四:1）。

（二）铜器 89件。

扣饰 89件。

编号为：M338:5～93，皆 C 型，形制基本相同，其中 16 件残。片状圆锥体形。器形小，器身薄，锥面斜度有大小差异。背面横梁规整，整体一次铸成。直径 1.65～2.1、高 0.5～0.7 厘米。举例如下：

标本 M338:5，直径 1.9、高 0.7 厘米（图一五四:2）。

标本 M338:7，直径 1.95、高 0.6 厘米（图一五四:3）。

（三）铁器 2 件。

锸 1 件（M338:2）。

原器应为凹口锸，此为残断的一部分。銎内残留有木痕。残长 9.7、残宽 3.1～3.6、銎部壁厚 0.3～0.5 厘米（图一五四:4）。

削刀 1 件（M338:3）。

A 型 I 式。环首椭圆形，环首锻打时先回折，再弯曲成环，收头处也相应回曲。柄端略突入环内。刀部粘附有纺织物残片。通长 18.4、刀身长 12.4、宽 1.3，柄宽 0.8，环首长径 4.0、短径 3.3 厘米（图一五四:5）。

（四）玉器 1 组。

孔雀石串珠 1 组。

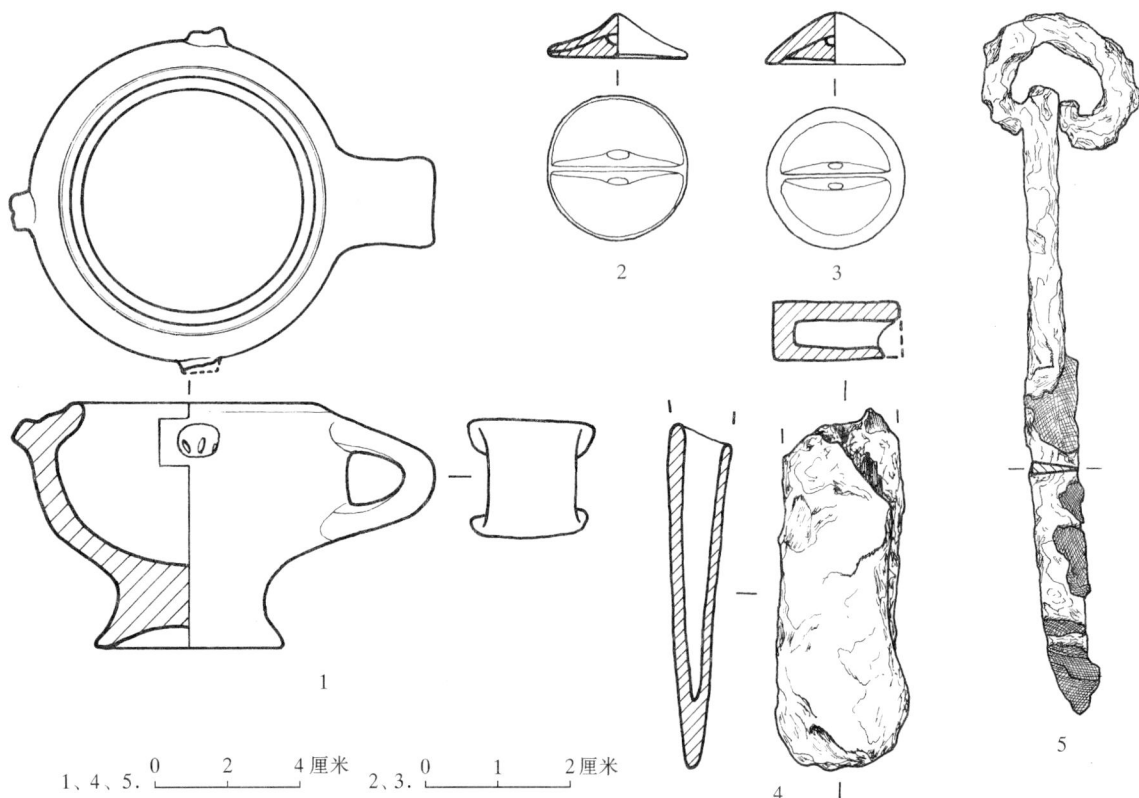

图一五四 M338 随葬器物

1.陶杯（M338:1） 2～3.C 型铜扣饰（M338:5、M338:7） 4.铁锸（M338:2）

5.A 型 I 式铁削刀（M338:3）

M338：4，灰绿色，不透明，风化严重。串珠粒大小不等，形状与 M330：2 相似。用线连为串通长约 25 厘米，计 120 粒，残碎者不计。出土时位于死者头部附近。粒直径 0.2～0.45、长 0.1～0.5、孔径 0.1 厘米（参见彩版六三 M330 串珠，线图略）。

另外在死者头右侧墓底有红色漆痕，器形不辨。

M340

M340 位于 DT1006、DT1106，属 II 工区村民刘朝顺责任地，方向 333°，长方形竖穴

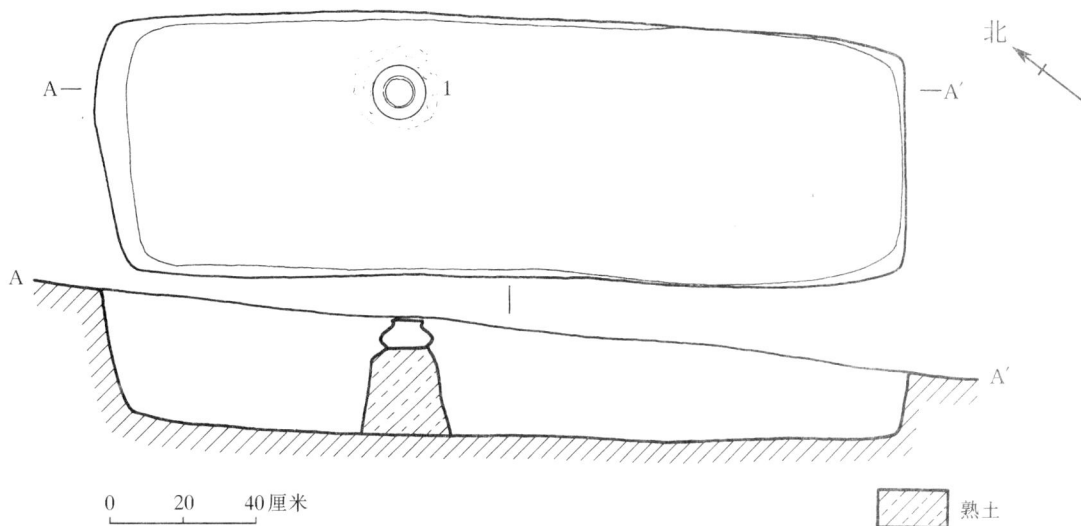

图一五五　M340 平、剖面图

1. 陶罐

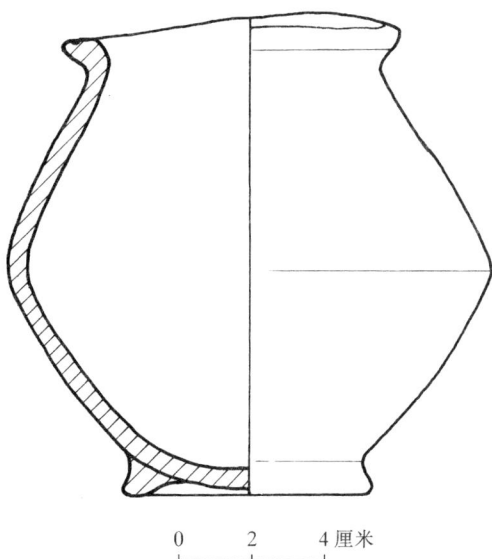

图一五六　M340 随葬 C 型 I 式
陶罐（M340：1）

墓坑，无墓道。墓口长 2.1～2.2、宽 0.57～0.66，墓底长 2.04～2.1、宽 0.52～0.62，墓坑深 0.18～0.32 米。墓坑填土为夹红烧土颗粒的褐色黏土。人骨不存。随葬器物仅有一件陶罐（图一五五）。

陶罐 1 件（M340：1）。

C 型 I 式。夹炭夹砂红褐陶。泥条盘筑法成形，泥料中加有较多炭屑，体轻，壁面多有孔隙。烧成温度约 650℃～700℃。制作粗糙，器形偏斜。口径 8.9～9.06、最大腹径 12.7～13、高 13、足径 6.7～6.85、足高 0.9 厘米（图一五六）。

M341

M341 位于 DT0905，属 II 工区村民刘朝顺责任地，方向 325°，长方形竖穴墓坑，无墓道。墓口长 2.4~2.58、宽 0.74~0.76，墓底长 2.3~2.36、宽 0.62~0.68，墓坑深 0.66~0.8 米。墓坑填土为夹红烧土颗粒的褐色黏土。西端被 M330 打破。墓底残存死者少量肢骨及部分牙齿。仰身直体曲上肢葬。随葬器物有铜器及玉器等（图一五七）。

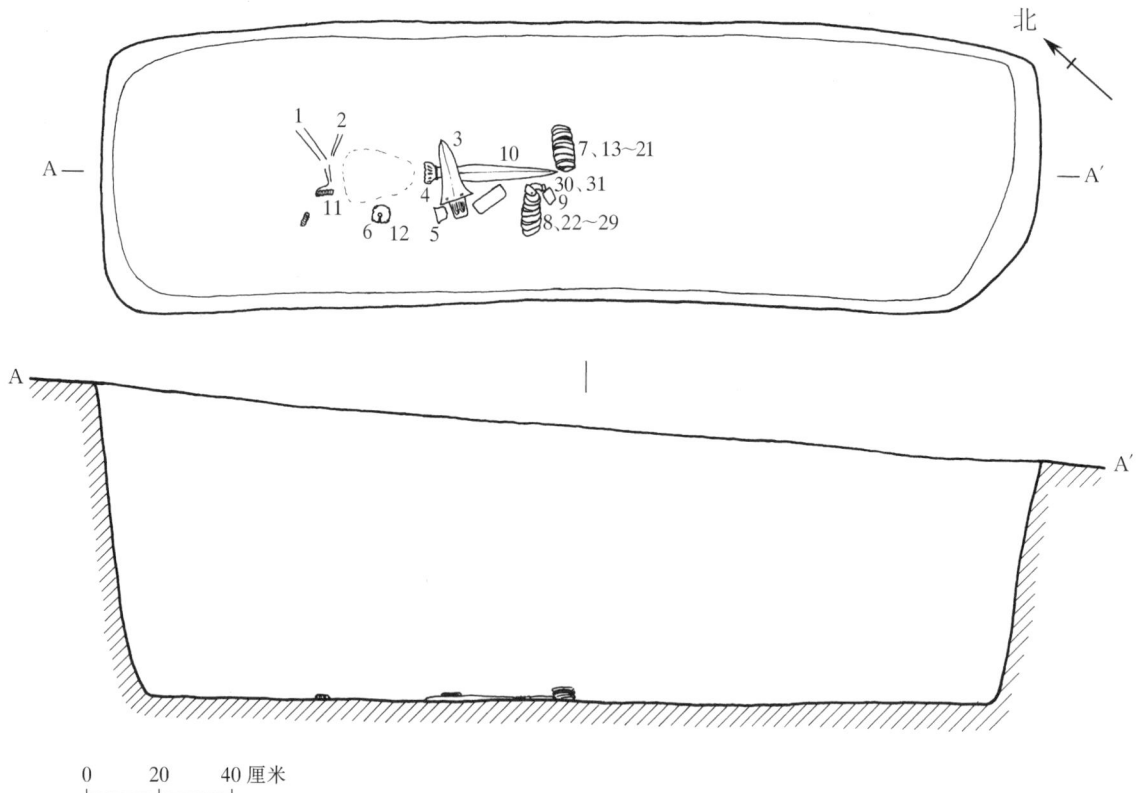

图一五七　M341 平、剖面图

1、2. 铜发钗　3. 铜戈　4. 镂空牌形茎首铜剑　5. 铜柲冒　6. 玉玦　7、8、13~29. 铜手镯　9. 铜柲套饰　10. 剑鞘标本　11. 头骨残痕　12. 骨玦（玉玦下）　30、31. 木手镯

（一）铜器　25 件。

镂空牌形茎首铜剑　1 件（M341:4）。

茎与剑身分铸。茎上有两道箍，饰辫索纹。茎与箍非一次铸成。从残留印痕看，茎中部应还有一道箍，早年脱落。剑身为柳叶形铜剑，剑身与茎交界处呈直角，分界明显，茎上二圆形穿，恰与外茎二穿吻合。剑身已松动，可从茎中退出，剑茎上缠有密集的麻类纤维。通长 36.8、茎通长 11.2，茎首牌宽 4.6、厚 0.6，剑身长 25.6、最宽处 3.8 厘米（图一五八:1）。

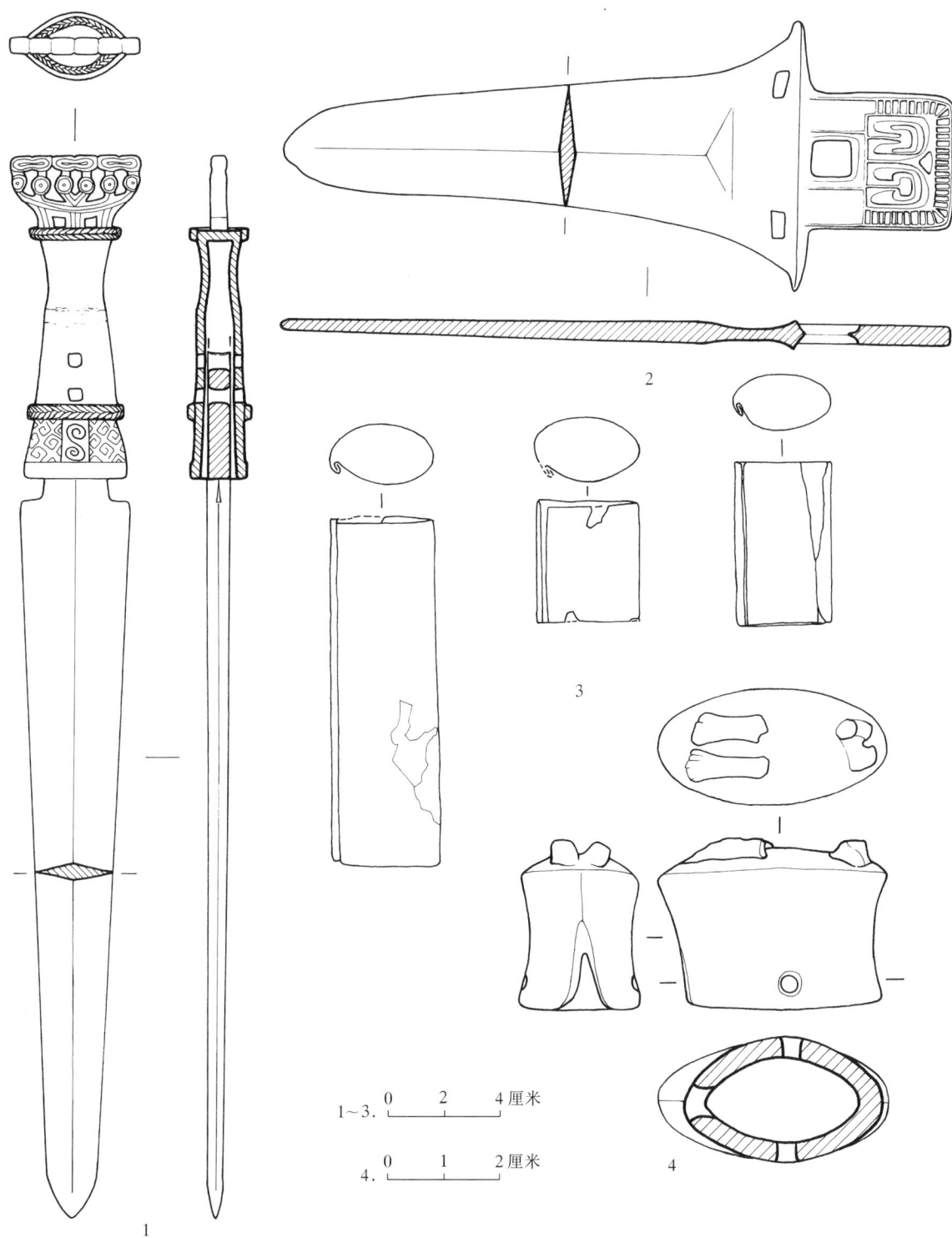

图一五八 M341 随葬器物（一）

1. 镂空牌形茎首铜剑（M341:4） 2. C 型铜戈（M341:3） 3. 铜柲套饰（M341:9−3、M341:9−1、M341:9−2） 4. 铜柲冒（M341:5）

戈　1件（M341:3）。

C型。无胡直内，援中部脊自锋至距阑3.4厘米处即止。内上饰有弦纹、枬纹、弧线纹组成的图案。通长23.8，援长18.7、中宽4.2、内长5.1、宽4.6、厚0.65，阑长9.3厘米（图一五八:2）。

秘冒　1件（M341:5）。

略呈束腰椭圆管状，顶面略弧。冒顶原铸有饰物，早年残佚，从残痕看似兽类，一前肢指爪犹存。通高3，顶长径4.1、短径2.1、口部壁厚0.3～0.35厘米（图一五八:4）。

秘套饰　1件（M341:9）。

铜皮制成，共三段。筒状，断面呈椭圆形，接口卷扣而成。出土时位于铜戈木秘近戈部，应包于秘上，秘已朽坏不存。长分别为12.1、4.1、5.7，长径分别为3.7、3.5、3.5，短径分别为2、2、1.9，壁厚分别为0.05、0.05、0.06厘米（图一五八:3）。

发钗　2件。

皆为B型。簧形首，簧条间无空隙。簧形首及钗条均残。出土时簧形首位于死者头顶中部，一组钗条插向头左上方，一组钗条平插向头左方。

M341:1，簧残长3.9、簧管径0.6～0.8、钗条径0.22～0.4厘米（图一五九:2）。

M341:2，簧残长7.25、簧管径0.55～0.72、钗条径0.25～0.35厘米（图一五九:1）。

手镯　19件。

皆A型Ⅰ式。片状环形，片较窄，整体铸造而成，无接口。镯面中部凹槽内镶嵌两列孔雀石薄片，石片多为圆形，中心钻有直径为0.25～0.3厘米小孔。极少部分为不规则长条形、三角形或方形碎片。镯内壁均粘附有轻薄网格状纺织物，网格较疏。出土时10件戴于死者左臂，9件戴于右臂。

M341:7，戴于死者左臂。镯面中部凹槽内除镶嵌圆形孔雀石片外，有约2.6厘米长一段镶嵌不规则形孔雀石碎片。外径6.56～6.75、片宽1.1～1.2、厚0.3～0.35厘米（图一五九:6）。

M341:8，戴于死者右臂。镯面中部凹槽内镶嵌圆形孔雀石片。径6.45～6.6，片宽1～1.3、厚0.25～0.3厘米（图一五九:7）。

M341:13，戴于死者左臂。镯面中部凹槽内镶嵌三列不规则长条形或方形孔雀石薄片，有约6.5厘米长一段镶嵌两列圆形片。外径6.5～6.75、片宽0.95～1.05、厚0.3～0.36厘米（图一五九:8）。

M341:14，戴于死者左臂。镯面中部凹槽内镶嵌圆形孔雀石片。外径6.6～6.7、片宽0.95～1、厚0.25厘米。

M341:15，戴于死者左臂。镯面中部凹槽内镶嵌圆形孔雀石片。外径6.55～6.8、片

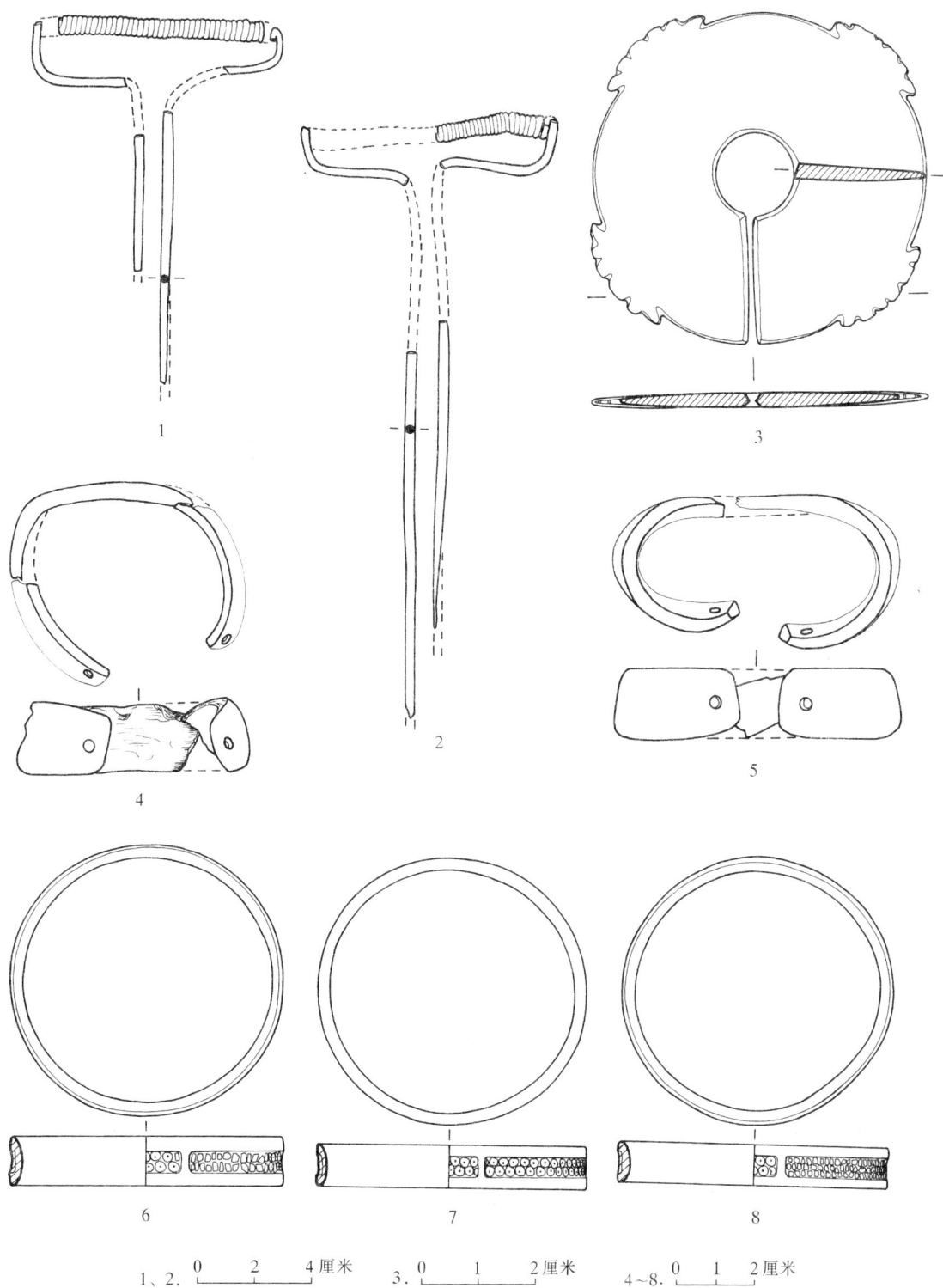

图一五九 M341 随葬器物（二）

1、2. B型铜发钗（M341:2、M341:1） 3. 玉玦（M341:6） 4、5. 木手镯（M341:30、M341:31）

6~8. A型Ⅰ式铜手镯（M341:7、M341:8、M341:13）

宽 0.95～1.05、厚 0.3 厘米。

M341∶16，戴于死者左臂。镯面中部凹槽内镶嵌圆形孔雀石片。外径 6.5～6.7、片宽 0.9～1.02、厚 0.25 厘米。

M341∶17，戴于死者左臂。镯面中部凹槽内镶嵌圆形孔雀石片。外径 6.45～6.9、片宽 1.1～1.15、厚 0.3 厘米。

M341∶18，戴于死者左臂。镯面中部凹槽内镶嵌圆形孔雀石片。外径 6.4～6.8、片宽 0.85～0.95、厚 0.2～0.26 厘米。

M341∶19，戴于死者左臂。镯面中部凹槽内镶嵌圆形孔雀石片。外径 6.55～6.65、片宽 0.9～1.05、厚 0.25～0.35 厘米。

M341∶20，戴于死者左臂。镯面中部凹槽内镶嵌圆形孔雀石片。外径 6.4～6.55、片宽 1～1.15、厚 0.25～0.3 厘米。

M341∶21，戴于死者左臂。镯面中部凹槽内镶嵌圆形孔雀石片。外径 6.5～6.65、片宽 0.85～0.95、厚 0.25～0.3 厘米。

M341∶22，戴于死者右臂。镯面中部凹槽内镶嵌圆形孔雀石片。外径 6.5～6.7、片宽 0.95～1、厚 0.25～0.3 厘米。

M341∶23，戴于死者右臂。镯面中部凹槽内镶嵌圆形孔雀石片。外径 6.55～6.7、片宽 0.95～1、厚 0.3 厘米。

M341∶24，戴于死者右臂。镯面中部凹槽内镶嵌圆形孔雀石片。外径 6.45～6.65、片宽 0.9～1.05、厚 0.25～0.3 厘米。

M341∶25，戴于死者右臂。镯面中部凹槽内镶嵌圆形孔雀石片。外径 6.75～6.95、片宽 0.95～1.05、厚 0.25～0.3 厘米。

M341∶26，戴于死者右臂。镯面中部凹槽内镶嵌圆形孔雀石片。外径 6.5～6.6、片宽 0.95～1.05、厚 0.25～0.3 厘米。

M341∶27，戴于死者右臂。镯面中部凹槽内镶嵌圆形孔雀石片。外径 6.5～6.6、片宽 0.9～1、厚 0.25～0.3 厘米。

M341∶28，戴于死者右臂。镯面中部凹槽内镶嵌圆形孔雀石片。外径 6.6～6.8、片宽 1.1～1.2、厚 0.25～0.3 厘米。

M341∶29，戴于死者右臂。镯面中部凹槽内镶嵌圆形孔雀石片。外径 6.4～6.75、片宽 1～1.1、厚 0.25～0.3 厘米。

M341∶14～29 共 16 件手镯与 M341∶8 形制相同，器物图不罗列（参见图一五九∶7）。

（二）玉器　1 件。

玦　1 件（M341∶6）。

透闪石制成。青灰色，不透明，色不匀，局部有丝网状及块状青绿色。带冠璧形。出土时位于死者右耳部。外径 5.65~5.85、内孔径 1.41、1.46、厚 0.15~0.25、玦口间距 0.12 厘米（图一五九:3）。

（三）骨器 1 件。

玦 1 件（M341:12）。

出土时位于死者右耳部玉玦下，朽碎未取。

（四）木器 2 件。

木手镯 2 件。

用树木韧皮部制成条片，弯曲成环状，不封口，形如字母"C"形，两端各钻一个小孔。木片上下侧经磨制，略呈弧形。

M341:30，戴于死者右臂 9 件铜镯之前。长 16.2、片宽 1.7、片厚 0.58 厘米（图一五九:4）。

M341:31，戴于死者左臂 10 件铜镯之前。一端局部残留少许红彩痕。长 14.2、片宽 1.7~1.8、片厚 0.5 厘米（图一五九:5）。

M342

M342 位于 DT1005，属 Ⅱ 工区村民刘朝顺责任地，方向 335°，哑铃形墓坑，无墓道。墓口长 2.7~2.75、宽 0.85~0.9，墓底长 2.6~2.68、宽 0.8~0.85，墓坑深 0.53~0.7 米。墓坑填土为夹红烧土颗粒的褐色黏土。东端被 M363 打破。墓底面略向脚端倾斜，倾斜度约 2.5°。墓底残存死者少量肢骨及部分牙齿，仰身直体葬，用铜洗盖于头面部，头左侧墓底斜插一件铜戈。随葬器物有铜器、铁器及少量玉器、骨器等（图一六〇）。

（一）铜器 55 件。

洗 1 件（M342:50）。

出土时盖于死者面部，口沿及底边缘分别残存不同种类纺织物。口外径 19.6、沿宽 0.9、高 4.5 厘米（图一六一:11）。

戈 1 件（M342:49）。

C 型。无胡直内，援中部脊自锋至距阑 2 厘米处即止。内上饰弦纹、栉纹、弧线纹组成的图案。通长 23.2、援长 17.8，内长 5.5、宽 4.2、厚 0.5，阑长 9.6 厘米（图一六一:2）。

铃 4 件。

A 型 Ⅰ 式，2 件。弧形口合瓦状，通体较宽扁，棒槌状铃舌挂于铃内顶半圆形片状挂环上，铃舌上端挂环无接口，为整体铸造。器表铸有纹饰，锈蚀不清晰，似花瓣纹。出土时位于墓底距死者头顶部约 10 厘米处。

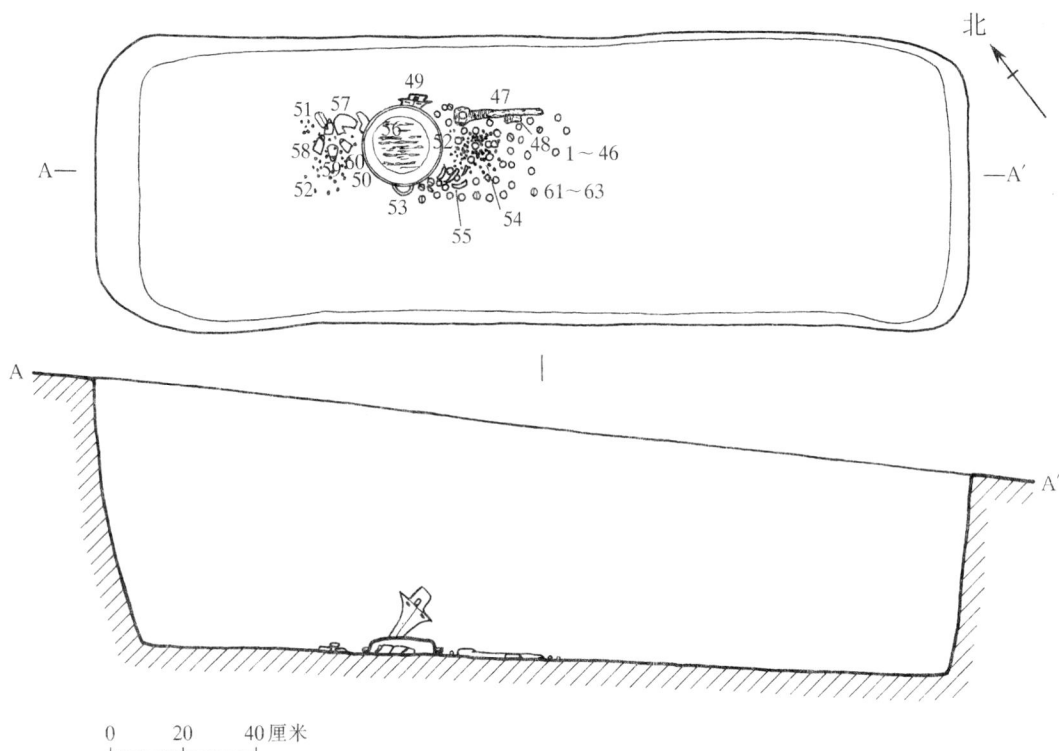

图一六〇　M342 平、剖面图

1～46.铜扣饰　47.铁刀　48.铁条形片　49.铜戈　50.铜洗　51、58～60.铜铃　52.绿松石串珠
53.骨玦　54.漆皮痕　55.肋骨残片　56.木炭　57.头骨碎片　61～63.铜扣饰

　　M342：59，通高 3.35，口长径 3.2、短径 1.5，纽高 1.1、孔径 0.7，舌长 2.35 厘米（图一六一：3）。

　　M342：60，通高 3.3，口长径 3.2、短径 1.5，纽高 0.9、孔径 0.8，舌长 2.25 厘米（图一六一：4）。

　　A 型Ⅲ式，2 件。通体较长，上下倾斜度小，似筒状。纽小且薄。铃舌缺失。铃面留有修整磨锉痕。出土时位于墓底距死者头顶部约 10 厘米处。

　　M342：51，铃纽小薄且极粗糙，纽孔不规则。通高 3.4、口长径 1.9、短径 1.5，纽高 0.4 厘米（图一六一：6）。

　　M342：58，半圆形纽孔，制作较规整。通高 3.2，口长径 1.9、短径 1.4，纽高 0.6、孔径 0.4 厘米（图一六一：8）。

　　扣饰　49 件。

　　编号为 M342：1～46、M342：61～63，皆 C 型。形制、工艺基本相同，其中 9 件残。片状圆锥体形。器形小，器身薄，锥面斜度有大小差异。背面横梁规整，整体一次铸成。直径 1.73～2.15、高 0.5～0.7 厘米。举例如下：

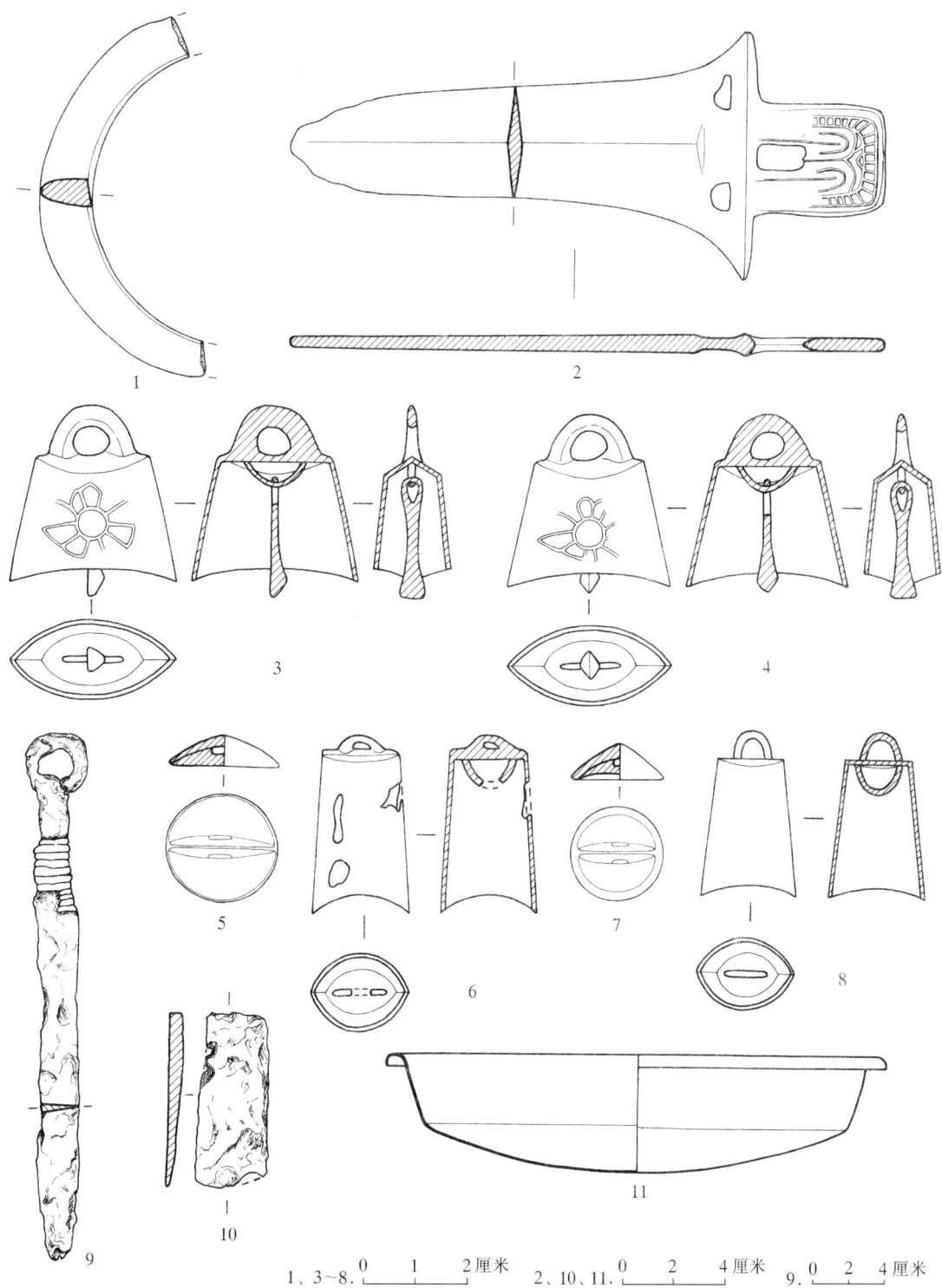

图一六一 M342 随葬器物

1. 骨玦（M342：53） 2. C 型铜戈（M342：49） 3、4. A 型 I 式铜铃（M342：59、M342：60） 5、7. C 型
铜扣饰（M342：1、M342：5） 6、8. A 型Ⅲ式铜铃（M342：51、M342：58） 9. A 型铁刀（M342：47）
10. 铁条形片（M342：48） 11. 铜洗（M342：50）

标本 M342:1，直径 2.1～2.15、高 0.6 厘米（图一六一:5）。

标本 M342:5，直径 1.8～1.85、高 0.7 厘米（图一六一:7）。

其余不罗列。

（二）铁器　2 件。

刀　1 件（M342:47）。

A 型。环首柄。环首圆形，经锻打卷曲而成，接口与柄端吻合。柄上残留数周缠绕的粗麻绳。通长 28.6，刀身长 17.8、宽 2.2，环首外径 3.5 厘米（图一六一:9）。

条形片　1 件（M342:48）。

长方形片，一端略薄。出土时与环首铁刀并列放置，不辨用途。长 6.5、宽 2.4～2.7、厚 0.5 厘米（图一六一:10）。

（三）玉、骨器　2 件（组）。

孔雀石串珠　1 组（M342:52）。

灰绿色，不透明，有自然纹理。串珠粒大小不等，形状与 M330:2 相似。用线连为串后通长约 168 厘米，计 1191 粒，残碎者不计。出土时位于死者前胸处。粒直径 0.2～0.45、长 0.1～0.9、孔径 0.1 厘米（参见彩版六三 M330 串珠，线图略）

骨玦　1 件（M342:53）。

牙白色，条状环形，残缺一半。出土时位于死者右耳部。外径约 7.25、内径约 5.55、肉宽 0.75～1.05、厚 0.55 厘米（图一六一:1）。

另外在死者胸部位置发现红色漆痕，器形不辨。

M343

M343 位于 DT0905，属Ⅱ工区村民刘朝顺责任地，方向 312°，长方形竖穴墓坑，无墓道。墓口残长 1.48～1.54、宽 0.66～0.7，墓底残长 1.38～1.44、宽 0.58～0.62，墓坑深 0.48～0.59 米。墓坑填土为夹少量红烧土颗粒的褐色黏土。南壁打破 M355，脚端被另一墓（本次未发掘）打破。人骨不存。随葬器物仅有一对铜手镯（图一六二）。

铜手镯　2 件。

皆 D 型。异形，圈外饰一周镂空宽片，略呈弧边四方形。

M343:1，镯口径为 4.25～4.5 厘米（图一六三:1）。

M343:2，镯口径为 4.85～5.1 厘米（图一六三:2）。

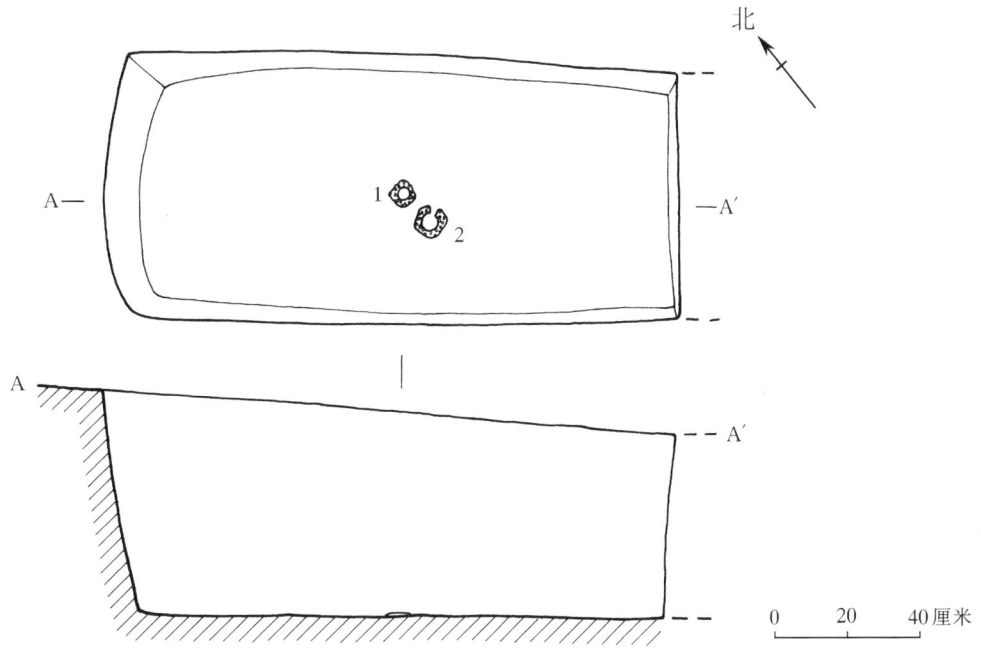

图一六二　M343 平、剖面图

1、2. 铜手镯

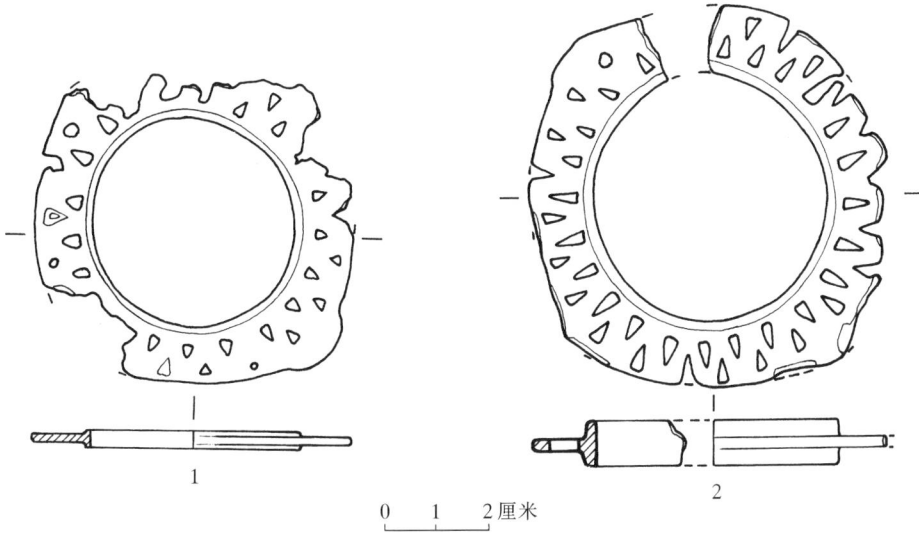

图一六三　M343 随葬器物

1、2. D 型铜手镯（M343:1、M343:2）

M348

　　M348 位于 DT1206，属 II 工区村民刘朝顺责任地，方向 320°，长方形竖穴墓坑，无墓道。墓口长 2.38～2.43、宽 0.6～0.78，墓底长 2.2～2.28、宽 0.52～0.68，墓坑深

0.28~0.58 米。墓坑填土为夹少量红烧土颗粒的褐色黏土。墓底面略向脚端倾斜，倾斜度约 5°。墓底残存死者少量头骨及部分牙齿。仰身直体葬。随葬器物有铜器（图一六四）。

铜器　4 件。

柳叶形剑　1 件（M348：1）。

剑身与茎有明显分界，交界处呈直角。茎部穿两侧有浅槽。通长 34.8、茎长 7.2、剑身最宽处 3.6 厘米（图一六五：1）。

戈　1 件（M348：2）。

A 型。无胡直内，弧线三角形援，脊呈圆柱状。通长 23.6，内长 7、宽 5.4、厚 0.7，阑长 10.6 厘米（图一六五：4）。

发钗　2 件。

皆 A 型。整体呈长"U"形，钗条断面为圆形。从出土位置看，发钗从头顶发髻右侧平插入。

M348：3，长 15.7、条径 0.25~0.3 厘米（图一六五：2）。

M348：4，长 15.2、条径 0.21~0.3 厘米（图一六五：3）。

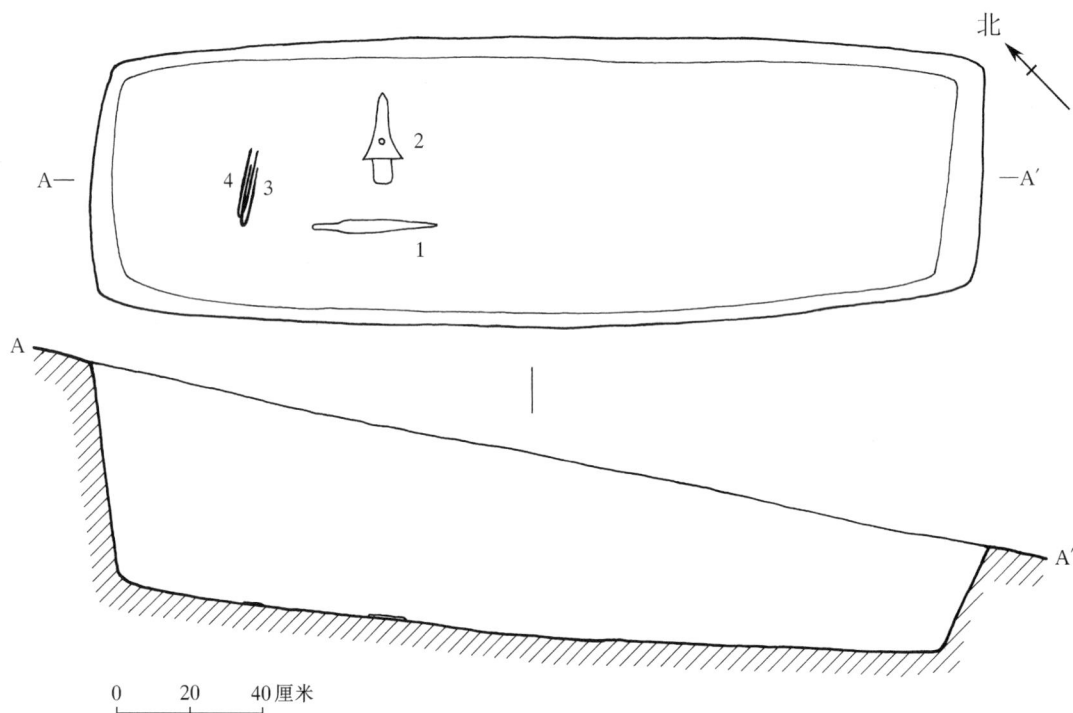

图一六四　M348 平、剖面图

1. 铜剑　2. 铜戈　3、4. 铜发钗

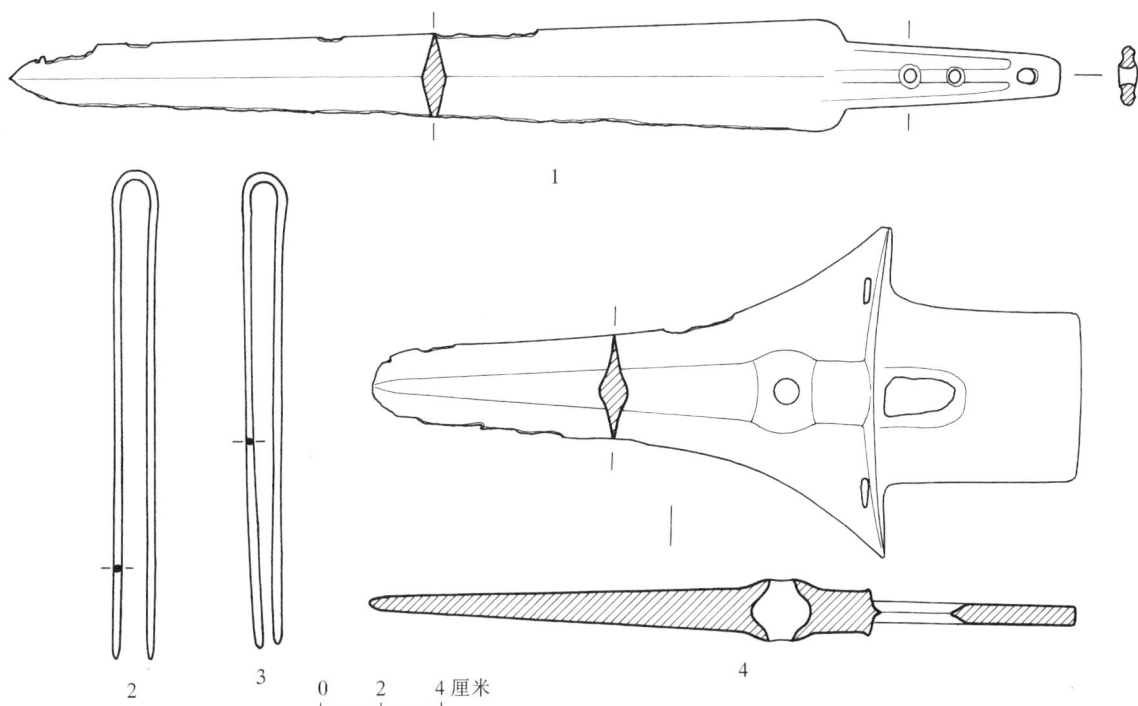

图一六五　M348 随葬器物

1. 柳叶形铜剑（M348:1）　　2、3.A 型铜发钗（M348:3、M348:4）　　4.A 型铜戈（M348:2）

M350

M350 位于 DT0905，属 II 工区村民刘朝顺责任地，方向 320°，长方形竖穴墓坑，无墓道。墓口长 2.55～2.66、宽 0.82～0.94，墓底长 2.36～2.4、宽 0.7～0.78，墓坑深 1.2～1.43 米。墓坑填土为夹少量红烧土颗粒的褐色黏土。东北角打破 M355。墓底头端中部有一直径约 0.3～0.36、深 0.16 米椭圆形小坑，应系后人活动所遗。墓底面略向脚端倾斜，倾斜度约 2°。墓底残存棺木痕及死者部分头骨、牙齿。侧身直体葬。随葬器物有铜器及骨器（图一六六）。

（一）铜器　4 件。

柳叶形剑　1 件（M350:1）。

剑身较宽，剑身与茎无明显分界，脊上有槽，两从略下凹，铸有虎斑纹和半圆纹。剑身基部一面铸有手心纹，一面铸有虎纹和水波纹等。通长 41、剑身最宽处 4.2 厘米（图一六七:1）。

戈　1 件（M350:2）。

B 型 II 式。条形援无胡直内。援后半部整体中空，中空范围从阑边向前达 7.8 厘米处。援上与内上铸牵手人物图案。通长 24.1、援长 18.4，内长 5.7、宽 4、厚 0.7，阑长

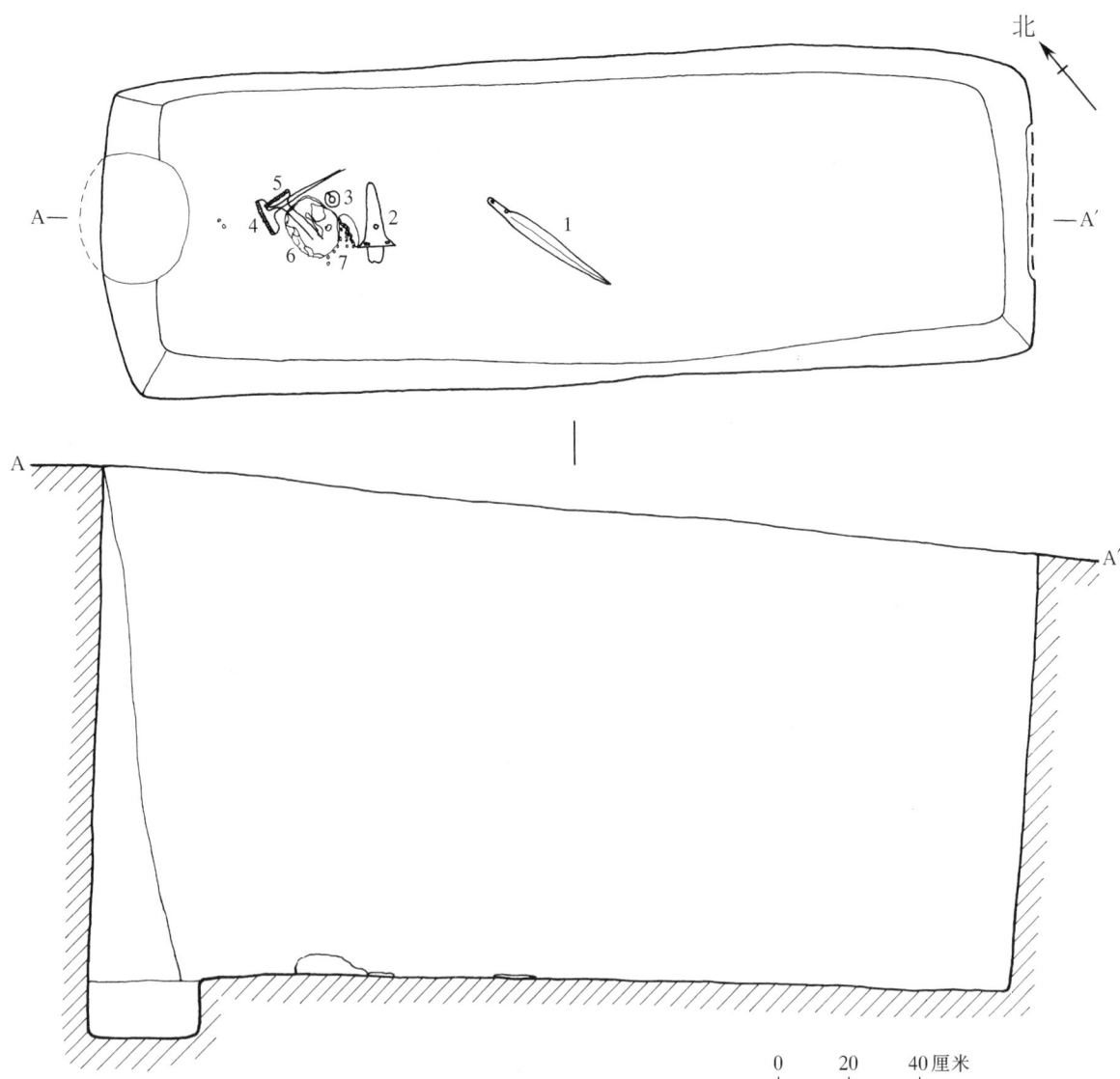

图一六六　M350 平、剖面图

1. 铜剑　2. 铜戈　3. 骨玦　4、5. 铜发钗　6. 头骨碎片　7. 牙齿

8.65 厘米（图一六七:2）。

发钗　2 件。

皆 B 型。簧形首，用铜条圈成，簧条间无空隙。钗前端略呈锥状。出土时簧形首位于死者头顶，钗条分别向头后和左侧下垂。

M350:4，簧共 51 圈。簧长 9.2、簧管径 0.55～0.8、钗通长 25.4、钗条径 0.25～0.38 厘米（图一六七:4）。

M350:5，簧共 45 圈。簧长 8.8、簧管径 0.65～0.95、钗通长 26.5、钗条径 0.3～0.35 厘米（图一六七:5）。

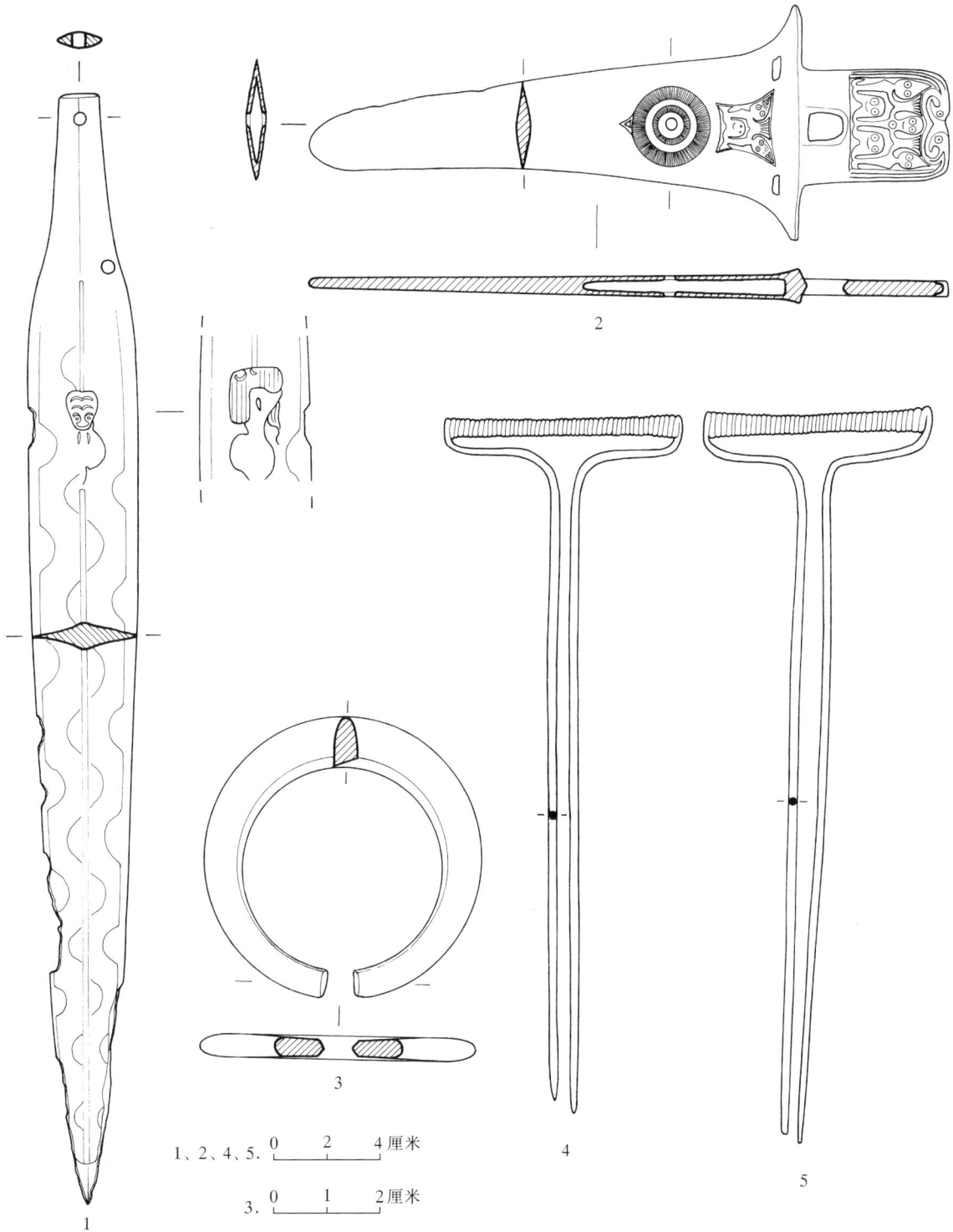

图一六七　M350 随葬器物

1. 柳叶形铜剑（M350:1）　　2.B 型 II 式铜戈（M350:2）　　3. 骨玦（M350:3）　　4、5.B 型铜发钗
（M350:4、M350:5）

（二）骨器　1件。

玦　1件（M350:3）。

偏心环形，靠玦口一侧较窄。玦面磨成外薄内厚的弧形面，且整体向玦口侧倾斜变薄。出土时位于死者右耳部。外径约5.2、内径约3.5、肉宽0.5~0.9、厚0.35~0.45厘米（图一六七:3）。

M351

M351位于DT1006、DT1007，属Ⅱ工区村民刘朝顺责任地，方向315°，长方形竖穴墓坑，无墓道。墓口长2.12~2.16、宽0.52~0.58，墓底长2.1~2.12、宽0.5~0.55，墓坑深0.1~0.26米。墓坑填土为夹少量红烧土颗粒的褐色黏土。墓底面略向脚端倾斜，倾斜度约6°。人骨不存。死者头部右侧墓底斜插有一件铜戈。随葬器物有铜器及铁器（图一六八）。

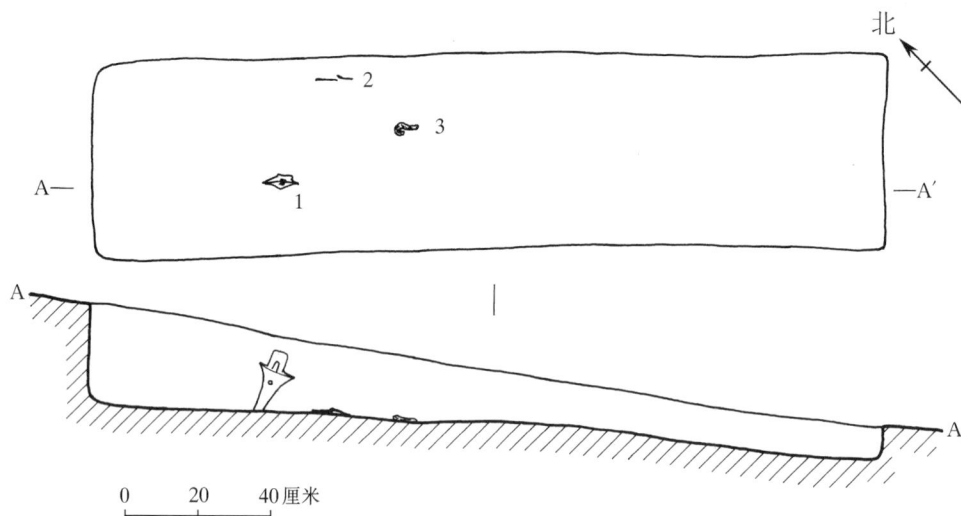

图一六八　M351平、剖面图
1. 铜戈　2. 铜条状物　3. 铁削刀

（一）铜器　2件。

戈　1件（M351:1）。

A型。无胡直内，弧线三角形援。援身圆形穿前柱状脊有约3厘米一段中空。通长20.6，内长6.9、宽5.3、厚0.5，阑长10.1厘米（图一六九:1）。

条状物　1件（M351:2）。

四棱形条状，残断为两段。一段弯曲，一端有折角；另一段较短，一端有小半圆弧。用途不明。长6.7、2.25，棱径0.3~0.35厘米（图一六九:2）。

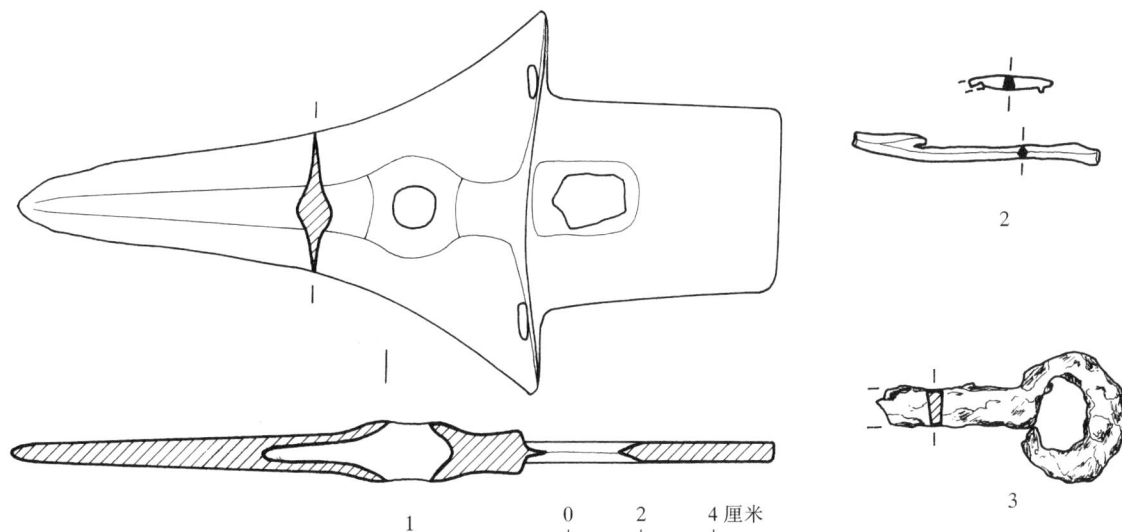

图一六九　M351 随葬器物

1. A 型铜戈（M351:1）　2. 铜条状物（M351:2）　3. B 型Ⅱ式铁削刀（M351:3）

（二）铁器　1 件。

削刀　1 件（M351:3）。

B 型Ⅱ式。环首呈椭圆形，经锻打弯曲而成，柄下半部及刃部残佚。残长 6.7、柄宽 0.95，环首长径 3.5、短径 2.9 厘米（图一六九:3）。

M354

M354 位于 DT1306，属Ⅱ工区村民刘朝顺责任地，方向 313°，长方形竖穴墓坑，无墓道。墓口长 1.96～2、宽 0.63～0.73，墓底长 1.9～1.92、宽 0.6～0.68，墓坑深 0.13～0.18 米。墓坑填土为夹少量红烧土颗粒的褐色黏土。墓底面略向脚端倾斜，倾斜度约 6°。人骨不存。随葬器物仅有一件铜手镯（图一七〇）。

铜手镯　1 件（M354:1）。

C 型。片状

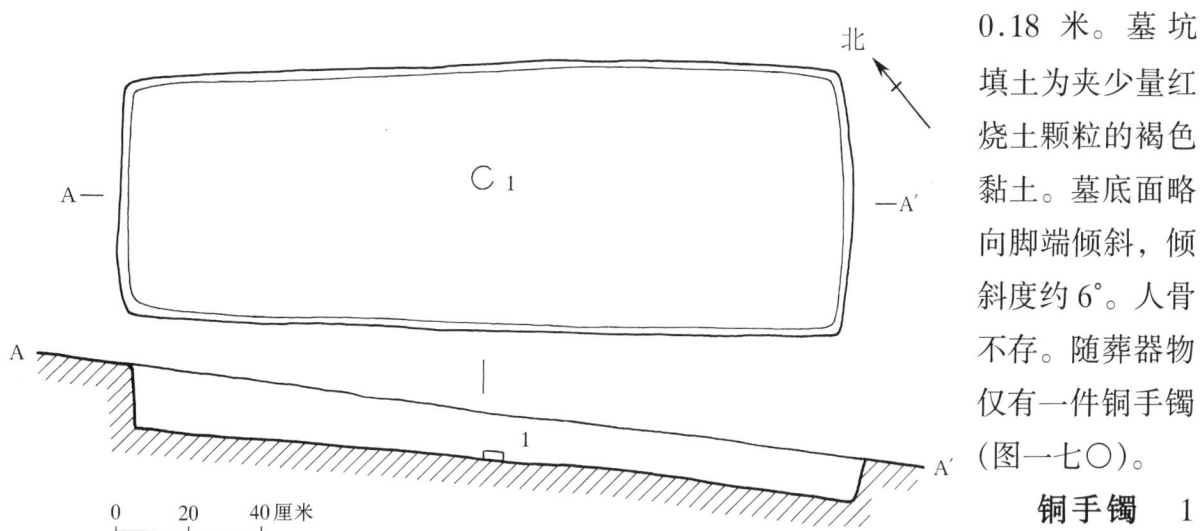

图一七〇　M354 平、剖面图

1. 铜手镯

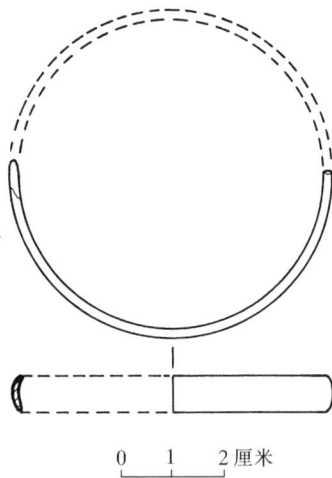

圆环形，素面。残存一半。出土时位于死者腹部偏左侧。外径6.2、片宽0.7、厚0.2厘米（图一七一）。

M356

M356位于DT0905，属Ⅱ工区村民刘朝顺责任地，方向318°，长方形竖穴墓坑，无墓道。墓口长1.76～1.88、宽0.62～0.78，墓底长1.6～1.74、宽0.55～0.68，墓坑深0.64～0.82米。墓坑填土为夹极少量红烧土颗粒的褐色黏土。北壁打破M355。墓壁头端中部向外凸出一约长0.3、宽0.28、深0.78米长方形小坑，应系后人活动所遗。墓底残存棺木痕，铜手镯内残存死者少量肢骨。侧身直体葬。随葬器物有铜器（图一七二）。

图一七一　M354随葬
C型铜手镯（M354∶1）

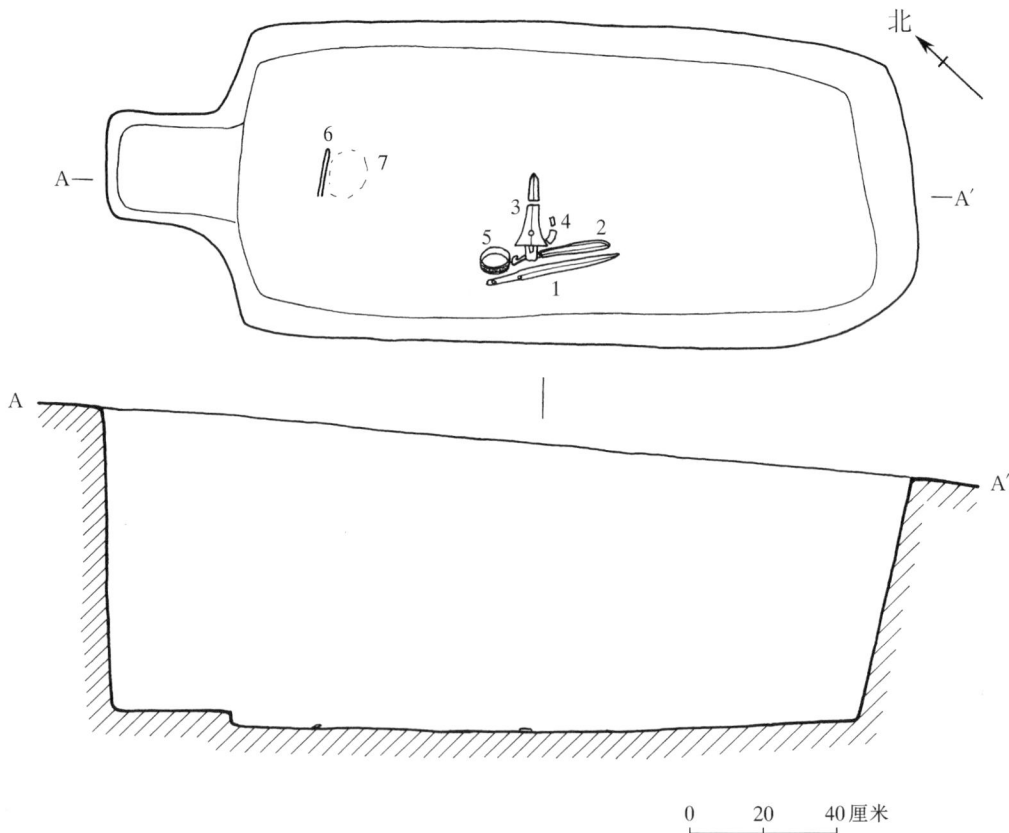

图一七二　M356平、剖面图
1.柳叶形铜剑　2.铜带钩　3.铜戈　4.骨屑　5.铜手镯　6.铜发钗　7.头骨痕

铜器　5件。

柳叶形剑　1件（M356:1）。

剑身与茎无明显分界。通长35.9、剑身最宽处3.2厘米（图一七三:1）。

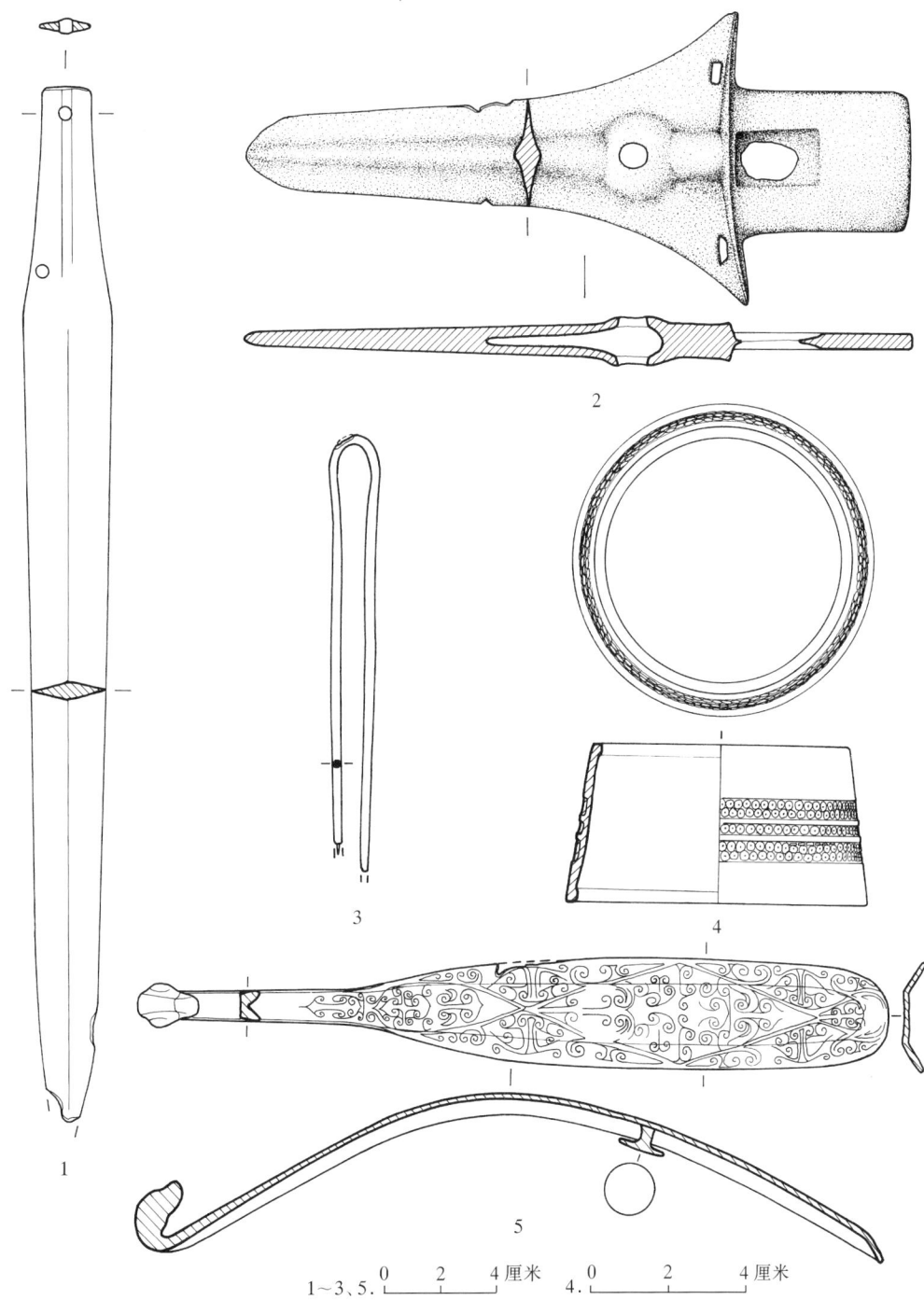

图一七三　M356随葬器物

1.柳叶形铜剑（M356:1）　2.A型铜戈（M356:3）　3.A型铜发钗（M356:6）

4.A型Ⅱ式铜手镯（M356:5）　5.C型Ⅰ式铜带钩（M356:2）

戈 1件（M356:3）。

A型。无胡直内，弧线三角形援。援身圆形穿前柱状脊有4厘米一段中空。通长23.7，内长6.5、宽4.8、厚0.55，阑长10.2厘米（图一七三:2）。

发钗 1件（M356:6）。

A型。整体呈长"U"形，钗条断面为圆形。长15.1、条径0.3～0.35厘米（图一七三:3）。

手镯 1件（M356:5）。

A型Ⅱ式。宽片状圆环形，镯口一端大，一端小，两端内壁边沿均有一周约0.3厘米宽凸棱。镯面三道凹槽。中间凹槽较窄，槽内镶嵌一列圆形孔雀石小薄片；两侧凹槽较宽，槽内各镶嵌两列圆形孔雀石小薄片。镯内壁粘附有轻薄网格状纺织，网格较疏。大端外径7.7、小端外径6.6，片宽3.8～3.95、厚0.25厘米（图一七三:4）。

带钩 1件（M356:2）。

C型Ⅰ式。琵琶形，钩体特大。钩面纹饰错金。出土时与铜剑并列纵向摆放于死者身体右侧。钩体长29.4、最宽处3.9厘米（图一七三:5）。

M359

M359位于DT0905，属Ⅱ工区村民刘朝顺责任地，方向315°，哑铃形墓坑，无墓道。墓口长2.4～2.56、宽0.9～1.02，墓底长2.24～2.4、宽0.64～0.9，墓坑深0.42～0.7米。墓坑填土为夹红烧土颗粒的褐色黏土。西端被M360打破。墓底死者腰部附近有一不规则浅坑，西高东低，坑深0.05～0.18厘米。用意不明。发掘者推测系掘墓时无意造成，随即回填。随葬器物仅有一件环首铁刀（图一七四）。

铁刀 1件（M359:1）。

A型。环首柄。刀背平直，前端缺佚不辨形状。环首略呈椭圆形，经锻打卷曲而成。通长35.2，柄长10.3、宽1.6～1.9，刀部宽2.1，环首长径5.3、短径4.6厘米（图一七五）。

M360

M360位于DT0905、DT0906、DT1006，属Ⅱ工区村民刘朝顺责任地，方向310°，哑铃形墓坑，足端仍为方角，无墓道。墓口长2.34～2.48、宽0.7～0.86，墓底长2.3～2.4、宽0.46～0.64，墓坑深0.74～0.88米。墓坑填土为夹红烧土颗粒的褐色黏土。南壁打破M361，东南角被M359打破。人骨不存。随葬器物仅有一件铁锸（图一七六）。

铁锸 1件（M360:1）。

闭合式竖銎，刃口偏斜，用铁板锻打而成。通长11.2、刃宽4.6、銎口长4.75、宽3，铁板厚0.4～0.5厘米（图一七七）。

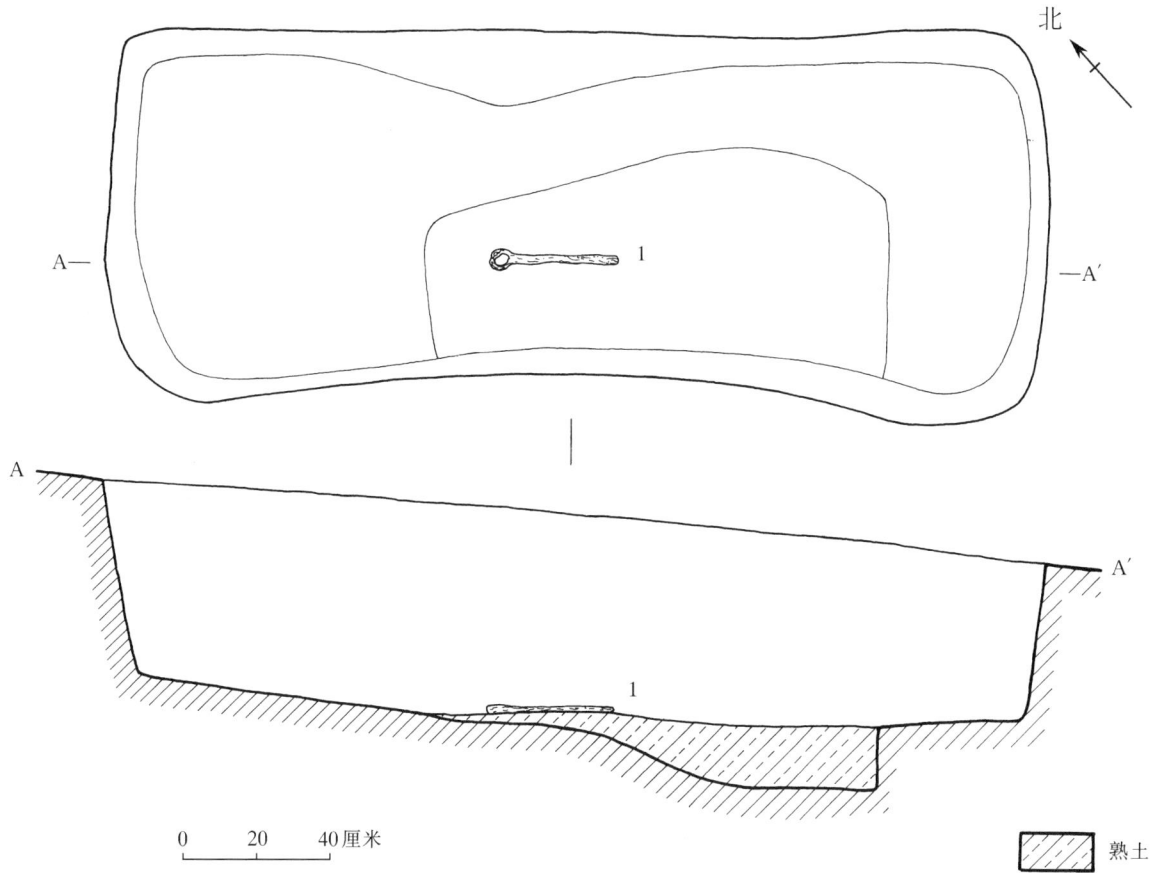

图一七四　M359 平、剖面图

1. 铁刀

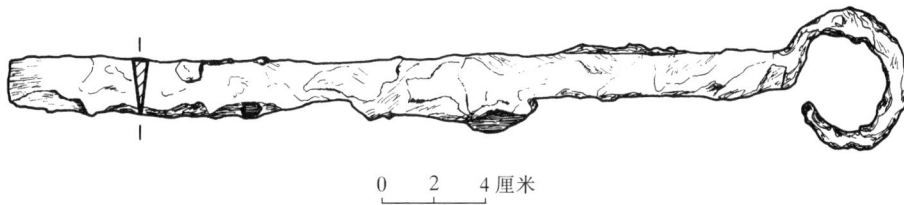

图一七五　M359 随葬 A 型铁刀（M359∶1）

M365

M365 位于 DT1006，属 Ⅱ 工区村民刘朝顺责任地，方向 312°，长方形竖穴墓坑，无墓道。墓口长 2.07~2.08、宽 0.6~0.72，墓坑深 0.29~0.43 米，墓底与墓口尺寸相同。墓坑填土为夹红烧土颗粒的褐色黏土。墓底面略向脚端倾斜，倾斜度约 2.5°。残存死者少量头骨及牙齿，仰身直体曲上肢葬，1 件铜戈斜插于死者头左侧墓底部位。随葬器物有铜

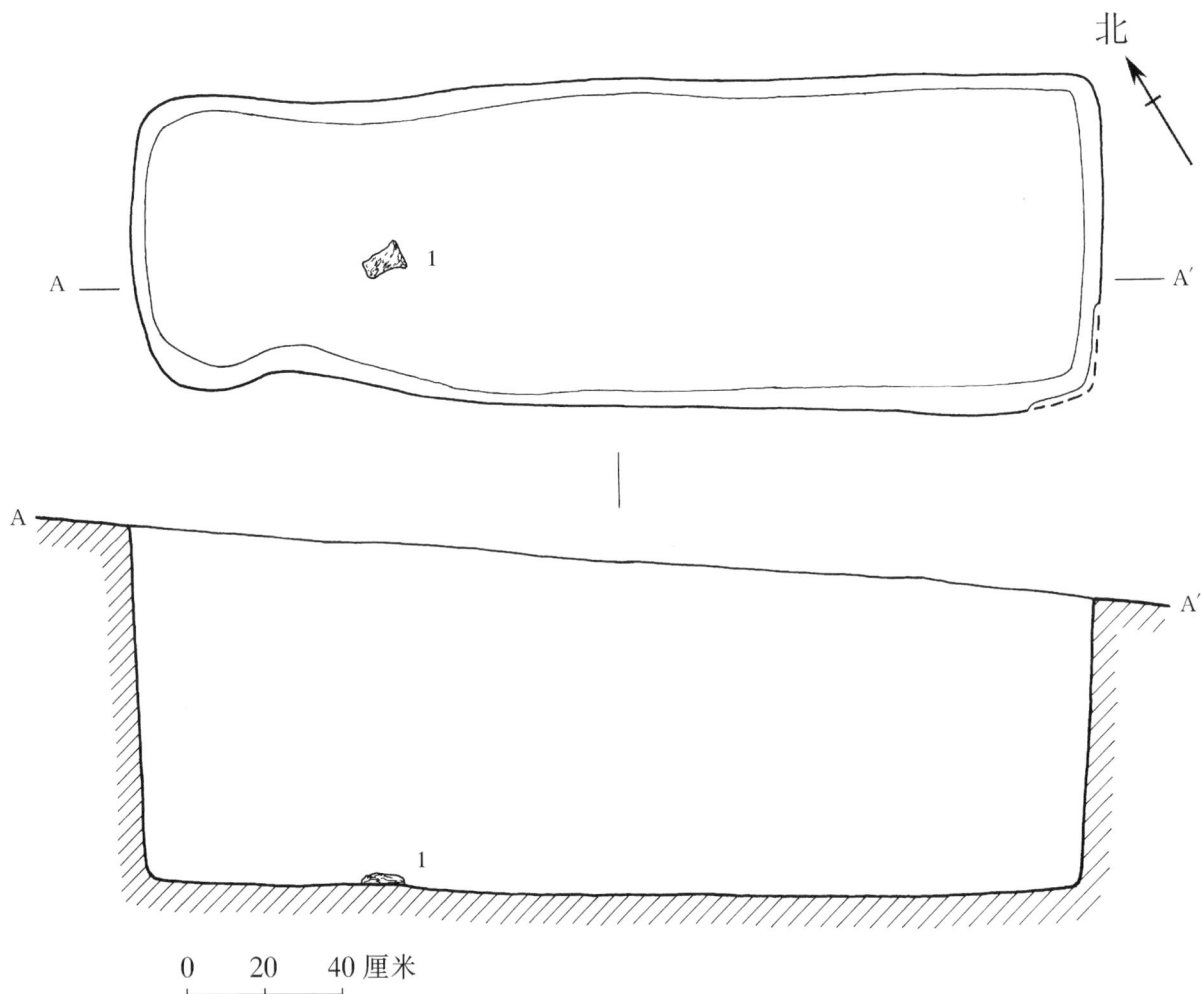

图一七六　M360平、剖面图
1. 铁镢

器、铁器及木器等（图一七八）。

（一）铜器　8件。

镂空牌形茎首铜剑　1件（M365:5）。

茎与剑身分铸、组合。茎上有四道箍，饰辫索纹，茎与箍非一次铸成。剑格与茎整体铸成，剑格部饰雷纹等。剑身为柳叶形铜剑，剑身与茎分界明显，茎上二圆形穿，恰与外茎二穿吻合。通长36、柄通长11，茎首牌宽4.6、厚0.8，剑身长25、最宽处3.4厘米（图一七九:1）。

戈　1件（M365:3）。

B型Ⅲ式。条形援无胡直内。援两刃弧线不对称。援与内上人物图案趋于抽象化，面部仅为一个圆圈。通长25、援长19.2，内长4.8、宽4.6、厚0.5，阑长9厘米（图一七九:2）。

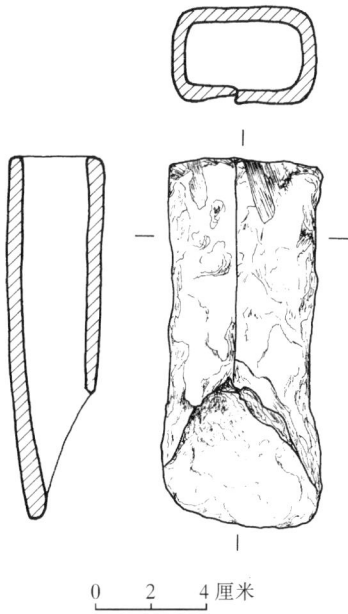

图一七七　M360
随葬铁镬（M360：1）

发钗　2件。

皆 A 型。整体呈长"U"形，钗条断面为圆形。出土位置距离死者头顶约 4 厘米，两件均从头顶发髻右侧平插入，其中一件略向下倾斜。

M365：1，残长 7.45、条径 0.2～0.3 厘米（图一七九：3）。

M365：2，残长 14.5、条径 0.27～0.35 厘米（图一七九：4）。

手镯　4件。

皆 A 型 II 式。宽片状环形，一件戴于右臂，三件戴于左臂。

M365：6，镯口一端大，一端小，两端内壁边沿均有一周约 0.3 厘米宽凸棱。镯面三道凹槽，中槽较窄，约 0.15～0.3 厘米，槽内镶嵌一列圆形孔雀石小薄片；

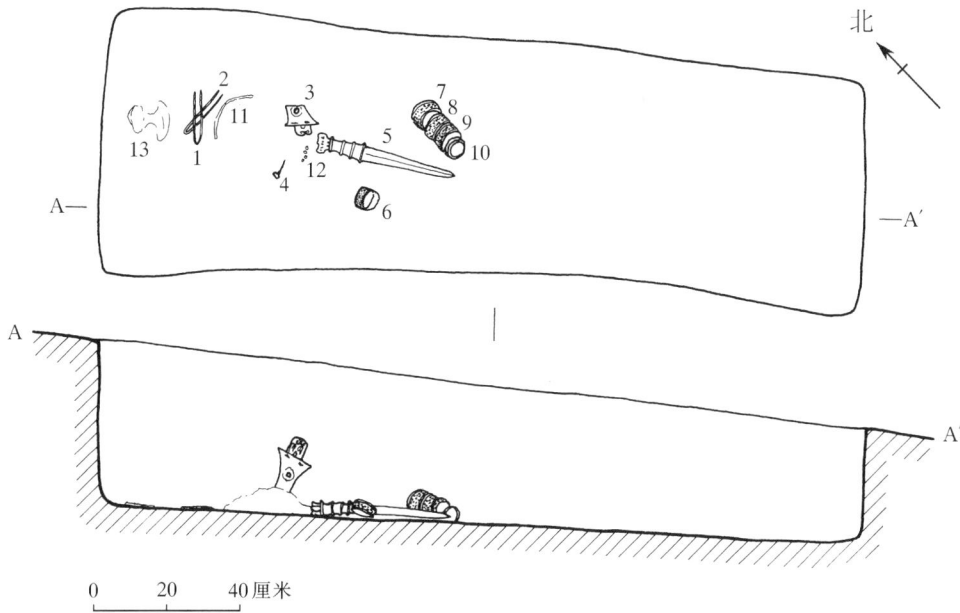

图一七八　M365 平、剖面图

1、2.铜发钗　3.铜戈　4.铁钎　5.镂空牌形茎首铜剑　6～9.铜手镯　10.木手镯　11.头骨碎片
12.牙齿　13.漆豆痕

两侧凹槽 0.35～0.45 厘米宽，槽内各镶嵌两列圆形或不规则形孔雀石小薄片。镯外壁粘附有轻薄网格状纺织物，网格较疏。戴于死者右臂。大端外径 7～7.15、小端外径 6.45～

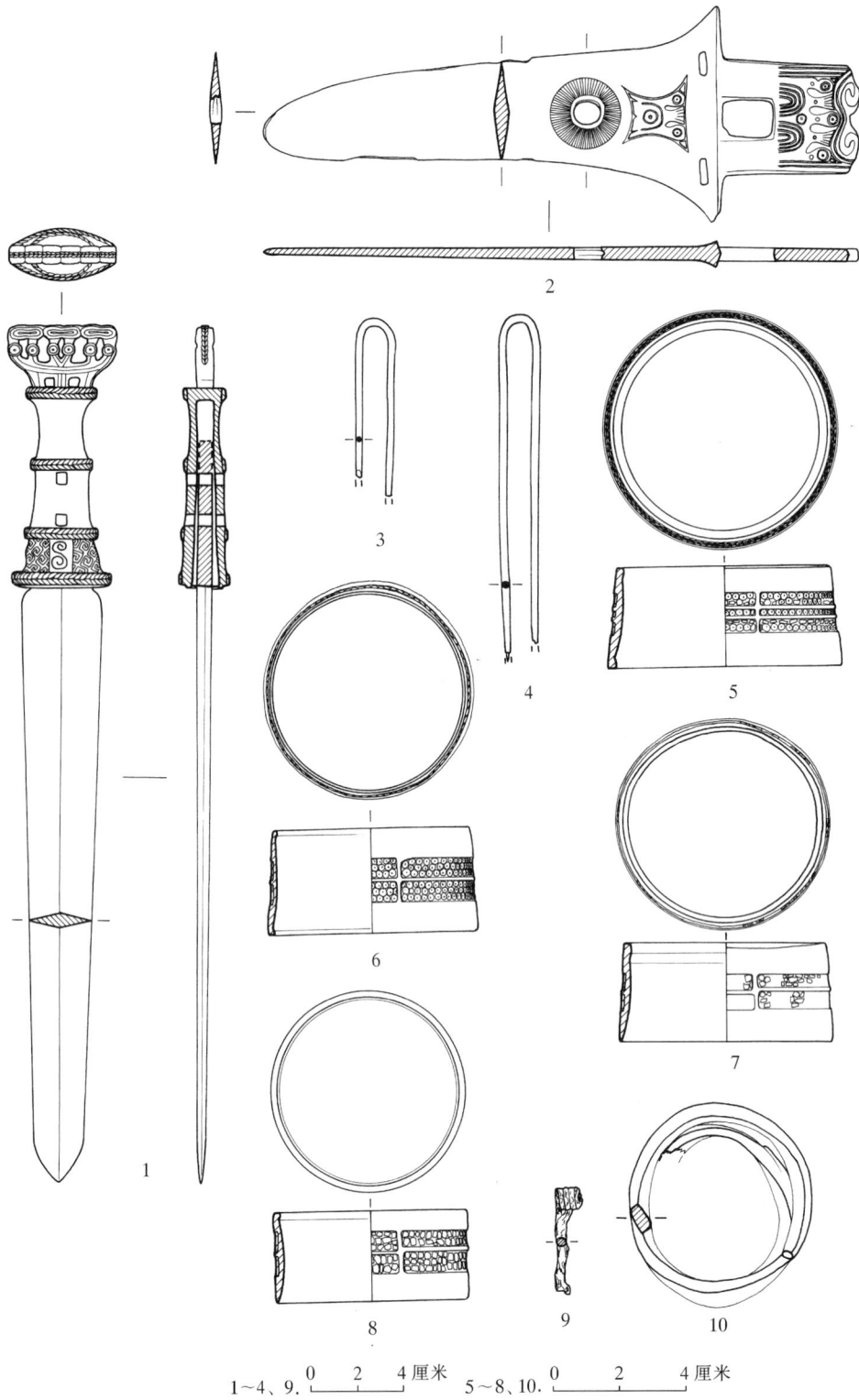

图一七九　M365 随葬器物

1. 镂空牌形茎首铜剑（M365:5）　2. B 型 Ⅲ 式铜戈（M365:3）　3、4. A 型铜发钗
（M365:1、M365:2）　5～8. A 型 Ⅱ 式铜手镯（M365:6、M365:7、M365:8、M365:9）
　9. 铁钎（M365:4）　10. B 型木手镯（M365:10）

6.55，片宽2.9～3.05、厚0.2～0.35厘米（图一七九:5）。

M365:7，镯口一端大，一端小。镯面两道约0.5～0.6厘米宽凹槽，槽内分别镶嵌三列圆形孔雀石小薄片。镯内壁粘附有轻薄网格状纺织物，网格较疏。戴于死者左臂。大端外径6.4～6.5、小端外径6.05～6.1，片宽3.1、厚0.15～0.2厘米（图一七九:6）。

M365:8，镯口一端大，一端小。镯面两道约0.45～0.5厘米宽凹槽，槽内分别镶嵌三列不规则四边形孔雀石小薄片。镯内壁粘附有轻薄网格状纺织物，网格较疏。戴于死者左臂。大端外径6.2～6.4、小端外径5.9～6.1，片宽2.75～2.95、厚0.25厘米（图一七九:7）。

M365:9，镯面两道约0.45～0.55厘米宽凹槽，槽内分别镶嵌两列或三列不规则四边形孔雀石小薄片。镯内壁粘附有轻薄网格状纺织物，网格较疏。戴于死者左臂。外径6～6.1，片宽2.55～2.75、厚0.2～0.28厘米（图一七九:8）。

（二）铁器　1件。

钎　1件（M365:4）。

钎首呈簧状，用铁条绕成，簧条间无空隙，残，存四圈。钎条中部略曲，端残。出土时位于死者右脸颊部，簧首向外。残长4.5、簧径0.75～0.9、钎中部条径0.3厘米（图一七九:9）。

（三）木器　1件。

手镯　1件（M365:10）。

用树韧皮部制成窄条，绕成环状套于手腕。环长一圈半以上（一端残佚不明）。木条表层呈黑色，似用火烤过以大体定型。木条上局部残留红彩痕。树种经鉴定非松属，具体种属未定。出土时位于死者左手腕3件铜镯之前。残长25、外径5.3～5.4、条宽2.7～2.9、厚0.45～0.5厘米（图一七九:10）。

另外在距死者头顶10余厘米处有红色漆痕，可明显看出为一件倾倒的豆。

M370

M370位于DT0905，属Ⅱ工区村民刘朝顺责任地，方向320°，长方形竖穴墓坑，无墓道。墓口长1.66～1.72、宽0.62～0.9，墓坑深0.38～0.46米，墓底与墓口尺寸相同。墓坑填土为夹红烧土颗粒的褐色黏土。南壁打破M371。随葬器物仅有一件陶罐（图一八〇）。

陶罐　1件（M370:1）。

C型Ⅱ式。夹炭红褐陶。口沿至上腹部置一只片状桥形耳，耳拱弧高，上端略与口沿平。泥条盘筑法成形。泥料加有较多炭屑，器体轻，留有大量孔隙。出土时位于墓底靠近

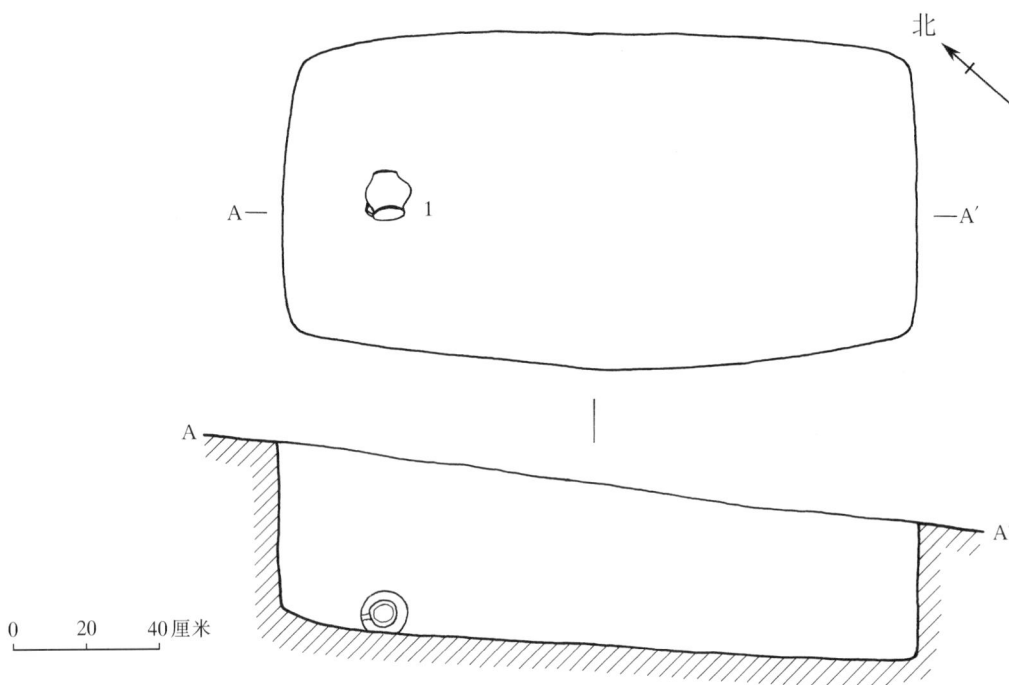

图一八〇　M370 平、剖面图
1. 陶罐

死者头顶处。烧成温度约 650℃～700℃。
高 11.7、口径 8.45～8.9、最大腹径
11.1～11.2、足径 6.2、耳片中部宽
2.05、耳片厚 0.65 厘米（图一八一）。

K4

K4 位于 BT0502，属Ⅰ工区村民王
明顺责任地。坑平面呈不规则长方形，
坑长 1.23、宽 0.3～0.43，坑深 0.3 米。
坑内填土为红褐色黏土，混杂少量灰黄
色黏土。底部发现一件陶罐（参见图二
五）。

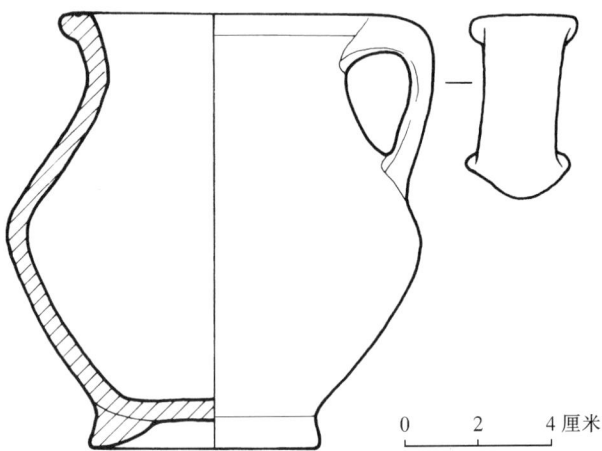

图一八一　M370 随葬 C 型Ⅱ式陶罐（M370∶1）

陶罐　1 件（K4∶1）。

D 型。夹砂红褐陶。盘口，口沿略内凹，直领较高，平底。口沿下至肩置一片状桥形
耳。泥条盘筑法成形。底部曾整块脱层，清楚显现泥条制底方法。泥料中加有较多细石英

砂。胎壁较厚实。烧成温度约700℃，火焰不匀，有局部渗碳现象。口径9.6～10.4、最大腹径8.1～8.5、底径5.40～5.65、高12.3，耳中部宽2.3、厚0.7，腹壁厚约0.5～0.7厘米（参见图二五:1、彩版二六:1）。

采集器物

（一）陶器　3件。

罐　3件。

DT0905采:1，E型。夹炭红褐陶。口沿至肩部置一片状桥形耳。泥条盘筑法成形，外腹用缠细绳的拍子拍打，留下明显绳纹。内壁肩腹交界处及底部可见垫窝痕。肩部篦点纹用四齿尖头工具向右戳入。泥料加有较多炭屑，未加砂，器表可见大量小孔，体轻。烧成温度约650℃～700℃，火焰不匀。口径8.4～8.6、最大腹径12.3～13.0、高11.9，耳片宽2.65～3.20、厚0.65厘米（图一八二:3）。

DT0906采:2，C型Ⅰ式。夹炭夹砂红褐陶。上腹部弧度较小，折腹部饰四枚乳丁。泥条盘筑法成形，陶坯成形后，曾用缠绳拍子拍打，器内垫窝较小。泥料中加有较多炭屑极少量砂粒。烧成火候不高。口径9、最大腹径10.5～10.8、高11.2、足径6.9～7.1、壁厚0.4厘米（图一八二:5）。

DT1005采:2，C型Ⅱ式。夹炭夹砂红褐陶。上腹部斜直微内凹，口沿至上腹部置一只片状桥形耳。泥条盘筑法成形，外壁用缠绳拍子拍打，留有许多分散绳痕。泥料加有较多炭屑及少量砂粒，烧成温度约650℃～700℃，火焰不匀。口径10.5～10.7、最大腹径12.9～13.1、高14.6、足径7.55～7.8、足高0.9，耳片中部宽2.05、厚0.8厘米（图一八二:1）。

砚　1件（套）（DT0906采:1）。

夹砂灰陶。砚板长方形片状。泥料沙质重，加有少量石英砂。烧制温度约550℃～600℃，用还原焰烧成。板长11.5、宽5.66～5.75、厚0.37～0.45厘米。砚块底面正方形，上呈圆形。泥料同。边长2.8、厚1.3厘米（图一八二:4）。

（二）铜器　2件。

戈　1件。

罗德成地Ⅱ工区采集，A型。无胡直内，弧线三角形援。通长21、援长14，内长7、宽5.3～5、厚0.42，阑长9.8厘米（图一八二:2）。

带钩　1件（DT1005采:1）。

B型。兽面形。钩体片状，形似象头，钩首为象鼻。圆形钩纽。钩体长2.3、通宽2.1厘米（图一八二:6）。

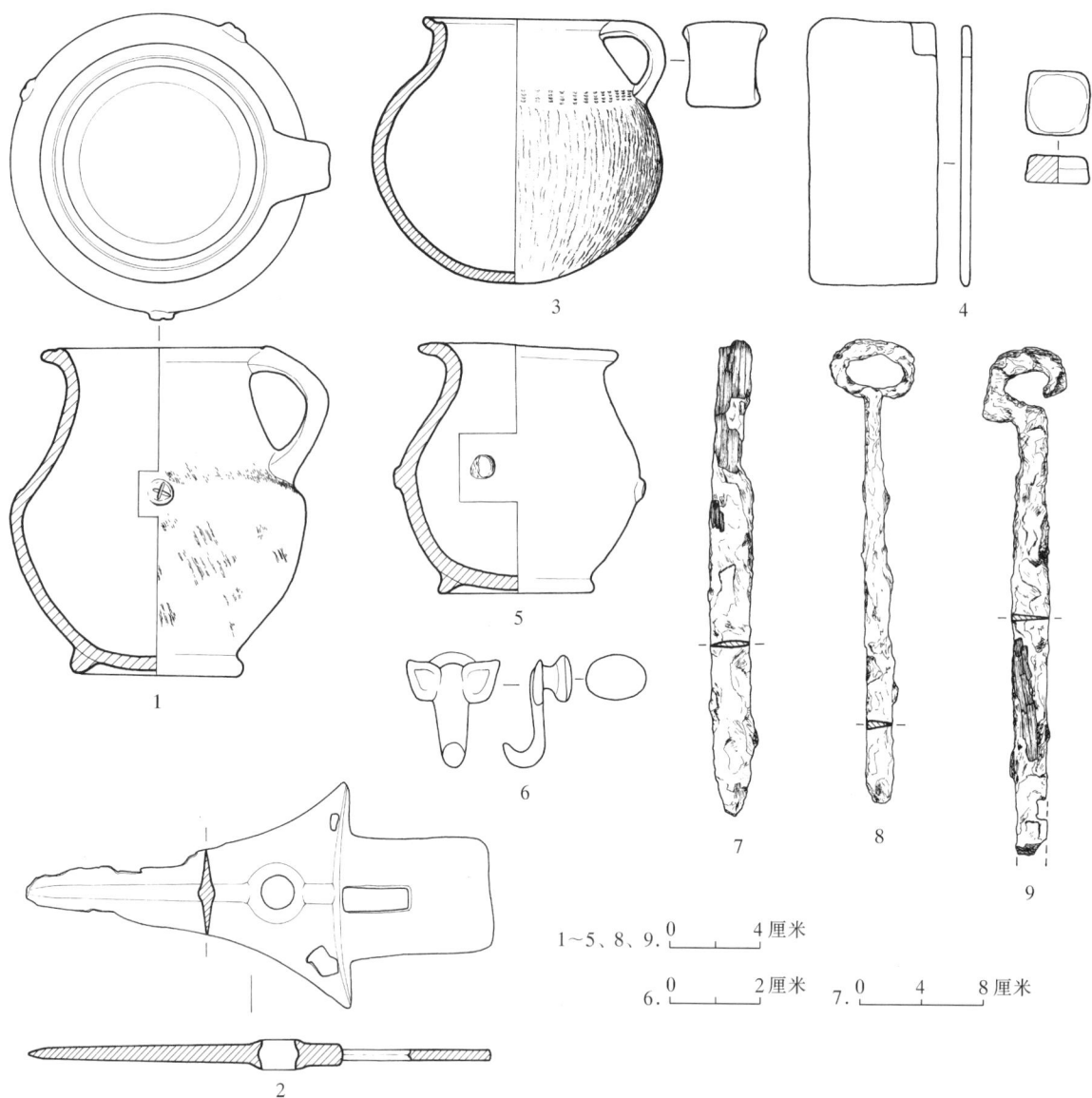

图一八二　采集器物

1. C型Ⅱ式陶罐（DT1005 采:2）　2. A型铜戈（罗德成地Ⅱ工区采集）　3. E型陶罐（DT0905 采:1）
4. 陶砚（DT0906 采:1）　5. C型Ⅰ式陶罐（DT0906 采:2）　6. B型铜带钩（DT1005 采:1）　7. 铁剑
（罗德成地Ⅱ工区采集）　8. B型Ⅰ式铁削刀（M300 填土采集）　9. B型Ⅱ式铁削刀（M320 填土采集）

（三）铁器　3件。

剑　1件。

罗德成地Ⅱ工区采集，柳叶形。直柄，柄呈长方条状，略偏向一侧。剑身两面弧形，因锈蚀不辨是否起脊。柄上附有木痕，估计原有木质握柄。通长29.4、柄长7.5、剑身最宽处2.8厘米（图一八二:7）。

削刀　2件。

M300填土采集，B型Ⅰ式。柄呈扁方条状，刃部一端渐宽。前端刃与背同时内收成圆弧形。环首端头接口痕不显。柄端与环首边平齐。通长20，柄长7、宽0.7～1.0，刃部宽1.15，环首长径3.8、短径2.4厘米（图一八二:8）。

M320填土采集，B型Ⅱ式。环首残佚。柄呈扁方条状，刀身与柄无明显界限。通长22，柄长6.3、宽1.2～1.45，刃部宽1.55～1.35，环首长径3.5、短径3.1厘米（图一八二:9）。

三　墓葬登记表

甲类墓、乙类墓分别列表。墓葬中各类器物凡仅出一件者，不标注件数，出土两件以上者，在器物名称及型式后用阿拉伯数字标明件数。

赫章可乐 2000 年发掘墓葬登记表一（甲类墓）

墓号	墓向	墓葬尺寸（米）			葬具	葬式	葬俗	随葬品	时代	备注
		长	宽	深						
281	18°	墓口 3.35 墓底 3.35	2.22～2.32	1.06～1.15	彩漆木棺痕		墓底有一不规则坑	陶罐 A I 、陶罐 A II 2、陶罐 A III 2、陶罐 B III、陶罐 B IV、陶罐 C、陶釜 A、陶豆、陶博山炉、铜釜、铜剑格、铜带钩、铜铃 3、铜币 22、铁锯片、铁削刀、铁钎 2、铁三足架	西汉	墓底残留漆皮
283	150°	墓口 3.2 墓底 3.14	1.95～2.03 1.88～2	0.5～0.6				陶罐 A II、陶罐 B II 2、B III 2、陶釜 B、陶钵、陶碗、铜釜、铜币 13、铁刀 A、铁削刀	西汉	墓底残留漆痕
284	45°	墓口 3.44～3.5 墓底 3.44～3.5	2.02～2.12	1.02～1.28	木棺痕		墓底棺外东侧有小石块铺成的地面，面积约 20×35 平方厘米	陶罐 A I 2、陶罐 B I 、陶罐 B II 2、陶罐（残）、陶壶 A、陶壶 A III、陶釜 A、陶盂、陶豆、陶碗、陶纺轮 2、铜币 16、铁刀 B、铁锸、铁铧、铁斧、铁锛、铁削刀 2	西汉	墓底残留漆皮

赫章可乐 2000 年发掘墓葬登记表二（乙类墓）

墓号	墓向	墓葬尺寸（米）			葬具	葬式	葬俗	随葬品	时代	备注
		长	宽	深						
262	284°	墓口 2.3（残）墓底 2.25（残）	0.88~1.05 / 0.78~1	1.1						
263	290°	墓口 0.9（残）墓底 0.8（残）	0.8（残）/ 0.74（残）	1.65						
264	280°	墓口 1.4（残）墓底 1.26（残）	0.9（残）/ 0.9（残）	1.1	木棺痕	仰身直体	铜釜套头	铜釜 B、铜发钗 A2、铜手镯 AⅡ、铁削刀 BⅡ	二期	
265	265°	墓口 2.46~2.55 墓底 2.32~2.37	0.9~0.98 / 0.83~0.86	0.51~0.53						
266	292°	墓口 1.84 墓底 1.55	0.56~0.7 / 0.5~0.6	0.34~0.5				陶罐 CⅠ	三期	
267	240°	墓口 1.85~1.9 墓底 1.75~1.85	0.66~0.74 / 0.63~0.72	0.7~0.8				铜手镯 C10、陶罐 CⅠ	二期	
268	273°	墓口 2.58~2.59 墓底 2.44~2.46	0.96~1.12 / 0.8~0.98	0.24~0.4	木棺痕			铜戈 A、铜发钗 A2	二期	
269	305°	墓口 2.3~2.45 墓底 2.24~2.36	0.84~0.92 / 0.7~0.84	0.98~1.06				铜发钗 A2、铜带钩 A、铁削刀 BⅠ	三期	墓底倾斜度约 3°
270	281°	墓口 1.88 墓底 1.58	0.64~0.84 / 0.6~0.7	0.6~0.7						墓底头、腰部残留漆痕三处

续表

墓号	墓向	墓葬尺寸（米）			葬具	葬式	葬俗	随葬品	时代	备注
		长	宽	深						
271	313°	墓口 2.58 墓底 2.54	0.82~1.12 0.6~0.68	0.8~0.96	木棺痕			铜手镯 AⅡ、铜铃 AⅠ、铜铃 AⅡ 13、铜扣饰 C15、玉髓管 2、玛瑙珠、绿松石珠、豆形坠饰、骨珠 2	三期	
272	283°	墓口 2.65~2.7 墓底 2.65~2.7	0.84~1.14 0.8~1.1	0.6~0.7	木棺痕	仰身直体	铜釜套头	铜釜 B	三期	
273	273°	墓口 2.75~2.8 墓底 2.62~2.7	1.2 1~1.1	1.05	木棺痕	仰身直体曲上肢	铜釜套头，铜洗垫足，右上肢垫铜洗，左上肢旁立铜洗。	铜釜 D、铜洗 3、镂空錞形、茎首铜铁剑、铁削刀 AⅡ	三期	墓内发现少量漆皮，墓底倾斜度约 5°
274	273°	墓口 2.84~3.2 墓底 2.76~3.12	1.41~1.43 1.3~1.34	0.63~0.73	木棺痕	仰身直体曲上肢	铜釜套头，套脚，铜洗盖脸，右上肢两铜洗，左上肢旁立一铜洗。	铜釜 D2、立虎铜秘冒、铜发钗 A、铜铃 AⅠ 2、铜铃 AⅡ 17、虎形铜挂饰、鼓形铜挂饰、双齿铜挂饰、铜印、镂空錞形、铁戈、茎首铜柄铁剑、铁削刀 AⅠ、铁削刀 BⅡ、铁刮刀 2、玉髓珠、玛瑙管 19、玛瑙珠 8、骨珠 6、骨管、骨珠 20、贝饰	三期	

续表

墓号	墓向	墓葬尺寸（米）			葬具	葬式	葬俗	随葬品	时代	备注
		长	宽	深						
275	275°	墓口1.88~1.94 墓底1.86~1.92	0.7~0.75 0.7	0.9~1				铁削刀BⅠ	三期	墓底头侧残留漆痕
276	266°	墓口2.72 墓底2.64	0.84~0.96 0.82~0.9	0.38~0.5						
277	288°	墓口2.72 墓底2.6	0.8~1.08 0.72~1	0.49~0.83	木棺痕	仰身直体	铜釜套头	铜釜B、铜鍪B、柳叶形铜剑、铜戈C、铜柲冒、铜发钗、铁削刀BⅠ、铜发钗B2、铁削刀B2、骨珠2	二期	
278	275°	墓口2.5 墓底2.46	0.8 0.76	0.4~0.5						
279	258°	墓口2.28~2.48 墓底2.18~2.36	0.76~0.8 0.74~0.78	0.32~0.54						
280	286°	墓口2.6~2.74 墓底2.5~2.64	0.98 0.9	0.78~1.03						
282	38°	墓口1.3~1.32 墓底1.23~1.25	0.62~0.7 0.58~0.66	0.57~0.6						
285	273°	墓口2.35~2.4 墓底2.3~2.35	0.52~0.6 0.48~0.56	0.08~0.14						
286	264°	墓口2.76~2.82 墓底2.68~2.74	0.9~1.18 0.77~1.08	0.09~0.18				铁刀B	三期	

续表

墓号	墓向	墓葬尺寸（米）			葬具	葬式	葬俗	随葬品	时代	备注
		长	宽	深						
287	258°	墓口 2.3~2.45 墓底 2.28~2.35	0.72~0.8 0.58~0.7	0.53~0.58				铜带钩CII、铁小刀B	三期	墓底倾斜度约5°
288	260°	墓口 2.65 墓底 2.58	0.9~0.92 0.84~0.86	0.3				绿松石珠	三期	墓底倾斜度约4°
289	260°	墓口 2.3~2.35 墓底 2.15~2.2	0.6~0.72 0.52~0.64	0.42~0.5						
290	260°	墓口 2.23 墓底 2.15	0.8~1 0.74~0.88	0.84~0.96						
291	270°	墓口 0.76~1.06 墓底 0.76~1.06	0.8~1 0.75~0.93	0.07~0.12（残）						
292	315°	墓口 2.18 墓底 2.18	0.52~0.58 0.52~0.58	0.68~0.83				陶瓶、铜扣饰D、铜扣饰E2	二期	墓底倾斜度约3°
293	300°	墓口 2.48~2.54 墓底 2.4~2.48	0.68~0.8 0.62~0.72	0.26~0.38						
294	310°	墓口 1.66~1.7 墓底 1.62~1.65	0.64~0.68 0.54~0.62	0.36~0.48				陶罐CI	一期	
295	310°	墓口 1.58~1.62 墓底 1.58~1.62	0.56~0.6 0.58~1.62	0.32~0.42						

续表

墓号	墓向	墓葬尺寸（米）			葬具	葬式	葬俗	随葬品	时代	备注
		长	宽	深						
296	314°	墓口 2.58~2.6 墓底 2.5~2.54	0.82~0.84 0.75~0.83	0.67~0.84		仰身直体	铜洗盖脸	铜洗、柳叶形铜剑A、铜柲套饰、铜发钗A3、铁削刀BⅡ、铜戈、铜发钗	二期	
297	313°	墓口 2.34~2.46 墓底 2.34~2.46	0.86~0.92	0.27~0.42						
298	315°	墓口 2.4~2.5 墓底 2.3~2.38	0.8~0.96 0.64~0.8	0.84~1.1		仰身直体曲上肢	铜洗垫头	铜洗、柳叶形铜剑、铜发钗A2、铜手镯AⅡ3、铜钉2、骨珠3、贝饰2、铜发、铁	一期	
299	315°	墓口 2.7~2.8 墓底 2.58~2.6	0.67~0.82 0.46~0.68	0.4~0.64		仰身直体		铜戈D、铜发钗A2	二期	
300	313°	墓口 2.4~2.75 墓底 2.3~2.57	0.92~1.12 0.78~1.02	0.54~0.69				铁削刀BⅠ	三期	
301	310°	墓口 2.3~2.5 墓底 2.2~2.3	0.83~1.02 0.68~0.82	0.64~0.84		仰身直体		柳叶形铜剑	二期	
302	300°	墓口 2.14~2.48 墓底 2.04~2.34	0.86~1.14 0.82~1.08	0.32~0.54	木棺痕			铜戈C	一期	
303	295°	墓口 2.34~2.42 墓底 2.3~2.36	0.68~0.72 0.62~0.68	0.14~0.32						

续表

墓号	墓向	墓葬尺寸（米）			葬具	葬式	葬俗	随葬品	时代	备注
		长	宽	深						
304	320°	墓口 1.97~2.06 墓底 1.90~1.92	0.62~0.74 0.56~0.6	0.34~0.54	木棺痕	仰身直体曲上肢		陶罐 C I 、铜手镯 A II 2	二期	
305	310°	墓口 2.56~2.66 墓底 2.44~2.56	0.7~0.82 0.6~0.78	0.5~0.6				陶罐 C II	二期	墓底倾斜度约 9°
306	310°	墓口 2.28~2.44 墓底 2.27~2.36	0.76~0.9	0.21~0.27		仰身直体		铜戈 D	二期	墓底倾斜度约 3°
307	320°	墓口 2.1~2.3 墓底 2.06~2.2	0.61~0.65 0.57~0.62	0.02~0.15						
308	318°	墓口 2.2~2.4 墓底 2.16~2.26	0.64~0.68	0.31~0.4		仰身直体曲上肢		镂空蹄形茎首铜剑、铜戈 A、铜镞、铜发钗 A2、发箍 2、铜手镯 A II、铜戒指	一期	墓底头侧残留漆痕
309	310°	墓口 2.53~2.6 墓底 2.39~2.5	0.7~0.72 0.62~0.7	0.53~0.78		仰身直体		柳叶形铜剑、铜发钗 A、铜带钩 C I	一期	
310	320°	墓口 1.9~2.06 墓底 1.82~1.94	0.76~0.88 0.6~0.68	0.76~0.98	木棺痕	仰身直体		铜戈 A、铜铃 B	一期	
311	300°	墓口 1.66~1.76 墓底 1.54~1.64	0.7~0.76 0.62~0.7	0.08~0.2				铜铃 A I、铁小刀 A、玛瑙管、骨管 3	三期	墓底头侧残留漆痕

续表

墓号	墓向	墓葬尺寸（米）			葬具	葬式	葬俗	随葬品	时代	备注
		长	宽	深						
312	310°	墓口 1.72~1.78 墓底 1.64~1.68	0.72~0.76 0.7~0.73	0.2~0.32	木棺痕			铜鍪A、玉黄2	二期	墓底头侧残留漆痕
313	310°	墓口 2.14~2.3 墓底 2.14~2.3	0.75~0.78 0.7~0.75	0.19~0.31						
314	330°	墓口 2.4~2.48 墓底 2.35~2.43	0.7~0.84 0.64~0.78	1						
315	308°	墓口 2.35~2.4 墓底 2.3~2.35	0.56~0.62 0.54~0.58	0.36~0.42						
316	300°	墓口 2.3~2.38 墓底 2.2~2.3	0.7~0.78 0.65~0.73	0.15						
317	315°	墓口 2.12 墓底 2.02	0.7~0.98 0.56~0.76	0.52~0.66	木棺痕			柳叶形铜剑、铜戈BII、铜发钗A、铜带钩CII	二期	
318	323°	墓口 2.5~2.67 墓底 2.5~2.62	0.7~0.76 0.55~0.58	0.78~0.9		侧身直体		柳叶形铜剑、铜戈BI	一期	
319	280°	墓口 2.36 墓底 2.34	0.76 0.63	0.26~0.4				柳叶形铜剑、铜发钗A2、铜带钩CIII	二期	
320	325°	墓口 2.75~2.85 墓底 2.65~2.75	1.15~1.45 1.05~1.35	0.26						墓底倾斜度约12°
321	300°	墓口 2.48~2.5 墓底 2.42~2.48	0.58~0.61 0.47~0.54	0.2~0.24						

续表

墓号	墓向	墓葬尺寸（米）			葬具	葬式	葬俗	随葬品	时代	备注
		长	宽	深						
322	300°	墓口 1.5～1.59 墓底 1.47～1.54	0.61～0.65 0.56～0.59	0.13～0.25				陶罐 CII	二期	
323	310°	墓口 2.13～2.24 墓底 2.1～2.12	0.8～0.84 0.72～0.75	0.4～0.52						
324	307°	墓口 2.45～2.6 墓底 2.38～2.4	0.9～1 0.8～0.9	0.05～0.08				镂空弹形茎首铜柄铁剑	二期	
325	320°	墓口 2.4～2.45 墓底 2.35～2.4	0.75～0.8 0.74～0.78	0.52～0.6				蛇头形茎铜剑、铜戈 A、铜带钩 CI、铜皮管饰	二期	
326	312°	墓口 2.2～2.36 墓底 2.15～2.2	0.64～0.78	0.33～0.44						
327	330°	墓口 2.2～2.3 墓底 2.1～2.22	0.44～0.64 0.5～0.56	0.3～0.5						
328	327°	墓口 3～3.1 墓底 2.33～2.35	0.5～0.7 0.6～0.7	0.16～0.35						
329	315°	墓口 2.4～2.58 墓底 2.1～2.25	0.78～1.18 0.64～0.86	0.38～0.72						
330	320°	墓口 1.7～1.76 墓底 1.58～1.64	0.62～0.88 0.58～0.66	0.7～0.72				铜匜、铜铃 AI3、铁削刀 BI、孔雀石串珠	二期	

续表

墓号	墓向	墓葬尺寸（米）			葬具	葬式	葬俗	随葬品	时代	备注
		长	宽	深						
331	325°	墓口 2.28~2.36	墓口 0.63~0.65	0.38~0.52			铜戈斜插于头部右侧地面	铜戈A、柳叶形铁剑	二期	左胸处残留豆形漆痕，墓底倾斜度约2.5°
		墓底 2.12~2.21	墓底 0.56~0.63							
332	310°	墓口 2.4~2.46	墓口 0.71~0.74	0.22~0.47						
		墓底 2.36~2.44	墓底 0.66~0.68							
333	301°	墓口 1.48~1.56	墓口 0.66~0.7	0.17~0.43						
		墓底 1.46~1.5	墓底 0.58~0.62							
334	310°	墓口 2.72~2.82	墓口 0.52~0.98	0.06~0.12		仰身直体		铜戈A、铜手镯AⅡ	一期	墓底倾斜度约4.5°
		墓底 1.9~2.44	墓底 0.48~0.86							
335	313°	墓口 2.15~2.2	墓口 0.56~0.7	0.12~0.24				铜戈A	一期	
		墓底 2.1~2.15	墓底 0.46~0.66							
336	313°	墓口 2.5~2.7	墓口 0.5~0.6	0.25~0.38						
		墓底 2.4~2.5	墓底 0.48~0.62							
337	324°	墓口 2.08~2.12	墓口 0.73~0.75	0.12~0.2				陶罐CⅠ	一期	
		墓底 2.08~2.12								
338	321°	墓口 1.95~2.2	墓口 0.78~0.82	0.7~0.8				陶杯、铜扣饰C89、铁锸、铁削刀AⅠ、孔雀石串珠	三期	墓底头侧残留漆痕，墓底倾斜度约12°
		墓底 1.92~1.96	墓底 0.5~0.68							

续表

墓号	墓向	墓葬尺寸（米）			葬具	葬式	葬俗	随葬品	时代	备注
		长	宽	深						
339	330°	墓口 1.92 墓底 0.76	0.64~0.8 0.6~0.77	0.24~0.28						
340	333°	墓口 2.1~2.2 墓底 2.04~2.1	0.57~0.66 0.52~0.62	0.18~0.32				陶罐 C I	一期	
341	325°	墓口 2.4~2.58 墓底 2.3~2.36	0.74~0.76 0.62~0.68	0.66~0.8		仰身直体曲上肢		镂空牌形茎首铜剑、铜戈 C、铜柲冒、铜柲套饰、铜发钗 B2、铜手镯 A I 19、玉玦、骨玦、木手镯 2	一期	
342	335°	墓口 2.7~2.75 墓底 2.6~2.68	0.85~0.9 0.8~0.85	0.53~0.7		仰身直体	铜洗盖脸，铜戈斜插于头部左侧地面	铜洗、铜戈 C、铜铃 A I 2、铜铃 A III 2、铜扣饰 C49、铁刀 A、铁条形片、孔雀石串珠、骨玦	三期	墓底胸部残留漆痕，墓底倾斜度约 2.5°
343	312°	墓口 1.48~1.54（残） 墓底 1.38~1.44（残）	0.66~0.7 0.58~0.62	0.48~0.59				铜手镯 D2	一期	
344	314°	墓口 2.2 墓底 2.09	0.6~0.7 0.6~0.65	0.5~0.6						
345	315°	墓口 1.71~1.9 墓底 1.68~1.78	0.61~0.9	0.16~0.42						

续表

墓号	墓向	墓葬尺寸（米）			葬具	葬式	葬俗	随葬品	时代	备注
		长	宽	深						
346	305°	墓口1.8 墓底1.7	0.6~0.7	0.58~0.62						
347	325°	墓口1.4~1.8 墓底1.4~1.8	0.7~1	0.18~0.26						
348	320°	墓口2.38~2.43 墓底2.2~2.28	0.6~0.78 0.52~0.68	0.28~0.58		仰身直体		柳叶形铜剑、铜戈A、铜发钗A2	二期	墓底倾斜度约5°
349	320°	墓口2.1~2.2 墓底1.95~2.1	0.5~0.6 0.4~0.6	0.19~0.26						
350	320°	墓口2.55~2.66 墓底2.36~2.4	0.82~0.94 0.7~0678	1.2~1643	木棺痕	侧身直体		柳叶形铜剑、铜戈BII、铜发钗B2、骨珏	二期	墓底倾斜度约2°
351	315°	墓口2.12~2.16 墓底2.1~2.12	0.52~0.58 0.5~0.55	0.1~0.26			铜戈斜插于头部右侧地面	铜戈A、铜条状物、铁削刀BII	三期	墓底倾斜度约6°
352	322°	墓口1.35~1.42 墓底1.25~1.35	0.38~0.4 0.35~0.38	0.12~0.22						
353	325°	墓口1.8 墓底1.7	0.75 0.5	0.2						
354	313°	墓口1.96~2 墓底1.9~1.92	0.63~0.73 0.6~0.68	0.13~0.18				铜手镯C	一期	墓底倾斜度约6°

续表

墓号	墓向	墓葬尺寸（米）			葬具	葬式	葬俗	随葬品	时代	备注
		长	宽	深						
355	320°	墓口 1.94 墓底 1.74~1.8	0.45 0.3~0.44	0.6~0.7						
356	318°	墓口 1.76~1.88 墓底 1.6~1.74	0.62~0.78 0.55~0.68	0.64~0.82	木棺痕	侧身直体		柳叶形铜剑、铜戈A、发钗A、铜手镯AII、带钩CI、铜	一期	
357	325°	墓口 2.1 墓底 2.1	0.8 0.65	0.25~0.3						
358	325°	墓口 1.26~1.32 墓底 1.18~1.22	0.64~0.68 0.56~0.58	0.41~0.52						
359	315°	墓口 2.4~2.56 墓底 2.24~2.4	0.9~1.02 0.64~0.9	0.42~0.7				铁刀A	三期	
360	310°	墓口 2.34~2.48 墓底 2.3~2.4	0.7~0.86 0.46~0.64	0.74~0.88				铁镢	三期	
361	315°	墓口 1.88~1.9 墓底 1.88~1.9	0.54~0.62 0.54~0.62	0.52~0.60						
362	315°	墓口 1.58~1.6 墓底 1.58~1.6	0.4~0.44 （残） 0.4~0.44	0.42~0.54						
363	325°	墓口 2.1~2.24 墓底 2.04~2.14	0.9~1 0.86~0.95	0.85~1.14	木棺痕					

续表

墓号	墓向	墓葬尺寸（米）			葬具	葬式	葬俗	随葬品	时代	备注
		长	宽	深						
364	310°	墓口1.8~1.85 墓底1.6~1.8	0.5~0.6 0.64~0.7	0.25~0.48						墓底头顶处残留漆痕，墓底倾斜度约2.5°
365	312°	墓口2.07~2.08 墓底2.07~2.08	0.6~0.72	0.29~0.43		仰身直肢体上曲肢	铜戈斜插于头部左侧地面	镂空蟠形茎首铜剑、铜戈、铜发叉A2、铜手镯AII4、铁钎、木手镯BIII、铜手镯	二期	
366	325°	墓口2.13~2.16 墓底2.03~2.1	0.53~0.75 0.4~0.63	0.18~0.28						
367	310°	墓口1.95~2.05 墓底1.85~1.94	0.62~0.7 0.54~0.62	0.46~0.6						
368	315°	墓口1.9~2 墓底1.9~2	0.65~0.7	0.28~0.3						
369	320°	墓口1.2~1.25 墓底1.2~1.25	0.5~0.54	0.2~0.26						
370	320°	墓口1.66~1.72 墓底1.66~1.72	0.62~0.9	0.38~0.46				陶罐CII	二期	
371	315°	墓口1.46~1.5 墓底1.46~1.5	0.6~0.64	0.53~0.56						
372	310°	墓口1.6~1.63 墓底1.6~1.63	0.48（残）	0.2~0.36						

四　出土器物分类统计

一　甲类墓（119件）

陶器　34件

陶罐　　　18件

　　　AⅠ　　3件：M281∶20、M284∶15、M284∶16

　　　AⅡ　　3件：M281∶14、M281∶15、M283∶3

　　　AⅢ　　2件：M281∶10、M281∶11

　　　BⅠ　　1件：M284∶20

　　　BⅡ　　3件：M283∶13、M284∶12、M284∶13、

　　　BⅢ　　3件：M281∶6、M283∶11、M283∶12、

　　　BⅣ　　1件：M281∶12

　　　C　　　1件：M281∶9

　　　残碎 1件：M284∶10

陶釜　　　4件

　　　A　　　2件：M281∶8、M284∶11

　　　B　　　2件：M283∶2、M284∶19

陶壶　　　2件

　　　Ⅰ式　1件：M284∶22

　　　Ⅱ式　1件：M284∶14

陶钵　　　1件：M283∶5

陶碗　　　3件：M281∶7、M283∶6、M284∶18

陶盂　　　1件：M284∶21

陶豆　　　2件：M281∶16、M284∶17

陶纺轮　　2件：M284∶5、M284∶24

陶博山炉　1件：M281∶25

铜器　　58件

铜釜　　　2件：M281∶17、M283∶1

铜剑格　　1件：M281∶1

铜带钩　　1件：M281∶13

铜铃　　　3件：M281:2、M281:3、M281:4

铜币　　　51枚：M281:5（1～6）、M281:23（1～16）共22枚

M283:4（1～6）、M283:9（1～7）共13枚

M284:7（1～8）、M284:8（1～8）共16枚

铁器　　13件

铁刀　　　2件

A　　1件：M283:7

B　　1件：M284:6

铁锸　　　1件：M284:3

铁铚　　　1件：M284:1

铁斧　　　1件：M284:2

铁锯片　　1件：M281:22

铁削刀　　4件：M281:19、M283:8、M284:4、M284:23

铁钎　　　2件：M281:21、M281:24

铁三足架　1件：M281:18

漆器　　14件（未取，无实物，但计入总件数）

M281（3件）、M283（3件）、M284（8件）

二　乙类墓（510件＋3组）

陶器　　16件

陶罐　　　13件

CⅠ　7件：M266:1、M267:11、M294:1、M304:1、M337:1、

M340:1、DT0906采:2

CⅡ　4件：M305:1、M322:1、M370:1、DT1005采:2

D　1件：K4:1

E　1件：DT0905采:1

陶瓶　　　1件：M292:1

陶杯　　　1件：M338:1

陶砚　　　1件：DT0906采:1

铜器　　354件

铜釜　　6 件

　　　　B　3 件：M264：1、M272：1、M277：1

　　　　D　3 件：M273：1、M274：86、M274：87

铜洗　　10 件：M273：2、M273：3、M273：4、M274：1、M274：2、M274：6、
　　　　　　　　M274：4、M296：1、M298：1、M342：50

铜鍪　　2 件

　　　　A　1 件：M312：1

　　　　B　1 件：M277：2

铜匜　　1 件：M330：1

铜柄铜剑　3 件：M308：3、M341：4、M365：5

柳叶形剑　11 件：M277：5、M296：3、M298：7、M301：1、M309：2、M317：2、
　　　　　　　　　M318：2、M319：1、M348：1、M350：1、M356：1

蛇头茎剑　1 件：M325：3

铜戈　　22 件

　　　　A　12 件：M268：2、M296：2、M308：2、M310：1、M325：2、M331：
　　　　　　　　　1、M334：1、M335：1、M348：2、M351：1、M356：3、罗
　　　　　　　　　德成地Ⅱ工区采集

　　　　BⅠ　1 件：M318：1

　　　　BⅡ　2 件：M317：1、M350：2

　　　　BⅢ　1 件：M365：3

　　　　C　4 件：M277：7、M302：1、M341：3、M342：49

　　　　D　2 件：M299：1、M306：1

铜镞　　1 件：M308：1

铜秘冒　3 件：M274：89、M277：8、M341：5

铜秘套饰　2 件：M296：4、M341：9

铜皮管饰　1 件：M325：4

铜发钗　31 件

　　　　A　25 件：M264：2、M264：5、M268：1、M268：3、M269：3、M269：
　　　　　　　　　4、M274：88、M296：6、M296：8、M296：9、M298：2、
　　　　　　　　　M298：3、M299：2、M299：3、M308：7、M308：8、M309：
　　　　　　　　　3、M317：3、M319：3、M319：4、M348：3、M348：4、
　　　　　　　　　M356：6、M365：1、M365：2

　　　　B　6 件：M277：3、M277：9、M341：1、M341：2、M350：4、M350：5

铜发簪　　2件：M308：6、M308：9

铜铃　　42件

　　　　AⅠ　9件：M271：15、M274：5、M274：24、M330：4、M330：5、M330：
　　　　　　　　6、M342：59、M342：60、M311：3

　　　　AⅡ 30件：M271：2～14、M274：15、M274：21、M274：26、M274：46～
　　　　　　　　59

　　　　AⅢ　2件：M342：51、M342：58

　　　　B　　1件：M310：2

虎形挂饰　　1件：M274：79

鼓形挂饰　　1件：M274：69

双齿挂饰　　1件：M274：90

铜手镯　　46件

　　　　AⅠ 19件：M341：7～8、M341：13～21、M341：22～29

　　　　AⅡ 14件：M264：3、M271：1、M298：11～13、M304：2～3、M308：
　　　　　　　　4、M334：2、M356：5、M365：6～9

　　　　C　 11件：M267：1～10、M354：1、

　　　　D　　2件：M343：1～2

铜戒指　　1件：M308：5

铜带钩　　8件

　　　　A　　1件：M269：1

　　　　B　　1件：DT1005采：1

　　　　CⅠ　3件：M309：1、M325：1、M356：2

　　　　CⅡ　2件：M287：2、M317：4

　　　　CⅢ　1件：M319：2

铜扣饰　156件

　　　　C　153件：M271：30～44

　　　　　　　　M338：5～93

　　　　　　　　M342：1～46，61～63

　　　　D　　1件：M292：4

　　　　E　　2件：M292：2、M292：3

铜印　　1件：M274：42

铜条状物　1件：M351：2

铁器　　33件

　　铜柄铁剑　3件：M273:6、M274:92、M324:1

　　铁戈　　　1件：M274:91

　　铁剑　　　2件：M331:2、罗德成地Ⅱ工区采

　　铁刀　　　3件

　　　　A　　2件：M342:47、M359:1

　　　　B　　1件：M286:1

　　铁削刀　　14件

　　　　AⅠ　2件：M338:3、M274:41

　　　　AⅡ　1件：M273:5

　　　　BⅠ　6件：M269:2、M275:1、M277:6、

　　　　　　　　　 M300:1、M330:3、M300填土采

　　　　BⅡ　5件：M264:4、M274:3、M296:7、M351:3、M320填土采

　　铁小刀　　2件

　　　　A　　1件：M311:1

　　　　B　　1件：M287:1

　　铁刮刀　　2件：M274:93、M274:94

　　铁镢　　　1件：M360:1

　　铁锸　　　1件：M338:2

　　铁钎　　　1件：M365:4

　　铁钉　　　2件：M298:8、M298:9

　　铁片　　　1件：M342:48

玉器　　46件 + 3组

　　玉玦　　　1件：M341:6

　　玉璜　　　2件：M312:2、M312:3

　　玉髓管　　2件：M271:19、M271:23

　　玉髓珠　　1件：M274:65

　　玛瑙管　　28件：M271:16、M271:17、M271:18、M271:20、M271:21、M271:
　　　　　　　 22、M271:27、M271:28、M274:9、M274:10、M274:16、
　　　　　　　 M274:18、M274:23、M274:28、M274:29、M274:32、M274:
　　　　　　　 34、M274:35、M274:37、M274:39、M274:60、M274:67、
　　　　　　　 M274:70、M274:71、M274:80、M274:81、M274:82、M311:

7

玛瑙珠　　8 件：M274∶11、M274∶12、M274∶33、M274∶36、M274∶38、M274∶
　　　　　　　　64、M274∶66、M274∶75

绿泥石珠　1 件：M271∶26

绿松石珠　2 件：M271∶25、M288∶1

变质岩坠饰 1 件：M271∶24

孔雀石串珠 3 组（件数无法统计，不计总件数，单列）：
　　　　　　　M330∶2、M338∶4、M342∶52

骨器　　40 件

骨玦　　14 件：M274∶43～45、M274∶83～85、M277∶4、M342∶53、M350∶3、
　　　　　　　M277∶10（未取）、M298∶4～6（未取）、M341∶12（未取）

骨珠　　22 件：M274∶7～8、M274∶13～14、M274∶17、M274∶19、M274∶20、
　　　　　　　M274∶22、M274∶25、M274∶27、M274∶31、M274∶40、M274∶
　　　　　　　62、M274∶68、M274∶72～74、M274∶76～78、M271∶29（未
　　　　　　　取）、M271∶45（未取）

骨管　　4 件：M274∶30、M311∶4～6、

其他　　21 件

贝饰　　3 件：M274∶61、M298∶14～15（未取）

木镯　　3 件

　　　A　　2 件：M341∶30、M341∶31

　　　B　　1 件：M365∶10

木剑鞘　2 件：分别附于 M273∶6、M274∶92 剑身，未编号。

皮刀鞘　2 件：分别附于 M274∶41、M287∶1 削刀，未编号。

漆器　　11 件（均未取，无实物，但计入出土总件数）：M270（3 件）、M275、
　　　　　　M308、M311、M312、M331、M338、M342、M365（各 1 件）

两类墓合计：629 件 + 3 组

第六编 结 语

一 古地望与族属

78 报告推测，可乐为西汉时期汉阳县治所。以后的考古发掘与研究一直未发现新证据。78 报告根据古文献记载、可乐地理环境及考古遗存分布等进行分析，自有其合理性，宜作一说供继续研究。本报告编写过程中，对可乐过去尚未发表的一些考古资料进行回顾清理，意外发现 1988 年及 1992 年先后发掘的可乐粮管所遗址中出土的残瓦当，有"四年"、"建"、"建始"等铭文（图一八三）①。该遗址发掘资料未系统整理发表，过去有关报道认为遗址曾有汉式房屋建筑，年代断为东汉，原因是出土许多绳纹瓦片和几何纹残砖都具有较典型的东汉特征，出土的一些铜镞、陶器等也似东汉遗物。现在瓦当上发现建始年号铭文，原先的断代显然需作出修正，房屋建筑的上限年代至少应追溯到西汉成帝时期。还值得重视的是，铭文瓦当直径很大，几达 20 厘米，说明其筒瓦也较大。这样大筒瓦的房屋应当具有相当规模，恐非普通民居。将年号铭文烧制于瓦当上，在已出土的西汉瓦当中未见报道，这可能是迄今考古发现中国古代最早的纪年瓦当。年号瓦当出现于偏远的西南夷地区，当有特别意义，或许特为凸显建筑的重要性。汉成帝建始年上距武帝设置汉阳县虽已百余年，但这时所存的大型重要建筑，与汉武帝开发西南夷时所作的行政、军事布局必然有直接联系。这对于 78 报告汉阳县治所观点可补作一条重要旁证。

甲类墓主人身份，报告第二编已有专节讨论，此不赘述。关于乙类墓主人族属，78 报告认为系当时的濮系民族。这种意见得到较多治西南民族史学者认同。考古学文化目前还不能对百濮文化提出基本面貌或典型器物的清晰意见，有关百濮族属的推测主要根据文献记载作出。值得注意的是，近年云南考古学界对昆明羊甫头墓地的研究认为，羊甫头墓地文化构成包括了百濮族系、氐羌族系及当地土著文化三方面来源。在羊甫头墓地及滇文化其他遗存中，发现一些具有北方草原氐羌文化因素的文物，如三叉格铜剑等。也发现一些带楚文化因素的遗存现象，如墓坑中填青膏泥、中小型墓筑二层台、墓底设腰坑等。而

---

① 张元：《贵州赫章可乐粮管所遗址出土的西汉纪年铭文瓦当》，《文物》，2008 年第 8 期。

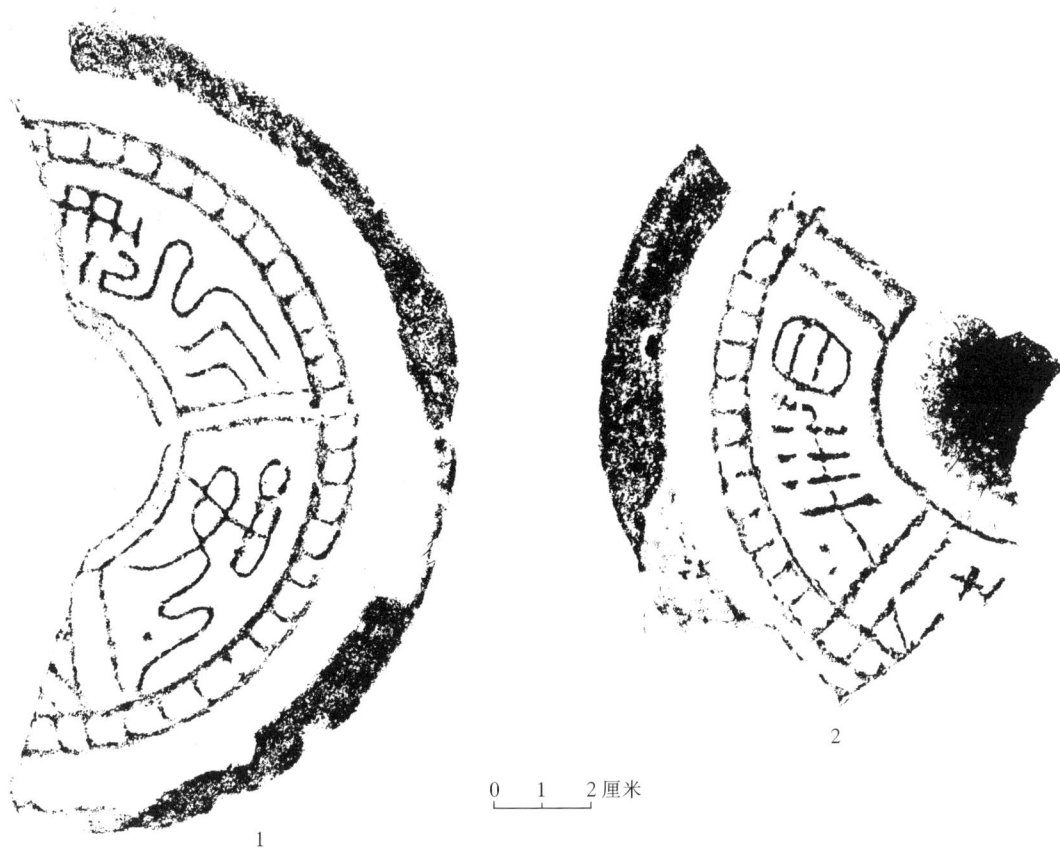

图一八三 可乐粮管所遗址出土瓦当拓本

1. "建始"铭瓦当（92HKT184H4④） 2. "四年"铭瓦当（88HKT5H8：2）

这些楚文化因素，认为是百濮民族在迁徙过程中曾和楚系民族有过长期密切接触有关①。这两种倾向在可乐皆未发现。至今贵州地区战国至汉代考古文化遗存基本面貌显示，滇文化中来自北方草原氐羌系统的文化因素未继续向东扩展；而滇文化中由百濮族系带入的原流传于楚地的某些文化因素也未在贵州地区传播。这是研究贵州地区先秦至汉代濮系民族问题时不容忽视的重要信息。贵州春秋战国以来濮系民族的形成与演化发展，还有大量问题值得进一步探索和研究。

二 甲类墓与乙类墓混处现象

本次甲类墓仅发掘三座，皆位于锅落包。锅落包是甲类墓与乙类墓共处的一个山头，

---

① 云南文物考古研究所、昆明市博物馆、官渡区博物馆编著：《昆明羊甫头墓地》，科学出版社，2005 年。

1978 年在山头发掘 14 座甲类墓、21 座乙类墓。甲类墓主要分布在山头西侧与北侧，乙类墓主要分布在山头东侧与南侧。其中少数墓有交错混处现象，主要分布于偏南侧。本次在锅落包发掘的甲类墓也有与乙类墓混处现象，同样位于山头南侧。

在报告第三编第四章第二节中，曾通过铜车饰墓断代问题讨论提出，78 报告对祖家老包墓葬类型可能存在少数误判问题，将甲类墓误断为乙类墓，包括 M32、M92、M126、M165 等。另外对罗德成地 8 座墓葬，也可能将其中的 M213 误判为乙类墓。

这些与乙类墓混处的甲类墓属西汉前期至西汉后期墓，与同山头乙类墓时代后半段相当。两类墓中虽然都出土不少兵器，但看不出相互间曾有征战格杀的痕迹。相反，两种不同类型墓葬在锅落包、祖家老包及罗德成地等三地点都有混处现象，说明两种分属不同族系的墓主人，曾经在可乐地区有长期和睦相处共容的一段历史。

据《史记·西南夷列传》记载，汉武帝建元六年派遣唐蒙开通夜郎时，"将千人，食重万余人，从巴蜀筰关入，遂见夜郎侯多同。蒙厚赐，喻以威德，约为置吏，使其子为令。夜郎旁小邑皆贪汉缯帛，以为汉道险，终不能有也，乃且听蒙约。"可见，汉王朝进入西南夷地区，从开始就采取了和平方式。这种和平局面维系了很长时期。汉武帝采纳公孙弘建议罢西夷时，仍保留了"南夷夜郎两县一都尉"。为增加租赋收入，还"募豪民田南夷"。元鼎五年汉平南越之乱，曾"发夜郎兵"。后夜郎首领入朝，受王印。直至汉成帝和平年间诛杀夜郎王兴之前，这种和平局面基本未被打破。可乐墓地甲、乙类墓混处现象，进一步证实了西汉政府在夜郎及旁小邑地区长期奉行和平政策所带来的社会经济进步的历史。

三　与祖家老包乙类墓比较

祖家老包是与罗德成地相邻不远的一个山头，1978 年发掘墓葬 139 座，78 报告全划为乙类墓。其中少数墓葬归类似误不论，从遗存和遗迹基本面貌看，祖家老包与罗德成地乙类墓十分一致，明显属同一部族群落墓地。但两地间也存在一些细部差异，值得重视的如：

罗德成地套头葬使用鼓形铜釜或辫索纹耳大铜釜套头，有几种不同埋葬形式。祖家老包套头葬使用鼓形铜釜或立耳铜釜、铜鼓、铁釜套头，除单独套头，以及同时套头套足两种形式外，不见罗德成地发现的其他套头葬形式。

罗德成地出土较多巴蜀式柳叶形铜剑。出土 1 件柳叶形铁剑，另采集 1 件。祖家老包未出土柳叶形铜剑，但出土 16 件柳叶形铁剑。

罗德成地出土镂空牌形茎首铜剑，以及镂空牌形茎首铜柄铁短剑和铁长剑，显示出这种具代表性兵器的发展轨迹。祖家老包只出土相同形制的铜柄铁长剑。

罗德成地出土较多铜戈，其中三角援柱状脊铜戈从早期一直沿用到第三期；饰三人图案铜戈从实用型演变为空心特化型。整体显示出对铜戈高度重视的趋向。祖家老包仅出土两件铜戈，上述两种形式铜戈均不见。

罗德成地出土较多铜发钗，其中多数为"U"形，还有少量簧形首长发钗。祖家老包出土铜发钗仅极少数为"U"形，多为单根长条形发簪。

罗德成地出土多件铜带钩，其中两件特大号带钩已非束带或挂物的实用器。未出土铁带钩。祖家老包也出土铜带钩，但未出土特大号铜带钩。同时还出土多件铁带钩。

罗德成地出土铁器30余件，除削刀和兵器外，典型的生产工具不多，包括农业生产工具2件，竹木作生产工具4件。无容器等生活用具。祖家老包出土铁器118件，器类较多，生产工具中农业工具有镢、锸、铧等14件。有铁刀13件，报告未区分工具与兵器。容器有铁釜11件。另有带钩、钎等生活用具10余件。

上述差异总体显示出两地存在时间上的早晚差异。罗德成地墓葬出土的柳叶形铜剑、镂空牌形茎首铜剑、三角援铜戈和饰人物图案铜戈等战国早、中期物，不见于祖家老包墓地。祖家老包墓地出土有罗德成地较晚期器物，如柳叶形铁剑、铜柄铁长剑等。另出土一些更偏晚的器物，如铁釜、铁带钩、较多铁农具等，又不见于罗德成地墓地。罗德成地本次发掘只涉及东侧较小范围，其余方位墓葬情况尚不清楚。从上述差异可看出，作为同一部族群体的公共墓地，罗德成地已发掘墓地启用时间早于祖家老包。稍后，两片墓地有同时使用的一段时期。至西汉中期汉武帝开发西南夷后，罗德成地墓地基本不再使用，而祖家老包墓地仍继续使用。其中原因有待罗德成地墓地进行更多发掘后，才好判断。

四 与威宁中水墓葬比较

除赫章可乐外，贵州夜郎时期富有地方特点的考古遗存主要集中发现于威宁中水墓地和普安铜鼓山遗址。因具有相同的时代和大地域背景，以往对三地点考古遗存中共性一面较重视，甚至被当做同一种文化去认识。实际上，三地考古遗存虽然具有时代和地域背景方面的共性，但各自的文化构成仍存在较多差异，简单化地用一种文化的概念去认识它们，不利于这段历史的探索研究。因而这里的初步比较研究将主要侧重于差异分析。

威宁中水墓地与可乐墓地时代大体相当，1978年、1979年两次发掘墓葬58座[1]。2004～2005年发掘墓葬100余座[2]。其中有部分汉式墓葬，多数为地方民族墓葬。民族墓葬出土器物具有明显的地方特点，与巴蜀文化、滇文化及南越文化亦不相同。

[1] 贵州省博物馆考古组等：《威宁中水汉墓》，《考古学报》，1981年第2期；贵州省博物馆考古组：《威宁中水汉墓第二次发掘》，《文物资料丛刊》，1987年第10期。

[2] 威宁中水联合考古队：《贵州威宁中水考古发掘取得重要收获》，《中国文物报》2005年1月5日。

中水与可乐直线距离约 60 余公里，民族墓葬虽属同一个时期西南夷文化遗存，但两者间存在较多差异。重要差异如：

埋葬方式和习俗，中水亦竖穴土坑墓，除单人葬外，还发现不少二人、三人或多人合葬及乱葬。从未发现一例套头葬。可乐则全为单人葬，无合葬，其中约 10% 为套头葬。

陶器，两地皆手制成形，用氧化焰烧成，火候不匀。中水出土为实用器，一墓有多件器物。镂孔高柄豆、盘口瓶、盘口长腹罐、单耳罐等为代表性器物。陶质基本为夹砂陶，胎体较厚。不少陶器口沿及腹部带有不同刻划符号。可乐随葬陶器墓很少，出土陶器基本为明器，一墓仅一件。器形与中水不同，折腹饰乳丁罐、单耳折腹罐等为代表性器物。陶质多为夹炭陶，或夹炭夹砂陶，胎体薄，很轻。未发现刻划符号。

铜兵器，中水出土少量戈，为无胡直内造型，内上饰变形饕餮纹。此外有矛、剑、镞等。部分蛇头形茎铜剑与滇式剑相同，其余剑工艺多粗劣。铜兵器总体较少。可乐出土戈较多，皆无胡直内造型，但形式多样。内部与援部饰人物图案戈发展为富含宗教意义的特化兵器尤具特点。弧线三角援柱状脊戈长期沿用，亦具代表性。未发现矛。剑中多有巴蜀式柳叶形剑。镂空牌形茎首剑具有代表性特征，尤其发展为铜柄铁剑后工艺、造型臻于精美。铜兵器总体较多，很受重视。

装饰品，中水铜发钗较少。铜手镯以条形环状造型为主，宽片形环状镯饰铸造纹饰。有玉（石）质带内唇边镯。有少量玉（石）耳玦。可乐铜发钗较多，其中簧形首发钗体形大，很有特点。铜手镯以宽片形环状造型为主，镯面镶嵌孔雀石细片。无玉（石）镯。耳玦较多，基本为骨制品，往往多件重叠佩戴。

上述差异已显示，两处墓地虽相隔不远，但文化内涵却分属不同体系。这与各自所处地理位置有直接关系。中水位于乌蒙山脉西侧，其地与云南昭鲁坝子为一个相对完整的地理单元。中水发现的文物与云南昭通地区已发现的一系列同时期墓葬所出文物基本相同，应属该地理单元同一体系的文化构成。而可乐位于乌蒙山脉东麓，高峻的乌蒙山脉成为分隔两地文化体系的天然屏障。

中水与可乐间存在有局部的文化交往，在可乐发现过少量中水地区器物，如本次发掘在 M292 出土一件盘口陶瓶，在 K4 出土一件 D 型陶罐，陶质与形制都与中水墓葬所出一致。这类器物很少，可能由少量人员流动带入。

五　与普安铜鼓山遗址比较

普安铜鼓山位于黔西南地区，按流域区划，属珠江水系，与可乐属长江水系不同。遗址位于山丘半腰以上及山顶。1980 年、2001 年两次发掘，出土大量陶片、石器、玉器，及少量铜器，其中铸造青铜兵器和小型工具的各种石范、陶模，引起学术界关注①。遗址出土有与可乐考古遗存密切相关的文化因素，如铸造青铜戈的残陶模上，刻有三人牵手上举的装饰图案。本次可乐发掘出土的 B 型铜戈，内部也铸有相似的人物图案。这种戈当时在可乐是深受重视的一种兵器。相类似的人物图案铜戈在黔西南的兴义等地还有发现，这种图案应视为一种文化联系或传播的重要线索。但铜鼓山遗址与可乐墓葬也存在许多差异。铜鼓山遗址未发现墓葬，在葬俗方面无法进行比较。出土器物方面重要的差异有：

铜鼓山遗址陶器基本为夹砂陶，手制成形，胎壁较厚。火候较高，普遍达 750℃ 以上。器形中不见折腹器，普遍无器耳，极少圈足器。纹饰中绳纹、篮纹很普遍，往往从器口满饰至器底。这些与可乐主要为夹炭陶，胎壁较薄，火候低，器形以折腹饰乳丁单耳矮圈足罐为代表等特点形成明显对照。虽然二者存在实用器与明器的区别，但文化风格的差异十分明显。

铜鼓山遗址铜兵器中两种重要器物——刻“个”符号铜钺、“一”字格曲刃铜剑，不见于可乐墓葬。在黔西南兴义、兴仁等地还出土有曲刃铜矛，也不见于可乐。可乐重要的代表性兵器牌形茎首剑又不见于铜鼓山遗址和黔西南地区。

铜农具中，铜鼓山遗址为尖叶形锄，可乐墓葬为长条形锄。

装饰品中，铜鼓山遗址有大量磨制精细的玉（石）耳玦和带内唇边的玉（石）手镯，少有铜钗、铜簪类发饰品。可乐墓葬有较多骨耳玦、宽片状铜手镯、铜发钗等。

铜鼓山遗址有使用骨、角制成的锥、铲等工具的习俗。可乐墓葬除发现骨制的耳饰品和项饰品外，未发现骨、角制成的工具。

上述差异说明，二者虽然存在重要的文化联系因素，但也存在各自不同的物质文化传统和生活习俗。

六　遗存反映的社会形态

古代墓葬是考古学据以研究当时社会形态的重要资料。可乐发掘的乙类墓还不能全面包涵社会成员的各个层次，但在反映社会形态方面已提供了许多有价值的信息。78 报告未对社会形态提出明确结语，但在分析墓主人身份时，根据埋葬方式和随葬品状况，将墓主人分为两类，一类是“氏族中的头人和奴隶主阶级”，一类是“平民和奴隶”。这种划分实际上已基本将乙类墓部族的社会形态认定为奴隶制性质。

在贵州古代史研究中，关于古代夜郎的社会形态问题，长期存在着不同意见的争议。

---

①　张元：《普安铜鼓山遗址》，国家文物局编：《2002 中国重要考古发现》，文物出版社，2003 年；《普安铜鼓山遗址发掘报告》，贵州省博物馆考古研究所编：《贵州田野考古四十年》，贵州民族出版社，1993 年。

争议意见主要有两种，一是原始社会性质，一是奴隶社会性质。可乐乙类墓虽不能明确认定为夜郎民族墓葬，但由于时空范围与夜郎一致，并具有突出的地方特点，多被争议双方的研究者都引为论证的依据。相关论点的正误且不评论，这种双方都加引征的现象，说明可乐墓葬中确存在有各自可取的资料。换一个角度也可说，墓葬中同时表现出有分属两种社会性质的一些重要特征。

单一的社会发展模式，曾经长期局限我们认识人类社会进化的思维。近十多年来这种格局已逐渐变化。已故考古学家童恩正1991年在泰国举行的"东南亚与南中国的铜器时代"国际学术讨论会上，发表《中国西南地区古代的酋邦制度——云南滇文化中的实例》一文[1]，将酋邦制概念引入到中国南方考古学研究中，提出考古发现的分布于云南中、东部地区的滇文化所揭示的滇族社会，并不是人们通常所认为的奴隶制国家，而是更近似于人类社会进化中的另一种社会形态——酋邦制的"一个封闭性社会"。酋邦制是国际人类学界根据世界许多地区都存在过的社会事实，自20世纪50年代以来，已不断阐述论证的人类社会进化的一种模式。认为人类社会从原始时期的氏族部落，并不一定要进化为奴隶制国家。很多情况下，却进化为仍以血缘纽带为社会组织基础的、不同于国家的酋邦制社会。酋邦制形态在没有外力影响下，常常会长期延续发展。因而，酋邦制已被认为是人类社会进化历程中另一种必然阶段。2005年出版的云南昆明羊甫头滇文化墓地发掘报告明确回应了童先生的观点，提出羊甫头墓地和滇文化其他墓地的种种现象说明，汉武帝元封二年（公元前109年）封赐滇王之前，滇族社会应为带有母权残余的酋邦制[2]。

酋邦制的定义、标准是我们还需要深入研究的问题，但酋邦制社会形态中明显不同于奴隶制的人身奴役及严密的国家机构等特质，却是我们研究可乐墓地所反映的社会形态时，极有启迪意义和值得高度重视的关键性问题。

可乐乙类墓已先后发掘370余座，分布于相邻的罗德成地、锅落包和祖家老包三个山头。墓葬数量还有限，而且未发现一座大型的、属于部族最上层人物的墓葬。因而现在要说全面考察该部族社会所属形态，还为时尚早。但鉴于78报告已涉及这个问题，社会各界也每以出土的墓葬资料作为相关讨论的依据，因而，有必要在现有资料基础上提出我们的初步分析意见。

78报告提出墓主人分属奴隶主及奴隶身份，虽注意到了随葬品多寡不均现象，也注意到随葬品中有大量铜器，甚至不少铁器。但却忽略了一个重要现象，即从已发掘的所有乙类墓中，其实并无任何可反映人身奴役的迹象。相反，无论随葬品多寡，墓葬的形制和分布都无突出差异，所反映的是现实社会中一种人身基本平等的迹象。更不存在中原地区

①　童恩正著：《童恩正文集·学术系列·人类与文化》，重庆出版社，1998年。

②　云南省文物考古研究所、昆明市博物馆、官渡区博物馆编著：《昆明羊甫头墓地》，科学出版社，2005年。

商周时期大批人殉，或专门的奴隶墓区等奴隶制社会中典型的埋葬现象。可乐墓地所显现的人身平等现象在78报告中其实已经触及到，认为这是"同一氏族的公共墓地"。本报告在前文第三编第五章分析墓主人身份时，也专门强调无随葬品或极少随葬品的墓葬为部族一般成员墓，墓主人身份同样为自由民。因而，如以铜器广泛使用和社会地位差异，判断此时社会形态为奴隶制，依据并不充分，会有一些较大的自相矛盾之处。

可乐乙类墓地还应注意到，所有遗迹和遗物均无任何与奴隶制时期国家机器有关的反映。该部族群体的管理大概处于一种相对更为松散和民主的形式。这从史籍关于当时西南夷地区社会状况的零星记载中，还可发现一些有重要参考价值的信息，如：

《史记·西南夷列传》称："西南夷君长以什数，夜郎最大；其西靡莫之属以什数，滇最大；自滇以北君长以什数，邛都最大……自巂以东北，君长以什数，徙、筰都最大；自筰以东北，君长以什数，冉駹最大……自冉駹以东北，君长以什数，白马最大，皆氐类也。"

"西南夷君长以百数，独夜郎、滇受王印。"

《汉书·西南夷传》记载汉成帝河平年间，牂柯太守陈立奉命平息夜郎与句町、漏卧争端，到且同亭召见夜郎王兴，"兴将数千人往至亭，从邑君数十人见立。"陈立诛杀兴。其后，"兴妻父翁指与兴子邪务收余兵，迫胁旁二十二邑反。"

从记载中可看出，西南夷当时"君长"林立，或数十至百以上。这些君长，应为不同部族的首领，相当于记载中所谓"有邑聚"之邑的行政首领。这里的"邑聚"未必即城邑，或聚族而居，有集中地域和村落而已。邑可说已是一个相对独立的完整社会单位。在邑之上，看不出存在有严密的高级社会统治机构，如内部严格分工的官僚机构、常备军队、监狱、警察等，即是说，并无国家机器存在。因此，牂柯太守陈立召见夜郎王兴时，跟随兴的不是其臣属官员，而是一群"邑君"；夜郎王岳父与儿子反叛时，不是号令邑君，而是"迫胁"各部。显然夜郎王与各邑君的关系，仅仅是一种联盟性质而已。维系这种联盟的纽带，主要应建立在一定的血缘及亲属关系之上。

综合墓地出土的实物资料，参考史籍有关该地区社会形态方面的记载分析，可乐乙类墓部族社会应处于一种不同于奴隶制，又超越原始氏族制的阶段。因此，我们赞同童恩正先生对这一地区社会形态所作的分析，可乐乙类墓地所反映的部族社会形态，应为一种酋邦制性质社会。而且按照童先生所分析，属于一种"复杂酋邦"。童先生指出："从周代以至秦代，即公元前一千纪之内，在中国的南方和西南，像这种既非部落又非国家的社会组织还是普遍存在的。"他认为西南地区当时见之于史籍的"夜郎侯"、"筰侯"、"句町侯"、"漏卧侯"、"邑王"、"渠帅"等等，"都应是大小酋邦的最高酋长。有的较大的酋邦，就如同我们在上文所论述过的滇一样，是具有两级统治机构的。"他指出，这种分层次的统治机构正是被国外很多学者用作划分复杂酋邦的标志。复杂酋邦除了具有部落社会的种种特征，还会具有初期国家的一些特征。可乐墓葬的基本现象，正适合于酋邦制社会的一系列特征，虽然其可反映"两级统治机构"的现象还并不明显，但以其所处的社会背景，应正包含在汉籍所记载的西南夷社会状态之下。这样再来回顾可乐乙类墓当初所以会被持不同意见学者都加引征，便有了合理的解释，因为墓葬遗存中在反映社会形态方面的一些略带两重性的现象，如不加认真辨析，可以从不同角度找到各自视为依据的材料。

汉武帝开发西南夷后，将郡县制推广至西南夷地区。从总体社会阶段而言，这时西南夷社会已跳跃式进入到汉帝国的封建时期。但西南夷中原有的酋邦制社会结构并未被强行废除，虽然来自中原地区的先进文化，包括大量铁器传入，极大影响着这里的社会文化发展，但在这些酋邦制社会内部，起着决定性作用的，仍然是旧有的一套社会制度。应当说，这段时期包括可乐乙类墓地在内的西南夷地区社会形态是一个还值得具体研究的特殊阶段。实际上，在整个西南地区，这样的社会结构后来还持续了若干世纪。这是后话，不予讨论。

需要指出，可乐乙类墓地反映的社会形态，与滇族社会有所不同，看不出还存在母系氏族制的残余。相反，从史籍记载中明显反映出是以父系为主导的社会结构。事实上，人类社会从母系氏族向父系氏族转化演变时期，是否具备进入酋邦制社会的经济基础和其他条件，也是一个有待大量研究后才好确定的问题。

七　文化定性问题

可乐乙类墓遗存虽然处于夜郎时期，分布于广义夜郎范围，具有十分突出的地方民族特点，但目前尚不能定义为考古学的夜郎文化。

考古学文化的确定有着严格的学科规范。自20世纪50年代夏鼐撰文阐述这个问题后[①]，考古学定名三原则便成为中国考古学界长期遵循的基础原则。近年来，关于考古学定名问题产生一些新探索与讨论，这是科学发展的正常现象，有利于考古学的不断深化提高。随着考古学理论的持续发展，考古学文化定名原则还会不断完善和补充，但传统三原则仍是今天考古学文化定名时需继续遵循的基本规范。

考古学夜郎文化的命名，属于以族名命名考古文化问题，除了需认真遵循定名三原则外，还要求获得族属方面的可靠证据。这一点夏鼐先生当年论述定名原则时，已专门提出过，指出："以族名来命名的办法，只能适用于较晚的一些文化，并且要有精确的考据。"这不仅是工作规范，也体现了考古学者应具备的历史责任感。

可乐乙类墓虽然已有大量考古发现，但对照考古学定名的基本原则分析，除了时间方

---

① 夏鼐：《关于考古学上文化的定名问题》，《考古》，1959年第4期。

面可予认定外，其余方面都明显不足，甚至完全空缺。墓葬所反映的文化遗存特点虽十分突出，也基本可以归纳出一套代表性物体组成。但由于墓葬所涉成员未及部族最上层集团，作为族群文化的揭示必然不能做到完整或大体完整，因而所知特点及代表性物体组成，还只能是该族群文化的局部代表。另外，对这种文化遗存的空间分布还缺乏广泛了解。目前除可乐之外，仅在相邻的辅处乡有过零星发现。其余地方基本未做过工作。所以，即便按照小地名命名方法，可乐乙类墓遗存也还不具备考古学文化命名的足够条件。因此，在可乐墓葬资料整理研究过程中，尽管有学者建议通过报告正式提出"可乐文化"命名，以利于各方的进一步研究。但基于上述原因，我们还是希望通过将来更进一步的田野工作，创造出更充足条件后，再确定考古文化的命名。

除考古文化定名三原则外，还有更为重要的一点是，可乐乙类墓遗存至今未发现任何有关墓主人族属的资料。而且，可乐当时的地望归属也是存有争议的问题。从广义夜郎角度，这个区域划入夜郎范围得到较多认同。但从夜郎国或夜郎国中心地域角度上，许多意见是将可乐划于范围之外的。本编前文已比较过贵州夜郎时期主要考古遗存的异同，在威宁中水、普安铜鼓山及相邻地域还同样分布有具备不同地方特点的考古遗存。可乐乙类墓与它们之间有一定的文化往来或文化联系，但又有较明显的差异。至少到目前为止，我们还无法在它们之间找出共同的考古文化体的基本构成。这些不同考古遗存的发掘量都还有局限，各自是否独立的考古学文化，尚无法做出判断或预测。但可以认定，这种存有差异的文化构成，应当即是古籍记载的不同"邑君"部族的遗存。在没有明确族属证据资料的前提下，这些邑君哪是夜郎，哪是其他部族，是不能凭主观猜测去认定的。因而，包括可乐乙类墓在内，贵州所有已发现的夜郎时期考古遗存，无疑是研究夜郎历史十分重要的资料，但都不能简单化地就直接定义为夜郎文化，也不能定义为所谓夜郎文化的不同类型。从历史研究角度和其他需要说，目前名之为"夜郎时期地方民族文化遗存"，或"夜郎时期具有地方特点的考古遗存"或可作为权宜之称。考古学夜郎文化的最终确定，必将有待大量考古资料出土之后才可能具备必要条件。

八 出土物的检测分析

出土物检测分析共进行 17 项，在贵州已开展的考古发掘项目中，是做得比较多的。总体说，检测项目较为完满，检测分析工作基本成功。检测分析成果可大体分为几种情况：

1. 有准确数据，为明确认识相关考古现象提供可靠证据。包括青铜的构成、特殊的红铜器、陶器成分、玉器的质地、纺织品的类型、木材种属、料器成分、红颜料成分、粘结剂成分、碳十四年代、土壤酸碱度等等。但其中有的数据还需通过其他研究进行辩证分析，如碳十四年代测定、陶器成分分析等。

2. 因标本状况局限，或鉴定方法局限，不能提出准确数据，但提供了有价值的分析意见或参考资料。如陶器工艺鉴定、铁器检测分析、人骨性别与年龄鉴定、骨器鉴定等。这类成果虽缺乏具体数据，但同样大大提高了相关信息量的提取，不可忽视。

3. 因标本状况太差，无法取得预期的数据。如人骨 DNA 检测，这是尤其使人遗憾的项目。古代人骨 DNA 数据的积累，对于古代民族的分析研究将是非常重要的信息，有赖于今后长期考古工作持续的重视。

4. 数据未产生直接分析认识，但提供了必要的数据储备积累，成为今后研究的重要的预备资料，如陶器成分检测、陶器碳元素测试分析等。

检测鉴定项目中有的类别做得较细，如陶器、铜器等，做过多次或多方面检测鉴定，这与发掘前制定的计划安排有直接关系，也与我们对这些器物类别的检测路径等方面熟悉了解程度有关。有的项目则做得犹有遗憾，如植物孢粉检测，就因为不熟悉检测分析规范，采集的标本样品偏少，为后期的分析带来一些不利因素。因此，考古发掘前做好周详的检测鉴定计划，并尽可能咨询或邀请相关专业人员参与制订计划或参与发掘，并到发掘现场挑选、采集标本，是做好出土物检测鉴定工作十分重要的一个环节。

九　发掘者说

结语编分八个专题简要论述了有关这批考古遗存带拓展性的一些问题。论述不深，专业性术语也不多，慢慢读不是很难理解。不过这里另外再简单作些梳理，会更便于阅读。

1. 古地望与族属

今古地名往往发生很大变化，今天某地属于古代什么地方，有时可以找到历代古书的记载，有时可以找到出土实物证据，但很多时候则要从相关的方方面面去加以考证。可乐发掘78报告对可乐地望加以考证后认为，可乐是汉代汉阳县的县治所在地，即汉阳县的行政中心。虽然后来其他研究没有找到新的证据，但这种说法有它得以成立的道理。我们在这次编写报告过程中，意外发现可乐1988年发掘的粮管所遗址，曾出土过带"建始"铭文的瓦当。瓦当是筒瓦封头的圆形装饰，每一列筒瓦铺到屋檐头时使用。有瓦当的房屋屋面显得规整、气派，房屋当然不会是普通建筑。"建始"是西汉成帝的年号，就是这位汉帝在河平年间派员诛杀了夜郎王。这件"建始"铭文瓦当很重要，它给我们一个启示，可乐西汉时曾修建有很重要的大型建筑，而且一定是与西汉官府直接有关的建筑。至今国内尚未发现过西汉时期纪年铭文瓦当，这种纪年铭文瓦当不可能用于普通民居建筑，尤其是在如此边鄙之地。应当说，这件文物对可乐当时地望的考订是很有价值的一条资料。

族属考证是考古研究中比较困难的事，却又是考古工作中经常碰到的事。我们无法对可乐乙类墓主人的具体族属作出认定，但赞同其大的族系归属为濮系民族。结语中在这部分主要关注的是考古遗存中的特征、与濮系民族中相关地区的比较以及值得注意的一些迹象。这对于研究贵州西部当时濮系民族问题会提供有意义的信息。

2. 甲类墓与乙类墓混处现象

两类墓混处，是现实生活中两种民族居民关系的一种反映。处于敌对状况的两类居民，总是不愿将死者葬于同一片墓地中的。结合史籍记载，汉武帝开发西南夷之初，基本方针是采取和平方式进入，两类墓葬混处现象正可作为这段记载有力的旁证。

3. 与祖家老包乙类墓比较

祖家老包墓地1978年发掘得较彻底，出土遗存与罗德成地墓地基本一致。但细分析，两地之间有一些不易察觉的变化，主要表现为罗德成地一些较早的文物与迹象，祖家老包不见；而祖家老包一些较晚的文物与迹象，罗德成地也不见。前者如罗德成地铜兵器中的柳叶形剑、镂空牌形茎首铜剑、三角援柱状脊戈等，不见于祖家老包。后者如祖家老包使用铁釜的套头葬、铁器中较多农具、容器、生活用器等不见于罗德成地。这种变化应当反映了墓地使用时间上有偏早和偏晚的差异。但罗德成地山头还有多数地方没作发掘，这些地方的情况还不了解，所以暂不推断其中的原因。

4. 与威宁中水墓葬比较

威宁中水与赫章可乐距离较近，是贵州夜郎时期考古遗存较重要的一个发现点。过去常有人把两地的考古遗存作为一种考古文化类型相提并论。但两者实际存在有较多差异。如葬俗葬制、陶器形制与工艺、铜器类型及纹饰等都有明显反映。造成这种差异的原因与两地的地理位置直接有关，东北至西南走向的乌蒙山脉横亘于两地之间，将两地分隔为东西不同的地理单元。因此，威宁中水墓葬出土物与云南昭鲁坝子同时期墓葬出土物基本一致，属于乌蒙山脉以西不同于可乐的另一地理单元文化。

5. 与普安铜鼓山遗址比较

普安铜鼓山遗址是贵州夜郎时期考古遗存另一个重要发现点，这里与相邻的安龙、兴仁、兴义等县市发现的一些考古遗存显示出许多共性，引人注目。普安与可乐两地考古遗存之间有一些文化方面联系的重要线索，如铜戈上相似风格的人物图案。但也存在不少差异，如陶器形制与工艺、铜器类型、装饰品类型等都各有自己一些特点。这些差异要求我们在研究这时期考古遗存时，须保持必要的审慎态度。

6. 遗存反映的社会形态

78 报告基本将乙类墓部族的社会形态认定为奴隶制，因报告中将墓主人身份分为"头人和奴隶主阶级"，以及"平民和奴隶"两大类。这与我们过去长期形成的单一性社会发展模式认识观有关。

国际人类学界早已提出在原始社会后期，氏族社会进化过程中，常常会发展到一种与奴隶制国家形态不同的酋邦制社会。已故考古学家童恩正 20 世纪 90 年代将此观点引入中国南方考古，认为中国西南地区存在过这样的发展模式。可乐乙类墓的种种迹象再次证明童先生的这一观点。最突出的迹象是，虽然存在有贫富、级别差异，但墓主人身份中不存在任何奴役依附现象。另外遗存中没有任何严格的国家机器迹象。对照古文献关于西南夷各君长和夜郎王的记载，也不存在国家制度下严格的机构、级别关系。因而，乙类墓遗存反映的社会形态当属这种酋邦制。实际上，这种酋邦制社会在贵州和西南的其他地区，存在了很长的历史时期。

这虽是一个涉及社会发展史的理论性问题，但通过可乐的实例剖析，可以开启我们的一些思维。

7. 文化定性问题

严格说这问题略有超越发掘报告范围之嫌。但近些年很多人太急于要认定"夜郎文化"，甚至考古界也有人不负责任地要论证贵州考古中"夜郎文化的不同类型"。这对贵州相关考古研究带来很大负面影响。因而特别列作一个专题加以强调。

根据考古学文化定名原则，尤其是以族名命名考古学文化的原则，可乐乙类墓遗存不具备命名"夜郎文化"的必要条件。贵州其他地区考古遗存也不具备这样的条件。即是说，贵州现有的考古发现，还不能就匆忙认定为夜郎文化。避免浮躁，踏实开展工作，是最终揭示夜郎文化的正确途径。对现有发现，呼之"夜郎时期地方民族文化遗存"或"夜郎时期具有地方特点的考古遗存"可作为一种权宜之称。

8.出土物的检测分析

出土物的检测分析主要通过自然科学相关学科专家进行。本次发掘共进行 17 项检测，有的项目并作多次、多方面内容的检测工作。总体说，已为相关出土物提供了应有的分析依据或结论。有的则成为相关专项的重要储备数据。但也留有一些遗憾，如人骨 DNA 虽经专家努力，仍未从残存的标本中提取到相关数据。在考古工作中有序地做好各相关学科的配合、合作，将是保证科学发掘质量的重要前提。

后　记（一）

可乐墓地 2000 年发掘结束后，曾计划先编写一份简报公布基本材料。参加发掘工作的王燕子、李飞、张元、赵小帆等人对出土器物进行初步整理，制作了 300 余份器物卡片。并根据各人整理的侧重类别撰写过简报器物描述相关文字。后因故简报未能编撰完成。

2004 年 4 月，由梁太鹤、张元负责正式开始编写报告。整理出土器物时，发现最初制作的器物卡片在测量、观察、绘图等方面存在不少缺憾。为确保报告准确性，除完成尚未制作的器物卡片外，原有器物卡片几乎全部又重予制作。同时，广泛开展了各类出土物的科学检测分析工作，先后得到中国社会科学院考古研究所、中国科学院金属研究所、北京大学考古文博学院、北京科技大学材料与冶金史研究所、复旦大学现代人类学研究中心、国家博物馆、中国丝绸博物馆、贵州省农业科学院土壤肥料研究所等单位相关人员的大力支持，完成相关标本的十七个检测分析项目。

报告文字内容、结构等由梁太鹤与张元共同研究安排。张元承担了第二编的第一章、第二章，第三章三、四节，第三编第三章的铜装饰品、玉器、骨器、漆木器等，以及第五编的撰写。梁太鹤撰写其余部分，并统疏全稿文字。此外，张元还承担全部器物绘图的联络安排，以及所有随文插图的编排和所有图版的编排、样稿的打印等工作。

器物绘图主要由雷有梅承担，赵洪坤也承担过少量绘制。两位绘图人员很细心，与报告编写者密切配合，对绘图质量要求很严，确保图像资料的精确性和美观性。

器物摄影由梁太鹤、张元完成。现场摄影由梁太鹤完成。

初稿完成后，本次发掘领队宋世坤审读过全稿。编写过程中，贵州省博物馆唐文元、张桂林、刘明琼、龚正英等同仁以及北京科技大学韩汝玢先生审读过部分文稿，均提出很好的修改建议。

2007 年 8 月初稿撰成。特别延请国内考古界的一些专家通览、审查全稿，提出许多重要的修补意见。对报告特别增设"发掘者说"章的安排，或有一些不同意见。这些专家中有我国 20 世纪五六十年代培养出来的，对中国考古事业做出过重要贡献的学者，包括：张忠培、严文明、徐光冀、刘庆柱、张勋燎、林向、宋治民等先生。也有现仍活跃在文物考古及史学工作岗位上的学者，包括：白云翔、刘豫川、黄伟、石硕、叶茂林等先生。刘庆柱先生并不吝赐写序言。

国家文物局给予了出版经费支持。

文物出版社责任编辑于炳文先生、冯冬梅女士十分尽责，纠正不少编写过程中产生的失误，力保编印质量。

谨予衷心感谢！

以往相关报道中与本报告资料有不一致处，请以本报告为准。

可乐考古是一项长期的重要课题。从20世纪50年代以来，贵州考古界前辈已在这里做过大量工作，其中数人已先后辞世。特别应予提到的，有赫章县原文物管理所所长殷其昌先生，从20世纪60年代起，他便满怀热情参与到可乐考古工作中，尤其对考古遗存的长期保护倾注了大量精力，使保护文物的法制观念广泛深入到当地民众心目中。可乐考古遗存一直受到较好保护，与当地民众的热心支持密不可分，其中殷先生多年的辛劳实功不可没！缅怀前人，更愿可乐考古课题有序、持续进展，勿浮躁，勿浮夸，勿浅尝辄止。长此积累，必有较完满成功。

编 者

2007 年 8 月

后　记（二）

一直想要编写一部好的考古报告——客观、翔实还有些新意——好读。不仅源自每名考古学人都会萌生的职业愿望，还源自十余年前读到的一组讨论考古的文章。

1996 年《读书》杂志第 12 期发表有关考古学讨论的四篇特约文章，作者除陈星灿属考古专业学者外，其余三位包括李零、陈平原、葛兆光，均来自考古专业之外，但都是人文学科令人尊敬的知名学者。三位学者不约而同都谈到对考古叙述语言的疑惑与畏难。读后使人很受刺激，简言之或可叫"大为震撼"，以致久难复趋平静，始终耿耿于心。

选摘数文于后：

李零《说考古"围城"》："圈里人（笔者注：指考古人）干久了，难免有职业病，团结、紧张、严肃有余，而活泼不足，出土材料在头脑中板结成一块，拆不开，打不散，除了'报告语言'就不会说话。况且他们还受工作压力，风吹日晒，辛苦异常，很多人不仅没时间读书，就连考古材料都来不及消化。而圈外人看考古报告又如读天书，不知所云，不但不知道怎样找材料，也不知道怎样读材料和用材料。"

陈平原《文学史家的考古学视野》："对于像我这样以明清以降文学为主要研究对象的学者来说，考古学几乎是一本打不开的'天书'，一个遥远而神秘的'故事'。

作为一门用实物资料来研究人类古代历史的科学，考古学有一整套'不足为外人道也'的理论术语，阻碍了普通人的接受与欣赏。自然科学及技术科学手段的大量介入，更使得众多热心的门外汉望而生畏。就拿我来说，明明知道正在削价出售的考古报告很有学术价值，可就是没有勇气把它们抱回家，原因是读不懂。……

感兴趣而又读不懂，于是方才有了'天书'与'故事'的慨叹。"

葛兆光《槛外人说槛内事》："其次，考古文献专用的术语概念，造成了考古与思想学术的历史的第二层隔膜，它的'文化'、'类型'、'地层'，在发掘报告中有特定的含义，那种看上去规范而整齐的考古简报常常冷冰冰地使人无法运用他的想象力，多年以来，考古学尽管在大学总是与历史系有缘，但是，他们的论文和著作却始终自我封闭地运用很接近自然科学的语言、格式，当外行人读他们的报告时，要么觉得他们的话让人难懂，要么觉得他们是在自言自语。……考古可以不断地挖出新的遗址、发现新的文物，但是无论如何这只是学科内的事情，因为那一套叙述语言如果只是专业内的密码，那么，发现尽管很珍贵，使内部的人看到它就会激动，但是对于他人，它就只是一堆意义不明的符号。"

考古人读这些话语，或许会感受到一些不自在。但冷静想一想，三位先生所说真正发自肺腑，对考古学堪谓责之也深，但实因爱之也切！以文化层次论，这都是国内高档次、多造诣的学者，非常关注考古学进展，并时刻希望能将考古提供的新信息吸纳到自己从事的学术研究中。其中李零先生甚至还出自考古学门。他们何尝会不体谅考古工作者的苦辛？但他们以切身之痛看到的考古学确实如此！社会其他方面的人们、尤其人文学界之外更多的读者，又当如何看待考古学呢？

社会文明进展很快，现在社会各界有越来越多人士极希望了解考古学及其成果。在社会历史各个方面的研究工作中，也越来越需要更多考古资料去提供古籍中缺失的大量信息。平心而论，这是每个社会人都该享有的一份权利。作为考古人，我们可曾从职业的社会职责角度去考虑过社会各方人士的的需要呢？考古学作为一门通过发掘实物遗存资料，探寻研究古代社会历史的学科，难道不该承担起这一份社会职责吗？

我不知考古界同仁们是否思考过这样的问题。至少，我过去没有认真思考过，因此我完全没有料到来自学术界朋友会有那样强烈甚而痛切的感受！

20 世纪 50 年代中国考古学发生过关于"见物不见人"问题的争论。我们没赶上争论，但听过若干声音。其实撇开其中带时代烙印的偏激成分，所说"见人"和"见物"的提法，还真是概括精辟的不错概念。我们自以为在考古实践中不会重陷单纯"见物"的弊端，会很客观做到多去"见人"。但没有想过，真正做好"见人"，并不仅仅是见古人，另还有让今人见的问题。今人且不可见、无法见，何谓做到见古人呢？考古最核心的真谛本来是今人与古人的直面对话。考古人因职业之利首先获得这样的权力和机会，并不等于社会其他公众就不能、不该参与到这种对话中来，他们也同样是对话一方的构成主体，因而，他们也想了解考古成果，也想了解考古人是如何在与古人进行对话的。这也是一种权利。考古作为社会的一门职业，不能忽略甚而拒绝这一种权利。考古报告是考古人将揭示和认识的古代遗存公之于世的直接形式，也是社会公众真实了解考古成果最希望阅读的主要材料。但如果考古报告始终只能成为考古业内人士才能读懂的"内部资料"时，考古是不能说已切实履行到自身的社会职责的。直言之，考古人从开始已经不经意忽略了社会公众应享有的那一份权利。这份权利本该还给公众！

因此，考古成果如何社会化？其社会效应如何最大化？这已是考古学需要直面的一个重要问题。

于是有了编写好报告之想。所幸也得到一次机会。

从报告构想之初，就反复盘算怎样在做好"见物"的同时，又做好"见人"，这里自然包括了我们见人和让人见两方面。田野发掘工作早已结束，田野中的不足和失误已是定局，非后知之力可以挽回。但尽可能扩大视角，报道所有已被我们从地下挖出的信息——

不论当时被主观注意到或没有注意到，也不论主观认为重要或不重要——却是做报告时能办到、并且不可稍忽略的。以此确定为做好见人的最基本要求。

而让人见，是特别费思量的另一方面工作。考古报告规范来自考古学界多年实践的经验，有充分的合理性，需认真遵循。在这当中着意增加对遗存中古人行为方式、生活实景甚至思维和精神层面的揭示，虽在见人的同时增加了让人见的可亲近性，但还远不足以根本改变考古报告令人隔膜和生畏的旧形象。只有当一名普通读者，比如具有中等以上文化程度人员拿到报告，就可以顺利地读进去，或较方便就寻到读进去的路径时，考古报告那种已固化的形象才能发生彻底改变，戴在它头顶的"天书"桂冠才能被摘下，人们才不再畏于翻开那些本该公之于众的考古成果。思量再三，最终决定在报告各基本编的后部，开设一个《发掘者说》章，为报告开启一些面向普通读者的沟通之窗，让他们有机会从窗口得窥报告的基本面目，还可以走进报告，到报告中查寻更详细的信息。这或许是在保证学科规范前提下，可实实在在迈出的一种较合理的尝试性步伐。

虽然循这样构想很用心作了努力，但距离一份好报告的标准还会很远。少经验自不必说，视界和研究深度局限是另一原因。可庆幸周折之后终于完成尝试，并形成一本文稿供大家取用和批评。

或有人把这视为"越轨"。我乐意接受各种批评，但不认同此说。毕竟这是在恪守考古规范前提下带摸索性的尝试。特别要说，这笃定是反思之后的冷静行为，绝不想赶时髦。即将搁笔时，想到陈星灿先生在那篇《读书》特约文章中提到的忠告，即考古学家有限的认识能力与从考古遗存追寻人类行为和思想的危险性。这是现今冷静的考古学者认真思考着的一个命题。作为考古人，每面对从地下揭开来的未知世界，我何尝不时时深感个人的无知和有限？尤其在力图直面古人寻求对话时。不过，除加紧弥补无知外，仍不愿囿于有限能力而放弃寻求更真切、更深入、更广泛对话的机会，特别是这可以让许多有愿望的社会公众也获得机会。陈先生会认为这一步跨得过大吗？但学问事有时也会逼到要去跨大步的，只要不是为追求功利目的，只要不是强不懂装懂，跨出去就成就了一次努力。除了有收获，还会有提高，于己、于人、于事皆益。很希望有人愿继续做下去，或寻出更成功的好方式来。

梁太鹤记于初稿搁笔时

2007 年 8 月

附录

按：为方便读者，这里采纳专家建议，特别收录了《考古学报》1986 年第 2 期发表的《赫章可乐发掘报告》。该报告综合公布了贵州考古工作者 1976 年至 1978 年在可乐所作三次考古发掘的相关资料。因编印等原因，原报告个别之处存在误差。经与原编撰者协商，本次收录对其中少数明显的错别字及错误数据进行了订正。今后引用该报告资料时，以此修正本为准。

赫章可乐发掘报告

贵州省博物馆考古组

贵州省赫章文化馆

前　言

可乐位于赫章县城西约 74 公里，地处黔西北乌蒙山脉中段，海拔 1800 米左右。可乐系一坝子，可乐河由西向东横贯其中，河流两岸均系 50 米左右的小土山，其外群山拱卫。

五十处代后期，我馆就在这里进行考古调查。1960 年底，在此发掘东汉墓葬七座①。1976 年 7 月在可乐区水营乡雄所屋基发现一批铜器，从此引起我馆的注意，在赫章县文化馆的协助下，从 1976 年 11 月起至 1978 年年底止，我们在可乐区范围内的可乐河两岸进行多次调查发掘，发现在可乐河北岸分布有中原式的汉墓，而在可乐河南岸则分布同时期和略早于汉墓的土著墓葬。我们选择发掘其中的一部分墓葬。本报告是这几次发掘的全部资料以及柳家沟遗址试掘资料。为区别这两类不同性质的墓葬，我们把中原式汉墓称为甲类墓，土著墓称为乙类墓。

甲类墓三十九座，分布在雄所屋基、可乐区医院、赫章县第三中学、营盘、燕家坪子、马家包包。乙类墓一六八座，分布于祖家老包、锅落包、罗德成地（图一、二）。两类墓共出土随葬器物一千三百多件，汉半两钱、五铢钱和新莽铜钱共五千多枚。

参加发掘工作的有我馆宋世坤、熊水富、唐文元、简家奎、万光云、刘明琼、张定福、冯琳、姬爱鸣、简小娅、陈薇，以及赫章县文化馆的殷其昌同志。贵阳师范学院历史

---

① 《贵州赫章县汉墓发掘简报》，《考古》1966 年第 1 期。

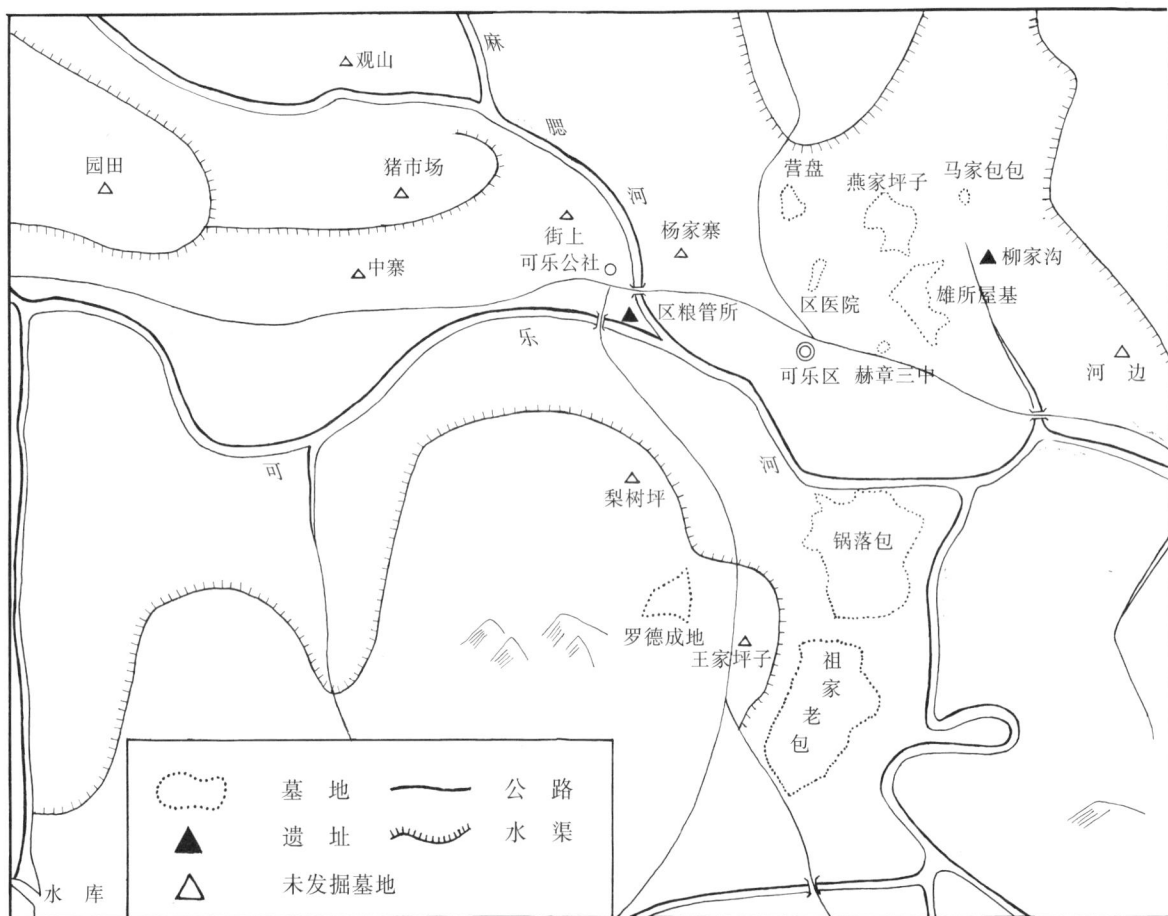

图一　遗址、墓地位置示意图

系部分师生曾在此短期实习。

　　发掘期间，赫章县委、县人民政府、可乐区委及赫章县有关部门，对我们的工作极为重视和关心，在各方面给予大力支持，使我们的考古发掘工作任务顺利完成，在此致谢。

　　下面分遗址、甲类墓、乙类墓三部分依次报告。

<h2>遗　　址</h2>

　　遗址位于可乐墓葬区北沿的柳家沟坡地。南临可乐河，距河床高约 50 米；北依陆家坪子；西边与水营生产队雄所屋基甲类墓群紧相毗连。我们在紧接陆家坪子南沿的三个台阶上，各开 5×5 米的探方一个，面积共 75 平方米。自下而上编号为 T1、T2、T3。现将试掘情况介绍如下。

　　（一）地层

　　遗址处在坡地上，常年水土流失，以及改成梯田的农事活动，致使上层遭到扰乱，下

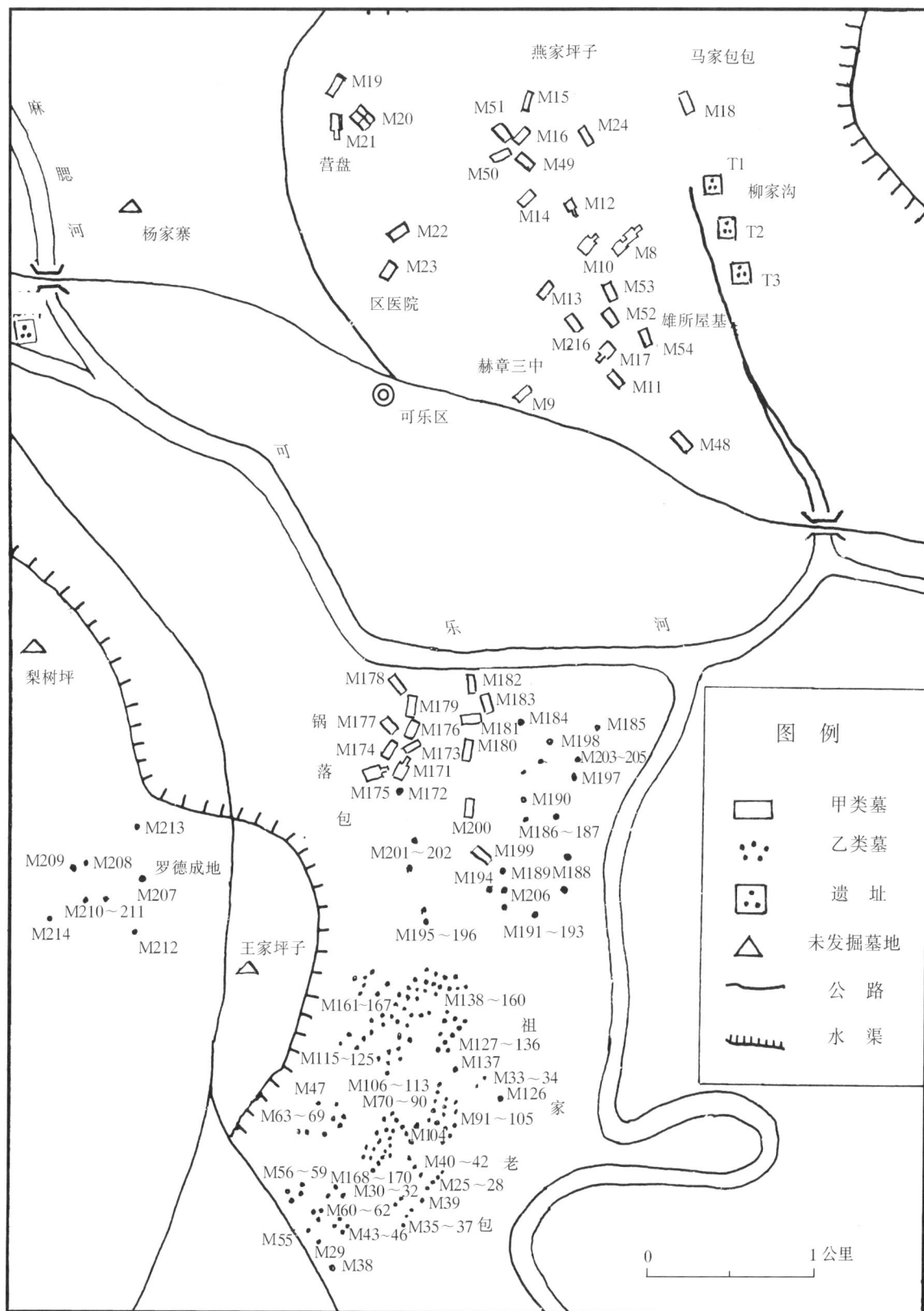

图二　遗址、墓葬分布示意图

层堆积清楚。整个堆积可分三层。

第1层：扰乱层，厚20～80厘米，夹有红烧土颗粒的灰褐色土，出土陶片较多，也有少量石器、石材、近代瓷片。

第2层：红烧土木炭层，一般厚50厘米左右，T2最厚达140厘米。红烧土皆为块状，中夹有大量木炭。遗物有陶片及石器，但数量没有1、3层多。

第3层：灰黄色土，一般厚80厘米，最厚处140厘米。此层陶片较多，石器较少。

（二）遗迹

T1、T2第3层底部均发现不太规则的阶梯结构（图三）。T1阶梯两组，均有四级。两组阶梯相交于探方中部，阶梯的另一端均伸出探方外。阶梯高宽不等，高15～30、宽30～60厘米。T2阶梯一组四级，出现在探方西部居中，自西向东排列，西端伸出探方外，阶梯高宽均在15～20厘米。

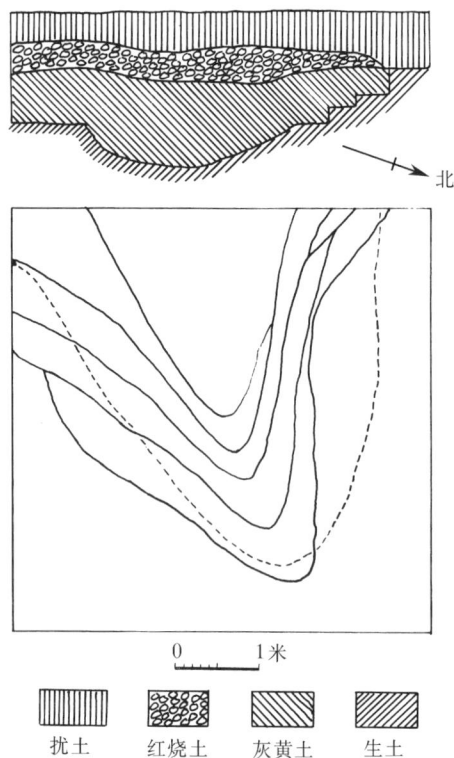

图三　T1平剖面图

T1、T2都有相当面积和厚度的红烧土夹木炭层，似倒坍之烧土墙垣。从其分布位置来看，可能与阶梯结构有关。以T1为例，红烧土木炭层断面出现在探方西壁和南壁的西端，西壁与阶梯断面相合。平面位置也与阶梯平面基本重叠。但因发掘面积较小，又未扩方，二者究竟是何关系，实难确定。

（三）遗物

三个探方共出石器三十七件，铜器二件，陶器残片五百多片。

石器　三十七件。分打制和磨制两种。

刀　三件。皆出于T2，硅质砺石磨制。单面刃，刃背均弧形，背部弧度略大于刃部。2:2，较完整，近背部居中有二穿孔。长13.4、最宽5.1厘米（图四，2）。余二件刃口接近平直，断面略呈三角形（图五，8）。

凿　三件。2:8，柱形，硅质砺石略加打磨而成，刃残。残长9.6、径2厘米。2:10、2:17，器形较小，形似犬牙，分别长6.7和6厘米（图五，2）

锛　一件（3:2）。利用天然砺石打击两侧及柄端而成。刃部系砺石的自然斜面，无磨痕。长7.5、宽3～4.8厘米（图五，4）。

杵　二件。均系天然砺石。1:1，棒槌形，长17、最大直径5.8厘米（图四，1）。2:

图四　石器

1. 杵（T1∶1）　　2. 刀（T2∶2）　　3. 锅桩石（M176∶22）

9，柱形，两端圆钝略小，有使用痕迹。长12.8、宽3.8厘米（图五，3）。

臼形器　三件。均系天然卵石，剔除石核而成。臼槽直径分别为1.9、1.6、1.4厘米。因器形较小，可能属玩具一类。

弹丸　六枚。均为天然卵石。直径1.8～4.5厘米。

尖状器　一件（2∶1）。天然砺石之一段，形似牛角尖，断面近直角三角形，其斜边为弧线。长9.6厘米。

磨石　一件（2∶7）。红砂岩。有五个内凹的弧面，四个凹面有明显磨痕。长约18、宽15、高约13厘米。

残石范　一件（2∶14）。红砂岩。残存一角，正面有凹下的型腔，全形难辨。残长9厘米。

斧　一件（71∶2）。天然砺石，未经磨制。长13、宽5～5.5厘米。

斧形器　二件。形式相似，仅存柄端，通体磨光。1∶3，断面近长方形。残长6厘米（图五，7）。2∶6，残长4.2厘米。

此外尚有残石器、石料十三件，石质多为硅质砺石，仅一件为玛瑙石。

陶器　除两件纺轮外，其他无一完整器形。仔细辨识，大致有罐、杯、釜形器等。有平底、圜底、圈足，带状半环耳、柱状半环耳、乳钉耳，板状耳，绝大部分为夹粗砂陶，

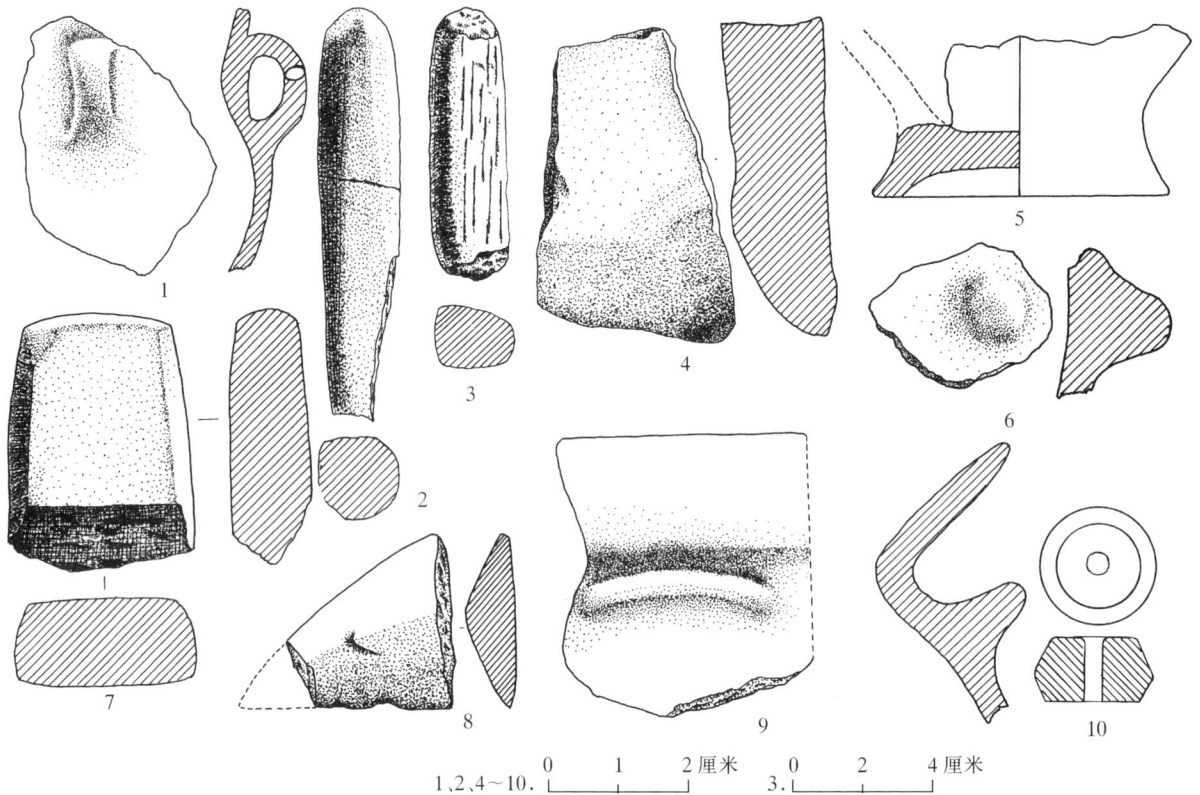

图五　石、陶器

1、6、9.陶器耳　2.石凿（T2:8）　3.石杵（T2:9）　4.石锛（T3:2）　5.陶器底

7.石斧形器（T1:3）　8.石刀（T2:3）　10.陶纺轮（T2:5、4）

极少数为细砂陶，无泥质陶。陶色有黑、灰、灰白、红几种，其中以灰陶为主，约占90％。制法以轮制为主，兼有手制（图五，1、5、6、9、10）。

铜器　两件，均残。2:18，出于第2层底部。近中部一侧有一缺口。器形难辨。长6.6厘米。3:3，出于地表下深约170厘米处。略呈半圆形，器中空，似为锄残部。长10、宽4.8厘米。

桃核　一枚（2:19），仅存半个。属野生桃核，桃仁无存。长1.6、宽1.2厘米。

柳家沟遗址的西部与甲类墓相连接，南隔可乐河乙类墓群。通过对照研究，遗址与甲类墓葬的出土物迥然相异，与乙类墓却有一定的联系，如陶器的质地及纹饰，二者基本相近。

1980年底，我馆考古队在赫章可乐南面二百余公里的普安县青山区铜鼓山发掘一处战国至西汉时期的遗址，出土大量石器、陶器和铜、铁器。其中石器在选材、磨制技术等方面，与柳家沟遗址有着某些共同之处。柳家沟遗址以石器和陶器为主，铜器很少，铁器未见。从这一点考虑，我们认为柳家沟遗址的时代早于乙类墓及铜鼓山遗址，大约相当于战国晚期或稍早。

甲 类 墓

三十九座墓，分布于七个地点。其中雄所屋基十六座、燕家坪子一座、马家包包二座、营盘三座、区医院二座、赫章三中一座，以上属水营村；锅落包十四座，属岔河村（图六）。

一、墓葬形制

甲类墓都有封土，但多数已遭到破坏，少数尚有残存。墓室结构除两座砖室墓外，余皆为土坑墓。砖室墓一座单室，一座四室；土坑墓除一座为双室外，余皆为单室。单室土坑墓又可分为无墓道和带墓道两种。总的说，甲类墓的规模较大，一般长 3～6、宽 3 米左右。最大者 8 号墓，长 17.7、宽 4.35～4.75 米，分墓道、前室、通道和后室四部分。最小者 51 号墓，长 2.8、宽 2.2 米，无墓道。由于原地面大部遭到破坏，现存墓底深 0.5～1 米，破坏较轻的墓底深 1 米以上，个别达 2 米以上。室内填土为红褐色土，夹有大量红烧土颗粒。棺椁距墓壁间的空隙，填土经夯打，形同熟土护墙。单棺距墓壁的空隙宽约 0.5 米，夯筑的填土墙，其性质似为土椁。

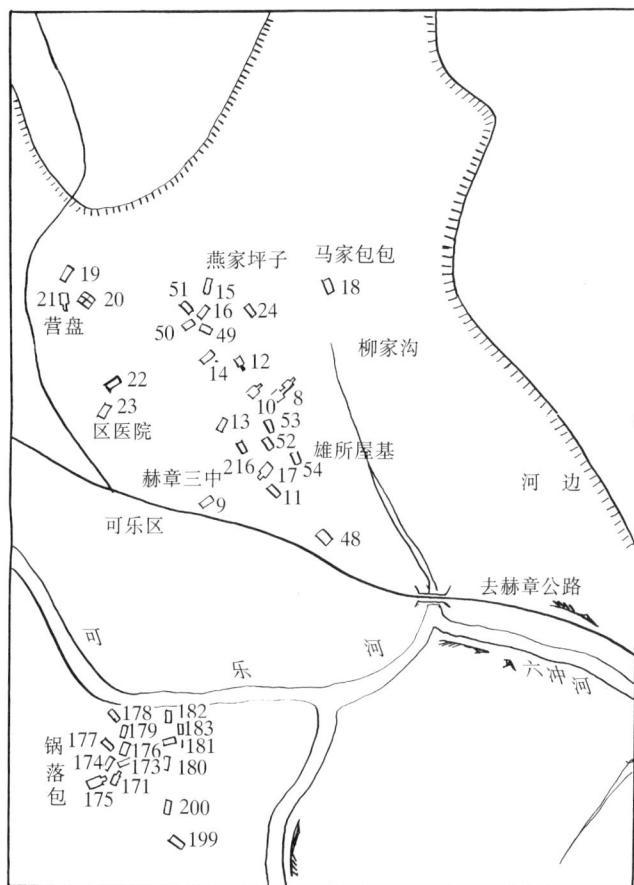

图六 甲类墓分布示意图

葬具大多腐朽，一般仅存木棺椁碎片、漆片或棺上装饰的鎏金铜片和铜泡钉。保存较好的是 48 号墓，尚可见到残椁板十九块。根据出土现状，有棺、椁的有 M10、12、21、22、48 五座，M8、178 两座有双棺，其余全是单棺。棺木大多放置于墓室中部，也有贴近墓壁放置的。木椁仅个别墓有髹漆痕迹，棺木均髹朱色和黑色漆，部分棺木上饰有大小不同的圆形鎏金铜片或铜泡钉。

墓向，二十二座 10～85 度，六座 135～175 度，十一座 280～357 度。

随墓品除被盗者外，一般在二十件以上，多者达一百三十余件。陶器、铜器数量最

多，铁器次之。陶、铜器以生活用具为主，铁器主要是兵器和工具。生活用具大多置于墓
室后部，部分置于棺木外侧；棺内放置随身携带的刀、剑、带钩、铜钺和装饰品等。下面
分类介绍。

Ⅰ型　土坑墓，三十六座，分竖穴土坑墓和带墓道土坑墓二种。竖穴土坑墓三十座，
以 M178、48、16 为例。

M178，墓室长 4.9、宽 4、深 2.16 米。方向 345 度。木棺已朽，仅见残迹分布范围，
共两棺。一棺贴近东壁，另一棺贴近北壁。前者棺内出剑、刀等，应为男性；后者棺内出
水晶珠饰及五铢钱，应为女性。随葬品共四十件。多数置于两棺之间的空隙处，少数陈放
于东壁、南壁下。此系夫妇葬墓（图七）。

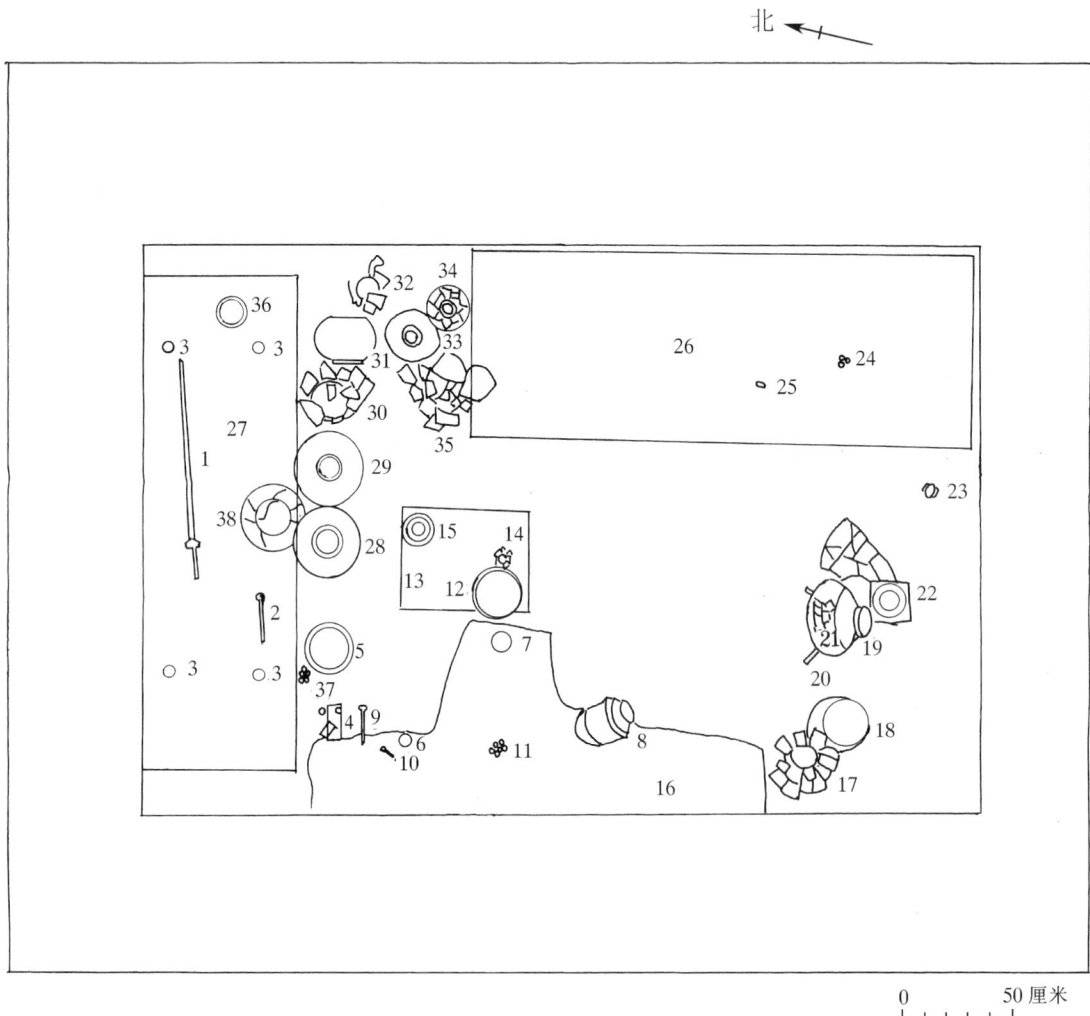

图七　M178 平面图

1. 铁剑　2、9. 铁削　3. 铜泡钉　4. 黛石　5、12. 铜篙　6. 日光镜　7. 铜镜　8. 铜盒
10. 铁夹　11、24、37. 五铢钱　13. 漆案　14. 陶豆　15. 漆盘　16. 漆片范围　17. 残陶钵
18. 铁釜　19. 残大铁釜　20. 铁三脚　21. 陶甑　22. 陶井　23. 残漆耳杯　25. 水晶珠
26、27. 漆棺痕　28、29. 陶壶　30～36. 陶罐　38. 铜釜

　　M48，墓室长4.48、宽3.8、残深1.4米。方向309度。木椁放墓室中部，墓壁与木椁周边空隙处填筑青膏泥，每边宽10～40厘米不等。椁杉木制，长4.54、宽3.23米，高度因椁木上部腐朽不详。分四格，椁板残存十九块，计底板十二块，边板四块，隔板三块。从西往东的第二格内放木棺，残存朽木漆皮痕，随葬品有铜剑格、玉璏、带钩、铜镜、五铢钱等。第三格被盗扰，仅存两件车軎和一件角杯。第一、四格放置陶、铜生活用品，共四十余件（图八）。

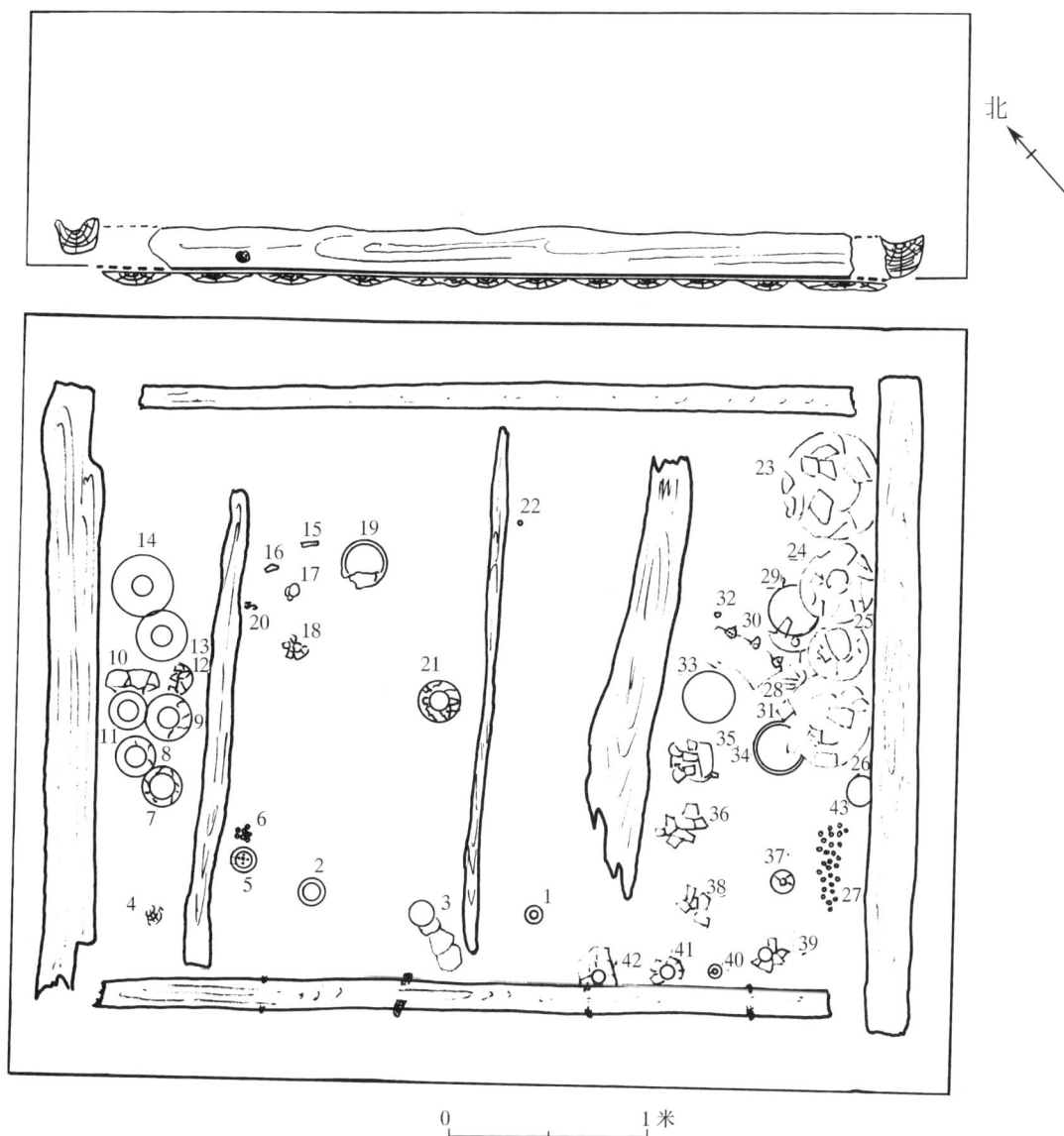

图八　M48平、剖面图

1.角杯　2.漆奁盖　3.漆奁　4.藤编织物　5.星云纹镜　6.五铢钱　7.陶壶　8.陶罐　9～14.陶罐
15.玉璏　16.铜剑格　17、18.陶碗　19.铜盘　20.铜带钩　21.陶罐　22.铜车軎　23.陶罐
24、25.陶壶　26.陶罐　27.五铢钱　28.铜釜　29.铜鼎　30.铜奁　31.陶罐　32.铜车軎　33.铜奁盖
34.铜洗　35～42.陶罐　43.漆盘

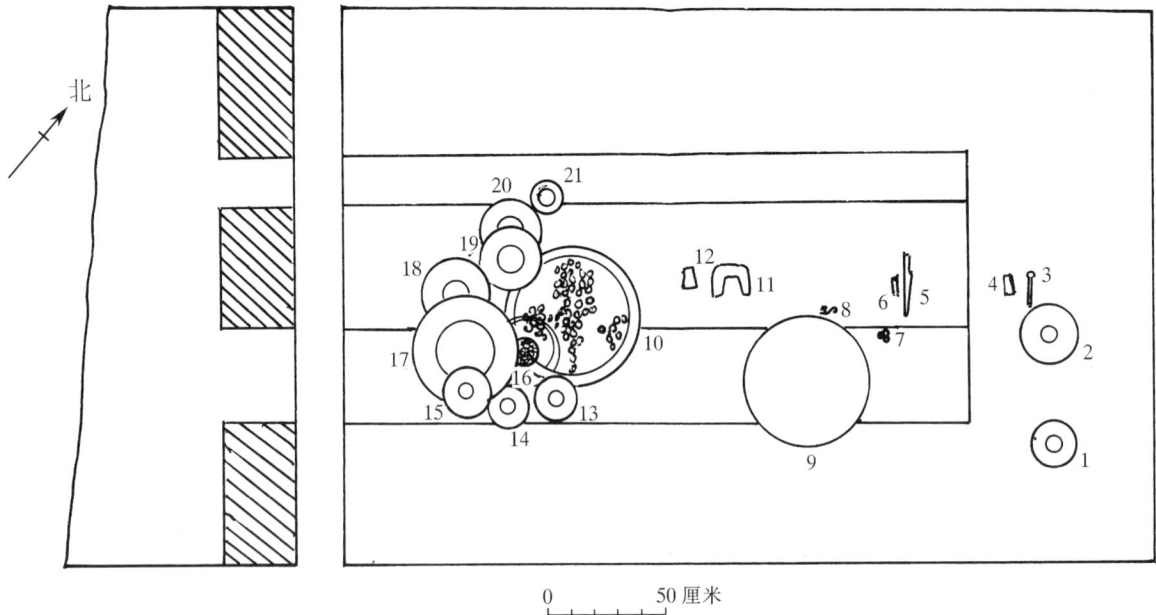

图九　M16 平、剖面图

1、2.陶罐　3.铁削　4、12.铁斧　5.铁刀　6.铁夹　7.五铢钱　8.铜带钩　9.漆盘　10、18.陶钵
11.铁锸　13.陶豆　14.铜釜　15、17、19～21.陶罐　16.陶甑

　　M16，规模较小，长3.5、宽2.25、残存深0.7米。方向45度。墓制特殊，不用棺椁，只在墓室中部留一生土台，一直延伸到南壁，长2.7、宽0.45米。土台两侧各掘一沟，分别宽20和40厘米，深30厘米。随葬品二十一件，其中四件放置在土沟外，余十九件放置在沟中和土台上。随葬器物中有一大陶钵，钵内盛粗河沙，重约5公斤，甚为罕见。根据带钩的出土位置推测，死者应停放在土台上（图九）。

　　带墓道的土坑墓六座。其中五座单室，一座分前后室。举M10、21、8为例。

　　M10，墓室长方形，长6.25、宽3.6、深1.9米。墓室南端正中设斜坡墓道，长1.95、宽2米。方向150度。棺椁及人骨均腐朽，从棺饰鎏金铜泡分布位置看，棺木应在墓室中部略偏北。墓底四周有木椁边板朽木，墓室中、前部尚可见到椁箱隔板痕迹。南、西、北三壁均有厚0.4米的熟土护墙。随葬品主要放置在墓室后部，棺内出刀、剑、五铢钱，棺前随葬品较少，仅有博山炉、车马饰、弩机、五铢钱等（图一〇）。

　　M21，基本上未被扰乱。墓口距地表深20厘米，长5.6、宽3.45米。墓底长5.6、宽37.5、深2.2米。墓壁上有棍棒敲打痕迹。墓道在墓室北端中部，口长3、宽1.4、深0.2米。方向10度。斜坡墓道，长2.2、宽1.5米，后部呈喇叭状与墓室底部形成10厘米的斜平面，长0.8、宽1.5、深2.1米（图一一）。

　　葬具一棺一椁，均腐朽。棺仅见残留的漆皮及棺饰鎏金铜泡一枚，椁可见周边及两箱的部分朽木和大量漆皮。据此分析，木椁分三箱，南、中两箱大，北箱窄。木棺放中箱偏

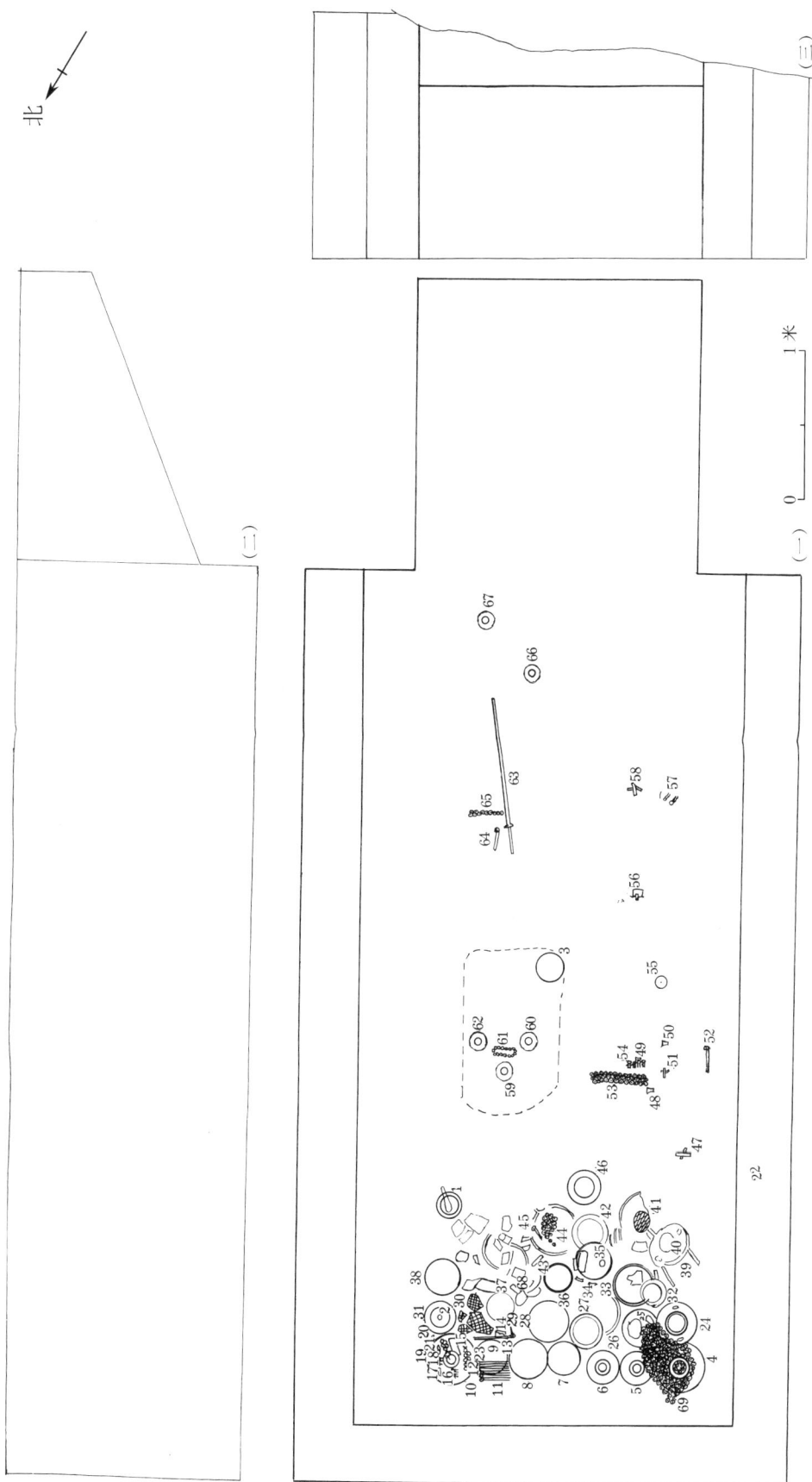

图一〇　M10 平、剖面图

1. 铜杵、臼　2. 铜镜　3. 铜博山炉　4～10、28、30、31、36、37. 陶罐　11、45、53、61、65、69. 五铢　12、44、53、61、65、69. 五铢　13. 铁刀　14、21. 绿矿石　15、31. 黛石　16、54. 盖弓帽　17. 车马饰　18. 箭镞　19. 铜带钩　20. 铁剪　22. 衔镳　23. 铁箭镞　24、25. 铜壶　26、27、33、46. 铜洗　29、38. 铜钵　32. 铜镦斗　34、43. 立耳铜釜　39. 铁三脚　40. 铜釜　41. 铜甑　42. 铜镦　47、51、58. 铜弩机　48～50. 铜车马饰　57. 铜衔镳　59、60、62、66、67. 铜泡钉　63. 铁剑　68. 铜熨斗　55. 铁镫　56. 铜车马饰

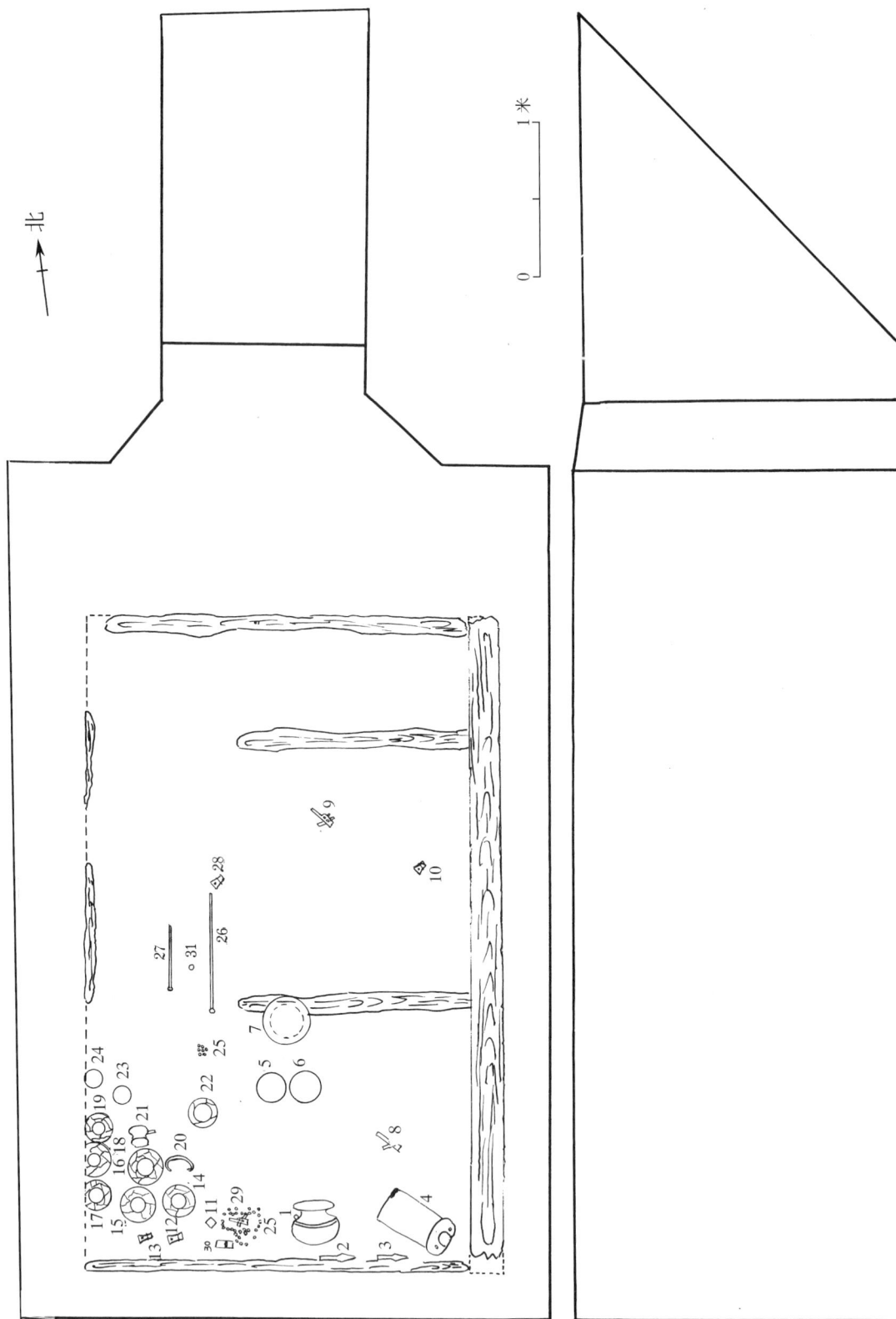

图一一 M21平、剖面图

1、20.铜釜 2、3.铜子 4.陶井 5.陶钵 6.陶钵 7.陶钵 8、9、29.铜弩机 10、12、13、28.铜车舍 11.黛石
14、15～19、23、24.陶罐 21.铜镰斗 22.陶盂 25.五铢钱 26、27.铁刀 30.铜镦 31.铜泡灯

西处。随葬品三十余件，主要陈放在南箱，以陶、铜器为主。

M8，分前后室。方向 37 度。墓道斜坡状，长 3.45、宽 1.5 米。前室长 5.1、宽 4.35、深 2.55 米。后室长 8.1、宽 4.75、深 2.79 米。两室间有通道，亦呈长方形斜坡状，长 1.05、宽 2.8 米。前室与墓道间有排水沟，沟长 4.35、宽 0.4、深 0.1 米。后室亦有一条自西北向东南贯穿南壁的排水沟，宽 28、深 22 厘米，其上覆盖绳纹筒瓦。根据发现的棺木漆皮推测，前室棺木陈放于中部靠前，后室棺木在前部稍北处。随葬品共一三〇余件。主要陈放于前室西北部，兵器则多集中于前室北部；后室器物在发掘前已被扰乱，从收集的二十多件大型铜器看，主要分布在南壁附近（图一二）。

Ⅱ型　砖室墓，二座。

M15，单室，早年破坏。出土物有水田水塘模型，残陶屋，铜摇钱树碎片，以及几枚东汉五铢钱。

M20，多室墓。325 度。共四室。长 5.92、通宽 4.1 米。墓顶被盗破坏，高度不详。分东、西二列，每列各二室，每室均平砖铺地，叠涩四角钻尖顶。室与室之间互有拱门洞相通，居南者为前室，居北者为后室。前室南端有小甬道，墓门以砖封闭。建造程序先掘带墓道的长方形竖穴，然后用砖筑室。砖的大小不等，形状不一，有三角形、梯形、长方形。随葬品多被盗失，尚存几枚“大泉五十”钱、车軎、盖弓帽等。葬具、人骨已毁没不存（图一三）。

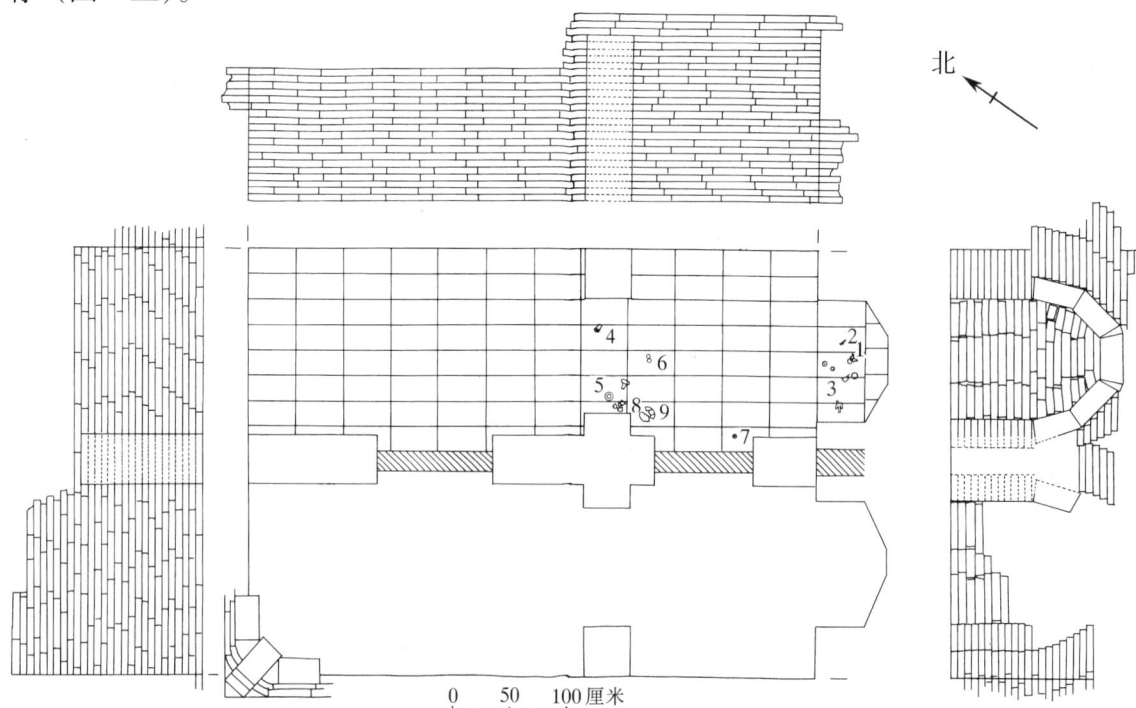

图一三　M20 平、剖面图

1. 鎏金铺首衔环　2. 鎏金盖弓帽　3. 鎏金饰件　4. 鎏金车軎　5. 陶灯　6. 银戒指

7. “大泉五十”铜钱　8、9. 三足陶盘

二、随葬品

陶器　共三百余件。多破碎，完好及修复的约二分之一。有泥质陶与夹砂陶两种，火候较高，陶色以灰陶为主。可分为实用器和模型器两类。轮制，小件和附加件手制，纹饰有弦纹、绳纹、篮纹、方格纹、三角齿形纹、三角镂孔、鱼纹和附加堆纹，以弦纹为主。现将完好和修复的器物，按实用和模型器两类介绍如下。

实用器类

罐　出土二二八件，完整和修复的七十八件。分三型二十三式。

A型　平底罐，五十四件。

Ⅰ式：十七件。口微侈，圆唇，颈较直，斜肩，腹最大径偏上，大平底。肩上有朱绘斜方格纹痕迹，肩腹有二道弦纹。10：4，腹径31：6、高23厘米（图一四，10；图版一，

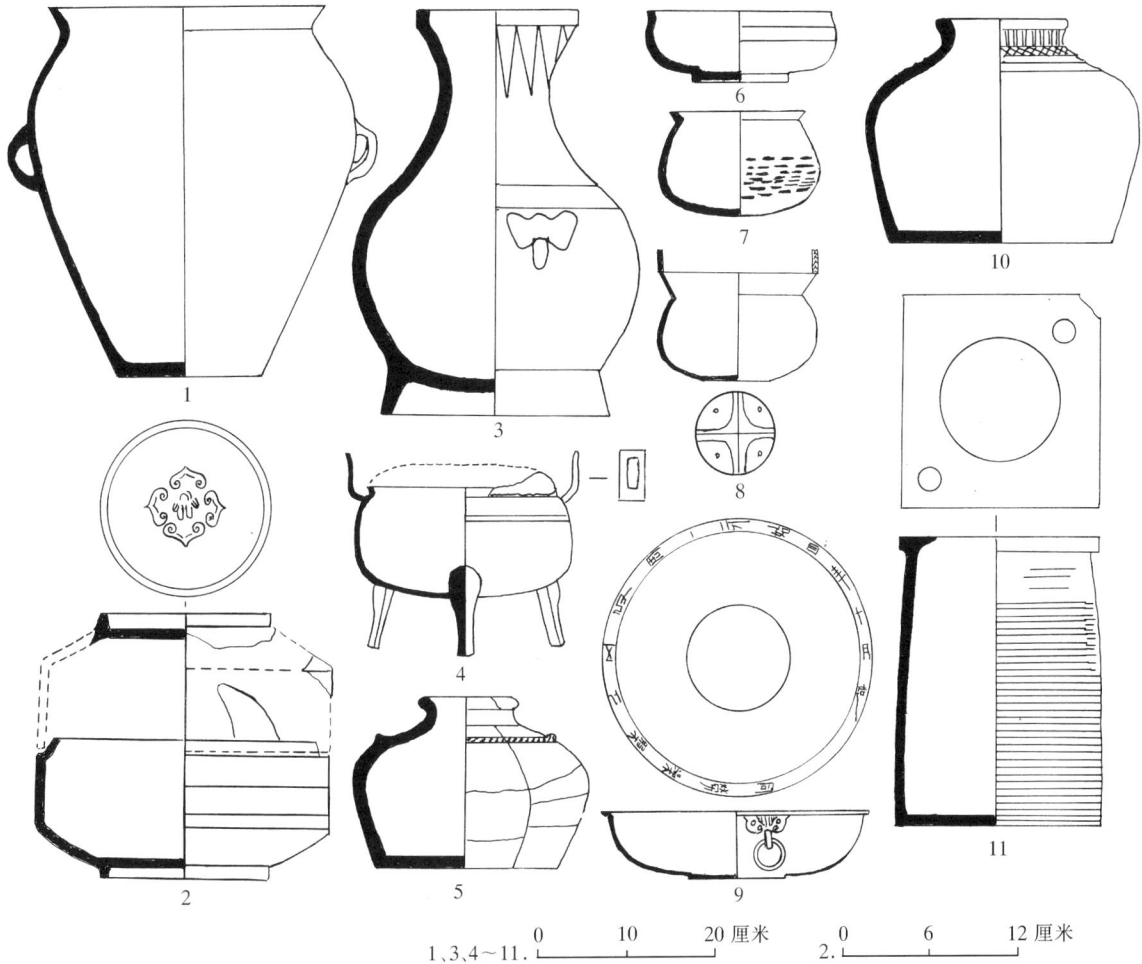

图一四　陶、铜器

1.BⅠ罐（200：5）　2.铜盒（178：8）　3.AⅡ壶（178：28）　4.铜鼎（48：29）

5.AⅢ罐（48：14）　6.B钵（24：5）　7.CⅡ罐（18：13）　8.B铜釜（49：16）

9.铜盘（8：39）　10.AⅠ罐（10：4）　11.井（8：120）

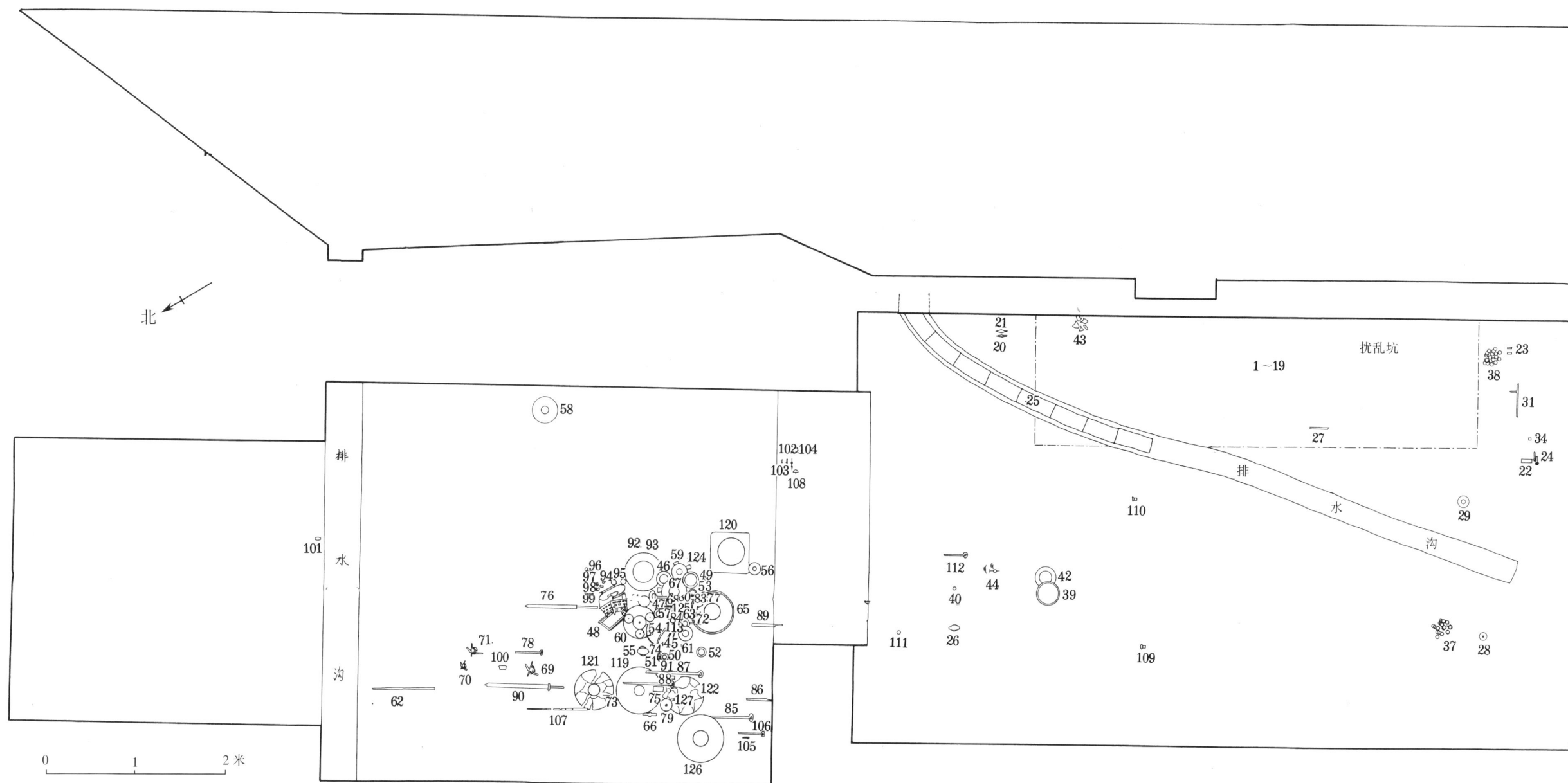

图一二　M8 平、剖面图

1、2.铜壶　3、6、58.铜甑　4.铜盉　5、46.铜釜　7、11、18、45.铜钵　8、9.带把铜釜　10、42、74.铜簋　12、39、43、123.铜洗　13~16、59、67.立耳铜釜　17.熨斗　20、21.铜矛　22、34、75、91.黛石　23.鎏金铜车舌　24、35、89.铁刀　25.陶瓦　26.漆耳环　27.石镇　28、79.铜镜　29.长颈铜瓶　30、47、60.铜灯　31.车轵　32、116.鎏金铜泡灯　33、82、103、105.盖弓帽　36、76.铁削　37、38.五铢钱　40.漆器铜饰　41.铜釜　44.衔镳　48.铜烹炉　49、53.铜镰斗　50.铜唾壶　51.三足铜盒　52.提梁铜壶　54、64.铜碗　55.铜耳环　56.陶罐　57.铜豆　61.陶钵　62、63.铁矛　65.铜盘　66.铜镦　68.带把铜钵　69~71.铜弩机　72.铜带钩　73.铜勺　76、90.铁剑　77.铜铃　78、85、87、88、106、112、114.铁刀　79.铜镜　80.铜环　81.铜车饰　83.铜蒺藜　84.望山　86.直柄铁刀　92、93、115.漆盘　94.金手镯　95.银手镯　96.水晶饰　97.石饰　98.琥珀饰　99.玛瑙饰　100.石器　101.陶珠　102.铜饰　104.镳　107.铁镳　108.铜泡钉　109、110.车舌　111.铅珠　113.铜熨斗　117.车饰　118.绿松石　119.残铜器　120.陶井　121、122.残陶罐　124、125.锅桩石　126、127.陶罐

（18 以下及 30、32、33、35、41 均出扰乱坑，19 空号）

2）

Ⅱ式：十八件。唇同Ⅰ式，短颈内弧，斜肩上凹下鼓凸，肩腹以二道弦纹分界，腹最大径在器身中部，大平底。10∶31，腹径 24.6、高 13.7 厘米。

Ⅲ式：一件（48∶14）。口微侈，圆唇，束颈，斜肩，肩腹部以一圈绳索状的附加堆纹分界，鼓腹，大平底。腹径 26、高 17.1 厘米（图一四，5）。

Ⅳ式：二件。口微侈，颈内弧，斜肩，平底。颈肩部饰细绳纹，大多剥落。11∶21，腹径 21.8、高 23.4 厘米。

Ⅴ式：四件。侈口，颈内弧，斜肩，腹最大径居中，平底。14∶6，腹径 16、高 14 厘米（图版一，3）。

Ⅵ式：三件。小口，折唇，圆肩，腹最大径偏上，大平底。11∶14，腹径 24、高 18.4 厘米（图版一，4）。

Ⅶ式：二件。直口，直颈，扁圆腹，平底。174∶15，腹径 10.7、高 7 厘米。

Ⅷ式：一件（24∶23）。较Ⅶ式瘦高，腹最大径偏上。腹径 1.6、高 64 厘米。

Ⅸ式：二件。橙色陶，大口半圆唇，折肩，小平底，肩腹部有零星绳纹。174∶20，腹径 47、高 33.3 厘米（图版一，1）。

Ⅹ式：三件。口微敛，圆唇，颈鼓凸，大斜肩，大平底。周身满布轮旋纹。12∶4，腹径 33.3、高 26.2 厘米。

Ⅺ式：一件（18∶19）。大口，圆唇，宽斜肩，大腹，小平底。器身拍印方格纹。腹径 46、高 39.8 厘米（图版一，5）。

B 型　二十件。有单耳或双耳，单耳居多。分九式。

Ⅰ式：二件。敛口，沿外侈，斜肩，深腹，腹中部两对称宽带状半环耳，平底。200∶5，腹径 36.1、高 40.3 厘米（图一四，1；图版一，6）。

Ⅱ式：二件。179∶13，侈口，斜肩，口肩部连接两端带状半环耳，耳顶中部各一小圆穿孔，大平底。腹径 21.4、高 17.4 厘米（图版三，5）。

Ⅲ式：一件（19∶10）。小口微侈，鋬颈内弧，斜肩，体修长，平底。一侧宽带状单耳，连接于口肩部；另一侧腹中下有一块状鋬。腹径 23.2、高 30.7 厘米（图版二，2）。

Ⅳ式：八件。侈口，颈稍长，腹微鼓，平底。宽带状单耳连接于口腹部，与耳对称的口沿上，有一锯齿形堆纹鋬。腹部饰方格纹及绳纹。199∶4，腹径 15.3、高 16.2 厘米（图一五，1）。

Ⅴ式：三件。侈口，宽沿，斜肩，下腹急收，平底。宽带状单耳连接于口、肩部。肩腹部饰细绳纹。18∶14，腹径 12.6、高 11.5 厘米（图版四，1）。

Ⅵ式：一件（19∶18）。侈口，长颈，斜腹，平底，宽带状单耳连接于口、肩部。耳上刻划弦纹三道。腹径 11、高 11.5 厘米。

Ⅶ式：一件（199：10）。手制。侈口，小圆唇，直腹微鼓，平底，宽带状单耳连接于口、腹部，形似环。腹径8.6、高8.2厘米。

Ⅷ式：一件（199：8）。手制。器形与Ⅳ同，有圈足。腹径128.8、高13.1厘米。

Ⅸ式：一件（18：24①）。侈口，束颈，鼓腹，圜底，腹部宽带状单耳。周身饰细绳纹。腹径13.3、高9.8厘米（图版四，2）。

C型　四件。皆圜底，分三式。

Ⅰ式：一件（19：12）。小口，平唇，束颈，宽弧肩，鼓腹，圜底。唇上三道弦纹，肩上两组弦纹，每组二道，周身饰方格纹。腹径36、高24.5厘米（图版二，3）。

Ⅱ式：二件。大口，宽沿，扁圆腹，圜底，下腹及底饰篮纹。18：13，腹径18.6、高10.8厘米（图一四，7）。

Ⅲ式：一件（200：14）。侈口，长颈，鼓腹，圜底。下腹及底饰绳纹。腹径16.2、高10.5厘米（图版二，4）。

壶　二十五件。经修复或基本完好的十三件，分二型四式。

A型　十一件。长颈，分三式。

Ⅰ式：八件。侈口，平唇，圆腹，圈足。腹上饰三道弦纹。48：42，腹径39.5、高56.5厘米（图版二，1）。

Ⅱ式：二件。长颈，直圈足，颈上绘朱色三角齿纹，大多脱落，腹上饰对称二铺首。178：28，腹径35、高43.5厘米（图一四，3）。

Ⅲ式：一件（8：56）。圆唇，细颈，斜腹，平底。肩上两道弦纹。腹径8.8、高8.4厘米。

B型　二件。葫芦形。49：9，腹径16.8、高20.6厘米（图版三，6）。

釜　二件。直口，鼓腹，圜底。18：10，腹侧有对称的带状平环耳，圈足。腹径33、高22.4厘米（图版二，5）。

甑　七件。侈口，宽唇，斜深腹，平底，底部满布圆孔。200：10，底径17.2、高24.2厘米（图一五，6）。

盆　一件（50：7）。宽唇，浅腹，微凹底。口径45.5、高15厘米（图版三，1）。

钵　十二件，分二型。

A型　二件。似深腹盆。大口，宽唇，深腹，平底。16：10，口径44.5、高29.5厘米（图一五，7；图一六，1）。

B型　十件。似碗。敞口微敛，鼓腹，圈足。24：5，口径20、高8.6厘米（图一六，4）。

豆　五件，分二型。

A型　四件。盘呈半球形，子母口，微敛，高柄中空，圈足。176：2，口径13.2、高

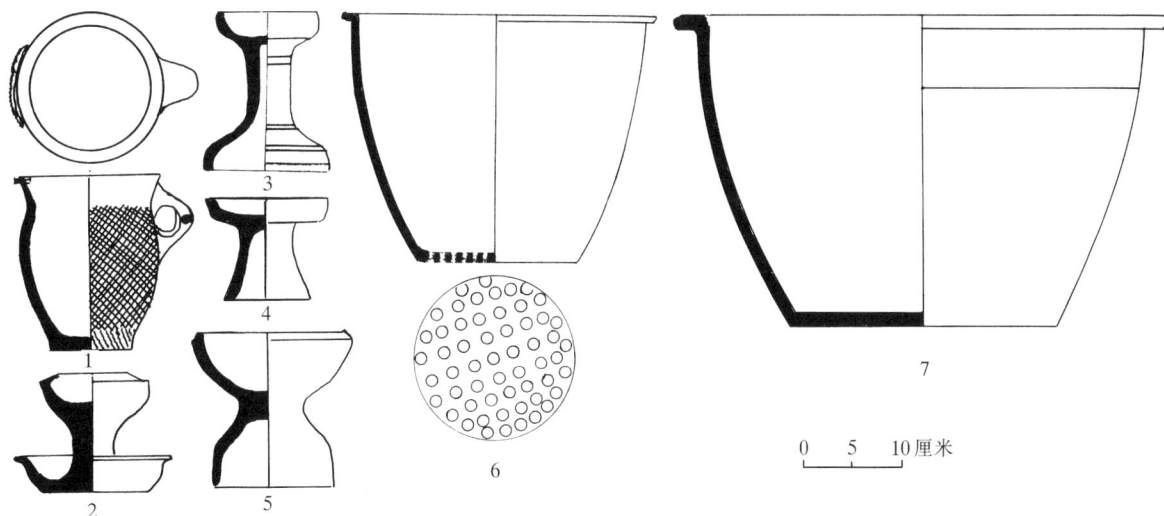

图一五 陶器

1.BⅣ罐（199:4） 2.A灯（20:15） 3.B灯（177:12） 4.B灯（174:29） 5.A豆（176:2） 6.甑（200:10） 7.钵（16:10）

15厘米（图一五，5）。

B型 一件（172:12）。盘直腹，子母口，柄细腰，中空。腹上雕镂两组鱼纹，四组三角形几何纹，柄及圈足饰弦纹。腹径14.6、高18.2厘米（图版四，3）。

盘 二件。侈口，浅腹，三乳钉足，足间两道细弦纹。20:9，口径15.6、高4.6厘米（图版三，2）。

碗 十七件。侈口，折腹，平底。50:2，口径14.5、高6厘米（图版三，3）。

盂 五件，分二型。

A型 四件。敛口，浅腹，圜底，三乳钉足。19:8，口径11.5、高5.4厘米（图版二，6）。

B型 一件（53:5）。敞口微敛，浅腹略鼓，口下一道弦纹，平底。口径8.5、高3.6厘米。

灯 三件，分二型三式。

A型 一件（20:5）。敛口，半环形腹，短柄，托盘为底。口径8.5、高12.2厘米（图一五，2；图版三，4）。

B型 敞口，浅盘，高柄中空，圈足。柄、足各有弦纹两周。177:12，口径9.4、高15.4厘米（图一五，3）。174:29，喇叭形高圈足。口径9.7、高10厘米（图一五，4）。

博山炉 一件（174:26）。与Ⅰ型豆相似，但有镂山形盖，盖边沿刻斜方格纹。口径13.8、通盖残高18.7厘米（图版三，7）。

1. A 型陶钵（16∶10）

2. 铜豆（8∶57）

3. 铜瓶（8∶29）

4. B 型陶钵（24∶5）

5. 铜熨斗（8∶17）

图一六　陶、铜器

纺轮　六件。均算珠形。182∶1，直径 4、高 2.2 厘米。

珠　九件。橄榄形，泥质陶。8∶10，长 4.2 厘米。

模型器类

井　九件。敛口，圆筒形，平底，井口有盖板式井台，台上二穿孔，用于装设井架，身饰弦纹。8:120，盖板方形。长23.5、宽22、高31厘米（图一四，11）。

井架　两对，与井不同出。八棱实心柱状，一端呈叉形，一端顶中部呈小圆柱状，可插入井台上的孔内。22:13，长15.8厘米。

水塘水田　一件（15:2）。长方形，一半为水塘，一半为水田。水塘中有螺蛳三个。田分四块，各有螺蛳一个。长42、宽22、高8厘米。

屋　四件，内三件干栏式，另一件残破过甚，全形不明。修复二件，干栏式。

24:14，长方形，分上、下两层。底层系碓房，内有双碓。上层为居室，以一壁横向隔成前、后两部分，前部为廊，后部为室。壁中部开单扇门。廊中部偏右处设一方形立柱，下有础，上设一栱，栱上承托撩檐枋。廊两侧各设一段栏干。人字形房架。悬山式顶，两坡拍印板瓦，前坡中部近檐口处，刻隶书"前"字。后壁及两壁均刻有柱、枋线条。上层阔39.5、深31、通高53厘米（图一七，1～4；图版拾叁，8）。

216:12，长方形底部为四根圆形立柱，柱顶叉形，两柱间横向架设一枋，承托上层房舍。上层房舍平底，分前廊与后室两部分。间壁偏右开单扇门。硬山式顶，两坡拍印板瓦、筒瓦。脊檩两端各戳印四圆圈，后壁及侧壁均划有柱、枋线条。阔50.6、深35、高53.3厘米（图一七，5；图版拾叁，7）。

鸡　一件（15:13），残。

铜器　多破碎，共三百余件。铜钱近六千枚。分实用器和模型器两类叙述如下。

实用器类

鼎　一件（48:29）。盖残。敛口，圜底，三蹄足外撇，附耳。腹饰弦纹一周。腹径24、高21.3厘米（图一四，4；图版五，4）。

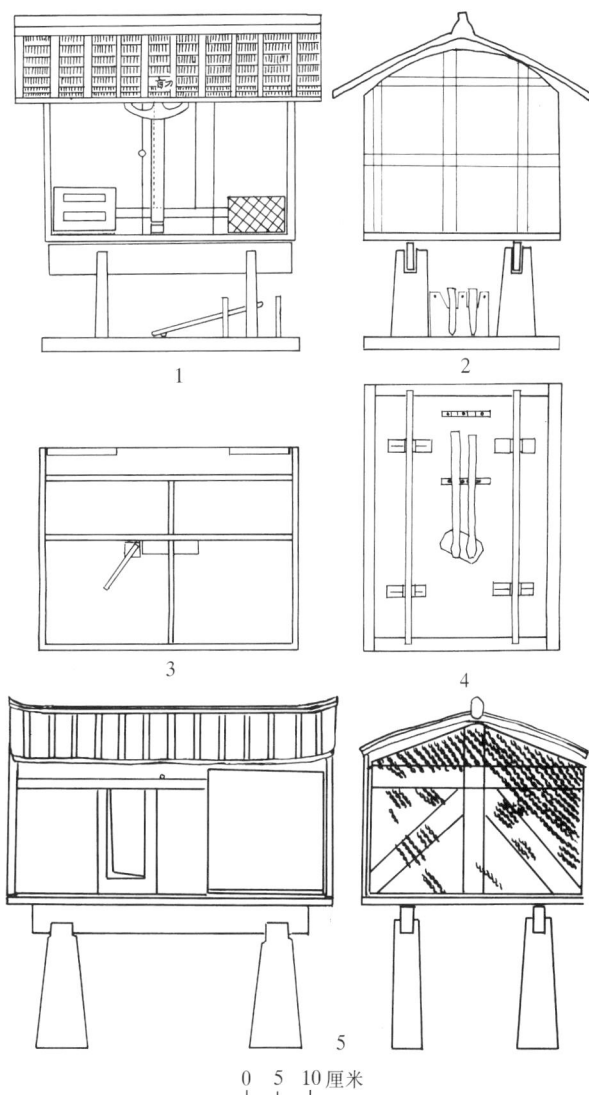

1

2

3

4

5

0　5　10厘米

图一七　陶屋
1～4.（24:4）　5.（216:12）

壶　七件。平唇，长颈，圆腹，圈足，腹上有对称的铺首衔环，肩、腹部有弦纹三组。216:1，腹径36.7、高46.6厘米（图版五，1）。8:52，体小，盖顶有圆形纽，链索龙首提梁。腹径10.5、高16.2厘米（图版五，2）。

钫　一件（200:7）。腹宽22.2、高35.2厘米（图版五，3）。

釜　三十三件，分两型四式。

A型　二十件。底部均有烟炱，个别器内底有鱼纹。分三式。

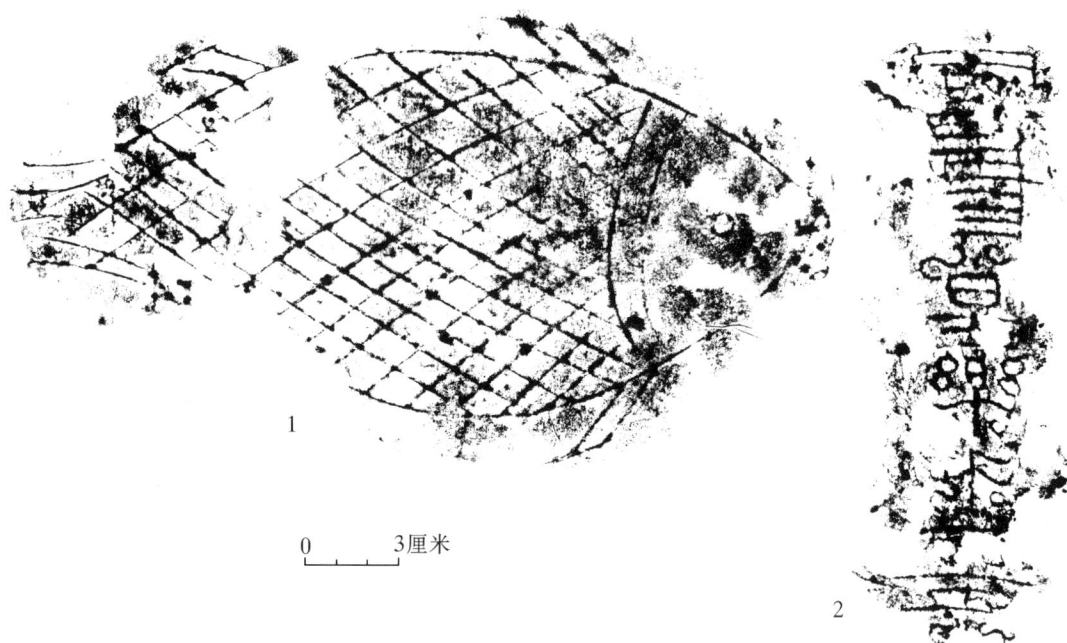

图一八　铜器花纹与铭文
1. AⅡ釜（8:5）　2. 瓴（8:58）

Ⅰ式：十六件。侈口，长颈，环耳，圜底。腹上一道弦纹。22:6，腹径37.6、高28.5厘米（图版五，5）。

Ⅱ式：一件（8:5）。盘口，大圆腹，圜底，肩上两环耳，两周弦纹。器内底铸一鱼纹。腹径35.8、高28.4厘米（图一八，1）。

Ⅲ式：三件。较Ⅰ式口略大，腹稍扁。173:1，腹径23.8、高14厘米。

B型　十三件。均立耳。侈口，束颈，鼓腹，平底四乳钉足，立耳作绚纹。耳根部饰兽头。49:16，口径17.2、高13.9厘米（图一四，8）。

鐎斗　十件，分二型。

A型　八件。器身与A型Ⅰ式釜近似，空柄，断面呈方形或半圆形，有单环耳、双环耳或无耳，圜底。均饰弦纹。183:6，口径12、高12.2、柄长5厘米（图版七，1）。

　　B型　二件。侈口，高颈，圆腹，平底，肩上一方形真空柄，柄上一方穿。8：8，口径11.5、高12.2、柄长8.5厘米。

　　盉　二件。盖顶有桥形纽，纽上套环，盖沿用活络栓连接于肩部。圜底，三蹄足。流作鸟首状，一件可闭启；柄中空，一件直柄，一件曲柄。177：11，腹径17.4、高14.7、柄长8.2厘米；8：5，腹径16.2、高15.1、柄长6.9厘米（图版六，1、2）。

　　甑　五件。其中两件用鉴改制而成。大口，深腹，平底，箅孔系錾凿而成，欠规整。腹部饰铺首衔环及弦纹。8：58，内底有"富贵昌乐未央"铭文。口径37.8、高19.2厘米。另三件圈足，箅孔铸成直格，其他形制同前。49：1，口径30.5、高21.1厘米（图一八，2；图版七，3）。

　　熏炉盖　一件（200：9）。顶有桥形纽，纽周镂空三畜及草叶纹。径11、高3.8厘米。

　　钵　十二件。侈口，鼓腹，平底。六件腹侧铺首衔环。8：68，附圈足及小錾耳（残）。8：45，口径25.2、高9.7厘米。

　　碗　二件。直口，圜底。8：54，口径15.3、高6厘米。

　　勺　四件。两件长柄，22：18，长33厘米。177：3，半葫芦形，长10厘米。8：73，似小药匙，长6.3厘米，应是容器（图版九，2、1）。

　　簋　四件。大口，深腹，平底，圈足。腹部有两个铺首衔环，饰弦纹。8：74，口径33.6、高20.4厘米（图版七，4）。

　　锼　二件。小口，直领，大弧肩，肩部设两个铺首衔环，肩腰间一周棱缘，下腹急收成平底，略内凹。49：1，腹径30.5、高24厘米（图版七，2）。

　　熨斗　三件。大口，宽沿，浅腹，圜底，直柄内空。8：17，口径15.9、高5.8、柄长10厘米（图一六，5）。

　　烹炉　一套（8：48）。炉型与《长沙发掘报告》114页图九一之铜烹炉相似。盘长18.5、宽12.4，炉膛内长17.5、宽9.5厘米。附方耳杯一件，杯长16.5、高4厘米（图版八，5）。

　　耳杯　一件（8：55）。椭圆形，平底，半月形耳。长12厘米。

　　豆　二件。残破，豆盘铸有三角形和方形镂孔，深腹，底与圈足相通，圈足亦有三角镂孔。8：57，口径12、高9.8厘米（图一六，2）。

　　博山炉　二件。10：3，盖上镂群峰及云纹，盖侧以链环与炉身衔接，细柄，柄基亦铸山峰及云纹。承盘与柄分铸铆合。承盘径19.5、通高20.4厘米（图版八，1）。49：6，甚残，圈足座，无承盘。圈足径13.6厘米。

　　镫　三件。8：47，豆形，通高25厘米。8：30、8：60，皆四枝镫。通高66厘米（图版九，4）。

　　鑑　一件（8：3）。大口，深腹，平底。腹饰铺首衔环及弦纹，内底铸鱼纹。口径

34.8、高 22.5 厘米（图版七，6）。

洗　十六件。敞口，沿外折，腹微鼓，平底。腹饰铺首衔环及弦纹。216：2，口径 37、高 16.5 厘米（图版七，5）。

盘　六件。大盘五件，皆残破。小盘一件（8：39），微残，沿外折，浅腹，平底。腹饰铺首衔环，口沿上镌刻隶书铭文一周，共十六字："同劳澡槃比五尺周一。元始四年十月造"。口径 27、高 7 厘米（图一四，9）。

盒　二件。8：51，似盉而无流。盖顶有半环纽，直口，扁圆腹，圜底，三蹄足。龙首提梁衔环连接于肩部。通高 14 厘米。178：8，盖残破。大口，直腹，圈足。通体鎏金但多脱落。口径 17.8、高 9 厘米（图一四，2；图版八，6）。

奁　一件（48：33）。残破，器身直筒形，造型与《长沙发掘报告》112 页图八九Ⅰ式铜奁近似。但纹饰系仿效铜鼓上的羽人、船、翔鹭、鱼、水鸟、锯齿纹、索纹等，还有四叶纹。有盖，已残，盖面亦布满类似的花纹。据残片测量所得，盖径 26、奁径 25.6、足高 2.7、通高 39.6 厘米（图一九）。

瓶　二件，均残。49：8，长颈，鼓腹，平底，圈足。素面。8：29，形与前同，通体细线刻纹饰。残高 16.5、腹径 18.3 厘米（图一六，3）。

杵臼　一套（10：1）。杵实心圆柱状，长 17.7、径 3.2 厘米。臼敛口平沿，深腹，假圈足。腹上饰弦纹三周。口径 10、高 16.9 厘米（图版八，3）。

唾壶　一件（8：50）。盖呈漏斗状，盘口，鼓腹，圈足。通高 8.8 厘米（图版八，2）。

带钩　十五件。分曲棒形和水禽形二种。

A 型　曲棒形，十二件。钩端鹅头形，个别兽头形，分五式。

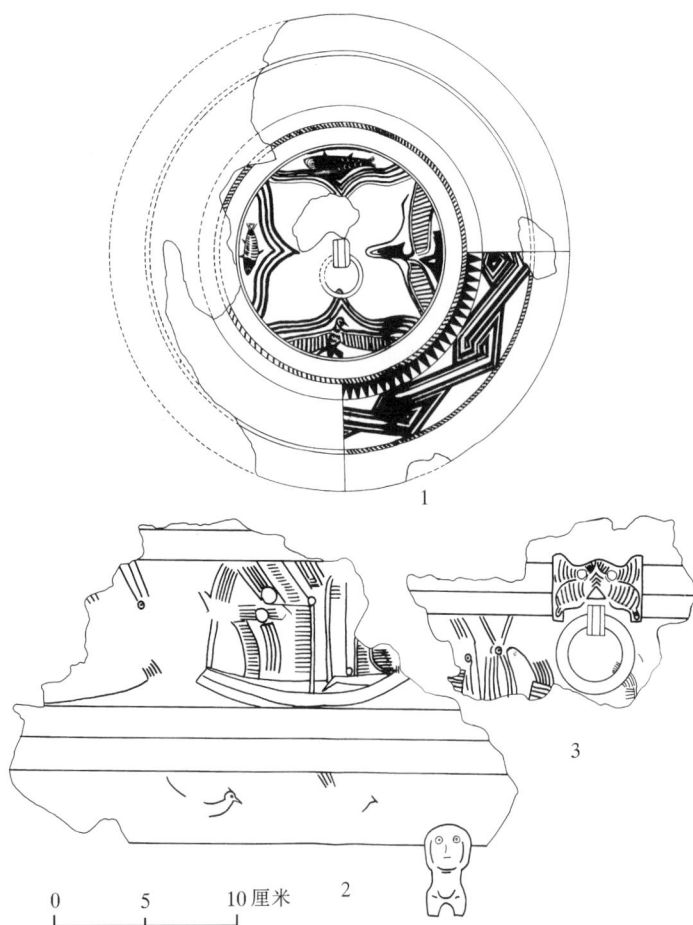

图一九　铜奁（48：33）

Ⅰ式：一件（48∶20）。钩端纤细，似鹅头形，椭圆形纽。两侧有简化的卷云纹。通长5.1厘米（图二〇，5）。

Ⅱ式：三件。形体特小。圆纽。10∶19，长3厘米（图二〇，2）。

Ⅲ式：五件。钩端有鹅头或兽头。176∶13，钩端兽头，圆纽。通长9.6厘米（图二〇，4）。

Ⅳ式：二钉。钩身呈圆柱体，圆纽。8∶72，通长11厘米（图二〇，3）。

Ⅴ式：一件（180∶1）。尾似鹅之双翅。通长7.9厘米（图二〇，6）。

B型　三件。水禽形，均错金银。22∶1，正面错金，背面错银；钩用细线镌刻成鹅头形，嘴、眼、头、羽均有；冠嵌一枚桃形绿松石，身背面为卷云纹，纽面刻鸥鹚形图案，正面刻流云纹及羽状纹图案，并嵌圆形或桃形绿松石七粒。通长12.8厘米（图二〇，1）。另二件已残。

镜　十五件，分三型。

A型（四乳镜）　五件。其中180∶3为四乳夔纹，三弦纽，圆形纽座，小且轻薄，径7.9厘米（图二一，6）。余四件，半球形纽，圆纽座。其中10∶2为四乳四虺纹，径8.74厘米（图二一，9）。18∶28、8∶28为四乳八鸟纹，径8.32、9.6厘米。8∶79为四乳四神纹，径11厘米。

B型（星云纹镜）　四件。连峰式纽。内外区均绕连弧纹，四大乳间四组小乳，每组五个，小乳间以三弦纹连接。199∶1，径10厘米（图二一，7）。

C型（铭文镜）　六件。半球形纽，有日光镜和昭明镜两种。日光镜四件，铭文均作“见日之光，长不相忘”。178∶6，直径7.22厘米。昭明镜二件，铭文互异。178∶7铭文：

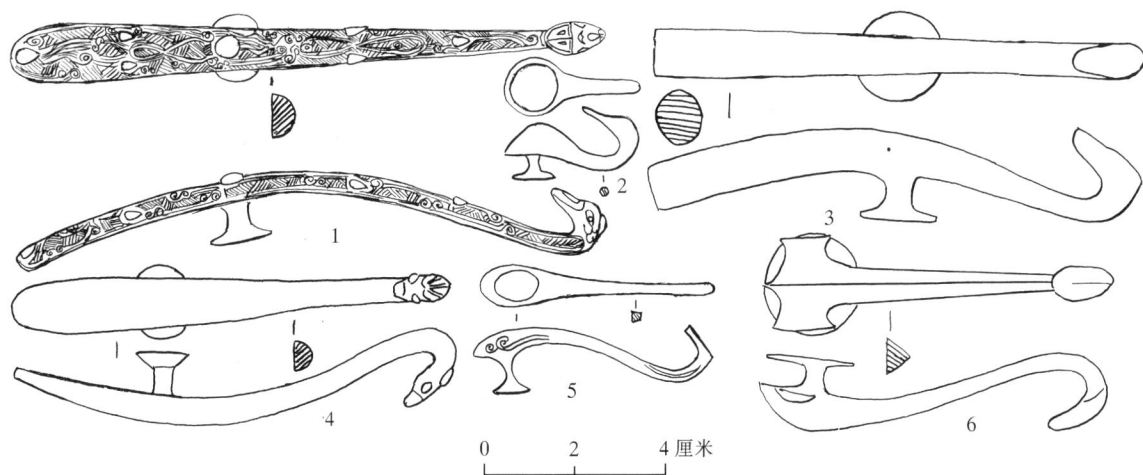

图二〇　铜带钩

1.B型（22∶1）　2.AⅡ（10∶19）　3.AⅣ式（8∶72）　4.AⅢ式（176∶13）

5.AⅠ式（48∶20）　6.AⅤ式（180∶1）

图二一　铜镜

1.C 型（22:10）　3.C 型（23:13）　3.C 型（23:17）　4.C 型 19:3）　5.C 型（178:7）

6.A 型（180:3）　7.B 型（199:1）　8.C 型（178:6）　9.A 型（10:2）

"杨君好皎光而见美择作配而间速骙（?）而往复存神而不忽。"直径 11.2 厘米。19:3 铭文："内而清而质以而昭一明光而象夫日月心忽而忠不而泄"。直径 10.4 厘米（图二一，1～5、8）。

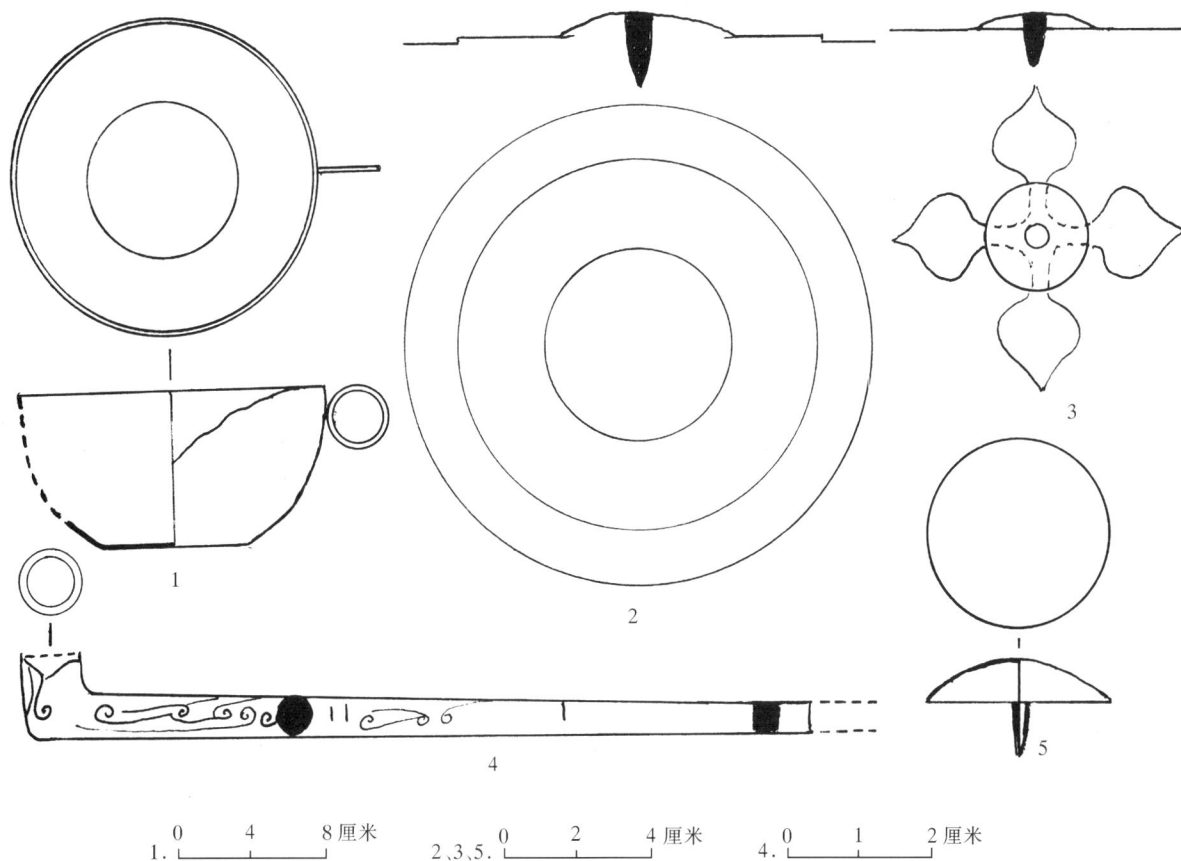

图二二　铜器

1. 量（183：13）　2. 泡钉（8：32①）　3. 泡钉（8：32②）　4. 勺形器（49：19）　5. 泡钉（10：62）

图二三　印章（原大）

1.17：7　2.175：4　3.176：28

勺形器　一件（49：19）。身为实心细圆柱，一端残，有穿孔痕，另一端勺形，内空。通体鎏金，并镌刻流云纹。残长10.8厘米（图二二，4）。

量　一件（183：13）。残，大口，圆腹，平底，口沿上一环耳（图二二，1）。

印章　三方，大小同。长1.6、宽1.7、通高0.8厘米。桥形纽，篆书阴刻。17：7，印文"郭顺之印"；175：4，印文"毕赣印"；176：28，印文"毕宗私印"（图二三）。

泡钉　四十多件，分别出M8、10、12、21。蘑菇形，鎏金。最大者径4.8、最小者径1.8厘米。有的下压壁形或花瓣形鎏金片（图二二，2、3、5）。

铺首及环　铺首两件，M15、M20各一件。环七件。

铃　一件（8：77）。六棱形，顶部半环纽，铃内横梁套一柱状舌。径4.8、高7厘米。

铃形器　一套两件（50：6）。一件为半球形铃状；一件为锯齿状的饰片，套在铃状器

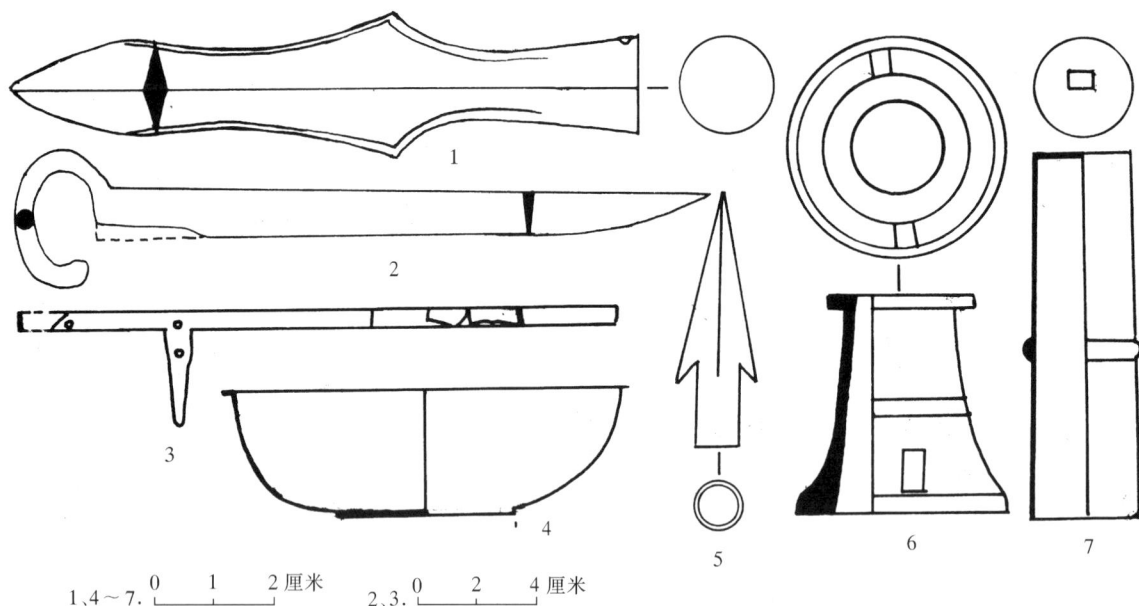

1、4～7.　0　　1　　2厘米　　　2、3.　0　　2　　4厘米

图二四　铜、角器

1. 矛（8:21）　2. 削（176:11）　3. 轵（8:31）　4. 角杯（48:3）　5. 镞（M10）　6. 舌（48:22）

7. 舌（8:23）

的外面。用途不详。

　　弩机　十一件。大者七件，小者四件，其中三件有郭。M8出土两件，大的鎏金。21:
29，形体特小，郭前壁有线刻"开四"铭文。长5.2、高6.4厘米。

　　矛　四件。有脊，骹略呈锥形，骹末二圆形乳钉。8:21，长11.4厘米（图二四，1）。

　　镞　六件，出于M10中。三棱形。长3.5～4.1厘米（图二四，5）。

　　蒺藜　一件（8:83）。四刺一穿，长1.9厘米。

　　削　一件（176:11）。环首，长23.5厘米（图二四，2）。

　　镦　三件。圆筒形，中部凸棱一周，一端封闭。出土时，銎内尚残存木柲。8:66，长
7.1、径1.5厘米；21:30，长16.2、径2.65厘米。

　　刀鞘尾　一件（15:4）。盒形，饰网状纹，长1.8厘米。

　　剑格　一件（48:16）。凸字形，宽4.1厘米。

　　模型器类

　　舌　二十件。鎏金八件，有圆筒形和喇叭形两种，有的舌孔内残存朽木。8:23，圆筒
形，长5.7厘米，内有一段朽木。48:22，喇叭形，长3.6厘米（图二四，6、7）。

　　筒形器　三件。横断面桃形或圆形，分别长3.6、4.7、5.8厘米。

　　轵　一件（8:31）。残，T形。残长20.6厘米（图二四，3）。

　　车饰　五件，出M10。有凸字形，伞顶形，槽形，鱼形四种。

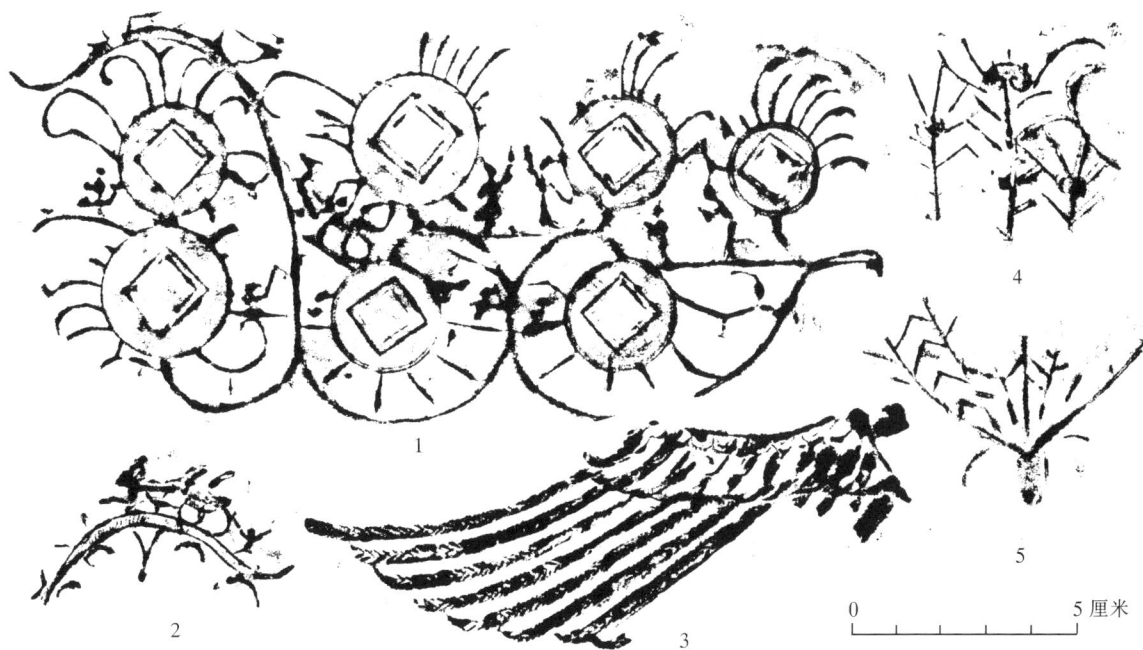

图二五　摇钱树残片

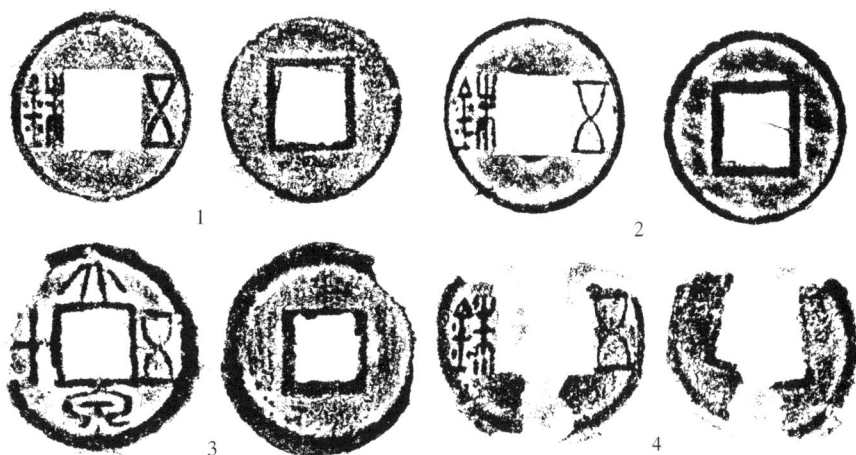

图二六　钱币

1、2.西汉五铢　3.大泉五十　4.东汉五铢

盖弓帽　大者七件，小者二十二件。有的鎏金，长2.4～5.3厘米。

衔、镳、当卢、轭　十七件。其中一件衔为铁质，有的鎏金。

摇钱树　大小四十余残片，有鸟翼形，枝条形，钱叶片等。钱叶片上有"千万"字样，钱间有车马人物。人物恣态各异，有前行后送，回首顾盼，持械相斗，吹奏舞蹈，等等。服饰发髻隐约可见。马套车，扬蹄飞奔。构图极为生动（图二五）。

铜钱　三十九座甲类墓中，有三十三座出土铜钱。其中M14、51、52、216五座墓，因铜钱破碎太甚，数量不明。其他二十八座共出铜钱五九八一枚，有五铢及大泉五十两种。M10 出土数量最多，计二二五八枚，M15、M20 出土数量最少，各出四枚。锈残者五八枚，完好者五三九三枚（图二六）。出土时成堆成串居多，如 M10 的铜钱，用棕绳编串，棕绳尚存（图版九，3）；M18 的铜钱，用麻织品包裹，麻织品残片仍清晰可见。

根据《洛阳烧沟汉墓》的划分，这批铜钱除锈不明者外，只有 M15 出土的四枚五铢属东汉初期铸造，M20 出土的四枚"大泉五十"属新莽时铸造，其他全部是西汉时斯铸造的五铢钱。分三型，大约分属武帝、昭宣和元成哀平时期，详下页表。

铁器　一百二十余件，分出自三十座墓中。锈蚀严重，能看出器形的只有一百一十余件，分生产工具、兵器和生活用具三类。

生产工具　六十八件，有锸、斧、削等。

锸　一件（16∶11）。凹字形。长 11、刃口宽 11 厘米。

铲　三件。均略呈"凸"字形。圆銎。181∶6，方肩，椭圆銎。长 7.3、宽 10 厘米。另两件长方銎。11∶11，长 7.6、宽 8 厘米。

斧　六件。皆长方形銎。三件长方形，16∶12，长 12、刃宽 7.3 厘米。另三件梯形，176∶23，长 8.3、刃宽 6.5 厘米。

斤　一件（13∶5）。身窄长，长方形銎。长 9、刃宽 2.7 厘米。

凿　二件。横断面近方形，单面斜刃。13∶6，长 18.5、宽 2.5 厘米。

锥　四件。钉头，细圆锥体。180∶2，长 17.3 厘米。

锤　一件（11∶6）。圆柱体。长 5、径 2.6 厘米。

钻　一件（11∶25），已残。麻花状。长 13 厘米。

剪　二件，双股交叉。均残。

夹　二件，均残。薄铁片弯成，顶部弹簧状。178∶10，长 8 厘米。

削　五十一件。多残断，长短宽窄略有差异，皆环首，柄、刃平直。13∶4，长 16 厘米。

兵器　四十一件。有刀、剑、矛等。

刀　二十一件。长短不一，长的是兵器，短的似为生活用刀。最长 99 厘米（8∶35），最短 33.7 厘米（10∶13）。一般长 50～60 厘米。刃背平直，刀柄一般圆柱形，环首，有的柄上还遗留编织物缠绕痕迹或朽木痕迹。少数刀柄略呈梯形，无首。49∶18 比较特殊，形似剑，直柄有格，但作一面刃，刃部有木鞘残迹。长 58.5 厘米。

剑　十五件，皆中原式剑。剑身修长，有脊，有铜凹形格，多数无首，个别有铜饼形首。有的遗留木鞘痕迹，木鞘外有丝织品缠裹，髹漆。一般长 1 米左右。

矛　四件。其中三件圆锥形长骹，骹中部一周凸棱。8∶62，长 59.2 厘米。另一件（8∶63），短骹，方銎，身扁平，呈柳叶形，长 15.2 厘米。

墓号	Ⅰ型	Ⅱ型	Ⅲ型	锈残不明者	合计
9	47	28	84	174	333
11	7	13	40	40	100
16	2	1	0	1	4
18		5	102	3	110
19	8	6	13	29	56
22	5	7	11		23
23	36	43	107	2	188
24	14	57	9	5	85
48	46	73	83	30	232
49	22	26	61	4	113
50	54	54	199	31	338
173	4	7	3	27	41
176	17	13	171	6	207
177	8	13	42	38	101
178	13	72	55	4	144
179	38	47	29	2	116
182	1	3		1	5
183	6	5	6	2	19
199		1	11	2	14
200	2	7	40	3	52
10	262	379	1540	77	2259
12	4		214	6	224
21	50	53	294	9	406
171	15	14	41	9	79
175	14	27	87	7	135
8	51	84	379	76	590
总计	726	1038	3621	588	5973

镞　二件。均残，身扁平似矛，细柱状铤。10:23，残长17.3厘米。

生活用具　十三件，有釜、三脚架、镫。

釜　八件。均甚残，分两型。

A型　敛口宽沿外折，鼓腹，圜底。178:18，腹径24.5、高19厘米（图二七，2）。

B型　直口，鼓腹，小平底。174:24，口径27厘米。

三脚架　四件，均残。10:39，三曲足连接于一圆形圈上，圆形圈上有三个短弯钩与三曲足相间装设，起承釜底作用。高24厘米（图二七，1）。

镫　一件（10:55）。圆形浅盘，盘中央有一烛钎，平底附三圆柱形足。盘径9.2、高2.3厘米。

漆器　数量不少，保存不佳，能辨器形者二十余件，扣器居多。有耳杯五件，盘十四件（均仅见鎏金铜扣），器身腐朽不能剔取。案仅见痕迹，勺仅残木柄一段，保存稍好的只有碗一件、奁两件。

碗　一件（48:30）。大口，深腹，圈足。木胎，髹黑褐色漆。高5.6、口径14厘米（图二七，3）。

奁　二件。似杯，有盖。夹纻胎，髹赤褐色漆。一端方，一端圆，器内共分四格，两侧有月形耳，平底。盖纽座及边沿均镶银，纽残失，纽周饰银质柿蒂纹花片。纽座外及器外均以漆绘流云纹。高4.5、盖径11.2厘米（图二八）。48:3，夹纻胎，圆筒形，银箔，内底中部隐约可见流云纹，盖内中心镶柿蒂形银箔，盖外中心以银灰色漆绘流云纹，正中处绘一梅花鹿，底色髹赤褐色漆。残盖径12.8

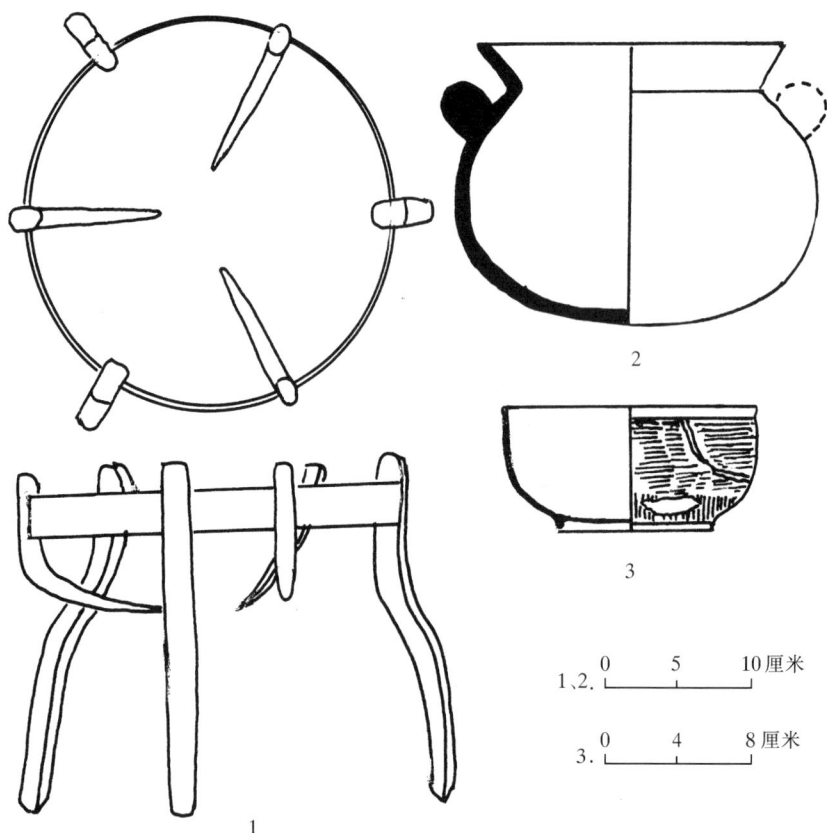

图二七　铁、漆器
1.三脚架（10:39）　2.A釜（178:18）
3.漆碗（48:30①）

厘米（图二九）。

耳杯　五件。仅残存月牙形的鎏金铜耳。50:2，耳长2.3厘米。

盘　十三件。大多仅存残迹，其中有四件附鎏金铜扣。8:115，有铜扣器，口径18:8厘米；底镶圆铜片，直径10.4厘米。

金、银器及其他　有银环、金钏、石砚、黛砚、珠饰、绿松石、锅桩石等。

银环　十一件，均纤细。大者七件，直径6.9厘米，可能是手镯；小者四件，直径1.9厘米，可能是戒指。

金钏　一件（8:94）。形同大银环，直径6.7厘米，重14.2克。

石砚　一套二件（200:27）。砾石制。砚略呈圆形，扁平。直径18.5～20、厚4厘米。研石馒头状，底径约5.9、高4.5厘米。

黛砚　十三件。页岩磨制的长方形薄片。10:15，长15.4、宽5.3、厚0.5厘米。研石为砾石磨制，上圆下方。8:34，圆面上尚残存着朱色粉末。厚1.2、径3.3厘米。

石镇　二件。出M8，砾石磨制，长条形。一件长27.2厘米；一件长29.2厘米。

锛形器　一件（8:100）。砾石磨制。一端单面刃，长7.5厘米。

斧形器　一件（176:27）。砾石磨制。长12.3厘米。

砺石　三件。不规则，三面有磨蚀痕，一面有切割痕。11:2，长10.4厘米。

玉璇　一件（48:15）。乳白色无光泽，上饰小点纹，长6.5厘米。

图二八　漆奁、盖（48:2）

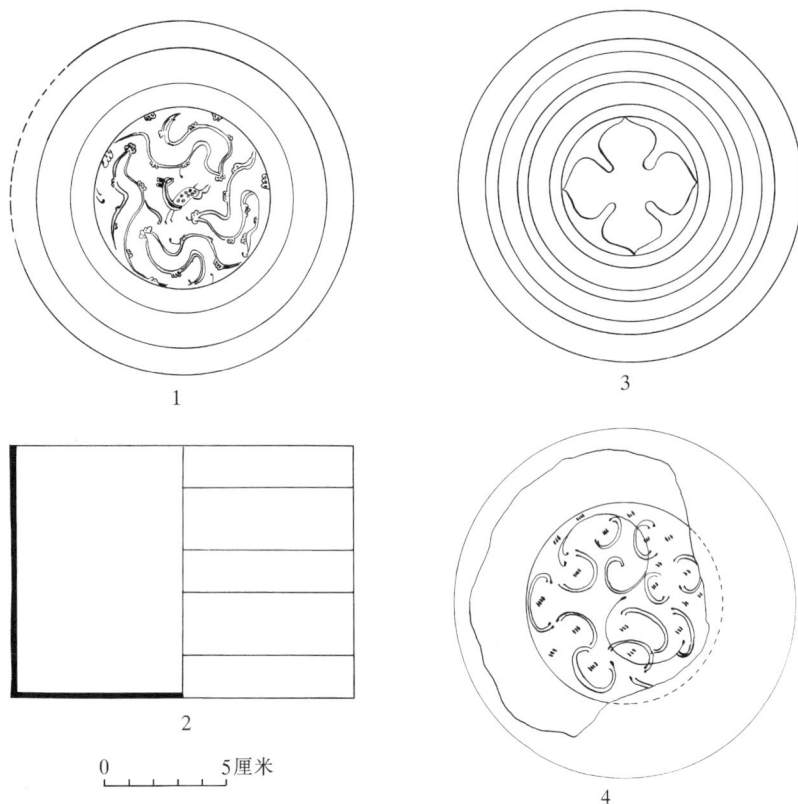

图二九　漆奁（48:3）

琥珀饰　三件。伏兽形、钫形、扁壶形各一件。均有一穿孔，高1厘米左右。

玛瑙珠　十件。球形两件，六角形、七角形八件。

水晶珠　八件。出M8二件，紫色，分别作圆扣形、葫芦形。出M178三件，白色，一件橄榄形，二件六方柱体。另三件分出M18、M23、M177，均白色，圆珠，二件有穿，一件无穿。

绿松石珠粒　一件（8:97）。壶形，有穿。

料珠　数十粒。M8及M10出土，均未加工或粗略加工。

铅兽形饰　一件（23:27）。薄片，有穿，与水晶、玛瑙串珠同出。

铅珠　一件（8:111）。圆形，长方大穿。

角杯　一件（48:3）。黑色，兽角琢磨制成，杯身椭圆，大口平沿，浅腹，平底，假圈足。口径长轴6.9、短轴5.8、高2.2厘米（图二四，4）。

锅桩石　二七件。每套由三件组成，质地为砂石，形如截尖之牛角。176:22，高23.5厘米（图四，3）。

乙类墓

一六八座。分布在可乐河南岸，桥边村祖家老包和岔河村的锅落包、罗德成地。其中祖家老包一三九座，锅落包二十一座，罗德成地八座。这类墓葬的形制、葬俗、随葬器物具有鲜明的地方民族风格，应系当地土著民族墓葬（图三〇）。

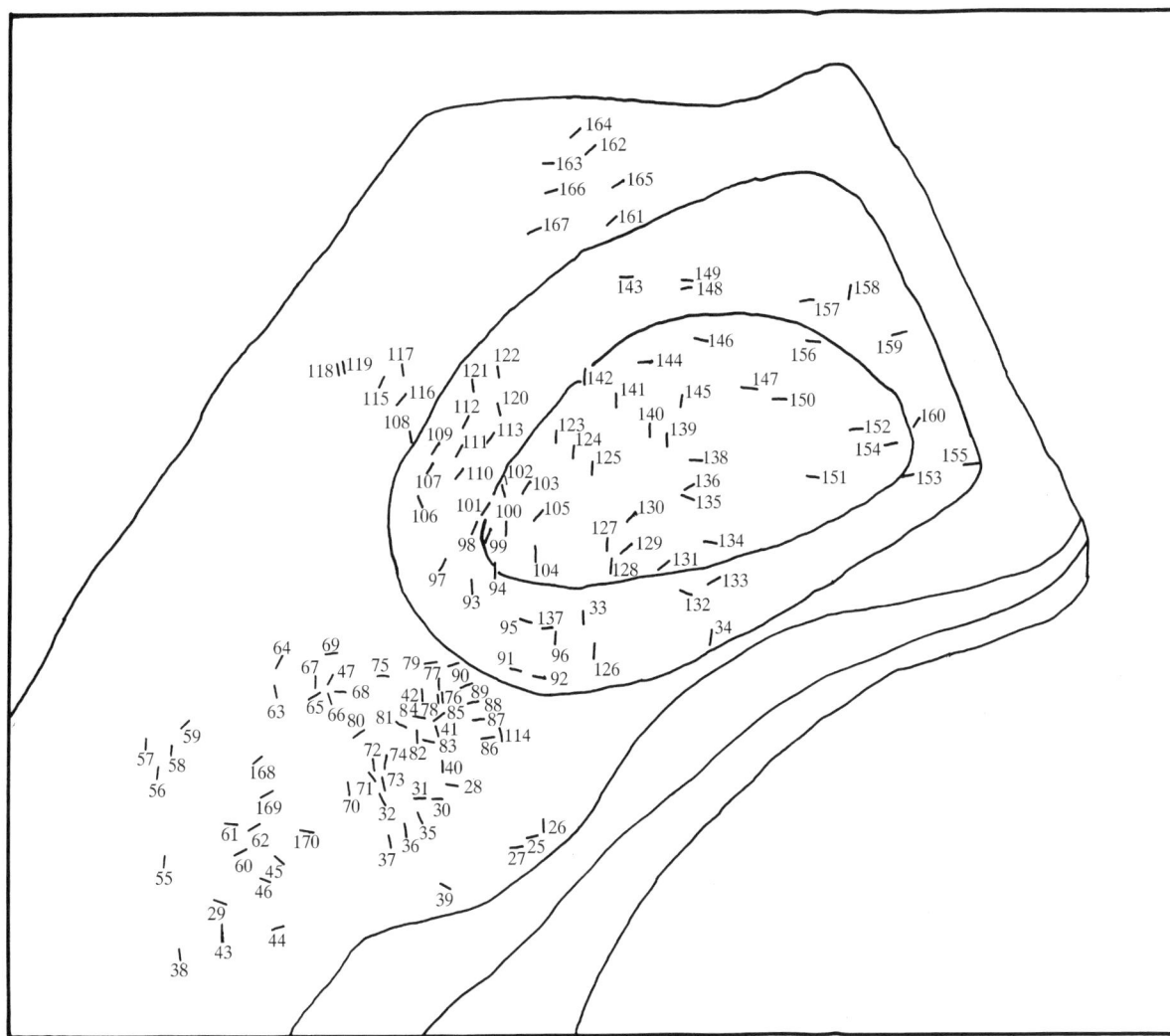

图三〇　祖家老包乙类墓分布示意图

一、墓葬形制

规模小于甲类墓。无封土。墓室系长方形竖穴土坑，无墓道。墓室一般长 2、宽 1 米左右，最大者 M160，长 37.5、宽 2.3～2.65 米。最小者 M57，长 1.1、宽 0.45 米。由于多年耕耘和水土流失，墓室深度一般只 0.5 米左右。M195 最深，达 1.85 米，M151 最浅，仅 0.1 米，落锄即见墓底。

葬具，仅少数墓发现有棺木朽迹或漆皮残片，绝大多数无棺木痕迹。骨架大多腐朽，葬式不明。只有二十座墓中保存部分头骨。这二十座墓的葬式较特殊：墓底一端侧放一釜（铜、铁均有）或一铜鼓，头骨置于其中，躯体则放墓底中部。头部因受铜、铁器物保护，部分头骨和牙齿尚存，躯干因酸性土腐蚀无存或仅存骨末痕迹。M58 的葬式尤为罕见，在墓底一端侧放一件铜釜，内放人头骨；另一端侧放一件铁釜，内有脚趾骨。这种奇特的"套头葬"，目前国内考古资料中尚属少见。

墓内填土系褐色粘土，内含红烧土颗粒。罗德成地的墓葬填土颜色较其他两地为深，已接近黑褐色。墓底与四壁为姜黄色生土。

墓葬排列有一定规律。一四一座墓向在 0～115 度之间，二十七座在 270～360 度之间。

随葬器物一般只有几件，最多十一件，最少仅一件，随葬铁锸多为半个。其中有六十四座墓空无一物。釜、鼓、洗用于盛放人头骨，其余大多是兵器、生产工具和装饰品。兵器、带钩置于腰间，生产工具、陶器置于头侧或脚边，装饰品则放置在头（如发钗、木梳）、颈（如铃、料珠等）、胸（如各类扣饰）、手（如镯、戒指）等部位。

乙类墓排列密集，间距有的仅 10 厘米余，有打破关系的仅一例，即 M76 叠压在 M78 之上，并打破 M78。

根据墓葬构筑，可分为狭长方形土坑墓和长方形土坑墓两型。

Ⅰ型，狭长方形土坑墓，一五七座。

墓坑狭长，一般长约 2 米，最长不超过 2.85 米，宽约 1 米，最宽约 1.3 米。大多数墓葬未发现棺木。个别墓葬有朽木和漆皮痕迹，推测是漆木棺。用鼓、釜套头葬者十九座。本地风格的器物为主，汉式器物较少，铁器可能由巴蜀地区输入。举 M58、153 为例。

M58，墓坑长 2.4、宽 0.87、深 0.7 米。墓向 60 度。墓坑两端侧放铜釜、铁釜各一，釜口相对。铜釜内发现人头骨和牙齿，铁釜内发现脚趾骨。颈部一绿松石装饰口，腰左侧放置铜柄铁剑等（图三一；图版八，4）。

M153，墓坑长 2.85、宽 1.2、深 0.45～0.75 米。墓向 65 度。墓底一端侧放一铜鼓，鼓内发现一头骨。鼓上有朽木。墓底中部有成片的漆皮，推测系漆木棺（图三二）。

Ⅱ型，长方形土坑墓，十一座。

规模较Ⅰ型宽大，墓室长 2.32～3.75、宽 1.7～2.65 米。有六座墓的墓坑内发现朽木和成片的漆皮，推测是漆木棺遗迹。Ⅱ型墓只有 M160 用铜釜套头骨。随葬品大多是汉式器物，如铜釜、镜、带钩、铁剑、铁三角架和铜钱。以 160、213 号墓为例。

M160，墓长 3.7、宽 1.7、深 0.5～0.8 米。方向 50 度。头部放在一铜釜内，只残存部分骨头和牙齿。铜釜左边有铁削一件、五铢钱数枚，漆木棺痕迹。棺底内出一铜带钩，

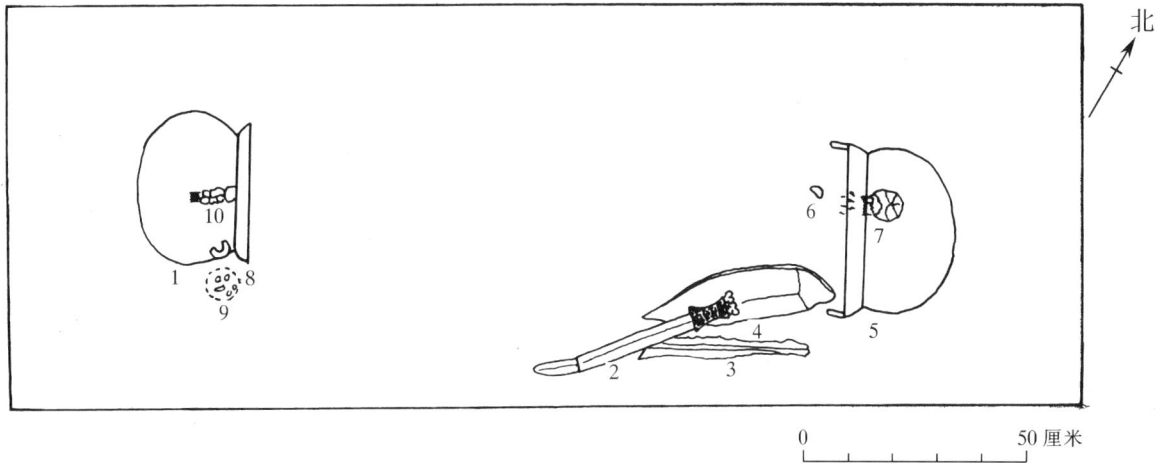

图三一　M58 平面图

1、5.铁釜　2.铜柄铁剑　3.朽木板　4.铜洗　5.铜釜　6.玉饰　7.人牙　8.铜泡　9.残漆器
10.人脚骨

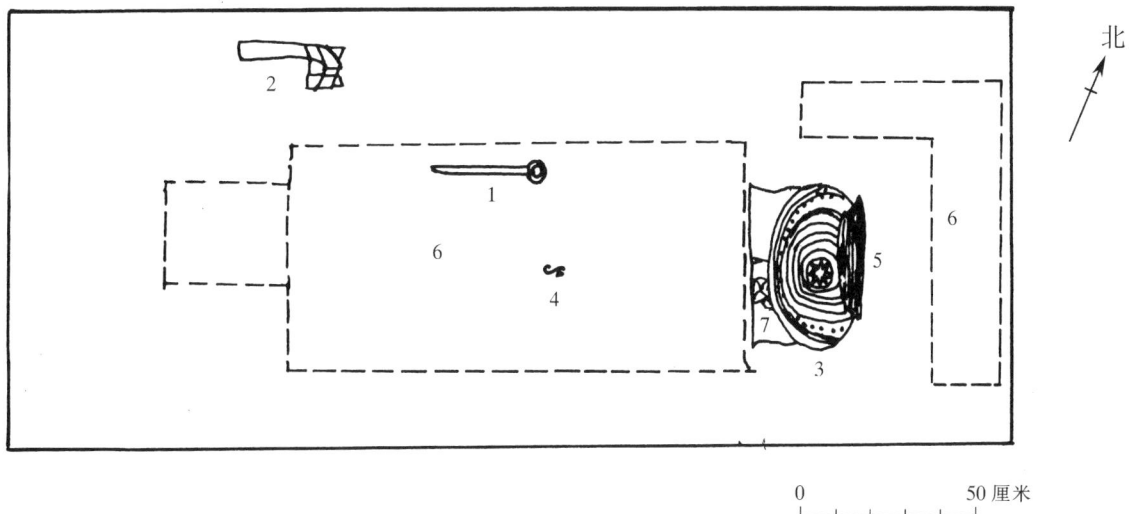

图三二　M153 平面图

1.铁削　2.铁铧、铁锸　3.铜鼓　4.铜带钩　5.残木板　6.漆片范围　7.残头骨

其下竖放一铁剑，左侧随葬陶罐二件（图三三）。

M213，坑长 2.9、高 2、深 0.36～0.46 米。方向 115 度。墓东端放一铜釜，口向上，
釜下支垫三块"锅桩石"，左侧放三个陶罐，墓室中部有二十枚五铢钱，西南角出一残铁
削。墓内偏北发现漆木棺残迹（图三四）。

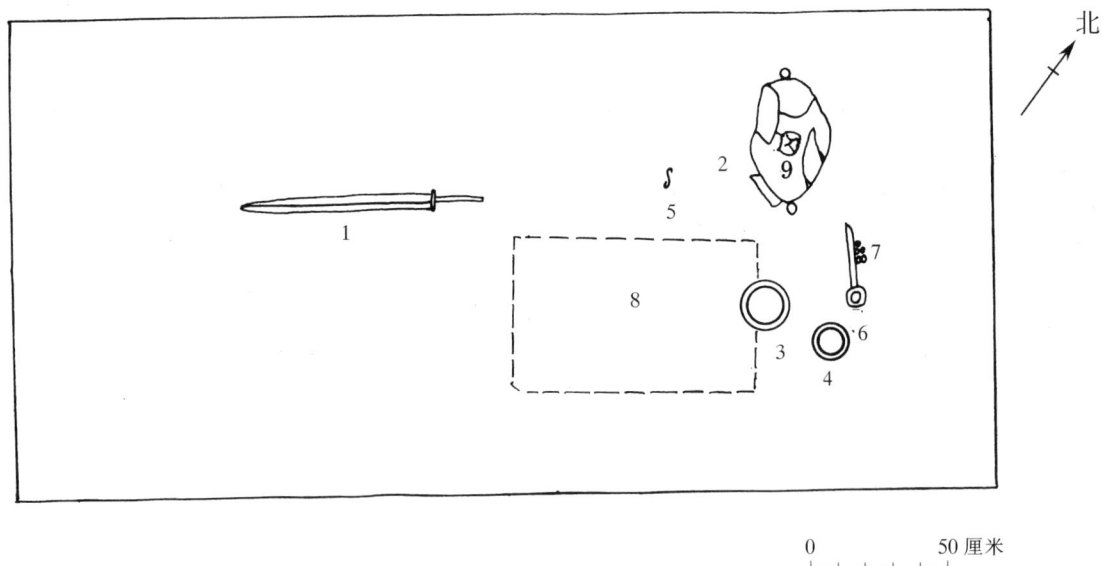

0 _____ 50 厘米

图三三　M160 平面图

1.铁剑　2.铜釜　3、4.陶罐　5.铜带钩　6.铁刀　7.五铢　8.漆片范围　9.头骨残骸

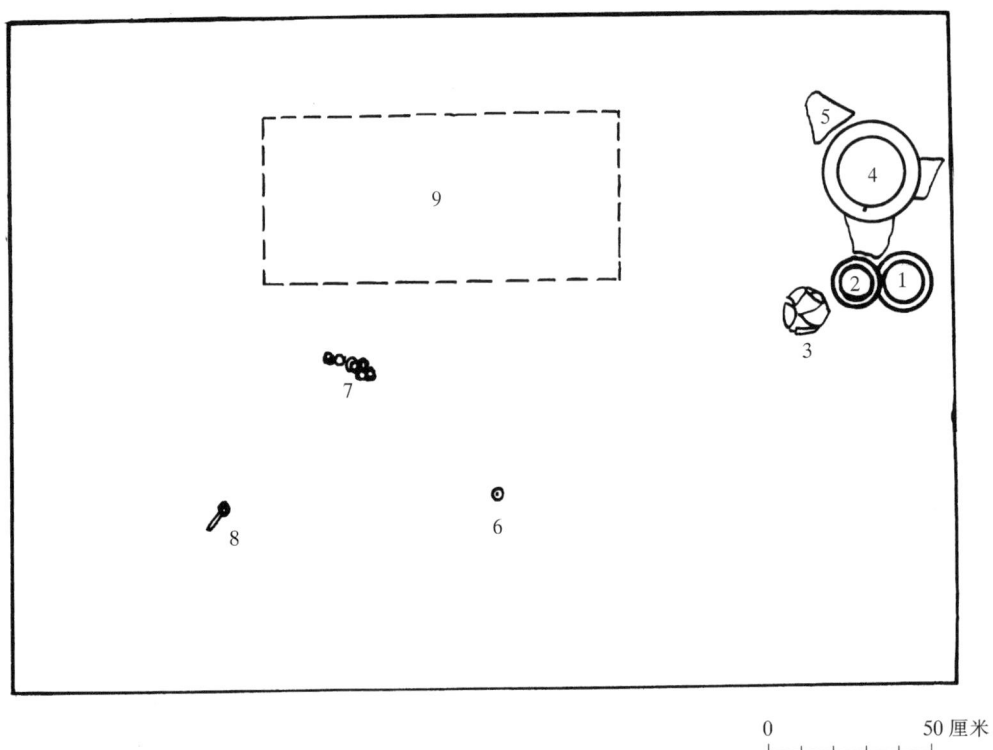

0 _____ 50 厘米

图三四　M213 平面图

1～3.陶罐　4.铜釜　5.锅桩石　6、7.五铢钱　8.铁削　9.漆片范围

二、随葬器物

出各类器物三百余件，质地有陶、铜、铁、漆、石、木、竹、骨、水晶、玉器、烧料等。依用途可分生产工具、兵器、生活用具、乐器和装饰品等。现按质地分类叙述。

陶器　二十九件，经修复较完整或可辨器形者仅十五件。火候低，质地松软，触之易碎，出土时皆残碎。夹砂陶居多，泥质陶仅两件。陶色以红、灰为主，黑陶只一件。皆手制，个别口沿经慢轮加工。器形以罐最多，其次是釜、杯、豆、纺轮。多素面，极少器物上饰弦纹、绳纹、篮纹、锥刺纹。

罐　九件，分三型四式。

A型　六件，分二式。

Ⅰ式：三件。小口，圆唇，短颈，广肩，扁圆腹，平底。137：1，腹径22.3、高15.6厘米（图三五，2）。

Ⅱ式：三件。小口，侈沿，窄肩，腹较直，平底。46：8，腹径1.5、高15.6厘米（图版拾捌，3）。

B型　一件（160：3）。直口，长腹，圜底。周身饰绳纹。腹径20.4、高18.1厘米（图三五，1）。

C型　二件。宽平沿，束颈，最大径在肩部，收腹，圜底，圈足。肩饰三或四乳钉，乳钉间饰锥刺纹一周，唇饰二周弦纹。69：1，颈部刻有一"十"符号，腹上部有刻划的竖线纹。腹径11.6、高12.2厘米（图版一一，2）。

釜　二件。口微侈，束颈，圆鼓腹，圜底。腹下饰篮纹。165：3，腹径6、高15厘米（图版一一，4）。

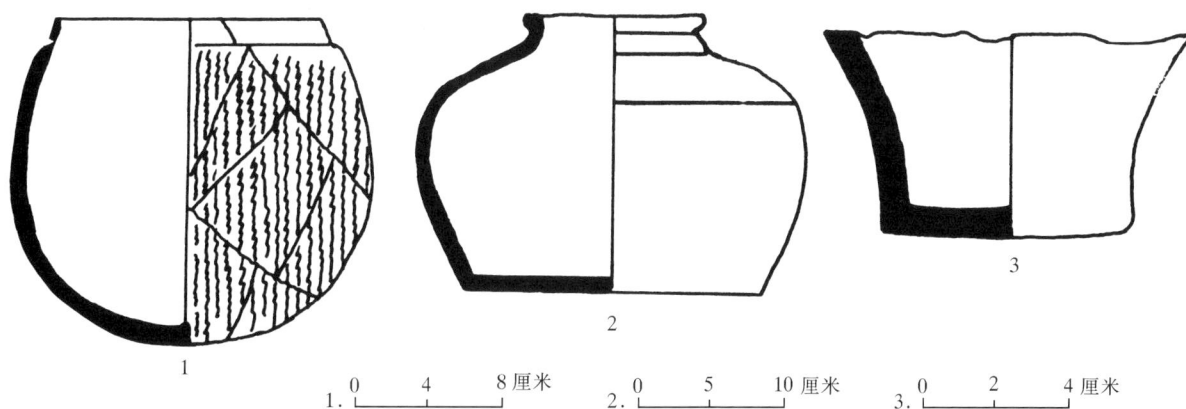

图三五　陶器
1.B罐（160：3）　2.AⅠ罐（137：1）　3.杯底（121：1）

豆　一件（77∶1）。口微敛，浅盘，圜底，粗柄空心，喇叭形圈足。口径 15.8、高 15.4 厘米（图版一一，1）。

杯　二件。均残，仅剩下半部。筒形，平底。121∶1，残高 4.7 厘米（图三五，3）。

纺轮　一件（64∶1）。算珠形。径 3、厚 1.5 厘米。

泥珠　七十五枚，出 M136。圆球状，未经烧制。径约 1.3 厘米。

铜器　二〇七件。按生产工具、兵器、生活用具、乐器、装饰用品、漆器饰件、车器和铜钱的顺序叙述。

锄　一件（189∶1）。长方形，正面中脊隆起，銎口半圆形，两侧各有钉孔一个，刃部平直微上翘。长 15.4、刃宽 8.5 厘米（图三六，12）。

戈　二件，形制同。直援，有中脊，无胡，长方内，稍偏一侧。内后端两周弦纹，两弦纹间夹连续斜线纹。210∶1，援长 18.3、内长 5.7 厘米（图三六，6；图版一二，2）。

镞　三件，形制同。三棱形，实心圆铤，铤铁质。126∶8，镞长 3.3、铤长 6.9 厘米（图三六，4）。

洗　五件。均残，形制基本相同。同于甲类墓所出。136∶1，底残。口径 25.9、腹径 22.9 厘米。

釜　十八件，分三型四式。

A 型　两件。侈口，束颈，圆鼓腹，小平底。口沿上二立耳，耳绹纹。58∶5，口径 37.5、高 26.3 厘米（图版一〇，4）。91∶1，铜鼓改装，胴、腰、足三段分明，倒置后于口沿加铸对称绹纹立耳。腰间两组对称小条形耳，底有烟炱。口径 36.8、高 21.7 厘米（图版一〇，3）。此釜经北京钢铁学院冶金史研究室检定，含锡 5.2%，铜 93%，属锡青铜。

B 型　九件。形制基本相同，似倒置的铜鼓。大喇叭口，束腰，小平底。束腰处有对称条状耳，底有烟炱。25∶1，口径 37、高 27.6 厘米（图版一〇，1）。161∶1，经北京钢铁学院冶金史研究室检定，含锡 0.76%，铜 96%，属红铜器。

C 型　七件，分二式。

Ⅰ式：四件。敞口，宽唇，圆鼓腹，圜底，腹中部饰一对称绹纹环状耳。因残坏尺寸不明。

Ⅱ式：三件。均残，形制同，大小不一。敞口，直颈，鼓腹，圜底，颈腹间有一对称环耳。最小的一件有三足。31∶3，腹径 12.7、足高 4、高 12 厘米。

镶斗　一件（46∶3）。已残，只剩部分腹部和柄。

鍪　三件。形制相同，两件鎏金。敞口，束颈，圆鼓腹，圜底，肩部一环耳。122∶1，腹下三蹄足，绹纹环耳。口径 6.4、足高 2.5、高 10.8 厘米（图版一〇，2）。

鼓　一件（153∶3）。胴、腰、足三段分明，鼓面出沿，胴部扁圆，腰较长，足短外

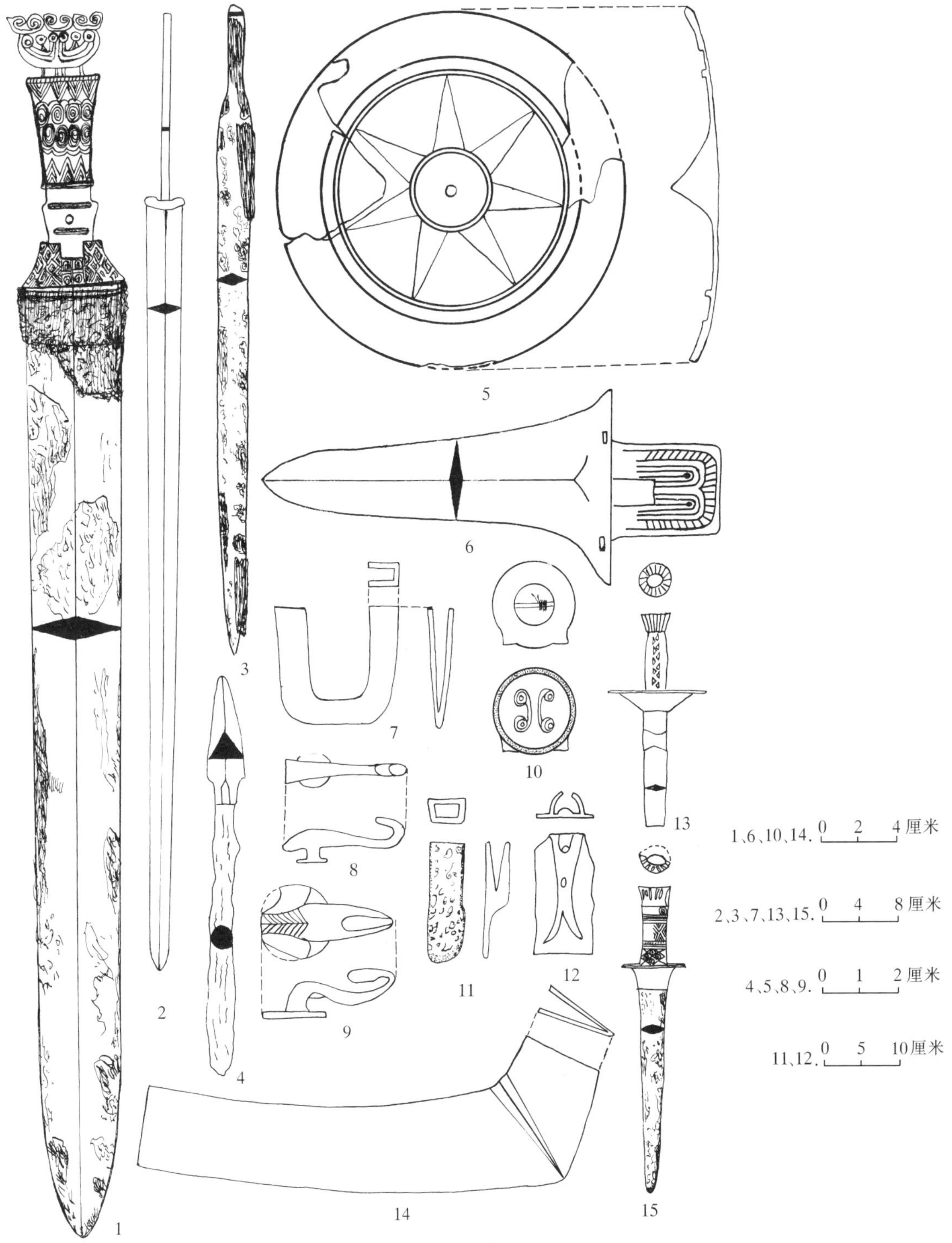

图三六　铜、铁器

1.A铜柄铁剑（67：2）　　2.B铁剑（46：1）　　3.A铁剑（146：1）　　4.铁铤铜镞（126：8）　　5.A扣饰
（15：1）　　6.戈（210：1）　　7.铁锸（153：2）　　8.AⅠ带钩9124：1）　　9.B带钩（126：5）　　10.BⅠ扣饰
（120：2）　　11.铁镢（156：1）12.铜锄（189：1）　13.B铜柄铁剑（104：2）　　14.铁铧（153：2）　　15.B
Ⅰ铜柄铁剑（194：2）

撇，腰胴间一折棱。鼓面正中一光体，外有八角光芒，其间夹复线三角纹。其外晕圈七周，一、五、七晕为锯齿纹，二、六晕为涡纹，三晕为雷纹，四晕为六只翔鹭。胴部上端饰锯齿纹、涡纹各一周，下部为竞渡纹，共六组，每组船上站立羽冠舞者六至八人。腰部以上节纹分格，共六格，格中饰立牛，其下有涡纹、锯齿纹各一周。足部光素无纹。面径 41.7、足径 46.5、高25.5 厘米（图三七；图版九，5）。经北京钢铁学院冶金史研究室检定，此鼓含锡 7.4%，铅 23%，铜67.7%，属铅锡青铜。

镜　一件（33：1）。与甲类墓中"日光镜"相似。直径 7.33、厚0.4 厘米。

带钩　十件，分二型三式。

A 型　九件，分二式。

Ⅰ式：一件（124：1）。与甲类墓 A 型Ⅰ式相似，长 3.2 厘米（图三六，8）。

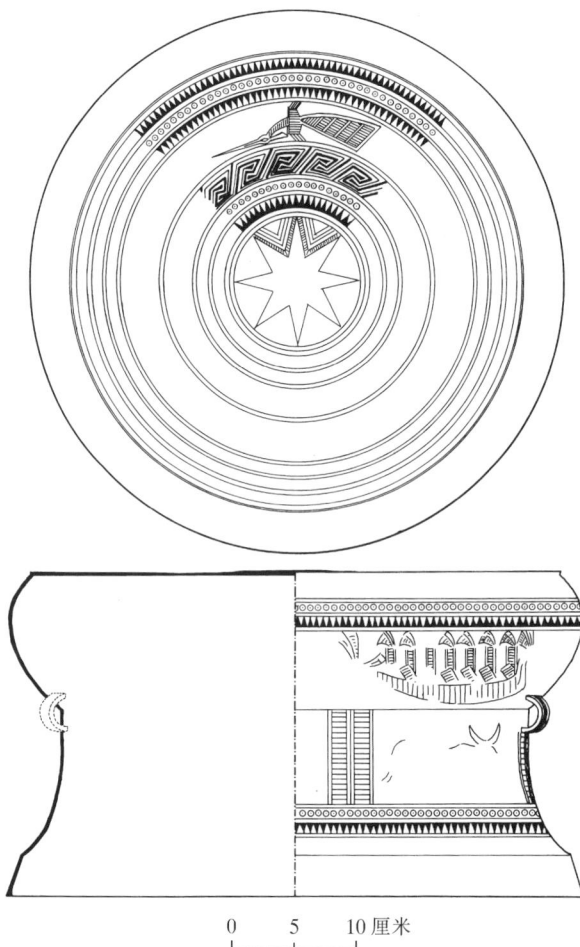

图三七　铜鼓（153：3）

Ⅱ式：八件。与甲类墓 A 型Ⅲ式相同，170：4，长 7.2 厘米。

B 型　一件（126：5）。钩为象头，长 3.2 厘米（图三六，9）。

扣饰　十件，分二型四式。

A 型　二件。圆形，正中一尖圆帽。15：1，帽上有七角星，一周弦纹，外为宽缘。径9 厘米（图三六，5）。85：2，帽上有一周三角纹，每个三角纹中均有一圆圈纹，边缘残，背面一横扣。径 3.6 厘米。

B 型　八件，分二式。

Ⅰ式：二件。圆形下端有两尖角。正中圆帽上有卷云纹和二周弦纹，其外满布圆点纹，背面一横扣。120：2，径 4.25 厘米（图三六，10）。

Ⅱ式：六件。上圆下方，正中多无纹饰，其外满布圆点纹，背面一横扣。M178 出土的四件，直径 4.5 厘米，扣上残留麻绳。

镯　修复完整者二十二件，可分二型。

A 型　十一件。宽边，有的上面镶嵌椭圆形绿松石。M92：4，外径 7.5、边宽 1.3 厘米（图版一二，1）。

B 型　十一件。细条形。47：2，外径 6.2、边宽 0.25 厘米。

戒指　三件。环状，断面圆形，大小不同。大者外径 2.5 厘米，小者 1.7 厘米。

发钗　十件。其中九件呈长条圆锥体，长 19.7～22、钗径 0.2 厘米。另一件（55：4），扁平条状，残长 15、宽 0.8 厘米。

铃　四十件。其中三十九件扁圆形，横断面呈椭圆形。M178 出十五件，口微弧曲，顶上一纽，中一圆孔，长 1.8 厘米。另一件（42：3），圆筒形，顶上一纽，已残断，长 3.2 厘米。

漆器饰件　随葬漆器的墓葬大约有四分之一。但因腐朽过甚，均无法辨明器形。尚存鎏金饰件有铺首衔环等，共三十一件，全部出土于 M98。计有铺首衔环二件，泡钉十六枚，"S" 形纽三件，錾四件，蹄形足六件。

车饰　六件。计有辖、小铜策子、T 形管各一件，管状器三件。

铜钱　四十枚。除一枚文帝半两外，均为西汉五铢。依《洛阳烧沟汉墓》的划分，属Ⅰ型的三枚，Ⅱ型的十四枚，Ⅲ型的二十二枚（图三八）。

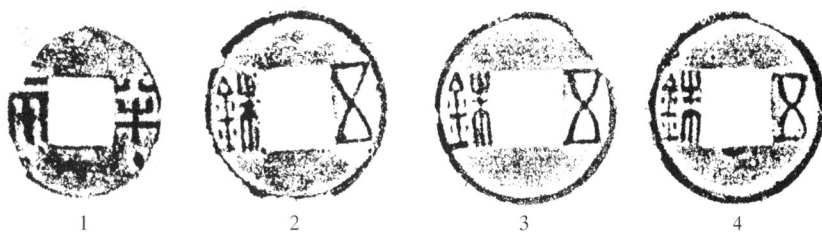

图三八　钱币（原大）

1. 半两　2. Ⅰ型五铢　3. Ⅱ五铢　4. Ⅲ型五铢

铁器　一二八件。按生产工具、兵器、生活用具、装饰用器的顺序叙述。

镤　一件（156：1）。长条扁平，长方形銎，斜刃。长 15、宽 4.5～4.8 厘米（图三六，11）。

锸　十一件。"凹" 字形，刃部微弧。153：2，长 12.3 厘米（图三六，7）。

铧　一件（153：2）。呈 "V" 形，正中一突脊。长 23.1、宽 5.7 厘米（图三六，14）。

剑　二十六件。有铜柄和铁柄两种。

铜柄铁剑　七件，分二型。

A 型　五件。剑身狭长，茎实心圆柱状，上有两道突棱。剑首弧形，饰镂孔卷云纹、涡纹、弧线纹（图版一二，4）。25:3，长59.1厘米（图三六，1）。

B型　二件。194:2，喇叭形空首，扁圆茎，一字格，茎饰几何图案。身狭长，残长26.6厘米（图三六，15）。104:2，喇叭形空首，圆柱状茎，茎中段较粗，一字格。首和茎上分别饰镂孔长条形纹和三角纹。剑身残断，残长24.8厘米（图三六，13；图版一二，3）。

铁剑　十九件，分二型。

A型　十六件。形似巴蜀式剑，柳叶形，扁茎无格，身扁平狭长。茎上残留木柄痕迹。长短不一，146:1，长66厘米（图三六，3）。

B型　三件。同于甲类墓A型铁剑。46:2，长96.2厘米（图三六，2）。

刀　十三件。大小不同，均为直柄长条形，刀背平直。柄与身交接处有的斜肩状，有的一侧垂直。柄上有残留的木柄痕迹。16:2，长52厘米。

削　四十七件。环首，身长条形，刀背平直。161:3，长21.4厘米。

釜　十一件。侈口，束颈，圆鼓腹，圜底，肩部两环耳相对。58:1，腹径34.5、高22.5厘米。

三脚架　一件（126:3）。形制与甲类墓的相同。圈径18.4、高约19厘米。

钎　十一件。细尖条状，环柄。46:5，长50厘米。

带钩　六件。曲棒形。194:4，长5.3厘米。

其他　包括石工具、竹木器，玉石饰品等。

石锛　一件（78:1）。长方形，上窄下宽，单面刃。长4.7、宽2.8厘米。

砺石　一件（162:2）。扁平长条状，上端一圆孔。长8.8、宽0.9~1.2厘米。

锅桩石　三件一套，出M213。略呈三角形，用以支垫铁釜。边长9.6~11.8厘米。

木梳　一件（144:5）。扁平长条状，柄包鎏金铜片，上端一圆孔，残齿十八条。残长5、宽1.6厘米（图版一二，5）。

竹席　一件。出于M39铜釜内，可能用于包裹人头。残长22、残宽约19厘米。

料珠　二九三枚。均算珠形，径0.3~0.6厘米。

石珠　八枚。有算珠和管状两种，均为红色。38:2，算珠形三枚，0.5~0.7厘米；管状五枚，长1~1.2厘米。

绿松石饰　一件（58:6）。形似荷花，正中一尖帽，背面二椭圆孔相通。长2.3、宽约1.5厘米。

水晶珠　一件（162:9）。橄榄形，长2.1、径0.6厘米。

玉饰　九件。算珠形一件（144:4），乳白色，径1.9、厚0.9厘米。管状五件（117:3），玉色白中间红，187:8，中一圆孔，灰绿色，长2.2、宽2.4厘米。

骨镯　一件，已残。

骨管　一件（117:3）。表面光滑，长4.1、径0.7厘米。

此外，在M153铜鼓内发现植物遗骸，经我馆自然组鉴定，确认为稻谷和大豆。

结　语

一、赫章可乐与汉代汉阳县

据《西南彝志》，彝语称可乐为"柯洛落姆"或"能沾落姆"。"落姆"彝语义为大城，"能沾"系彝语成都。可乐之所以与成都并提，系因彝族默部十九世纪孙勿阿纳（贵州水西彝族始祖），曾在此"杀牛集会，赶走濮君"，"辟土建国"[①]。可见可乐曾经是贵州彝族默部的政治中心。在彝族进入可乐地区之前，这里还是夜郎主体濮人的一个重要聚居点。

秦始皇三十三年置象郡，辖有汉阳县。汉武帝建元六年（前135年），遣唐蒙为郎中将通南夷，置犍为郡，所辖十二县中有汉阳县。《汉书·地理志上》汉阳县原注："都尉治，山阚谷，汉水所出，东至鄨入延。莽曰新通。"《华阳国志·南中志》汉阳县下注："有汉水入延江"。据清汪士铎《水经注图》所标示的汉水位置为六冲河。可乐境内的可乐河，乃六冲河南源，亦即汉水南源。说明可乐在汉水之南。延即延江。即今乌江。《大定府志》云："乌江古称延江。"《安顺府志》鄨为今遵义，黔西地，偏向西南。郑珍《鄨县问答》推论是倚延江立鄨县为郡治。可乐河的位置、流向均与上述诸说相符。据此，汉阳应在可乐河所出之地。可乐境内分布众多的甲、乙类墓葬，足见可乐是一个人口集中处所，若非与建置有关则难以想象。若论建置则正好与汉阳所处地理位置吻合。汉阳县乃都尉治，都尉掌握全县军事的长官，其治下当然不乏军事人员。可乐甲类墓的随葬品中，与军旅有关的器物颇多，可印证文献中关于"都尉治"的记载。故此，我们推测可乐应是汉代汉阳县的治所。

二、文化特征和时代

这三十九座甲类墓，与我省清镇、平坝汉墓[②]，四川大邑、成都汉墓[③]，湖南长沙汉墓[④]，以及中原地区汉墓，在墓制和随葬器物等方面都基本相似，所以我们称它"汉式墓"。但器物的产地有一部分应是本地仿造。如M8出土的一"同劳澡槃"。铜槃造型为汉式，但产地"同劳"，在汉武帝时属益州郡，即今云南陆良县地[⑤]。可见，此槃系当地生

---

①　马学良、陈英：《贵州彝族文物考》，《文物》1982年第4期。

②　贵州省博物馆：《贵州清镇平坝汉墓发掘报告》，《考古学报》1959年第1期。

③　宋治民、王友鹏：《大邑县西汉土坑墓》，《文物》1981年12期；沈仲常：《成都杨子山西汉墓葬》，《考古通迅》1955年第6期。

④　中国科学院考古研究所：《长沙发掘报告》，科学出版社，1957年。

⑤　《新纂云南通志》卷十《历代建置沿革表》。

产。又如 M48 出土的一件铜奁，奁上装饰羽人、船、翔鹭等。奁不是当地民族使用的器物，船、羽人、翔鹭等纹饰却是我国南方民族装饰于铜鼓上的特有纹饰。两者的结合，说明这件器物系当地铸造，而且反映汉文化与当地文化的交流和融合。此类例子还可举出一些，如"干栏式"陶屋，"锅桩石"等等。

乙类墓的形制、葬俗和随葬品，与甲类墓有着明显的区别。乙类墓无封土，墓葬规模小，无墓道。葬俗比较特殊，多数无棺木葬具，尤其是"套头葬"更是罕见。随葬品造型别具一格，例如：长条形铜锄，无胡两穿铜戈，鼓形铜釜，立耳铜釜，鼓改装的铜釜，铜鍪、铜鼓、铜扣饰、铜手镯、铜发钗、铜柄铁剑，"巴蜀式"铁剑，等等。它们的形制、花纹都具有浓厚的地方特色。因此，乙类墓应系当地青铜文化时期墓葬。由于这里系古代"南夷"地区，所以，我们又称乙类墓为"南夷墓"。乙类墓中还出土一定数量的锸、削、刀等铁器，这些铁器与四川境内出土的形制相同。这就印证了《史记》上有关巴蜀商贾"窃出市夜郎"，程郑、卓王孙"即铁山鼓铸"、"贾椎髻之民"的记载。乙类墓中的西汉晚期墓，出土铜釜、铜镜、铜带钩、铁剑等汉式器物和汉朝颁发的四铢半两、五铢钱，证实汉武帝建元六年于此设置郡县后，汉人大批进入，从而为当地文化增添了新内容。

关于甲类墓的时代，据有断代意义的器物推定如下。

第一，就铜钱而论，三十九座墓中不出铜钱的，只有 M13、17、53、174、180、181 六座墓葬，出铜钱的有三十三座，占甲类墓总数 84% 强。所出钱币包括五铢和大泉五十两种。五铢有四种型式，分属西汉武帝至东汉初期所铸，大泉五十是新莽时期钱币。经整理，各墓出土钱币有以下几种现象：（1）M16、M18 只出西汉 I 型、II 型五铢。（2）M20 只出大泉五十。（3）M15 只出东汉初期五铢。（4）其余二十九座墓，西汉三种五铢都有，但不见大泉五十和东汉初期五铢。

第二，十五面铜镜均属西汉中、晚期，分别出自十三座 I 型墓内。其中一面三弦纽镜出于 M180，一面边峰式纽星云纹镜出于 M181，这两墓均不出钱币。上述两面铜镜属西汉中期，它为判断这两座墓的年代提供了依据。

第三，模型陶器的出现有一定的规律，如陶井共九件，均出自 I 型墓。陶水田和陶鸡，出自 II 型墓（M15），I 型墓中不见。这在贵州其他地区的汉墓中，也有类似现象。

第四，M8 出土的"澡槃"，口沿上刻有"元始四年十月造"的确切纪年。

综上所述，我们认为，三十九座甲类墓的时代，大约在西汉昭宣以后至东汉初期。其中 M16、M18 可能稍早，约在昭帝或稍后；M20 为新莽时期；M15 最晚，约在东汉初期；其余三十五座墓葬应是平帝前后。

一六八座乙类墓，有随葬品的一〇七座。根据出土器物、地层关系和碳十四测定数据分析，我们认为：这批墓葬的时代延续甚久，其上限可能早到战国晚期，下限相当于西汉晚期，多数墓葬则为西汉早、中期。其理由如下。

第一，这批乙类墓，只有 M31、M160、M213 出土铜钱。M31 出土文帝半两一枚，西汉五铢二十枚。M160 出西汉五铢五枚。M213 出西汉五铢十四枚。同一墓中，西汉三种铜钱共存，应以晚期为准。其余墓葬未见钱币，它们的时代大多数应早于这三座墓葬，只有少数墓葬与它们相当。这少数墓葬有的发现西汉晚期铜镜，有的出土我省西汉晚期墓葬中常见的汉式铁剑和铜带钩。其中 M33 出土一件"日光镜"，M46、M165、M170 各出中原汉式铁剑一件，M43、46、126、131、133、153、160、170、186 等墓出土铜带钩各一件。上述三种器物，在甲类墓中的 M8、9、10、11、16、17、22、48、49、176、178、179、180、200 等墓中也有发现。这十四座墓葬的时代，除 M16 可能属昭帝或稍后以外，其余均系西汉晚期。所以，乙类墓中的 M33、43、46、126、131、133、153、160、165、170、186 等十一座的时代也可能是西汉晚期的。

第二，这批墓葬的时代上限，我们主要是依据器物对比、碳十四测定年代和地层关系确定的。从器物对比分析，这批墓葬中有十余座墓的随葬品与毗邻地区相似，借助于这些相似器物的时代，即可对它们的时代进行推断。例如，M20、M212 出土的无胡铜戈，器形与云南江川李家山出土的 I 型 2 式铜戈大同小异[①]，只是这两座墓所出的铜戈花纹更简单古朴，铸造技术也较粗糙原始。它们的时代有可能早于江川李家山出 I 型 2 式铜戈的 21 号墓，至少应与它的上限相当。江川李家山 21 号墓属战国晚期，所以，这两座墓的时代也可能是战国晚期。M25、39、74、144、161、187、190、194、198 九座墓均出土鼓形铜釜，目前这种铜釜只在云南发现。云南发现的鼓形釜，有二件的时代比较明确，一件出于楚雄万家坝 1 号墓，该墓时代大约相当于春秋中晚期[②]；一件出于祥云大波那，时代为战国前期[③]。据此，可乐乙类墓中出土这类铜釜的墓葬，时代可能不会晚于战国晚期。M91 还出土一件用铜鼓改装的铜釜，这种铜釜只在楚雄万家坝 1 号墓发现一件，其他地方不见。万家坝 1 号墓的时代为春秋中晚期，但鉴于 M91 中还有一件铁削，所以我们不敢贸然将此墓的时代定在战国以前。根据贵州使用铁器的时代，我们将该墓定在战国晚期，看来比较稳妥些。

其次，M39、58、91、144 四墓中发现的杉木，经中国社会科学院考古研究所实验室和国家文物局文物保护科学技术研究所进行碳十四测定，其数据列下表：

---

① 云南省博物馆：《云南江川李家山古墓群发掘报告》，《考古学报》1975 年第 2 期，107 页，图一〇，3。

② 云南省博物馆文物工作队：《云南楚雄万家坝古墓群发掘简报》，《文物》1978 年第 10 期。

③ 李家瑞：《云南祥云大波那铜棺墓的上、下限》，《考古》1965 年第 4 期。

墓号	碳十四测定年代	树轮校正年代
M39	3125±120 年	3315±175 年
M58	2360±75 年	2380±85 年
M91	2810±100 年	2925±130 年
M144	2535±110	2585±150 年

以上四个年代数据，除 M39 和 M91 明显偏早（因两墓分别出土铁削和铁剑，距今 3000 年左右的西周是不会有铁削和铁剑的），另两个数据，若排除误差，与我们推断的战国晚期相去不远。

最后，这批墓葬中的 M78，被 M76 打破，且被压在 M76 之下，它的时代肯定早于 M76。M78 仅出磨制石锛一件。这种石锛在其他墓葬中均未发现，所以，它的时代最迟不会晚于战国晚期，有可能更早。

第三，除上述廿七座墓以外，其余有随葬品的乙类墓，时代均属西汉早、中期。

三、墓主人身份和族属

甲类墓中，绝大多数随葬兵器，少者一件，多者十余件，三十九座甲类墓共出兵器一一〇件。还有八座墓出土铜镳斗十一件。铜镳斗系"昼炊饭食，夜击持行"的军用器皿[①]。甲类墓出土的妇女装饰品极少，说明墓主人主要是男性。另外，甲类墓中出土的生产工具也不多，仅十九件，与出土的兵器比例为 1∶6。生产工具中又以手工工具斧、斤、锤为主，共十五件；农业生产工具较少，只四件，种类仅锸、铲两种。上述兵器与生产工具的比例说明，这些男性墓的死者，不是从事农业劳动的农民，而是与军事有关的军人。

甲类墓中，墓葬规模在 4 米以上者有二十八座，占总数的 70％，它们的随葬品均在二十件以上，出土铁剑、铜壶、铜镜、摇钱树、陶屋和陶水田模型，显示身份较高。这二十八座墓中的多数墓主，应系军队中的官吏。其中身份最高的可能是 M8、10、48 三座墓的墓主。这三墓规模大，葬具特殊，随葬品数量多。

墓主人身份的推定，有助于印证一件史实。据《史记》、《汉书》记载，犍为郡自武帝时置郡迄新莽约一百多年间，牂柯、益州两郡曾发生数次大的战乱，汉阳地处牂柯、益州两郡前沿，在这几次战争中，势必首当其冲，因此，作为汉阳县治的可乐发现大批军士官吏的墓葬就不足为奇了。

甲类墓的墓葬形制、葬俗与两汉时期汉族的埋葬习俗基本相同，出土的随葬品风格也

----

① 《史记·李将军列传》《集解》引孟康曰："以铜作镳器，受一斗，昼炊饭食，夜击持行，名曰刁斗"。

与中原汉墓所以同类器物无殊。所以，我们认为甲类墓墓主人的族属应系汉族。

乙类墓分布集中，延续时间长，墓葬形制、葬俗和随葬品风格也基本相同，说明它是同一氏族的公共墓地。在这个氏族公共墓地中，葬式略有差异，随葬品多寡不等，反映了他们之中已有贫富的差别。那些用釜、鼓、套头而葬的墓葬，随葬品多者十件，少者也有两件，一般都在五件以上，显然，死者应是这个氏族中地位较高者。另有少数墓葬虽未采用套头的特殊葬式，但随葬品也有五至十一件，这种墓葬的主人虽地位不如前者高，但可能是较富有者。其中百分之四十以上的墓葬，随葬品仅一至四件，还有百分之四十左右的墓葬一无所有，他们应是这个氏族中地位低的贫穷者。如上述分析不误，那少数套头而葬和随葬品较丰富者，应属氏族中的头人和奴隶主阶级；而大多数随葬品较少或一无所有者，则无疑是氏族中的平民和奴隶。

至于乙类墓墓主人的族属，我们初步认为与古代濮族系统有关。汉武帝建元六年于此设汉阳县，县属犍为郡[①]。《汉书·地理志上》汉阳县系"故夜郎国"地。这批墓中出土的铜发钗、木梳等椎髻所用的装饰品，还发现铜锄、铁镬、锸、铁铧等农具，这与夜郎民族系一"椎髻、耕田、有邑聚"的记载相吻合。汉代濮人，即魏晋以后所称之"僚人"。僚人"依树积木，以居其上"，名曰"干栏"；"僚王各有鼓角一双"；其俗"好相杀害，多不敢远行"；能"铸铜为器"。这种铜器，大口宽腹，名曰"铜爨"[②]。僚人的这些习俗，在可乐乙类墓中多有反映。僚人所居"干栏式"房屋应是汉人进入这一地区后仿照当地僚人的房屋设计的，所以，可以把这种"干栏式"陶屋看成是当地僚人居处的真实写照。M153出土铜鼓一面，距可乐约20公里的辅初也曾出土铜鼓一面[③]，足见这一民族与僚人使用铜鼓习俗相同。这批墓葬中，有七十多座墓出土铜戈、铁剑、铁刀，约占墓葬总数的一半，如果排除六十三座空墓不计，其比例竟达百分之七十以上。上述统计数字说明，这个民族中有财产的男子，生前几乎人人拥有兵器，证实"好相杀害"的僚人习俗。这批墓葬中还出土十八件铜釜，其中鼓形和立耳铜釜有十一件之多。这两种铜釜形制特殊，口大腹宽，耳为宽带状或绚纹条状，它与中原汉式铜釜风格截然不同。迄今除云南、四川有少许出土外，其他省区尚未发现。我们认为，这种铜釜可能就是僚人所铸之"铜爨"。鉴于以上原因，我们推测这是一批属于战国秦汉时期的濮族系统的墓葬，死者是魏晋以后文献上所称的僚人。

本文由宋世坤、唐文元、熊水富、刘明琼分工负责编写并绘图，最后由宋世坤编纂定稿。侯明德、袁有真负责器物照相。

---

① 宋世坤：《贵州赫章可乐"西南夷"墓族属初探》，《中国考古学会第一次年会论文集》，文物出生版社，1980年。

② 《魏书·僚传》；《北史·僚传》。

③ 宋世坤：《贵州出土的铜鼓及其断代》，《考古》1983年第11期。

表一　可乐甲类墓登记表

墓号	墓型	墓向（度）	墓室长宽深（米）	墓道长宽（米）	葬具	陶器	青铜器	其他	盗否
8	Ⅰ	37	前室 5.1×4.35 －2.55 后室 8.1×4.7 －2.79	3.45×1.5	前后室有漆木棺痕	罐 A3、不明 2，钵 1，珠 1，井 1，瓦 1	壶 3，甑 2，盉 1，釜 A3、B4、不明 4，钵 4，簋 3，洗 4，鑑 1，熨斗 2，矛 2，舌 5，镜 A2，瓶 1，灯 3，轵 1，泡钉数件，盖弓帽 4，漆器铜饰 2，衔镳 2，烹炉 1，镶斗 A3、B1，唾壶 1，盒 1，碗 2，耳杯 1，豆 2，盘 3，镦 1，弩机 4，带钩 A1，勺 1，铃 1，环 2，蒺藜 1，五铢钱 590	铁刀 6，铁矛 2，铁剑 4，铁削 4，铁锥 1，漆耳杯 1，漆盘 3，金钏 1，银环 3，黛砚 4，石镇 2，锅桩石 2，水晶珠 1，水晶 2，玛瑙珠 1，琥珀珠饰 11，绿松石珠 1，绿松石一堆，铅珠 1	盗
9	Ⅰ	42	4.25×3.2 －1.5			钵 2	带钩 B1，釜 A1、B1，残铜饰 1，五铢钱 333	铁削 2，铁剑 1	未
10	Ⅰ	150	6.25×3.6 －1.9	1.95×2	棺椁	罐 A8、不明 2	杵 1，臼 1，镜 A1，博山炉 1，熨斗 1，盖弓帽 6，车饰 3，镶 6，带钩 A1，壶 2，洗 1，钵 2，釜 A1、B2，镀 1，筒形器 2，甑 1，镶斗 A1，弩机 3，舌 3，衔镳 1，泡钉 5，五铢钱 2258	铁削 13，铁剪 1，铁衔 1，铁镢 1，铁三脚架 1，铁灯 1，铁剑 1，铁刀 1，黛砚 2，绿松石一堆	未
11	Ⅰ	314	5.3×3.4 －1.6			罐 A4、B1，不明 2，壶 A1，井架 2	提 1，带钩（Ⅰ 3）2，五铢钱 100	铁削 2，铁锥 2，铁斧 1，铁铲 1，铁剑 1，铁凿 1，铁锤 1，铁钻 1，残铁器 2，砺石 2，锅桩石 1	盗

续表一

墓号	墓型	墓向（度）	墓室长宽深（米）	墓道长宽（米）	葬具	陶器	青铜器	其他	盗否
12	Ⅰ	345	5.3×3.3－1.8	1.35×1.2	棺椁	罐A1，不明3	弩机1，泡钉22，舌3，环2，残盖弓帽3，残衔镳1，五铢钱224	残漆器1，	盗
13	Ⅰ	30	2×2－0.5					铁铲1，铁刀2，铁削2，铁斤1，铁凿1，铁矛1	盗
14	Ⅰ	40	4×3.2－1.6			罐A7、B1、不明1	残五铢一堆	残铁釜1	盗
15	Ⅱ	15	8×2.1－3.6			残罐1，水塘水田模型1，珠8，鸡1，屋1	摇钱树残片一堆，刀鞘尾1，五铢一堆	铁剑1，铁削1，残漆盘1，银环2	盗
16	Ⅰ	45	3.5×2.25－0.7			罐B3、不明3、钵A1，豆A1，甑1	带钩A1，釜A1，五铢钱4	铁削1，铁刀1，铁夹1，铁锸1，铁斧2，残漆盘1	未
17	Ⅰ	30	6×3.7－1.7	3.5×2.1	棺	罐A1	带钩B1，印1	铁剑1，铁削3，残铁夹1，黛砚2，砺石1	盗
18	Ⅰ	325	4.7×2.65－1.8			罐A9、B2、C1、不明3、碗6，釜1，甑1，壶A1，钵A1，不明4，盂A1，井1，纺轮3	残釜1，镜A1，洗1，五铢钱110	铁削1，玛瑙珠1，水晶珠1	未

续表一

墓号	墓型	墓向（度）	墓室长宽深（米）	墓道长宽（米）	葬具	陶器	青铜器	其他	盗否
19	I	35	5.45×3.2－1.4		棺	罐 A3、B3、C1，碗 1，井 1，钵 B2，盂 A1	镜 C1，五铢钱 56	残漆器 1，黛砚 1	未
20	II	325	5.92×4.1－1.7	龛状小甬道		灯 A1，盘 2	铺首衔环 1，盖弓帽 1，残饰 3，残舌 1，大泉五十 4	银环 2	盗
21	I	10	5.6×3.75－2.2	3×1.4	棺	残罐 9，井 1，盂 A1	釜 A1、B1，矛 2，钵 1，盘 1，弩机 3，舌 4，镦 1，镰斗 A1，甑 1，泡钉 1，五铢钱 406	铁刀 2，黛砚 1	未
22	I	60	4.6×3.4－0.6		棺椁	残罐 6，甑 1，井架 2，纺轮 1	釜 A1、B1、勺 1，钵 1，镜 C1，耳杯 1，带钩 B1，五铢钱 23	铁剑 1，铁刀 1，铁削 2，铁剪 1，残漆盘 1	盗
23	I	40	6×3.7－0.6		棺	残罐 6	釜 A2，镜 C2，五铢钱 188	铁削 2，残铁器 1，残漆器 3，琥珀饰 2，水晶珠 3，铅饰 1，玛瑙珠 2，砺石 1，石砂一堆	未
24	I	340	4.8×3.2－1.9		棺	罐 A2、B1、不明 9，壶 A10、不明 2、钵 B1，碗 1，屋 1	钵 2，盘 1，环 3，五铢钱 85	铁削 2	未

续表一

墓号	墓型	墓向（度）	墓室长宽深（米）	墓道长宽（米）	葬具	陶器	青铜器	其他	盗否
48	Ⅰ	309	4.8 × 3.8 − 1.4		棺椁	罐 A4、B1、不明 14，壶 A3，碗 2，残豆 1	鼎 1，奁 1，洗 1，盘 1，釜 B1，带钩 A1，镜 B1，舌 2，剑格 1，五铢钱 232	残漆奁 2，残漆盘 1，漆碗 1，玉璏 1，角杯 1，残藤编器 1	盗
49	Ⅰ	280	4.9 × 3.3 − 2.4		棺	残罐 1，壶 B2	甀 1，洗 3，釜 A1、B2，瓶 1，博山炉 1，舌 2，带钩 A3，残灯 1，勺形器 1，泡钉 2，五铢钱 113	铁剑 1，铁削 1，残漆耳杯 2	未
50	Ⅰ	75	4.2 × 2.8 − 0.8		棺	罐 A2，碗 1，甀 1，盆 1	残饰 1，五铢钱 338	残铁釜 1，残漆耳杯 1	未
51	Ⅰ	135	2.8 × 2.2 − 0.6		棺	残罐 4，残釜 1	五铢一堆	残铁削 1	未
52	Ⅰ	150	3.3 × 2.2 − 0.65		棺	罐 A1、不明 5，残壶 2，残釜 1	五铢一堆		未
53	Ⅰ	175	3.6×0.78 − 0.6		棺	罐 A1、不明 7，碗 5，盂 B1	残釜 A1		盗
54	Ⅰ	145	4.2 × 2.8 − 1.5		棺		五铢二堆		盗
171	Ⅰ	50	4.1 × 3 − 1.7	2.1×1.5	棺		五铢钱 79	残铁釜 1	未
173	Ⅰ	82	3.6 × 2.1 − 1.5		棺	罐 A1、不明 7，残壶 1，残甀 1	釜 A1，鐎斗 A1，五铢钱 41	残漆盘 2，锅桩石 3	未

续表一

墓号	墓型	墓向（度）	墓室长宽深（米）	墓道长宽（米）	葬具	陶器	青铜器	其他	盗否
174	I	15	4.3×2.9－1.7		棺	罐 A2、不明 7，碗 1，甑 1，博山炉 1，灯 B1	残釜 2，残镳斗 1，碗 1，泡钉 13	铁刀 1，铁矛 1，铁镞 1，铁釜 B1，铁三角架 1	未
175	I	62	4.6×3.2－1	1.2×1.3	棺	残罐 3	镦 1，印 1，五铢钱 135	铁削 1，锅桩石 3	未
176	I	15	3.8×2.6－1.5		棺	罐 A2、不明 4，豆 A1，壶 A1、不明 1，盂 A1，残钵 1	洗 1，釜 A2，削 1，带钩 A1，印 1，五铢钱 207	铁剑 1，铁削 3，残铁釜 1，铁斧 1，黛砚 1，斧形器 1，锅桩石 3	未
177	I	160	5.85×4－1.55		棺	罐 A3、不明 5，残壶 2，甑 1，钵 B7，豆 B1，灯 B1，残盂 1，井 1	釜 A2，盂 1，勺 1，碗 1，五铢钱 101	残铁削 1，银环 1，水晶珠 1，玛瑙珠 5，锅桩石 6	未
178	I	345	4.9×4－2.16		双棺	罐 A1、不明 6，豆 A1，残钵 1，残甑 1，井 1，壶 A2	簋 2，盒 1，残釜 1，镜 C2，泡钉 4，五铢钱 144	铁剑 1，铁削 2，铁夹 1，铁釜 A1、B1，铁三脚架 1，漆案 1，漆盘 1，漆耳杯 1，水晶珠 1，黛砚 2	未
179	I	5	4.15×2.8－1.6		棺	罐 B1、不明 7，豆 A1	残釜 1，带钩 1，五铢钱 116	铁剑 1，铁削 3，漆盘 1，残漆器 1，黛砚 1，有纺织品痕迹一处	未

续表一

墓号	墓型	墓向（度）	墓室长宽深（米）	墓道长宽（米）	葬具	陶器	青铜器	其他	盗否
180	I	20	3.8×2－1.4			残罐 10	带钩 A1，镜 A1	铁锥 1	未
181	I	85	4.45×2.5－1.4			残罐 7，甑 1，井 1	釜 A2，镜 B1，筒形器 1	铁削 1，铁铲 1	未
182	I	10	3.4×2.1－1.1			残罐 2，残壶 3，残钵 2，纺轮 1	镜 B1，五铢钱 5	锅桩石 3	未
183	I	357	3.4×2.3－1.2		棺	残罐 3，壶 A1，不明 1，井 1，残豆 2，残钵 2，甑 1，釜 1	镭斗 A1，量 1，五铢钱 19	铁三角架 1，铁斧 1	未
199	I	320	3.9×1.7－0.4		棺	罐 B5、不明 4，纺轮 1	镜 B1，五铢钱 14	铁削 1	未
200	I	10	3.6×2.55－1.3			罐 A1、B2、C2，残釜 1，甑 1	钫 1，勺 1，熏炉盖 1，钵 2，釜 A1，镭斗 A1，带钩 A1，五铢钱 52	铁削 2，铁剑 1，铁斧 1，铁刀 1，残铁釜 1，残铁器 2，研石 2	未
216	I	293	4.6×3－0.8			罐 A1、不明 5，屋 1	壶 2，洗 1，五铢一堆	残漆器 1，石砂一堆	盗

说明：1. 墓葬所在地：M9，赫章县第三中学门外；M15，燕家坪子；M17，寨子上；M18，马家包包；M19－21，营盘，M22、23，可乐区医院；M171，173－183、199、200，锅落包；其余在雄所屋基。

2. 拉丁字母表示型式，阿拉伯数字表示件数。器物残碎不辨型式者，加一"残"字。出土多件者，其中部分无法分型的，注"不明"，如"罐 A3、不明 2"。

3. M15、M20 系东汉初期墓，其他全属西汉晚期墓。

表二　可乐乙类墓登记表

墓号	墓型	墓向（度）	墓底长宽深（米）	葬具、葬式	随葬器物	时代
25	Ⅰ	63	2.2×1－0.5	铜釜内放人头	铜釜 B1，残漆器 1，铜柄铁剑 A1，铜铺首 1，铜发钗 3	战国晚期
26	Ⅰ	30	1.25×1.15－0.3			
27	Ⅰ	60	1.6×0.6－0.4		铜镯 A3、B3，残陶器 1，残漆器	西汉前期
28	Ⅰ	75	2.35×1－0.5		铁削 1，残漆器 1	西汉前期
29	Ⅰ	75	2.4×1－0.4		铁钎 1，残漆器 1	西汉前期
30	Ⅰ	90	2.35×1－0.5		铁削 1，铁釜残片，残漆器 1	西汉前期
31	Ⅰ	285	2.45×1.3－0.4		残铜洗 1，铜镯 B3，铜釜 C1，铁削 1，半两 1，五铢 10，残漆器 1	西汉晚期
32	Ⅱ	353	3.2×1.9－0.2		残鎏金铜片 1，残漆器 1	西汉前期
33	Ⅱ	340	2.3×1.7－0.3		日光镜 1，铁削 1，陶罐 A1，残陶器 1	西汉晚期
34	Ⅰ	25	2.47×1.3－0.3		残漆器 1	
35	Ⅰ	350	2.2×1.3－0.2		铁刀 1，铁带钩 1，铁削	西汉前期
36	Ⅰ	30	2.2×0.95－0.5		铜手镯 B2	西汉前期
37	Ⅰ	10	2.24×0.95－0.5		残铁釜 1，铁刀 1	西汉前期
38	Ⅰ	10	2.45×1.1－0.3		料珠 20，残漆器 3，铁削 1	西汉前期
39	Ⅰ	90	1.5×1－0.3	铜釜内放人头	残陶器 1，铜釜 B1，铁剑 A1，铁削 1，铁带钩，竹席 1 片	战国时期

续表二

墓号	墓型	墓向（度）	墓底长宽深（米）	葬具、葬式	随葬器物	时代
40	Ⅰ	25	2.24 × 0.9 － 0.54			
41	Ⅰ	20	2.2×0.8－0.2		铁剑 A1	西汉前期
42	Ⅰ	30	1.5×0.9－0.5		铁锸 1，铁削 1，铜铃 1	西汉前期
43	Ⅰ	331	2.4×0.9－0.5		铜带钩 A1	西汉晚期
44	Ⅰ	75	2.1×1－0.5	铁釜内放人头	铁釜 1，铁削 1	西汉前期
45	Ⅰ	230	2.37 × 0.9 － 0.3	铁釜内放人头	铁釜 1，铜泡钉 4，残铜洗 1	西汉前期
46	Ⅰ	90	2.6×1.1－0.9		铜镤斗 1，铜釜 C2，铁削 1，铁钎 1，陶罐 A2，铜带钩 A1	西汉晚期
47	Ⅰ	5	2.4×0.9－0.5		铜鍪 1，铜镯 B8	西汉前期
55	Ⅰ	30	2.4×0.8－0.7	铁釜内放人头	铁刀 1，铁釜 1，铜发钗 1，残漆器 1	西汉前期
56	Ⅰ	30	1.55 × 0.8 － 0.5		铁锸半个，铁削 1	西汉前期
57	Ⅰ	30	1.1×0.4－0.3			
58	Ⅰ	40	2.4×0.9－0.7	铜釜内放人头，铁釜内有脚趾骨	铁釜 1，铜柄铁剑 A1，残铜洗 1，铜釜 A1，绿松石扣饰 1，铜泡钉 1	西汉前期
59	Ⅰ	60	2.3×0.9－0.6		铁削 1	西汉前期
60	Ⅰ	75	2.45 × 1.1 － 0.6		铁削 1，铁带钩 1，铁刀 1	西汉前期
61	Ⅰ	80	2.3×0.8－0.2		铁削 1	西汉前期

续表二

墓号	墓型	墓向（度）	墓底长宽深（米）	葬具、葬式	随葬器物	时代
62	Ⅰ	50	2.2 × 1.1 － 0.64		铁削1，铜泡钉1，残漆器1	西汉前期
63	Ⅰ	335	1.3×1.1－0.4			
64	Ⅰ	48	1.94 × 0.9 － 0.2		陶纺轮1，残漆器，铜镯B1，残陶器1	西汉前期
65	Ⅰ	75	1.65 × 0.7 － 0.2		铁钎1，铁削1	西汉前期
66	Ⅱ	0	2.4 × 1.7 － 0.15		残漆器1	
67	Ⅰ	90	2.2×1－0.7	铁釜内放人头	铁釜1，铜柄铁剑A1，铁削1，铜发钗4，残漆器1	西汉前期
68	Ⅰ	70	1.5×0.6－0.4			
69	Ⅰ	70	2.35 × 0.95 － 0.5		陶罐C1，残漆器1	西汉前期
70	Ⅰ	0	2×1－0.4		铜铃1，铁削1	西汉前期
71	Ⅰ	345	2×0.9－0.4		铁刀残片1	
72	Ⅰ	20	2.2×0.9－0.4		铁锸半个，铁削A1，铜扣饰B1	西汉前期
73	Ⅰ	15	1.8×0.6－0.4			
74	Ⅰ	215	2.4×0.9－0.3	铜釜内放人头	铜釜B1，铁剑A1，铜镯B1	战国晚期
75	Ⅰ	280	2.2×0.9－0.3		残漆器1	
76	Ⅰ	30	1.8×0.7－1.1		陶器片一堆，砂石	西汉前期

续表二

墓号	墓型	墓向（度）	墓底长宽深（米）	葬具、葬式	随葬器物	时代
77	Ⅰ	15	1.15 × 0.6 － 0.4		陶豆1，铁锸半个	西汉前期
78	Ⅰ	30	1.8×0.7－0.5		石锛1，砂石	战国晚期
79	Ⅰ	90	1.2×0.6－0.5		残漆器1	
80	Ⅰ	70	2.5×1.1－0.5		铁削1，铁带钩1	西汉前期
81	Ⅰ	280	2.4×0.9－0.3			
82	Ⅰ	45	2.3×1－0.4			
83	Ⅰ	70	2.4×1－0.4			
84	Ⅰ	84	2.3×1－0.8		铁削	西汉前期
85	Ⅰ	50	2.5×0.8－0.2		铜鍪1，铜扣饰A1、B2，铜镯B3，铁削1，残漆器	西汉前期
86	Ⅰ	70	2.2×0.9－0.3		铁削1	西汉前期
87	Ⅰ	80	2×0.35－0.3			
88	Ⅰ	80	1.3×0.6－0.4		铁削1，铁锸半个，铜铃1	西汉前期
89	Ⅰ	70	2.3×1－0.3		铜柄铁剑A1，残漆器1	西汉前期
90	Ⅰ	285	2.3×0.9－0.6			
91	Ⅰ	78	2.4×1.4－0.5	铜釜内放人头	铜釜A1，骨镯1，陶珠5，铁削1，残漆器1，料珠	战国晚期
92	Ⅱ	80	3.6×1.7－0.8	漆木棺痕	铜铃1，铜镞1，小铜策子1，铜镯A1，铜管状车饰3	西汉前期
93	Ⅰ	40	2.2 × 0.95 － 0.4			
94	Ⅰ	20	2.4×1－0.35			

续表二

墓号	墓型	墓向（度）	墓底长宽深（米）	葬具、葬式	随葬器物	时代
95	Ⅰ	85	2×0.8－0.15			
96	Ⅰ	5	1.4×0.7－0.1			
97	Ⅰ	48	2.3×0.8－0.5			
98	Ⅰ	15	2.4×0.9－0.3		铁刀1，铜发钗2，残漆器1，漆器铜饰31	西汉前期
99	Ⅰ	10	2×1－0.6			
100	Ⅰ	20	1.4×0.6－0.3			
101	Ⅰ	20	1.4×1－0.5			
102	Ⅰ	0	2.2×0.9－0.5		铁削1	西汉前期
103	Ⅰ	65	2.5×1－0.4			
104	Ⅰ	15	2.8×1.4－0.3	铁釜内放人头	铁钎1，铜柄铁剑B1，铁削1，铁釜1，铜镯A1	
105	Ⅰ	50	2.2×1－0.35			
106	Ⅰ	341	2.2×0.9－0.4			
107	Ⅰ	50	2.1×0.9－0.4			
108	Ⅰ	15	2.1×0.9－0.4		陶罐C1	西汉前期
109	Ⅰ	60	1.1×0.6－0.3			
110	Ⅰ	68	1.6×0.6－0.3			
111	Ⅰ	60	2.2×0.9－0.6			
112	Ⅰ	50	2.5×0.8－0.4			
113	Ⅰ	31	2.3×0.9－0.7			
114	Ⅰ	350	1.5×0.8－0.3			

续表二

墓号	墓型	墓向（度）	墓底长宽深（米）	葬具、葬式	随葬器物	时代
115	Ⅰ	55	2.5×1－0.7			
116	Ⅰ	80	2.6×1.1－0.7			
117	Ⅰ	30	1.7×0.8－1.1		残陶器 1，铁削 2，玉管 1，铁锸半个，	西汉前期
118	Ⅰ	50	2.4×1.2－0.7		铁削 1	
119	Ⅰ	60	1.4×1－0.4			
120	Ⅰ	320	2.3×1－0.2		残陶器 1，铜扣饰 B1，铜镯 A2，骨管 1	西汉前期
121	Ⅰ	310	1.7×0.6－0.4		陶杯 1，铜镯 A1	西汉前期
122	Ⅰ	310	1.5×0.8－0.4		铜鍪 1，朽木，漆器残片	西汉前期
123	Ⅰ	10	1.3×0.5－0.4			
124	Ⅰ	20	2.3 × 0.75 － 0.4		铜带钩 A1	西汉晚期
125	Ⅰ	10	2.4×1－0.5			
126	Ⅱ	280	3.6×1.6－0.7	漆木棺痕迹	铁钎 1，陶杯 1，铁三脚架 1，残陶器 1，铜带钩 B1，铜戒指 2，铜镞 2，水晶饰 1，铜銎饰 1，铜三通 1	西汉晚期
127	Ⅱ	13	2.2×1.8－0.3		铁锸半个，铁削 1	西汉前期
128	Ⅰ	15	2.3×1－0.4		铜镯 B10，铜戒指 1	西汉前期
129	Ⅰ	250	1.4×0.6－0.3			
130	Ⅰ	57	2.4×1－0.8		铜发钗 1，铁刀 1，铁钎 1	西汉前期
131	Ⅰ	85	2.7×1.2－0.6		铜带钩 A1	西汉晚期

续表二

墓号	墓型	墓向（度）	墓底长宽深（米）	葬具、葬式	随葬器物	时代
132	Ⅰ	90	2×1−0.2			
133	Ⅰ	70	2.3×1.1−0.5		铜带钩 A1，铁削 1	西汉晚期
134	Ⅰ	90	2×0.9−0.7		铁削 1，铁带钩 1	西汉前期
135	Ⅰ	290	2.5×1−0.3			
136	Ⅰ	80	2.5×1−0.8		残铜洗 1，泥珠 75，铁削 1，残漆器 1，铜铃 1	西汉前期
137	Ⅱ	90	3.1×1.8−0.3	漆棺木痕迹	陶罐 A1，铁钎 1，铁釜残片	西汉前期
138	Ⅰ	85	2.3×1−0.3		漆器残片	
139	Ⅰ	10	2.5×0.9−0.3			
140	Ⅰ	0	2.3×0.9−0.3		铁刀 1，铁削 1，铁带钩 1	西汉前期
141	Ⅰ	15	2.5×0.9−0.2			
142	Ⅰ	45	2.4×1.1−0.2			
143	Ⅱ	0	2.5×1.7−0.6		铁刀 1，铁削 1，鎏金铜纽 1	西汉前期
144	Ⅰ	60	2.2×0.8−0.4	铜釜内放人头	铁剑 A1，铜釜 B1，玉饰 5，木梳 1	战国晚期
145	Ⅰ	5	2.4×1−0.2			
146	Ⅰ	100	2.5×1.1−0.4		铁剑 A1，铜釜 C1，鎏金铜錾耳 1	西汉前期
147	Ⅰ	100	1.3×0.8−0.4			
148	Ⅰ	70	2.3×1−0.5			
149	Ⅰ	75	2.3×1−0.4		铁剑 A2	西汉前期
150	Ⅰ	66	2.3×0.8−0.3			

续表二

墓号	墓型	墓向（度）	墓底长宽深（米）	葬具、葬式	随葬器物	时代
151	Ⅰ	85	2×0.8-0.1		铜扣饰A1，铜镯B1	西汉前期
152	Ⅰ	50	2.3×0.8-0.3		铜镯B1	西汉前期
153	Ⅰ	65	2.8×1.2-0.8	铜鼓内发现人头	铁削1，铁铧1，铁锸2，铜鼓1，铜带钩A1，稻谷大豆遗存	西汉晚期
154	Ⅰ	80	2×0.6-0.2			
155	Ⅰ	75	2.2×0.7-0.8			
156	Ⅰ	80	2.2×1-0.2		铁镬1	西汉前期
157	Ⅰ	70	2.9×1.3-0.5			
158	Ⅰ	15	1.5×0.7-0.2			
159	Ⅰ	70	1.7×0.7-0.2			
160	Ⅱ	50	3.7×1.7-0.8	有漆木棺痕迹铜釜内放人头	铁剑A1，铜釜C1，陶罐B1，铜带钩A1，铁削1，五铢钱5	西汉晚期
161	Ⅰ	70	2.4×1.1-0.8	铜釜内放人头	铜釜B1，铁刀1，铁削1，铁钎1	战国晚期
162	Ⅰ	70	2.3×0.8-0.4		铁削1，砺石1	西汉前期
163	Ⅰ	275	1.6×1-0.2			
164	Ⅰ	85	1.5×0.7-0.2		铜铃15，铁削1，残漆器1	西汉前期
165	Ⅱ	60	3.7×2.7-1.1	漆木棺痕迹	铁剑B1，陶釜1，铜铃A1	西汉前期
166	Ⅰ	285	1.6×1-0.3			
167	Ⅰ	75	1.9×0.7-0.7			
168	Ⅰ	60	2.3×1-0.2		铁刀1	西汉前期
169	Ⅰ	60	2×1-0.85		铁刀1	西汉前期

续表二

墓号	墓型	墓向（度）	墓底长宽深（米）	葬具、葬式	随葬器物	时代
170	Ⅰ	285	2.4×1.2－1.8	铁釜内放人头	铁釜 1，铁剑 B1，残铜饰 1，铜带钩 A1，铁削 1，残陶器 1	西汉前期
172	Ⅰ	20	1.8×1.1－0.9			
184	Ⅰ	80	3.2×0.9－1.1			
185	Ⅰ	80	2.1×1－0.2			
186	Ⅰ	85	1.6×1－0.3		铁削 1，铜带钩 A1	西汉晚期
187	Ⅰ	75	2×0.9－0.4	铜釜内放人头	铜釜 B1，铁削 1，铜镯 B1，铜铃 15，铜扣饰 B4，玉片 2，料珠 65，残漆器 1	战国晚期
188	Ⅰ	80	2.1×0.9－0.7		铁削 1，铜带钩 1	西汉前期
189	Ⅰ	10	1.8×1－0.2		铜锄 1，铜柄铁剑 A1，残漆器 1	西汉前期
190	Ⅰ	10	2×0.9－0.4	铜釜内放人头	铜釜 B1，铁剑 A1	战国晚期
191	Ⅰ	85	2.3×0.8－0.7		铜铃 1	西汉前期
193	Ⅰ	65	2.3×0.9－0.7	漆木痕，人牙数枚	铁剑 A1	西汉前期
194	Ⅰ	10	2.2×1.1－0.8	铜釜内放人头	铜釜 B1，铜柄铁剑 B1，铁削 1，铁带钩 1	战国晚期
195	Ⅰ	45	2.4×1.3－1.8			
196	Ⅰ	40	2.1×0.85－1.2			
197	Ⅰ	50	2×0.9－0.6		铁削 1	西汉前期

续表二

墓号	墓型	墓向（度）	墓底长宽深（米）	葬具、葬式	随葬器物	时代
198	Ⅰ	343	2.5×1－0.45	铜釜内放人头	铜釜 B1，铁刀 1	战国前期
201	Ⅰ	38	1.5×9.9－1.6			
202	Ⅰ	310	2.5×1.4－0.8			
203	Ⅰ	350	2.3×0.9－0.5		残漆器 1	
204	Ⅰ	290	2.4×0.95－0.7			
205	Ⅰ	290	2.2×0.9－0.8		铁剑 A1，铁削 1	西汉前期
206	Ⅰ	340	2.4×1.1－0.9		铁削 1，残漆器 1	西汉前期
207	Ⅰ	30	2×2.9－0.2			
208	Ⅰ	60	2.45×1.1－0.4	铜釜内放人头	铜釜 C1，铁剑 A1，残漆器，残竹编织物	西汉前期
209	Ⅰ	60	1.5×0.6－0.6			
210	Ⅰ	60	2.6×1－0.5		铜戈 1，铁剑 A1	战国晚期
211	Ⅰ	325	2.4×0.65－0.6			
212	Ⅰ	45	2.4×0.8－0.5		铜戈 1	战国晚期
213	Ⅱ	115	2.9×2－0.5	漆木棺痕迹	残陶器 3，铜釜 C1，五铢钱 14，铁削 1，锅桩石 3	西汉晚期
214	Ⅰ	55	2.4×1.1－0.5			

说明：M25～170 在祖家老包；M172～206 在锅落包；M207～213 在罗德成地。

EXCAVATIONS AT KELE TOWNSHIP, HEZHANG COUNTY, GUEZHOU PROVINCE

Guizhou Provincial Museum

From 1976 to 1978, we excavated a large number of tombs and the Liujiagou Site in the territory of the Kele Commune, Kele Tounship, Hezhang County, Guizhou Province. The tombs may be divided into two types, including 39 and 169 tombs respectively.

The tombs of type A are larger in size and generally measure 5m long and 3m wide and most of them are vertical pits. Except 5 of the 39 that have both inner and outer coffins, all the rest each have a single coffin. The grave goods unearthed from them include pottery, bronze, iron and lacquered objects and *Wu zhu* coins of the Western Han Dynasty. Of these objects, except the pottery models of pile-dwellings, stone supports for eauldrons, bronze lian-toiet boxes and bronze fu-cauldrons with vertical ears, which show local features, all the rest have no difference from those unearthed from tombs of the Han nationality in the Central Plains.

The tombs of type B are smaller in size, generally measuring 2m long and 1m wide, and are all rectangular vertical pits. Most of them are without coffins and in 20 cases the dead's heads were put into cauldron or drums for their burial. Striking local styles are displayed by such funerary objects as the pottery pot, bronze *ge*-dagger-axe, bronze hoe and especially the bronze cauldron and drum and the iron sword with a bronze hilt.

The Liujiagou Site was excavated in a total area of 75 square meters. It yielded stone axes, adzes, chisels and casting molds and pottery sherds.

The Liujiagou Site can be tentatively dated back to an earlier time of the late Warring Staes period, while the tombs of type A to the late Western Han Danasty, and tombs of type B to the space from the late Warring States period to the late Western Han Dynasty.

The excavations of the Liujiagou Site and the tombs of type B marked the beginning of the archaeological researches of the bronze culture in the ancient Yielang region in Guizhou Province and provided the first batch of material for studying the ancient history of the area.

1. A Ⅸ式罐（174∶20）

2. A Ⅰ式罐（10∶4）

3. A Ⅴ式罐（14∶6）

4. A Ⅵ式罐（11∶14）

5. A Ⅺ式罐（18∶19）

6. B Ⅰ式罐（200∶5）

赫章可乐出土陶器

1. A Ⅴ 式壶（48：42）

2. B Ⅲ 式罐（19：10）

3. C Ⅰ 式罐（19：12）

4. C Ⅲ 式罐（200：14）

5. 釜（18：10）

6. A 型盂（19：8）

赫章可乐出土陶器

1. 盆（50∶7）

2. 盘（20∶9）

3. 碗（50∶2）

4. 灯（20∶5）

5. BⅡ式罐（179∶13）

6. B型壶（49∶9）

7. 博山炉（174∶26）

赫章可乐出土陶器

赫章可乐出土陶器

1. B Ⅴ式罐（18：14）

2. B Ⅸ式罐（18：24①）

3. B 型豆（177：12）

4. 屋（216：12）

5. 屋（24：14）

1. 壶（216：1）

3. 钫（200：7）

4. 鼎（48：29）

2. 壶（8：52）

5. AⅠ式釜（22：6）

赫章可乐出土铜器

1. 盉（177∶11）

2. 盉（8∶5）

赫章可乐出土铜器

1. A 型镰斗 (183：6)

2. 𫓹 (49：1)

3. 甑 (8：58)

4. 簋 (8：74)

5. 洗 (216：2)

6. 鑑 (8：3)

赫章可乐出土铜器

1. 博山炉（10：3） 2. 唾壶（8：50） 3. 杵臼（10：1）

4. M58

5. 烹炉（8：48）

6. 盉（8：51）

赫章可乐出土铜器及乙型墓

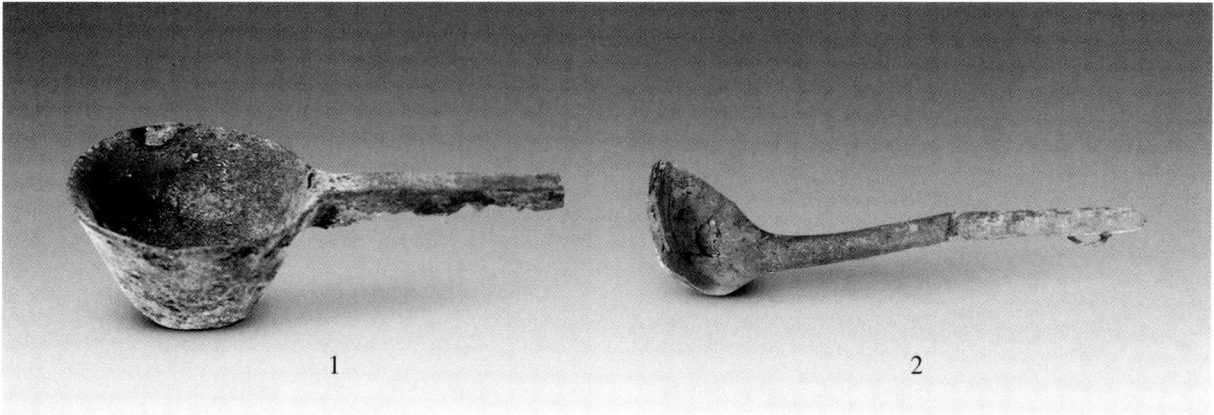

1. 勺（8：73） 2. 勺（22：18）

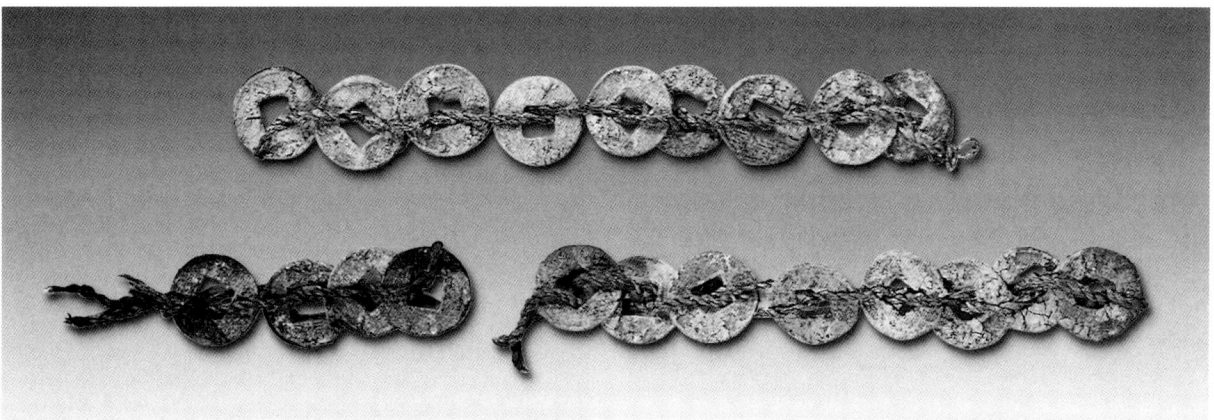

3. 五铢钱（M10）

4. 镫（8：47）

5. 铜鼓（153：3）

赫章可乐出土铜器

1. B 型釜（25∶1）

2. 鍪（122∶1）

3. A 型釜（91∶1）

4. A 型釜（58∶5）

赫章可乐出土铜器

1. 陶豆（77：1）

2. C 型罐（69：1）

3. A Ⅱ式罐（46：8）

4. 釜（165：3）

赫章可乐出土陶器

1. A 型镯（92：4）

2. 戈（210：1）

4. 剑（25：3）　　　　　5. 木梳（144：5）

3. B 型剑（104：2）

赫章可乐出土器物

彩版

1. 可乐地貌（向北摄）

2. 可乐锅落包、罗德成地远眺（向北摄）

可乐罗德成战地 II 工区密集的墓坑（向东北摄）

M281 全貌（向西摄）

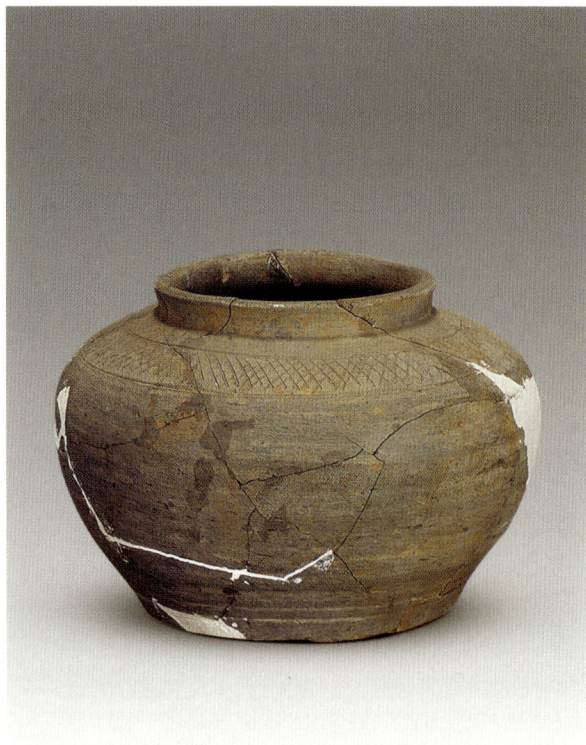

1. A 型 I 式（M284：16）

2. A 型 II 式（M281：14）

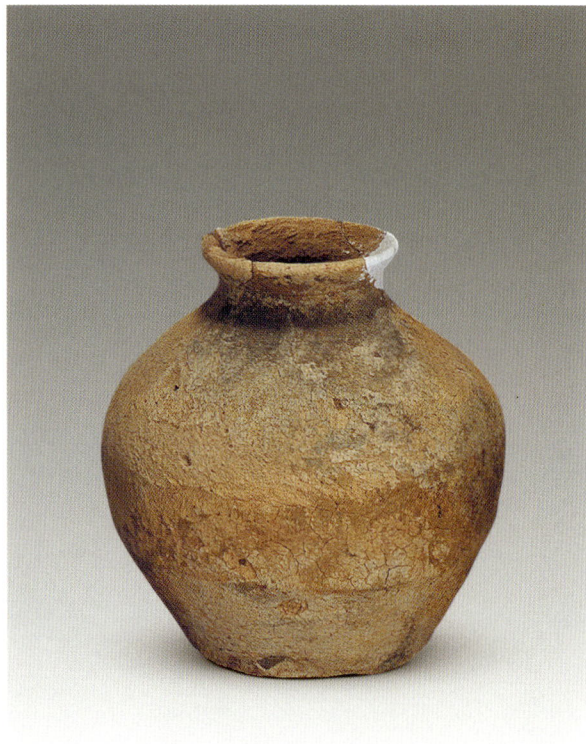

3. A 型 III 式（M281：10）

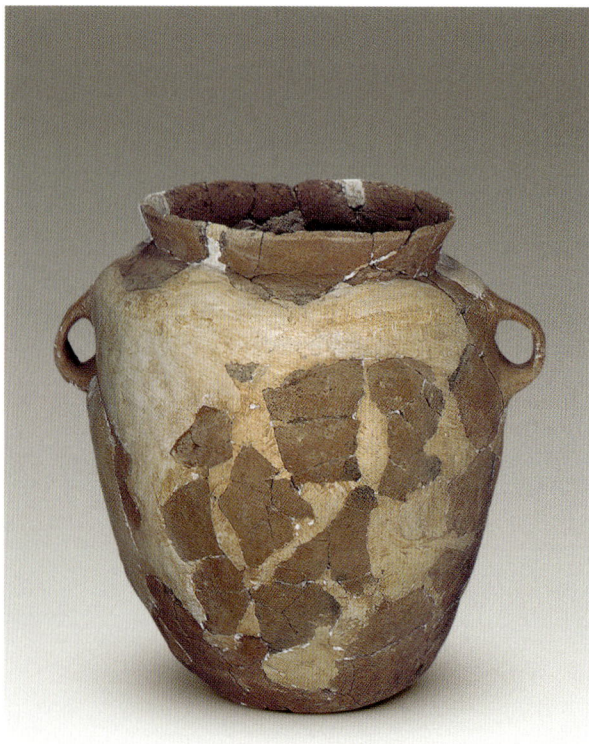

4. B 型 I 式（M284：20）

甲类墓随葬陶罐

1. B 型 Ⅱ 式（M284：13）

2. B 型 Ⅲ 式（M283：12）

3. B 型 Ⅳ 式（M281：12）

4. C 型（M281：9）

甲类墓随葬陶罐

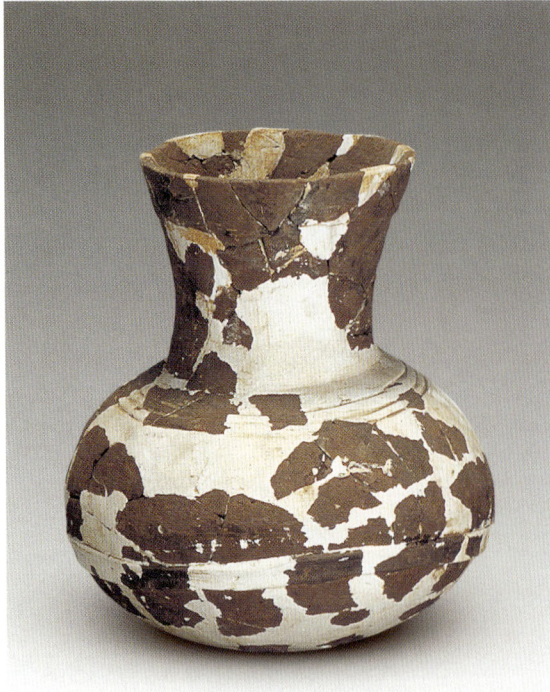

1. A 型 Ⅱ 式壶（M284：22）

2. B 型釜（M284：19）

3. A 型釜（M281：8）

甲类墓随葬陶器

1. 碗（M281：7）

2. 碗（M284：18）

3. 盂（M284：21）

甲类墓随葬陶器

1. 豆（M281：16）

2. 博山炉（M281：25）

甲类墓随葬陶器

1.原配套（？）博山炉（炉盖：M281∶25、
  炉身：M281∶16）

2.纺轮（M284∶5）

甲类墓随葬陶器

1. B 型刀（M284：6）

2. 锯片（M281：22）

3. 削刀（M283：8）

4. 钎（M281：21）

甲类墓随葬铁器

1. 铚（M284：1）

2. 锸（M284：3）

3. 斧（M284：2）

甲类墓随葬铁器

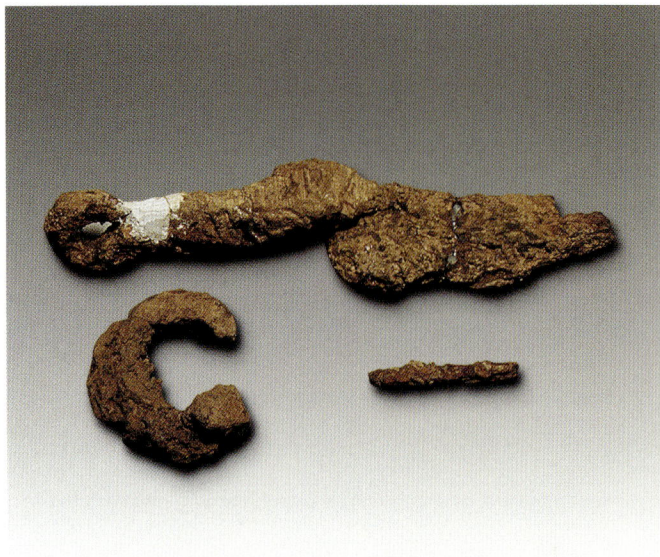

1. 与锯同出铁条、铁环、钎等

2. 削刀木鞘髹漆（M281：19）

3. 三足架（M281：18）

甲类墓随葬铁器

1. 漆皮纹饰（M281 现场拍摄）

2. 漆皮背面布痕（M281：26）

甲类墓随葬漆器残痕

1. 漆皮纹饰（M284 现场拍摄）

2. 陶碗底部红彩（M281：7 出土现场）

1. 陶纺轮红彩（M284 现场拍摄）

2. 铜釜内的铜发钗（M264：2、M264：5）

1. M272 铜釜与头骨出土现场

2. M277 铜釜出土现场

乙类墓套头葬

1. M264 墓坑（向南摄）

2. M274 墓坑（向南摄）

乙类墓套头葬

1. M273 墓坑（向北摄）

2. M298 用铜洗垫头葬出土现场

乙类墓套头葬与特殊葬俗

1. M296 用铜洗盖面葬出土现场

2. M296 揭开铜洗后的头骨与铜发钗

乙类墓特殊葬俗

乙类墓特殊葬俗（M342 墓坑局部）

1. M331 墓坑局部

2. M351 墓坑局部

乙类墓特殊葬俗

1. 乙类墓特殊葬俗
（M365 墓坑局部）

2. 乙类墓仰身直体曲上肢葬
（M273 墓坑局部）

乙类墓仰身直体曲上肢葬（M341 墓坑局部）

1. M350 墓坑局部

2. M356 墓坑（向东北摄）

乙类墓侧身直体葬

1. C 型 I 式（M304：1）

2. C 型 II 式（M322：1）

乙类墓随葬陶罐

1. D 型（K4：1）

2. E 型（DT0905 采：1）

乙类墓随葬陶罐

1. 瓶（M292：1）

2. 杯（M338：1）

乙类墓随葬陶器

1. 砚（DT0906 采：1）

2. 陶片局部（M267：11）

乙类墓随葬陶器

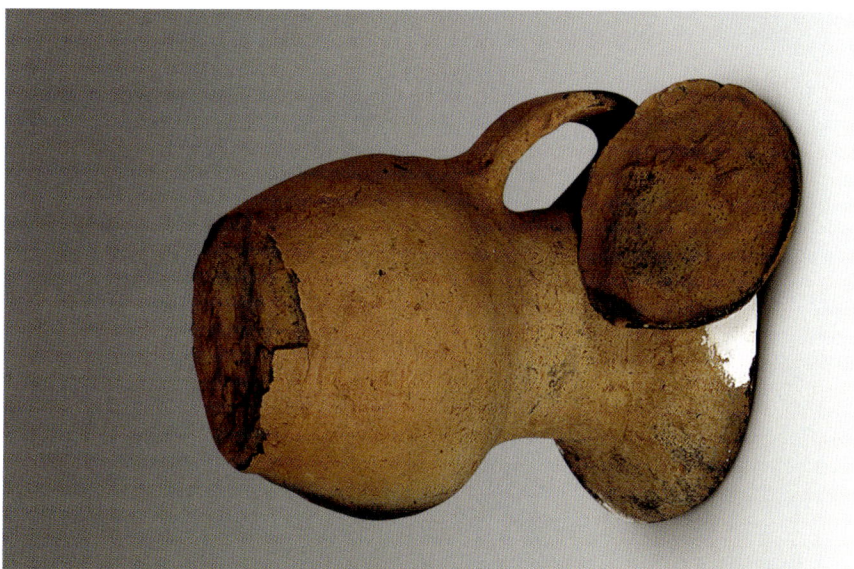

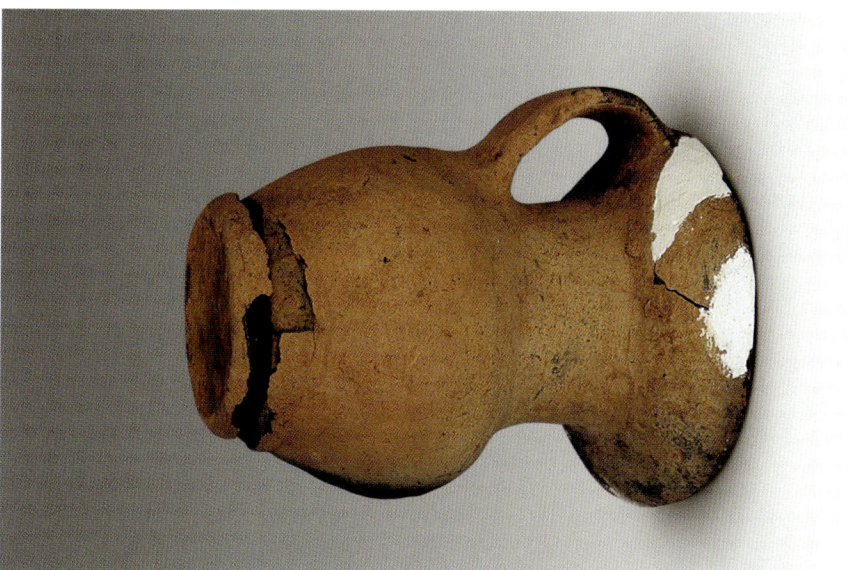

乙类墓随葬陶罐后加底脱层分解照（K4：1）

1. 陶罐腹部断口（M305：1）

2. 陶罐底部断口（M370：1）

3. 陶罐乳丁刻划"十"字（M322：1）

乙类墓陶器成形工艺特点

乙类墓随葬 B 型铜釜（M277：1）

1. 正面

2. 侧面

乙类墓随葬 B 型铜釜（M277：1）

1. 铜釜

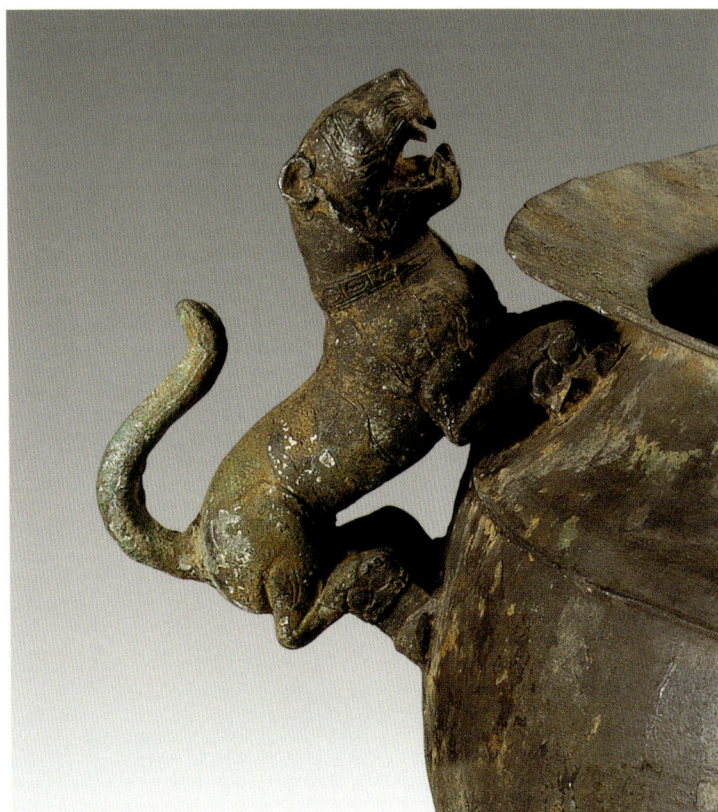

2. 口沿的立虎

乙类墓随葬 D 型铜釜（M274：87）

1. 辫索纹环形耳（M274：87）

2. 立虎爪下填塞的铜片（M274：87）

3. 铺首衔环（M273：1）

4. 辫索纹环形耳（M273：1）

乙类墓随葬铜釜局部

1. M273：2

2. M342：50

乙类墓随葬铜洗

乙类墓葬随葬铜洗铺首对照

（从左至右为：M274∶6、M274∶1、M273∶2）

乙类墓随葬 B 型铜鍪（M277：2）

1. 铜剑柄（M365：5）

2. 铜剑（从左至右为：M365：5、M341：4、M308：3）

乙类墓随葬镂空牌形茎首剑

2. 铜柄铁剑柄（M274：92）

3. 柳叶形铜剑柄部捆缠树皮（M319：1）

1. 镂空牌形茎首铜柄铁剑
（从左至右为：M324：1、M273：6、
M274：92）

乙类墓随葬剑

1. A 型（M356：3）

2. M296：2 出土现场

乙类墓随葬铜戈

1. B 型 Ⅱ 式（M317：1）

2. B 型 Ⅰ 式（M318：1）

乙类墓随葬铜戈

1. B 型 Ⅲ 式（M365：3）

2. C 型（M277：7）

3. D 型（M299：1）

乙类墓随葬铜戈

乙类墓随葬 C 型铜戈内对比（从左至右为：M341：3、M302：1、M342：49）

1. D 型铜戈内对比（左：M299：1、右：M306：1）

2. 铜柲冒（M274：89）

3. 铜柲冒（M277：8）

乙类墓随葬铜戈及附件

3. A 型（左: M298 : 2, 右: M298 : 3） 2. B 型（左: M350 : 5, 右: M350 : 4） 3. B 型（左: M277 : 3, 右: M277 : 9）

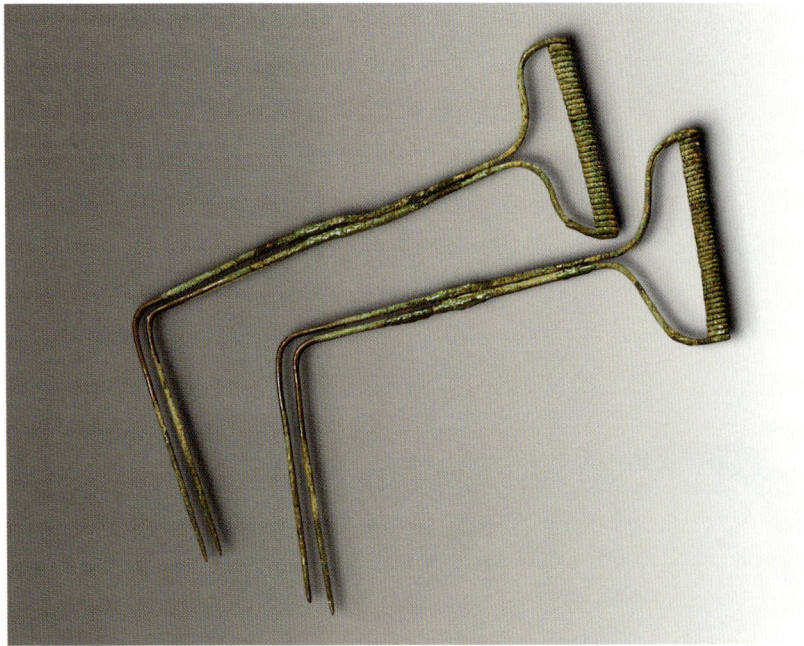

乙类墓随葬铜发钗

1. A 型 I 式（M274：5）

2. A 型 II 式（M271：13）

3. A 型 III 式（M342：58）

4. B 型（M310：2）

乙类墓随葬铜铃

1. 虎形挂饰（M274：79）

2. 鼓形挂饰（M274：69）

3. 双齿挂饰（M274：90 左：正面、右：侧面）

4. 戒指（M308：5）

5. B型带钩（DT1005采：1）

乙类墓随葬铜饰品

1. A 型 I 式（M341）

2. A 型 II 式（M365）

乙类墓随葬铜手镯

1. C 型（M267）

2. D 型（M343）

乙类墓随葬铜手镯

1. C 型 I 式（M356：2）正、侧面

2. A 型（M269：1）

乙类墓随葬铜带钩

1. C 型 Ⅱ 式（M287：2）正、侧面

2. C 型 Ⅲ 式（M319：2）

乙类墓随葬铜带钩

1. C 型扣饰（M271∶30）   2. C 型扣饰（M338∶12）

3. E 型扣饰

（左：M292∶2、右：M292∶3）

4. 印（M274∶42）

乙类墓随葬铜器

1. B 型铜釜垫片（M264：1）

2. 用先铸法制成的铜釜耳（M274：86）

乙类墓随葬铜器工艺特征

1. 铜剑茎局部（M341：4）

2. 铜带钩局部（M309：1 左：正面、右：背面）

乙类墓随葬铜器工艺特征

1. 铜釜漏孔铸补痕（M264：1）

2. 铜剑茎錾痕（M296：3）

3. 铜铃磨痕（M271）

4. 铜釜立虎项圈与颈部卷云纹（M274：87）

乙类墓随葬铜器工艺特征及文化现象

1. 铁戈（M274：91）

2. 柳叶形铁剑（M331：2）

3. A型铁刀（M342：47）

4. B型铁刀（M286：1）

乙类墓随葬铁器

1. A 型 I 式 （ M338 : 3 ）

2. A 型 II 式 （ M273 : 5 ）

3. B 型 I 式 （ M300 : 1 ）

乙类墓随葬铁削刀

1. B 型 II 式铁削刀（M296：7）

2. A 型铁刀（M311：1）

3. B 型铁刀（M287：1）

乙类墓随葬铁器

1. 刮刀（M274：94）内、外面

2. 镤（M360：1）

3. 锸（M338：2）

乙类墓随葬铁器

1. 钎（M365∶4）

2. 铁器环首两种弯曲方式比较（左：M296∶7、右：M342∶47）

3. 铁削刀皮鞘（M274∶41）

4. 铁削刀柄部包裹的布料（M273∶5）

乙类墓随葬铁器工艺特征及文化现象

乙类墓随葬镂空椭形空茎首剑柄比较（从左至右为：M308：3、M324：1、M273：6）

1. 玦（M341：6）

2. 璜（M312：2）

3. 璜（M312：3）

乙类墓随葬玉器

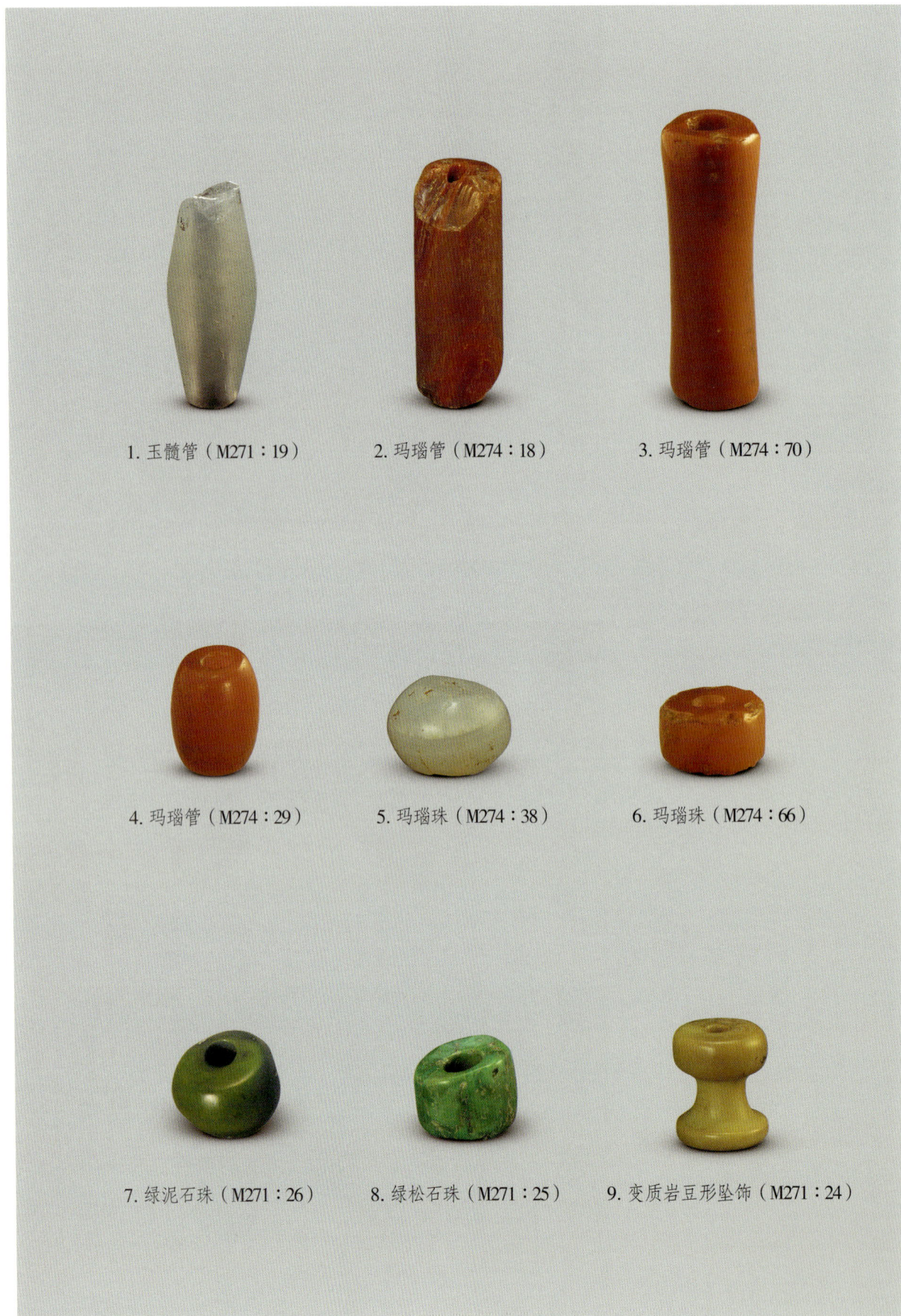

1. 玉髓管（M271：19）　　　2. 玛瑙管（M274：18）　　　3. 玛瑙管（M274：70）

4. 玛瑙管（M274：29）　　　5. 玛瑙珠（M274：38）　　　6. 玛瑙珠（M274：66）

7. 绿泥石珠（M271：26）　　8. 绿松石珠（M271：25）　　9. 变质岩豆形坠饰（M271：24）

乙类墓随葬玉器

1. 孔雀石串珠（M330：2）

2. 骨玦（M274）

乙类墓随葬玉、骨器

乙类墓随葬玉、骨器及工艺现象

1. 骨管（从左至右为：M311：4、M311：6、M311：5）

2. 玉管中部圆穿对接错位痕（左：M271：19、右：M271：27）

3. 骨珠（M274：13）

4. 玉珠小孔旁的凹坑（M274：65）

乙类墓随葬玉、骨器及工艺现象

1. 铜手镯嵌不规则形孔雀石片（左：M341：7、右：M365：9）

2. M271 饰品出土现场

乙类墓随葬饰品工艺及文化现象

1. M338 铜扣饰旁纺织物残片

2. M274 纺织物残片

乙类墓残存纺织物

1. M274：94 铁刮刀附纺织物

2. M277：2 铜鍪附纺织物

3. M298：12 铜手镯附纺织物

4. M309：1 铜带钩附纺织物

5. M338：3 铁削刀附纺织物

铜器、铁器上粘附纺织物残片

1. M342：50 铜洗口沿附纺织物

2. M356：5 铜手镯外壁附纺织物

3. M356：5 铜手镯内壁附纺织物

4. M334：2 铜手镯内壁附纺织物

5. M341：26 铜手镯内壁附纺织物

6. M341：27 铜手镯内壁附纺织物

铜器上粘附纺织物残片

M365 漆豆痕出土现场

1. A 型（M341：30）

2. A 型（M341：31）

3. B 型（M365：10）

乙类墓随葬木手镯

1. M273：6 剑鞘覆纺织物髹漆局部

2. M274：41 铁削刀皮鞘局部

1. M287：1 铁削刀皮鞘局部

2. M325 柲套饰出土现场

乙类墓残存皮器

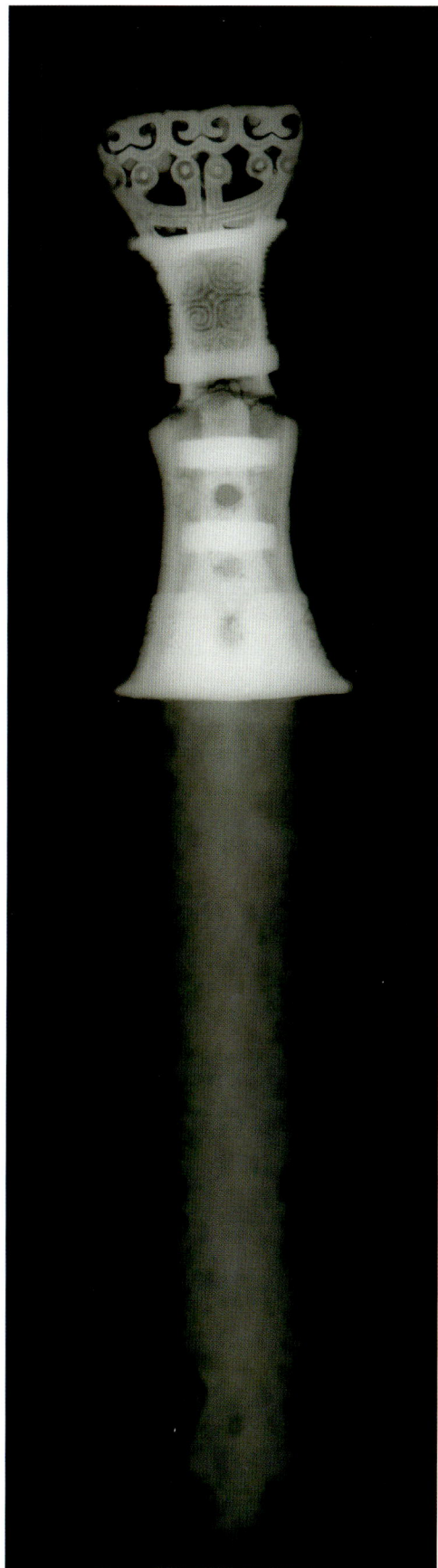

1. X 光片   2. 铜柄铁剑

铜柄铁剑（M324：1）及 X 光片

2. M350：2

3. M365：3

1. M318：1

乙类墓随葬人物图案铜戈演变系列

发掘人员合影（部分）
前排从左至右为：周治萍、孙颖、刘明跃、宋世坤、梁太鹤、张元、王燕子、赵小帆、
后排从左至右为：李飞、曹波、钟庆丰、孔德华、孔庆达、郑远文、张合荣、杨鹏、陈文蓉、向鹏
（合影人员缺赫章县文管所殷其昌、陈黔灵，马建书及四川大学罗二虎、郭继艳）

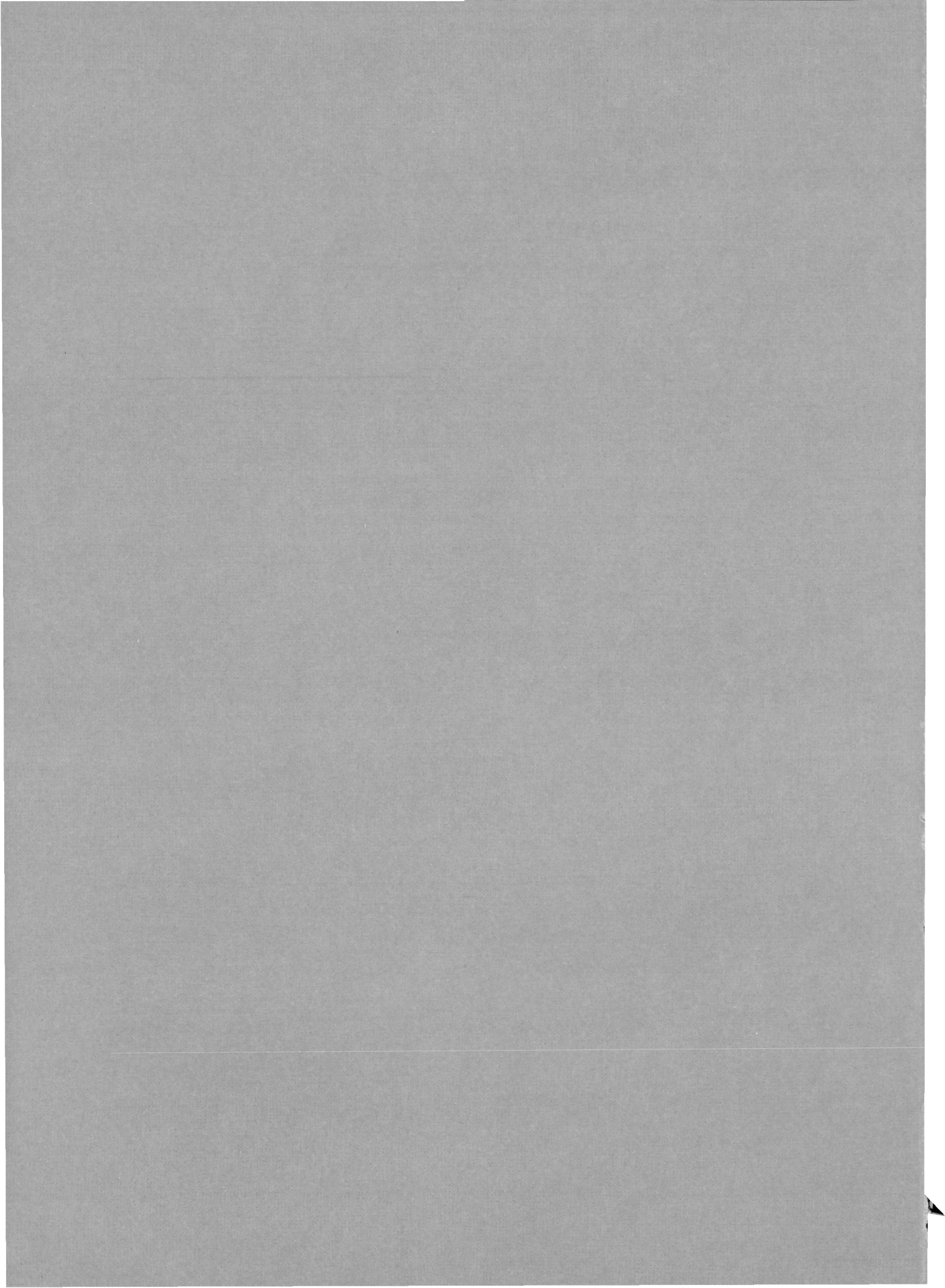